Theodor Fontane

Von Dreißig bis Achtzig

Sein Leben in seinen Briefen

Herausgegeben von
Hans-Heinrich Reuter

Deutscher Taschenbuch Verlag

Von Theodor Fontane
sind im Deutschen Taschenbuch Verlag erschienen:
Meine Kinderjahre (6004)
Von Zwanzig bis Dreißig (6025)

Ungekürzte Ausgabe
Oktober 1975
Deutscher Taschenbuch Verlag GmbH & Co. KG,
München
Lizenzausgabe der Nymphenburger Verlagshandlung,
München · ISBN 3-485-000 99-X
© 1959 Dieterich'sche Verlagsbuchhandlung, Leipzig
Umschlaggestaltung: Celestino Piatti
Gesamtherstellung: Friedrich Pustet,
Graphischer Großbetrieb, Regensburg
Printed in Germany · ISBN 3-423-06041-7

INHALTSVERZEICHNIS

Vorbemerkung 6

Der Briefschreiber Fontane 7

THEODOR FONTANE. SEIN LEBEN IN SEINEN BRIEFEN
Kindheit und Jugend. Lehrzeit in Berlin. 1819–1836 21
Dreizehn Jahre als Apotheker. Literarische Anfänge, der »Tunnel«. 1836–1849 25
Als freier Schriftsteller in Berlin und London. 1849–1855 . . 49
Zum dritten Male in England. 1855–1859 108
Redakteur bei der Kreuzzeitung. Wanderer durch die Mark. 1859–1870 136
Die ersten Jahre als Theaterkritiker der »Vossin«. 1870–1876 167
Dichterischer Aufbruch. 1876–1884 206
Das große Jahrzehnt. 1885–1894 274
Ausgang. 1895–1898 382

Die Überlieferung von Theodor Fontanes Briefen 431

ANHANG

Aus der Nachbemerkung des Herausgebers zur 1. Auflage von 1959 437

Nachtrag zur Neuausgabe 438

Anmerkungen 440

Register
Erläuterndes Personen- und Werkregister 477
Register der Zeitungen, Zeitschriften, Vereinigungen und Archive 515
Register der Werke Fontanes 522
Geographisches Register 525

VORBEMERKUNG

Mit der Neuausgabe dieses Briefbandes soll zwei Erfordernissen entsprochen werden, die sich in einer Zeit, die das Werk Theodor Fontanes nicht nur der Gefahr des Vergessenseins entrissen, sondern geradezu eine Fontane-Renaissance eingeleitet hat, immer deutlicher gezeigt haben. Bevor innerhalb der 4. Abteilung der großen Nymphenburger Fontane-Ausgabe die auf acht Bände angelegte Ausgabe sämtlicher erreichbarer Briefe Theodor Fontanes zu erscheinen beginnt, wird mit diesem Bande die Möglichkeit geboten, den Briefschreiber Fontane kennenzulernen. Darüber hinaus werden die beiden autobiographischen Werke des Dichters, »Meine Kinderjahre« und »Von Zwanzig bis Dreißig«, durch die hier gesammelten Briefe und biographischen Zwischentexte so ergänzt, daß sie für den Lebensabschnitt »Von Dreißig bis Achtzig« durch eine in sich geschlossene epistolographische Selbstdarstellung fortgesetzt werden.

»Von Dreißig bis Achtzig«, 1959 erstmals in der DDR erschienen, wird hier, von geringfügigen Erweiterungen und Änderungen im Anhang abgesehen, unverändert im Westen vorgelegt. Zwar hat sich das Wissen über Fontane seit 1959 – nicht zuletzt durch des Herausgebers Hans-Heinrich Reuter eigenen Anteil an der Forschung – in vielen Einzelaspekten beträchtlich erweitert, doch Berichtigungen im Grundsätzlichen, nämlich im biographischen Zusammenhang und in den Zwischentexten des Herausgebers, haben sich als nicht erforderlich erwiesen. Dies hat zugleich den Vorteil, daß die dokumentarische Dichte und Überschaubarkeit – und damit der einmalige Reiz – dieser Briefbiographie erhalten bleibt.

DER BRIEFSCHREIBER FONTANE

Sprich menschlich!

Von Fontane mehrfach zitiertes Wort
aus Shakespeares
»König Heinrich der Vierte«, 2. Teil.

»In meinem eigensten Herzen bin ich geradezu Briefschwärmer und ziehe sie, weil des Menschen Eigenstes und Echtestes gebend, jedem andern historischen Stoff vor.« So schreibt Fontane 1889 in einem Briefe. Und 1895 heißt es an Maximilian Harden: »›Unsere Zeit steht im Zeichen des Verkehrs‹ – noch mehr steht sie im Zeichen des ledernen Briefes, und da einen Brief wie den Ihrigen zu erhalten, ist ein wahres Labsal. Jede Zeile sagt einem was, jedes Wort eine Anschauung.«

Fontanes Freude am guten Brief war indes noch weit mehr produktiver als rezeptiver Natur. »Briefschwärmer« war er nicht nur als Empfänger und Leser, »Briefschwärmer« war er vor allem als Verfasser und Absender.

Der alte Herr im dritten Stock des Hauses Potsdamer Straße 134 c im nahen Berliner Westen mußte sich schon sehr »abattu« fühlen, wenn er die Post auf seinem Riesenschreibtisch (»ein altes Erbstück von einem längst verstorbenen Sammler«) unbeantwortet liegen ließ. Viel lieber war es ihm, »großen Briefschreibetag« oder wohl auch gleich drei Briefschreibetage zu feiern. »Hochgeehrter Herr! Mit der einzigen absoluten Promptheit meines Lebens, der briefschreiberischen, antworte ich Ihnen umgehend...« So beginnt ein Brief Fontanes aus dem Jahre 1886; die meisten seiner Briefe hätten so beginnen dürfen. Der Briefschwärmer Fontane wurde zu einem der fleißigsten Briefschreiber seiner Zeit. Als »Mann der langen Briefe« bezeichnete er sich selbst. Hunderte von Briefen bekam er, als 1887 sein Sohn George gestorben war; zu seinem siebzigsten, vor allem zu seinem fünfundsiebzigsten Geburtstage waren die Glückwünsche kaum zu zählen – für jeden einzelnen Brief bedankte sich Fontane persönlich in verbindlichen Zeilen mit der selbstgeschnittenen Schwanenfeder.

In über einem Dutzend nach Umfang und philologischer Qualität recht unterschiedlichen Bänden sind heute Fontanes Briefe gesammelt (besser: verstreut), und immer noch werden neue bekannt. Ein besonderes Ereignis war erst 1954 die Veröffentlichung aller erhaltenen Briefe des alten Fontane an den Schmiedeberger Amtsrichter und späteren Amtsgerichtsrat Dr. Georg Friedlaender – eine in jedem Betracht vorbildliche Edition, besorgt und kommentiert von dem 1967 verstorbenen Göttinger Germanisten Kurt Schreinert.

»Ein neuer Band von Briefen Theodor Fontanes ist erschienen – etwas ganz Entzückendes. Wir haben nun die beiden Bände der Familienbriefe und zwei mit Briefen an seine Freunde. Sind noch mehr da? Man soll sie herausgeben!« Mit diesen Worten begann im Jahre 1910 ein Essay in Maximilian Hardens »Zukunft«, unterzeichnet: »Thomas Mann«.

Die Forderung »Noch mehr!« ist hier eindeutig ausgelöst worden vom künstlerischen *Erlebnis*. Man darf den Satz wagen: Fontane würde zur großen deutschen Literatur gehören, auch wenn von ihm nichts überliefert wäre als seine Briefe. Das gilt von keinem anderen seiner Zeitgenossen in Deutschland, bedeutende Epistolographen wie Hebbel, Keller und Storm nicht ausgenommen. Im Briefwerk des alten Fontane besitzt die deutsche Literatur einen Schatz, der auf der Höhe der großen, klassischen Zeiten des europäischen Briefes steht. Des *europäischen* Briefes: denn man tut gut daran, die Maßstäbe dafür eher bei Voltaire, Diderot oder Lessing, bei Swift oder Scott zu suchen als bei Klopstock oder dem jungen Goethe, bei Hölderlin, der Bettina oder Mörike.

Nicht, daß die Briefe Fontanes in irgendeinem epigonalen Verhältnis zu denen ständen, die ein oder zwei Jahrhunderte früher geschrieben wurden! Der alte Fontane war in einem Maße frei von Konventionen, daß er auch in diesem Betracht als Einzel- und Sonderfall unter seinen bürgerlichen Altersgenossen in Deutschland dasteht. Man geht nicht fehl, wenn man die bewußte Bindung des alten Fontane an die Forderung des Tages im Zusammenhang sieht mit seiner epistolarischen Leidenschaft. »Jedem andern *historischen* Stoff« ziehe er den Brief vor, so hatte er geschrieben. Der Brief ist *Gegenwart*.

Seiner Gegenwart und der sich in ihrem Schoße vorbereitenden Zukunft ist Fontane mit einer kritisch-nervösen Reizbarkeit verpflichtet, bei der sich Intuition und Klarsicht die Waage halten: »Psychographie und Kritik, Dunkelschöpfung im Lichte zurechtgerückt.« Im letzten Jahrfünft seines Lebens entspringt der seismographischen Irritabilität des Dichters Fontane ein umfassendes Anathema über die »etablierten Mächte« in Preußen-Deutschland. Im Roman Fontanes ist dieses Anathema meist umgesetzt in poetische Gestaltung, in den Briefen erklingt es unverhüllt: »Mein Haß gegen alles, was die neue Zeit aufhält, ist in einem beständigen Wachsen, und die Möglichkeit, ja die Wahrscheinlichkeit, daß dem Sieg des Neuen eine furchtbare Schlacht voraufgehen muß, kann mich nicht abhalten, diesen Sieg des Neuen zu wünschen.« Geschrieben am 6. Mai 1895, am dreizehnten Geburtstag desjenigen Kronprinzen des Deutschen Reiches und von Preußen, der nie mehr Kaiser und König werden sollte...

Dieses Bekenntnis ist ein Teil von Fontanes politischem Vermächtnis, wie er es in seinen Altersbriefen niedergelegt hat. Der andere Teil, die positive Entsprechung des Anathemas über das Alte, findet sich dort, wo Fontane das Neue bezeichnet, dessen Sieg er wünscht: »Die neue, bessere Welt fängt erst beim vierten Stande an«, so schreibt er am 22. Februar 1896 nach London. »*Das*, was die Arbeiter denken, sprechen, schreiben, hat das Denken, Sprechen und Schreiben der altregierenden Klassen tatsächlich überholt. Alles ist viel echter, wahrer, lebensvoller.«

Das Leben der Gegenwart pulsiert in Fontanes Briefen als Mitteilung, Beobachtung, Bekenntnis. Neben scharfe kritische Anmerkungen über seine Zeit treten vielseitige und hochinteressante Aufschlüsse über persönliches Leben und literarisches Schaffen. Alles das besitzen wir in den Briefen auch vieler anderer Schriftsteller, ohne daß ein breiteres Publikum Lust verspürte, selbst zu diesen Quellen hinabzusteigen. Der Literarhistoriker weiß sie zu nutzen und aufzubereiten, zu erschließen für Darstellung und Deutung. Damit ist ihre Funktion erschöpft. Der Dichter lebt in seinem Werke; alles andere ist nur Vorbereitung zu diesem Leben, Brouillon oder Splitter.

Nicht so bei Fontane. Seine Briefe gehören nicht zuerst der

Literar*historie* an. Ihrem Inhalt und Gehalt nach sind sie ein scharf-kritischer Spiegel der kleinen wie der großen Welt, in der Fontane lebte; ihrer Form und Gestaltung nach sind viele von ihnen stilistische Meisterwerke. Das Briefwerk des alten Fontane, um es zu wiederholen, will als *künstlerischer* Bestandteil seines Lebenswerkes verstanden sein.

Diese Einsicht wird erhärtet durch das, was wir über die Technik des Briefschreibers Fontane wissen. Auf die Gefahr hin, manchen zu ernüchtern, sei es gesagt: man lasse sich nicht täuschen durch den saloppen, ungezwungenen Plauderton dieses Meisters der Unterhaltung! Das, was als witzige Improvisation wirkt – aus dem Augenblick für den Augenblick geboren –, ist in Wahrheit sehr oft erst das Ergebnis eines ebenso feinfühligen wie hingebungsvollen Ringens um jedes »und«. Künstlertum und Fleiß waren für Fontane untrennbar verbunden. Vom Kuß der Musen hielt der »frivole« Berliner gar nichts, von Genie nicht sehr viel – wenigstens nicht in seiner Zeit (Menzel ließ er als Ausnahme gelten). Einem jungen Dichter ruft er zu: »Einfachheit, Schlichtheit, Wahrheit, Anspruchslosigkeit – da liegen Glück und Schönheit. Sie müssen durchaus aus einem Genialitätsirrgarten heraus!«

Wie wohltuend wirkt dieses auf Arbeit, Beobachtung, Streben nach Erkenntnis, Wissen gegründete Ethos, konfrontiert man es mit der phrasenhaften Unredlichkeit, die seine Zeit weithin beherrschte! Fontane äußerte gelegentlich mit sarkastischen Worten seinen Unmut über literarische Konjunkturritter vom Schlage Julius Wolffs, spottete bitter über die Zehntausende von Talern, die ihnen die Bourgeoisie für »genial« hingeschluderte Machwerke auf einem Brett zahlte – und fuhr unbeirrt fort, selbst seine Briefe erst im Konzept zu skizzieren. Verlieren sie dadurch an Wert? Das Gegenteil ist richtig. Daß Plaudern eine *Kunst* sei, wird – allem deutschen Vorurteil zum Trotz – durch Fontane bewiesen. Er wußte, wie schwer das scheinbar Leichte zu machen sei, das dann als geistvolles Impromptu, als luftige Augenblicksschöpfung den Leser entzückt. Einen Brief wie den vom 19. August 1889 – Fontane schildert seinen Reinfall in Bayreuth – schreibt man nicht mit der linken Hand: eine Reihe vorausgegangener Briefe hatte dazu dienen müssen, dasselbe Thema darzustellen und zu variieren, bis es im letzten Briefe seine endgültige – und das heißt: gültige – stilistische Gestaltung erfuhr.

Gleich Heine liebte Fontane seinen Stil. Und gleich Heine erlag auch er je und je der Versuchung, einen Satz stehenzulassen, mehr weil er »schön gesagt«, als weil er richtig war. Der dichterische Einschlag seiner Briefe verbietet es, sie in jeder einzelnen Wendung *wörtlich* ernst zu nehmen, so ernst es Fontane im letzten stets um die Sache zu tun war. *Gespielt* hat er mit seinen Lesern nie; gleichgültig, ob er im Brief oder im Roman zu ihnen sprach.

Die Kunstform der Plauderei schließt das Element des Humors, mehr noch das des Esprits in sich ein. In der deutschen Literatur lernte Fontane in dieser Hinsicht nicht viel. Zu Lessings Prosa hatte er nur ein kühles Verhältnis, zu Wieland gar keins. Den Einfluß Börnes und Heines (vor allem der »Reisebilder«) glaubt man mitunter in Reisebriefen des jungen Fontane zu spüren. (Die Achtung vor dem *Lyriker* Heine ist bei dem entschiedenen Verehrer Platens nicht eben groß; als politische Dichter stehen Herwegh und Freiligrath für ihn an erster Stelle. Erst der alte Fontane wird 1894 in einer öffentlichen Rundfrage über empfehlenswerte Lektüre sich zu Heines »Romanzero« und zu »Deutschland. Ein Wintermärchen« bekennen.) In den dreißiger und vierziger Jahren ziehen den jungen Wahlberliner die Humoresken Beckmanns und Glaßbrenners an; noch 1895 bezeichnet er Beckmanns »Eckensteher Nante« als einen deutschen »Nationalheiligen«. Der »berlinsche Flavour« der Witzblätter findet einen gelehrigen Bewunderer in ihm, wie seine Jugendbriefe beweisen.

Seine Vorbilder auf eigentlich literarischem Gebiet aber – soweit für ihn überhaupt Vorbilder in Betracht kommen, wir wiederholen es – sucht er sich bei den Engländern. Und zwar mit Vorliebe bei den Engländern als *Humoristen*. Von Shakespeare über Sterne bis zu Thackeray und Dickens spürt er ihrem Humor nach, ja selbst der geliebte und bewunderte Scott muß ein »Großhumorist« sein, an dem Fontane das »Darüberstehen, das heiter-souveräne Spiel mit den Erscheinungen dieses Lebens« preist. Man ist mit diesem Befund nicht ganz zufrieden und möchte den Nachweis gallischer Wurzeln für die Fontanesche Kunst der »Causerie«. *Literarisch* gibt es diese Wurzeln kaum. Fontanes Sympathie für die französische Literatur war relativ gering, geringer noch als seine Kenntnis derselben; jedenfalls stand sie für ihn stets im Schatten der englischen – Shakespeare der Sanspareil. Weder Stendhal noch Balzac scheint Fontane beachtet zu haben (was bei Stendhal weniger, bei Balzac sehr verwunderlich ist), von früheren ganz zu schweigen. Erst die französische Literatur seiner Zeit lernt er genauer kennen. Zola wird ihm zum Erlebnis, das ihn zwischen den Extremen von Abscheu und Bewunderung hin und her wirft. In den Tagebüchern der Goncourt wittert er erregt das Neue; vor allem imponiert ihm ihre Akribie. Aber selbst die französische Sprache habe er »stets über Gebühr vernachlässigt«, gesteht er gelegentlich in seinem Bericht von der Kriegsgefangenschaft in Frankreich, wo ihm dieses Versäumnis bald zum Verhängnis geworden wäre.

Und dennoch! Man muß nicht daran erinnern, daß Fontanes beide Großväter französischer Abkunft waren, daß sein Vater noch in einem Elternhause aufgewachsen war, in dem man französisch sprach, daß dieser Vater die Geschichte der napoleonischen Zeit (und zwar unter *französischem* Aspekt) als seine eigentliche Domäne, sein Steckenpferd kultivierte und selbst voller Gasconnaden steckte, daß sich Fontane schließlich auch die eigene Frau aus dem Kreise der deutschen Franzosen in Berlin holte und seinen Namen lebenslang französisch aussprach. So viel Französisches war ihm von Kind auf vertraut, daß sich die Synthese deutscher und französischer Stilelemente in seiner Kunst gleichsam organisch und selbstverständlich vollziehen konnte – allen englischen Ambitionen zum Trotz. In den späteren Jahren war sich Fontane dessen auch bewußt. »Alle Augenblicke«, so schreibt er 1875 einmal an seine Frau, »empfind' ich meine romanische Abstammung. Und ich bin stolz darauf.« Sieben Jahre später heißt es – in einem Briefe an seine Tochter –: »Ich bin – auch darin meine französische Abstammung verratend – im Sprechen wie im Schreiben ein Causeur.«

Es ist kein Zufall, daß diese Bekenntnisse in *Briefen* Fontanes fallen. In ihnen tritt uns das Ergebnis jener Synthese am deutlichsten entgegen. In seinen Briefen gab der alte Fontane – noch einmal sei an das Eingangszitat erinnert – sein »Eigenstes und Echtestes«; hier wurde seine Vorliebe für eine Mischung von Reflexion, Aperçu und Kalauer, für die pointierte Anekdote, die scharfe Analyse und die witzig-exakte Zustandsschilderung, für das drastisch-treffende Gleichnis, den berlinischen »Bummelwitz« und die zugespitzte, auch wohl überspitzte Sentenz am wenigsten von Nebenrücksichten behindert. Nicht ohne geheime Selbstironie heißt es von Fontanes Ebenbild, dem alten Stechlin: »Dubslav litt als Briefschreiber daran, gern bei Nebensächlichkeiten zu verweilen und gelegentlich über die Hauptsache wegzusehn.«

Scharf ausgeprägt sehen wir die Physiognomie des alten Fontane in seinen Briefen vor uns. Lyrische Ergüsse fehlen ebenso wie Ausbrüche unkontrollierter Leidenschaft. Alles ist rational temperiert und begründet, ohne kaltschnäuzig zu sein. Eine vorurteilslos-nüchterne Sympathie mit allem Menschlichen, mit allem Wahren und Echten strömt auf uns ein; ein skeptischer Unterton verstärkt sie womöglich noch. Wo andere vor Ergriffenheit redselig, ja geschwätzig werden, erklingt Fontanes Sprache nur verhalten; das Letzte spricht er nicht aus. »The rest is silence« – »Der Rest ist Schweigen«: das von Fontane gern zitierte Hamletwort gilt als Maxime auch für den Briefschreiber Fontane.

Die Komponente der Persönlichkeit Fontanes wird in den Briefen von einer zweiten gekreuzt, der Komponente der Persönlichkeit des Empfängers. Erst beide zusammen ergeben das Koordinatensystem, innerhalb dessen Wert und Funktion dieser Briefkunst hinreichend bestimmt werden kann. Der Brief als Fiktion, als Vorwand für eine individuelle Meinungsäußerung ohne lebendiges Gegenüber, kommt bei Fontane nicht vor.

In jedem Briefe ist Fontane *ganz* gegenwärtig, setzt sich für Minuten oder Stunden dem Adressaten gegenüber. Er gibt sich ihm hin, indem er zugleich er selbst bleibt. Die Variationsbreite seiner Briefe ist eine Äußerung dieser Hingabe. Welcher Unterschied zwischen einer Epistel an den Arzt James Morris nach London und einer literarischen Impression, gerichtet an den

Kritiker Otto Brahm! Welche Nuancen in den Familienbriefen, gelten sie der Frau Emilie, gelten sie der Tochter Mete!

Fontanes Briefe leben aus dem Spannungsverhältnis zwischen Anpassung und Behauptung – ein Verhältnis, wie es dem kultivierten Gespräch zugrunde liegt. Fontanes Briefe sind partielle Gespräche, Teile eines lebendig geführten Dialogs: sie sind *Gegenwart*. Nie verfolgt Fontane mit seinen Briefen einen anderen Zweck, als der sich auf diese Gegenwart des Gesprächs bezöge. Literarhistorische Absichten liegen ihm fern, im Gegensatz zu vielen anderen berühmten Briefschreibern. Er schreibt nicht mit dem Seitenblick auf mögliche Briefwechsel-Editionen, nicht für *die* Menschen der Nachwelt, sondern für *den* Menschen der Mitwelt. Nie ist ihm ein Empfänger Mittel zum Zweck, Medium zu einem imaginären Publikum – stets Selbstzweck, eigenständiges und gleichberechtigtes Gegenüber.

Wie seine soziale Funktion, so behält der Brief unter der Hand Fontanes auch seinen ursprünglichen Charakter: Mitteilung zu sein. Je kleiner, persönlicher, intimer die Mitteilungen, desto reizender oft die Briefe. Zugleich aber wird dieses Ursprüngliche und Primitive mit allen Mitteln einer ans Artistische grenzenden Kunst sublimiert: der Brief bleibt Zweck und wird doch Selbstzweck, der Augenblick gewinnt Dauer. Das Vergängliche lebt weiter im Wort

Die Entwicklung des Briefschreibers Fontane vollzog sich in strenger Übereinstimmung mit seiner gesamten literarischen und ideologisch-politischen Entwicklung.

Als Fontane mit seinen Balladen über englische Könige und preußische Feldherrn seine ersten Erfolge hatte, war er dreißig Jahre alt. Die Lorbeeren waren wohlverdient. Fontanes Briefe weisen es aus – belegten es die Dichtungen nicht selbst –, welchem Kunstverstand, welchem Fleiß diese kleinen Werke ihre Entstehung verdankten. Aber es blieben *kleine* Werke, in jedem Betracht. Fontane gibt sein »Eigenstes und Echtestes« in den Briefen auch jener Epoche – aber es ist der Spannweite und dem Horizont jener lyrisch-balladesken Bestrebungen merkwürdig angepaßt. Eine Hauptrolle spielt der »Tunnel«, die Berliner Dichtervereinigung. Die Ausdauer, die poetische Feinspürigkeit, die in Fontanes »Tunnel«-Briefen am Werke sind, nötigen Hochachtung ab. Gemessen am alten Fontane indes haftet ihnen etwas Enges und Kleines an, auch das markante stilistische Profil fehlt meist. Ein Brief Fontanes von 1847 verhält sich zu einem von 1897 wie eine Romanze aus dem »Rosamunde«-Zyklus zu einem Kapitel aus »Effi Briest«.

Fast genau in die Mitte von Fontanes erstem literarischem Jahrzehnt (1844–1854) fällt die Märzrevolution. Ehrlich und aufgeschlossen teilt der Provisor aus der Jungschen Apotheke unweit vom Alexanderplatz die Empörung wie die Begeisterung des revolutionären Berlins – freilich auch die Ratlosigkeit und den Verzicht, die bei den meisten auf den Zusammenbruch der Erhebung folgten. Noch im Sommer 1850 war Fontane den von den preußischen Truppen im Stich gelassenen, verzweifelt um ihre Freiheit kämpfenden Schleswig-Holsteinern als Freiwilliger zu Hilfe geeilt (ohne Schleswig-Holstein zu erreichen), aber bereits ein halbes Jahr später resigniert er endgültig: »Es bleibt einem nichts übrig, als sich mit dem Geist in die Vergangenheit und mit dem Herzen in den Freundes- und Familienkreis zu flüchten – das geschieht denn auch und geschehe immer mehr. Ich habe es rechts und links und in der Mitte versucht..., hol's der Teufel!«

Gleich einem Mehltau schlägt sich diese Stimmung mehr und mehr auch auf Fontanes Dichtertum nieder. Der Balladendichter verstummt, der »Tunnel« rückt aus seinem Blickfeld. Der junge Ehemann und bald auch Vater hatte froh sein müssen, als Berichterstatter und schließlich Redakteur bei der »Kreuzzeitung« unterkriechen zu können. Es ist eine »in ihrem Kern perfide Stellung«, wie Fontane später erkennt, »nicht wert des Freiheitsopfers«, das er ihr lange Jahre bringt. Mit der Freiheit opfert er die inneren Voraussetzungen seiner Existenz als Schriftsteller. Sein »Eigenstes und Echtestes« kann er weder in Reportagen aus England, noch in Skizzen über märkische Schlösser, noch in Berichten über die Kriege von 1864, 1866 und 1870/71 geben; sein Eigenstes und Echtestes enthalten aber auch die Briefe aus jener Zeit kaum – es ist, als ob Fontane vorübergehend selbst nicht mehr darum gewußt hätte. Für über anderthalb Jahrzehnte, von 1855 bis nach 1870, fällt Fontane als Gestalter wie als Kritiker aus der großen deutschen Literatur aus, und wieder reflektieren auch seine Briefe – nach Form und Gehalt – diesen Vorgang.

Dem literarischen entspricht der ideologische Tiefstand. Es sind die preußischen, besser: die »borussischen« Jahre Fontanes; denn er wird später selbst sehr genau unterscheiden zwischen den gesunden und tüchtigen Eigenschaften des märkisch-preußischen Menschenschlages und dem ihm parasitär aufgepfropften und wesensfremden, ebenso geistwidrigen wie bösartigen Borussismus, dessen Repräsentanten aus dem Junkertum er hinreichend kennenzulernen Gelegenheit hat.

Und unter dem Aspekt des Kennenlernens gewinnt freilich auch diese taube Periode nachträglich Bedeutung. Fontane sammelt einen Fundus von Beobachtungen und Erfahrungen aus der märkisch-preußischen wie aus der borussisch-deutschen Wirklichkeit, dessen Unerschöpflichkeit schließlich zur Quelle eines reichen und reifen Alterswerkes wird – einer Quelle, die nicht mehr »drippelt« (um Fontanes eigenen Ausdruck zu gebrauchen), sondern in einem so breiten und köstlichen Strahl hervorschießt, daß der Dichter selbst oft Mühe hat, ihn zu bändigen. Gleich sein erster Roman, »Vor dem Sturm« von 1878, legt Zeugnis ab von dieser Fülle; alles andere aus den Jahrzehnten vorher erscheint jetzt nur noch als Vorbereitung.

1876 war es soweit gewesen. Zum zweiten Male – und diesmal für immer – hatte Fontane die Freiheit gewählt: Im März 1876 war er zum Ersten Sekretär der Königlichen Akademie der Künste in Berlin berufen worden, und bereits zwei Monate später kündigte er die Stellung wieder: »Ich hatte mich zu entscheiden, ob ich, um der äußeren Sicherheit willen, ein stumpfes, licht- und freudeloses Leben führen sollte«, so schreibt er am 1. Juli 1876. »Ich wäre entweder, wenn ich durchaus hätte aushalten müssen, tiefsinnig geworden oder hätte doch wenigstens eine traurige Wandlung aus dem Frischen ins Abgestandene, aus dem geistig Lebendigen ins geistig Tote durchgemacht.« Fontanes Entscheidung: »Mir ist die Freiheit Nachtigall, den andern Leuten das Gehalt.« Es ist, mit Conrad Wandrey zu reden, Fontanes Geburt als Romanschriftsteller.

Was nun folgte, wissen wir. Fontane wußte es noch nicht.

»Nervös war ich immer«, so heißt es im Juni 1878, »aber doch nicht *so*. Und dann sag' ich mir wieder, was will man denn noch? Das Leben liegt hinter einem, und die meisten Achtundfünfziger sind noch ganz anders ramponiert.« Thomas Mann fährt fort: »Er ist ramponiert, das Leben liegt hinter ihm; und was er noch zu geben haben wird, sind lediglich achtzehn Bände, von denen bis zu ›Effi Briest‹ hinauf einer immer besser ist als der andere...«

Mit siebenundsechzig schreibt Wilhelm Raabe resigniert von sich: »Ein alter Poet ist ein alter Hund«, und legt bald darauf die Feder für immer nieder, dem anbrechenden Jahrhundert rat- und verständnislos gegenüberstehend. Im gleichen Lebensalter – er arbeitet an »Cécile« – ist Fontane im vollen Beginnen, wird immer jünger, kühner, »demokratischer«. Kritisch-vorurteilslose Skepsis und besonnener Mut, mit dem »Alten« auf allen Gebieten zu brechen, halten einander die Waage. Jetzt erst gibt Fontane wirklich sein »Eigenstes und Echtestes«. Jetzt entfaltet sich in Kunst und Kritik, in Roman und Brief, in Gestaltung und Erkenntnis seine wundervolle Persönlichkeit in ihrer ganzen Reife und Weite: künstlerisches Vermögen, kritische Verantwortung, politisch-soziale Entscheidung in untrennbarer Wechselwirkung einander bedingend, fördernd, steigernd.

Die Briefe aus Fontanes letzten zwei Jahrzehnten spiegeln diese an die beglückendsten Mythen des Altertums erinnernde Verjüngung mit einer so lebendigen Frische, daß sie bis heute nichts von ihrer Heiterkeit, ihrer Leuchtkraft eingebüßt haben.

Gegenläufig zu der vorwärtsweisenden Entwicklung des greisen Dichters vollzieht sich der Verfall einer vergreisten Gesellschaft um ihn herum. Die Lösung von ihr entspringt einer tief in Psyche und Intellekt des alten Fontane begründeten Folgerichtigkeit; modischer Snobismus oder hektische Neuerungssucht haben gleich wenig Anteil daran. In Fontanes reifsten Briefen ist der bevorstehende Untergang des alten, preußischen Deutschlands objektiv gegenwärtig – aufmerksam registriert und kommentiert von ihrem Verfasser. Einer der letzten großen literarischen Repräsentanten des zu Ende gehenden Zeitalters wird zu seinem Kritiker und Richter. Am Rande des Grabes stehend, begrüßt er mit heller Stimme die Zukunft.

THEODOR FONTANE
SEIN LEBEN IN SEINEN BRIEFEN

KINDHEIT UND JUGEND
LEHRZEIT IN BERLIN
1819–1836

Die Eltern Theodor Fontanes entstammten der »Kolonie« der in Berlin lebenden Franzosen; sie waren Abkömmlinge französischer Hugenottenfamilien, die nach der Aufhebung des Edikts von Nantes 1685 ihre Heimat verlassen hatten, um ihrem protestantischen Glauben treu bleiben zu können. Louis Henri Fontane, der Sohn des Zeichenlehrers und Malers Pierre Barthélemy Fontane, heiratete als Dreiundzwanzigjähriger am 24. März 1819 die einundzwanzigjährige Emilie Labry, die Tochter eines Seidenkaufmannes. Kurz darauf kaufte er die Löwenapotheke in Neuruppin.

In Neuruppin wurde Theodor Fontane am 30. Dezember 1819 geboren. Hier verlebte er seine früheste Kindheit und trat schließlich auch noch in Neuruppin in die Klippschule ein. Es waren glückliche Jahre für ihn, noch nicht getrübt durch die Spannungen, die später die Ehe seiner Eltern belasteten und endlich zerstörten.

Fontane selbst hat diese Spannungen auf den Gegensatz zwischen »Gascogne« und »Cevennen« zurückgeführt. Die Ahnen der Fontanes stammten aus der Gascogne, derjenigen Landschaft Südfrankreichs, an deren Bewohnern man Phantasie, Unternehmungslust und Neigung zu harmlosen Aufschneidereien – »Gasconnaden« – als hervorstechende Eigenschaften rühmte. Die Labrys hingegen leiteten ihre Herkunft aus den Cevennen zwischen Toulouse und Lyon ab; dort hatten in blutigen Religionskriegen die Hugenotten am erbittertsten um ihren Glauben gekämpft. Die Cevennenbewohner galten als energisch, charakterfest und unbeugsam. In den Augen von Fontanes Mutter gebrach es ihrem Mann an Solidität; seinen Daseinszweck sah er nicht im Arbeiten und Verdienen, sondern im Plaudern und Erzählen, im Reisen und Spielen, wohl auch im Projektemachen.

Nie kam er eigentlich aus der »Bredouille« heraus. Dabei war er die Liebenswürdigkeit und Güte selbst. Seine in kalvinistischem Arbeitsethos und Besitzstreben aufgewachsene Frau verachtete ihn bald als Nichtsnutz; für seine unprofitablen gesellschaftlichen Talente hatte sie keinen Sinn.

Die Gatten trennten sich, als die Kinder herangewachsen waren. Fontane trat im Alter mit dem Herzen auf die Seite des Vaters, so gut er die Mutter verstand. Seine Erinnerung an den letzten Besuch bei dem vereinsamten und verarmten »Alten« (aufgenommen in den autobiographischen Roman »Meine Kinderjahre«) ist eines der ergreifendsten Zeugnisse der Sohnesliebe, die die deutsche Literatur kennt.

Die Neuruppiner Zeit ging bald zu Ende. Louis Henri Fontane nützte die Gelegenheit zu einem günstigen Verkauf seiner Apotheke und damit zu neuen Reisen und Projekten. Im Juni 1827 siedelte die Familie schließlich nach Swinemünde über; in der dortigen Apotheke – einem »Spukhaus« mit endlos hohem Dach –, in den Sanddünen des Ostseestrandes und am »Bollwerk« – der Uferstraße des Hafens von Swinemünde – verlebte Fontane eine frohe und ungezwungene Jugend. Noch als Greis erinnerte er sich gern dieser Zeit: »Es gibt doch wirklich eine Art genius loci*«, so schrieb er am 22. Oktober 1890 an Georg Friedlaender, »und während an manchen Orten die Langeweile ihre graue Fahne schwingt, haben andre unausgesetzt ihren Tanz und ihre Musik. Diese Beobachtung habe ich schon als Junge gemacht; wie spießbürgerlich war mein heimatliches Ruppin, wie poetisch das aus bankrotten Kaufleuten bestehende Swinemünde, wo ich von meinem siebenten bis zu meinem zwölften Jahre lebte und nichts lernte. Fast möchte ich hinzusetzen ›Gott sei Dank‹. Denn das Leben auf Strom und See, der Sturm und die Überschwemmungen, englische Matrosen und russische Dampfschiffe, die den Kaiser Nikolaus brachten – das war besser als die unregelmäßigen Verba, das einzig Unregelmäßige, was es in Ruppin gab. Ja, Swinemünde war herrlich ...« Fontanes köstliches Erinnerungsbuch »Meine Kinderjahre«, das er im Alter niederschrieb, beschwört die glücklichen Swinemünder Jahre herauf.*

Sie gingen für ihn im April 1832 zu Ende, als der Knabe,

der bisher vornehmlich vom Vater nach dessen »sokratischer Methode« unterrichtet worden war (auch dafür gibt er in »Meine Kinderjahre« entzückende Proben), auf das Gymnasium nach Neuruppin geschickt wurde. Er vertauschte es bereits im Herbst 1833 mit der Klödenschen Gewerbeschule in Berlin; hier wohnte er bei seinem Onkel August, jüngstem Sohne aus der zweiten Ehe seines Großvaters Pierre Barthélemy Fontane. Onkel August war ein kleines Genie in der Kunst, die Zeit totzuschlagen; Fontane erzählt später in seinem zweiten Erinnerungsbuch »Von Zwanzig bis Dreißig« von diesem Lebenskünstler: »Da war alles auf Schein, Putz und Bummelei gestellt; medisieren und witzeln, einen Windbeutel oder einen Baiser essen, heute bei Josty und morgen bei Stehely, nichts tun und nachmittags nach Charlottenburg ins Türkische Zelt fahren – das war so Programm. Wo das Geld dazu herkam, erworben oder nicht erworben, war gleichgültig, wenn es nur da war.«

Ostern 1836 kam es zur Katastrophe. Der Haushalt von Onkel August und Tante Pinchen – einer ehemaligen Schauspielerin – brach endgültig zusammen; Fontane wurde vom Vater als Lehrling in die Rosesche Apotheke in Berlin (Spandauer Straße) gegeben. Abermals begann ein neuer Lebensabschnitt für ihn, ohne daß ein alter »ordnungsgemäß« beendet worden wäre. Die Schule verließ er ohne Abschluß, aber – was wichtiger ist – auch ohne Respekt für jede Art von Schulwissen, von geistiger Autorität. Es schien, daß die liebenswürdig-leichtsinnige Art des Vaters in ihm endgültig den Sieg davontragen sollte über Pflichtbewußtsein, Arbeitssinn und Ordnungsliebe, die Erbteile der Mutter. Die nachträgliche Bilanz, die er sechzig Jahre später in »Von Zwanzig bis Dreißig« über jene erste Etappe seines Lebens zieht, klingt gefährlich genug:

»Ich war unter Verhältnissen großgezogen, in denen überhaupt nie etwas stimmte. Sonderbare Geschäftsführungen und dementsprechende Geldverhältnisse waren an der Tagesordnung. In der Stadt, in der ich meine Knabenjahre verbracht hatte – Swinemünde –, trank man fleißig Rotwein und fiel aus einem Bankrutt in den anderen, und in unsrem eignen Hause, wiewohl uns Katastrophen erspart blieben, wurde die Sache gemüt-

lich mitgemacht, und mein Vater, um seinen eigenen Lieblingsausdruck zu gebrauchen, kam aus der ›Bredouille‹ nicht heraus. Trotz alles jetzt herrschenden Schwindels möcht' ich doch sagen dürfen: die Lebensweise des mittelguten Durchschnittsmenschen ist seitdem um ein gut Teil solider geworden. Reell und unreell hat sich strenger geschieden. Alles in allem hatte ich, wenn ich von meiner Mutter – die aber ganz als Ausnahme dastand – absehe, so wenig geordnete Zustände gesehn, daß mir die Vorgänge mit Onkel August, sosehr sie mich momentan erschüttert hatten, unmöglich einen besonderen moralischen Degout, am wenigsten aber einen nachhaltigen, hätten einflößen können. Meine jetzt grenzenlose Verachtung solcher elenden Wirtschaft trägt leider ein ziemlich verspätetes Datum.«

DREIZEHN JAHRE ALS APOTHEKER
LITERARISCHE ANFÄNGE, DER »TUNNEL«

1836–1849

Von Ostern 1836 bis zum Herbst 1849 blieb Fontane Apotheker. Im Dezember 1839 machte er sein Gehilfenexamen und verließ im Herbst 1840 Berlin und den alten Wilhelm Rose, seinen Lehrprinzipal. In den folgenden Jahren »konditionierte« er in verschiedenen Apotheken in Burg, Leipzig und Dresden. Briefe Fontanes aus diesen Jahren sind nicht überliefert. Dagegen findet sich ein interessantes Urteil über ihn in dem Briefe eines Bekannten aus der Dresdener Zeit; dieser, Ernst Kersting, schreibt am 15. September 1842 an seine Mutter über Fontane: »Er ist höchst liebenswürdig durch seine offene, stets gleichbleibende, sanfte Freundlichkeit, hat einigen Witz und einen großen Hang zu poetischer Schwärmerei. ... Und das beste für seine Achtbarkeit ist, daß er bei alledem ein recht tüchtiger Apotheker ist.«

Von Dresden siedelte Fontane nach abermaligem kurzem Aufenthalt in Leipzig (vgl. die Autobiographie im Brief an Schwab vom 18. April 1850, S. 56) ins Oderbruch über, wo der Vater jetzt in Letschin eine Apotheke besaß. Auch in den folgenden Jahren kehrte Fontane immer wieder – zu Arbeit, Studium oder Muße – nach Letschin zurück und durchstreifte von hier aus die Landschaft des Oderbruchs. Sein erster Roman »Vor dem Sturm« wie auch die Kriminalerzählung »Unterm Birnbaum« werden später von diesen Kenntnissen zehren.

1844/45 absolvierte Fontane sein Militärjahr beim Kaiser-Franz-Regiment in der Neuen Friedrichstraße in Berlin, reiste auch zwischendurch – im Sommer 1844 – mit einem Ruppiner Freunde zum erstenmal nach England. Ab Johanni 1845 war er dann wieder im Beruf; zuerst in der »Polnischen Apotheke« des Medizinalrates Schacht in der Friedrichstraße, ganz in der Nähe der Linden, sodann ab Spätherbst 1847 – nachdem er schließlich doch das Provisorexamen abgelegt hatte und wider Erwarten des Vaters nicht durchgefallen, sondern »durchgeschlüpft« war – in der Jungschen Apotheke, Ecke der Neuen Königs- und Georgenkirchstraße, unweit vom Alexanderplatz. Hier erlebte er die Märzwochen des Jahres 1848.

Die revolutionären Ereignisse forderten ihn zu lebhafter Teilnahme heraus; er wollte dabeisein, mitkämpfen, mitstürmen, vor allem aber: beobachten. In seiner Apotheke fürchtete man ihn schon seit geraumer Zeit als verkappten Revolutionär, nicht zuletzt wegen einer Reihe von Zeitungsaufsätzen, die er in einem liberalen Blatte veröffentlicht hatte. Schwungvoll, in ehrlicher Begeisterung trat er in seinen Artikeln für eine einheitliche deutsche Republik ein; noch am 31. August 1848 schrieb er in der »Zeitungshalle«:

»Die deutschen Stämme werden mehr und mehr erkennen, daß ihre Interessen dieselben sind, die Scheidewände werden fallen mit den Dynastien, und Deutschland wird groß, frei und einig sein.

Die Auferstehung Deutschlands wird schwere Opfer kosten. Das schwerste unter allen bringt Preußen. Es stirbt. Jeder andere Staat kann und mag in Deutschland aufgehen; gerade Preußen muß darin untergehen ...

Bayern, Sachsen, Schwaben, sie werden in Deutschland aufgehn; der großen deutschen Republik werden diese Namen nicht fehlen. Aber eine preußische Republik ist eine Unmöglichkeit; Preußen muß zerfallen.«

Ein Apotheker mit publizistischen Neigungen? Fontane war seines Berufes schon seit Jahren überdrüssig. Bereits in der ersten Berliner Zeit, beim alten Rose, hatte sein Interesse mehr Gutzkows »Telegraph«, dem Publikationsorgan des »Jungen Deutschlands«, gegolten, mehr einem Lenauverein, einem Platenklub als dem »alten Hagen«, dem Lehrbuch der Pharmazie. Dazu dichtete er selbst fleißig. In Leipzig hatte er dann schon versucht, sich als freier Schriftsteller zu etablieren, und war nur durch das Mißtrauen des Verlegers gegen seine Spenserstrophen dazu veranlaßt worden – wie er in »Von Zwanzig bis Dreißig« erzählt –, sich noch einmal an einen Rezeptiertisch zu stellen. Daß er es hier für Jahre aushielt, ja sogar noch ins Examen stieg, hatte einen besonderen Grund. Theodor Fontane hatte sich verlobt. Es galt, eine materielle Existenz für die Ehe zu schaffen.

Emilie Rouanet war sechs Jahre jünger als Fontane. Ihr Großvater hatte in den sechziger Jahren des 18. Jahrhunderts Frankreich verlassen und war nach abenteuerlichen Umwegen Stadtkämmerer in Beeskow geworden. Noch im Alter scherzte Fontane, seine Frau stamme »ihrem ganzen Menschen nach halb aus Beeskow und halb aus Toulouse«, wobei er »Toulouse« den Vorzug gab. – Emilie, ein uneheliches Kind, war in ihrem vierten oder fünften Jahre von dem »Rat« Kummer, einem Erfinder und Projektemacher aus der Sphäre Onkel Augusts, adoptiert worden. Bei Onkel August hatte sie Fontane schon als Gewerbeschüler kennengelernt; später verlor er sie aus den Augen und begegnete ihr erst 1844 wieder. Hatte sie einst einem Räuberkind aus den Abruzzen geglichen, so war sie jetzt ganz verändert: »Nicht bloß das Abruzzentum war hin, auch die mildere Form: das Südfranzösische hatte sich beinah ganz verflüchtigt, und die tiefliegenden dunklen Augen, die mir, ohne schwarz zu sein, immer kohlschwarz erschienen waren, sahen jetzt in dem hierlandes üblichen Halbgrau hell und lachend in die Welt hinein. Alles in allem, beweglich und ausgelassen, vergnügungsbedürftig und zugleich arbeitsam, war sie der Typus einer jungen Berlinerin, wie man sie sich damals vorstellte. Sie hatte sich vergleichsweise sehr verhübscht, aber von ihrer Rassenhöhe war sie ziemlich herabgestiegen – wohl zu ihrem und meinem Glück. Wir nahmen den alten herzlichen Ton gleich wieder auf, und die Leute wußten bald, was daraus werden würde« (»Von Zwanzig bis Dreißig«).

Anderthalb Jahre später, am 8. Dezember 1845, feierte Onkel August seinen Geburtstag. Fontane berichtet: »Während der ersten Nachmittagsstunden erhielt ich, in Dreiecksform, einen in ungemein zierlichen, aber etwas schulmäßigen Buchstaben geschriebenen Brief, der dahin lautete: ›Lieber Freund. Ich war eben zur Gratulation bei Ihrem Onkel und erfuhr zu meinem Bedauern, daß Sie durch Ihren Dienst verhindert sind, die heutige Geburtstagsfeier mitzumachen. Ich meinerseits werde da sein, bin aber in einiger Verlegenheit wegen des Nachhausekommens. Ich denke, Ihr Bruder soll mich um 10 bis an Ihre Apotheke begleiten, von wo aus Sie wohl den Rest des Weges übernehmen. Ihre Emilie Kummer.‹

Und so kam es. Gleich nach 10 Uhr, von wo ab ich frei war, war das Fräulein da. Der noch zurückzulegende Weg war nicht sehr weit, aber auch nicht sehr nah: die ganze Friedrichstraße hinunter bis ans Oranienburger Tor und dann rechts in die spitzwinklig einmündende Oranienburger Straße hinein, wo die junge Dame in einem ziemlich hübschen, dem großen Posthof gegenübergelegenen Hause wohnte. Da wir beide plauderhaft und etwas übermütig waren, so war an Verlegenheit nicht zu denken, und diese Verlegenheit kam auch kaum, als sich mir im Laufe des Gespräches mit einem Male die Betrachtung aufdrängte: ›Ja, nun ist es wohl eigentlich das beste, dich zu verloben.‹ Es war wenige Schritte vor der Weidendammer Brücke, daß mir dieser glücklichste Gedanke meines Lebens kam, und als ich die Brücke wieder um ebensoviele Schritte hinter mir hatte, war ich denn auch verlobt. Mir persönlich stand dies fest. Weil sich aber die dabei gesprochenen Worte von manchen früher gesprochenen nicht sehr wesentlich unterschieden, so nahm ich plötzlich, von einer kleinen Angst erfaßt, zum Abschiede noch einmal die Hand des Fräuleins und sagte ihr mit einer mir sonst fremden Herzlichkeit: ›Wir sind aber nun wirklich verlobt.‹«

Es war – äußerlich gesehen – alles andere als eine »gute Partie«. Aber Fontanes Mutter hatte doch recht gesehen, als sie, nach der ersten Vorstellung der künftigen Schwiegertochter, zu ihrem Sohne sagte: »Du hast Glück gehabt, sie hat genau die Eigenschaften, die für dich passen.«

Es wurde eine gute Ehe, trotz allem. Frau Emilie hat es ihrem Manne oft nicht leicht gemacht. Seine schriftstellerische Laufbahn, mehr noch sein Dichtertum betrachtete sie lebenslang mit großer Skepsis; noch im Alter zog sie den jungen Gerhart Hauptmann beiseite und spöttelte: »Da hält er sich nun immer für einen Dichter ... und er ist nun doch einmal kein Dichter, nein wirklich, er ist doch keiner.« Aber sie hatte es auch nicht immer leicht mit ihm. Wir wissen von Fontanes nervöser Reizbarkeit, seiner Sensibilität, seiner Anfälligkeit für körperliche und seelische Depressionen. Der alte Fontane erkannte, daß er in seiner Lebensgefährtin schließlich doch den Menschen gefunden hatte, dessen eine prekäre und gefährdete Existenz wie die seine bedurfte. »Um nur zwei Dinge zu nennen«, so schreibt er in »Von

Zwanzig bis Dreißig«, »sie hat mir alle Bücher und alle Zeitungen vorgelesen und hat mir alle meine von Korrekturen und Einschiebseln starrenden Manuskripte abgeschrieben, also, meine dicken Kriegsbücher mit eingerechnet, gute vierzig Bände. Sie war vor allem auch eine Haushälterin von jener nicht genug zu preisenden Art, die Sparsamkeit mit Ordnungssinn und Helfefreudigkeit verbindet. Eine richtige Sparsamkeit vergißt nie, daß nicht immer gespart werden kann; wer immer sparen will, der ist verloren, auch moralisch.

Ich muß aber auf die Gefahr hin, mich in ein komisches Licht zu stellen, noch weiteres an meiner Ehehälfte loben, und zwar ihr Temperament, ihren ausgesprochen ästhetischen Sinn, ihre Naivität und nicht zum wenigsten ihre Unlogik.«

Die Korrespondenz Theodor Fontanes mit seiner Frau – und sie wurde seine wichtigste Gesprächspartnerin auch im brieflichen Verkehr – zeigt, wie es diese Eigenschaften waren, die ihn in seinen Briefen an sie immer von neuem stimulierten.

Vorerst, 1845, war freilich an eine Eheschließung nicht zu denken. Fast fünf Jahre mußten beide warten. Brautbriefe Fontanes aus dieser Zeit sind uns nicht erhalten – mit einer Ausnahme (s. S. 44). Alle übrigen wurden auf Geheiß Emilie Fontanes nach ihrem Tode ungelesen vernichtet.

In dasselbe Jahr, in dem Fontane aufs neue mit Emilie Rouanet-Kummer zusammengetroffen war, fällt noch ein anderes für ihn bedeutungsvolles Ereignis: er trat der Berliner Künstlervereinigung »Der Tunnel über der Spree« bei. Eingeführt wurde er durch Bernhard von Lepel. Mit Lepel verband Fontane schon seit Jahren eine feste Freundschaft; sie hatte ihren Grund in den beiderseitigen poetischen Bemühungen, war als Dichterfreundschaft angelegt von Anfang an. Daran änderte sich auch nichts, als der Berufsoffizier von Lepel Ostern 1844 auf ein Jahr der Vorgesetzte des Einjährig-Freiwilligen Fontane im zweiten Bataillon des Kaiser-Franz-Regimentes in der Neuen Friedrichstraße in Berlin wurde; im Gegenteil – in ebendiese Militärzeit, in den Mai 1844, fällt Fontanes Eintritt in den »Tunnel«. Die Freundschaft mit Lepel währte bis zu dessen Tode 1885 und löste besonders in ihrem ersten Jahrzehnt einen umfangreichen Briefwechsel aus; noch als Greis bekannte Fontane, das Briefschreiben von Lepel gelernt zu haben. Dieser Briefwechsel enthält die wertvollsten Materialien über Fontanes Leben, Denken und Dichten bis zum dritten Londoner Aufenthalt, der im Herbst 1855 begann. Im Sommer 1858 reisten Fontane und Lepel gemeinsam nach Schottland.

In dem Erinnerungsbuche »Von Zwanzig bis Dreißig« hat Fontane dem Freunde ein umfangreiches Kapitel gewidmet, in dem er ihn als »wirklichen Humoristen« – »von jener feinsten Art, die meist gar nicht verstanden oder wohl gar mißverstanden wird« – feiert. Fontane faßt zusammen:

»Durch mehr als vierzig Jahre hin bin ich an meines alten Lepels Seite gegangen. Blick' ich auf diesen langen Abschnitt zurück, so drängt sich's mir auf, daß sein Leben ein zwar interessantes und zeitweilig auch glückliches, im ganzen aber doch ein verfehltes war. Es war ihm nicht beschieden, an die rechte Stelle gestellt und an dieser verwendet zu werden. Daß er als Offizier in der Garde begann, war gut, und daß er Italien erst in Land und Leuten und dann, durch immer wiederholten Aufenthalt, auch in Kunst und Sprache genau kennenlernte, das war noch besser. Aber daß er mit dreißig Jahren den Abschied nahm, um sich von einem so frühen Zeitpunkt ab nicht gerade beschäftigungs-, aber doch ziel- und steuerlos umhertreiben zu lassen, mal als Landwirt und mal als Dramatiker, mal auch als Erfinder und Tiftler – er suchte das Perpetuum mobile und ›hatte es auch beinahe‹ –, das alles war beklagenswert und um so beklagenswerter, als in ihm ganz klar vorgezeichnet lag, was er hätte werden müssen. Er war der geborene Hofmarschall eines kleinen kunst- und wissenschaftsbeflissenen Hofes und würde da viel Gutes gewirkt haben. Er besaß für eine solche Stellung nicht weniger als alles: ein verbindliches und doch zugleich dezidiertes Auftreten, Stattlichkeit der Erscheinung, natürliche Klugheit, Wohlwollen, Erzähler- und Rednergabe, Sprachkenntnis und vor allem die Gabe, Festlichkeiten mit Kunst und Geschmack zu inszenieren. Er wußte recht gut, daß diese Dinge nicht die Welt bedeuten; aber er nahm sie doch auch nicht als bloße Spielerei, wodurch alles, was er auf diesem Gebiete tat, eine gewisse höhere Weihe empfing.«

Durch den »Tunnel« gewann Fontane für seine literarische

Neigung, die aus einer Liebhaberei immer mehr zu einem Beruf und einer Berufung wurde, das Forum, dem er über ein Jahrzehnt durch Dichtung und Kritik verpflichtet blieb; auch seine Korrespondenz in diesem Jahrzehnt wurde durch den »Tunnel« bestimmt. »Der ›Tunnel‹, oder mit seinem prosaischeren Namen der ›Berliner Sonntagsverein‹«, so erzählt Fontane in »Von Zwanzig bis Dreißig«, »war 1827 durch den damals in Berlin lebenden M. G. Saphir gegründet worden. Diesem erschien in seinen ewigen literarischen Fehden eine persönliche Leibwache dringend wünschenswert, ja nötig, welchen Dienst ihm, moralisch und beinahe auch physisch, der Tunnel leisten sollte. Zugleich war ihm in seiner Eigenschaft als Redakteur der ›Schnellpost‹ an einem Stamm junger, unberühmter Mitarbeiter gelegen, die, weil unberühmt, an Honoraransprüche nicht dachten und froh waren, unter einer gefürchteten Flagge sich mitgefürchtet zu sehen. Also lauter ›Werdende‹ waren es, die der Tunnel allsonntäglich in einem von Tabaksqualm durchzogenen Kaffeelokale versammelte: Studenten, Auskultatoren, junge Kaufleute, zu denen sich ... alsbald auch noch Schauspieler, Ärzte und Offiziere gesellten, junge Leutnants, die damals mit Vorliebe dilettierende Dichter waren, wie jetzt Musiker und Maler. Um die Zeit, als ich eintrat, siebzehn Jahre nach Gründung des Tunnels, hatte die Gesellschaft ihren ursprünglichen Charakter bereits stark verändert und sich aus einem Vereine dichtender Dilettanten in einen wirklichen Dichterverein umgewandelt. Auch jetzt noch, trotz dieser Umwandlung, herrschten ›Amateurs‹ vor, gehörten aber doch meistens jener höheren Ordnung an, wo das Spielen mit der Kunst entweder in die wirkliche Kunst übergeht oder aber durch entgegenkommendes Verständnis ihr oft besser dient als der fachgemäße Betrieb ...

Überflog man den zu einem Drittel aus Offizieren und zu einem zweiten Drittel aus adligen Assessoren zusammengesetzten Tunnel, so mußte man – noch dazu nach eben erst erfolgter Niederwerfung einer revolutionären Bewegung – eigentlich mit Sicherheit annehmen, in einem derartig kombinierten Zirkel einem Hort des strengsten Konservatismus zu begegnen. Das war aber nicht der Fall. In dem ganzen Tunnel befand sich, außer Hesekiel, kein einziger richtiger Kreuzzeitungsmann. ...

Die Tunnelleute waren, wie die meisten gebildeten Preußen, von einer im wesentlichen auf das nationalliberale Programm hinauslaufenden Gesinnung, und bis diesen Tag ist es mir unerklärlich geblieben, daß, mit Ausnahme kurzer Zeitläufte, diese große politische Gruppe keine größere Rolle gespielt und sich nicht siegreicher als staatsbestimmende Macht etabliert hat.«

Im »Tunnel« trägt Fontane seine Balladen vor; hier erringt er seine ersten großen Erfolge. »Archibald Douglas« wird zu einer Sensation für den »Tunnel«. Nun werden Fontanes Dichtungen auch einer größeren Öffentlichkeit bekannt. 1846 bringt Cottas hochangesehenes »Morgenblatt für gebildete Leser« in Stuttgart – dasselbe Blatt, wo viele der schönsten Gedichte Mörikes zum ersten Male gedruckt worden sind – anonym Fontanes Balladen »Rizzios Ermordung« und »Der sterbende Douglas«; bereits in den vorhergehenden Jahren, ab 1843, sind hier einzelne Gedichte Fontanes veröffentlicht worden. 1847 folgen die sieben ersten Feldherrnballaden. Auch der Romanzenzyklus »Von der schönen Rosamunde« wird 1850 zuerst im »Morgenblatt« veröffentlicht. Zugleich hat die von dem Tunnelfreund Louis Schneider geleitete Berliner Zeitschrift »Der Soldatenfreund« von 1846 bis 1848 nach und nach ebenfalls die Feldherrnballaden gedruckt. 1850 erscheinen schließlich die beiden ersten Bücher Fontanes: in Berlin die Feldherrnballaden unter dem Titel »Männer und Helden. Acht Preußen-Lieder« (vermehrt um das 1849 entstandene Gedicht »An den Grafen und Märzminister Schwerin«), in Dessau die »Schöne Rosamunde«.

Diese Erfolge bestimmen den Dichter, den Apothekerberuf endgültig aufzugeben. Ein letztes Idyll hat er im Krankenhaus Bethanien erlebt, wo er vom Juni 1848 bis zum Oktober 1849 zwei Krankenschwestern in Pharmazie ausbildet. Im Oktober 1849 wird Fontane freier Schriftsteller.

An Bernhard v. Lepel   Berlin, September 1845

Zu meinem Bedauern hab ich Dich heut abend verpaßt, wennschon mein Besuch nur eine Stippvisite von 2 Minuten gewesen wäre.

Am Sonntag verhindert mich der Geburtstag meiner Mutter, im »Tunnel« zu erscheinen; wann ich Dich zu Hause treffe, ist vermutlich prekär, daher eine Bitte: komm nach der Sitzung, wo Deiner unzweifelhaft Lorbeerkränze harren, in die Wohnung meines Onkels, Hausvogteiplatz 4 oder 5 (im Timmschen Hause, Du kannst nicht fehlen), und hole mich zu einem Spaziergang oder sonst dergleichen ab. Du gewährst doch?!

Dein
Th. Fontane

Im April 1846 reiste Lepel nach Italien; seinen Reisebericht an Fontane las dieser am 2. August 1846 im »Tunnel« vor.

AN BERNHARD V. LEPEL   Berlin, 27. Juli 1846

Mein lieber Lepel.

Heut mittag empfing ich Deinen lieben Brief; Gott sei Dank nach Tisch, sonst hätt ich entweder vor Freude gar nicht gegessen oder doch – vertieft in meine Lektüre – Talg statt Brühe vorgefunden. Seit langer Zeit hab ich keine so aufrichtige Freude empfunden als beim Lesen Deiner flüchtigen Zeilen; gerade ihre Flüchtigkeit ist ihr Reiz. Hättest Du mehr Muße gehabt oder sie Dir genommen und wärst Du auf die unglückliche Idee gekommen zu beschreiben, was sich überhaupt schwer beschreiben läßt, am wenigsten aber in wenigen Zeilen, so wäre Dein Brief nichts andres gewesen als eine blasse Kopie dessen, was ich in jeder Reisebeschreibung finden kann; so aber hab ich in jeder Zeile *Dich*, gleichviel ob Du dem alten Landolina Deine Platenbegeisterung in die Ohren brüllst oder den Erweiterer unserer Sprache, den großen Schöpfer des Wortes »Mutterpulle« zu gleicher Zeit bedauerst und belachst – und das ist es, was einem *Briefe* allemal seinen höchsten Reiz verleiht, daß einem aus jedem Wort der Schreiber leibhaftig vor die Augen tritt. – Aber Du willst gewiß keine Elogen über Deinen Brief hören; selbst wenn Du weniger bescheiden wärest, wie Du's bist, würde Dir – Hunderte von Meilen von der Heimat entfernt – an einer Abschrift der Totenlisten aus dem Vogtland oder an einem halbwegs Berliner Witze mehr gelegen sein als an den dicksten

Lobeserhebungen, und wären sie so kernig wie die des Dr. L. (Lange) in beiliegendem Schnitzel aus der »Vossischen Zeitung«. – Ich will Dir erzählen zuerst von Berlin, dann vom »Tunnel« und schließlich von mir selbst.

Berlin. Außer dem sich Rädernlassen vermittelst der Lokomotive (Polka-Tod genannt), was jetzt hier Mode ist wie das Ersticken durch Kohlendampf vor einigen Jahren in Paris, hat sich hier nichts Neues eingeschlichen. Am politischen Himmel droht dann und wann ein Komet mit Krieg, bei genaurer Betrachtung aber ergibt sich das untrügliche Zeichen als Rakete oder, um wortspielig zu werden: es waren Schwärmer, die den blinden Lärm veranlaßten. Die Polen sind eingesteckt, totgeknutet oder wohlverpackt nach Sibirien geschickt; was in der Heimat noch vegetiert, bringt Toaste auf den Kaiser aus, die – mirabile dictu – ziemlich ehrlich gemeint sind, da das Benehmen der österreichischen Regierung allen Haß gegen diese gekehrt und so was wie Sympathien für Rußland veranlaßt hat. Die Schleswig-Holsteiner zweckessen, toasten und petitionieren, was das Zeug halten will, appellieren (vielleicht nach zu gutem Zweckessen) an den Deutschen Bund und lechzen nach der Wonne, sich lediglich Deutsche nennen zu dürfen. Bescheidene Ansprüche! In Baden wird vortrefflich räsonniert; so geschieht's mehr oder minder im ganzen Lande, aber überall bleibt's beim alten, oder der Krebsgang macht ungeniert seinen Fortschritt. – Hier hofft man mal wieder auf Revolution; die Geschichte mit dem Zentralverein, der zum Operieren mit Waffen Gelegenheit bieten sollte, schlug fehl; die Lichtfreunde, deren atheistische und radikale Rädelsführer mehr als eine religiöse Reform beabsichtigten und schon den Tag der Schlacht berechneten, machten sich schließlich lächerlich; jetzt hoffen die Häupter der haupt-, oft auch wohl kopflosen Opposition, die Geldnot zum Hebel zu machen, um endlich die wackligen Throne vollends zu Fall zu bringen. Die Geldnot ist da; der König hat nichts, und der Handwerker dito; wo die Summen stecken, weiß kein Mensch, man weiß nur ... sie fehlen. Der Verschwendungssucht des Königs, die den Staatsschatz von 75 Millionen bis auf den letzten roten Silbergroschen vermöbelt haben soll, schiebt man die *Staats*verlegenheit in den Schuh; dummen oder doch zur Unzeit erschienenen Gesetzen, die das Vertrauen erschütterten und rein gar nichts halfen, gibt man schuld, die Verlegenheit des *einzelnen* herbeigeführt zu haben. Unter allen Umständen also ist das Staatsoberhaupt der Sündenbock: das Herausrücken einer Konstitution soll seine geringste Strafe sein; so ist's beschlossen, das entrüstete Volk wird nach Freiheit schrein, um den König zu – ärgern, da sein Geschrei nach Geld beim besten Willen und aus dem einfachsten Grunde nicht berücksichtigt werden könnte. – Die Konfusion in unsren Finanzen wird bald sprichwörtlich werden, wie die von Anhalt-Köthen; Flottwell soll seinen Abschied als Finanzminister mit den Worten gefordert haben: »Majestät, wo keine Finanzen mehr sind, ist ein Finanzminister überflüssig!« Man könnte allerdings auch sagen: »umgekehrt!«; alle großen Finanzleute schufen Geld – wie Gott die Welt – aus nichts.

Ich sagte eben: das Volk wird eine Konstitution *fordern,* um den König zu ärgern; erstlich ist es noch nicht so weit, und eh es so weit kommt, vielleicht schon in den nächsten Monaten, wird der König eine Konstitution *geben*. Dann mögen wir uns ärgern! Diese Konstitution liegt schon fix und fertig in seinem Pult und ist nicht aus Furcht vor dem Volke, sondern aus gänzlicher Verachtung des Volkes hervorgegangen. Das Volk nämlich soll darin zu einer Komödie, die statt mit einer Ehe mit einem glücklichen Pump schließt, mißbraucht werden, und es zeugt von Verachtung des Volkes, ihm eine *solche* Rolle anzuweisen. Die Konstitution lautet nämlich: die Stände haben das Recht, *Steuern* und *Anleihen* zu *bewilligen,* nicht etwa zu verweigern. Weil sich Rothschild geweigert hat, ohne Garantie von seiten des Volkes Millionen vorzustrecken, gibt man dem Volk eine Konstitution, damit der König mit Volkserlaubnis – *pumpen* und *besteuern* kann. – Genug von der Politik. In Kunst und Wissenschaft, auch auf der Bühne macht keiner groß von sich sprechen. H. Heine ist aller Sinne beraubt, ein trauriger Krüppel; Du wirst das aus den Pariser Blättern vielleicht ersehen haben; Lenau ist nach wie vor wahnsinnig. Geibel soll in Dresden sein – das wären stümperhafte Personalnachrichten; bedeutende Werke sind nicht erschienen; auch der Theaterenthusiasmus ist seit den Zeiten der Lind tot. . . .

Jetzt zum »*Tunnel*«. Es ist halt Sommer, das sagt viel, wenn auch nicht alles. Es wird jetzt viel mehr geschnackt, gekannegießert und zu Anekdoten gegriffen als wahrhaft getunnelt. Cook und ich haben vielleicht jeder ein halb Dutzend Sachen vorgetragen, wovon die Hälfte als »recht gut« befunden wurde; über etwas Bedeutenderes hab ich Dir nicht zu berichten. Außer den »Kapiteln« unsres guten Bürger und den uninteressanten Sachen einiger Runen ist überhaupt kaum etwas gelesen worden. Ein Lustspiel Fouqués (v. Wimpffen), das neulich abgehaspelt wurde, fiel durch; Schneider schlief beim dritten Akte ein; – Petrarca brachte gereimtes Zeug, aber kein Gedicht; Carnot fand es gut, ich dachte: »soll dir auch nicht darauf ankommen«, und sagte »dito!«, am liebsten hätt ich mein Urteil mit dem Worte: »Spucke!« ausgedrückt. . . .

Nun schließlich von *mir*. Ich lebe noch, aber recht oft ist's kaum so zu nennen. In den nächsten Tagen werd ich zum ersten Mal ins Examenfeuer geführt und komm dann nicht vor Weihnachten wieder zur Ruhe.

Mit roter Tinte quer geschrieben auf den ersten Bogen:

Die Aussicht auf ein Examen macht niemals guter Laune; bei mir kommt noch das Unsichere des Ausganges und die Abneigung gegen die botanischen Studien hinzu, um meine Stimmung zu verschlechtern. Meine heitere und witzige Braut könnte jetzt den günstigsten Einfluß auf mich üben, aber ihre Familie ist von den schwersten Sorgen selbst so niedergedrückt, daß mir's ein Festtag dünkt, wenn ich sie mal herzlich lachen und voll guten Humors sehe. An Verseschreiben ist jetzt gar nicht zu denken; und doch hab ich eine Menge Stoff schon aufgespeichert, so viel, daß ich ihn neulich zu Papier brachte, weil ich trotz allen Vertrauens zu meinem Gedächtnis doch *solche* Kraft bezweifelte. In den ersten Monaten des nächsten Jahres soll mit Gottes und der Musen Hülfe das Beste aus dem Rohstoff sauber verarbeitet werden. Meine Aussichten für die Zukunft sind die alten, d. h. gar keine. Das Vermögen wird mit jedem Tage geringer, die Schulden wachsen und die Kunst, Gold zu machen, hab ich bei meinen chemischen Arbeiten noch nicht weggekriegt. Ich spekuliere jetzt auf eine Anstellung bei der Eisenbahn; sowie ich

500 rth jährlich habe, schaff ich ein Paar zweischläfriger Bettstellen an, und die Sache geht vor sich.

AN BERNHARD V. LEPEL   Berlin, 17. September 1848

Daß Du mich neulich verfehlt, hab ich aufrichtig bedauert. Du bist ein so seltner Gast geworden, daß es Pech ist, gerade dann nicht zu Hause zu sein, wenn das Glück mal an die Türe klopft. Vor allen Dingen sei überzeugt, daß – Du magst alljährlich oder alltäglich kommen – ich stets »Herein!« rufen werde, wenn Du da bist. Unsre Lebenswege scheinen auseinanderzulaufen; mein Herz ist dasselbe geblieben; ich bin überzeugt, auch das Deine.

Ein Sonnenstrahl des Glücks hat mich getroffen. Ich bin in Bethanien bei *freier Wohnung und Station* mit 20 Reichstalern monatlich angestellt. Nur während zweier Mittagsstunden hab ich in der Apotheke zu arbeiten; die übrige Zeit ist mein. Du kannst Dir denken, wie viele Pläne und Hoffnungen ich an diese Muße knüpfe.

Unter diesen Hoffnungen ist *die* nicht die kleinste: *Dich oft bei mir zu sehn*. Ich wohne vom 1. Oktober ab in dem Doktorhause (parterre) neben dem Hauptgebäude selbst. Mein Zimmer ist anständig und darf sich selbst nicht scheuen, einem Premierlieutenant a. D. die Ecke am Ofen anzubieten. . . .

AN BERNHARD V. LEPEL   Berlin, 21. September 1848

Bethanien hat es noch nicht bis zu Briefpapier gebracht, verzeihe deshalb das Exterieur eines Briefes, das Dich vielleicht an die Herzensergüsse Deines oft belachten Straußberger Vetters erinnert. Beiläufig: wie geht es dem würdigen Mann? Schreibt er noch immer an seinen »lieben Bernhard«?

Ich bin nicht in der Stimmung, auf Deinen unendlich friedlichen Brief, der nach Abgeschiedenheit und nach jedem beliebigen Jahrgang – – nur nicht nach 1848 schmeckt, einzugehn; die Ereignisse der letzten Tage: der Wrangelsche Armeebefehl und das Ministerium »Pfuel, Eichmann, Bonin« erklären geradezu die Konterrevolution und fordern zum Kampf heraus.

Was auch der Ausgang desselben sein mag, ich *wünsche ihn*

und bin außer mir, jenes herrliche Mittel zu entbehren, ohne welches jede Beteiligung eine Unmöglichkeit ist.

Mit dürren Worten: hast Du nicht auf väterlicher Rumpelkammer eine alte, aber gute Büchse? Ich fordre es von Dir als einen Freundschaftsdienst, mich nicht im Stich zu lassen, wenn Du meinen Wunsch erfüllen *kannst*, und sehe einigen Zeilen, noch lieber aber dem Muskedonner in Person entgegen. Lache nicht, die Sache hat ihre sehr ernsthafte Seite. Wär ich nicht, wie immer, in Geldverlegenheiten, ich würde mir auf die einfachste Weise helfen und nicht einen so sonderbar klingenden Wunsch (manchem würd er nach Renommisterei schmecken) Dir ans Herz legen.

Vielleicht wird alles anders, als es den Anschein hat, und auch mein Fieber geht wieder vorüber. Dann sollst Du nach langer Zeit mal wieder von dem Poeten hören; aber der Augenblick erheischt Taten, oder doch Wort *und* Tat. Schande jedem, der zwei Fäuste hat, mit Hand ans Werk zu legen, und sie pomadig in die Hosentasche steckt. Hätt ich Zeit und namentlich Geld, ich wäre ein Wühler comme il faut, denn alles ist faul und *muß* unterwühlt werden, um im ersten Augenblick die Mine springen lassen zu können. Ich bedaure, zu so winziger Tätigkeit verdammt zu sein, aber was ich leisten *kann*, das *will* ich doch auch leisten, und deshalb stöbre nach und bewahrheite das alte: wer da suchet, der wird finden.

Lepel antwortete auf diesen Brief am 22. September 1848:

... *Ich* huldige der Konstitution, *Du* der Republik; *ich* habe mich vom Kampfplatz zurückgezogen, *Du* bist ein Mann der Tat; *ich* soll erröten bei Deinem Ausruf »Schande jedem, der zwei Fäuste hat, mit Hand ans *Werk* (Freund, Du meinst kein edles) zu legen, und sie pomadig in die Hosentasche steckt«, *Du* forderst mich auf, Dir eine Waffe zu geben, mit der Du vielleicht aus Freundschaft die Pflicht, die *ich* verabsäume, mit übernehmen willst. Zwei so verschiedene Leute – dies würde der Argwohn aus Deinem Brief lesen – können im Jahr 1848 keine Freunde sein, also auseinander mit ihren Herzen, die nur der Gesang zusammengeführt hatte, der jetzt kein Recht mehr hat zu leben. Dies alles würde der Argwohn sagen; aber das *Ver-*

trauen, das selbst da *weiß* sieht, wo die Farbe vielleicht blutrot ist, weil es weiß sehn *will*, das *Vertrauen* betrachtet Deinen Brief anders und rechnet ihn zu den Dir eigentümlichen sanguinischen Ergüssen, die so voll Eifers sind, daß Du vor lauter Eifer *nicht siehst*, also *rechenschaftslos* über Deine Worte bist. Ich bin von den Deinigen, ich weiß es, nicht der einzige, der schon öfter darunter litt; aber so wie diesmal noch nie....

An Bernhard v. Lepel Berlin, 12. Oktober 1848
Bethanien

... Glaube mir, mein lieber Lepel, daß bei den letzten Briefen die wir wechselten, Unbesonnenheit und Taktlosigkeit auf meiner Seite, aller Argwohn aber, wenn auch scheinbar im Recht – auf Deiner Seite war. Dem sei jedoch, wie ihm wolle; so gewiß ich mich des politischen Standpunkts freue, zu dem ich mich endlich empor- (nach Deiner Version: herab-) gearbeitet habe, so fest ich daran festzuhalten gedenke – ebenso bereitwillig gesteh ich zu, daß mein vorletzter, in höchster Aufregung geschriebener Brief unüberlegt und lächerlich war, und bitte ich Dich jedes verletzenden Wortes halber um Entschuldigung.

Ich schrieb Dir, noch von Jung aus, daß ich mir's würde angelegen sein lassen, Dir mit nächstem die Berechtigung meines Standpunktes auseinanderzusetzen. Ich gehe jetzt dazu über.

Ich verkenne nicht, daß das preußische Volk seine Bedeutsamkeit mehr seinen Fürsten als sich selber zuzuschreiben hat: der Große Kurfürst und der Alte Fritz haben Preußen gemacht. Aber schon an diesen beiden Männern tritt der Charakterzug der Hohenzollern: »erst *sie* und dann das Volk« ins grellste Licht, und nur die Unbildung des Volkes einerseits, andererseits die leuchtenden Geistesgaben jener Fürsten sind imstande gewesen, jenes ausgeprägte Herrschergelüst vergessen zu machen. Es kam die Französische Revolution, und der Gottesodem der Freiheit wehte über die Welt. Er berührte auch Preußen; Stein wurde Minister, und in den Jahren der Erniedrigung wurde uns ein wahrhaft königliches Geschenk – die Städteordnung. Es schien, als ob uns der Segen des Jahres 92 treffen sollte ohne seine Greuel. Volksvertretung in zwei Kammern, Steuerbewilligungsrecht, Preßfreiheit – der ganze konstitutionelle Hausrat ward uns in Aussicht gestellt, es war eine Zeit des Schenkens wie in den Märztagen dieses Jahres. Man schenkte, damit es nicht genommen würde. Das Jahr 13 kam; das Volk und *nochmals* und *nur das Volk* befreite sich und seinen König mit. Friedrich Wilhelm III. bekundete damals seine ganze Schwäche und Unbedeutendheit. Die Schlacht bei Belle-Alliance war geschlagen; das Volk pflanzte Freiheitsbäume, in seinem Jubel vergaß es, daran zu denken, daß es auch innere Feinde gibt, die ein freies Volk nicht dulden darf. Nicht großgezogen in der Freiheit, noch ohne Sinn und Zunge für ihren Feuerwein – wohl aber, nach Tagen voll Mut und Kraft, von dem verzeihlichen Wunsche beseelt, nun auch in aller Muße des Sieges und seines Teils *daran* sich zu freuen: in dieser Stimmung schlich sich jene politische Flauheit ein, die von der königlichen Herrschsucht so schnöde mißbraucht und der Grund zu allen Kämpfen wurde, deren kleinsten Teil wir erst bestanden haben. Der Sturz Humboldts und Boyens, die Beseitigung aller freisinnigen, ehrlichen Männer, die dem Volke nun auch geben wollten, was ihm versprochen war, die Metternichsche Politik und, als ihre Blüte, die Karlsbader Beschlüsse, alle diese Einzelheiten sind Schandflecke auf den Purpurmänteln unsrer Fürsten. Ich weiß, daß milde Seelen bemüht gewesen sind, dies geizige Zurückhalten mit der Phrase zu entschuldigen: »Das Volk war noch nicht reif«; ich aber erwidere darauf: »*Ein gutes und gesittetes Volk ist immer reif für die Freiheit.*« Wir haben jetzt eine konstitutionelle Monarchie, und – mag man über unsre Zustände denken, wie man will – kein Mensch wird behaupten, wir wären nicht reif dafür oder unsre Unreife wäre der Quell aller Wehen dieser Zeit. Und ich sage Dir, lieber Lepel, wenn wir noch heut am Tage 37 Fürsten nach Van-Diemensland schicken – es geht uns nicht um ein Haar schlechter, wir sparen viel Geld und sind in 8 Tagen auch reif für die schönste Republik. Und wären wir's nicht, was liegt daran – so müßten wir's *werden*, und, auf Wort, wir *würden* es. Scheußliche Verhöhnung, in der Knechtschaft reif für die Freiheit zu werden, schwimmen zu lernen auf dem Trocknen! Nur in der Freiheit wird man frei. Vor grauen Jahren, als die Völker bloße Horden waren, wußten sie nicht umzugehen mit der Freiheit – jenem köstlichen Naß der Traube, das, verschüttet oder mißbraucht – gleich jenem in Auerbachs Keller –, zum höllischen Feuer wird. Der Selbsterhaltungstrieb ließ sie sich freiwillig ihrer Menschenrechte entäußern, und sie folgten blindlings, gedankenlos ihren Führern. Damals hatten »Könige« einen Sinn. Das Volk *wollte* sie und *mußte* sie wollen, weil es ohne sie nicht ging. Auch waren es Leute danach; meist Kerle, die sich gewaschen hatten und ihren Feinden den Pelz dazu. Das ist jetzt anders geworden. Die Völker fordern das Gut zurück, was ihre Vorfahren aus ihren Händen gaben; was jenen Verderben gewesen wäre, soll ihnen Segen tragen. Wer wollte leugnen, daß diese Forderung eine gerechtfertigte sei. Die Fürsten nichtsdestoweniger hatten wenig Lust, in den sauren Apfel zu beißen; – statt einfach darauf zurückzugehn, daß das Volk sie zu Herrn und Königen gemacht habe, verschanzten sie sich hinter ihrer Gottesgnadenschaft und wichen allemal nur der Gewalt. Jacob II. mußte fliehn, Ludwig XVI. blickte so lange sehnsüchtig nach dem Absolutismus zurück, bis ihm der Kopf vom Rumpfe fiel – auch die konstitutionellen Könige des März, so scheint es, haben wenig Lust, von ihren alten Nücken zu lassen. Sie können sich darin nicht schicken, dem Volke sein Darlehn zurückzugeben, sie wollen nichts hören vom »souveränen Volke«, das zu *fordern* hat, sie wollen immer noch schenken – aus Gnade und nach Gefallen. Das Volk kann aber keine Gnade gebrauchen; es will nicht mal »vereinbaren«, sondern es spricht ganz deutlich: »*Das will ich!* Und was noch übrigbleibt, das kannst du behalten.« ...

Ich wende mich jetzt zurück zu dem eigentlichen Streitpunkt: ob Republik, ob demokratische Konstitution? Ich darf hierüber sprechen, denn ich habe monatelang an Deinem Standpunkte festgehalten und nehme meinen jetzigen nur gezwungen durch die gebieterische Macht der Umstände ein. Noch hat der König eine Partei im Lande; – ich stimme Dir bei, es könnte einen blutigen Kampf kosten, aber wenn er nicht in kürzester Zeit sich innig und ehrlich der Demokratie und ihren Prinzipien in die Arme wirft, so *wird* es diesen Kampf kosten, und der Ausgang kann nicht zweifelhaft sein. Es liegt mir an der Freiheit, nicht an ihrer Form im Staate! Ich will keine Republik, um sagen zu können, ich lebe in solcher. Ich will ein freies Volk; Namen tun nichts zur Sache; ich hasse nicht die Könige, sondern den Druck, den sie mit sich führen. Man spielt kein ehrliches Spiel, und darum will ich die Republik. Es gibt keine deutsche Einheit bei 37 Fürsten, und deshalb will ich sie noch einmal. Von dieser letztern Wahrheit bin ich so tief durchdrungen, und das Aufgehn aller Sonderinteressen, jeder kleinen Eitelkeit und aller Vorurteile zur Ehre und zum Ruhme des großen deutschen Vaterlandes ist so sehr Gewissenssache bei mir geworden, daß um des gewaltigen Zweckes willen die Fürsten fallen müßten, und wenn sie Engel wären. Aber sie, die da fallen sollen, sind längst gefallene Engel. . . .

Ich weiß nicht, ob das Sündenregister, das ich Dir aufgeführt habe, in Deinen Augen ausreichend erscheinen wird, um den Verdacht zu rechtfertigen, den ich gegen die Kronenträger im allgemeinen und gegen den unsern insbesondre hege, und doch bin ich der Meinung, daß jeder einzelne Passus hinreichend beweisen würde: »Meine Tat ist faul, sie stinkt gen Himmel.«

Ich breche ab für heut, um so lieber, als ich am Sonntag Gelegenheit haben werde, Dich zu sehn. Da hoff ich mündlich das Fehlende ergänzen zu können. Das eine, denk ich, wirst Du nach Lesung dieser Zeilen zugestehn, daß ich in den Republikanismus nicht von ohngefähr hineingeplumpst bin wie ein Betrunkener in die Pfütze. Du wirst zugeben, daß ich mich zu meinem jetzigen Standpunkt hinauf- oder mindestens zu ihm durchgearbeitet habe. . . .

AN BERNHARD V. LEPEL Berlin, 7. April 1849
Bethanien

Daß Du mich so oft verfehlt hast, tut mir in der Seele leid; ich hätte gern mal wieder bei einer Flasche Rheinwein mit Dir geplaudert. Wenn Du nicht etwa nach Wieck reist, so arrangiere doch solche Zusammenkunft für die nächsten Tage. Es steht uns ja ein gut Teil Stoff zu Gebot, zuviel, um sich brieflich darüber auszulassen. Was die Vorgänge in der politischen Welt angeht, so wird mir's immer klarer, daß wir um die Guillotine nicht drumrum kommen; es muß erst aufgeräumt werden, eh es besser werden kann; die Köpfe, die zu hart sind, müssen fallen; die Pöbelherrschaft ist die Brücke, über die wir fort müssen. Ich ersehne sie nicht, ich rufe sie nicht, aber sie wird kommen, und wir Fortschrittsmänner, die's allezeit gut gemeint haben und deren Ansichten auch zuletzt die geltenden und dauernden sein werden, wir Ärmsten werden inzwischen von den Septembriseurs als rote Reaktionäre gehangen werden.

Die Antwort des Königs ist so unglaublich, daß der Gedanke in mir lebt: was aus dem König spricht und handelt, ist nicht *er*, sondern sein Verhängnis. Ein *freier* Mann, ein *König*, ein Haupt, das seinem bösen Schicksal noch nicht verfallen ist, konnte *so* nicht sprechen. Wohin soll und wird es führen!

Wie steht es mit Deiner Arbeit? Ich habe seit 4 Wochen keine Zeile geschrieben; es ist mannigfaches, was hemmend auf mich wirkt, doch haben die politischen Kämpfe und Wirren nur geringen Teil daran. Hypochondrische Anfälle – halb melancholisches Brüten, halb leidenschaftliches Auffahren – gewinnen immer mehr Macht über mich, so daß ich mitunter überhaupt an mir verzweifle und an dem Poeten nun schon ganz unbedingt. Sonst setzte ich meine Hoffnung auf Reisen und Zerstreuung, aber auch damit ist es nichts mehr; Du könntest mir in diesem Augenblick einen syrakusischen Spaziergang (mit Benutzung unterschiedlicher Dampfwagen) anbieten, ich ginge auf diesen Vorschlag nicht mal ein. Ich komme erst wieder zu mir, wenn ich verheiratet bin. Teils ist mir die Liebe eines Weibes wahrhaftiges Bedürfnis für Leib und Seele, teils muß ich der Frage überhoben sein, die ich aus Liebe zu meiner Braut tagtäglich an mich richte: Nun, wie lange dauert's noch? Nimmt dies Warten kein Ende? Wird dieser Wunsch erfüllt oder jene Hoffnung betrogen werden? Ein Mädchen verlobt sich doch nicht, um eine altjüngferliche Braut zu werden, und wenn die meinige auch Gott sei Dank zart genug ist, mich mit solchen Anfragen nicht zu quälen, so weiß man doch am Ende, was in solchem Herzen vorgeht und was dieser und jener Blick zu bedeuten hat. Ich hätte in der Tat nicht den Mut, auf ein halb Jahr in die weite Welt zu gehn und Stoffe zu sammeln, während das Mädchen, das ich zu lieben vorgebe, das vierte Jahr schwinden sieht, ohne dem Ziel näher zu sein wie am ersten Tage. Man muß dann wenigstens gemeinschaftlich tragen; aber zu lachen und Terzinen zu baun, während ein liebendes Herz weint und bricht, das geht nicht.

Ich habe jetzt mal wieder den Plan, fürs liebe Geld zu schreiben, nicht um große Summen dabei einzustreichen – nein, so sanguinisch rechne ich nicht mehr –, nur um meine Einnahmen in etwas zu verbessern. Hätte mich nicht eine unglaubliche Leistungsfähigkeit, da, wo sie füglicherweise zu entbehren wäre, in diese Geldkalamitäten gestürzt, so würd ich auf solche Korrespondenten- oder Übersetzergelüste wahrlich gar nicht gekommen sein, so aber will ich mich doch ein wenig umtun. Vielleicht kannst Du mir dabei behülflich sein, ich würde nämlich noch lieber im Deutschen, Englischen, Geographie und namentlich Geschichte Privatstunden geben, und es wäre doch möglich, daß Du mich so glücklich machen könntest, mir einen Unglücklichen zu überantworten. Wo nicht, will ich mich mal nach Leipzig hin wegen Korrespondenzen und ähnlicher Strohdreschereien wenden ...

AN EMILIE ROUANET-KUMMER Berlin, 2. Ostertag 1849
(9. April)
Meine liebe, süße Emilie.

Du hast in vielen Stücken recht; drum schrieb ich auch am Karfreitag folgende Zeilen:

> Herz, laß dies Zweifeln, laß dies Klauben,
> Vor dem das Beste selbst zerfällt,
> Und wahre dir den Rest von Glauben
> An Gutes noch in dieser Welt.
>
> Schau hin auf eines Weibes Züge,
> Das lächelnd auf den Säugling blickt,
> Und fühl's, es ist nicht alles *Lüge*,
> Was uns das Leben bringt und schickt.
>
> Und, Herze, willst du ganz genesen,
> Sei immer wahr, sei immer rein;
> Was wir in Welt und Menschen lesen,
> Ist nur der eigne Widerschein.

Du bist nachsichtig gegen mich und hast für die schreckliche Krankheit meines Herzens, die doch am Ende mich selbst am meisten quält, stets ein Wort des Trostes. – Sieh, mein Herz, dann muß es doch am Ende anders mit mir werden, und ich werde dann so unbegrenzt in meinem Vertrauen sein wie jetzt wahnsinnig in meinem Argwohn. Rede mir zu, streichle mich, blicke mich fest und freundlich an – ach, Du kannst das alles auch mit Worten, wenn Du mir fern bist – tu es, und zu meiner Liebe gesellt sich mein wärmster Dank.

Ich will ein *Mann* sein, *Dein* Mann sein und bitte Dich: behandle mich wie ein Kind. Wie bin ich Dir gegenüber doch ein andrer Mensch geworden! Jedes Liebeswort machte mich sonst lachen, und jetzt les ich die zärtlichsten Stellen Deiner Briefe oft zwanzigfach und klammre mich an sie an wie an ...

Hier bricht das Brieffragment ab.

An Bernhard v. Lepel Berlin, 14. Mai 1849
  Bethanien

... Dich, mein lieber Lepel, werd ich nun wohl bald zum letzten Male gesehn haben, und der ersten Aufführung Deines Eisernen Friedrich auf der Königl. Hofbühne dürfte ich schwerlich beiwohnen können. In spätestens 8 Wochen denk ich auf dem Wege nach New York zu sein. Die Sache hat sich schnell gemacht. Ich glaubte mit Bestimmtheit hier angestellt zu werden; es war nichts mit diesem Glauben – ich bin durchgefallen. Zu Michaeli würd ich Bethanien verlassen und, weil mir's an Vermögen fehlt, meine Knochen wieder für 100 Taler jährlich verkaufen müssen. Dazu hätt ich unter *allen* Umständen keine Lust, habe sie aber *doppelt* nicht in meiner Funktion (! ein Wort von meinem Vater) als Bräutigam. Ich muß vor allen Dingen nach sogenannter Selbständigkeit streben; von diesem Streben aber bin ich nie weiter ab, wie wenn ich in jenes pennsylvanische Gefängnis – Apotheke genannt – eintrete. Ich will deshalb mein Glück suchen, find ich's nicht, so hab ich wenigstens das Meine getan. Vor einigen Wochen schrieb ich Dir, meiner Braut halber würd ich eine Reise nach Italien ausschlagen; jetzt komm ich in die sonderbare Lage, um meiner Braut willen, aus Liebe zu ihr, den Mississippi besuchen zu wollen. Der Hang nach einem eignen Herde, nach Leid und Freud des Familienlebens, ist es, was mich über den Ozean treibt. Ich bin gutes Muts,

> »glaube mir, bedächtgem Wagen
> sind die Götter gern geneigt«.

Ich habe in den letzten Tagen diesen Gegenstand in Briefen an die Meinigen und an meine Braut so vielfach und so ausführlich besprochen, daß ich Dir meinen Plan in allen seinen Einzelheiten nicht wiederkäuen mag, ich verspare das auf eine mündliche Unterhaltung. Dir, in specie, komm ich noch mit einer andern Geschichte. Meine Verse, in diesen Zeitläuften von mir selber fast vergessen, mahnen den Schöpfer ihres Daseins an seine Vaterpflichten gegen sie. Sie wollen so gut wie ich selber auch einen Zweck haben, auch ihren Platz ausfüllen in der Welt, auch sich häuslich niederlassen in diesem oder jenem Herzen. Bliebe ich in Deutschland, so hätt es damit gute Wege; kommt Zeit, kommt Rat. So aber muß doch noch vorher was geschehn. Willst Du vielleicht bei Duncker einen Versuch machen? Sonst wäre mir ein Abfall schrecklich gewesen, jetzt ist er mir fast gleichgültig. Nur das ausbleibende Honorar würde mich verdrießen. Versprichst Du Dir von Deinen etwaigen Bemühungen keinen Erfolg, so laß den Kram auf sich beruhn und sei in meiner Abwesenheit vom heimatlichen Boden nur der Vormund oder das Pupillenkollegium meiner verwaisten Verse. Nimm Dich ihrer an, d. h., verschließe sie in die klösterliche Abgeschiedenheit eines verborgenen Fachs und ziehe sie zu Ruhm und Glanz an das Licht des Tages, wenn Du eine gute Partie für sie ausfindig gemacht und eine Mitgift von wenigstens 20 Louisdoren in Aussicht hast. Kommst Du vor Sonntag in die Stadt, so laß Dich sehn, ich bin fast immer zu Haus. Meine Wohnung ist jetzt im Hauptgebäude No. 25 u. 26.

Fontane gab die Auswanderungspläne bald wieder auf; sie mochten durch Onkel August, der im Juli 1849 nach New York übersiedelte, genährt worden sein. Noch einmal erwähnt ihn Fontane in einem Briefe von 1851; er sei »ein so vollendeter Bummler, ein so überreifer Yankee«, schreibt Fontane an Witte, »daß ich blitzwenig Lust habe, mit ihm zu verkehren und dadurch gewissermaßen seine Schwindeleien gutzuheißen, mindestens zu tolerieren.«

Auch der Leipziger Freund Hermann Kriege war aus Verzweiflung über die politische Entwicklung in Deutschland nach Amerika gegangen und suchte Fontane zu dem gleichen Schritt zu bewegen. In einem Briefentwurf schreibt Fontane:

AN HERMANN KRIEGE (?)   Berlin, Sommer 1849 (?)

... Was mich angeht, so wär ich noch vor wenigen Monaten mit Leib und Seele der Ihre gewesen. Heute denk ich anders darüber. Damals verzweifelte ich in verzeihlicher Selbstsucht an meinem Glück; der Hunger nach Brot, nicht nach Freiheit stand auf dem Punkt, mich über den Ozean zu treiben. Nicht Verzweiflung am Vaterlande, nur Verlangen nach Brot. Ich habe seitdem *für mich* wieder hoffen und – am Vaterlande noch immer nicht verzweifeln gelernt. Was auch die Zukunft bringen mag: neue Wurzeln für den Thron oder seinen Untergang; ob die Losung hinfort heißen möge *Reform* oder *Revolution* – der Gedanke der Freiheit, einmal in die Welt geschleudert, ist nicht mehr auszurotten, und in gewissem Sinne ist die ministerielle Phrase »es gibt keine Reaktion« eine Wahrheit, welche die Weltgeschichte predigt. Ob rasch oder langsam – *wir schreiten fort;* es gibt Welterrungenschaften, die selbst ein Gerlach keine Miene macht, in Frage zu stellen; und wie wir die Hexenprozesse und ihre Scheiterhaufen, den Gewissenszwang und die Gedankenknechtung für alle Zeit überwunden haben, so wird auch der beschränkte Untertanenverstand und die Polizeiweisheit sanftselig verscheiden – dessen bin ich im Herzen gewiß.

Ich gedenke auszuhalten: einmal, weil ich noch hoffe, dann aber auch, weil ich, übersiedelnd in die Neue Welt, Bande zerreißen müßte, die mich mit meinem eigentlichsten Leben an unsere deutsche Erde fesseln. Wir sind nicht alle gleich in dem, was das Herz begehrt: und die Freiheit und Unabhängigkeit, die der eine draußen in der Welt sucht, findet der andre in dem Freistaat der Kunst und Wissenschaft. Ich liebe die deutsche Kunst, das ist mein eigentliches Vaterland, und es aufgeben, hieße mich selbst aufgeben. . . .

ALS FREIER SCHRIFTSTELLER
IN BERLIN UND LONDON
1849–1855

Bescheiden genug beginnt Fontanes Laufbahn als freier Schriftsteller. Er lebt davon, daß er Beiträge für ein in Dresden erscheinendes demokratisches Blatt schreibt – solange es noch erscheint. Er gibt seine ersten Balladenzyklen heraus und verfolgt im übrigen aufmerksam die politische Entwicklung in Deutschland. Sein Plan, in die von Preußen im Stich gelassene schleswig-holsteinische Befreiungsarmee einzutreten, scheitert im letzten Augenblick daran, daß ihm ein väterlicher Freund und Gönner aus dem »Tunnel«, Wilhelm von Merckel, eine diätarische Anstellung im neugegründeten »Literärischen Bureau« des preußischen Innenministeriums anbietet.

Merckel, Chef der ministeriellen Preßabteilung, wird später einer der wichtigsten Korrespondenzpartner Fontanes in dessen Londoner Zeit. »Er war der lauterste und gesinnungsvornehmste Mann, den ich in meinem ganzen Leben kennengelernt habe, dabei von einem tiefen Bedürfnis nach Freundschaft und Liebe«, so schreibt Fontane in »Von Zwanzig bis Dreißig« über Merckel. »Daß er dies Bedürfnis so tief empfand und so rührend dankbar war, wenn er dem gleichen Gefühle begegnete, das hing damit zusammen, daß sein scheues, weltabgewandtes Leben ihn daran gehindert hatte, nach Art andrer um Freundschaft und Liebe zu werben. Und daß es so war, das lag wiederum daran, daß er in seinem überfeinen Sinn seiner äußeren Erscheinung von Jugend an mißtraut hatte. Klein, aber doch eigentlich wohlgebildet, zog er diese Wohlgebildetheit beständig in Zweifel und mochte sich den Blicken Fremder – und nur gar erst richtiger ›Berliner‹ – nicht gern aussetzen. Er behandelte sich selbst wie einen ›heimlich Verwachsenen‹ . . .«

Fontane nimmt Merckels Angebot an; bietet es ihm doch die Möglichkeit, nach fünf Jahren des Wartens die Ehe zu schließen.

Am 16. Oktober 1850 feiert er Hochzeit mit Emilie Rouanet-Kummer.

Zwei Monate später fliegt das »Literärische Bureau« in die Luft, und Fontane sitzt abermals auf der Straße. Seine Frau erwartet das erste Kind. Es kommen schwere Monate und Jahre für das junge Paar. Fontane verdient sein Geld vor allem durch Artikelschreiben; Dichtung und »Tunnel« bereiten keine rechte Freude mehr. Im April 1852 geht er als Korrespondent der ministeriellen Presse – der »Zeit« und der »Preußischen (Adler-) Zeitung« – nach London, wo er bis zum September 1852 bleibt. Frucht dieses zweiten englischen Aufenthaltes wird das Buch »Ein Sommer in London«, das 1854 in Dessau herauskommt.

Nach seiner Rückkehr ändert sich in seiner äußeren Existenz nicht viel. Hauptgeschäft bleibt die Zeitungsarbeit, hinzu kommen einige Unterrichtsstunden in englischer Sprache, Literatur, Geschichte und Geographie sowie private Vorlesungen über Literatur- und Weltgeschichte. Noch einmal wird der »Tunnel« und seine 1852 von dem Kunsthistoriker Franz Kugler, dem Schwiegervater Paul Heyses, gegründete Abzweigung »Rütli« zu einem Mittelpunkt für Fontane, besonders als Ende 1852 Theodor Storm von Husum nach Berlin kommt und ein halbes Jahr später ganz nach Potsdam übersiedelt. Häufig ist Fontane mit ihm in dem exklusiven Kuglerschen Kreise zusammen, besucht ihn auch mit den »Rütli«-Freunden in seiner Potsdamer Wohnung. – Ein anderer, kleinerer Kreis, die »Ellora«, wird ebenfalls 1852 gegründet; Fontane bleibt mit seinen fünf »Elloristen«, die er alle überleben wird, lange eng befreundet.

Im Kuglerschen Hause beurteile man »die Menschen lediglich im Hinblick darauf, ob sie schon einen Band Gedichte herausgegeben hätten oder nicht«, so läßt Fontane gelegentlich einen Spötter sagen. Er selbst hat diese Bedingung erfüllt. 1851 erscheint in Berlin die erste Sammlung seiner »Gedichte«. Bei den nächsten Büchern tritt er nur als Herausgeber auf; 1852 bringt er in Berlin ein »Deutsches Dichteralbum« heraus, 1854 folgt in Dessau das Belletristische Jahrbuch »Argo«. Fontane hat es mit Franz Kugler gemeinsam zusammengestellt; es enthält u. a. Storms Erzählung »Ein grünes Blatt«, über die Fontane eingehend mit Storm korrespondiert.

Alle diese Beziehungen werden, wenn nicht abgebrochen, so doch einschneidend unterbrochen, als Fontane im September 1855 abermals nach London geht, diesmal für über drei Jahre, bis zum Januar 1859.

Mit dem Beginn dieses dritten Londoner Aufenthalts endet Fontanes erstes literarisches Jahrzehnt. In Beruf und Privatleben, im kleinen wie im großen Schicksal hatte es Aufschwünge und Bestätigungen, noch mehr Enttäuschungen und Fehlschläge gebracht. Auf Deutschland lag der Druck der Reaktion; noch war keine Aussicht auf eine Wendung. Die Hoffnungen, mit denen Fontane vor 1848 als junger Dichter im »Tunnel« angetreten war, hatten ebenso getrogen wie die hochgemuten politischen Erwartungen des Revolutionsjahres. Fontane gab beides auf, opferte die Poesie der journalistischen Brotarbeit – schließlich sogar im Solde der reaktionären »Kreuzzeitung«.

Mit Wehmut, wenn auch ohne Bitterkeit hält er in einem Briefe vom 8. Januar 1857 – er gehört zu den bedeutendsten epistolarischen Zeugnissen Fontanes aus dieser Epoche – noch einmal Rückblick und zieht endgültig das Fazit. Fontane schreibt an seine Frau aus London:

»Du fragst, wie mir meine Arbeit zusagt. Ich danke für gütige Nachfrage, und Patient befindet sich den Umständen nach wohl. Dies ist nicht Spaß, sondern Ernst. Ich bin eigentlich nach der Seite hin ganz befriedigt und lerne endlich einmal das schöne Gefühl kennen, in einem Berufe heimisch zu sein. Das Dichten ist eine herrliche Sache, und ich werde mich nie den Eseln zugesellen, die hinterher das Feld bespotten, auf dem sie Fiasko gemacht haben. Aber nur große dichterische Naturen haben ein Recht, ihr Leben an die Sache zu setzen. Ich bin gewiß eine dichterische Natur, mehr als tausend andre, die sich selber anbeten, aber ich bin keine große und keine reiche Dichternatur. Es drippelt nur so. Der einzelne Tropfen mag ganz gut und klar sein; aber es ist und bleibt nur ein Tropfen, kein Strom, auf dem die Nationen fahren und hineinsehn in die Tiefe und in das himmlische Sonnenlicht, das sich drin spiegelt. Ich bin eine gute Sorte Sonntagsdichter, der sein Pensum Wochenarbeit zu machen und dann einen Reim zu schreiben hat, wenn ihm Gott einen gibt, der aber die Welt weiter nicht kränkt, wenn er's un-

terläßt. Ich glaube, daß ich über meinen gegenwärtigen Beruf nicht immer so vorteilhaft denken werde wie in diesem Augenblick, aber zunächst wenigstens bin ich zufrieden.«

Die Briefe der Jahre 1849 bis 1855 spiegeln die einzelnen Etappen des Weges wider, der zu dieser erzwungenen Resignation führt — denn eine solche ist es, aller der besorgten Frau gegenüber hervorgekehrten »Zufriedenheit« zum Trotz.

An Bernhard v. Lepel   Berlin, 5. Oktober 1849
Meine Wohnung:
Louisenstr. 12, 3 Treppen
Bis 1 Uhr zu Haus,
nachher in Toepfers Hotel

Mein lieber Lepel.

Da sitz ich denn wieder und koste die Reize des Chambre garni. Die knarrende Bettstelle, die mitleidsvoll aus den Fugen geht, um einer obdachlosen Wanzenfamilie ein Unterkommen zu bieten, der wankelmütige Nachttisch, das gevierteilte Handtuch, die stereotypen Schildereien: Kaiser Nikolaus und Christus am Kreuz, alles ist wieder da, mir Auge und Herz zu erquicken. Oh, es ist schön!

Kannst Du mir nicht sagen, mein lieber Lepel, warum ich zu gar nichts komme? Ich mache so geringe Ansprüche, und doch — selbst das Kleinste wird mir verweigert. 400 Taler, worauf mit Recht der Spruch erfunden ist: »Zum Leben zu wenig, zum Sterben zu viel«, ersehne ich nun schon seit Jahr und Tag, und obschon ich gar nicht wählerisch bin, obschon ich *all und jede* Subalternstellung, die nicht besondere Fachkenntnisse erheischt, mit Freuden annehmen würde, dennoch ist es nicht möglich, auch nur ein solches Minimum zu ergattern. Es gibt mehr denn 2 Dutzend Posten, zu denen ich nicht schlechter wie andre Menschenkinder zu verwenden wäre. Geschäftsführer einer Apotheke, Eisenbahnbeamter, Sekretär, Kalkulator, Registrator, Lehrer in Chemie, Geographie und Geschichte, Konstabler-Wachtmeister, Redakteur einer gesinnungslosen Zeitschrift, ministerieller Zeitungsleser und Berichterstatter, Billetteur eines Theaters, Büchercroupier in der Königl. Bibliothek und noch hundert andre

Dinge könnt ich so gut werden wie alle die Hinze und Kunze, denen das Glück des Lebens in Gestalt von 400 Talern so reichlich zufließt. Sage mir, Lepel, woran liegt es? Greife nicht zu dem alten, billig gewordenen Witze: »Weil Du zu allem taugst, taugst Du zu gar nichts«, nein, das bestreit ich allen Ernstes; ich habe in all den Stellungen, die mir bisher meinen Bissen Brot gewährten, wenn auch schweren Herzens, doch immer meine Pflicht erfüllt, und ich würd es wieder tun, gleichviel an welchen Platz auch man mich ferner stellen möchte. Der langen Rede kurzer Sinn ist der: Lepel, Freund! steige wieder auf die Warte und schau aus, ob Du nicht in Nah oder Fern ein Plätzchen entdeckst, eine »kleinste Hütte, in der Raum ist für ein glücklich liebend Paar«, natürlich mit nicht allzuviel Arbeit, vor allem aber mit den unerläßlichen 400 Talern jährlich. – Du lächelst vielleicht, während Du das Vorstehende liest; lächelte ich doch, während ich's schrieb, und doch hat das alles eine sehr, sehr ernste Seite, und es ist mir gar nicht so bloß Spaß damit. Mir ist *dies* Junggesellenleben, wie ich es zu führen nun wiederum verdammt bin, ganz gründlich zuwider, und ich sehne mich nach einem Herd, sei er auch so klein, um nur gerade ein Töpfchen Kartoffeln dran kochen zu können. Man wird ja alt; wie lange noch, so ist es aus guten Gründen auch mit der Chambre-garni-Herrlichkeit wieder vorbei, und der Ladentisch, jenes schrecklichste »6 Bretter und 2 Brettchen«, wird wieder meine Welt. Es heißt zwar immer: »Arbeit schändet nicht«, und namentlich solche, die immer auf dem Sofa gelegen haben, sind sehr freigebig mit diesem Trost, aber rufe Dir mal meine ganze Wesenheit vor die Seele und frage Dich dann, was ich empfinden muß, wenn ich dem Lehrling zurufe: »Sputen Sie sich! Wiegen Sie genau! Denken Sie, die Chinapomade kostet dem Herrn X. Y. kein Geld? Mein Gott, lassen Sie doch das schöne Kind nicht so lange warten; Sie sehen ja, sie hat Eile.« Darauf ergreif ich in heiligem Eifer selbst die Pomadenbüchse, wickle mit einer zarten Bemerkung die Salbe in doppeltes Papier und überreiche irgendwelchem Saumensch, die abends hinter den Haustüren abgeknutscht wird, pfiffig lächelnd ihre Haarschmiere. Und dabei: *Streben nach Unsterblichkeit*. Wahrlich, der Platensche Nimmermann, der auf dem

Nachtstuhl Tragödien macht, ist an Lächerlichkeit ein Quark dagegen.

Und es könnte alles anders sein! Sieh, das verbittert mich jetzt zuzeiten bis ins tiefste Herz. Der Egoismus meines Vaters, der immer Geld hatte für Wein und Spiel und nie für Erziehung und Zukunft seiner Kinder, hat schlimme Frucht getragen. Man ließ mich Apotheker werden, weil man das Geld verprassen wollte, was zur Ausbildung der Kinder hätte verwendet werden müssen; und jetzt, wo sich die Reue darüber leise im Herzen regt, ist es zu spät: die Not ist da, der Bankrutt bricht herein – jetzt *kann* niemand mehr helfen. – Ich habe von Haus sehr trübe Nachrichten, die wenig geeignet sind, mich frei und froh in die Zukunft blicken zu lassen. . . .

AN BERNHARD V. LEPEL   Berlin, 15. Januar 1850

. . . Neulich (am Sonntag) war ich bei Ernst Schultze, der sich sehr freundschaftlich gegen mich nimmt. Seine Frau sah ich zum erstenmal; ist noch jetzt ein sehr hübsches Weib, und ich begreife nicht, daß er so dick wird und sie – so selten. Er war in letzter Zeit bemüht, mich zum Nachfolger von Geibel und Freiligrath zu machen, und wies mir die Wege an, wie die 300 Taler jährlich zu ergattern sein. Ich hab ihm aber neulich rundheraus erklärt, das sei nichts für mich. Dabei fällt mir ein, Eggers fragte mich gestern, ob ich nicht Bilderaufseher im Museum werden wollte? Du kennst doch die langweiligen Gesichter und die dünnen Leiber mit dem Bedientenrock drauf! Nächstens, wenn beim Latrinenpersonal ein altes Weib gestorben sein wird, werden sie mich fragen, ob ich nicht um ihre Stelle einkommen will. . . .

Soll ich Dir nun noch von mir schreiben? Wenn ich so auf mich blicke, wundre ich mich jedesmal, daß ich noch lachen kann, guten Appetit und, horribile dictu, selbst einen Rest von Hoffnung habe. Es geht mir eigentlich erbärmlich. Nicht, als ob ich Not litte, durchaus nicht; aber es kann doch so nicht bleiben! Die Unterstützungen, die gepumpten Gelder, selbst die kleinen Verdienste – alles nimmt doch mal ein Ende, und was dann?! Selbst das Unglaubliche angenommen, meine Gläubiger hätten

eine mehr wie deutsche Geduld – selbst an die Möglichkeit eines
regelmäßigen, kleinen literärischen Erwerbes gedacht – was
frommt mir das alles?! Ich brauche eine feste Stellung, brauche
sie aus hundert Gründen. Jahr auf Jahr sieht meine Braut vergehn, ohne daß wir einen Zollbreit vorwärtskämen; meine Mutter weint über die aussichtslose Lage ihrer Kinder; und selbst
abgesehn von all diesem, auch der Poet geht in einer Lage wie
die meinige vollends zugrunde. Ich bin mir darüber ganz klar.
Seit vielen Monaten kennt meine Seele keine Ruhe; wie eine
wilde Jagd geht es mir durchs Hirn; wo bleibt da die Muße,
das Gesammeltsein, ohne welche nichts Halbweges gedeihen
kann? – Wenn sich's nicht *bald* ändert, so siehst Du mich *wahr
und wahrhaftig* doch noch als Kondukteur auf den Wagen klettern. Ich finde auch nichts Schreckliches darin; denn selbst Gassenkehren und Steineklopfen ist eine *noblere* und *poetischere*
Beschäftigung wie das begeistrungslose Verseleimen eines hungrigen, fadenscheinigen Poeten.

Das Liebste wäre mir nach wie vor der Besitz einer Giftbude;
aber es ist lächerlich, auch nur einen Augenblick an die Möglichkeit zu denken. ...

AN BERNHARD V. LEPEL   Berlin, 8. April 1850

...v. Merckel ist also Regierungsrat und Chef des Literärischen
Kabinetts. Wenn Du was tun kannst, mich *jetzt* (denn Merckel
ist ein anständiger Mensch, was man von Ryno Quehl und solchen Burschen nicht sagen konnte) da hinein zu empfehlen, so
setz alle Segel bei, aber mit Vorsicht. Ich gelte, namentlich
Merckeln gegenüber, für einen roten Republikaner und bin jetzt
eigentlich ein Reaktionär vom reinsten Wasser.

Der »Tunnel« warf jetzt ein Bürgersches Kapitel und 3
schlechte Gedichte einer Rune ab. Wir waren nachher bei Bürger; sein Töchterlein prangte in blauer Gaze, sie sah gar nicht
übel aus. Hesekiel und ich soffen wie die Löcher; er aber kann
nichts mehr vertragen und wurde beim Burgunder stark schräg.
Er küßte alles, was ihm in die Quere kam, mich umarmte er
zum Schluß und sprach folgende denkwürdige Worte zu mir:

»Er ist ein Schweinehund, aber darin ist er treu, und darum liebe ich ihn.« ...

Seit Ende 1849 stand Fontane mit Gustav Schwab in Stuttgart in Verbindung. In der Vorrede zu einer von ihm 1848 in dritter Auflage herausgegebenen Anthologie hatte Schwab die im Cottaischen »Morgenblatt« erschienenen Gedichte Fontanes rühmend erwähnt. Schwab, der von 1827 bis 1838 Redakteur des »Morgenblattes« gewesen war, war der Freund und literarische Berater Georg v. Cottas. Fontane nahm jene Erwähnung zum Anlaß, um durch Schwabs Vermittlung den Verlag Goethes und Schillers für die Herausgabe einer Sammlung seiner Dichtungen zu gewinnen. Der Versuch scheiterte an der Ablehnung Cottas, die sich nicht gegen Fontanes Gedichte richtete, wohl aber eine Überforderung des Buchmarktes durch Lyriksammlungen befürchtete. Immerhin verdanken wir den vergeblichen Bemühungen Fontanes seine früheste Autobiographie. Sie findet sich in einem Briefe an Schwab; der Vergleich mit dem ebenfalls erhaltenen Entwurf zeigt, daß Fontane Tonfall und Inhalt dieser aufschlußreichen Skizze besonders sorgfältig abgewogen hat. Mit ironischer Bescheidenheit, aber nicht ohne Selbstbewußtsein faßt er darin seine bisherige Entwicklung, seine gegenwärtige Lage und seine Zukunftspläne zusammen.

AN GUSTAV SCHWAB   Berlin, 18. April 1850

... Ich bin dreißig Jahre alt, im märkischen Sande geboren, an der Ostsee großgezogen und meines Standes – Apotheker. Warum ich das bin? Mein Vater sprach: »Car tel est notre plaisir«; zudem war er selbst Apotheker; ein andrer Grund liegt nicht vor. Mit sechzehn Jahren trat ich in die Lehre; mein Lehrherr war human; meine eigensten Neigungen stießen nicht geradezu auf Widerstand, so hielt ich aus. Zwanzig Jahre alt, kam ich nach Leipzig. Mit jener nur der Jugend eigenen Unverwüstlichkeit setzte ich es durch, bei Tage Geschäftsmann, bei Nacht ein Mittelding von Student und Literat zu sein. Burschenschafter sowie Schriftsteller siebenten Ranges wurden mein Umgang. Zahlungsunfähige Buchhändler standen im Hintergrunde und tauschten gegen jammervolle Schmeicheleien wahre Massen von pathetischen Freiheitsgedichten ein. Einer, mein besondrer Protektor, bot mir die Redaktion eines belletristischen Blattes an, und ich, ehrlich genug, um auch andre für ehrlich zu halten, schlug ein, kündigte meine Stellung und war fest entschlossen, wie fast jeder Zweiundzwanzigjährige, der das Leipziger Pflaster tritt, »unter die Literaten zu gehn«. Gnädige Götter hatten es anders bestimmt. Mein Protektor war ein Lump und brach sein Wort; ich bin ihm dankbar dafür. Augenblicklich freilich war die Verlegenheit groß. Wiedereintreten in eine eben aufgegebene Stellung, das ließ ein verzeihlicher Dünkel nicht zu; was war zu tun? Ich beschloß, Medizin zu studieren, kehrte ins elterliche Haus zurück und saß zur Absolvierung des Abiturientenexamens emsig über Cicero und Tacitus, Mathematik und Algebra, nur dann und wann einen Blick in »Hamlet« oder »Macbeth« werfend, um meine gelangweilte Seele an andrer Speise zu erquicken. Wohl möglich, daß jetzt bereits »Doktor, praktischer Arzt und Geburtshelfer« an meinem Klingelschilde stünde, wenn mich nicht das Gesetz allgemeiner Wehrpflichtigkeit beim Schopf genommen und in ein Garderegiment gesteckt hätte. Diese Unterbrechung meiner Studien entschied über mein Studium überhaupt. Ich gab alles weitre Ankämpfen gegen mein Schicksal auf und beschloß, reumütig in die Arme der edlen Apothekerkunst zurückzukehren. – Mit diesem Entschlusse wurde mir eine Ruhe zuteil, die bald anfing, auf meine poetischen Arbeiten den besten Einfluß zu üben. Eine trotz meiner Grenadierschaft nach England unternommene Reise kam dazu; ich sah und erlebte was, und allmählich alles bloße Pathos über Bord werfend, brachte ich es endlich bis zu wirklichen Gedichten. »Der Wener-« und »Wettersee«, »Towerbrand«, »Ein Jäger« und mehre[re] andre sind aus jener Zeit.

Doch ich werde zu breit; faß ich die letzten 5 Jahre kurz zusammen. Ich habe sie mit Rezept- und Versemachen ehrlich hingebracht. Wurde mir's mit dem tag- und nachtgequälten Leben in der Apotheke zu viel, so ging ich ein Vierteljahr aufs Land, und die in der Stadt aufgespeicherten Stoffe vornehmend, war ich im Hause meiner Eltern und Freunde ein gern gesehener Gast. Es kamen freilich auch trübe, *sehr* trübe Stunden, und der heimatliche Boden wäre schwerlich noch unter meinen Füßen, wenn ich nicht inzwischen mich verlobt und aus inniger Liebe zu meiner Braut jeden übereilten Schritt unterlassen hätte.

So liegen die Sachen noch. Ich habe längst erkannt, daß es sich um das *Sein* und nicht ums *Scheinen* handelt. Der Hochmut ist jetzt ferne von mir, über den Apotheker hinauszuwollen. Aber es geht auch damit nicht: meine Vermögenslosigkeit macht mir den Ankauf einer Apotheke unmöglich, so daß ich, nachgerade den Hafen ersehnend, angefangen habe, mich nach andrem umzutun. Von meiner Feder leben *kann* ich weder, noch *will* ich es; auch glaub ich, es sind nicht die Schlechtesten, die dies ehrliche Geständnis ablegen. Mein Streben geht nach einer subalternen Stellung im Unterrichtsministerium. Trügen meine Aussichten wieder, so sei es drum; ich bin seit Jahren daran gewöhnt, meine Hoffnungen hinauszutragen.

Ich schließe. Von meinem persönlichen Jammer lebt wenig in meinen Gedichten, Gott sei Dank! Die Ferne hat den Reiz, und gerade vom Pillenmörser aus ist das sich Anklammern an die Percies und Douglasse psychologisch richtig.

AN BERNHARD V. LEPEL   Hamburg, 28. Juli 1850
                          »In der Sonne«

Dir die ersten Zeilen von hier aus.

Die Nachricht vom Rückzug der Schleswig-Holsteiner machte einen mächtigen Eindruck auf mich; ich beschloß zu reisen und habe das – nachdem ich den gestrigen Tag mit Anschaffung von Geld, Paß und dgl. mehr konsumiert habe – heute früh ausgeführt . . .

Nun aber wieder zu meiner Reise. Ich wollte eigentlich gleich bis Kiel, so daß ich Hamburg nur passiert hätte; auf den letzten Stationen aber überlegt ich mir die Sache anders. Der Zweck meiner Reise ist doch mal der, dem Kriegsschauplatz möglichst nah zu sein, ich bin aber in Kiel ziemlich ebenso weit davon entfernt wie hier. So hab ich denn beschlossen, hier erst auszuhorchen und dann – wenn mir der rechte Augenblick gekommen zu sein scheint – auf die Ereignisse, noch während sie sich machen, loszustürzen. Es könnte somit kommen, daß ich Kiel ganz aufgebe und lieber nach Rendsburg gehe.

Die Frage liegt Dir nah, was ich denn eigentlich da will. Leider kann ich sie Dir nicht beantworten, ich weiß es selbst nicht. Könnt ich dem Zuge meines Herzens folgen, so nähme ich ganz einfach den Kuhfuß zur Hand und träte ein in Reih und Glied. Gerade weil alle Welt jetzt schreit: »Die Sache ist verloren!« und weil sie's vielleicht wirklich ist, geziemte es *deutschen* Männern (wo ist Diogenes mit der Laterne), mit dem guten Recht jenes herrlichen Landes zu stehn oder zu fallen. – Meine Schmähung trifft mich mit; auch ich habe feierlich versprochen, mich bei *Handlungen* nicht zu beteiligen. Denk ich an meine Mutter und Braut, so erscheint mir die bloße Beobachterrolle sogar wie eine Pflicht. *Resultat:* ich werde dies und das hören und sehen, werde das Aufgepickte in ein paar Zeitungsartikeln wieder von mir geben und mit dem koddrigen Bewußtsein heimkommen, für die Schleswig-Holsteiner meine tapfre – Feder gezogen zu haben. Man hat vor den gewöhnlichen Lumpenhunden nur das voraus, daß man wie der wittenberg-studierte Hamlet sich über seine Lumpenschaft vollkommen klar ist.

Fontane brach den Aufenthalt in Hamburg ab, weil er die Nachricht von seiner Anstellung im »Literärischen Bureau« erhielt. Am 16. Oktober 1850 heiratete er.

Bereits 1845 hatte Fontane Friedrich Witte aus Rostock kennengelernt. Witte war damals Lehrling in der »Polnischen Apotheke«. Er dichtete ebenfalls und trat mit Fontane in den »Tunnel« ein. Die Freundschaft, die beide verband, endete erst mit Wittes Tod (1893).

AN FRIEDRICH WITTE Berlin, 1. November 1850

Mein lieber Fidding Witte.

Ich schreibe Ihnen beim hellen Schein Ihrer Stobwasserschen Lampe, für die ich mich – eingedenk der Talgmöpse, die ich noch vor sechs Wochen brannte – gedrungen fühle, wiederholentlich hiemit meinen Dank auszusprechen.

Ihr Brief – einmal ganz einfach als Brief von Fritz Witten, dann aber auch ganz insbesondere dieser Brief – hat Emilien und mich aufrichtig erfreut, und nur der Umstand Ihrer fast allzu pharmazeutischen Behausung hat, freilich auch noch unter Lachen, ein flüchtiges Bedauern bei uns rege gemacht. Fahren Sie fort, lieber Witte, sich mit gutem Humor in das Unvermeidliche einer pharmazeutischen Schandkneipe (gegen die Eskimohütten Eskuriale sind) zu finden, und – Sie haben gesiegt. Friedrich Wilhelm sagt (vielleicht mit Bezugnahme auf seine Politik): »Dem Mutigen gehört die Welt«; ich sage – dem Humor. Sie mögen wählen. Vielleicht auch fällt beides zusammen. Ein sogenanntes Gehilfenzimmer und sein Kam[t]schatkaklima mit Mut ertragen heißt humoristisch sein.

Nun aber wollen Sie wohl erfahren, wie's dem jungen Ehepaare geht. Nun, bis jetzt liegt kein Grund zur Klage vor. Die Wohnung ist reizend, das tägliche Brot erscheint, gut zubereitet, als »Gemüse und Fleisch« auf dem zweigedeckten Tisch. Die Betten (nichts Unerhebliches im Ehestande, wie Sie gehört haben werden) sind mit Hülfe von Matratzen und Sprungfedern so bequem wie möglich. An Ruhe fehlt es nicht und an Arbeit auch nicht (dieser letztere Satz bezieht sich auf mein Leben im allgemeinen und nicht etwa auf die Betten), so daß ich – da sich das lachende Gesicht meiner Frau nur selten in Schmollfalten legt – ein undankbarer Esel sein müßte, wenn ich nicht voll Freude und Zufriedenheit sein wollte. Dann und wann beschleicht mich die ängstliche Frage: »Wie aber, wenn es mit deiner Lektorschaft plötzlich ein Ende nimmt?« Doch hat ein bescheiden Stück Selbstvertrauen noch immer Kraft genug gehabt, der Frage mit einer tröstlichen Antwort zu begegnen. Denken Sie sich, daß ich jetzt eine wahre Wut habe, Zeitungsredakteur zu werden! Ich schreibe jetzt gar nicht für politische Zeitschriften, aber nicht etwa, weil ich keine Neigung dafür hätte, sondern umgekehrt, weil mir für das Übermaß der Neigung der Kampfplatz, der Spielraum fehlt. Zum Korrespondenzartikelfabrikanten bin ich verdorben. Dies Neuigkeitenaufpicken und in drei Zeilen citissime Weiterschaffen mag recht verdienstlich (in doppelter Bedeutung) sein, mir aber kommt es ein bißchen wie unter meiner Würde vor. Es scheint mir auch dieser

Klatsch mehr für alte Weiber als für Männer gemacht. Mit einem Wort, ich will kein Neuigkeitskrämer, sondern ein Mensch von Meinung und Urteil sein. In einem Moment gleich dem jetzigen an der Spitze eines einflußreichen Blattes stehn, heißt an der Spitze einer Armee stehn. Nun noch ein paar Worte über meine Gedichte. Sie werden jetzt gebunden; in drei bis vier Tagen sind Exemplare da. Vielleicht schließ ich diesem Brief noch ein Pflicht- und Freundschaftsteil für Fritz Witten bei – wo nicht, so werd ich Sorge tragen, daß auf Buchhändlerwegen mein neuestes klassisches Werk in Ihre Hände gelangt. Auf den Erfolg bin ich sehr gespannt. Mein Verleger tut immer, wie wenn eine zweite Auflage so sicher wie Amen in der Kirche sei, was mich mitunter geradezu in Verlegenheit setzt. Daß sie hier und da Anklang finden werden, glaub ich selber. . . .

AN BERNHARD V. LEPEL   Berlin, 7. Januar 1851

Dein Brief von heute früh war mir eine nachträgliche Festfreude. Das nenn ich Humor! Trotz trüben Wetters und trüber Stimmung hab ich recht herzlich gelacht, und die Stellen, die nicht zum Lachen waren, haben meinem Herzen fast noch wohler getan. Ja, es ist eine Schandwirtschaft, und Du hast ein wahres Wort gesprochen: »Lieber die Lausereien der Kaserne, als *diese* lausige Politik.« Aber es wird ihnen eingetränkt werden – und sie wissen's. Eine neue Februar-Revolution, und es wird sein – Heulen und Zähnklappen. Das nächste Mal fechten nur schwarze Husaren – es wird kein Pardon gegeben. Man muß Pessimist werden; den Weg der Reform hat man verschmäht, die Revolution tritt in ihr Recht.

»Ihr habt's verschmäht, der Freiheit Ring, den engen,
Mit Meisterschlägen friedlich zu erweitern,
Ihr habt's verschmäht – *nun gilt es, ihn zu sprengen.*«

Doch kein Zeitungsräsonnement. Es bleibt einem nichts übrig, als sich mit dem Geist in die Vergangenheit und mit dem Herzen in den Freundes- und Familienkreis zu flüchten – das geschieht denn auch und geschehe immer mehr. Ich hab es rechts und links und in der Mitte versucht; die Tollheit der Extreme und die Schwächlichkeit (meiner Meinung nach freilich *unver-*

schuldet) des Juste milieu ekeln einen an. Nicht jeder hat die Geduld eines Esels oder – Ehrenmanns; hol's der Teufel! Die Weihnachtstage hab ich mit meiner Ehehälfte im Bette zugebracht, unsre Christkrippe bestand in einer Höllengrippe. Die unvermeidlichen Äpfel und Nüsse waren zwar vorhanden, werden aber erst jetzt geknackt und gewürdigt. Am neunundzwanzigsten, an selbigem Sonntage, wo Du mit der »Kumpanie« hier einrücktest, reisten wir (beide noch halb krank) nach Schwedt, wo Stabsarzt Müller, inzwischen Regimentsarzt bei den Aschersleben (grünen) Husaren geworden, sein feierliches Beilager zu begehn gedachte und nachträglich wirklich beging. Die Geschichte (ich meine nicht direkt das Beilager) war unaussprechlich langweilig und hatte von den Eigenschaften eines *guten* Witzes nur eine: die Kürze. Schon am Abend des Hochzeitstages war ich wieder hier und fand unter andern ein Geburtstagsschreiben meines Vaters vor, dessen Anfang ich mir erlaube Dir mitzuteilen:

»Übermorgen sind es 31 Jahre, daß Du mir geboren wurdest. Ich kann den Tag nicht wie jeden andern vorübergehn lassen; denn nicht abzuleugnen ist es, daß derselbe für uns beide ein wichtiger ist, wenngleich Du allerdings noch dabei in höhrem Grade partizipieren dürftest. Doch gleichviel!«

Weiterhin heißt es:

»Vor allem wünsche ich Dir, daß Dir aus Deinem Streben auch materieller Nutzen erwachsen möge, ohne welchen – was man dagegen auch immer anführen mag – irdisches Wohlbehagen nun einmal nicht bestehen kann. Die gütige Vorsehung möge Dich nach dieser Richtung hin begünstigen, wenn auch nur zum vierten Teile so wie de Balzac, Scribe, Sue, Victor Hugo und Konsorten.«

Diese Schicksalsbegünstigung à la Victor Hugo und Konsorten ließ denn auch nicht lange auf sich warten. Am einunddreissigsten v. M., als ich in der Schadowstraße No. 4 erschien, überraschte mich die Silvestergabe, daß das Kabinett aufgelöst und der Literat Th. Fontane an die Luft gesetzt sei. Eilig strich ich noch 40 rth. Diäten für Monat Dezember ein und verschwand für immer aus den heiligen Hallen, in denen ich fünfmal vier Wochen Zeuge der Saucenbereitung gewesen war, mit welchen das Literärische Kabinett das ausgekochte Rindfleisch Manteuffelscher Politik tagtäglich zu übergießen hatte. Gott sei Dank kann ich mir nachträglich das Zeugnis ausstellen, daß von meiner Seite kein Salz-, Senf- oder Pfefferkorn jemals zu der Schandbrühe beigesteuert worden ist. – Meine Frau, als ich ihr erklärte, daß nun jedes Hindernis beseitigt sei und das Hungern losgehn könne, kriegte natürlich einen kleinen Schreck; meine Beredsamkeit indes und der Hinweis auf vorläufig noch vorhandne 40 rth. beruhigten ihr geängstetes Gemüt, und es werden bald nun acht Tage, daß sie das Unverschuldete mit Fassung trägt. Es versteht sich von selbst, daß meinerseits Schritte in Hülle und Fülle geschehn, um den Schaden wieder auszuflicken; bis jetzt – wie sich wiederum von selbst versteht – ohne Erfolg. Vielleicht krieg ich eine kleine Stellung bei der Konstitutionellen Zeitung. – Ich muß bekennen, daß ich dem Zeitungskram am liebsten Lebewohl sagte und die nächsten zehn Jahre, das beste Teil unsrer Kraft, an eine *ordentliche* Arbeit setzte, aber was kümmern sich unsre Zeiten und unsre Menschen um ein Gedicht, selbst um ein *gutes* Gedicht. Sie meinen, es kann ungeschrieben bleiben, und es ist nichts dagegen zu sagen. Man faselt immer von dem »sich Bahnbrechen der Genies«; man lasse ein Genie hungern, und es verquint ebenso wie der erste beste Flickschneider. Chatterton vergiftete sich, um nicht zu verhungern; Otway verhungerte wirklich. Kein Mensch zwingt sein Schicksal und auch die Genies nicht; wenn uns was glückt, so denken wir wunder, was wir für Kerle sind, und doch sind wir nur Lieblingspuppen in der großen Lenkerhand, die uns einen Flitter mehr anhängt und um des Flitters willen uns öfter über die Bühne führt. – Du wirst das Vorstehende nicht mißverstehen. Es soll damit gesagt sein: wenn ein Genie nicht durchdringt, was ist dann erst von Talenten und Talentchen zu erwarten! Das höchste Maß der Kraft unterliegt im Kampf – was unsereins?! Glück, Glück! . . .

Vor drei bis vier Tagen begegnete mir Emanuel Geibel auf der Straße; ich trat an ihn heran, wir schlenderten dann eine kurze Strecke, bei Paul Heyse setzt ich ihn ab. – Durch Eggers – der Geibeln tagtäglich bei Kuglers sah – hab ich Näheres, zum Teil sehr interessante Details über den Dichter der 25 Auflagen erfahren. Geibel ist krank; das Wichtigste ist ihm sein Dreck; von der Qualität und Quantität seines Stuhlgangs ist seine Tageslaune abhängig. Von einem guten Sch ... kehrt er zurück wie von einem guten Werk oder wie von einem Monument, das ihm schon bei Lebzeiten gesetzt wurde und das er mit eignen Augen gesehn hat. Wenn ihm nicht recht im Leibe ist, so sagt er: »Der *kalte Frosch* ist wieder da!« Eggers, ein feiner Beobachter, meint, daß er das Paddengeschlecht auch wohl nicht eher loswerden würde, als bis es ihm vergönnt sei, vom Parterre aus die bis zur Raserei gesteigerte Publikumbegeisterung über ein *Geibelsches* Stück zu beobachten. Eggers fuhr fort: Geibel fühlt mehr oder weniger, daß es *innerlich* mit ihm zu Ende geht und daß *äußerlich* die Kritik, die nachgerade nur noch einen Virtuosen in ihm erkennt, immer festren Boden gewinnt; *das* kann er nicht ertragen, *das* ist die Wurzel seiner Krankheit. Eitelkeit und Gereiztheit (jedem Tadel gegenüber) haben bereits den Höhengrad der Lächerlichkeit erreicht. Am ersten Abend las er bei Kuglers ein Gedicht. Paul Heyse war auch zugegen, und in seiner bekannten schnabbrigen Manier entgegnete dieser, daß die Sache recht nett, aber doch eigentlich unbedeutend, ohne Gedanken und tiefren Gehalt sei. Geibel verfärbt sich, klappt sein Buch zu, stellt sich vor Paul Heyse hin, den Oberkörper vorgebeugt und beide Hände auf die Knie gestützt, und buchstabiert ihm mit Stentorstimme in den Hals hinein: »S-c-h-a-a-a-a-a-f! Schaf, ja Schaf! Das Gedicht ist gut, und wer es nicht findet ist ein – Schaf!« Allgemeine Verlegenheit; Paul lachte und gab durch einen Scherz der Sache wiederum eine leichte Wendung. – Dieser Vorfall ist komisch, aber ich habe weder über die Anekdote lachen, noch die Hauptperson dabei *aus*lachen können. Solch Maß von Eitelkeit und daraus sprießender Empfindlichkeit ist tragisch, und meine erste Empfindung beim Anhören der Schnurre war: es gibt kein Glück. Wenige hat das Schicksal so gebettet wie den modernen Walther von der Vogelweide, und doch – unglücklich. Grafen buhlen um seine Freundschaft, um das Glück seiner Nähe; auf verstimmten Leierkasten und auf Kistingschen Flügeln hört' er die Melodie zu seinen Liedern; an allen Schaufenstern steht in Golddruck »Geibels Gedichte«; 25 Auflagen in zehn Jahren; Kapitale beim

Bankier; schöne Weiber an der Hand und kluge Freunde an der Tafel; alles, alles – und doch den kalten Frosch im Leibe. Kein Glück!! ...

Nun noch ein paar Worte über Paul Heyse. Als Geibel in Pauls Zimmer trat, rief er diesem zu: »Ich habe Deine ›Francesca‹ gelesen, mein lieber Junge, ich sage Dir nur: *Du stehst jetzt in der ersten Reihe.*« – Ich schicke dies schmeichelhafte Urteil einer Autorität voraus. Im übrigen dringt Paul doch nicht recht durch; sein Stück findet man mehr genialtuerisch als wirklich genial und ihn selber mehr geistreich als dichterisch. Er ist brennend ehrgeizig, das ist gut; aber er ist auch eitel bis zum Exzeß, und das ist nicht gut. Er dünkt sich in Dingen fertig, wo er kaum angefangen hat; er glaubt Leben und Liebe aus dem Effeff zu verstehn und hat doch in beides nur eben hineingeguckt. Solch Gefühl der Sicherheit erleichtert freilich das Produzieren und bringt auch wirklich Beßres, Originelleres hervor als Ängstlichkeit und Mangel an Vertraun zu sich selbst; aber das Höchste, die Wahrheit, die Schönheit wird in gutem Glauben zur eignen Kraft denn doch nicht gefunden, und die Welt, die sich heutzutage durch keine Flitter mehr blenden und durch kein Feuerwerk von Pointen und Antithesen sich ein X vor ein U machen läßt, tritt bei jedem neuen Schuß nach dem Ziel »Unsterblichkeit« lachend hervor und ruft: »Fehlgeschossen!« Außerdem hat es mit dem Blümchen »Wunderhold« doch was auf sich, und frommt es auch dem Dichter wenig, so dem Menschen desto mehr, und *der* bleibt doch die Hauptsache. Der Mensch überlebt den Dichter oft um zwanzig lange Jahre, und die ehemalige Dichtergröße hat das Vergnügen, ein volles Drittteil seines Lebens als »alter Narr« umherzulaufen.

AN FRIEDRICH WITTE　　　　　　　　Berlin, 19. März 1851

... Beifolgend mein »Tag von Hemmingstedt«. Ich bin teils mit der Arbeit, teils mit ihrem Erfolge zufrieden. Der König z. B. hat sich mit außergewöhnlich warmer Anerkennung darüber geäußert. Paul Heyse, zum Teil auch Kugler, bilden eine schwache Tunnelminorität, die, bei *Überschätzung* des Machwerks (des Technischen, Formellen), den Kern und Inhalt *unter*schätzen.

Sie meinen, es sei kein eigentliches Kunstwerk, sondern nur die meisterhafte Behandlung eines Stücks alter Chronik. – Ich bin darüber sehr ruhig. Paul Heyse nämlich *muß* tadeln, und wenn er nichts anders finden kann, so heißt das Ganze eine »alte Chronik«. Selbst wenn er recht hätte, läge meinem Ermessen nach kein Tadel drin. Es fragt sich immer, wie die Chronik war und wie die Bearbeitung ist. – Daß dies Versmaß für derartige Stoffe trefflich ist, werden Sie mir zugeben. Namentlich beseitigt meine Art der Behandlung jede Spur von Monotonie. Ich wollte ein Epos »Barbarossa« in solchen Strophen schreiben, bin aber von dem Stoff ganz zurückgekommen. Es ist mir durchaus nicht möglich, mich für den alten Rotbart zu begeistern. Alle meine Sympathien sind auf Seite seiner Gegner. Er war ein Stück Haynau und verfuhr mit Mailand wie dieser mit Brescia. Die lombardischen Städte hatten damals so gewiß recht, wie sie noch heute recht haben. Für Barbarossa mit Wärme eintreten, hieße die gegenwärtige österreichische Politik mittelbar billigen oder gar verherrlichen. Es ist aber ein schöner Zug der Neuzeit, daß man von dem Papierrecht nicht mehr viel wissen und das ewige an seine Stelle setzen will.

An Friedrich Witte   Berlin, 1. Mai 1851

... Daß meine Ballade dem König vorgelesen wurde, daß ich gleichzeitig um eine Pension bettelte, werden Sie wohl aus meinem vorigen Brief ersehen haben. Die Ballade gefiel, das Gesuch ist noch immer ohne Antwort. Majestät soll eine Kabinettsorder erlassen haben, worin vom Ministerium des Innern meine Wiederanstellung gefordert wird. Das Polizeiministerium scheint diese Kabinettsorder zu ignorieren und tut ganz recht daran. Ich verachte diese feige, dumme und gemeine Sorte Politik und drei- und sechsfach die Kreaturen, die sich dazu hergeben, diesen Schwindel zu verteidigen und tagtäglich auszurufen: »Herr v. Manteuffel ist ein Staatsmann!« Sie könnten mir meine frühere Stellung wieder antragen, ich will sie gar nicht. Man lebt nicht für den Tag, und wer sich dazu hergegeben hat, an unserm Manteuffelschen Hexenbrei mitzukochen, der hat sich selbst um seine Zukunft gebracht, der ist ruiniert in der öffentlichen Meinung. »Öffentliche Meinung«, über die man jetzt glaubt, schlechte Witze machen zu dürfen, und die doch über kurz oder lang zeigen wird, daß sie nicht aufgehört hat, eine Macht zu sein. . . .

. . . Auch Gedichtstoffe schwirren mir wieder durch den Kopf; ich werde noch eine fünfte Maria-Stuart-Ballade schreiben, von der ich mir sehr viel verspreche.

Zum Drama komm ich nicht eher, als bis ich Ruhe habe; unter Nahrungssorgen läßt sich so was nicht machen, wenigstens *ich* kann es nicht. Zudem fehlen mir Menschen, mit denen ich meine Stoffe (zumal die dramatischen) durchplaudern könnte. Dem »Tunnel« bin ich total entfremdet. Die jüngeren Mitglieder stehen mir fern. Lepel hat kein Urteil, Kugler und Eggers sind gebildete Leute, aber Schablonenpoeten. Paul Heyse ist zu jung und findet alles schlecht, was nicht von Goethe oder – ihm selbst herstammt. Mit den andern ist vollends nichts los: Orelli ist gelehrtverrückt, Rendant Müller hat Urteil über das Fertige, aber nicht über den Plan. Scherenberg wäre mir noch der Liebste, aber ich steh ihm ein wenig fern, und dann tadelt er zu wenig. Er läßt alles gelten, und nachher hat man die Bescherung, das – Fiasko. So steht's!

AN FRIEDRICH WITTE   Berlin, 1. Juli 1851

. . . Ich habe Ihnen so lange nicht geschrieben und habe doch verhältnismäßig wenig Stoff zur Hand. Meine Tage verfließen gleichmäßig. Ob ich durch einen politischen oder belletristischen Artikel, durch eine Rezension oder ein Dutzendbuch mein Dasein kümmerlich friste, ist unwesentlich – es ist das das Aktenschreiben des Juristen, das Rezeptemachen des Apothekers. Weder dem einen noch dem andern fällt es ein, über seinen mehr oder minder mechanischen Erwerb ein Wort zu verlieren. Für mich ist die Sache nur deshalb von einiger Bedeutung, weil »Sein oder Nichtsein« noch immer die Frage ist. Jede Einnahme ist sozusagen noch ein Ereignis. Bin ich der Sorge ums tägliche Brot erst quitt, hab ich erst einen sicheren Markt für meine Ware (zumeist Grünzeug), so verlohnt sich's in der Tat nicht, über eine bloß ihren Mann nährende Büchermacherei noch irgendwelche Worte zu machen. Nur wer wirklich was *schafft*, hat ein Recht, darüber zu reden. Man geht mit Interesse in die Ateliers wahrer Künstler, aber man besucht keinen Flickschneider, um sich den neusten Boden anzusehn, den er einer alten Hose eingesetzt hat.

Der »Tunnel« feiert seit ohngefähr sechs Wochen. Vor vierzehn Tagen machten wir (fünfzehn Mann hoch) einen recht hübschen Ausflug nach dem Finkenkrug, einer Waldkneipe zwischen Spandau und Nauen. Wir waren im großen ganzen befriedigt, wiewohl sechzehn Stunden Beisammensein fast mehr ist, als das Vergnügen vertragen kann.

Vor acht Tagen erhielt ich aus Leipzig 4 Taler, geschrieben: *vier Taler*, für meinen »Tag von Hemmingstedt«. Da ich zwei Monate dran gearbeitet hatte, macht das pro Tag zwei Silbergroschen. Dabei kann man satt werden. Vivat das deutsche Dichtertum und die Noblesse der Buchhändler! ... – Hab ich Ihnen von meiner Petition an den König geschrieben? Es sind drei Monate seitdem vergangen, und noch immer keine Antwort. Es gibt nichts Kläglicheres, als bei Hofe irgendwas erschwänzeln wollen. Man blamiert sich – das ginge noch! – und kriegt nichts.

AN FRIEDRICH WITTE   Berlin, 17. August 1851

Vorerst hab ich die Ehre, mich Ihnen als Respektsperson, will sagen als neugebackenen Vater, vorzustellen. Am Donnerstag abend 11½ Uhr schenkte mir meine liebe Emilie einen krebsroten, aber doch ganz allerliebsten Jungen. Kind und Mutter sind wohl und letztere insonderheit glücklich. Ich bin es wahrlich auch; aber es drückt mich von Zeit zu Zeit doch danieder, wo es eigentlich mit uns hinaus will. Fest entschlossen bin ich, mich nicht zu verkaufen, und werde mich weder durch Not noch durch Tränen davon abbringen lassen; schlimmstenfalls muß ich sehen, als Abschreiber oder überhaupt als *Hand*arbeiter mein Brot zu verdienen. Ich schreib Ihnen das in einer etwas gedrückten Stimmung, weil ich mich heut vormittag über Buchhändlergesindel mal wieder geärgert habe. Und auf die Réeleté und Honnêtteté solcher Bursche ist man angewiesen!

Denken Sie sich, schreibt mir Herr Otto Janke, zwei Gedichte von Mörike müßten – unter vielem andern – aus der Anthologie wegbleiben, *sie taugten nichts*. Ich hab ihm geantwortet, mit seiner gütigen Erlaubnis verstünd er von dergleichen nichts, aber man ärgert sich doch über solche Unverschämtheit. . . .

AN BERNHARD V. LEPEL Berlin, 30. Oktober 1851

... Ich habe mich heut der Reaktion für monatlich 30 Silberlinge verkauft und bin wiederum angestellter Scriblifax (in Versen und Prosa) bei der seligen »Deutschen Reform«, auferstandenen »Adler-Zeitung«. Man kann nun mal als anständiger Mensch nicht durchkommen. Ich debütiere mit Ottaven zu Ehren Manteuffels. Inhalt: der Ministerpräsident zertritt den (unvermeidlichen) Drachen der Revolution. Sehr nett!

AN BERNHARD V. LEPEL Berlin, 3. November 1851

... Da ich bei Dir ein warmes Interesse an meinen Schicksalen voraussetzen darf, so erfahre denn, daß es mir *pekuniär* seit acht Tagen ganz leidlich geht: ich erteile Unterricht im Deutschen, Geschichte und Geographie, und wiewohl das vor der Hand kaum täglich 8 Ggr. abwirft, so ist's doch eben ein Anfang, und hab ich Zusicherungen seitens des Schulrats Bormann in Händen, die mir mehr in Aussicht stellen. Eben wollt ich dieser Tirailleurnotiz das Gros meiner Börsennachrichten folgen lassen, als mir noch rechtzeitig einfällt, daß ich Dir bereits die Anzeige von meinem »Geworbensein« (um kein schlimmeres Wort zu gebrauchen) gemacht habe. Ich kann Dir auf Wort versichern, daß ich dieser 30 rth. nicht froh werde und ein Gefühl im Leibe habe, als hätt ich gestohlen. Meine Handel[s]weise entspricht zwar den Diebstählen aus Not, es ist das Sechserbrot, das der Hungrige aus dem Scharren nimmt – aber es ist immer gestohlen. Wie ich's drehn und deuteln mag – es ist und bleibt Lüge, Verrat, Gemeinheit. Die Absolution, die mir die hündische Verworfenheit dieser Welt und *dieser Zeit* angedeihn läßt, kann mir nicht genügen. Der feiste Ernst Schultze sprach zu seiner Frau: »Jotte doch, das bißchen Überzeugungsopfer; da müssen andre Leute ganz andre Geschichten opfern!« – »Schreibtafel her!« ruft Hamlet. Wenn unsre Zeit mal eine Überschrift braucht, so bitt ich, diesen großen Worten zu ihrem Recht zu verhelfen. Und *das* Volk will Freiheit, will Republik! Vivat Louis Schneider! Er hat recht: uns frommt nur noch die Knute.

Ich sehne mich nach wie vor aus diesen Verhältnissen, ich glaube fast aus diesem Volk und Lande heraus; kommt es mal zum Scheiden, so scheid ich leichten Herzens, ein warmes Gefühl hab ich nur für meine alte Mutter und für Dich. Aber auch mit Dir groll und zürn ich; Du bist auch nicht der Kerl, an dem man sich aufrichten und erquicken könnte, Dir sieht auch diese arme, impotente Zeit aus den Augen; – man kommt dahin, sich nach den Verbrechen finsterer Jahrhunderte zurückzusehnen, es war doch was damit; – heutzutag aber ist alles matt wie die Limonade in »Kabale und Liebe«, matt wie die Liebe selbst.

Am 5. April 1852 verließ Fontane Berlin, um als Korrespondent der von Dr. Ryno Quehl geleiteten Presse des reaktionären preußischen Ministeriums Manteuffel nach England zu gehen.

An Emilie Fontane   Aachen, 6. April 1852

Meine liebe Frau.

Seit gestern mittag zwei Uhr bin ich hier. Die Reise bis Köln ist eigentlich langweilig oder richtiger, die *Art* des Reisens ist es. Um sich darüber hinwegzusetzen, daß man an einer Fülle von interessanten Dingen vorbeifliegt, oder um lediglich die Schnelligkeit des Fortkommens zu preisen, dazu geht es doch noch nicht schnell genug. Man hat das Gefühl, nichts gesehn und sich strapaziert zu haben, wogegen man früher von seinen Reisestrapazen wenigstens eine Ausbeute hatte und in künftigen Zeiten notwendig dahin kommen muß, wenn auch nichts zu sehn, so doch wenigstens nicht gequält zu werden.

Meine Reisegesellschaft war außergewöhnlich gut: drei Leute, mit denen sich reden ließ; dennoch macht ich von diesem ihrem Talent wenig Gebrauch, weil ich immer mehr dahinter komme, daß der bloße »gebildete Mensch«, wenn er sonst nichts hat, eigentlich zu den ledernsten Geschöpfen Gottes zählt. Von jeder alten Bauernfrau, deren Friesrock 120 Falten schlägt und deren Plattdeutsch man ebensowenig versteht wie den Baustil ihres Kopfputzes, hat unsereins mehr Ausbeute.

Am meisten erquickte mich noch die Fahrt durch Westfalen. Es war Sonntag. Schönes, klares Wetter, geputzte rotbäckige Menschen am Wege und auf den Bahnhöfen; der Himmel lachte und die Menschen auch. Es war sehr reizend, und ich dachte mir, mit welcher Herzensfreude muß der König durch solche gesegneten Lande fahren, wo selbst das Leblose tausend Geschichten von Glück und Zufriedenheit erzählt und die ganze Landschaft zu einem aufschaut wie ein Auge voll Liebe. Solch Anblick geht viel über Ehrenpforten und weißgekleidete Jungfrauen.

Um neun Uhr abends war ich in Köln. Die Stadt ist scheußlich, der Dom das Herrlichste, Großartigste, was ich überhaupt je gesehn. Vom Dome ins Hotel. Es ist so wie hundert andere. Beefsteaks, Kellner, abgerissene Klingel – alles wie bei uns zulande; nur von dem Bett muß ich Dir eine Beschreibung machen. Das Gestell groß, hoch und von einer Solidität der Bauart, als sollten sechs Brautpaare wie König Gunther und Brunhilde ihr Beilager darin halten; dazu ein Deckbett von der Größe eines mäßigen Oreillers, so daß ich mich gezwungen sah, Schlafrock und Mantel als Hilfstruppen heranzuziehen. Sehr interessant war auch das Watercloset: es ist sehr eng darin, und die Wand vor einem befindet sich so nahe, daß man sie mit der Nasenspitze berühren kann. Diese zudringliche Nähe war von talentvollen jungen Malern, die sonst wohl die Mauern und Wände der Häuser mit gewissen mehr riesigen als naturgetreuen Abbildungen auszustaffieren pflegen, zu ähnlichen Kunstleistungen benutzt worden, die teils aus Bleistiftzeichnungen, teils aus dauerhaften tiefen Gravierungen bestanden. Mitten unter diesen lauteren Schöpfungen der Phantasie und Laune befand sich, wie ein Professor im Bordell, die bekannte Figur des pythagoräischen Lehrsatzes, die mich vorzeiten auf der Quartanerbank immer sehr traurig gestimmt, heute aber mein hellstes Lachen zur Folge hatte.

Hier habe ich bei Onkel Fritz und seiner Familie einen Empfang gefunden, der an Herzlichkeit noch Eure Erwartungen, geschweige denn die meinigen übertraf.

Nun noch ein paar Worte mit und zu Dir, mein liebes, süßes Herz. Wenn dieser Brief keine Liebes- und Sehnsuchtsversicherungen enthält, so suche die Gründe nicht anders, als wo sie liegen. Ich darf ehrlich behaupten, daß ich vielfach in Worten und immer in Gedanken um Dich und unsern lieben kleinen Jungen bin. Des Morgens beim Baden bin ich immer bei Euch, und selbst nachts, wenn ich aufwache, seh ich Mine in bekannter Attitüde an dem Dreihandtücherplatz, wie sie sich quält, den schlafenden kleinen Fontane zu einer munteren Fontäne zu machen. Küsse mir das Kind und die gute Alte recht herzlich, Du aber schreibe recht bald

Deinem
Theodor.

AN EMILIE FONTANE Aachen, 12. April 1852

Meine liebe Mila.

Schon gestern wollt ich Deinen lieben Brief beantworten; ein Osterkirchgang und hinterher ein paar Besuche ließen mich indes nicht dazu kommen. Was Deinen Brief angeht, so kann ich Dir nicht Besseres darüber sagen, als daß die Briefe der Frau mir doch noch über die der Braut gehn, und Du weißt, daß ich auch die letzteren nie unterschätzt habe.

Seit meinem ersten Schreiben habe ich viel gehört und gesehn; in der Stadt selbst hab ich das Rathaus und den Dom genauer in Augenschein genommen, beide *zum Teil* aus der Zeit Karls des Großen herrührend. Im großen ganzen wird mit dem ollen Kaiser hier ein lächerlicher Mißbrauch getrieben: in jedem alten Pfuhl oder Weiher soll er gebadet, auf jedem großen Feldstein gesessen, unter jeder verkrüppelten Eiche geschlafen haben. Es wundert mich fast, daß man die berühmten Schwefelwasserstoffquellen hierselbst nicht dadurch erklärt, daß man sie »mit den Blähungen Karls des Großen gesättigtes Quellwasser« nennt. Der gotische, seit kurzem wiederhergestellte große Rathaussaal, in dem 36 Kaiser gekrönt worden sind, ist von einer außerordentlichen Schönheit und interessierte mich mehr als der achteckige Kuppelbau des Domes, den ich gestern während des Hochamts in Muße betrachten konnte.

Die Umgebung Aachens ist recht hübsch – »schön« wäre zuviel gesagt. Die Stadt liegt in einem Talkessel, mäßig hohe Hügel umgeben sie von allen Seiten. Von einigen der höchsten Punkte aus genießt man einen reizenden Umblick, und sowohl die Stadt diesseits wie die weite und reiche Landschaft jenseits des Hügelringes gewährt eine Fülle wechselnder, aber immer lieblicher Bilder. Die Landschaft jenseits der Berge hat die allergrößte Ähnlichkeit mit unserm Oderbruch, wenn man vom Selower Berge aus bei günstiger Beleuchtung in das Tiefland hineinblickt.

Nun ein Wort über den Katholizismus. Ich verschließe mich nicht gegen das Großartige seiner Organisation, nicht gegen die Herrscherweisheit, die aus seinen Institutionen spricht, nicht gegen die Hoheit und Heiligkeit gewisser Schöpfungen und ihrer Grundprinzipien; ich gebe auch zu, daß aus dem Albernsten und Abgeschmacktesten immer noch ein Teilchen schöner, heiliger Ernst – sei's auch nur mit der Nasenspitze – hervorguckt. Aber das Ganze, wie's daliegt, ist doch nur eine große Volksverdummungs-, im günstigsten Falle eine klug eingerichtete Volksbeherrschungsanstalt und hat nur deshalb ein Recht zu sein, weil die große Masse zu allen Zeiten dumm und unselbständig gewesen ist und der Katholizismus aus diesem Grunde sich schmeicheln darf, »einem tiefgefühlten Bedürfnis gründlich abzuhelfen«. Der Glanz- und Höhepunkt des Ganzen ist für mich die *künstlerische* Seite – worunter ich die Pracht der Kirchen und Dome, die Meisterwerke der Malerei an den Wänden und das oft Bezaubernde der geistlichen Musik verstehe. Von dem Moment ab, wo der *Klerus* aufmarschiert und teils mit alten, mumienhaften, teils mit fanatisch-brutalen, am meisten aber mit stupiden, langweiligen und selbst gelangweilten Gesichtern seine Litaneien herunterplärrt, ist alle Illusion gestört, und die Seele atmet erst wieder auf, wenn der betäubende Weihrauchduft hinter ihr liegt und Gottes Sonne auf offener Straße lacht und grüßt. Summa Summarum: Der Protestantismus kann einpakken – ich habe den festen Glauben, daß die Menschheit auch mit ihm nicht abschließen, auch ihn überwinden wird – aber gegen den Katholizismus gehalten, muß er unser Freund und unsre ganze Liebe sein; denn wir, die wir ein Stück himmlischer Freiheit gekostet haben, können nur in ihm oder doch *durch ihn* das finden, was wir gebrauchen.

Am Donnerstag geht es weiter nach Belgien, wo ich fünf Tage verweilen will, und dann ohne Verzug nach London.

Küsse nur unsern lieben kleinen Jungen recht, recht herzlich. Der herzlichste Kuß aber ist für Dich, mein liebes, gutes Herz. Dein

Theodor.

An Emilie Fontane   Brüssel, 17. April 1852

Meine liebe, arme Herzensfrau.

Vorgestern früh verließ ich Aachen. Das erste, was wir im Coupé hörten, waren französische Worte. »Pas pleurer!« rief ein blaukittliger Wallone, der mit seinen rußigen Eisenarbeiterhänden unaufhörlich bemüht war, sein blasses, weinendes Kind zu beschwichtigen. – Wir kamen nach Verviers; Douaniers durchwühlten meinen Koffer, fünf Minuten lang war ich in scheußlicher Gefahr, meine eignen, *neu gebundenen* Werke hoch versteuern zu müssen. Mein Französisch litt Schiffbruch; dumm und verlegen stand ich da – endlich klang eine leidliche Grobheit von den beschnauzbarteten Lippen, und ich war blamiert, aber – gerettet. »Plas pleurer!« dacht ich, und weiter ging es nach Lüttich. Lüttich – wenn es noch keinen Beinamen hat – würd ich die Leierkastenstadt nennen; überall Lahme und Blinde und rechts und links flötentönige Sehnsuchtswalzer. Es war sehr heimatlich, und mit dem Gedanken an die Heimat kam ein flüchtiges Heimweh; mais »pas pleurer!« dacht ich, und weiter ging es nach Löwen. Im Hotel de la Cour de Mons ist gutes Nachtquartier; erquickt stand ich auf und sah durchs offene Fenster zum blauen, lachenden Himmel hinauf und dann hinab in den grünen, lachenden Garten. Eine junge Frau in niederländischer Tracht, ihr Morgenhäubchen kokett auf dem

Kopfe balancierend, stand unter einem blühenden Aprikosenbaum und lachte ihren bärtigen, rotbäckigen Hausherrn an, der ihr mit der Hand, streichelnd und schmeichelnd, über den krausen Scheitel fuhr. Ich sah's – mais »pas pleurer!« und weiter ging es nach Brüssel. Das Coupé war ein Nationenkongreß: deutsch, niederländisch, französisch, englisch klang es mal hier, mal dort, aber ich hatte wenig Ohr dafür; ich sah ein freundliches, unserm kleinen George in Wahrheit ähnliches Kind an, das auf dem Schoß der Bonne schlief – ich dachte dies und das, mais »pas pleurer!« – Heute früh erhielt ich Deinen lieben Brief (für den ich Dir danke, soviel Schweres er auch enthielt) und setzte mich auf eine sonnenbeschienene Bank des Parks, um Deine lieben, traurigen Zeilen durchzulesen. Ich las und weinte; mais »pas pleurer!« klang mir's wieder im Ohr, und ich atmete auf und schritt weiter.

Mein liebes, armes Herz, was soll ich Dir für Trost sagen! Ich habe selber nicht viel, und Du weißt, ich kann nichts sprechen und schreiben, was mir nicht von Herzen geht. Ich kann Dir nur zurufen, was ich Dir schon so oft zugerufen habe: »Laß uns mit Ergebung tragen, was der Himmel über uns verhängt.« Wir sind beide nicht vom christlichen Märtyrergeschlecht und werden es schwerlich zur *Freudigkeit* des Leidens bringen, aber laß uns wenigstens *Fassung* darin finden, daß wir nichts andres tragen, als was uns bestimmt ist und von Anfang an bestimmt war. Übrigens sollst Du nicht *alles* ohne mich durchmachen: entweder – und das gebe Gott – hab ich die große Freude, Dich schon im Sommer zu mir zu rufen, oder ich verlasse London zu Ende August und steh Dir in der schweren Zeit, so gut ich's kann, zur Seite. Vorläufig ist mir Deine Reise nach Liegnitz ein großer Trost. Du wirst da manches tun und hören müssen, was Dir nicht gefällt; im großen ganzen aber wird man Dir mit wahrer, herzlicher Liebe begegnen, und das bleibt auf die Dauer doch das beste.

Daß Du mal wieder mit der Menschheit zürnst und mir schreibst, keine Katze habe sich um Dich gekümmert, scheint mir ungerecht zu sein. Ich glaube, wir haben beide den Fehler, von den Menschen mehr zu verlangen, als wir verlangen dürfen, und namentlich mehr, *als wir ihnen bieten*. Wir haben diesen Fehler nicht von Natur, aber durch die Umstände und Verhältnisse, die uns gereizt und als Folge davon ungerecht gemacht haben. Dir wird die Zeit jetzt lang. Als Du schriebst, waren erst elf Tage vergangen, und wie oft haben wir wochenlang allein gesessen! Wer hat mich besucht, als ich Ende vorigen Jahres krank und niedergeschlagen die Tage abwickelte?! Die Menschen lieben nur das Glück, den Glanz und die lachenden Gesichter – und zuletzt: wer will es ihnen verargen?!

Über meine Reiseerlebnisse und das Hundertfache, was ich in Lüttich, Löwen und Brüssel gesehen und bewundert habe, kann ich mich heut nicht auslassen, mein Brief würde sonst endlos werden; man reist ohnehin, um zu *sehn*, und nicht, um zu *schreiben*. Zwei Briefe kosten einen Tag, und ein Tag kostet viel Geld. Nur mit einzelnen Bemerkungen, die sich mir aufgedrängt haben, will ich nicht zurückhalten. Es ist mindestens ein Fingerzeig, daß die mittelalterliche Kunst und Kultur nirgends herrlicher geblüht hat als in den Bürgerrepubliken der lombardischen und flandrischen Städte, die trotz kaiserlicher Oberhoheit wirkliche Republiken waren und selbst den Arm und die Macht eines Barbarossa oder Fünften Karl nicht scheuten, wenn es galt, für ihr Recht und ihre Freiheit einzustehn. Wie sind wir zurückgekommen! Das waren die noblen Tage der *Selbstregierung*, wonach wir jetzt schreien und wozu wir nicht mehr und nicht weniger mitbringen als – nichts. Die Bürger von damals dachten und taten alles selbst; für unsre feisten Bourgeois muß gedacht und getan werden: der Götze der Bequemlichkeit hat den Gott der Freiheit in den Staub getreten. . . .

An die Mutter Emilie Fontane   London, 28. April 1852

Meine liebe, gute Mama.

Seit fünf Tagen bin ich nun in London. Ich hätte nicht gedacht, daß die Stadt, deren rein äußerliches Leben und Treiben ich wenigstens kannte, mich wiederum so mächtig bewegen würde. Denn noch in diesem Augenblick brauch ich nur nach den Verbindungsstraßen zwischen City und Westend (hier herrscht das regste Leben) zu eilen, um urplötzlich meine Sorgen von mir genommen zu sehn. Die Großartigkeit dieses Schauspiels hat etwas unendlich Erhebendes; weil man *sich überhaupt vergißt*, vergißt man auch sein Elend und seine Not und fühlt sich nur gehoben durch das Gefühl, ein *Teil* jener Gesamtheit, ein Glied jener großen Menschheitsfamilie zu sein, die *so* lebt und *solches* schafft. In Bewunderung der *Gattung* verliert man die *einzelne Spezies*, und sich mit, ganz aus dem Auge.

Du wirst vielleicht sagen: Daran erkennt man den Anglomanen, der seit Jahr und Tag in alles englische Wesen verrannt ist. Ich muß das gerade jetzt bestreiten: vieles behagt mir gar nicht und läßt mich, wenn ich vergleiche, deutlich einsehn, daß wir in aber hundert Dingen weit voraus sind. Zudem hab ich *persönlich* noch gar nichts Angenehmes oder Bestechendes erlebt und höre von Deutschen, selbst von solchen, denen es hier gut geht und die gar nicht daran denken, England zu verlassen, daß es in Deutschland eigentlich besser sei. Wieviel daran wahr ist, laß ich dahingestellt, aber das darf ich bereits versichern, daß mein diesmaliges Urteil über London anders ausfallen wird als vor acht Jahren. Ich war damals unerfahren, gutmütig und, wenn ich so sagen darf, schwärmerisch genug, alles, was ich *anders* fand, auch sofort *besser* zu finden.

Heute endlich habe ich einen Brief von Emilie erhalten. Es freut mich ungemein, daraus zu ersehen, daß sie nicht nur wohl, sondern auch wieder heiter ist. Vor allen Dingen mög es ihr nie einfallen, vielleicht bloß aus Anstand, mit ihrer Heiterkeit hinterm Berge zu halten und eine pflichtschuldige betrübte Miene aufzusetzen. Ich habe nichts so gern wie fröhliche Menschen, und kann *ich's selber* oft nicht sein, so liegt die Schuld wahrhaftig nicht an meinem guten Willen. Am liebsten schlüg ich den ganzen Tag Rad, spräng über Tisch und Bänke und wälzte mich im grünen Rasen, den lachenden Himmel über mir.

Meine Tage verbring ich jetzt in höchster Einfachheit und Regelmäßigkeit, nicht aus Prinzip, sondern aus *Muß*. Das wichtigste ist nämlich zunächst, daß ich einzelne Arbeiten an *Quehl* schicke. Ihr glaubt gar nicht, wie mich das gedrückt hat, und doch weiß ich am besten, daß es nicht eher möglich war. Bin ich diese Last los, so beginn ich ein andres Leben und fasse meinen eigentlichen Zweck – »hier was zu lernen« – mehr ins Auge.

Ich werde dann Kirchen, d. h. Predigten, öffentliche Versammlungen, Gerichtssitzungen u. dgl. m. besuchen, um mein Ohr mit der Sprache vertrauter zu machen, vielleicht geh ich dann auch auf ein paar Wochen nach Brighton.

AN BERNHARD V. LEPEL London, 10. Mai 1852

... So niederdrückend die Erfahrungen sind, die ich in den 17 Tagen meines Hierseins gemacht habe, so fest bin ich nach wie vor überzeugt, daß man gerade hier und vielleicht *nur* hier sein Glück machen kann. Ich muß noch sehr viel Englisch lernen, bevor ich in Berlin den englischen Lehrer so gut spielen kann, wie hier jetzt bereits (natürlich wenn sich eine Stelle findet, die ich aber in Berlin *auch erst suchen* muß) den deutschen; und wenn denn doch mal das Money-making in Angriff genommen werden soll, so ist mir das hiesige kaufende Publikum, das selbst einem miserablen Teacher gegenüber immer noch nach Pfunden rechnet, denn doch um einige Prozent lieber als Fräulein Bone seligen Andenkens, die mir 7½ sgr pro Stunde zahlte und mit der letzten Wochenzahlung noch dazu durchbrannte. Dieses Teachertum, nach dem ich jetzt begreiflicherweise alle zehn Finger ausstrecke, ist nichtsdestoweniger durchaus nicht das Letzte und Höchste, was unsereins hier erreichen kann. Nicht die schlechtesten Schreiber an den großen englischen Blättern sind – Deutsche, und wiewohl ich fühle, daß ich mich noch auf der untersten Stufe politischer Bildung befinde, so ist »verzweifeln« auch nach *der* Seite hin nicht meine Sache, und das Besitzergreifen einer beliebigen Zeitungskolumne scheint mir durchaus nicht außerhalb der Möglichkeit zu liegen. Nur abwarten können, nur Muße zum Lernen und Muße zum Schreiben, und – es wird kommen. Was mir schon seit Jahr und Tag alle Kraft raubt, mich dumm und einfältig macht, das ist das ewige Gehetztsein; Ruhe! und ich werde wieder Verfügung über die bescheidne Potenz haben, die mir der Himmel verliehn.

Und der Dichter?! Laß die Toten ruhn! Es war mir aus tiefster Seele gesprochen, was ich noch kurz vor meiner Abreise zu Hahn sagte: »Diesem Leben in der Kunst entsagen zu müssen, ist ein Schmerz, den ich nie verwinden werde.« (Daß ihn die Kunst verwindet, ändert nichts in der Sache.) Aber wenn ich ihm entsagen soll und muß, so wird es mir um vieles leichter in einem fremden Lande, wo ich ohnehin zu tauben Ohren sprechen würde und durch keinen Wettstreit, durch keine Siege und Triumphe dieses oder jenes Nebenbuhlers angestachelt werde, das Verbotne, das Unmögliche zu versuchen. Ein schärfrer Poetenstachel als die Liebe war zu allen Zeiten der Ehrgeiz, und dieser Stachel fehlt unter Fremden. – ...

An Emilie Fontane London, 13. Mai 1852

... Dein Unwohlsein, wenn ich zwischen den Zeilen richtig gelesen habe, wurzelt zum guten Teil in Verstimmung. Ich müßte mich sehr irren, wenn Du nicht wieder auf Klagen über die »Jammerpartie« gestoßen sein solltest, und hab ich recht, so bitt ich Dich, nimm es damit so leicht wie möglich. Ich bin solchen Anzüglichkeiten gegenüber jetzt sehr ruhig: einmal, weil ich Dich leidlich sicher in Händen habe, dann aber, weil ich im Innersten überzeugt bin, solche alten Leute *haben ganz recht*. Jeder will zunächst sein Kind glücklich und geborgen sehn; gesellt sich dann Auszeichnung und Ruhm dazu – tant mieux. Den *bloßen* Ruhm betrachten sie mit Mißtrauen; sie fühlen wie instinktmäßig, daß er weder seinen Träger noch dessen Umgebung glücklich macht. *Das bloße »Rühmchen« aber ist ihnen einfach lächerlich,* und noch einmal: sie haben ganz recht. Wenn ich indes auf meine Dichterschaft selber jetzt mit bloßem Hohn hinunterblicke und von keinem Menschen verlange, daß er drei bedruckte Blättchen Papier als Deckmantel für alle sonstigen Mängel betrachte, so verfüg ich doch, neben dieser leicht wiegenden Poeterei, über ein Etwas, das schwerer in die Waage fällt, und das ist – meine Liebe zu Dir. Ich habe Dir diese zu allen Zeiten und in allen Stücken gezeigt, und *hierauf lege Gewicht.*

Was Du mir über unser Kind schreibst, freut mich immer ungemein. Hat er denn noch keine neuen Zähnchen? Morgen ist er dreiviertel Jahr, da wird Großpapa wohl wieder Gelegenheit zu einer Bowle nehmen! Nimm das augenblickliche Wohlleben nur ja mit, vergälle Dir keinen Bissen und denke immer daran, daß wieder schlechtere Tage kommen werden, wenn

Gott nicht ganz besonders hilft. Auch tu es des »kleinen Mädchens« willen; der arme George hat vor seiner Geburt wenig Delikatessen kennengelernt.

Über mich selbst kann ich mich kurz fassen: *ich sitze hier und warte auf Glück!* Mein Leben ist im höchsten Maße monoton und bis jetzt wenig ergiebig an sprachlicher und wissenschaftlicher Ausbeute. Von Konstablern, Omnibuskutschern und dem Dienstmädchen (sie ist noch dazu taub), die mir den Kaffee bringt, ist kein Englisch zu lernen – einmal, weil sich die ganze Unterhaltung auf sechs Redensarten reduziert, dann aber auch, weil diese gewöhnlichen Leute ein Englisch sprechen, vor dem man sich zu hüten hat....

AN EMILIE FONTANE   London, 29. Mai 1852
                            Pfingst-Heiligabend

Meine liebe Herzens-Mila.

Für die Pünktlichkeit, mit der Du immer antwortest, hab ich gleichzeitig Dir zu danken und Dich zu loben. Daß es mit Dir ganz leidlich geht und auch Klein-George wieder auf dem Zeuge ist, hab ich mit großer Freude aus Deinem Briefe ersehn; ich wünsche von ganzem Herzen, daß die Nachrichten von Dir nie ungünstiger lauten mögen. Das Lob, was Du meiner Gesetztheit und Vernünftigkeit spendest, verdien ich eigentlich wenig; es ist viel weniger der Gatte und Familienvater, der mich so sein läßt, wie ich bin, als vielmehr die Sorge, die auf mir lastet. Ich bin in einer beständigen Unruhe, fortwährend beschäftigt mich die Frage: »Wird es werden? und wenn es nicht wird, was dann?!« Solche stete Angst ist der schönste Dämpfer von der Welt, und gegen poetische Hoffnungen und hochfliegende Pläne gibt es gar kein beßres Mittel. (Vergißt auch Du nicht unsere Berliner Mama? Ich bitte Dich, ja recht rücksichts- und liebevoll zu sein und daran zu denken, daß sie außer den ledernen Bethaniern jetzt niemand hat, da – wie ich vermute – Max sich nicht allzusehr um sie bekümmern wird.)

Daß Dir's in Liegnitz so gut geht und alles Dich so freundlich pflegt und behandelt, ist mir ein großer Trost. Ich bezweifle nicht, daß Dir's um einige Prozente besser geht wie mir, und gönn es Dir von ganzem Herzen. Ich rufe Dir immer wieder zu: Nimm's mit! Grüße alle, die's gut mit uns meinen, aufs herzlichste, auch Minen entbiete meinen landesväterlichen Gruß; freundlicher darf ich als »Herr« schon nicht sein.

Nun aber zu mir, zu meinen Schicksalen, Hoffnungen und Befürchtungen. Zuerst: am Dienstag, den 1. Juni, zieh ich aus und begebe mich in eine englische Familie, in der Mr. Jacoby acht Monate lang gelebt und sie nur verlassen hat, weil sie ihm zu fromm waren. Auch ich werde binnen dreimal vierundzwanzig Stunden aufgefordert werden, mich an der regelmäßigen Morgen- und Abendandacht zu beteiligen; ich weiß noch nicht, welche Antwort ich geben werde, da sich (aus Nützlichkeitsgründen) auch mancherlei dafür sagen läßt. Ich schließe aus dem achtmonatlichen Aufenthalt, daß es nicht ganz schlecht sein kann, wiewohl ich auf der andern Seite immer mehr die Erfahrung mache, daß ich im Verhältnis zu andern jungen Männern, deren Geldbörsen viel besser gespickt sind als die meine, doch sehr verwöhnt bin.

Es liegt das an meiner eigentümlichen Laufbahn: wiewohl arm und mittellos, beweg ich mich nun schon seit Jahren ausschließlich in bevorzugten Kreisen und habe meine Sinne für alles Feine geschärft, trotzdem ich selbst nur ausnahmsweise imstande war, ihnen Feines zu bieten. *Nous verrons!* Ich habe drei Treppen hoch ein kleines Stübchen ohne allen Komfort, sogar ohne Kamin (ich heize nämlich noch den ganzen Tag und habe die Füße Tag und Nacht im Fußsack), und zahle dafür wöchentlich nebst vollständiger Beköstigung (Frühstück, Mittagbrot und Tee) 1½ Guineen, das sind genau 10 rth. 15 sgr., also monatlich 42 Taler. Dies ist nach englischer Taxe wirklich billig und in der Tat wesentlich billiger, als ich hier gelebt habe. Ich bezahlte hier fast ebensoviel ohne Mittagbrot. Zwar hab ich dafür nur ein Zimmer, aber einmal in einer besseren Gegend, und, was die Hauptsache ist, finde endlich Gelegenheit, mich im Englischsprechen zu üben und taktfest zu machen. *Hier* kam ich blitzwenig von der Stelle. Das Haus, in das ich ziehe, ist fast herrschaftlich, und die Familie mußt Du Dir so denken wie August Fontanes in der Dorotheenstraße vorzeiten. Die Alte ist zwar ebenso dick, wie Pine dünn war, wird aber auch wohl drauf zu laufen und warm Wasser zu berechnen verstehn. Als ich vorgestern die Sache abmachte, begegnete mir zehn Schritt vorm Hause – Louis Drucker. Du kennst ihn doch, den berühmten Weinkneipier. Ich hatte folgende Unterredung (wörtlich) mit ihm, die ich Dir aus meinem Tagebuche abschreibe, vielleicht amüsiert es Dich ein klein wenig. Mancher Mensch – namentlich ein Sachse und ein Berliner – ist nicht totzumachen.

Ich: »Ei der Tausend, Drucker, Sie hier?! Wie lange stecken Sie schon in London?«

Er: »Mindestens 5 Fuß 6 Zoll.«

Ich: »Wie geht es Ihnen?«

Er: »Ein Drucker kann und wird nie untergehn.«

Ich: »Aber ich höre, die Deutschen in London werden wenig ästimiert.«

Er: »Pah, Revanche! ›Umgürte dich mit dem ganzen Stolze deines Englands, ich verachte dich – ich, ein deutscher Jüngling.‹«

Ich: »Ist Ihre Familie schon hier?«

Er: »Leider nein; aber in vier Wochen wird die ganze Menagerie eintreffen.«

Ich: »Immer noch der Alte!«

Er: »Und nun zum Abschied, mein Herr: ›Was ist das beste Mittel gegen Seekrankheit?‹«

Ich: »Nun?!«

Er: »Man nimmt Dienste auf der deutschen Flotte. – Ich empfehle mich Ihnen.«

Weg war er; ich kann nicht leugnen, daß mich das gemütliche Renkontre in eine fast freudige Stimmung brachte.

Mit Bunsen werd ich wohl trotz Deiner Hoffnungen vom Gegenteil – recht gehabt haben. Die Einladung zum Lunch war von ihm selbst; ungemein kulant (der Brief ist drei Seiten lang und im Autographensack mindestens 5–6 sgr. wert und enthielt gleichzeitig eine Aufforderung zu poetischer Konkurrenz). Die Aufnahme von seiner Seite wie das erste Mal; die Bewirtung gediegen-vornehm; einer seiner Söhne, ein gewandter und in deutscher Literatur wohlbewanderter Gentleman, nahm sich meiner besonders an, nichtsdestoweniger ist man nicht viel mehr als ein Bedienter; »man wird mit Rücksicht behandelt, c'est tout!« Andern Tages packt ich meine unsterblichen Werke zusammen, schrieb einige Zeilen und legte zwei Lepelsche Empfehlungsbriefe (an Bunsen Vater und Sohn) bei. Der Dienstag kam, der Mittwoch – keine Antwort. Ich war zunächst erfreut darüber; in poetenhafter Eitelkeit, von der immer noch ein Restchen sitzenbleibt, bildete ich mir ein, er wolle erst lesen und dann danken; aber inzwischen ist es Sonnabend nacht geworden, und noch keine Zeile ist eingetroffen. Es konnte auch gar nicht anders kommen, und ich begreife mich eigentlich nicht: Lepel braucht nur etwas in die Hand zu nehmen, so haftet ein Pech daran, das nie mehr abzukratzen ist. Übrigens kann ich mir die Sache schönstens erklären: Lepel hat ihm meine Situation geschildert, was vermutlich den alten Herrn mit Entsetzen erfüllt haben [wird]: der frühere Apotheker ist unter allen Umständen wissenschaftlich nicht ebenbürtig, und der ministerielle Zeitungsschreiber ist ein Lump. – Und nun noch eins, ein Ausspruch, den ich auch in Berlin schon gelegentlich gemacht habe: ich bin ein ehrlicher und aufrichtiger Konstitutioneller und denk es mein Lebtag auch zu bleiben, aber die Leute, die unsren Konstitutionalismus repräsentieren, kann ich durchaus nicht verdauen. Es sind zumeist Kaufleute, Advokaten und Professoren, gewöhnlich reich, gebildet und von höchst untadeligem Lebenswandel, aber damit schließt es auch ab. Sie haben was Philiströses, eine spießbürgerliche kleine Sorte von Ehrgeiz, und sind im Amt die hochfahrendsten, unausstehlichsten Gesellen von der Welt; sie sind superklug, und während sie über den Adel lächeln, bilden sie doch gleichzeitig eine aristokratische Kaste, deren Steifheit, Ledernheit und ängstliche Besorgnis, »sich auch ja nichts zu vergeben«, alles Maß übersteigt. Dabei sind sie knickrig und haben alle, wie ihre großen Führer, den Grundsatz: »In Geldangelegenheiten hört alle Gemütlichkeit auf.« Bunsen sprach neulich von einem Auswanderer, der 100 Taler gebraucht habe, und setzte hinzu: »Ich konnte sie ihm natürlich nicht geben!« Dies »natürlich« enthüllte einen ganzen Charakter; in der Sache hatte er recht, denn er kann nicht jeden Auswandrer unterstützen, aber der Ton, in dem dies »natürlich« zur Welt kam, verriet aufs deutlichste, daß er von jeder generösen Unterstützung auf Sonnenlänge entfernt ist. Das warme Herz drückt sich anders aus, wenn es nicht helfen konnte. Ich habe so furchtbar viel geschwätzt, daß ich mich jetzt kurz fassen muß, denn es ist gleich ein Uhr, und um fünf muß ich schon wieder aufstehn. ...

In London besuchte Fontane u. a. auch einen Vetter seines Berliner Bekannten Friedrich Eggers. Eggers, Mitglied des »Tunnels« und des »Rütlis«, war der Begründer des »Deutschen Kunstblattes«; in dem diesem später beigefügten »Literaturblatt« veröffentlichte Fontane Rezensionen über Werke Heyses, Freytags u. a.

An Friedrich Eggers   London, 2. Juni 1852

... Von meinen Hoffnungen hat sich bis jetzt, die Wahrheit zu gestehen, blitzwenig erfüllt. Ich habe kein großes Pech gehabt, bin nicht betrogen, bestohlen, durchgeprügelt oder überfahren worden, aber ebensowenig weiß ich von Glück zu erzählen. Wenn die Sachen hinter einem liegen, so übernimmt man in der Regel selbst die Rolle, die andre so gern spielen, und wird zum Klugscheißer (pardon!) an sich selbst. So find ich denn jetzt, daß ich dies und das sehr dumm gemacht habe, daß es auf die Art gar nichts werden konnte, und doch muß ich billigerweise zugestehn, daß alle diese Weisheit nur eben durch Erfahrung gewonnen werden konnte. So vergriff ich mich gleich in der Wohnung. Ich wohnte schlecht und teuer, bloß um in einer »noblen« Gegend zu residieren, was man mir (und mit Recht) als unerläßlich geschildert hatte, wenn ich hier irgend etwas erreichen wolle. Ich dachte nämlich damals noch an »Stundengeben« und ähnliche kühne Dinge. Sehr bald wurd ich indes inne – da hier immer fünf Deutsche auf einen Engländer kommen –, daß es mit dem »ein halb Pfund für die Stunde« seine Schwierigkeiten haben werde und daß ich auf dies goldne Zeitalter unmöglich in meiner »noblen Gegend« warten könne. *Zudem kam ich im Englischen nicht von der Stelle.* Woche auf Woche verging, und meine ganze Konversation bestand immer noch aus: »Please you to put coals on!« Oder »Dare I trouble you for some bread?« Wenn's hoch kam, schrie ich, auf gut englisch am Hemdkragen zupfend: »Waiter, no salmon to-day, please you – turbot!« Ich hatte meine englischen Kenntnisse (die anderweite Ausbeute verkenn ich nicht) ohngefähr um so viel bereichert, wie wenn ich den alten Scotchman zweimal bei Dir getroffen oder eine Sollysche Vorlesung mit angehört hätte. Und dafür 200 Taler durch den Schornstein und Trennung von Frau und Kind – mir schien ein Mißverhältnis zwischen Preis und Ware obzuwalten! So beschloß ich denn, die noble Gegend aufzugeben, von der ich nichts hatte als Omnibuskosten oder müde Beine (denn sie liegt am südwestlichsten Ende der Stadt), und unter billigeren Bedingungen ein Haus zu suchen, in dem es mir wenigstens möglich sei, mich im Englischen taktfest zu machen. Ein solches hab ich hoffentlich gefunden. Ich bezahle hier wöchentlich 1½ Guineen, wofür ich indes mit Ausnahme von Wein und Feuerung alles frei habe, und befinde mich viermal des Tages beim Breakfast, Lunch, Dinner und Tea im Kreise einer wohlanständigen und, wie mir's scheint, auch liebenswürdigen englischen Familie, die – und das ist die Hauptsache – sogar das Maul auftut. Wir müssen nun abwarten, was sie aus mir machen wird. – Daß ich im übrigen mannigfaches erlebt und gelernt habe, versteht sich von selbst; und wenn ich den Nutzen und die Anregungen dieser letzten acht Wochen mit 3 multipliziere (wie ich das der Zeit nach darf), so gibt es immer ein Sümmchen, was mich nie wird bereun lassen, getan zu haben, wie ich tat. Daß der Nutzen mit jedem Tag wachsen muß, liegt auch auf der Hand. Ich werd ihn dann erst im vollsten Maße haben, wenn ich der Sprache durchaus mächtig bin, und drum verschieb ich auch das In-Augenschein-Nehmen der wichtigsten Punkte auf die letzten Wochen meines Aufenthalts hier, wo mir dann, denk ich, kein Wort und keine Sache verlorengehen soll.

Bei Bunsen war ich zweimal: zum Breakfast und Lunch. Schöne weite Räume, Livreebediente, exzellente Speisen, freundliche Bewirtung, lebhafte Unterhaltung und Anekdoten in allen Sprachen (nur die »ungarischen« unsres Freundes Wollheim da Fonseca vermißt ich). Man sitzt dabei wie ein Hammel und denkt warhaftig manchmal, nun wird man selber tranchiert werden; – selbst fressen kann man nur mit halber Gewandtheit.

Zu erwarten hab ich von Bunsen gar nichts. Cäsar hatte kein Wohlgefallen an den magren Leuten. Ich halte nichts von den Dicken: sie schlagen sich den Pansch voll und lassen die andern hungern, daß ihnen die Schwarte knackt. Er ist befreundet mit Beseler. Ich wette drauf, der ist auch so: lauter vortreffliche Leute – klug, fein und wissenschaftlich gebildet, reell, gute Gatten und Familienväter, aber alle Bekenner jener großen Wahrheit: »Wenn er nichts zu essen hat, so laßt ihn hungern!« Diese Leute sind sehr würdig, aber ich liebe sie nicht sehr. . . .

An Emilie Fontane   London, 21. Juni 1852

Meine liebe Herzens-Mila.

Hoffentlich treffen diese Zeilen gleichzeitig mit Dir in Berlin ein, das Dir unter den augenblicklichen Verhältnissen vielleicht noch trostloser vorkommen wird als ohnehin schon. Nimm Dich nur zusammen und vor allem *verdirb es nicht mit den Menschen*. Es ist sehr wahrscheinlich, daß wir in unsre alte Stellung zurückkehren, und wir werden alsdann nötig haben, uns noch mehr in die Welt zu schicken, als wir schon immer getan haben. Wir müssen innerlich ein wenig an uns arbeiten und suchen, milder in unserm Urteil, anspruchsloser in unsern Forderungen zu werden. Wir müssen anfangen, die Leute zu nehmen, wie sie sind, und zur Erleichterung dieser Arbeit immer eingedenk sein, daß es in Nord und Süd, West und Ost immer wieder die alte Geschichte ist und daß wir selber die Fehler teilen, die wir an andern rügen und verdammen. Natürlich mein ich mit dem Vorstehenden nicht, daß wir anfangen sollen, zu jedem Lumpenhund oder unerträglichen Gesellen »Herr Bruder« zu sagen, aber bemüht wollen wir sein, in dem Kreise derer, die teils nach Wahl, teils aus Zufall unsern Umgang bilden, unsre Tadelsucht und unsre Zunge so viel wie möglich im Zaume zu halten. Also lassen wir Fliegebänder Fliegebänder und widerspruchsvolles Gefasele Gefasele sein. Nehmen wir die Elle, mit der wir messen, hinfort etwas kürzer und trösten wir uns bei aller Langweiligkeit, die gelegentlich daraus erwachsen muß, mit der Überzeugung, daß wir nur tragen, was Millionen mit uns tragen, und daß es nichts als Eitelkeit ist, für sich immer das Besondere in Anspruch nehmen zu wollen. Ich weiß wohl, daß ich selbst gegen die vorstehende Weisheit sehr oft verstoßen werde, aber es ist doch schon was, wenn man eine Richtschnur für sein Handeln hat und den guten Willen, sich danach zu richten. . . .

Das Unsichere seiner halbamtlichen Stellung in London, die Sorgen um die Zukunft quälten Fontane sehr. Seine Frau erwartete ihr zweites Kind.

An Emilie Fontane London, 20. Juli 1852

. . . Jetzt sag ich: »Du mußt zurück! Es ist jämmerlich, eine Frau so lange allein zu lassen! Ein bißchen Englisch mehr oder weniger macht den Kohl nicht fett! Und wenn ihr was zustieße – du müßtest dir stets Vorwürfe machen usw.« Dann sag ich mir wieder: »Courage! Ausgehalten! Helfen kannst du deiner Frau doch nicht. Du kannst nun mal schlechterdings das Kind nicht kriegen, wohl aber ist es ein Unterschied, acht Wochen länger hier oder nicht; denn so sicher wie die Fallgeschwindigkeit eines Körpers sich steigert, so ist es mit dem Lernen einer Sprache. Anfangs merkt man kaum, daß man von der Stelle kommt, bis man mit einem Male das ganze Gebiet durchfliegt und übersieht.« In beiden Fällen hab ich recht, und es wird wohl dahin kommen, daß ich weder Herz noch Verstand, sondern bloße Äußerlichkeiten entscheiden lasse.

Du schreibst mir ferner, jeder käme Dir (in bezug auf mich) mit seiner Weisheit, tadelte mich und machte Dich gleichsam zum Genossen meiner »verwerflichen Niederträchtigkeit«. Ja, ich bin ein scheußlicher Geselle! »Ganz der Alte!« Als wir heirateten, hieß es: »Oh, er wird dich malträtieren; er wird verliebt sein wie ein Vieh, aber gleichgültiger als ein Vieh gegen seine Kinder. Er wird immer Vergnügen außerm Hause und im Hause Lampreten und Leckerbissen haben wollen usw.« Ich kenne das hundertmal gepfiffene Stück auswendig; Komponist und Virtuos desselben ist meine liebe, gute, hochverehrte Mama, die aber trotz aller Liebe zu mir so ungerecht gegen mich ist wie kein Zweiter und die, trotzdem sie einsehn müßte, daß sie sich in den obigen Aufstellungen *etwas* geirrt hat, doch bei diesem Urteil beharrt. Ich ärgere mich nicht mehr drüber; es ist mir ungleich mehr zum Lachen, um so mehr, als ich zu Deinen zwei Augen im Kopf und zu Deinem gesunden Menschenverstande so viel Vertrauen haben darf, daß Du das Ungereimte solcher Anschuldigungen nachgerade einsehen mußt. Kann ich unser Glück aus der Erde stampfen? Und das ist am Ende doch mein ganzes Verbrechen, daß ich auf Dreiern statt auf Dukaten sitze. Bin ich nicht rumgebittstellert bei allem möglichen Volk, als wir auf dem trocknen saßen? Wenn ich bis auf den letzten Point wartete, eh ich das berühmte Manteuffel-Gedicht schrieb, so frag ich jeden Menschen, ob dies Zögern eine Tugend oder ein Verbrechen war?! ...

An Emilie Fontane   London, Anfang August 1852

... Sei versichert, daß ich mit allen Kräften, mit Kopf und Beinen, bemüht bin, ein bißchen Glück und *Unabhängigkeit* für uns zu erobern. Dies unterstrichene Wort – Du glaubst gar nicht, wie ich danach dürste, und ich bin entschlossen, allen Plänen und Neigungen zu entsagen, nur um dem unerträglichen Betragen derer zu entgehen, die ein paar Taler mehr besitzen und sich berufen glauben, mitleidig auf den armen Teufel herabzublicken. Wenn ich mir so die ganze Berliner Gevatterschaft – mit wenigen gern zugestandenen Ausnahmen – vor die Seele rufe, so knirsch ich immer und möchte mich mit verzweifelter Kraft an diese Londoner Langweiligkeit anklammern. Es ist langweilig hier; aber ich lerne einsehen, daß Langweiligkeit durchaus nicht das Schlimmste ist, was dem Menschen passieren kann, und daß geistreiche Zirkel, »Tunnel« mit guten und schlechten Versen, Cap-Keller und selbst Niquet und Habel nichts sind gegen eine Tasse Tee, aber mit dem Bewußtsein getrunken: Ihr könnt mir alle gestohlen werden. Ich wünsche sehnlich, Dich hier zu haben; aber im Vertrauen gesagt und unter der ausdrücklichen Versicherung, daß ich hier wirklich ein sehr einfaches Dasein führe: *ich habe auch nicht die geringste Sehnsucht, nach Berlin zurückzukehren. Muß* ich zurück, so werd ich dem sauren Apfel auch sein Süßes – was er unbestreitbar hat und was ich *derart* hier nie finden werde – wieder abzugewinnen wissen. Aber noch in der letzten Minute werd ich hier bemüht sein, mich von der ledernen Gnade meiner Heimat zu emanzipieren. Denn *alles* ist Gnade: Die Stellung bei der Zeitung, jeder abgedruckte Artikel, jede Audienz (mit Schauder denk ich daran zurück), der »Tunnel« (seit Empfang der 100 Taler), die Freundschaft, die Anerkennung – alles, alles. Es fällt mir zentnerschwer auf den Leib, wenn ich dran denke, daß ich vielleicht in vier Wochen schon all das Unerträgliche wieder zu ertragen habe. Nun, wie Gott will! Aber strampeln will ich dagegen, solang ich irgend kann. . . .

Außerdem habe ich noch einen andern Plan, der mich aufs lebhafteste beschäftigt und der uns – wenn er glückte – mit einem Male all unserm Jammer entreißen würde. Ich wollte erst zu Dir darüber schweigen, doch halt ich es für geratener, Dich einzuweihn, da Du ja doch möglicherweise auch Rat schaffen könntest. Ich will nämlich hier *Apotheker werden.* Kann ich eine Summe von vielleicht tausend Taler auftreiben, so geschieht es jedenfalls; denn ich wiederhol es, ich habe die Gnade satt und würde hier ein ganz raffinierter Geschäftsmann mit Anpreisungen, Zeitungsannoncen, Goldbuchstaben und allem Tod und Teufel sein. Oh, daß in unsrer ganzen Familie auch nicht *einer* ist, der eine so lumpige Summe einem anvertrauen könnte! Vielleicht hast Du einen Vorschlag zu machen; tu es sogleich, wenn Du kannst. Auf der andern Seite, laß nicht auf Dich losdozieren, daß das nur wieder ein Einfall und daß ich unbeständig sei, daß ich heute dies wolle und morgen jenes. Allerdings ist das der Fall, aber wer trägt daran Schuld? – Doch wahrhaftig nicht ich! Umhergehetzt von Not und gelockt von Hoffnung, bin ich mal hier, mal dort und sehne mich beständig nach einem ruhigen Weideplatz, den das Mißgeschick bis heute mir versagte. Nur eins vor allem – wenn Ihr diesen Plan besprecht, so haltet fest: die Schwierigkeiten, die *in* mir lagen, sind gründlich beseitigt; ich will Geld verdienen, und immer wieder und wieder, und wär ich allein, so ging ich nach Australien, um es mit meinen Händen herauszubuddeln. . . .

AN EMILIE FONTANE London, 15. August 1852

... Nun Nr. II – der Sprachmeister. Auf meine Annonce in der »Times«, für die ich blutenden Herzens acht Schillinge bezahlte, erhielt ich als Antwort einen einzigen Brief, worin ein City-Kaufmann allwöchentlich *eine* Stunde verlangte. Ich mußte lachen. Das Zirkular, das Mr. Hudson für mich in die Welt senden wollte und das meiner Meinung nach schon acht Tage lang in Umlauf sein mußte, schien auch resultatlos bleiben zu wollen, und so beschloß ich, nach Deutschland zurückzukehren. Ich kündigte meine Wohnung und war mit meinen Gedanken eigentlich schon wieder daheim. So saß ich gestern früh und schrieb gerade folgendes unsterbliche Gedicht:

An George Fontane

(bei Gelegenheit seines zweiten Geburtstages)

Mein lieber George! und kann ich Dir auch
Am heutigen Tage nichts schenken,
So will ich doch nach altem Brauch
In Versen Deiner gedenken;

In Versen, worin Dein Dichter-Papa
Sich immerdar ergossen,
Wenn ihm, was just nicht selten geschah,
Die Pfennige spärlich flossen.

Ich wünsche Dir tüchtig Fleisch und Speck,
Und immer dickere Waden,
Und wächst Dein Herz am rechten Fleck,
So kann das auch nicht schaden.

Dein Vater ist nicht schlecht, nicht gut,
Nur grade kein Menschenfresser;
Drum sage nicht: »es liegt im Blut« –
Sondern werde ein bissel besser.

Die Schulen leisten jetzt so viel,
So klug wird unsre Jugend,
So komm denn auch, du höchstes Ziel
Der eingetrichterten Tugend!

> Ach, wenn Du dann in Prima sitzt
> Und unter den Sextaknaben
> Gewahrest, wie Dein Vater schwitzt –
> So wolle Mitleid haben.
>
> Blick auf den Ulx – der Dein Papa –
> Mit nachsichtsvollen Augen,
> Denn »ehren sollst Du die Eltern ja«,
> Auch wenn sie gar nichts taugen.

Wer weiß, ob ich dies Reimgeschäft nicht bis zum 104. Verse fortgesetzt hätte, denn ich hatte noch allerhand Vorrat, wie z. B.:

> Und mache Geld! denn fehlt Dir *das*
> Und mußt Du gar was pumpen,
> So ist vorbei der ganze Spaß,
> So zählst Du zu den Lumpen usw.

als ich in meiner harmlosen Beschäftigung durch Mr. Hudson unterbrochen wurde, der mir mitteilte, daß sein Zirkular, das er gleichzeitig als Inserat in das »Athenaeum« habe einrücken lassen, erst heute versandt werden solle. Er sprach zugleich die *bestimmte Hoffnung* aus, *daß es hier über kurz oder lang was werden müsse.*

Auch »Mr. Morris« (der junge Arzt, den ich eine Zeitlang unterrichtet habe), sagte mir gestern einige freundliche Worte, meinte, wenn ich Unterricht geben wolle, so setze er voraus, daß ich nicht Creti und Pleti, sondern die Söhne von vornehmen Leuten zu Schülern haben werde u. dgl. m. Ich lege darauf nur Gewicht, weil mir aus solcher Äußerung hervorzugehn scheint, daß ich doch den Eindruck eines halbwegen Gentleman sowohl auf Mr. Hudson und seine Tochter wie auf Mr. Morris gemacht haben und zweitens ihren Forderungen an einen Sprachlehrer höheren Stils einigermaßen entsprochen haben muß. Hudson und Pries glauben auch, mir eine Anstellung an einem Erziehungsinstitut verschaffen zu können. So habe ich mich denn entschlossen, noch acht Tage zu warten. Was aber tun, wenn diese acht Tage resultatlos vergehn? Ich lege die Entscheidung in Deine Hand und will sie Dir nur durch Vorlegen bestimmter

Fragen soviel wie möglich erleichtern. Deine Entbindung ist vor der Tür – bist Du geneigt, es ohne mich durchzumachen? Ferner: wie ist es mit dem Geld? Ihr habt nichts, das weiß ich – soll ich durch Brand- und Bettelbriefe noch 40 Taler aufzutreiben suchen, oder seid Ihr entschieden dagegen? Seid Ihr's, so erledigt sich eigentlich alles andre. . . .

Anfang September 1852 wurde Frau Emilie von einem Knaben entbunden, der bald wieder starb.
Am 25. September 1852 kehrte Fontane nach Berlin zurück.

An Friedrich Witte   Berlin, 18. Oktober 1852

Seit dem 25. bin ich zurück, und, um die alte Redensart wieder loszulassen, meine Reise liegt wie ein Traum hinter mir. Ich bin nicht sehr traurig darüber, daß es mit England nichts wurde. Ich würde mich dort bei aller Bewunderung, die ich dem *Ganzen* zolle, nie heimisch gefühlt haben. Denn der einzelne, auf den man doch zumeist angewiesen ist und in dem einzig und allein der dauernde Reiz des Lebens liegt, läßt dort viel zu wünschen übrig. Ja, ich muß es sagen, mehr noch denn hier.

Dazu kommen die Schwierigkeiten einer fremden Sprache. Es ist lächerlich zu behaupten, daß man irgendeine Sprache in sechs Monaten oder gar in vier Wochen lernen könne. Man lernt freilich sprechen; man versteht alles; man kann selbst Reden halten über Cobden und Lord Derby, aber das ist nicht das, was unsereins unter Innehabung einer Sprache versteht. Wir verstehen darunter die völlige Gewalt über dieselbe, und diese zu haben erfordert Jahre. Ja, ich wage die Behauptung, daß es von Hunderten immer nur einer zu dieser Meisterschaft bringt, auch wenn er dreißig Jahre in Frankreich oder England lebt. Wir Schreiber aber bedürfen dieser Meisterschaft über die Sprache, um uns überhaupt wohl zu fühlen. Wir müssen uns mit Leichtigkeit in Assonanzen und Alliterationen ergehen können. Wir müssen imstande sein, unser Ohr mit dem Wohllaut eines neuen Reimes zu kitzeln. Wir müssen mit der rechten Hand sechs Antithesen und mit der linken zwölf Wortspiele ins Publikum schmeißen können, und wo wir das *nicht* können, wo wir's nicht einmal verstehen, wenn's andre tun, da ist nicht unser Boden, da ist nicht unsre Lebenslust, und Heimweh befällt *uns* doppelt. – Nichtsdestoweniger wäre ich gern auf zwei bis fünf Jahre in England geblieben. Denn es ist eine unvergleichliche Schule, ist's für jeden und für mich insbesondere. Du weißt so gut, als ich Dir's sagen kann, daß es bei mir in hundert Stücken hapert und daß mich die *halbe* Bildung zur Verzweiflung bringt, die das Kennzeichen und die Lebensgefährtin eines Giftmischers ist.

Es ist zu spät für mich, noch einmal auf die Schulbank zu gehen und in Griechisch und Latein nachzuholen, was ich in Tertia und Sekunda versäumte. Ich sage: es ist zu spät, und es ist auch nicht nötig. Nur muß ein Äquivalent vorhanden sein. Nur muß man ein Gegengewicht in die Schale werfen können. Nur muß man tüchtig und gründlich sein in irgendwas. Um deshalb wär ich gern in England geblieben: ich würde mit (für einen Fremden) glänzender Kenntnis der Sprache, der Literatur und der Zustände des Landes zurückgekehrt sein und würde hinfort einen Berg gehabt haben, auf dem ich mich gefühlt hätte wie der Hahn auf seinem Mist. Hierum bin ich gekommen. Der Markt deutscher Sprachmeister ist in London durch Konkurrenz ruiniert, und aufs Unsichere hin konnt ich meine Frau nicht zu einer Übersiedelung veranlassen, die uns – neben unendlichen Kosten und Schwierigkeiten – leicht möglicherweise aus dem Regen in die Traufe geführt hätte. – So geht es denn nun hier im alten Geleise weiter, nur insoweit besser, als ich nicht mehr in den Zaum beiße und einem Leben Ade gesagt habe, das die Götter mir versagt zu haben scheinen. Ich mühe mich jetzt zu erwerben und bin ruhiger, wenn auch das nicht glückt. Denn ich trage dann gewissermaßen schuldlos das mir Auferlegte und fühle nicht mehr den Stachel: Du hättest es ändern oder vermeiden können....

AN BERNHARD V. LEPEL   Berlin, 7. November 1852

... Dem, der Dir die Pauke gehalten, sage doch, »Weltstellung« sei nicht zu erzwingen, und diejenigen, die sie zu haben *schie-*

nen, hätten sie auch nicht. Geibel, Redwitz, Scherenberg genießen in diesem Augenblick einen Ruhm, wie ihn *seinerzeit* kaum Schiller oder sonstwer auf den Schultern trug; hast Du trotz alledem schon was von einer Scherenbergschen »Weltstellung« bemerkt? Er sitzt nachmittags bei Masch und trinkt dünnen Kaffee; seine Tochter kaufte gestern »Bollen« an einer Ecke der Leipziger Straße und sah aus wie eine Köchin; c'est tout. Du lieber Gott, »Weltstellung«! Was die zweite Seite, *den* Verdienst angeht, so ist er die jedesmalige Kehrseite von: »*das* Verdienst«. Höre auf, ein Gentleman zu sein, sage zu jedem Lumpen »Herr Bruder«, zieh die Mütze vor dem Helden jedes neuen Tages, schreibe in diesem Sinne, sudle überhaupt ärmliches, gedanken- und formloses Zeug, so wirst Du Deine Ernte halten. Sieh mich an! Seitdem ich zu einem letzten Rest von Honnêtteté wie zu einem stänkrigen Pudel gesagt habe: »Will er raus!«, seitdem kratz ich alljährlich meine paar hundert Taler zusammen. Und doch ist die schlechteste meiner Balladen, für deren *beste* ich vielleicht 2 rth. 7$^{1}/_{2}$ sgr gekriegt habe, mehr wert als alle Korrespondenzartikel zusammengenommen, mit denen ich bis jetzt das »Danziger Dampfboot« usw. beglückt habe. Mache Gedichte zum Geburtstag jedes Prinzen, und wenn er selbst noch in den Windeln liegt, so wirst Du Dein Schäfchen schon ins trockne bringen. Man muß ein Stück Hesekiel oder Heinrich Smidt oder Max Ring sein, um *Nutzen* von der Sache zu ziehen. Freie Liebe hat nie was eingebracht; man sei eine Hure, und man kriegt seine Taler so gut wie alle die Lotten und Rieken, die sich deutsche Schriftsteller nennen.

An Friedrich Witte   Berlin, 4. Dezember 1852

... Im Englischen hab ich ein Examen gemacht. Ob ich bestanden habe, muß ich abwarten. Ein Teil des Examens bestand darin, daß ich in der Handelsschule eine Unterrichtsstunde geben mußte. Ich möchte wohl solche Stellung haben, doch fühl ich deutlich, daß ich ihr in bezug auf Grammatik noch nicht gewachsen bin. Ich hoffe diesem Mangel indes abzuhelfen. – Im großen ganzen – trotz Not und Sorge – geht es uns leidlich, in vielen Stücken sogar beneidenswert. Was gäbe nicht mancher für unsern Umgang! Aber unsren lachenden Gesichtern sieht man's freilich nicht an, daß sie vorher, der eine feierlich, der andre halb unter Tränen, erwogen, ob es wohl irgend möglich sei, bei dem Sauwetter eine Droschke zu nehmen? Wird sich's mal bessern, so wird der Schuh woanders drücken. Denn es heißt ja vom Leben: und ist es köstlich gewesen, so ist es Mühe und Arbeit gewesen! Also Courage, für jetzt wie immer.

AN FRIEDRICH WITTE   Berlin, 16. Februar 1853

Unser Leben hier ist das alte. In einer Beziehung hat sich's verbessert: ich habe jetzt nämlich nur von acht bis elf Uhr abends Zeitungsdienst und bin der Korrespondenzschmadderei völlig überhoben. Meine Beschäftigung ist auf der Druckerei und nennt sich »Revision« oder »letzte Korrektur« der »Preußischen Zeitung«. Diese Arbeit sagt mir zu. Gesellschaftsbesuche werden dadurch freilich unmöglich, und die gemütliche Abendplaudereien fallen fort, aber welche Segnung auf der andern Seite, den ganzen Tag für sich zu haben! Ich bin ziemlich fleißig, und wüßt ich, daß diese Stellung von Bestand wäre, würd ich doch diese herrliche Muße an ein Drama setzen. Wer weiß, was geschieht! Nach *der* Seite hin einen guten Wurf, und man ist durch. Alles andre wird doch nur wie Larifari betrachtet.

In anderthalb Wochen wird die diesjährige »Tunnel«-Konkurrenz (drei kleine Preise) eröffnet. Meine Ballade ist fertig. Sie ist entweder sehr gut oder verfehlt. Stoff: die weiße Frau. (Hört! Hört!) Leider kann ich sie Dir noch nicht mitschicken; ein paar Stellen sind noch nicht gefeilt. Viel andre Arbeiten werden wohl nicht eingehen. ...

AN THEODOR STORM   Berlin, 8. März 1853

Sehr geehrter Herr!

Unser Eggers gedenkt noch heute an Sie zu schreiben und längst fällige Briefschulden endlich zu zahlen. Erlauben Sie mir, daß ich von der Gelegenheit profitiere und Veranlassung nehme, Ihren freundlichen Gruß durch einige Zeilen zu erwidern. Mit

Ihrem schönen Gedicht wag ich keine Konkurrenz, und so hab ich mich, als Gegengeschenk, zur Übersendung einer altenglischen Ballade entschlossen, die's eben tragen mag, wenn sie mißfällt. – Daß wir Ihrer oft gedenken, mögen Sie schon glauben. Sie traten gleichsam wie ein lieber Bekannter in unsern Kreis und sind uns seitdem nicht fremder geworden. Es heißt sehr oft: »Das wäre ein Stoff für Storm!« Oder aber: »Der X hat mal wieder geschludert; so talentvoll – aber was ihm fehlt, das ist sozusagen – das *Stormsche.*« Sie sind uns die Verkörperung von etwas ganz Besonderem in der Poesie und leben neben vielem andrem auch als eine Art Gattungsbegriff bei uns fort.

Über die Schicksale Ihrer Bruder- und Schwesterballade wird Ihnen wohl Eggers schreiben. Ich bekenne freimütig, daß ich mit der Majorität war und bewunderte und – verwarf.

In nächster Zeit schon hoff ich diesen Zeilen einige weitere folgen lassen zu können. Wir haben ein literarisches Unternehmen vor, zu dem es ungemein erwünscht sein würde, eine Kraft wie die Ihrige heranziehn zu können. Näheres verspar ich mir, da die ganze Angelegenheit zuvor noch ihrem Abschluß entgegensieht.

Storms »Bruder- und Schwesterballade« ist sein Gedicht »Geschwisterblut«. In dem Storm-Kapitel des Buches »Von Zwanzig bis Dreißig« berichtet Fontane ausführlich von den Diskussionen über dieses Gedicht.

AN THEODOR STORM   Berlin, 19. März 1853

Schneller fast, als ich erwartete, komm ich dazu, meinem Schreiben von neulich einige weitere Zeilen folgen zu lassen.

Ich sprach Ihnen – wenn ich nicht irre – von einem belletristischen Unternehmen, das vorbereitet werde und dessen Abschluß ich nur noch erwartete, um mich mit der Bitte um Beteiligung an Sie wenden zu können. Dieser Abschluß ist inzwischen erfolgt, und unter Redaktion von Kugler und mir wird spätestens Anfang Oktober ein »Belletristisches Jahrbuch« (ein bestimmterer Titel ist noch nicht gefunden) erscheinen, das laut Übereinkunft mit unsrem Buchhändler aus zehn Bogen Novellen,

Erzählungen, Biographie u. dgl. m., fünf Bogen Verse (namentlich Balladen) und fünf Bogen verschiedener Aufsätze bestehen soll. Für die zwei letztgenannten Fächer ist im wesentlichen der Stoff bereits vorhanden (womit keineswegs gesagt sein soll, daß uns nicht einige poetische Arbeiten, namentlich Lyrisches, von Ihnen aufs höchste willkommen sein würde[n]). Was uns aber fehlt und der ganzen Richtung derer nach, von denen das ganze Unternehmen ausgegangen ist, *fehlen muß*, das sind Novellen – *Ihre* starke Seite. Wenn ich von »Novellen« spreche, so bitt ich's damit nicht wörtlich zu nehmen. Ich verstehe darunter vielmehr jede Art poetischer Erzählung, und ob Sie den Stoff der Sage, der Chronik oder dem eignen Erlebnis entnehmen, gilt uns völlig gleich. Ich sehe Ihrer Erklärung hierüber, hoffentlich Ihrer Zusage, mit Nächstem entgegen und darf Ihnen nicht verschweigen, daß unser gesamtes Komitee (Kugler, v. Merckel, v. Lepel, Schulrat Bormann, Dr. Eggers und meine Wenigkeit) eine herzliche Freude haben würde, Sie an unsrem Streben, ein tüchtiges belletristisches Jahrbuch herzustellen, mitwirken zu sehn. Wir würden Ihnen zwischen ein und drei Bogen Raum bewilligen können. Honorar pro Bogen sechzehn Taler. *Spätester* Ablieferungstermin: Mitte Juni. . . .

P. S. Das Wachslicht war schon angesteckt, um meinen Brief an Sie einzusiegeln, als Eggers mit neuesten Nachrichten aus Husum erschien. Ich habe Ihnen zunächst meinen herzlichsten Dank für Ihre freundlichen Zeilen auszudrücken. Daß Ihnen die altenglische Ballade so entschieden gefallen hat, freut mich sehr. Ich bin nämlich immer in Sorge, daß ich mich zuletzt (wie das fast immer geschieht) in diese Antiquitäten verlieben und das freie Urteil über sie verlieren könnte. Mir schweben grauenhafte Beispiele vor. Wer sich fünf Jahre lang mit Rosenplüt beschäftigt, schwört darauf, daß er ein großer Dichter gewesen sei. Ja, sogar Gottsched kann auf die Weise noch mal zu Ehren kommen. Im »Tunnel« hab ich allerdings eine Art Regulator zur Seite, doch bin ich zu sehr ein Kind des »Tunnels«, als daß des Vaters Lob, unter dessen Maximen ich großgezogen wurde, mir von besondrem Gewicht erscheinen könnte. Drum bedarf ich gelegentlich bei dieser meiner Arbeit (denn es soll ein umfangreiches Buch werden) auch eines ermunternden Zurufs von außen her.

Daß Ihnen so wenig Muße zum Schaffen bleibt, bedaure ich um so aufrichtiger – weil aus den allerselbstsüchtigsten Motiven. Dennoch geb ich nicht alle Hoffnung auf, etwas von Ihnen zu empfangen, und statt meine Bitte zurückzuziehn, wiederhol ich sie nur um so dringlicher. – Die Aussicht, Sie auf ein halb Jahr, vielleicht für immer, hier zu sehn, erfüllt uns alle mit großer Freude. Glauben Sie mir, es ist nicht so kreuzerbärmlich hier, wie unsre Gegner in Süd und Nord gewöhnlich glauben. Das »Berliner Wesen«, das einem auf der Straße und in der Kneipe, überhaupt im alltäglichen Leben entgegentritt, ist anfangs ungenießbar. Schärfe, Unverschämtheit, Lieblosigkeit bringen den Fremden um. Aber hinter diesen trostlosen Erscheinungen, die sich aufdrängen, gibt es wohltuende, die sich verbergen und die man kennenlernen muß, um nicht voll ungerechter Vorurteile uns wieder zu verlassen. Auch unser Bestes, was wir bieten können – ich weiß es wohl! – hat etwas von jener Schärfe, die seit den Tagen des Alten Fritz hier in der Luft zu liegen scheint; aber in gehöriger Verdünnung hat diese Schärfe ihren Reiz und söhnt uns zuletzt auch mit den starken Dosen aus, die schließlich (wenn wir dahinterkommen, daß es Senf und kein Sublimat ist) zur Quelle unsres Vergnügens und herzlichsten Gelächters werden. Die Süddeutschen und wir verhalten uns zueinander wie die »Fliegenden Blätter« zum »Kladderadatsch«. Ich glaube, wir sind ihnen um eine ganze Pferdelänge vor.

Storm entsprach der Bitte Fontanes und sandte für das Belletristische Jahrbuch (»Argo«) die Erzählung »Ein grünes Blatt« ein.
Storms Übersiedlung nach Postdam stand bevor. Im Sommer 1853, vor dem Verlassen Husums, schrieb er sein Gedicht »Abschied« und schickte es an Fontane. Es wurde in die »Argo« aufgenommen. – Thomas Mann nannte später die Schlußstrophen des Gedichtes den »reinsten und bezwingendsten Ausdruck, den deutsches Vaterlandsgefühl je gefunden hat«.

AN THEODOR STORM　　　　　　　　Berlin, 13. August 1853

Noch ganz unter dem Eindruck Ihres schönen Gedichts setz ich mich nieder, um Ihnen zu schreiben und – zu danken. Ich las es mit meinem Jungen auf dem Schoß, während so schöne frische Luft durchs Fenster wehte (ich wohne zum Glück drei Treppen hoch), wie sie Berlin nur irgend aufzubringen weiß. Ich kann Ihnen gar nicht sagen, wie wohl mir in dieser Zeit der fabrizierten Poesie Ihre *wirkliche*, herzgeborne und -gebotne tut. Um sofort aus Ihnen zu zitieren: Ihre Lieder sind »Pulsschläge Ihres Lebens«, woran man – ohne ein besondrer Doktor zu sein – sofort herausfühlen kann, daß das Blut voll und gesund, ich möchte sagen *deutsch,* durch Herz und Adern geht, während die Lieder unsrer Dutzendlyriker nur die Pendelschläge zweier Beine sind, wofür unsre liebe Sprache den Ausdruck hat: einen Esel zu Grabe läuten. Wer dabei der Esel ist, die Lyriker selbst oder das Lied, das sie eben zusammenbimmeln, oder das Publikum, das ihnen andächtig – als wären es Kirchenglocken – zuhört, laß ich ununtersucht. . . .

An Friedrich Witte   Berlin, 3. Oktober 1853

... Es hat nun die Stunde für Dich geschlagen, und Entschuldigungszettel werden von der Schulmeisterin Kritik nicht mehr angenommen. Ich bedaure keinen Augenblick, daß Du bis dato zu keinem mußevollen Anspannen Deiner ganzen Kraft, vielmehr nur immer zu einer Art Extemporaleschreiben gekommen bist. Du hast dabei das gelernt, was in der Dichtung überhaupt zu erlernen ist. Ich schrieb Dir vor Jahren: bringe Beckers Weltgeschichte oder Puchtas Pandekten in Verse; erheuchle keine Gefühle (denn das ruiniert) und mache Dich so viel wie möglich an den formellen Teil unsrer Kunst; beherrsche die Technik. Du hast's getan, und wenn immer Du kein Platen, Rückert und selbst kein Lepel bist, so kann man doch mit gutem Gewissen von Dir sagen: Du verstehst, Deinen Vers zu machen. Aber nun, mein lieber Witte, geht's weiter. Und wunderbar: so viel das ist (wenn man's vor sich hat), was Du jetzt überwunden hast, so wenig ist es doch wieder, und es fehlt dem besten Techniker, wenn er weiter nichts ist als das, eben noch alles – es fehlt der Dichter. Zeige jetzt, ob Du auch das bist, das in Dir hast und aus Dir entwickeln kannst. Hüte Dich vor Reminiszenzen, vor dem Nachpfeifen andrer Klänge und Weisen. Es gibt nur *ein* Präservativ: das eigentliche Dichtertum selbst, den Beruf. Hier ist der Probierstein. Wer Gedichte *macht* (gleichviel ob lyrisch, episch oder dramatisch, wiewohl es in der Lyrik am schlimmsten ist), wird immer in die Tonart eines Vorgängers verfallen. Das echte Talent ist immer selbständig. Suche die Muse nicht; warte ab, bis sie Dich sucht. Die Zeit der Exerzitien ist vorbei. Wir verlangen jetzt Gedichte von Dir. Aber Gedichte verlangen ein volles Herz, die wärmste Hingabe. Habe das, und Du wirst auch Deinen eignen Weg, Deinen eignen Ton gefunden haben. Genug davon. Ich habe diese Dinge mit Theodor Storm (Verfasser der »Sommergeschichten«; Du kennst ihn wohl aus meiner Anthologie) jetzt oftmals durchgesprochen und im Hineinschaun in die Werkstatt eines bedeutenden und bewußten Talents (wie Storm es ist) erst wieder recht fühlen gelernt, welche ernst[e] und schwere Sache das Versemachen ist. Die stumpfe Masse, die den Bombast liebt, läßt sich nichts träumen davon.

Also Storm war hier, fast vier Wochen, die er bei Kugler (Strohwitwer seit einem Vierteljahr) verlebte. Das gab schöne, anregende Tage und eine Fülle, für die hier kein Raum ist. Er wird einer der unsern, verläßt Husum und geht nach Potsdam. Wir bedauern es, ihn nicht unmittelbar unter uns zu haben.

Diese »Uns« oder »Wir« sind Kugler, Bormann, Merckel, Lepel, Eggers, Adolf Menzel (P. P. Rubens), Paul Heyse und ich. Heyse kehrt morgen mit den Kuglerschen Damen zurück; vier Wochen war er in Dürkheim (Rheinpfalz). Wir sind unendlich gespannt auf ihn. Die vorstehenden acht bilden die Besatzung der »Argo« und nennen sich »Argonauten«. Wir versammeln uns alle Sonnabend; es geht reihum. Die »Argo« erscheint innerhalb der nächsten vierzehn Tage. Ich denke, Du wirst nicht unter den letzten Käufern sein. Mit Freiexemplaren (jeder eins) steht es so schlecht, daß ich auf »freundschaftliche Überreichung« verzichten muß. Bin sehr neugierig, was Du zu dem Buche sagen wirst. Eins ist es gewiß – anständig. Die Langweiligkeit, die damit so leicht Hand in Hand geht, ist, soweit ich's beurteilen kann, glücklich vermieden. Doch über ein kleines magst Du selber urteilen.

Auf Paul Heyse freuen wir uns sehr. Italien und die Jahre

haben hoffentlich jene Schnabbrigkeit beseitigt, die für alte Knaben gelegentlich verletzend war. Seine Taschen sind voller Arbeit, meist Dramatisches. Seine Novelle »La Rabbiata« (in unserm Buch) ist ein kleines Meisterstück, wie »Die Brüder«. . . .

Emilie ist weniger krank als angegriffen. Sie erwartet innerhalb vier Wochen ihre Niederkunft. Nach diesem wird das Geschäft geschlossen. Ich wünsche von Herzen, daß Emilie diesmal leichter drumrum kommt als die vorigen Male; solchen Strapazen ist sie nicht gewachsen. George ist unsre ganze Freude; nichts weniger als hübsch, aber überaus drollig, gutherzig und im großen ganzen auch liebenswürdig. Alle Mittage nennt er die Bilder und zuletzt, auf Dein Daguerreotyp zeigend, ruft er: »Witte!« Mitunter ist er schlecht auf Dich gestimmt und, mit der Hand über Dein Gesicht fahrend, droht er: »Hauen, hauen!« Emilie sagt dann: »Das ist recht, hau ihn tüchtig, den Geizbock, hat dir nichts zum Geburtstag geschenkt.« So geht die Erziehung weiter. . . .

AN THEODOR STORM   Berlin, 5. November 1853

. . . Daß wir Sie nun binnen wenig Tagen wieder hier haben werden, freut uns alle aufrichtig, und die »Rütli«- und »Tunnel«-Tage werden an Reiz gerade noch um so viel wachsen, wie überhaupt möglich ist. Andrerseits werden Sie manches anders finden als damals, wo Kuglers Junggesellentum in der Blüte der Liebenswürdigkeit stand. Versteht sich, soll damit nichts gegen die Damen gesagt sein, die jetzt wieder an alter Stelle schalten und walten, aber von jener Heiterkeit und Ungeniertheit, die damals die Kuglerschen Mittagstische charakterisierte, kann jetzt kaum noch die Rede sein. Vielleicht hab ich nicht ein Recht, darüber mitzusprechen, denn ich urteile nur vom Hörensagen, weil ich seit fünf Wochen nur einmal (auf eine halbe Stunde) dort war. Auf der andern Seite ist gerade dieser Umstand besonders bezeichnend. Paul Heyse ist jetzt Ministerpräsident, und ich denke mir, es wird von Ihrer Stellung zu ihm abhängen, ob Sie das Kuglersche Haus zum Guten oder Schlechten verändert finden werden. Da er mit dem höchsten Respekt von Ihrer Lyrik spricht, so ist es möglich, daß seine Liebenswürdigkeit – bei Ihrem Besuch – alle Segel aufsetzt, und dann werden Sie nicht widerstehn können. Er ist in der Tat ein Liebling der Grazien, sein ganzes Wesen ist Reiz. Wenn er spricht, ist mir's immer, als würden reizende Nippsachen von Gold und auch von Bronze, aber alle gleich zierlich gearbeitet, über den Tisch geschüttet. Man sieht hin, das Auge lacht über die bunten Farben und schönen Formen, und ein unwillkürliches »Ah!« ringt sich von der Lippe. Ereignet es sich, daß Sie gegenseitig ein lebhaftes Gefallen aneinander finden, so wird Ihnen Friedrichstraße 242 reizvoller erscheinen denn je. Doch, ich weiß nicht, ich glaube nicht recht dran. ...

AN THEODOR STORM   Berlin, 14. Februar 1854

... Nun ein paar Worte über mich, die Ihnen für Ihren Aufsatz vielleicht einige Anknüpfungspunkte bieten. Von Kindesbeinen an hab ich eine ausgeprägte Vorliebe für die Historie gehabt. Ich darf sagen, daß diese Neigung mich geradezu beherrschte und meinen Gedanken wie meinen Arbeiten eine einseitige Richtung gab. Als ich in meinem zehnten Jahre gefragt wurde, was ich werden wollte, antwortete ich ganz stramm: »Professor der Geschichte«. (Dies ist Familientradition, die es erlaubt sein mag zu zitieren.) Um dieselbe Zeit war ich ein enthusiastischer Zeitungsleser, focht mit Bourmont und Duperré in Algier, machte vier Wochen später die Julirevolution mit und weinte wie ein Kind, als es nach der Schlacht bei Ostrolenka mit Polen vorbei war. Seitdem sind dreiundzwanzig Jahre vergangen, doch weiß ich noch alles aus *der* Zeit her. – Dann kam ich aufs Gymnasium. Als ich ein dreizehnjähriger Tertianer und im übrigen ein mittelmäßiger Schüler war, hatte ich in der Geschichte solches Renommee, daß die Primaner mit mir spazierengingen und sich – ich kann's nicht anders ausdrücken – fürs Examen durch mich einpauken ließen. Zum Teil war es bloßer Zahlen- und Gedächtniskram, doch entsinne ich mich andrerseits deutlich eines Triumphes, den ich feierte, als ich meinen Zuhörern die Schlachten von Crecy und Poitiers ausmalte. $13^{1/2}$ Jahre alt kam ich auf die hiesige Gewerbeschule, wo gar kein Geschichtsunterricht war und ich mich aus diesem und hundert anderen Gründen unglücklich fühlte. Meine Neigung blieb indes dieselbe. In meinem fünfzehnten Jahre schrieb ich mein erstes Gedicht, angeregt durch Chamissos »Salas y Gomez«. Natürlich waren es auch Terzinen. Gegenstand: die Schlacht bei Hochkirch. Zwei Jahre später, als ich schon Apotheker war, leimte ich ein kleines Epos zusammen: »Heinrich IV.« Und das Jahr darauf schrieb ich meine erste Ballade, die ich vieleicht, ohne Erröten, noch jetzt als mein Machwerk ausgeben könnte. Die Ballade hieß »Vergeltung«, behandelte in drei Abteilungen die Schuld, den Triumph und das Ende des Pizarro und wurde unter Gratulationen von dem betreffenden Redakteur in einem hiesigen Blatte gedruckt. In meinem zwanzigsten Jahre kam ich nach Leipzig, was mir damals gleichbedeutend war mit Himmel und Seligkeit. Es kam die Herweghzeit. Ich machte den Schwindel gründlich mit, und das Historische schlug ins Politische um. Dem vielgeschmähten »Tunnel« verdank ich es, daß ich mich wiederfand und wieder den Gaul bestieg, auf den ich nun mal gehöre. Das Gedicht »Towerbrand« machte eine Art Sensation (ich schrieb es nach meiner *ersten* englischen Reise, noch voll von Londoner Eindrücken) und entschied gewissermaßen über meine Richtung. Was ich nach jener Zeit schrieb, liegt in den »Gedichten«, in den »Männern und Helden«, in der »Rosamunde« und in den neusten »Argo«-Beiträgen zum größten Teil Ihrer Beurteilung vor. Meine Neigung und – wenn es erlaubt ist, so zu sprechen – meine Force ist die Schilderung. Am Innerlichen mag es gelegentlich fehlen, daß Äußerliche hab ich in der Gewalt. Nur sowie ich die Geschichte als Basis habe, gebiet ich über Kräfte, die mir sonst fremd sind, wie jener, dem auf heimatlicher Erde die Seele wieder stark wurde. – Das Lyrische ist sicherlich meine schwächste Seite, besonders dann, wenn ich aus mir selber und nicht aus einer von mir geschaffenen Person heraus dies und das zu sagen versuche. Diese Schwäche ist so groß, daß einzelne meiner frühsten Balladen (»Schön-Anne«; »Graf Hohenstein«) und einige andere nichts andres sind als ins Balladische transponierte lyrische Gedichte. Namentlich ist das zweitgenannte ganz subjektiv, was ich *so* schrieb, weil ich nicht anders konnte. Daß das Ding nichts taugt, ist gleichgültig; ich will nur zeigen, wie ich verfuhr. – Und nun genug! . . .

Im April 1854 starb der dritte und jüngste, 1853 geborene Sohn Fontanes.

AN THEODOR STORM   Berlin, 11. April 1854

Letzten Donnerstag ist der kleine »Unterirdische« an Zahnkrämpfen gestorben und seit Sonnabend in Wahrheit im Unterirdischen. Außer Vater und Mutter wohnte ein besoffner Leichenkutscher und die untergehende Sonne dem Begräbnis bei. Der Kreis der Erlebnisse ist nun so ziemlich geschlossen, nur das eigne Sterben fehlt noch.

Meine Frau ist sehr angegriffen, weshalb wir übermorgen einen Ausflug zu meiner Schwester ins Oderbruch machen wollen. Nächsten Mittwoch kommen wir zurück. . . .

AN THEODOR STORM   Letschin im Oderbruch, 17. April 1854

. . . Sie wissen gewiß – wer wüßt es nicht! – aus eigener Erfahrung, daß Zeiten kommen, wo sich Gott und Menschen gegen uns verschworen zu haben scheinen, wo man in der besten Gesellschaft sich unter lauter Vampiren wähnt, die nur darauf warten, uns das Herzblut auszusaugen, und wo man an der Liebe und Teilnahme der Menschen so gründlich verzweifelt, daß man verwundert um sich blickt, wenn einem jemand freundlich »Guten Morgen« bietet. In solcher Stimmung schrieb ich Ihnen meinen letzten Brief. . . .

Seit fünf Tagen bin ich nun mit Frau und Kind hier: riesige Napfkuchen und blaue Veilchen, Sonnenschein und Glockenklang laben abwechselnd alle Sinne, und ich fühle ordentlich, wie ruckweise der Alp von Leib und Seele rutscht. Erst unter natürlichen, wohlhabenden, sorglosen und freien Menschen fühlt man so recht, welch ein stellenweis erbärmliches Leben man in unsern großen Städten und unter unsern kleinen, dürftigen Sechserverhältnissen führt. Allerdings möcht ich nicht tauschen. Unser geistiges Leben hat eine Süße, von dem ich unfähig wäre, mich zu entwöhnen, aber inmitten eines *äußerlichen* Behagens, das bei fünfunddreißig Talern monatlichen Gehalts schlecht zu kultivieren ist, wird einem wenigstens fühlbar, daß das Glück, das man genießt, nur ein halbes ist, ein schwererkauftes, dessen Einsatz oft höher ist als der Gewinn. Es ist wunderbar, in wie nahen Beziehungen Menschenglück und Putenbraten zueinander stehn und welche Püffe das Herz verträgt, wenn man jeden Schlag mit einer Flasche Markobrunner parieren kann. ...

An Theodor Storm

Berlin, 25. Juli 1854
(Historischer Kalender:
Idstedt)

Lieber Storm.

»Mich schuf aus gröberm Stoffe die Natur!« Ich kann Ihnen nicht leugnen, daß ich mich heut früh nach Eintreffen Ihres Briefes bei apart guter Laune befunden habe. Schon dafür bin ich Ihnen dankbar; aber auch dafür, daß Sie mir Gelegenheit geben, Ihnen und Ihrer lieben Frau meine freundschaftliche Hochachtung zu versichern und mein Bedauern darüber auszudrücken, daß im Übermut ausgesprochene Worte Sie beide verletzt und irre an mir gemacht haben. »Man soll nicht Anstoß geben« ist eine jener Regeln, mit denen auch ich es halte, wiewohl ich im allgemeinen einer von der Opposition bin und die Ausnahmen liebe. Seien Sie versichert, daß ich hinfort mehr auf meiner Hut sein und Bemerkungen verschlucken werde, von denen ich jetzt weiß, wie Sie sich dagegen verhalten.

Nach dieser gründlichen Revozierung und Abbitte (der eine wahre Gedächtniskasteiung vorausgegangen ist, um die Corpora delicti noch wieder ausfindig zu machen) bitt ich es mir nicht als norddeutsche Dickköpfigkeit auszulegen, wenn ich bei aller Nachgiebigkeit im Einzelfall doch aufs bestimmteste erkläre, gerade so bleiben zu wollen, wie ich bin, und mir nicht einen Charakter wegdisputieren oder wegratschlagen zu lassen, der seine sittliche Berechtigung hat trotz einem. Ich habe nicht Lust, hier den deutschen Biedermann par excellence zu spielen, aber ich darf mit gutem Gewissen behaupten, daß ich von Natur offen, ehrlich, unverstellt und ein lebhaftes, unterm Einfluß der Minute stehendes Menschenkind bin. Ich hab es noch immer nicht gelernt, mich im Zaume zu halten. Ich lache und weine noch im Theater, wenn die Situation komisch oder rührend ist. Ich bin noch so dumm (wenn meine Frau – schon wieder! – nicht dazwischenkommt), meinen letzten Groschen zu teilen, und ich platze auch mit einer Zweideutigkeit heraus, wenn mir gerade danach zumute ist. Ich habe hinsichtlich meiner Taten und Worte eine große Unbekümmertheit, und von meinen Worten möcht ich gelegentlich sagen: sie haben mich. Wenn ich nun so die Menschen um mich her ansehe, kann ich aus ihnen nicht abnehmen, daß ich gut täte, meinen alten Adam auszuziehen und mir den modernen anständigen Menschen zuzulegen. Ich weiß, was es mit dieser Anständigkeit auf sich hat. Ich halte Ihnen gegenüber mit der Bemerkung nicht zurück, daß ich auf meine Anständigkeit geradezu poche, daß ich den Plunder des *sogenannten* Anstands je nach Laune verachte oder verlache und daß alles, was ich tun kann, einzig darin besteht, mich im Verkehr mit den Menschen zu akkommodieren. Dies wird Frau Clara Kugler gegenüber (die mir durch Eggers sagen ließ, ich dürfe nicht mehr über meine Frau und meine Ehe – die übrigens beide gar nicht so übel sind – wie bisher sprechen) hinfort der Fall sein. Ein gleiches gilt von heut ab von der Familie Storm. Sollte aber meine Natur stärker sein als meine Vorsätze, und sollten immer wieder Verstöße mit drunterlaufen, so würde mir nichts andres übrigbleiben, als mich aus Kreisen zu verbannen, für die ich zu roh und ungeschliffen bin. Mein lieber Storm, ich denke so: man soll jede an sich berechtigte Natur (und als solche werden Sie die meinige wohl anerkennen) gelten und gewähren lassen und selbst vor gewissen Konsequenzen solcher Natur nicht erschrecken. Es gibt *notorische* und *fragliche* Unanständigkeiten. Jene werd ich nie begehn, diese sehr oft. Glauben Sie doch nicht, daß um die letztern irgendwer glücklich herumkomme. Grete Heyse ist außer sich, daß Bodenstedt von »ihrem kleinen Leibchen« gesprochen hat, und doch sagte Paul Heyse in einer Damengesellschaft bei Merckels von einer Dame: »Das Frauenzimmer ist ja nur Kopf und Popo.« Einzelne Ihrer schönsten Liebesgedichte werden unanständig gefunden, und ein leises Entsetzen, das noch immer vibriert, lief durch das ganze Königreich Kugler und die angrenzenden Ortschaften, als Sie von Frau Clara ein Zimmer verlangten, um »Ihrer Frau die Milch abzunehmen«.

Man hat das sehr unanständig gefunden; ich find es ganz gemütlich. Sie wollen daraus ersehn, daß, wie in tausend Dingen des Lebens, so auch hier man mit sich selbst im reinen sein und hinterher sich aus der Auffassung der Menschen nicht allzuviel machen muß. Man wird je nach den Personen, mit denen man verkehrt, sein gesellschaftliches Betragen in Einklang mit deren Wünschen und Anschauungen zu bringen haben, aber im letzten wird man bleiben, wie man ist, bevor einem nicht das Einsehn kommt, daß dies »Sein« eigentlich nichts taugt. ...

An Theodor Storm   Berlin, 30. August 1855

Nach einigem Schwanken, ob wir nicht ein übriges tun und am nächsten Sonntag in Tannhäusers Gesellschaft die Sanssoucifontänen sollten springen sehn, haben wir uns schließlich doch entschlossen, fein sparsam zu sein und zu Hause zu bleiben. So nehm ich denn schriftlich von Ihnen Abschied, eine Sentenz, zu deren Verständnis freilich noch die Mitteilung gehört, daß ich am Dienstag früh über Hamburg nach London gehn und entweder zwei Monate oder fünf Jahre daselbst verweilen werde. Es handelt sich um Gründung einer Art Zeitung, und von dem Zustandekommen des Unternehmens hängt mein kürzrer oder längrer Aufenthalt in England ab. Der »Rütli« sieht also einer abermaligen Vakanz entgegen.

Ich hoffe, auch jenseits des Kanals von Zeit zu Zeit ein Wort von Ihnen zu hören und meine Autographensammlung durch neue Stormsche Schriftzüge erweitern zu können. ...

ZUM DRITTEN MALE IN ENGLAND

1855–1859

Anfang September 1855 reist Fontane wieder nach London. Er gibt zunächst im Auftrage der preußischen Regierung eine »Deutsch-Englische Korrespondenz« heraus, die der Unterstützung der preußischen Politik in Großbritannien dienen soll. Nach dem Eingehen der »Korrespondenz«, die gegen ein bereits bestehendes ähnliches Unternehmen nicht aufkommen kann, wird Fontane freier Mitarbeiter an den ministeriellen Presseorganen, für die er bereits 1852 in London geschrieben hat. Hinzu kommen jetzt noch die »Neue Preußische (Kreuz-)Zeitung« und die »Vossische Zeitung«.

Im Gegensatz zu seinem zweiten Londoner Aufenthalt lernt Fontane jetzt das Londoner Leben in seiner ganzen Breite und Fülle kennen. Unter geheimpolizeilichem Schutz besucht er Matrosenkneipen und Verbrecherspelunken, wird im Unterhaus ebenso heimisch wie in den »Debating-Clubs« der Londoner City. Große Aufmerksamkeit schenkt er auch den Theatern, insbesondere den Shakespeare-Aufführungen. Seine spätere Theaterkritik für die »Vossin« hat in Fontanes Londoner Theaterberichten ihre Wurzeln.

Ein besonderes Ereignis wird die Reise nach Schottland, die Fontane im Sommer 1858 mit Lepel unternimmt. Wie er später berichten wird, faßt Fontane auf dieser Reise den Entschluß, die »Wanderungen durch die Mark Brandenburg« zu schreiben. Bei einem Besuch des von historischen Erinnerungen umwobenen Douglasschlosses Lochlevencastle, das auf einer Insel im Levensee in der schottischen Grafschaft Kinroß liegt, taucht vor Fontanes geistigem Auge – einer Fata Morgana gleich – die Erinnerung an den Rheinsberger See mit dem Schloß in seiner märkischen Heimat auf. Und er fragt sich: »So schön dies Bild war, das die Insel im Levensee vor dir entrollte, war jener Tag minder schön, als du im Flachboot über den Rheinsberger See fuhrst?« –

In zwei Büchern legt Fontane nach seiner Rückkehr nach Deutschland eine Sammlung seiner Berichte vor: »Aus England. Studien über Londoner Theater, Kunst und Presse« (Stuttgart 1860) und – das Buch über die schottische Reise – »Jenseit des Tweed« (Berlin 1860).

Am 27. Juli 1857 siedelt auch Fontanes Familie (nach einem vorausgegangenen Besuch Anfang 1856) nach London über.

AN EMILIE FONTANE　　　　　London, 10. September 1855
　　　　　　　　　　　　　　Seyd's Hotel, Finsbury Square
　　　　　　　　　　　　　　Montag 12 Uhr

My dear Lady.

Vor zwei Stunden sind wir mit der »Countess of Lonsdale«, einer Gräfin, die sich ihrer Wanzen halber wahrhaftig schämen sollte, bei London-Bridge glücklich angelangt, und nachdem mir vom Steuerkontrolleur drei Bände »Vanity Fair« (mit meinen herrlichen Randglossen) als Nachdruck konfisziert worden sind und ein Bootsjunge für eine Fahrt von fünf Minuten mich noch extra um vier Schillinge geprellt hat, bin ich mit Hilfe eines Cabkutschers durch meine Lieblingsstraße Moorgate Street bis Finsbury Square gerollt und mache nach stattgehabter, äußerst notwendig gewesener Säuberung von meinem Bedroom aus (der eine Hundehütte ist wie alle englischen Bedrooms) den schwachen Versuch, Dir einige Zeilen zu schreiben.

In der Tat, »einen schwachen Versuch«; denn es saust und braust mir noch immer im Kopf, und Du mußt für heut die allerbescheidensten Ansprüche machen. Ich lebe also noch! was mir erstens sehr lieb ist und zweitens gar nicht so sicher von mir erwartet wurde. Als Du mich am Freitag früh wecktest, war ich gerade mit einem Traum beschäftigt, der aus einem sinkenden, wassergefüllten Schiff und einem zerbrochenen Steuerruder bestand. Ich schwieg natürlich, weil ich Dich nicht ängstigen wollte, aber es war mir keineswegs gleichgültig, geschweige angenehm. Die Details meiner Reise erfährst Du morgen;

heute nur noch so viel, daß die Überfahrt au fond eine glückliche war, dennoch aber mich aufs äußerste mitnahm. Für den, der nicht seekrank wird, ist die Wasserreise angenehmer, jeder andre ist ein Tor, wenn er über Hamburg geht. Auch in bezug auf die Kosten waltet kein großer Unterschied. So mußt ich z. B. fast £ 1 für Beköstigung bezahlen, wiewohl ich in den sechsundfünfzig Stunden nur einmal gefrühstückt, ein halbmal Mittag gegessen und vier Flaschen Sodawasser getrunken habe. Diese Geschichte konnte höchstens vier bis fünf Schillinge kosten, nichtsdestoweniger wird einem eine wackre Rechnung geschrieben, und man bezahlt sie. Auf meinem Schmerzenslager am Sonnabend und die folgende Nacht hab ich Eurer viel gedacht und Euch auf Eurer Reise sowie auch zu Bett begleitet. Ich wünsche von Herzen, daß es Euch gut gehn und Du Dich recht sehr erholen mögest. Was mich angeht, so bin ich in diesem Augenblick zwar sehr wohl, aber auch ebenso aufgeregt. Unterwegs hatt ich einen ordentlichen Graul vor London, als ich aber heut durch dies Riesentreiben wieder hindurch oder dran vorüberfuhr, da ging mir doch wieder das Herz auf, und aller Groll war vergessen wie beim Wiedersehn einer geliebten Person, mit der man eine Zeitlang verknurrt war. Die Verstimmung wird auch wiederkommen. Morgen mehr! Küsse unsren Jungen herzlich und sei selber tausendmal gegrüßt und geküßt von

Deinem
Theodor.

AN EMILIE FONTANE London, 11. September 1855

... Der Anfang meiner Reise war recht hübsch. Mir gegenüber im Coupé saß Frau O., eine reiche Jüdin aus Hamburg, die mich ganz gut unterhielt und nur in den letzten Stunden etwas unbequem wurde, weil gewisse Muskeln ihres Organismus nicht mehr luftdicht schlossen. In Hamburg verzieh ich ihr diese kleine Schwäche wieder, weil ich nie in meinem Leben so etwas von zärtlichem Empfang gesehn habe. Ihre Kinder waren auf dem Perron, und während der Zug noch lief, schrie sie schon: »Meine süße Mathilde, meine einzige Mathilde, mein zuckersüßes

Kind!« etc. Die ganze Nachkommenschaft, männlich und weiblich, trabte neben dem Zuge her, und von Zeit zu Zeit klemmten sich zwei Lippen mit Todesverachtung durch den Fensterspalt und erhaschten einen Kuß von der unermüdlich mit ihren Lippen im Anschlag liegenden, vor Freude zitternden Mama. Es war lächerlich, aber doch hübsch. Das Beste ist heutzutage überhaupt lächerlich. – Der Rest der Coupébesatzung bestand aus einer dänischen Familie und einem schwedischen jungen Ehepaar. Was dies letztere angeht, so könnte man von demselben sagen: es leistete in ehelicher Zärtlichkeit dasselbe, was die O. in Mutterliebe prästierte. Ich muß Dir bekennen, daß mir ein paarmal bange wurde und der Gedanke in mir aufstieg: wie nun, wenn Du der Zeuge einer alleräußersten Szene wirst? Ich blieb im Zweifel, ob ich für diesen Fall die Notfahne heraushalten oder mein Haupt im Schoß der alten O. verbergen sollte. – Von der dänischen Familie ist weiter nichts zu sagen, als daß der Alte sehr häßlich und die Alte sehr böse aussah – die Tochter war blond, verschämt und strickte Filet.

Hamburg gefiel mir wieder sehr; die Stadt hat etwas Reiches, Vornehmes, Gediegenes und läßt einem Zeit, sich umzusehn, während man hier in London ein gut Teil Dinge gar nicht kennenlernen kann, weil man 150mal überfahren sein würde in jenen fünf Minuten, die etwa dazu gehören, eine Haus- oder eine Kirchenfassade Revue passieren zu lassen. Um neun Uhr begab ich mich aus der Stadt an den Hafen, aber erst nach Mitternacht waren wir an Bord: Allerlei Gentlemen, insbesondere Kaufleute, Damen, Hunde, acht Ochsen und ein schleswig-holsteinischer Offizier, der in die englische Fremdenlegion einzutreten beabsichtigte. Es ist schade, daß ich auch nicht im entferntesten Zeit habe, all die Szenen und Schnurren aufzuzeichnen, die mit seiner Hilfe den Anfang und das Ende unsrer Überfahrt (in Elbe und Themse) durchaus interessant machten.

London ist wegen der Siegesnachrichten aus der Krim in großer Aufregung, die sich einem natürlich mehr oder minder mitteilt. – Gestern nachmittag besuchte ich (es war mein erster Gang) Tavistock-Square. Es berührte mich doch eigentümlich, als ich den Ahornbaum wiedersah, unter dem ich so oft gesessen, nach Highgate hinuntergeblickt und an die Heimat gedacht hatte. Die Jalousien (wie immer, wenn die Familie out of town ist) waren heruntergelassen; alles zu, alles verschlossen, nur das Fenster, drei Treppen hoch, stand halb auf, dasselbe, an dem ich so viele Briefe wie diesen, auch immer in Hast und Eile, auch immer mit schlechten Federn und auch immer an einem schändlichen, sechs Zoll breiten Tischchen geschrieben habe. Vieles hat sich seitdem geändert, mit Dankbarkeit füg ich hinzu: gebessert, und nicht eben die kleinste Ursache dieses glücklichen Wechsels erblick ich darin, daß wir zwei Hauptpersonen uns endlich in Wahrheit nähergekommen sind. Mög es so bleiben, das wünscht von Herzen Dein

Theodor.

AN EMILIE FONTANE   London, 16. September 1855
3 Compton House Road.
Kensington

Der Anfang des Briefes ist verloren.

... Die Strafe folgte auf der Stelle; als ich ungefähr um neun Uhr abends von einem vergeblichen Theatergange (die Vorstellung war erst anderntags) zurückkam, war ich schon unwohl, und Natron und Rhabarber, zu denen ich sofort meine Zuflucht nahm, haben mich zwar wie immer kuriert, aber doch nicht eher, als bis ich eine zweite Auflage meiner Seekrankheit durchgemacht hatte. Gestern den ganzen Tag hab ich gehungert und nichts andres zu mir genommen als den Inhalt von 82, geschrieben zweiundachtzig, Briefen, die ich als Antwort auf meine »Times«-Annonce (in der ich eine Familienwohnung suchte) erhalten habe. Die Briefe bilden einen ganzen Berg; einer darunter ist von – Mrs. May, was mich weidlich amüsierte.

Das Lesen dieser großenteils mit furchtbarer Flüchtigkeit geschriebenen Wische war wenig geeignet, einen Kranken gesund zu machen, und mehr als einmal war ich auf dem Punkt zu verzweifeln. Der Katzenjammer in Gestalt eines blassen, blonden, weißbindigen Predigtamtskandidaten trat an mein Sofa und sprach erbauliche Sachen über den »Reiseteufel«. Oh, ich wurde ganz windelweich. Mit Mühe rappelte ich mich gegen fünf Uhr heraus und trottete bis weit in die Oxfordstraße hinein, wo in einer Quergasse auf einer Bühne zweiten oder dritten Ranges Shakespeares »Richard III.« aufgeführt wurde. Es war die letzte Vorstellung, und wenn ich sie nicht sah, so war sie mir für immer verloren. Mein Kunsteifer wurde belohnt; ich genas während des Spieles. Daraus hast Du aber nicht zu schließen, daß es sehr schön war; es war nur sehr interessant, Parallelen ziehen zu können, und in mehr als einer Beziehung lehrreich. Die kleine Bühne, die das Stück gab, heißt das »Soho-Theater«; nach dieser Aufführung zu schließen, müßte es richtiger »Oho-Theater« heißen. Ich werde nun auf einer dritten und, wenn ich Glück habe, auch noch auf einer vierten Vorstadtbühne Shakespearesche Stücke aufführen sehen und dann drei oder vier Briefe über diesen Gegenstand ans »Kunstblatt« schicken. Da mußt Du dann die Details, die, glaub ich, interessant sind, nachlesen.

Das wichtigste ist nun, daß ich eine Wohnung habe und, wenn mich (unberufen und unbeschrien) mein Auge nicht täuscht, sogar eine gute. Ich bin ordentlich froh, aus der City herauszukommen. Das Haus ist reizend, sogar elegant, und mein Schlafzimmer geräumig, sauber und beinah nobel ausgestattet. Das Ganze ist, seiner Bewohnerschaft nach, ein wahres Taubenhaus; zwei mittelalterliche Schwestern als Wirtinnen, zwei antike Damen als Hausgenossen und ein blondes Dienstmädchen als Repräsentantin der Neuzeit. Hyde-Park und Kensington-Gardens sind in unmittelbarer Nähe, Omnibusse passieren die nächste Straße und führen einen in einer kleinen halben Stunde in die Mitte der Stadt. Es ist ungefähr so, wie wenn ich in Berlin in der Nähe des Hofjägers oder auf der Schöneberger Chaussee eine Wohnung nähme. Was mir die Hauptsache ist: die Damen scheinen noch Neulinge in ihrem Geschäft und noch nicht völlig abgebrüht zu sein. Es ist nicht leicht, solche Familien zu finden. Fast überall in den Boardinghäusern ist man in Gesellschaft von zwei oder drei Deutschen, und wiewohl ich sie, wie Du weißt, wahrhaftig nicht verachte und den verrückten Englandkultus keineswegs mitmache, so ist der Sprache halber doch diese deutsche Gesellschaft gerade das, was ich soviel wie möglich vermeiden möchte.

Du und George seid beide herzlich geküßt und hoffentlich recht bald wiedergesehn von Deinem

Theodor.

AN DEN VIERJÄHRIGEN SOHN GEORGE FONTANE

London, 14. November 1855
(Mamas Geburtstag)

Mein lieber George.

Ich kann den Geburtstag Deiner Mutter nicht besser feiern als dadurch, daß ich Deinen lieben Brief beantworte, den ich am 12. des Monats erhielt und der mir durch seine verständige Abfassung und seine gesunden Lebensanschauungen viel Freude gemacht hat. Du bist ein wackrer Junge und läßt Dich in Deinen Ansichten von der Schönheit dieser Welt, die einige an Verstopfung leidende Menschen eine Welt der Mängel nennen, nicht so ohne weiteres erschüttern. Du schreibst mir, daß Du alles »ausgezeichnet« nennst und selbst bei mäßig gesüßtem Kaffee ausrufst: »Der reine Zucker!« Sieh, das lieb ich. Ein junges, frisches Gemüt muß alle Dinge, und wenn es der härteste Kloß wäre, »ausgezeichnet« finden, und der bittre Bodensatz, den die Weltweisen mit ihren Grübeleien und ihrer kritischen Krücke aufrühren, muß für ihn nicht da sein, alles »der reine Zucker«. Aber ich ersehe noch mehr aus Deinem Briefe, ich ersehe, daß Du »nix dawider« hast. Sieh, das freut mich, das ist ein Zug liebenswürdiger Toleranz, der an die hellen Geister des vorigen Jahrhunderts erinnert und nichts gemein hat mit jenem Kreuzzeitungsgeist, der die Bibel zitiert und einen »Zuschauer« schreibt. Halte Dich auf diesem Wege des »Nix dawider«, und wenn Du auch nicht Landrat wirst, so wirst Du doch vielleicht mehr werden, nämlich – glücklich. In dieser Beziehung kannst Du Dir Deinen endesunterzeichneten Papa zum Muster nehmen, wiewohl ich Dir in anderen Beziehungen lieber andere Vorbilder empfehlen möchte.

Du schreibst auch, daß Du einen Freund hast, »Gustav«, und auch eine »Marie«, über deren Geschlecht Du mich im unklaren läßt, doch schließe ich aus dem Namen, daß es ein weibliches Wesen ist. Sei darum vorsichtig. Du bist noch jung und bei Deinen Gaben nicht ohne Ansprüche an das Leben. »Hüte Dich vor Verplemperungen«, das ist der höchste Ausdruck meiner väterlichen Weisheit. Dein Vater hat sich auch verplempert, und Du bist sozusagen die süße Frucht derselben. Doch die Dinge laufen nicht immer so gut ab, und ich bin nicht sicher, daß Deine Marie ein so treffliches weibliches Wesen ist wie Deine Mutter, die ich Dich zu lieben und hochzuachten bitte. – Wenn Du nach London kommst, so bringe Tante Lischen mit und sag ihr, es gäbe hier noch reichere junge Männer als in dem ganzen Ruppiner Kreise. Küsse Deine liebe Großmama und sag ihr, daß ich ihr für ihren herzlichen Brief bestens danke.

AN EMILIE FONTANE　　　　　　　London, 3. Januar 1856

Es ist bekannt, daß, wenn man bei allen Heiligen schwört: »Nie einen Kümmel mehr«, man sich am andern Tage in Nordhäuser Korn betrinkt. Junge Spröden, die alles hassen, was fünftehalb Haare unter der Nase hat, verloben sich an demselben Tage, wo sie ihren Haß vor versammeltem Volk ausgesprochen haben, und wer sich rühmt, nie ein Glas zerschlagen zu haben, stolpert sicherlich zwei Stunden später in einen Wandspiegel.

Wenn Du meinen beiliegenden Brief von gestern abend gelesen haben wirst, so wirst Du wissen, was diese Einleitung besagen will. Ich habe es gestern abgeschworen, mich ein Jahr lang (wenn es nur *ein* Jahr sein soll) hier festnageln zu lassen, und bin nun doch froh darüber, daß die Nägel eingeklopft werden.

Leider muß ich hinzusetzen, daß ich gestern – nach menschlicher Berechnung – mehr recht gehabt habe als heute. Ihr werdet in einem Jahre kein Englisch lernen, und aus mir wird auch nicht der perfekte Englishman werden, der ich werden möchte und werden *muß*, wenn die 16 Monate (vom September vorigen Jahres an) nicht wieder, wie so viele Jahre meines Lebens, weggeschmissen sein sollen. *Etwas* Politik, *etwas* London, *etwas* Englisch – nutzt mir nichts; an halben und viertel Dingen hab ich genug in mir, und das Leben erheischt von uns, daß wir etwas *Ganzes* sind.

Auf der andern Seite steht die süße Hoffnung, deren Stimme nie schweigt. Ich denke: »Nimm erst *ein* Jahr, die andern finden sich vielleicht.« Einigen Segen wird mir solch ein Jahr ohnehin wohl bringen. »Verdirb es nicht mit Deinen Vorgesetzten!« ruft mir eine zweite vernünftige Stimme zu. Und zuletzt kann ich nicht ganz leugnen, daß mir das Zurückmüssen – wenn sich auch nach einigen Monaten das Bittere ins Süße verwandelt hätte – höchst peinlich gewesen wäre. So will ich mir denn das schöne Glas Wein, das Du mir in Deinem Briefe so freudig und vertrauensvoll reichst, nicht durch Sorgen und allerhand Mäkeleien selbst verderben. Und so sei mir denn von ganzem Herzen hier willkommen! Du wirst Dich oft nach Deutschland zurücksehnen, und Deine Begeisterung wird oft unter den Nullpunkt sinken, aber Du wirst auch viel Großes und lauter Neues, Überraschendes kennenlernen, und das ist am Ende auch etwas. Heut abend noch werd ich wegen einer Wohnung Schritte tun.

Ende Januar 1856 kam Emilie Fontane mit dem vierjährigen George und Fontanes jüngster Schwester Elise nach London; hier blieben sie bis Mitte Mai 1856.

An den »Rütli«   London, 6. Februar 1856
                        38 Berners Street. Oxford Street

... Was mein Leben angeht, so paßt es zu dem Eurigen und zu meiner eignen Vergangenheit wie die Faust aufs Auge. Meine Frau wundert sich täglich, daß ich es aushalte; aber es ist nichts dabei zu verwundern. Vor drei Tagen kamen unsre Sachen an und wurden in der Küche mit einem ähnlichen Jubel ausgepackt, wie ihn die Krimoffiziere empfanden, als sie nach einer ganzen Winterkampagne wieder des ersten reinen Hemdes ansichtig wurden. Vergraben unter Servietten und Nachtmützen meiner Frau lag auch die »Argo«. Es war immer noch der *erste* Jahrgang. Ich blätterte drin und las die ersten fünf Strophen von »Lady Gray«; ich kann nicht sagen, daß sie mir als etwas Fremdes entgegentraten, ich kann auch nicht sagen, daß ich das Gefühl hatte: »So etwas wirst du nie wieder schreiben oder könntest du jetzt nicht schreiben«, nein, ich empfand nur so recht die Gedoppeltheit (wenn das reicht) unsres Daseins, und wie man so, ohne sich besonders vor sich zu entsetzen, als sein eigner

Doppelgänger umherläuft. Ich sagte mir ganz trocken: »Ja, ja, ganz richtig, das schriebst du damals, als du noch *so* warst und noch *so* sein wolltest; seitdem hast du jene Seite deines Wesens eingesperrt und eine andre, die sonst vernachlässigt wurde, hervorgezogen. Es wird schon wieder die Reihe an jene kommen. Sei nur ruhig und bewahre den Schlüssel gut.« ... Wenn ich sagen sollte, daß ich nach dem eingesperrten Liebling nicht dann und wann Sehnsucht empfände, so müßt ich lügen; aber diese Sehnsucht ist von keiner Reue darüber begleitet, daß es so ist, wie es ist. Es wird mir dabei recht klar, daß es für einen Menschen von Ambition nichts Niederdrückenderes gibt als die Abhängigkeit der Armut und daß es sich, selbst wenn man ein Poetenherz im Leibe hat, doch eher ohne Balladen, aber mit Geld, als wie mit Balladen, aber ohne Geld leben läßt. Ich muß zugestehn, daß mein gesunder Sinn seine schwachen Stunden hat und daß ich nicht immer dieser Meinung bin, aber ich habe in obigem Satz die Majorität meiner Stimmen und zugleich das Vernünftige (dessen sich auch die Poeten weniger schämen sollten, als sie gelegentlich tun) nach meiner Weise ausgedrückt. Das Gefühl der Unabhängigkeit ist etwas Höheres und Manneswürdigeres als die künstlerische Befriedigung. Die letztre *kann* man entbehren; jene Unabhängigkeit *sollte* man wenigstens nicht entbehren können. Was ich hier schreibe, das gilt alles nur von mir und von jener großen Armee überhaupt, deren Soldaten *Talent*, aber keine *Mission* haben. Es gibt Leute, denen die Lösung der Aufgabe, die ihnen geworden, mehr am Herzen liegen muß als die Frage, ob sie am ersten April die Miete bezahlen können oder nicht. Zu diesen Erwählten gehör ich nicht. Ich habe kein Recht auf eine Ausnahmestellung, und es ist der Reiz und der Segen meines gegenwärtigen Lebens, daß der kleine Jammer mich nicht mehr bedrückt, an dem ich schwerer getragen habe, als mein immer lachendes Gesicht vor der Welt zugestehen wollte. Es gibt aber freilich noch etwas Bessres. Wenn man die Wahl hat zwischen Austern und Champagner, so pflegt man sich in der Regel für beides zu entscheiden. Ja, lieber Rütli, wieder in Deiner Mitte sein und doch jedem Schneider Berlins ohne Schamröte unter die Augen treten zu können, das ist das große Ziel, das mir vorschwebt und zu dessen endlicher Erreichung die Götter ihren Segen geben mögen. Unter allen Umständen aber bleib ich der Treuste der Treuen und ein geschworener Rütlimann, der da heißt Lafontaine.

An Friedrich Eggers   London, 25. April 1856
                                        23 Chepstow Place
                                        Westbourne Grove,
                                        Bayswater

Der große Gesandtschaftsbriefbeutel mag noch durch ein Briefchen mehr und Du durch die Lektüre desselben beschwert werden. Deine Mitteilungen über die letzte »Tunnel«-Konkurrenz haben mich wieder ganz in das Treiben und all die kleinen Kämpfe und großen Aufregungen hineinversetzt, die das Leben bei uns so reizvoll machen. Ich wünsche aufrichtig, nach Jahren wieder unter den Kämpfenden zu sein; aber ich muß doch gleichzeitig bekennen, daß ich es eher für eine gnädige, segensreiche Schickung als für ein Unglück ansehe, daß ich auf so lange Zeit außerhalb dieser Aktionen gestellt bin. Als ich noch direkt unter Euch war, sah ich meine damals doch auch nur literarische Beschäftigung mit der Politik schon als ein besonderes Glück an, als ein frisches, stärkendes Bad, als ein Schutzmittel gegen alle Einseitigkeit und die bei uns so häufige Überschätzung der *Kunst* auf Kosten des *Lebens*. Hier hab ich nun das Leben; die Dinge selbst, nicht mehr bloß ihre Beschreibung. Ihr Zeitungsschatten tritt an mich heran, und jede Stunde belehrt den armen Balladenmacher, daß jenseits des Berges auch Leute wohnen.

Genug davon. Mahne doch bei Kuglers, daß wir von Pauls neusten Sachen das eine oder andre erhalten. Ich bin jetzt hier (um Deine Frage zu beantworten) eine Art Berichterstatter und Korrespondent. Die Sache klingt pomphafter, als sie ist. Auch korrespondier ich für eine Monatsschrift, die hundeschlecht bezahlt; aber eine große Zeitung, der mit *täglichen* Mitteilungen gedient wäre, fehlt mir noch immer. Es ist schon Mitternacht, und ich bin müde, sonst wollt ich Dir auseinandersetzen, welches Huhn mit goldenen Eiern die Redaktionen in mir kaufen könnten; aber sie sind dumm und geben mir nichts zu essen, und so leg ich lieber gar nicht.

AN HENRIETTE V. MERCKEL   London, 10. Juli 1856
                            New Ormond Street
                            Queen Square

... Gestern zu schreiben, spätestens aber heut vormittag, war eigentlich mein fester Wille. Ein Berichterstatter ist aber nie Herr seiner Zeit, und wenn die Garden am Mittwoch einrücken, so muß er beinah so pünktlich auf dem Posten sein wie die Garden selbst. Wenn dann das Schauspiel vorbei ist, fängt die Arbeit des durch Parks und Straßen gehetzten Skriblers erst wahrhaft an, und er muß mit fiebriger Hast und zitternder Hand über das Papier hinfahren, um die Post nicht zu versäumen und die Gunst jener reichen »Tante« nicht zu verlieren, deren einziger Erbe er freilich niemals wird. ...

AN EMILIE FONTANE   Minster, 12. Juli 1856
                            (Insel Thanet, klassischer
                            Boden, zwischen Dover und
                            Canterbury)

Ich fuhr gestern mit dem Steamer nach Margate, hatte dort zwei Abenteuer, ein schlimmes und ein gutes, wurde erst von einem Gaul zu Boden geworfen, so daß ich mich kaum wieder aufraffen konnte, und wurde hinterher von einem Engländer zum Tee eingeladen.

Die »Vossische Zeitung« wird Dir nach acht Tagen über alle diese Dinge die lieblichsten, unausgeschmücktesten Details bringen. Um acht ging ich von Margate nach Ramsgate zu Fuß, was mir mit meinen humpelnden, überall geschundnen Beinen etwas sauer wurde, doch ging es nichtsdestoweniger, und der Gang selbst hatte seine Reize. Ramsgate hat viel Ähnlichkeit mit Dover; ich mußte des Tages denken, wo Du voll hoher Hoffnungen herüberkamst, um das Land nach vier Monaten, zwar auch mit »Hoffnungen«, aber ganz andrer Art, wieder zu verlassen. ...

Die »Literarische Zentralstelle« der preußischen Regierung, in deren Auftrag Fontane die »Korrespondenz« herausgab, wurde von einem Dr. Metzel geleitet. Über einen Brief an ihn berichtet Fontane seiner Frau.

An Emilie Fontane   London, 19. Juli 1856

Mein gestern geschriebener Brief an Dr. Metzel schließt folgendermaßen ab:

»Ich habe zugesagt, bis Neujahr hierzubleiben, und gleichviel ob mit, ob ohne Schulden, ob unter anständiger Existenz oder unter Entsagung – ich werde mein Wort halten. Aber wenn dann nicht Rat geschafft wird, so kann ich keine weitere Veranlassung haben, um jahraus, jahrein entfernt von Heimat, Frau, Kind und Freunden zu leben und – mutton chops zu essen. Wenn die Fonds nicht reichen, nun so lasse man die Filiale wieder eingehn. Es gäbe noch ein andres Mittel, mich, unter den äußersten Entbehrungen selbst, hier zu fesseln. Man zeige mir eine bestimmte Aussicht, man sage mir: ›das ist dein Lohn‹; aber unter Sorgen hier leben, um mit Sorgen schließlich in die Heimat zurückzukehren, ist wenig verführerisch. Ich fürchte nicht, daß Sie das alles unbillig finden werden. Das Kurze vom Langen ist: ich halte hier aus; wenn man aber will, daß ich länger hierbleiben soll, so tue man auch etwas, entweder um mir das Leben hier erträglich zu machen oder um mich durch die *Aussicht auf eine Zukunft* die Gegenwart und ihre Entbehrungen vergessen zu lassen.«

Ich darf wohl sagen, daß ich ein gutes Recht habe, so zu sprechen. Die poplige Unteroffizierswirtschaft der preußischen Verwaltung ist einfach lächerlich. Wollen sie einen Menschen, der nun mal ein Offizier ist, in ihrer Beamtenarmee verwenden, so sollen sie ihn nicht traktieren wie einen Gefreiten. Diese Impotenz aller Maßregeln, dies Wollen und nicht Können, dies Bestreben, einen *literarischen* Gesandtschaftsattaché aus mir zu machen und mich zu bezahlen wie einen Gesandtschaftsbedienten – das alles widert mich an. Es hilft mir nichts, daß 1200 Taler in Berlin viel Geld sind; hier ist es wenig. – *Wenn Gott mich gesund erhält* (dies ist das allerwichtigste), so ist mir vor meiner Zukunft nicht bange. Wenn ich tüchtig arbeiten will, so tüchtig, wie ich hier es muß, so komm ich auch in der Heimat erträglich durch. Literaturmachen ist mir ein Greuel, aber Stundengeben in Dingen, die ich verstehe, ist mir eine Freude. Unter »Literaturmachen« versteh ich natürlich bloß das Schreiben fürs tägliche

Brot und das Rumhökern mit soundsoviel Manuskripten unterm Arm. Mein gesunder Sinn lehnt sich auf gegen diese Schmadderei.

An Emilie Fontane　　　　　　　　London, 2. August 1856

... Das Fortepiano kaufe ja; es ist ja halb geschenkt, und wenn wir, was Gott verhüten wolle, in Not kommen sollten, können wir eine ähnliche Summe immer wieder erhalten. Übe Dir doch die »Freischütz«-Ouvertüre ein. Ich hörte sie am Mittwochabend in Surrey-Gardens, wohin ich einsam hinausgefahren war. Es ist eine Musik, als ob Himmel, Erde und Hölle miteinander sprächen. Ich weiß nicht, ob ich diesen Satz aufgeschnappt und mich seiner bloß wieder erinnert habe oder ob ich in dem Augenblick es so empfand. Es ist großartig. Daran, daß ich anfange, an Musik Gefallen zu finden, merk ich deutlich, daß ich alt werde. »Geist« hat seine angestaunte Rolle ausgespielt, und »Jeist« kann mir völlig gestohlen werden. Musik und die schönen Linien einer Statue fangen an, mir wohl zu tun; die Sinne werden feiner, und die erste Regel des Genusses lautet: nur keine Anstrengung. In der Jugend ist das alles anders. ...

Im August und September 1856 war Fontane für zwei Monate auf Urlaub in Berlin. Anfang Oktober fuhr er mit Dr. Metzel über Bamberg, Nürnberg, München, Ulm, Stuttgart, Heidelberg, Mannheim und Paris zurück nach London.

An Emilie Fontane　　　　　　　　München, 10. Oktober 1856
　　　　　　　　　　　　　　　　　»Bayrischer Hof«

Uns geht es gut, besonders seitdem sich der Direktor (beim Hühneraugenoperieren) ein bißchen in den Fuß geschnitten hat und nun gezwungen ist, mehr zu fahren und weniger zu laufen. Dies nutz- und endlose Durch-die-Straßen-Traben ist mir verhaßt. Morgen reisen wir ab und vielleicht direkt nach Heidelberg, weil wir hier länger gewesen sind, als wir wollten.

Ich war auch bei Geibel; er war sehr liebenswürdig, und wir plauderten über eine Stunde. Nürnberg, das vielberühmte, ist interessant, aber durchaus nicht schön. Es ist eine Kaufmannsstadt, und zwar eine bloß spießbürgerliche. Daß viel einzelnes schön ist, versteht sich von selbst. Die Menschen müssen immer Dinge haben, worüber sie entzückt sein können, und unter diese Dinge ist durch stillschweigendes Übereinkommen Nürnberg aufgenommen worden.

Und nun leb wohl. Nehme Dich Gott in seinen Schutz und erhalte Dich Deinem Dich liebenden

Theodor.

AN EMILIE FONTANE Paris, 14. Oktober 1856
»Hôtel du Louvre«

Seit heut früh fünf Uhr bin ich hier. Das Großartigste, was ich von Paris bis jetzt gesehn habe, ist das Hotel, in dem ich wohne. Im übrigen läßt sich mein Entzücken halten. Etwas mag an meiner Stimmung liegen, aber nicht alles. Es kommt mir alles so räuberhaft vor; eine Unmasse konfiszierter Gesichter, und bei aller Pracht und Schönheit doch auch furchtbar viel Plunder. – Mein Entzücken wird schwerlich sehr wachsen. Die Größe der Stadt imponiert mir nicht, denn gegen London ist es ein Quark; die Kinkerlitzchen und »geschmackvollen Arrangements« aber lieb ich nicht, wenn sie nicht mehr sind als Schein. Für 20 Francs kann ich nicht essen, einmal, weil ich das Geld nicht dazu habe, und zweitens, weil es *allein* nicht schmeckt; und was nun gar die Kneipenwirtschaften und das geputzte Elend angeht, so hab ich ein Grauen davor und wollte, ich hätte die pflichtschuldige Besichtigung dieser Sehenswürdigkeiten hinter mir. So bleiben denn nur die Kunstschätze, und von ihnen hoff ich das Beste. Es ist sehr unwahrscheinlich, daß ich 14 Tage hierbleibe, länger gewiß nicht.

AN EMILIE FONTANE Paris, 16. Oktober 1856

Heut, an unserm Hochzeitstage, muß ich doch ein paar Zeilen schreiben; ich versäume auch nicht viel, denn eigentlich ennuyier ich mich. Um nicht ungerecht zu sein: die Schuld liegt an mir und nicht an Paris. Die Stadt – wie ich mich nun im Laufe von drei Tagen überzeugt habe – ist beides, schön und großartig, aber bleibt – und das ist ihr einziger Fehler – an Großartigkeit und meinem Geschmacke nach auch an *Schönheit* doch hinter London zurück. Überall, das sei wiederholt hervorgehoben, bemerk ich etwas Diebshöhlenhaftes oder im günstigsten Fall einen prahlenden, aber verdächtigen Lappen, der die Blöße oder den Schmutz nur so obenhin verbirgt. Vielleicht finde ich London nur deshalb schöner, weil es interessanter ist. Der Montblanc ist nicht absolut schöner als die Müggelberge; er ist nur imposanter und *dadurch* schöner. Als ich vor viereinhalb Jahr nach London ging, hatt ich dort auch nichts und war noch dazu unendlich viel bedrückter als jetzt. Nichtsdestoweniger hatt ich Momente äußerster Befriedigung, wenn ich meine oft beschriebenen Themse- oder Omnibusfahrten machte. Wär ich damals statt nach London nach Paris gegangen, so würde der Eindruck ziemlich derselbe gewesen sein; aber das ist nun doch mal nicht geschehn, und London hat die Fettaugen meiner Begeisterung abgeschöpft. Wer zuerst kommt, mahlt zuerst.

Paris hat auch gar nicht die Absicht, an Großartigkeit des Lebens und Treibens mit London zu konkurrieren. Es will vor allem bilden, belehren, unterhalten. Ich bin fest überzeugt, daß es darin, besonders was das »Pläsier« angeht, London unendlich überlegen ist, aber ich bin nicht in der Lage, von dieser Überlegenheit zu profitieren. Ob die hiesigen Museen und Galerien besser sind als die englischen, ist, beiläufig bemerkt, noch sehr die Frage. Aber zugegeben, daß sie's sind, so gehört doch ein monatelanger Aufenthalt dazu, um diese Vorzüge völlig als solche zu erkennen und zu würdigen. Diese Galerien sind mein Trost, aber sie können doch nicht *alles* tun. Nun kommt die Hauptsache: das Vergnügen, die Unterhaltung. Ja, du lieber Himmel! Wenn ich 20 Jahre wäre und ein junger Graf (oder ein brillant bezahlter Kommis, was so ziemlich dasselbe ist) und eine Grisette hielte und eine Loge im Theater hätte und leichten Sinnes wäre und Schulden machte und gut französisch spräche – ei, da möchte das ein kostbares Leben sein, ein Leben, an das man noch mit Freuden zurückdenkt, wenn man die Gicht hat und mit dem Kopfe wackelt. Aber aus einem Kaffeehaus ins andere fallen und immer wieder schwarzen Kaffee trinken und

»Constitutionnel« buchstabieren, das ist doch wirklich ein erbärmliches Vergnügen und mehr eine Arbeit als ein Genuß. Um sich hier zu amüsieren, bedarf es gewisser guter und schlechter Eigenschaften, die ich *beide* nicht habe. Zunächst muß man Französisch können, und das ist die eine große Tugend, die ich nicht habe. Außerdem muß man Libertin sein, Hazard spielen, Mädchen nachlaufen, Rendezvous verabreden, türkischen Tabak rauchen, das Billardqueue zu handhaben wissen usw. Wer von alledem nichts hat und weiß, der ist ein verlorenes Subjekt und tut gut, seine Koffer zu packen, wenn er sich den Schwindel angesehn und seine Kunstvisiten im Louvre und in Versailles beendigt hat. Ich gehe erst wieder hierher, wenn ich genug Französisch weiß, um an dem geistigen Leben und Treiben einigermaßen teilnehmen zu können, und dann geh ich nicht allein her, sondern in Gesellschaft, und zwar, so Gott will, mit Dir. . . .

Am 3. November 1856 wurde Fontanes fünfter Sohn Theodor geboren († 1933 als Kriegsrat i. R.). Die drei zwischen George (*1851) und ihm geborenen Knaben waren bereits im zartesten Kindesalter gestorben.

An Emilie Fontane   London, 5. November 1856

Meine liebe Frau, meine liebe Mama,
mein liebes Lieschen.

Habt alle Dank! Eure Anstrengungen sind zwar verschieden gewesen, aber nichtsdestoweniger Dank für Euch alle, für Kind, Hilfe und Brief. Nehme sich jeder davon, was ihm zukommt. Daß es vorüber ist, preis ich aus ganzer Seele mit, denn ich bin diesmal halb mit entbunden worden. Man wird immer feiger, und der jugendliche Leichtsinn, der einen glauben läßt: »Ei was, es stirbt sich nicht so leicht«, geht immer mehr verloren.

Also doch wieder ein Junge! Es scheint, daß wir auf Mädchen Verzicht leisten müssen, und wir wollen uns auch weiter keine Mühe drum geben; das weibliche Geschlecht verdient es nicht einmal. In zehn Tagen wissen wir, ob wir ihn Buchanan oder Fillimore nennen; er ist zwar einen Tag zu früh geboren, aber das schadet nichts.

Wenn Du nur mehr Regelmäßigkeit in die Sache brächtest! Erst mit dem Kopf zuerst, dann mit den Beinen, nun gar mit dem Allerwertsten; wohin soll das schließlich noch führen?

Ich bin sehr froh, daß ihr so rasch eine Amme bekommen habt. Gebe Gott, daß sie gut einschlägt und daß das Kind gedeiht. Eine Schönheit scheint es wieder nicht zu sein, wenigstens kann ich mir nicht denken, daß Schönheit und »Ähnlichkeit mit *Wentzel«* nebeneinander bestehn können.

Du, liebe Mama, sei nur recht streng und achte darauf, daß Emilie den Schlachtenruhm der Entbindung nicht wieder durch Torheit und irgendwelche Übereilung einbüßt. Du, teure Gattin, geselle zu allen Deinen Tugenden auch die der Vorsicht und des Gehorsams. Lebt alle wohl! Für Dich, liebe Frau, noch tausend aparte Wünsche. Gott lenke alles zum Besten!

An Henriette v. Merckel   London, 12. Dezember 1856

... In Ihr Lob meines »Letzten York« stimme ich begreiflicherweise von Herzen ein. Ich zähl es mit zu meinen besten Gedichten und war in den Grundgedanken so verliebt, daß ich immer wieder an die Arbeit ging und die nicht geringen Schwierigkeiten zu überwinden trachtete. Das ist mir noch nicht ganz gelungen; doch weiß ich jetzt, wo es steckt, und durch Einfügen einer Strophe, die allerdings unerläßlich ist, und mit Hilfe einiger kleiner Korrekturen hoff ich, ein gutes Gedicht herzustellen. Wenn Sie, hochverehrte Frau, an die Besprechung dieser Ballade den Wunsch knüpfen, daß ich hier eines schönen Tages ein Drama schreiben und heimlich und flink, wie mit einer telegraphischen Depesche, bei Ihnen respektive an den Toren des Schauspielhauses anklopfen solle, so zeigt mir das nur, welche heitren Vorstellungen Sie von meinem hiesigen Tun und Treiben, leider irrtümlicherweise, haben. Ich fürchte sehr, daß die Welt um jenes Dutzend Dramen kommen wird, die als mikroskopische Keimchen in mir ruhn. Ich werde wohl immer zu schanzen und zu büffeln haben, und es schadet auch nicht. Sagt doch mein Balladenheld: »Und wie es fällt, so nimmt er's hin.« Sollten mir die Götter indes eine Sinekure mit 1200 Talern für die nächste Zukunft vorbehalten haben, so werd ich ihnen dankbar sein, aber aller Wahrscheinlichkeit nach auch dann – keine Dramen schreiben. In Zeiten, wo man bei der Polizei anfragen muß, ob sie einem diesen oder jenen alten Markgrafen zu künstlerischer Verarbeitung gestatten und in der dritten Szene des dritten Akts einen halben Freiheitsgedanken erlauben will, in solchen Zeiten, unter der Direktion von Hülsen-Teichmann-Düringer kann man allerdings immer noch ein Shakespeare sein, aber es wird einem doch zu sauer gemacht, besonders in Erwägung des Umstandes, daß man mutmaßlich keiner ist. Es ist das Recht des Genies, jede Schwierigkeit zu überwinden, und es gibt kein Bevormundungssystem, das den göttlichen Funken wie ein Bartholsches Schwefelholz austreten könnte. Wenn der Konstabel vor »sechs Büchern preußischer Geschichte« steht und den nahenden Dramatiker andonnert: »Zaruck«, so steht er wenigstens nicht vor den sechstausend Büchern Weltgeschichte, und wer über Stoffmangel klagt, beweist sich von vornherein als Stümper. Das Genie überwindet selbst Teichmann und Düringern, aber – ich bin kein Genie. In Erwägung dessen werde ich einen bescheideneren Kurs innehalten.

Ein paar Worte über meinen Georg, meinen kleinen Liebling, hab ich mir bis zum Schlusse aufgespart. Ich bin dem Kinde so zugetan, weil die Leute anfangs taten, als sei es eigentlich eine Art Mondkalb, das beklagenswerte Produkt talentvoller Eltern. Wenn Sie den armen Kerl seiner eignen Vergangenheit oder wenigstens seinem damaligen Renommee gegenüberstellen, so ist er eigentlich ein Wunderkind. Daß Sie sich seiner so annehmen, ihn anregen, ihn bei der Ambition fassen, ja sogar ihn durch die Fistel singen lassen, dafür bin ich Ihnen außerordentlich dankbar. Daß er kein Held ist, ist mir – Verzeihung, daß ich hier mir Ihren Erziehungsprinzipien oder wenigstens mit Ihren Wünschen in leisen Konflikt komme – ziemlich gleichgültig. Jener natürliche, originale Mut, der nicht das Produkt noblerer Eigenschaften ist, gilt mir herzlich wenig. Ja, so gern ich die Reinheit seines Vorkommens in Einzelfällen zugebe, im allgemeinen halt ich ihn für eine bedenkliche, wenig wünschenswerte Eigenschaft. Roheit liegt in der Regel nah. Der Mut, den wir einzig und allein brauchen können, ist das Resultat der Liebe, der Pflicht, des Rechtsgefühls, der Begeisterung und der Ehre. Er ist nicht angeboren, sondern er wird, er wächst. Ich würde es sehr bedauern, wenn der Junge diesen Mut nicht kriegte, aber jedenfalls kann er ihn noch nicht haben. Die Eigenschaften sind noch nicht entwickelt, die ihn erzeugen. Mit Gespenstern, Hunden und Truthähnen hab *ich* noch bis diesen Tag nicht gerne was zu tun. Wie kann ich von dem Boy verlangen, daß er mit dem Hunde Simson spielt! Jedenfalls wird der Mut, den er bei Ihnen lernt, meine vollste Billigung haben, und wenn Sie mir ihn als Helden präsentieren, akzeptier ich seine Heldenschaft unbesehn. Sehn Sie, was Sie machen können, und seien Sie auch dafür, wie für hunderterlei andres, der Dankbarkeit gewiß Ihres

Th. Fontane.

An Wilhelm und Henriette v. Merckel

London, 13. Januar 1857
92 Guilford Street

... Auf Storms »Hinzelmeier« bin ich sehr neugierig. Ich kenn es größtenteils und fand es damals fein und etwas Stormsch, was bei viel Lob einigen Tadel ausdrückt. Hier in England wirkt es vielleicht anders auf mich. Im allgemeinen mach ich übrigens die Wahrnehmung, daß ich hier weit mehr zum Loben geneigt bin als früher in der Heimat. Es liegt wohl darin, daß die poetischen Dinge mich sozusagen immer frisch vorfinden, was in Berlin, wo man mit Zuckerwerk gefüttert wird, durchaus nicht der Fall war. – Storm hat's in sich. Wollte man ihn nach seinem gesellschaftlichen Auftreten, nach all diesen Schönheitsmittelchen taxieren, zu denen er greift, um nur ja immer zu entzücken, so würde man ihn unterschätzen. Wenn ich »Hinzelmeier« gelesen habe, werd ich an ihn schreiben und danken. ...

An Emilie Fontane   London, 9. Februar 1857

... Du weißt, daß ich das aufrichtige Streben habe, mir eine bescheidene Position in der Welt zu erringen – eine Stellung, die mich und die Meinigen ernährt. Dazu ist Arbeit, Tätigkeit, Lernen unerläßlich nötig, und zwar *rasch* und mit Aufgebot aller Kraft, weil ich verhältnismäßig alt bin und keinen Tag mehr zu verlieren habe. Ich glaube, daß ich auch in diesen letzten vier Monaten wieder Fortschritte gemacht und mich *dem* Ziele nähergebracht habe, das doch das beste von allem bleibt, nämlich dem: *nötigenfalls auf eignen Füßen stehn zu können.* Das wäre absolut unmöglich gewesen, wenn ich all die Not, Krankheit, Sorge und den Ärger hätte mit durchmachen sollen. Wenn mir von all diesen Sachen, wie ich nicht zweifle, noch ein gut Stück vorbehalten ist, so möcht ich wohl, die Götter warteten damit so lange, bis ich fest im Sattel sitze und die Sachen durchmachen kann, ohne dadurch geradezu meine ganze Zukunft und Existenz gefährdet zu sehn. . . .

An Emilie Fontane   Manchester, 8. Juli 1857

Nur wenige Worte. Morgen will ich hier fort und denke also, am 9. abends (Donnerstag) in London zu sein. Am 10. werd ich erst ein bißchen arbeiten, an die »Kreuzzeitung« schreiben und dann ausgehn, um eine Wohnung zu mieten. Wenn die niedlichen Häuschen, von denen ich früher sprach, weg sein sollten, nun, so nehm ich andre; es ist wirklich ganz gleich. Wenn man sich nicht selber ein Haus bauen, bestellen, herrichten und zum Heimathaus für Lebenszeit machen kann, so kommt es wirklich nicht drauf an, ob man in einer grünen oder gelben Stube schläft und ob das Haus diesseits oder jenseits der Themse liegt. Hammelkeulen, black tea und Omnibusse gibt es überall, und das heißt: Leben in London. Ich schreibe das in bester Laune und in aufrichtigster Freude, Euch alle, so Gott will, bald um mich zu haben, aber das Leben in der Fremde ist doch nun mal so, und Du wirst Dich früh genug davon überzeugen. Übrigens weiß ich sehr wohl, daß dies Leben auch sein Schönes und Gutes hat. . . .

Am 27. Juli 1857 kam Emilie Fontane mit den Kindern in London an.

An die Mutter Emilie Fontane   London, 18. September 1857

. . . Über unser Leben hat Emilie bereits geschrieben. Es ist (doch bitt ich, das für Dich zu behalten) durchaus beneidenswert. Die

Vorzüge und Reize sind groß, die Sorgen und Unannehmlichkeiten gering. Natürlich werden auch schlimme Tage kommen: die Kinder oder wir selber werden krank werden, ich werde mal Ärger auf der Gesandtschaft haben, man wird mir von Berlin aus mal ein Mißfallen äußern, es wird ein Eßlöffel verlorengehn, und ein Dienstmädchen wird mal weggejagt werden – aber ohne solche Zwischenfälle existiert überhaupt kein Leben. Wenn man über eine Lebensstellung, in der man sich befindet, ein Urteil abgeben soll, so hat man eben nur diese selbst und was unmittelbar damit zusammenhängt, zu beurteilen; man hat sich die Frage vorzulegen, ob einem der zuerkannte Beruf eine Freude ist oder eine Last, ob er erhebt oder niederdrückt, ob er den Mann ernährt oder ihn hungern läßt, ob er seine Zeit und Kräfte verzehrt oder ihm Muße läßt. Alle diese Fragen hab ich Ursache, im günstigen Sinne zu beantworten. Selbst die Trennung von der Heimat drückt mich weniger, als man bei meiner Liebe zur Heimat wohl schließen dürfte. Ich bin fest davon durchdrungen, daß die Schul- und Lehrzeit, die ich, noch dazu in an und für sich komfortabler Weise, hier durchzumachen habe, durchaus nötig für mein späteres Leben in der Heimat ist. Dieses klare Einsehn macht es mir leicht, die Schattenseiten, die nicht wegzuleugnende Gemütlichkeitsdürre zu tragen. Ich befinde mich in der Lage eines Menschen, der um sechs Uhr nachmittags Appetit hat, aber diesen Appetit mit Freuden bis zu hellem Hunger steigen sieht, weil er annehmen darf, daß er um sieben Uhr eine gute Brühsuppe mit mehreren andern Gottesgaben auf seinem Tische vorfinden wird. Emilie schreibt Dir von meiner »nervösen Kränklichkeit«, was ein milder Ausdruck für das ist, was man *kribblig* nennt. Das bin ich nun allerdings; ich kann aber nicht zugeben, daß das in Kränklichkeit seinen Grund habe, eher in Gesundheit, nämlich in jener Gesundheit des Geistes, die immer weiß, was sie will, klare verständige Auffassung liebt und sich in fünf Minuten nicht dreimal widerspricht.

Mit herzlicher Freude geb ich Emiliens Benehmen das beste Zeugnis; direkt quält sie mich so gut wie gar nicht, und unsre Ehe hat sich nach der Seite hin sehr glücklich gestaltet. Du weißt aber, daß ich sie für witzig, espritvoll, klug und umsichtig gekauft habe. Witzig ist sie wirklich, aber sie ist zu gleicher Zeit in allem, was sie sagt, so hin- und herhuschig, so planlos, so unselbständig, so abhängig vom Moment und von jedem neuen Einfall, der ihr durch den Kopf geht, daß eine Unklarheit entsteht, die mich mitunter aufs höchste ärgert. Ich mag darin oft hart und ungerecht sein, aber der Grund ist au fond schmeichelhaft für Emilie und liegt darin, daß ich von ihren Fakultäten eine zu gute Meinung habe. Die Kinder sind wirklich sehr nett; der Kleine scheint mir, wie Onkel August zu sagen pflegt, »etwas mit dem Dummbeutel gekloppt«. George ist Liebling; leider ziert er sich und hat eine völlig diplomatische, um nicht zu sagen intrigante Natur. Ich bin neugierig, was daraus wird. Erziehen läßt sich da nichts; erziehn und doktern heißt in der Regel – verderben. Man steht vor all diesen Dingen wie vor Rätseln und weiß eigentlich gar nichts. ...

An Bernhard v. Lepel London, 15. Dezember 1857

... Heute (am 16.) hat die »Kreuzzeitung« eine mehr denn nüchterne Notiz über das am 3. stattgefundene Tunnelfest. Es heißt ganz kurz, daß der »Tunnel« im Laufe von 30 Jahren etwas über 7000 Gedichte produziert, vorgetragen und kritisiert habe, was wirklich einen furchtbaren Eindruck macht, ohngefähr, wie wenn man von einer Bauernhochzeit liest: Sie aßen 13 Kälber und 17 Hämmel und tranken 25 Tonnen Dünnbier – einige platzten; alle, die es überlebten, kamen zu hohen Jahren.

Was unser Leben hier angeht, so wär es Sünde, sich zu beklagen – ich erkenne in allem eine besondre Gnade Gottes. Nichtsdestoweniger ist nicht alles Gold, und ich darf manchmal wie Quatimozin sprechen: lieg ich denn hier auf Rosen? Dies eigentümlich englische Leben hat etwas Einschläferndes; es geht einem wie bei Schneetreiben dem ermüdeten Fußgänger, der sich niederläßt, um einen kurzen Augenblick zu ruhn. Gibt er seiner Müdigkeit nach, schläft er ein, so ist er verloren; – es gibt hier Unzählige, die alle erfroren sind. Ich erkenne die Gefahr, und das rettet mich vielleicht. Ähnlich jenem Geizhals, der, als sein Hund gestorben war, die Nacht über auf seinem Hofe bellte, um Diebe zu verscheuchen, rühr ich hier von Zeit zu Zeit die große Trommel, um jene grauen Gespenster, die von Mohnsaft leben und die hier 24 Stunden lang ihre Geisterstunde feiern, von Leib und Seele fernzuhalten; aber immer wieder sind sie da, mit einer Zudringlichkeit und Siegermiene, als hätt ich mich ihnen verschrieben. Ich werde aber im Lauf des nächsten Jahres einige probate Mittel brauchen, gegen die der Spuk nicht ankann. Etwas Heimat, etwas Paris sind von unfehlbar guter Wirkung, und eine Radikalkur soll es sein, wenn Lepel im nächsten Sommer auf sechs, acht Wochen nach London kommt....

AN DIE MUTTER EMILIE FONTANE   London, 27. Juni 1858

... Was ich hier auf die Dauer nicht ertragen kann, das ist das Alleinstehn, die geistige Vereinsamung. Wie schön, wie segensreich könnte dieser Aufenthalt sein, und wie wenig ist er es. Wie vieles könnt ich lernen, sehn, arbeiten, und wie wenig ist es verhältnismäßig, was ich sehe, lerne und arbeite. Ich bin müde, abgespannt und beinah ohne Streben, weil ohne Hoffnung. Es fehlt mir aller Zuspruch, alle Aufmunterung, alles Mitbestreben, alles, was wohltut, erfreut, erhebt, begeistert. Lau und flau gehen die Tage dahin. Wer mir sagen wollte: »Die Schuld ist dein, du bist verwöhnt, empfindlich, kränklich; eine stärkere Natur überwindet das alles usw.«, dem antwort ich bloß: »Mach es mir vor.« Es kann es keiner. Ich las neulich sehr wahr und richtig in einem Buch: »Es ist ein Unsinn, einen Dichter zu erwarten, wo niemand hört, und einen Maler, wo niemand sieht. Die Indifferenz der Umgebung ist der Tod aller Kunst, alles Strebens überhaupt; nur wo ein Interesse ist und ein Wettkampf der Kräfte, da kämpft man mit und freut sich der eignen Kraft.« Von solchem Interesse existiert hier nichts, und die Heimat ist zu fern. Die Verbindung mit ihr ist zu lose und locker. Was man sagt, verhallt wie in der Wüste. Nach sechs Monaten vernimmt man per Zufall, daß ein befreundetes Ohr das Wort gehört und sich daran erfreut hat; aber nun ist es zu spät, um noch eine Aufmunterung zu sein. Kurz und gut, wir haben hier zu essen und zu trinken, aber es fehlt das geistige Bad, ohne dessen Frische das Gemüt krank wird und verdorrt. Wir sind eine Pflanze im fremden Boden; es nutzt nichts, daß man alle Sorten von Mist um sie herpackt, sie geht doch aus, weil sie nun mal an andres Erdreich gewöhnt ist, und wenn es auch nur der vielverschriene märkische Sand wäre. . . .

An Bernhard v. Lepel London, 21. Juli 1858
52 St. Augustin Road
Camden Town

... Mit meinem Entschluß bleibt es beim alten. Ich gehe nach Schottland statt nach Schlesien. Die Reise nach Salzbrunn hätte mich 300 rth. gekostet; den Ausflug nach Schottland hoff ich mit 100 bis 120 rth. machen zu können, eine Summe, die ich mir durch Briefe und Feuilletons hoffentlich zurückverdiene. Natürlich ist das keine *Brunnenkur*, und die Lungen haben nicht viel davon, eine Badereise indes unter so mannigfach erschwerten Umständen hätte mir auch kein Guts getan. Lange wird die ganze Geschichte hier wohl nicht mehr dauern, und durch den nächsten Winter hoff ich mich noch, auch ohne zuvor einen Riester über die Lungen gelegt zu haben, mit Hülfe von englischem Sodawasser durchzuschlagen. Wo nicht, so bleibt einem der Trost, pro patria gestorben zu sein. Schreibe dann an betreffender Stelle:

»Er focht die Frage ehrlich durch
Von Schleswig-Holstein-Lauenburg,
Bei Kälte, Schnee und Julihitze
Er war der Mann stets bei der Spritze,
Er schrieb und schrieb sich auf den Hund,
Nun ist er dod und – ist gesund.«

In einem längren Nekrolog bitt ich Dich dann meines Chefs in ehrenvoller Weise Erwähnung zu tun. Vielleicht so: »Er tat, was er konnte – nichts.«

Im Ernst gesprochen, ich bin ohne allen Groll gegen Metzel; die ganze Maschinerie ist, wie ich vermute, nicht recht in Ordnung; kein Geld, kein rechter Einfluß mehr, kein Vertrauen zu sich, zu andern und zur Sache, der man dient; eine Art »sauve qui peut« oder auch »nimm noch mit, was noch mitzunehmen ist«, scheint mir überall zu herrschen, und da es angenehmer ist, selber ins Bad zu reisen als andre reisen zu lassen, so bin ich nach einem alten Gesetz des Egoismus zu kurz gekommen. Ich bitte auch dringend darum, daß sich niemand von Euch aus Freundschaft für mich zu einer bittern oder anzüglichen Bemerkung hinreißen läßt.

Ich erwarte nun unter allen Umständen, Dich bald zu sehn. Gib die schottische Reise nicht auf, Du kannst sie so gut nicht wieder machen. ...

An Wilhelm v. Merckel   London, 20. September 1858

... Ich mache hier nur das durch, was jeder hier lebende Deutsche durchmacht, schmerzlich empfindet und schmerzlich beklagt ... Ich liebe nämlich das Land, in dem ich geboren wurde, mehr, aufrichtiger, selbstloser als die Mehrzahl meiner hier lebenden Landsleute und fühle bei meiner wachsenden Neigung, vaterländisches Leben künstlerisch zu gestalten (wohlverstanden, im allerkleinsten Stil), die Trennung vom Vaterlande allerdings empfindlicher als mancher andre. Das ist aber nicht die Hauptsache. Die Hauptsache bleibt das Atmen fremder Luft, das Essen fremder Speisen und das Herausgerissensein aus einer Gemeinschaft, mit der man durch tausend Wurzelfäserchen verwachsen war. ...

Ich bin nicht zufrieden hier mit meinem Leben und wünschte tausenderlei anders, *das* aber segne ich und stimmt mich zum herzlichsten Dank gegen mein Geschick, daß ich aus dem heraus bin, was ich mit einem Wort das »Theodor Stormsche« nennen möchte, aus dem Wahn, daß Husum oder Heiligenstadt oder meiner Großmutter alter Uhrkasten die Welt sei. Es steckt Poesie darin, aber noch viel mehr Selbstsucht und Beschränktheit. Die Erkenntnis bezahlt man teuer, aber zuletzt doch nie *zu* teuer. ...

Nach Einsetzung des Prinzen Wilhelm, des späteren Königs Wilhelm I., als Regenten für den geisteskranken König Friedrich Wilhelm IV. im Oktober 1858 nahm das reaktionäre Kabinett Manteuffel am 6. November 1858 seine Entlassung. Es wurde durch ein altliberales Ministerium der sog. »neuen Ära« (1859 bis 1862) unter Fürst Hohenzollern ersetzt. Fontane, der im

Dienste des Ministeriums Manteuffel gestanden hatte, nahm den Regierungswechsel zum Anlaß, am 2. Dezember 1858 seine Londoner Stellung zu kündigen.

AN BERNHARD V. LEPEL   London, 1. Dezember 1858
52 St. Augustin Road
Camden Town

Wenn ich jetzt durchgängig in beßrer Laune wäre, als ich bin, so hätt ich gestern bei Eintreffen Deines Briefes eine Viertelstunde lang gelacht, so hat es bloß fünf Minuten gedauert. Was Du, glaub ich, mir mal vorgeworfen hast, daß ich einen passabel weißen Menschen mit schwarzer Lackfarbe anstriche, um dann hinterher ausrufen zu können: »Seht, welch ein Mohr«, dies gemütliche Stückchen scheint der liebwerteste »Rütli« mit mir armem Kerl aufführen zu wollen. Im Vertrauen gesagt, ich vermute, daß mein lieber alter Eggers mal wieder eine seiner glänzendsten Karten ausgespielt und vor versammeltem »Rütli«-Volk die Erklärung abgegeben hat: »Hier hielt ich seine Ernennung zum deutschen Kaiser, 1355 rth. Gehalt, volle Pension, Amtsrock und freie Wohnung, aber denken Sie sich, meine Herrn, *er wollte nicht.*« Chor: »Wehe, Wehe, Wehe!«

Die Sache, bei Lichte betrachtet, ist nun einfach die: ich bin weder ein »Kreuzzeitungs«-Mensch noch ein Manteuffliaaner, noch ein besondrer Anhänger des neuen Ministeriums von Bethmann-Hollweg bis Patow, ich bin ganz einfach Fontane, der bloß nicht Lust hat, Manteuffeln unmittelbar nach seinem Sturze anzugreifen, weil besagter Manteuffel (dessen Pech am Hintern und dessen Polizeiregime mir ein Greul gewesen ist) besagtem Fontane *persönlich Gutes getan hat.* Was ich getan und gesprochen habe, ist nichts als die ganz gemeine Pflicht des Anstands und der Dankbarkeit. Ich befand mich in der Lage einer Frau, die ihren wenig liebenswerten Mann nie geliebt, aber auch ihn nicht gehaßt hat, weil er ihr persönlich eher zu Diensten als abgeneigt gewesen ist. Was hat eine solche Frau zu tun, wenn ihr der Mann stirbt? Sie wird sich hierzulande nicht wie eine indische Witwe en grand parure mit verbrennen lassen, aber sie wird ihr Trauerjahr anständig durchmachen, bevor sie einem andern die Hand gibt und mit ihm ihr Geschick aufs neue versucht. Danach habe ich handeln wollen.

Dies ist unter allen Darstellungen, denen mein durchaus nicht hyperhonnettes Wesen unterworfen werden kann, bei weitem die honnetteste und schmeichelhafteste. Seht Ihr der Sache näher auf den Grund, so mischt sich in das, was ohnehin nur ganz alltäglicher Anstand ist, noch eine Menge von Menschlichkeit, Berechnung und arrières-pensées mit hinein, was meinem Benehmen ganz und gar den Charakter der Märtyrerschaft nimmt. *Ich will vor allem gern hier fort* – das ist *eine* Sache; ich will hier fort unter wenigstens nicht ungünstig-pekuniären Verhältnissen, das ist eine *andre* Sache, und ich bin drittens ein Sicherheitskommissarius, das ist eine *dritte* und sehr wesentliche Sache. Ich nehme meine Zuflucht wieder zu einem Vergleich. Ein Mädchen gefällt einem (ich spreche von »alten Zeiten«), und man hätte nicht übel Lust, sein Heil zu versuchen. Da aber die Chance auf Blamierung fast größer ist als auf Reüssierung, so knüpft man seinen Rock zu und geht fest und unbewegt wie der beste Tugendmensch an all der Verlockung vorüber. Ich mag nicht sagen, daß eine derartige Erwägung mich einzig und allein bestimmt hat, aber unter den vielen Motiven, die mich so haben handeln lassen, wie ich gehandelt habe, hat auch dies seine kleine Rolle mitgespielt. . . .

In spätestens drei, vier Monaten hoff ich in Berlin zu sein; bis dahin ist das Ministerium Manteuffel halb vergessen, vieles hat sich verblutet und vernarbt, und wenn dann die Neuen nur irgendwie Miene machen sollten, mir den kleinen Finger hinzureichen, so magst Du sicher sein, daß ich nicht Anstand nehmen werde, nach der ganzen Hand zu fassen.

Ende Januar 1859 kehrte Fontane nach Berlin zurück; seine Familie folgte am 5. Februar.

REDAKTEUR BEI DER KREUZZEITUNG – WANDERER DURCH DIE MARK

1859–1870

Die ersten fünf Vierteljahre nach seiner Rückkehr lebt Fontane wieder wie einst als freier Schriftsteller in Berlin. Ein Versuch, von Paul Heyse eingeleitet, Fontane einen Ruf als literarischer Sekretär König Maximilians II. von Bayern für dessen »Münchener Dichterkreis« zu verschaffen, scheitert. – Im Juni 1860 wird Fontane durch Vermittlung George Hesekiels, eines Bekannten aus dem »Tunnel«, als Redakteur für den englischen Artikel bei der »Neuen Preußischen (Kreuz-)Zeitung« angestellt. Diese Tätigkeit läßt ihm viel Muße. Er nutzt sie, um die Mark Brandenburg zu erwandern. 1862 und 1863 erscheinen die beiden ersten Bände der »Wanderungen durch die Mark Brandenburg« in Berlin; 1872 und 1882 werden noch zwei weitere Bände folgen, bis ein Supplementband 1889 das Werk beschließt. – Fontane spürt in den »Wanderungen« den geschichtlichen Traditionen der Mark nach und entdeckt zugleich die herbe Schönheit der märkischen Landschaft. Einen offenen Blick hat er auch für das Leben und die Eigenarten der Märker seiner Zeit. »Die Märker lieben es«, so schreibt er später im Kapitel »Werneuchen« des vierten Bandes der »Wanderungen«, »hinter ironischen Neckereien ihre Liebe zu verstecken, und während sie nicht müde werden, über die eigene Heimat, über die ›Streusandbüchse‹ und die kahlen Plateaus, die ›nichts als Gegend‹ sind, die spöttischsten und übertriebensten Bemerkungen zu machen, horchen sie doch mit innerlicher Befriedigung auf, wenn jemand den Mut hat, für ›Sumpf und Sand‹ und für die Schönheit des märkischen Föhrenwalds in die Schranken zu treten.« Diese Sätze enthalten zugleich einen Beitrag zur Selbstcharakteristik Fontanes und einen Teil des Programms, dem er bei der Abfassung der »Wanderungen« folgt.

Außer seinen märkischen Streifzügen macht Fontane Reisen

zu den Schauplätzen der Kriege von 1864 und 1866, über die er in zwei Büchern (»Der Schleswig-Holsteinsche Krieg im Jahre 1864«, Berlin 1866; und »Der Deutsche Krieg von 1866«, Berlin 1870/71) berichtet. – Eine Sammlung seiner Balladen, darunter zahlreiche Übersetzungen und Bearbeitungen aus dem Englischen und Schottischen, erscheint 1861 bei Hertz in Berlin; in zweiter Auflage 1875 wird sie mit der »Schönen Rosamunde« (1850), den »Männern und Helden« (1850) und den »Gedichten« (1851) vereinigt (ebenfalls bei Wilhelm Hertz).

Die behaglichere finanzielle Situation, in der Fontane jetzt lebt, gestattet ihm, von nun an alljährlich zur Sommerfrische in den Harz oder ins Riesengebirge, an die Nord- oder Ostsee, nach Thüringen oder Franken zu fahren. Wir verdanken diesen oft sehr ausgedehnten Aufenthalten den größten Teil der Korrespondenz Fontanes mit seiner Frau. –

Auch aus den sechziger Jahren gibt es aufschlußreiche Zeugnisse, die belegen, wie richtig der Kreuzzeitungsredakteur Fontane im Grunde die Entwicklungstendenzen seiner Zeit beurteilt. Die folgende Notiz schrieb Fontanes mütterliche Freundin Henriette von Merckel am 22. Juni 1865 nieder; die Handschrift wurde 1958 zum ersten Male aus den Beständen des Potsdamer Fontane-Archivs von Joachim Schobeß veröffentlicht:

»Da ich mir vorgenommen habe, in dem Zusammensein mit meinem Freund den Inhalt der Gespräche, die mich besonders interessieren, aufzuzeichnen, so beginne ich heute mit dem, was Fontane gestern zu mir äußerte. An die jetzt durch die Dampfschiffe so belebte Staffage in Treptow anknüpfend, meinte er, diese würden für Berlin eine neue Fortschrittsära einführen; es sei überhaupt mit der alten Zeit aus! So sehr er der Gesinnung nach zu den Konservativen auch gehöre, so müßte er doch eingestehen, die Macht des Adels sei gebrochen und gehe über kurz oder lang ihrem Ende zu. Sie haben sich auf dem Grundbesitz basiert – dieser gelte jetzt schon wenig genug –, das Kapital wäre an seine Stelle getreten und damit zugleich würde der Bürgerstand seine Macht immer mehr erheben. In früheren Zeiten habe sich dieser in den alten Reichs- und Handelsstädten wohl schon hervorgetan, in den andern Städten sei er aber in seinen Ideen höchst beschränkt zu nennen gewesen – mit

der Macht, die ihm das Geld gebe, erweitere sich auch sein Gesichtskreis. Man würde die neue Zeit demnach die Herrschaft des Geldes bezeichnen müssen. Auf meine Bemerkung, daß ich dieses für keinen Fortschritt in der Entwicklung des Menschengeschlechtes halten könne und was auf diese Herrschaft denn folgen solle, meinte er: ›Vielleicht das Gute.‹«

Es wird noch Jahrzehnte dauern, bis Fontane auch öffentlich von diesem »Guten«, auf dessen Sieg in der Zukunft er hofft, zu sprechen beginnt.

Im Mai 1870 gibt Fontane plötzlich seine Stelle bei der »Kreuzzeitung« auf; abermals ist er freier Schriftsteller – diesmal allerdings mit einem ungleich stärkeren Selbstbewußtsein und Gefühl seines Berufes als je zuvor.

AN EMILIE FONTANE   Berlin, 25. Januar 1859

Man kommt doch nun ins alte Register, wird zärtlich, sehnsüchtig und beschäftigt sich mit Frau und Kindern. Vielleicht ist es auch nicht so schlimm, vielleicht steckt einem bloß Unwohlsein und allerhand nervöse Verstimmung in den Gliedern, und weil niemand da ist, der einem eine Wärmflasche ins Bett packt, Sweet spirit of nitre eingibt und Backpflaumen kocht, so bekrittelt man die unkomfortable Gegenwart und wird zärtlich.

Ich fühle mich doch ein bißchen fremd hier, aber es ist *meine* Schuld, nicht die Schuld der Leute. Sie sind eigentlich alle freundlich, entgegenkommend und unverändert, und wenn mir trotzdem nicht ganz wohl ums Herz ist, so liegt das eigentlich wohl daran, daß mein Körper allen diesen Strapazen doch nicht recht gewachsen ist. Was macht man sich aber aus der Liebe der ganzen Menschheit, wenn man Zahnweh oder Migräne hat? Der Trubel seit jenem Sonnabend, wo ich von St. Augustins Road Abschied nahm, geht eigentlich über meine Kräfte. Erst die Reise; dann die Einladungen, »Rütli«, Eggers' Vorlesungen, die weiten Märsche, eine etwas schmerzhafte Zahnoperation, ein neues Gebiß, das drückt und wehtut, zweimaliger Umzug, Suche nach Wohnungen und zu dem allem Sorgen mancher Art – dabei kann einem wahrhaftig sehnsüchtig ums Herz werden.

Nun aber genug der Klagerei. Es ist nicht bloß Mangel an

Komfort, daß ich so schreibe wie ein alter Staatshämorrhoidarius, nein, Ihr fehlt mir wirklich: Du, der Boy und der Kleine und, daß ich's nur gestehe, Du am allermeisten. Wenn es doch bestimmt wäre, daß uns dies gute Einvernehmen, das glückliche Verhältnis der letzten anderthalb Jahre erhalten bliebe! Ich würde fest daran glauben, wenn wir hier einer einigermaßen gesicherten Existenz entgegengingen, aber es ist doch mindestens fraglich, ob unsrer eine solche harrt. Wie sich aber die Sache auch gestalten mag, Du mußt nicht glauben, daß ich mutlos bin. Ich fühle – in pflichtschuldigster Bescheidenheit sei das gesagt –, daß ich etwas gesehn und gelernt habe, und es müßte toll zugehn, wenn mir das nicht schließlich eine angemessene Verwendung und ein bescheidnes Einkommen sichern sollte.

An Emilie Fontane München, 2. März 1859

Ich hatte gestern ein längeres Gespräch mit Paul Heyse über die schwebende Frage. Was er sagte, war sehr vernünftig und stimmt mit meinen Ansichten und Wünschen völlig überein. Es würde sich, wenn es sich bloß darum handelte, eine Audienz beim König zu erhalten, diese Sache ohne alle Schwierigkeit machen lassen; was man aber wünscht, ist nicht bloß eine Audienz als solche, sondern eine Audienz, die was hilft. Der König kennt mich nicht, und die letzten Wochen haben keine Gelegenheit gegeben, ihn in unbefangener Weise mit mir bekannt zu machen. Wollte man ihn jetzt bestürmen, so würde das den Eindruck eines Komplotts machen. Ich will nicht leugnen, daß ich doch gedacht hatte, *die Dinge etwas vorbereiteter hier anzutreffen;* es ist aber nichts vorhanden als der gute Wille, mir zu helfen. Ich bin gegen niemand ärgerlich deshalb – aus vielen Gründen ist es mir lieb, daß es so ist, wie es ist –, nur wäre ich am Ende doch nicht gereist, wenn ich eine Ahnung davon gehabt hätte, daß ich hier ein absolut unbekannter Mensch sei, der jeden Schrittbreit Land sich erst erobern müsse. Die beiden Damen fühlen das auch und sind von großer Liebenswürdigkeit zu mir. Paul ist prächtig wie immer, hat auch in seinem Briefe nichts versprochen, was er jetzt nicht bereit wäre zu halten, hat aber manches doch wohl zu leicht genommen und namentlich vergessen, daß ich nicht mehr ein bloßer Garçon bin, der ebensogut vier Wochen in München wie anderswo leben kann.

Wie lang ich hier noch bleibe, kann ich nicht sagen. Hoffentlich *nicht* mehr lange. Ehrlich gesagt, ich wünsch es nicht einmal, daß aus der Audienz schließlich noch etwas wird. Man hält mich hier für einen guten Kerl, aber doch auch nicht für viel mehr; es fehlt also an der rechten Freudigkeit (die aus der Überzeugung quillt), mit Nachdruck für mich tätig zu sein. Unter diesen Umständen muß die »Persönlichkeit« alles tun; ich glaube aber nicht so sehr an meine »Persönlichkeit«. Dazu gehört mehr als ein passables Gesicht; vor allem jenes Savoir faire, von dem ich eigentlich herzlich wenig habe.

Und nun noch eine Schlußbemerkung. Wenn man hier oder in Weimar oder in Gotha, also überall, wo ein Kunstmäzen regiert, auftreten und rasche Erfolge haben will, muß man wie ein junger Sieger kommen, mit einem vielleicht kleinen, aber *frischen* Lorbeer um die Stirn. »Das ist der!« heißt es dann, »*der*, dessen Tragödie den Preis gewonnen hat oder dreißigmal hintereinander gegeben wurde.« Ich aber bin hier wie ein Unbekannter aufgetaucht, wie ein Mensch, von dem man sich dunkel entsinnt, mal dies oder das gehört zu haben. Darunter hab ich zu leiden. Die Zeitungen und Blätter haben nicht genug von mir gesprochen.

Am 21. März 1860 wurde Fontanes vorletztes Kind, seine einzige Tochter Mete (Martha) geboren. Lepel gratulierte dem Vater mit den Worten: »Das muß ja ein Ausbund von Schönheit werden. Blaue Augen und schwarzes Haar sind das Gefährlichste, was einem passieren kann.« – Mete stand später dem Vater geistig ganz besonders nahe und wurde schließlich einer seiner eifrigsten und verständigsten Korrespondenzpartner. Immer wieder rühmte er an ihr das »talent épistolaire«. Corinna Schmidt in »Frau Jenny Treibel« ist ihr Abbild (so wie Schmidt Züge Fontanes trägt); gelegentlich nannte Fontane sie sogar »Corinna«. Auch die nervöse Sensibilität des Vaters hatte Mete überkommen; je älter sie wurde, desto mehr litt sie darunter. Sie führte das glücklose Leben des überkritischen Menschen, der den Durchschnitt geistig weit überragt.

Auf seinen Wanderungen durch die Mark Brandenburg wurde Fontane des öfteren von dem Berliner Verleger Wilhelm Hertz, auch wohl von dessen dreizehnjährigem Sohn Hans begleitet. Bei Wilhelm Hertz (dessen Mitarbeiter Hans Hertz wurde) erschienen die »Wanderungen« und auch viele der späteren Werke Fontanes. Nach dem Tode von Wilhelm und Hans Hertz wurde der Hertzsche Verlag 1901 von der Cotta'schen Buchhandlung in Stuttgart gekauft; mit den Rechten an den Werken Fontanes erwarb sie auch den umfangreichen, inzwischen veröffentlichten Briefwechsel zwischen Fontane und Wilhelm Hertz (vgl. das Quellenverzeichnis S. 434). Der Briefwechsel befindet sich heute als Teil der Cotta'schen Handschriftensammlung im Schiller-Nationalmuseum in Marbach.

AN WILHELM HERTZ   Berlin, Mitte Juni 1860

Heut nachmittag (die englischen Damen waren von Wetters wegen nicht erschienen) hab ich bei Blitz und Donner nochmals Karte und Bücher durchstudiert. Resultat (mit Ihrer Zustimmung natürlich) folgendes:

1. Um zwei Uhr nach Pankow. Kein Aufenthalt in Pankow und Schönhausen, sondern gleich weiter;
2. nach Rosenthal und Blankenfelde (alte Kirche, Grumbkow usw.);
3. von Blankenfelde nach Buch. Kommen wir um sechs in Buch an, so haben wir vielleicht noch Zeit, Kirche, Schloß, Park zu mustern. Sonst brechen wir die Arbeit ab, nehmen die Exterieurs noch am Abend und die Interiora *früh* am andern Morgen *vor* der Kirchzeit;
4. von Buch nach Zepernick und Schönow, zwei Dörfern mit sehr alten Kirchen, beide eine halbe Meile von Bernau;
5. von Schönow nach Bernau;
6. in Bernau: Kirche, Speis und Trank und Rückkehr per Dampf zu geeigneter Zeit nach Berlin.

Der Ausflug nach Tasdorf usw. geht nicht, ist zu weit ab, um's mit Buch zu vereinigen. Also Sonnabend um eins bei Ihnen.

An Wilhelm Hertz   Berlin, 31. Oktober 1860

Gestern war ich auf den Müggelbergen und verbrachte daselbst einen kostbaren Tag. Als ich im Köpenicker Omnibus zurückfuhr und, ennuyiert durch meine Reisegefährten, den Schlafenden spielte, gingen mir die wohlbekannten, zusammenhanglosen Postkutschenbetrachtungen durch den Kopf, vom Hundertsten aufs Tausendste. Ich denke jetzt allgemach an Edierung meiner »Märkischen Bilder«, die ich unter dem Titel »Zwischen Oder und Elbe« (wenn mir nichts Kürzres einfällt) in die Welt schicken möchte.

Meinen Sie, daß ich Springer frage, ob er es nehmen will? Der Inhalt ist entschieden konservativ (nicht in dem häßlichen Sinne von reaktionär), woran Springer allerdings wohl Anstand nehmen dürfte.

An Wilhelm Hertz   Berlin, 26. Februar 1861

Anbei der eine der mir gütigst übersandten Kontrakte; hoffentlich hab ich den richtigen gewählt.

Für solche Anmerkungen, wie Sie sie vorhaben, bin ich Ihnen sehr dankbar. Ich habe kleine Stilungezogenheiten, die ich sehr gern beiseite tue, sobald man mich darauf aufmerksam macht.

Die Rheinsbergaufsätze, Wustrau, Carwe und eigentlich auch die Spreewaldkapitel haben den Vorzug, die reisefrischesten zu sein. Dies ist ein großer Vorzug, und »Carwe« ist vielleicht der Normalaufsatz, der da zeigt, wie mir das Ganze als vorzugsweise behandelnswert vorgeschwebt hat. Dennoch, denk ich, ist es richtig, daß ich diesen Touristen-, diesen gemütlichen Wandrerton, wie er sich zum Teil auch noch in dem Luch- und in dem Buchaufsatz wiederholt, aufgegeben und statt dessen mehr eine Erzählungsweise angenommen habe, die von dem Erzähler selbst möglichst abstrahiert und *den Stoff* gibt, wie er sich findet, sei er nun historisch oder landschaftlich. In dem zweiten Bande werden meine kleinen Reiseabenteuer so gut wie ganz verschwinden. Ich bin dabei im voraus Ihrer Zustimmung sicher. Denn der Leser hört zwar recht gern von der Person des Schriftstellers, namentlich wenn sich die Person ohne Anmaßung gibt;

setzt er sich aber zu oft in Szene, so merkt das Publikum die Absicht und wird verstimmt.

Fontanes Eltern lebten seit Jahren getrennt. Der Vater bewohnte in der Nähe von Freienwalde in einer an der »Alten Oder« gelegenen Schifferkolonie ein kleines Häuschen. In dem autobiographischen Roman »Meine Kinderjahre« erzählt Fontane von seinem letzten Besuche beim Vater im Sommer 1867. Auch vorher war er des öfteren bei ihm.

An die Mutter Emilie Fontane   Berlin, 7. März 1861

Am Sonntagnachmittag kam ich von meinem Ausfluge zum Alten zurück. Die Details zu erzählen (famoser Stoff wie immer) behalt ich mir vor, bis ich Dich wiedersehe. Heute nur soviel – er lebt, ißt und trinkt und ist au fond der Alte. Ich kam etwas nach 12 Uhr nachts bei ihm an, wir legten uns zu Bett und plauderten, da er sich wieder einen langen Fragezettel gemacht hatte, bis nach vier. Um Schlag sieben weckte er mich schon wieder, so daß ich sagen kann, daß ich Strapazen durchgemacht habe, als wäre ich anno 13, 14 und 15 mit dabeigewesen. Am andern Tage gingen wir zu den »Geschäften« über, d. h. zur Durchsicht einer Menge alter Zettel, auf denen er in seinen vielen Mußestunden die fabelhaftesten Berechnungen angestellt hatte; außerdem las er mir alte Aktenstücke, Kaufkontrakte, Zessionen usw. vor, behauptete jeden Augenblick, es sei das dümmste und langweiligste Zeug, das man sich denken könne (worin ich laut einstimmte), las aber doch immer weiter, so daß mir ganz jämmerlich zumute wurde.

Dann sprachen wir mehrere Stunden lang ganz gemütlich vom Tod und Sterben, versicherten uns gegenseitig, daß es eigentlich gar nichts und kaum der Rede wert sei, und stießen dabei mit den großen Weingläsern auf langes Leben und gute Gesundheit an. Dann kamen wir vom Hundertsten aufs Tausendste, von Friedrich dem Großen auf Sommerfeldt und vom Schulzen Lehmann auf Garibaldi und den Papst. Dazwischen Versicherungen, daß alles Kroppzeug sei von Anfang bis zu Ende, wir selbst mit inbegriffen; dabei wieder Anstoßen mit den Gläsern und allgemeine Heiterkeit. Was die obenerwähnten Berechnungszettel angeht, so haben dieselben gegen früher sich insofern verändert, als er seinen »Geldbesitz« aus dem Spiele läßt und nur noch sein »Mobiliarvermögen« berechnet, wobei er Tischen und Stühlen einen Preis gibt, als wären sie von Rosenholz und eben bei Hiltl gekauft. Auf meine bescheidnen Vorstellungen antwortete er nur: »Ach, das ist ja alles ganz egal; ich hab es nur aufgeschrieben, weil ich doch am Ende was aufschreiben muß.« ...

An Wilhelm Hertz   Berlin, 26. März 1861

Dr. Schwartz und ich wollen am Donnerstagabend eine kleine Reise (vierundzwanzig Stunden) nach Bernau, Blumberg und Werneuchen antreten. Sind Sie mit von der Partie? Es wäre sehr reizend. Ich bin nicht ganz ohne Hoffnung.
Reiseplan:
Um 6³/₄ abends per Eisenbahn nach Bernau. (Zweck: den das Haus und den Karfreitag störenden Frühaufbruch, der sonst nötig sein würde, zu vermeiden.)

Nachtquartier in Bernau. Um sieben auf. Um acht nach Blumberg (1¹/₄ Meile). Besuch des Parks. *Nach* der Kirche *in* die Kirche.

Etwa um eins Aufbruch nach Werneuchen (wieder 1¹/₄ Meile). Dort Kirche, Kirchhof, Pfarrhaus usw. besucht und das Eintreffen von Post oder Hauderer abgewartet. Dann direkt zurück.

Wenn irgend möglich, rechnet auf Ihre Teilnahme (nicht im Sinne von *Mitleid*) Ihr

Th. Fontane

An Wilhelm Hertz   Berlin, Ostersonnabend
1861 (30. März)

Viel Arbeit auf der Zeitung und endlich um zwei ein rasender Hunger (nachdem Schmalhans, noch dazu unter groben Werneuchner Formen, gestern Küchenmeister gewesen war) ließen mich nicht dazu kommen, heute nachzufragen, ob alles wohl bekommen sei. Hoffentlich. Ein Tag mit so schönem Wetter und mit dem allerdings hoch anzuschlagenden Segen, »dat de ollen

Peerd stunnen«, kann nicht schließlich noch trübe verlaufen sein. Klares Bier hat keine Hefen.

Morgen früh will ich nach Nauen, von da nach Ketzin und Etzin (zu Fuß), dann nach Paretz und über Potsdam zurück. Montag mittag hoff ich wieder hier zu sein. Am Montagabend seh ich Sie und Frau Gemahlin (die hoffentlich nicht zürnt) vielleicht bei Frau Professor Heyse. Das wäre sehr schön.

Was macht Hans? Er hat sich musterhaft gehalten.

An Wilhelm Hertz   Berlin, 24. Mai 1861

Am Montagabend komm ich, so Gott will, von Potsdam zurück und gehöre Ihnen von Dienstag früh an.

Ich war gestern im »Grünen Baum« in der Klosterstraße, um wegen »Hauderer«, die über das alte Mörderloch, den »Sandkrug«, nach Oranienburg fahren, Erkundigungen einzuziehen, erfuhr aber, daß der »Grüne Baum« seine Beziehungen zu Oranienburg abgebrochen hat.

Diese hat jetzt irgendeine fabelhafte Ausspannung oder dergleichen in der Großen Hamburger Straße aufgenommen, ich glaube Nr. 20, von wo, wenn der Hausknecht mich richtig instruiert hat, dreimal des Tages etwa um sechs (früh), zwölf (mittags) und spät nachmittags ein Wagen abgeht.

Sind Sie nun damit einverstanden, daß wir überhaupt solchen »Personenwagen« statt der Königlich Preußischen Post wählen, und ist Ihnen zwölf Uhr mittags recht? Wenn ich am Montag nach Hause komme, darf ich wohl darauf rechnen, Ihren freundlichen Bescheid vorzufinden.

An Wilhelm Hertz   Berlin, 31. Oktober 1861

... Die letzten hundertfünfzig Jahre haben dafür gesorgt, daß man von den Brandenburgern (oder Märkern oder Preußen) mit Respekt spricht. Die Taten, die geschehn, und die Männer, die diese Taten geschehen ließen, haben sich Gehör zu verschaffen gewußt; aber man kümmerte sich um sie mehr *historisch* als *menschlich*. Schlachten und immer wieder Schlachten, Staatsaktionen, Gesandtschaften – man kam nicht recht dazu, Einblicke in das private Leben zu tun, und die wenigen, denen solch Einblick vergönnt war, versäumten es, Aufzeichnungen darüber zu machen. Mangel an literarischem Sinn und Überfluß an sogenannter »Diskretion« (ein höchst albernes und stupides Ding, der Tod alles Interesses und zuletzt aller Geschichte) ließen die Eingeweihten nicht dazu kommen.

Eine Folge davon war, daß die Schauplätze, auf denen sich unser politisches Leben abgesponnen, auf denen die Träger eben dieses politischen Lebens tätig waren, relativ unbelebt blieben. Interesselos ging man daran vorüber. Man wußte allenfalls: »Hinter diesen Mauern hat der und der gelebt«, aber man wußte nicht, *wie* er gelebt hatte, und mußte sich mit zwei extremen Arten von Mitteilungen begnügen: mit seiner Beteiligung an Schlachten und Staatsaktionen und mit allertrivialstem Klatsch. Das Schönmenschliche blieb tot.

Der Zweck meines Buches ist, nach dieser Seite hin anregend und belebend zu wirken und die »*Lokalität*« wie die Prinzessin im Märchen zu erlösen. Abwechselnd bestand meine Aufgabe darin, zu der Unbekannten, völlig im Wald Versteckten vorzudringen oder die vor aller Augen Daliegende aus ihrem Bann, ihrem Zauberschlaf nach Möglichkeit zu befreien. So tauchen denn abwechselnd Namen auf, die (engste Kreise abgerechnet) niemandem bekannt waren; daneben bekannte Namen, aber auch nur bekannt als – Namen. Detailschilderung behufs besserer Erkenntnis und größerer Liebgewinnung historischer Personen, Belegung des Lokalen und schließlich Charakterisierung märkischer Landschaft und Natur – das sind die Dinge, denen ich vorzugsweise nachgestrebt habe.

AN WILHELM HERTZ   Berlin, 6. Dezember 1861

... Gestern hört ich, man erzähle sich, »ich hätte das *Buch im Auftrage* der Kreuzzeitungspartei geschrieben«. Blödsinn! Ein *Freund* sagte mir: »Ich habe mir das Buch gekauft; ob ich's durchlese, ist sehr fraglich – ich mache mir nichts aus dem märkischen Adel; *aber den Brief von Schinkel* hab ich mit großem Vergnügen gelesen.«

Ich beklage in völlig unegoistischer Weise, *daß* es so ist, aber es spricht sich darin eine Empfindung aus, die, weil man ihr bei sonst vernünftigen Leuten begegnet, durch unsern Adel allerdings verschuldet sein muß; und auch das beklag ich wieder.

An Emilie Fontane Berlin, 23. Juni 1862

Du fragst, ob Du mir fehlst? Allerdings fehlst Du mir, nicht wegen Suppe und Braten (was wirklich für halbwegs anständige Menschen ein zu spießbürgerlicher Standpunkt wäre), sondern aus allen möglichen andern Gründen. Es würde dies noch viel mehr der Fall sein, wenn ich nicht gerade in diesen Wochen wieder gesehn hätte, daß unsereins ein vollständiges Hetzleben führt und daß, wie es Frauen gibt, die sich beständig fragen: »Was kochst du heute?« unsereins die Fieber erzeugende Frage nicht los wird: »Was arbeitest du heute?« Der innerliche Mensch ist immer in einer Art Aufregung und Aktion, immer in der Angst: »Wie wird das werden? Welches Buch brauchst du? An wen mußt du noch schreiben? Wer weiß etwas davon? Wie komponierst du dies, wie gruppierst du das usw. usw.« Dies ist die *Aufregung* bei der Arbeit; aber diese Aufregung ist lange nicht das schlimmste; das schlimmste ist die Sorge: »Wird es auch nicht dummes Zeug sein?« Oder das bestimmte Gefühl: »So geht es nicht, das ist albern, das ist verbraucht«, und infolge davon die Notwendigkeit, oft mit schon angegriffenen Nerven etwas andres, Neues an die Stelle des Alten zu setzen.

Ich schreibe Dir über diesen Prozeß so ausführlich, um dadurch, allen Ernstes, Dein Mitleid zu erwecken. Denke Dir einen innerlich derart abgehetzten Menschen, der mit Recht verstimmt ist, weil die Sachen nicht so kommen wollen, wie er möchte, und solch armer Kerl soll nun wegen Lieblosigkeit, Mangel an Aufmerksamkeit usw. angeklagt werden. Es ist eine wirkliche Grausamkeit, der Essigschwamm für den Durstigen. Ich versichre Dir, daß ich oft viel lieber spazierenginge oder plauderte oder im Fenster läge. Aber es geht nicht, und ich bitte Dich, mich in Zukunft nach *dieser* Seite hin etwas besser zu behandeln. Jeder geistig tätige Mann, dessen geistige Beschäftigung noch dazu das tägliche Brot schaffen muß, kann seine Zeit zwischen Arbeit und Familie nur sehr ungleich teilen; die Familie wird, was Zahl der

Stunden angeht, immer etwas zu kurz kommen. Man sollte sich vielleicht nur öfter *Ferien* gönnen und alle Monate mal sagen: »Nun wird acht Tage lang nicht gearbeitet.« Weiß es Gott, daß mir das sehr angenehm sein würde; aber ich habe bis jetzt zu dieser ruhigen Verteilung meiner Zeit noch nicht kommen können. Auch ist es deshalb schwer, weil man innerlich eigentlich nie fertig wird und Neues gleich nachrückt (und zwar unaufgefordert), wenn das Alte abgearbeitet ist. . . .

An Emilie Fontane   Wriezen, 16. September 1862

Diese Zeilen erreichen Dich hoffentlich in gutem Wohlsein. Mir geht es gut, nur mein Magen ist verstimmt – die letzten Klopse am Sonnabend widerstanden mir nämlich, und ich aß sie doch; diese drei Fleischklöße liegen mir nun wie drei Sünden im Leibe und werfen mich nachts hin und her. Einnehmen kann ich nichts, da ich doch möglicherweise in den nächsten 24 Stunden mit Komtessen durch Parks schlendre, wo dann ein plötzliches »Komtesse, entschuldigen Sie« mindestens keinen günstigen Eindruck hervorrufen würde.

Ich war am Sonntag in Falkenberg, Köthen und Freienwalde, um sechs bei Vater draußen, den ich sehr munter traf. Er hat ein schwarzes Schwein, einen großen Liebling, den er »den Pastor von Kükendorf« nennt. So hat er seinen kleinen Spaß. Wir plauderten sechs Stunden lang unter Verhöhnung aller üblichen Gesetze der Logik und Konsequenz. Im ganzen aber war er doch nicht so exzentrisch und sprunghaft wie bei früheren Besuchen.

Gestern um zwölf wieder in Freienwalde. Sechs Stunden lang geklettert. Von sechs bis acht reizende Fahrt nach dem Schloßberg; von acht bis elf mit dem Dichter und Drechslermeister Weise beim Biere geplaudert. Um 11½ nach Wriezen, um eins im »Goldnen Löwen« zu Bett, um zwei eine Wanze gefangen und langsam gebraten, dann rachebefriedigt eingeschlafen. Heut früh hab ich Briefe geschrieben, darunter diesen an die mir Angetraute.

Fontanes Vater starb im Oktober 1867 in seinem Häuschen bei Freienwalde.

AN EMILIE FONTANE   Heringsdorf, 24. August 1863

Es sind erst zwei Tage und zwei Stunden, seit ich von Berlin fort bin, und schon habe ich so viele Eindrücke empfangen, so viele alte und neue Menschen gesehn und gesprochen, daß mir zumute ist, als hätte ich den Berliner Staub und die Berliner Rinnsteine schon wochenlang hinter mir. Staub und Rinnsteine, da haben wir's. Es läßt sich gegen diese Badereiserei gewiß sehr viel sagen; in hundert kleinen Dingen verschlechtert man sich, es fehlt an Komfort und manchem andern noch, aber man hat *Ruhe und frische Luft*, und diese beiden Dinge wirken wie Wunder und erfüllen Nerven, Blut und Lungen mit einer stillen Wonne. Selbst in Swinemünde hatte ich am Sonnabend schon dies Gefühl, hier habe ich es seit gestern in einem sehr verstärkten Grade.

Stettin gefiel mir außerordentlich; der Sonnabend (Markt) und der Strom voller Boote von den benachbarten Oderdörfern tat das seinige, um das Bild besonders anziehend zu machen. Das Dampfschiff (der »Neptun«) setzte sich bald in Bewegung (11 1/2), und nun ging es stromab in das Haff hinein. Es erinnerte mich sehr an die Dampfschiffahrten in Schottland; auch kann ich nicht sagen, daß wir bei diesem Vergleich, namentlich in bezug auf die Menschen, sehr zu kurz gekommen wären. Nur freilich fehlte es ganz an eigentlicher Dameneleganz, wovon man in England und Schottland wenigstens immer etwas sieht. Die Landschaftsbilder waren anmutig, aber doch durchaus nicht so schön wie die Elbufer um Hamburg herum. Um vier waren wir in Swinemünde.

An der Stelle, wo ich (es war ein wackliges altes Fachwerkhaus, darin die Ressource war) als 14jähriger Junge, angetan mit einem blauen Bastard von Frack und Jacke, getanzt und bei »Pfänderspiel« und »Wohnungsvermieten« zuerst die Unbefriedigtheit des jungen Poetenherzens empfunden hatte, erhebt sich jetzt ein großes Hotel mit vielen Balkonen und einem Eckturm, ein Gasthaus, das in Erscheinung und Größe keinem Berliner etwas nachgibt. ... Aber auch die Stadt selbst hat sich sehr verändert, und in abermals dreißig Jahren wird sie vermutlich den Charakter einer kleinen Schifferstadt mit Giebelhäusern völlig verloren haben. Diese Giebel, die Bäume vor den Türen und eine Art Gitter, das hürdenartig diese Bäume einschloß, waren das Hübscheste an der Stadt, aber alles das ist auf dem Punkt zu verschwinden. Nur der Kastanienbaum steht noch, aus dessen Spitze ich (beim Kastanienpflücken) niederstürzte, wobei einer der untenstehenden Jungens ausrief: »Donnerwetter, nu kommt ne große.«

Dies führt mich natürlich auf das Haus, darin ich fünf Jahre lang gelebt, gelernt, gespielt, gelacht, geweint habe. Es ist total *runtergekommen*. Die Apotheke ist verlegt, und in dem Lokal, wo sonst rezeptiert wurde und wo der katholische Gehilfe dem protestantischen Kollegen mit dem Messingleuchter einen Schlag auf den Kopf gab, ist jetzt ein schmieriger Kaufmannsladen. Der Flur, die Küche, die winklige Treppe, die Einteilung der Zimmer ist (wenigstens an der *Wohnseite*) unverändert geblieben; aber wiewohl es nie was Schönes war, so hat es sich doch bedeutend verschlechtert, denn alles ist dreckig und absolut ruppig geworden. Die Hof- und Garteneinrichtung ist völlig umgestaltet. Doch steht noch der Nußbaum, der damals seine noch jungen Zweige in das Fenster von Papas Stube – da, wo sein Sekretär mit der ewig knarrenden Klappe stand – hineinwachsen ließ. Ich bin in solchen Dingen so unsentimental wie möglich, und ich kann nicht sagen, daß das alles mich tief ergriffen hätte; aber von leiser Wehmut, von einer gewissen Herbststimmung, wird das Herz doch beschlichen.

> Dunkle Zypressen; –
> Ring dich nicht ab,
> Es wird doch alles vergessen.

sagt *Stor*m, und er hat recht. Immer wieder lief ich durch die Straßen der Stadt, aber ich sah kein bekanntes Gesicht; sie sind alle fort, verzogen, die meisten *sehr* weit. Gestern um elf nahm ich einen Wagen und fuhr am Strande entlang hierher. Das Wetter ist schlecht, gestern Wind, heute Regen, und doch muß ich sagen, es ist entzückend. Das Zimmer, das ich bewohne, ist freundlich, geräumig, das Haus selbst ganz allerliebst, der Blick durch Bäume hindurch auf das graue Meer poetisch und für Herz und Sinne unendlich wohltuend. Lepel kam bald, um mich zu besuchen. Dann streifte ich durch den Wald; auf der Rückkehr, mitten im Buchengrün, hörte ich Orgelklänge, denen nachgehend ich in die »Waldkirche« kam, die geschmackvoll mit ihrem rotbraunen Ziegelton aus dem Waldesgrün emporwächst. Die Kirche war aus, und die schmalen Steige fingen an, sich mit heimkehrenden Kirchgängerinnen zu beleben. Dazu die Stille, nur Waldes- und Meeresrauschen – es machte einen überaus freundlichen Eindruck auf mich. ...

AN WILHELM HERTZ   Berlin, 8. Dezember 1863

... Es liegt mir daran, daß man mein Buch, seinen Zweck und seine Entstehungsgeschichte ebenso wie meine völlig freie, nur allzuoft *gegnerische* Stellung unserm Adel gegenüber richtig erkennt. Der Adel wird nie den kleinen Finger für mich erheben. Er braucht es auch nicht; aber es ist doch hart, vom Adel nichts zu haben und doch zugleich, bloß weil man sich müht, Gerechtigkeit zu üben, als eine Art Söldner angesehn zu werden. Ich diene nach freier Wahl, aber nicht für 1 Taler und 8 Groschen.

AN EINEN LESER DER »WANDERUNGEN DURCH DIE MARK BRANDENBURG«
[Aus dem Vorwort zur zweiten Auflage des ersten Bandes]
Berlin, August 1864

Ob Du reisen sollst, so fragst Du, reisen in der Mark? Die Antwort auf diese Frage ist nicht eben leicht. Und doch würde es gerade mir nicht anstehn, sie zu umgehen oder wohl gar ein »Nein« zu sagen. So denn also: »Ja«. Aber »ja« unter Vorbedingungen. Laß mich Punkt für Punkt aufzählen, was ich für unerläßlich halte.

Wer in der Mark reisen will, der muß zunächst Liebe zu »Land und Leuten« mitbringen, mindestens keine Voreingenommenheit. Er muß den guten Willen haben, das Gute gut zu finden, anstatt es durch kritische Vergleiche totzumachen.

Der Reisende in der Mark muß sich ferner mit einer feineren Art von Natur- und Landschaftssinn ausgerüstet fühlen. Es gibt gröbliche Augen, die gleich einen Gletscher oder Meeressturm verlangen, um befriedigt zu sein. Diese mögen zu Hause bleiben. Es ist mit der märkischen Natur wie mit manchen Frauen. »Auch die häßlichste«, sagt das Sprichwort, »hat immer noch sieben Schönheiten.« Ganz so ist es mit dem »Lande zwischen Oder und Elbe«; wenige Punkte sind so arm, daß sie nicht auch ihre sieben Schönheiten hätten. Man muß sie nur zu finden verstehn. Wer das Auge dafür hat, der wag es und reise.

Drittens. Wenn Du reisen willst, mußt Du die Geschichte dieses Landes kennen und lieben. Dies ist ganz unerläßlich. Wer nach Küstrin kommt und einfach das alte, graugelbe Stadtschloß sieht, das auf Bastion Brandenburg mehr häßlich als gespensterhaft aufragt, wird es für ein Landarmenhaus halten und gleichgültig oder wohl gar voll ästhetischem Mißbehagen an demselben vorübergehn; wer aber weiß, hier fiel Kattes Haupt, an diesem Fenster stand der Kronprinz, der sieht den alten unschönen Bau mit andern Augen an. – So überall. Wer unvertraut mit den Großtaten unserer Geschichte zwischen Linum und Hakenberg hinfährt, rechts das Luch, links ein paar Sandhügel, der wird sich die Schirmmütze übers Gesicht ziehn und in der Wagenecke zu nicken suchen. Wer aber weiß, hier fiel Froben, hier wurde das Regiment Dalwigk in Stücke gehauen, dies ist das Schlachtfeld von Fehrbellin, der wird sich aufrichten im Wagen und Luch und Heide plötzlich wie in wunderbarer Beleuchtung sehn.

Viertens. Du mußt nicht allzusehr durch den Komfort der »großen Touren« verwöhnt und verweichlicht sein. Es wird einem selten das Schlimmste zugemutet, aber es kommt doch vor, und keine Lokalkenntnis, keine Reiseerfahrung reichen aus, Dich im voraus wissen zu lassen, wo es vorkommen wird und wo nicht. Zustände von Armut und Verwahrlosung schieben sich in die Zustände modernen Kulturlebens ein, und während Du eben noch im Lande Teltow das beste Lager fandest, findest Du vielleicht im »Schenkenländchen« eine Lagerstätte, die alle Mängel und Schrecknisse, deren Bett und Linnen überhaupt fähig sind, in sich vereinigt. Regeln sind nicht zu geben, Sicherheitsmaßregeln nicht zu treffen. Wo es gut sein könnte, da triffst Du es vielleicht schlecht, und wo Du das Kümmerlichste erwartest, überraschen Dich Luxus und Behaglichkeit.

Fünftens und letztens. Wenn Du das Wagstück wagen willst – »füll Deinen Beutel mit Geld«. Reisen in der Mark ist alles andre eher als billig. Glaube nicht, weil Du die Preise kennst, die Sprache sprichst und sicher bist vor Kellnern und Vetturinen, daß Du sparen kannst; glaube vor allem nicht, daß Du es deshalb kannst, »weil ja alles so nahe liegt«. Die Nähe tut es nicht. In vielen bereisten Ländern kann man billig reisen, wenn man anspruchslos ist; in der Mark kannst Du es nicht, wenn Du nicht das Glück hast, zu den »Dauerläufern« zu gehören. Ist dies nicht der Fall, ist Dir der Wagen ein unabweisliches Wanderungsbedürfnis, so gib es auf, für ein billiges Deine märkische Tour machen zu wollen. Eisenbahnen, wenn Du »ins Land« willst, sind in den wenigsten Fällen nutzbar; also – Fuhrwerk. Fuhrwerk aber ist teuer. Man merkt Dir bald an, daß Du fortwillst oder wohl gar fortmußt, und die märkische Art ist nicht so alles Kaufmännischen bar und bloß, daß sie daraus nicht Vorteil ziehen sollte. Wohlan denn, es kann Dir passieren, daß Du, um von Fürstenwalde nach Buckow oder von Buckow nach Werneuchen zu kommen, mehr zahlen mußt, als für eine Fahrt nach Dresden hin und zurück. Nimmst Du Anstoß an solchen Preisen und Ärgernissen – so bleibe zu Haus.

Hast Du nun aber alle diese Punkte reiflich erwogen, hast Du, wie die Engländer sagen, »Deine Seele fertig gemacht« und bist Du zu dem Resultat gekommen: ich kann es wagen, nun dann, so wag es getrost. Wag es getrost, und Du wirst es nicht bereuen. Eigentümliche Freuden und Genüsse werden Dich begleiten. Du wirst Entdeckungen machen, denn überall, wohin Du kommst, wirst Du, vom Touristenstandpunkt aus, eintreten wie in »jungfräuliches Land«. Du wirst Klosterruinen begegnen, von deren Existenz höchstens die nächste Stadt eine leise Kenntnis hatte. Du wirst inmitten alter Dorfkirchen, deren zerbröckelter Schindelturm nur auf Elend deutete, große Wandbilder oder in den treppenlosen Grüften reiche Kupfersärge mit Kruzifix und vergoldeten Wappenschildern finden. Du wirst Schlachtfelder überschreiten, Wendenkirchhöfe, Heidengräber, von denen die Menschen nichts mehr wissen, und statt der Nachschlagebuchs- und Allerweltsgeschichten werden Sagen und Legenden und hier und da selbst die Bruchstücke verklungener Lieder zu Dir sprechen. Das Beste aber, dem Du begegnen wirst, das werden die Menschen sein, vorausgesetzt, daß Du Dich darauf verstehst, das rechte Wort für den »gemeinen Mann« zu finden. Verschmähe nicht den Strohsack neben dem Kutscher, laß Dir erzählen von ihm, von seinem Haus und Hof, von seiner Stadt oder seinem Dorf, von seiner Soldaten- oder seiner Wanderzeit, und sein Geplauder wird Dich mit dem Zauber des Natürlichen und Lebendigen umspinnen. Du wirst, wenn Du heimkehrst, nichts Auswendiggelerntes gehört haben wie auf den großen Touren, wo alles seine Taxe hat; der Mensch selber aber wird sich vor Dir erschlossen haben. Und das bleibt doch immer das Beste.

Bereits in den sechziger Jahren konzipierte Fontane den Roman »Vor dem Sturm« und teilte seinem Verleger Wilhelm Hertz den Plan mit.

An Wilhelm Hertz   Berlin, 17. Juni 1866

... Ich habe mir nie die Frage vorgelegt: »Soll dies ein Roman werden? Und wenn es ein Roman werden soll, welche Regeln und Gesetze sind innezuhalten?« Ich habe mir vielmehr vorgenommen, die Arbeit *ganz nach mir selbst,* nach meiner Neigung und Individualität zu machen, ohne jegliches Vorbild; selbst die Anlehnung an Scott betrifft nur ganz Allgemeines. Mir selbst und meinem Stoffe möchte ich gerecht werden. Ohne Mord und Brand und große Leidenschaftsgeschichten hab ich mir einfach vorgesetzt, eine große Anzahl märkischer (d. h. *deutsch-wendischer,* denn hierin liegt ihre Eigentümlichkeit) Figuren aus dem Winter 1812 auf 1813 vorzuführen, Figuren, wie sie sich damals fanden und im wesentlichen auch noch jetzt finden. Es war mir nicht um Konflikte zu tun, sondern um Schilderung davon, wie das große Fühlen, das damals geboren wurde, die verschiedenartigsten Menschen vorfand und wie es auf sie wirkte. Es ist das Eintreten einer großen Idee, eines großen Moments in an und für sich sehr einfachem Lebenskreise. Ich beabsichtige nicht zu erschüttern, kaum stark zu fesseln. Nur liebenswürdige Gestalten, die durch einen historischen Hintergrund gehoben werden, sollen den Leser unterhalten, womöglich schließlich seine Liebe gewinnen, aber ohne allen Lärm und Eklat. Anregendes, heiteres, wenn's sein kann geistvolles Geplauder, wie es hierlandes üblich ist, ist die Hauptsache an dem Buch. *Dies* hervorzubringen, meine größte Mühe. Daher zum Teil auch die ewigen Korrekturen, weil nicht die Dinge sachlich, sondern durch ihren Vortrag wirken. Ich möchte etwas Feines, Graziöses geben. Ob ich es erreiche, steht dahin. Nur das bitt ich Sie schließlich freundlich zu erwägen: Wenn Dinge durch eine gewisse Eleganz des Vortrages wirken sollen, so muß es eben kein Stotternder sein, der vorträgt. Mein Manuskript aber stottert. Wenn das alles einst rund und nett an Sie herantreten und ununterbrochen, glatt hinfließen wird, wird Ihnen manches besser gefallen.

AN EMILIE FONTANE Thale, 20. Mai 1868
»Hotel Zehnpfund«

Es geht mir gut. Heute vormittag hab ich mein erstes Gedicht beendet (in drei Vormittagen) und morgen fang ich das zweite an. Ist das auch fertig, so komm ich wieder. Es ist doch ein himmlisches Arbeiten in solcher Berges- und Feiertagsstille. Dann und wann ein Eisenbahnpfiff, ein Läuten an der Hotelglocke, eine kurze Korridorunterhaltung und – alles ist wieder still. Man empfindet dabei doch schmerzlich und beinah ärgerlich, was unserm großstädtischen Leben fehlt. Das helle Licht hat seinen dunklen Schatten. Daß die große Stadt das helle Licht ist, das ich nicht aufgeben möchte, ist außer Frage; aber daß es ihr an Muße fehlt und daß alles das nicht recht gedeihen will, was des Ausgetragenwerdens bedarf, ist ebenso gewiß. Es liegt ein furchtbare Wahrheit in dem Ausspruch Macaulays: »Eine Dichtung wie ›Das verlorene Paradies‹ oder ein Werk wie Adam Smiths ›Über den Reichtum der Nationen‹ kann eher von einem kleinen Apotheker in Nordschottland als von einem großen Lord in London geschrieben werden.« Am besten dran, wie in so vielem, sind immer noch die bildenden Künstler, weil sie wirklich noch in ihrem turmhohen, abgetrennten Atelier eine Art »study« haben. Vergleiche zu Hause mein Zimmer damit:

Entree, Durchgang, Empfangszimmer usw. Nimm dies übrigens nicht als einen kleinen Seitenhieb.

Es ist noch nicht voll hier. Aber eben dadurch angenehm. Auf dem großen, zeltartig überspannten Balkon mit der Aussicht auf Roßtrappe und Bodetal sitzen einzelne Paare mit und ohne Kinder, und ich empfinde dabei mit flüchtigem Schmerz, um wie viele schöne Wochen wir uns dadurch gebracht haben, daß wir nicht zusammen reisen können oder reisen konnten. Wen die Schuld trifft, magst Du selbst entscheiden. Was wir jetzt noch davon haben können, ist ein Herbstestag. Man genießt ihn freilich doppelt, er ist schöner als der Sommer, aber es mischt sich das Gefühl ein: es ist bald vorbei. Bald vorbei, auch wenn man lebt.

Das ganze Leben hier erinnert sehr an Kösen. Doch würd ich Kösen und Thüringen überhaupt den Vorzug geben. Die Gründe sind mannigfach: Thüringen – trotzdem ihm der pittoreske Gebirgscharakter, den der Harz verschiedentlich hat, fehlen mag – ist doch reicher, nobler, großartiger. Hier zuerst empfind ich, daß die Edeltanne edler ist als das Laubholz, besonders wenn es so jung auftritt wie hier. Dies ist eins. Die Hauptsache aber ist doch die, daß Thale eigentlich nur ein 30 Meilen entfernter »Spandauer Bock« ist, wo die Eisenbahn Berliner Nachmittagsvergnüglinge in derselben Weise ablädt wie beim Spandauer Bock die Pferdebahn. Jetzt geht das noch; aber von Ende Juni an und schon vorher in den Pfingsttagen muß es furchtbar sein. Das Hotel, so gut, sauber, anständig es eingerichtet ist, kriegt dadurch doch einen gewissen unfeinen Charakter, der halb nach Aktienbrauerei und halb nach »Pariser Keller« seligen Angedenkens schmeckt. Es kann das nicht anders sein; das Rigihotel (woran mich dies Hotel »Zehnpfund« durchaus erinnert) hat ganz denselben Bummscharakter. . . .

AN EMILIE FONTANE   Thale, 21. Mai 1868

. . . Der heutige Himmelfahrtstag brachte starken Fremdenbesuch. Von acht bis um eins kamen fünf Züge, im ganzen vielleicht tausend Menschen. Wenn die Coupétüren geöffnet wurden und alles in weißen Kleidern auf den Kies sprang (ein Perron ist nicht), so sah es aus, als würde der Sommer ausgegossen.

Die Touristen zu beobachten war außerordentlich amüsant. Ich unterschied verschiedene Gruppen. Da waren zuerst die ganz jungen Leute, lauter »*Kraftmeier*«. Sie stiegen aus, würdigten das Hotel, als eine Stätte der Verwöhnung, keines Blicks, rückten sich den Spitzhut, der einen Eichenzweig und bei einigen sogar einen Gemsbart trug, kriegerisch zurecht, zogen den Rock aus und nahmen die Roßtrappe sofort im Sturm.

Eine andre Gruppe bildeten die *Renommisten*, die Seebefahrenen, die Neunmalklugen. Sie kehrten nicht ein, aber sie sahen sich das Hotel wenigstens an, oder vielmehr, sie ließen ihren Trupp halten, um jeden einzelnen auf diese Sehenswürdigkeit aufmerksam zu machen. Diese Renommisten hatten nämlich sozusagen Offiziersrang; sie waren Rottenführer und standen immer an der Spitze eines Trupps, den sie kommandierten. Unglücklich der arme Harzer Guide, der sich einem solchen Rottenführer näherte, um ihm und seinem Trupp seine Hilfe anzubieten. Mit souveränem Lachen, wie es nur der anschlagen kann, der seinen Baedeker in der Tasche führt, ging es an solchem Unglücklichen vorüber, Karte in der Hand, auf den Hexentanzplatz los.

Eine dritte Gruppe waren die *Elegants*. Sie standen immer als liebenswürdige Schwerenöter an der Spitze weiblicher Heerscharen. Wie man auf 500 Schritt die große Trommel hört, wenn irgendwo zum Tanze aufgespielt wird, so hörte man auf weiteste Entfernung immer nur die eine Wendung: »Meine Damen«. Die also Angeredeten hatten alle Ursache, sich der häufigen Wiederkehr dieser Wendung zu freuen. Diese Damentrupps mit männlicher Führerschaft kehrten ein und genossen ein Bierchen, Schokolade, auch Bouillon mit Ei. Wenn die Damen zum Aufbruch mahnten, so lächelte der Führer verführerisch, wie wenn er sagen wollte: »Meine Damen, was is mich Roßtrappe? Liebe, Liebe is mich nötig.« Brachen sie dann aber wirklich auf, so sah man die hellen Sommertoiletten, blau und rot garniert, die Berge hinaufklimmen, und alle zwanzig Schritt fuhr die linke Hand kokett nach hinten, um den jetzt modischen großen Popoknoten zu revidieren oder wieder in Ordnung zu bringen.

Eine vierte Gruppe, und mit dieser will ich schließen, waren die *Dicken*. Kurzbeinig, kurzhalsig, apoplektisch, rot und schweißtriefend tänzelten sie über den Kiesweg in das Hotel hinein, setzten gleich mit Sodawasser ein und erzählten von Touren, die sie vorhätten, daß einem trotz der Hitze ganz kalt werden konnte. Jeder hatte vor, »den Harz heute abzumachen«; fast alle hatten eine rote Blume im Knopfloch. Wie viele von ihnen heute bleiben werden (in jedem Sinne), steht dahin.

Heute bei Tisch aß ein alter famoser Oberstleutnant mit. Als ein Bekannter ihn fragte, wie's ihm gehe, antwortete er: »Gut genug; wenn man 33 Jahre Kavallerist gewesen ist, ohne physisch, moralisch und pekuniär *absolut* ruiniert zu sein, kann man von Glück sagen. Dies ist mein Fall.«

AN EMILIE FONTANE Erdmannsdorf im Riesengebirge,
25. August 1868

... Ich zog mit untergehender Sonne beim Gendarmen Brey in ein zweifenstriges Giebelstübchen ein. Die ersten Momente stimmten mich zu einer lächerlich-wehmütigen Betrachtung. In dem Zimmer, das seit mehreren Tagen nicht gelüftet sein mochte, roch es nach gestoßnem Pfeffer und Himbeeräpfeln – zwei Artikel, die, bei allem Respekt vor jedem einzelnen, doch in ihrer Mischung alles andre eher sind als angenehm. Ich sagte mir: »Und um dieser reinen Gebirgsluft willen bist du 40 Meilen weit gereist!« Dieser erste kleine Schmerz wurde aber bald wieder in Balance gebracht. Ich erkundigte mich nach jener bekannten Lokalität, nach der einzelne ängstliche Gemüter, wenn sie in einen Gasthof treten, immer zuerst fragen. Herr Brey trat mit mir an das Fenster und sagte: »Dort unter den Bäumen.« Im ersten Augenblick erschrak ich und dachte: »Sollten die idyllischen Zustände hier so weit gehen?« Bald aber bemerkte ich zwischen zwei Apfelbäumen einen primitiven Holzbau, den man, seinem Stil nach, vielleicht als einen Vorläufer des Schilderhauses bezeichnen könnte. Wie hatt ich dies alles aber unterschätzt. Die ganze Örtlichkeit, bei näherer Bekanntschaft, erwies sich als ein Ideal. Weiß gescheuert, die Tür offen, alles, wie das Schloß im Märchen, von Bäumen umstellt, von Schlingpflanzen überwachsen. Kurz, es war hier eine Art Buen Retiro geschaffen, wie es die große Stadt mit all ihrem Erfindungsplunder, mit Ventilation und Wasserwerk nicht leisten kann. Dazu die schönste Luft, viel besser als in meinem Zimmer mit seinem Pfeffer und seinen Himbeeräpfeln. Mir fiel der alte Bauexamenwitz ein: »Was würden Sie tun, damit es in der Küche nicht raucht und auf dem Klosett nicht riecht?« (Antwort: »Ich würde auf dem Klosett kochen und in der Küche ...«), und ich mußte mir sagen, daß ich durch einen ähnlichen kühnen Tausch an »reiner Gebirgsluft« (dem Zweck meiner Reise) gewinnen würde. Übrigens haben diese zwei Tage bereits viel gebessert, jedenfalls aber wohne ich bei freundlichen, ordentlichen, gefälligen Leuten und habe alle Ursache, zufrieden zu sein. ...

An Emilie Fontane   Erdmannsdorf im Riesengebirge,
                       28. August 1868

Du machst Dir glücklicherweise eine falsche Vorstellung von meinem Leben hier, wenn Du glaubst, ich hätte Verkehr oder sei viel in Gesellschaft; das Gegenteil ist richtig, und ich darf wohl sagen: Ich schwelge in Langerweile. Zu dem Zweck bin ich ja hier, mich mal behaglich auszugähnen. Schade, daß das Wetter die vollkommene Durchführung meines Programmes stört. Ich gebe Dir nun zunächst einen kurzen Überblick meines Tagewerks.

Um 8½ Uhr steh ich auf. Gustel bringt Kaffee und Buttersemmel. Dann blicke ich eine Viertelstunde lang ins Gebirge hinein und sauge Morgenluft. Mein Auge labt sich an dem Grün, mein Ohr an der Stille. Dies letzte ist ein ganz unsagbarer Genuß. Nach diesem Naturkultus eil ich zur Kunst. Ich mach es mir auf dem Sofa bequem, soweit das seine Bauart und zahllose Antimakassars zulassen, und lese drei, vier Kapitel W. Scott. Die »Weiße Dame« hab ich absolviert; heute hab ich »The Heart of Midlothian« angefangen. Welch wunderbares Talent für »Einleitungen« – das, woran sonst die Besten scheitern, gibt sich hier in einer Leichtigkeit und Liebenswürdigkeit, mit so viel Grazie und Humor, daß es einem das Geplauder mit einem geliebten und geistreichen Menschen ersetzt. Doch, ich will nicht von Scott erzählen, sondern von meinem Tag.

Von 11 bis 12½ arbeite ich; ich habe ein paar Verse geschrieben (andre als ich dachte) und im übrigen mein Kriegsbuch wieder vorgenommen. Es glückt auch, soweit Stimmung und Kraft in Betracht kommen; aber man braucht zu solcher Arbeit so entsetzlich viel Material und Beihilfen, daß mir beständig etwas fehlt, namentlich Karten. Um 12½ zieh ich mich an und gehe in den »Gasthof zum Schweizerhaus«, um zu essen. Nach Tisch ein Spaziergang im Park, ein gelegentlicher Besuch, eine Tasse Kaffee, ein Gang übers Feld auf die Berge zu, bis ich gegen sieben Uhr wieder bei meinem guten Brey eintreffe. Nun bringt Gustel Tee und Brot; ich setze mich ans Fenster, beginne – als Pendant zu der Morgenandacht – den Vesper-Naturkultus, turne mit der Lunge wie Lepel oder Friede, stecke schließlich meine zwei Stearinkerzen an und schreibe und lese mich ins Bett. C'est tout. . . .

An die Mutter Emilie Fontane   Berlin, 29. Mai 1869

Der Monat Mai soll doch nicht zu Ende gehn, ohne daß ich vorher mit Dir ein wenig geplaudert und vor allem Dir meine Freude darüber ausgesprochen habe, daß es wieder um so vieles besser mit Dir geht. Vielleicht bietet sich mir im Laufe der nächsten Monate Gelegenheit, mich, wenn auch nur auf zwei Stunden, persönlich davon zu überzeugen. Ich bin nämlich jetzt ganz mit meinem »Kriegsbuch« fertig und habe vor ein paar Tagen – zu meiner Erholung – den dritten Band meiner »Wanderungen« angefangen: »Das Havelland«. Ich werde es nach der alten Landeseinteilung behandeln und in größeren Abschnitten den *Glin*, wo das herrliche Vehlefanz die Hauptstadt ist, den *Friesack* mit der Hauptstadt Friesack und zuletzt auch das Ländchen *Bellin* mit der Hauptstadt Fehrbellin meinen Lesern vorführen, wobei ich dann nicht versäumen werde, sei es von Friesack oder sei es von Fehrbellin aus, einen Abstecher zu Mütterchen und Schwesterchen zu machen. Klingt wie im Märchen. . . .

In unserm Hause, unberufen und unbeschrien, geht es leidlich. Emilie, die von Weihnachten bis Ostern körperlich und geistig in trauriger Verfassung war, hat sich wieder recht erholt und sieht die Welt im allgemeinen und mich im speziellen wieder mit andern Augen an. Ich könnte Ehemondstabellen herausgeben. Vom November an abnehmend, Weihnachten letztes Viertel, dann vier Monate lang totale Verfinsterung, zu Ostern der erste goldne Sichelstreifen, der holde Mondkahn, um nun in den Stillen Ozean des Frühlings und Sommers einzuschiffen. Nach Pfingsten Vollmond. Ich nehme dies alles jetzt wie Naturerscheinungen hin, freue mich des blauen Himmels und murre nicht, wenn es regnet. Ich weiß, alles hat seine Zeit.

Die Kinder sind jetzt wirklich sehr nett. Theo ist klug, fleißig, strebsam; Martha mausert sich sehr heraus und wird elastisch, graziös, leider auch etwas eitel, putzsüchtig und schulschnabbrig; Friedel, ein sehr gutes Kind, auch nett aussehend, ist eine völlig komische Figur, ein durch ein Verkleinerungsglas angesehner Pächter oder Schiffskapitän. Theo ist der Jüngste in Obertertia. Neulich erzählte er uns, ein Großer habe gesagt: »Schwach ist der Fontane nur, aber Mut hat er«; »na« – setzte Theo hinzu – »es ist besser, wie wenn sie gesagt hätten: ›Stark ist er, aber feige.‹« Von George leg ich einen seiner letzten Briefe bei. Er wird nun in den nächsten Tagen Fähnrich werden, was seine ganze Seele in Anspruch nimmt. Glückliches Alter!

Fontanes Mutter starb am 13. Dezember 1869 in Neuruppin.

AN EMILIE FONTANE   Berlin, 4. Dezember 1869

... Alles, was Du über meine Stellung zur Zeitung schreibst, ist richtig und ist sogar noch viel richtiger, als Du wissen kannst; man ist eine bloße Sache, man hat den Wert eines Maschinenrades, das man mit Öl schmiert, solange das Ding überhaupt noch zu brauchen ist, und als altes Eisen in die Rumpelkammer wirft, wenn die Radzähne endlich abgebrochen sind. Aber so gewiß ich das Brutale schmerzlich empfinde, so hab ich doch nun nachgerade einsehen gelernt, daß es *hierzulande,* in den gesegneten Gauen des Norddeutschen Bundes, überall so ist und daß man nur so lange Wert hat, als man tagtäglich und immer aufs neue seine Brauchbarkeit beweisen kann. Du weißt, daß ich im vorigen Winter vier bis sechs Wochen lang nachmittags grippekrank zu Bette ging und doch *keinen* Vormittag auf der Zeitung gefehlt habe, und ich sollte auf sechs oder acht oder zwölf

Wochen nach dem Orient reisen, nachdem die Wunden noch bluten, die Goedsche und Heffter durch ihre Abwesenheit der Zeitung und unserm Dr. B. geschlagen haben? Natürlich gibt es Menschen von einem so himmlischen Kehr-mich-nicht-dran, die lachend erklären würden, daß ihnen sämtliche Beutnersche Wunden schnuppe seien; aber dieses dicke Fell hab ich nie besessen und kann es mir nun auch nicht mehr anschaffen. Ich gebe die Hoffnung nicht ganz auf, noch einmal in die Welt hinauszukommen und Rom, Konstantinopel und Jerusalem zu sehn, die drei Punkte, an denen die Welt hing; aber das ist alles erst möglich, wenn die Kreuzzeitung hinter mir liegt. Solange ich an diese angeschmiedet bin und dankbar sein muß für die Kette, an der zugleich mein Brot hängt, sind solche poetischen Allotria unmöglich. Ich kann nach menschlicher Berechnung nur durch zwei Dinge frei werden: durch irgendeine Verwendung im Auswärtigen Amt (die ich gerade jetzt nicht für unmöglich hielt) oder dadurch, daß mir ein *großer* literarischer Erfolg, etwa ein in sieben Auflagen erscheinender Roman, eine vollständige freie Bewegung wiedergibt. – Treten diese Fälle *nicht* ein, so bleibt mir nichts übrig als auszuhalten, mich nach der Decke zu strecken und Gott zu bitten, daß es nicht schlimmer wird.

Du solltest doch nun nachgerade die Menschen kennen! Die Kinder in der Schule lernen meine Gedichte, Frau Jachmann donnert meinen »Archibald Douglas«, und in der Literaturgeschichte von Heinrich Kurz hab ich mein Kapitel; aber wenn ich heute noch Bote beim Kammergericht würde, mit 30 Taler Fixum Monatsgehalt und 10 Taler zu Weihnachten, so würden manche sagen: »Nun, er ist jetzt in königlichem Dienst, er hat ein Fixum, kann sich Bewegung machen und seiner Frau eine jährliche Pension von 40 Talern hinterlassen.« Lehre mich die Menschen kennen. Solange man sie nicht braucht, sind sie gut; wenn man sie aber braucht, so nimmt man mit Schrecken wahr, daß sie das Schlechteste gerade gut genug für einen halten. Zum Glück verdrießen mich diese Dinge nicht; im Gegenteil, ich lache dazu; aber sie rufen einem wenigstens zu: »Halte fest, was du hast, gefährde nicht durch Prätention deine Position, wiege dich nicht in Illusionen.« . . .

Emilie Fontane reiste im April 1870 nach London, um die Tochter Martha (»Mete«) für ein Jahr bei der mit Fontanes befreundeten englischen Familie Merington in Pension zu geben.

AN EMILIE FONTANE   Berlin, 11. Mai 1870

... Die Hälfte unserer Trennungszeit ist nun rum, und der Zeitpunkt ist gekommen, den ich gleich festgesetzt hatte, um Dich in unsre Geheimnisse einzuweihn. *Ich habe meine Kreuzzeitungsstelle aufgegeben.* Falle nicht um! Eh Du noch mit diesem Briefe zu Ende bist, wirst Du hoffentlich sagen: »Er hat ganz recht getan.« Vielleicht (und das wäre das beste) sagst Du's auch gleich und hast das Vertrauen zu mir, daß ich nicht so gehandelt haben würde, wenn ich nicht überzeugt wäre: es war so am klügsten und besten. Einiges Gewicht muß es doch vorweg für Dich haben, daß ich meinen Entschluß und meine Handelweise in diesen drei Wochen noch keinen Augenblick bereut habe. Im Gegenteil, ich freue mich jeden Tag darüber. ...

Du weißt, daß ich längst entschlossen war, in dieser Weise zu handeln, und daß ich die Brutalität, die darin liegt, unsre Freiheit und unsre geistigen Kräfte auszunutzen, ohne vorsorglich und human an unsre alten Tage zu denken – ich sage, daß ich diese Brutalität nicht mehr ertragen kann. Sooft ich an diesen Punkt denke, empöre ich mich, und zwar nicht das Schlechte in mir, sondern das Gute. Es ist *gemein*, beständig große Redensarten zu machen, beständig Christentum und Bibelsprüche im Munde zu führen und nie eine *gebotene* Rücksicht zu üben, die allerdings von Juden und Industriellen, von allen denen, die in unsern biedern Spalten beständig bekämpft werden, oftmals und reichlich geübt wird. Dieser Punkt war für mich der entscheidende. Aber auch hier folgte ich nicht dem Gefühl berechtigter Bitterkeit, sondern ich behandelte die Sache nüchtern wie ein Exempel. Ich sagte mir: »Wenn man dir solche kühle Standrede *jetzt* zu halten wagt, wo du, zugestandenermaßen, eine Zierde, ein kleiner Stolz der Zeitung bist, wie wird man nach zehn Jahren zu dir sprechen, wenn du ihr vielleicht eine Last geworden bist? Man wird dann eine Sprache führen, die du einfach nicht ertragen kannst, und mit 60 Jahren wirst du arm und stellungslos dastehn. Diese Situation ist beinah unausbleiblich, sie kehrt in allen Lebensverhältnissen wieder. Fasse dir also ein Herz, *antizipiere* die ganze Situation. Jetzt bist du noch elastisch genug, um sie mit Gottes Hilfe siegreich überwinden zu können; dir kann sich noch absolut Neues, Glückliches erschließen, der Moment dazu ist gut gewählt. Erschließt sich etwas Neues, Glückliches dir aber *nicht,* nun, so ist auch noch nichts verloren. Entweder trittst du dann wieder in Stellungen ein, die im wesentlichen nicht schlechter sind als die bei der Kreuzzeitung, mitunter auch besser, oder du stehst im schlimmsten, Gott sei Dank nicht anzunehmenden Falle vor einer Katastrophe, vor der du früher oder später *doch* gestanden hättest. Und lieber *jetzt*, als nach zehn Jahren.« ...

An Emilie Fontane   Berlin, 16. Mai 1870

... Ich bin beim alten Rose 4½ Jahr, in England 4 Jahr, bei der Kreuzzeitung 10 Jahr gewesen; aus Leipzig und aus Bethanien *mußte* ich fort, wiewohl ich gern länger geblieben wäre – wo liegt denn nun da der ungeheure Hang nach Freiheit und Wechsel? Allerdings hab ich diesen Hang, aber ich hab ihn unter Kontrolle meines *Urteils und Verstandes,* die überhaupt die Regulatoren meiner Lebens- und Handelweise sind. Soll es mich nicht ärgern, ja das Wort »ärgern« ist viel zu schwach, wenn Du nun so tust, als hätte ich aus Verlangen nach Veränderung und infolge eines kleinen Streites eine *gesicherte* Lebensstellung aufgegeben? Ich habe eine nach außen hin leidlich aussehende, aber in ihrem Kern perfide Stellung aufgegeben, die mich *jetzt* halb ernährte und nach zehn Jahren – nach langem, geduldigen Einstecken von Kränkungen, die sicher nicht ausgeblieben wären – *gar nicht mehr* ernährt haben würde. *Das* war das Bestimmende für meine Handelweise, ein ruhiger Kalkül, und über diesen wichtigen Punkt gehst Du hinweg.

Natürlich kann ich mich auch verrechnet haben, aber mutmaßlich wird es *nicht* der Fall sein, und Du wirst hoffentlich (natürlich ohne Erfolg) wieder mal einsehen können, daß neben der Gnade Gottes unsere Existenz mehr auf meiner Frische und Schaffensfreudigkeit als auf Deiner Unkenprophetie beruht, die bis jetzt – der Beweis liegt offenkundig da – noch jedesmal zuschanden geworden ist und hoffentlich auch wieder zuschanden werden wird. Du hast bisher *nichts* dadurch erreicht als das *eine*, mir in kritischen Momenten das Schwere meiner Aufgabe noch schwerer gemacht zu haben. Denn das Gesicht, mit dem *Du mitträgst*, hat noch niemals eine Last leichter gemacht.

An Emilie Fontane   Berlin, 28. Mai 1870

Endlich ein Brief, der eine andre Stimmung zeigt und der mich sehr glücklich gemacht hat. Glaube doch nicht, daß ich Dir ein bestimmtes Maß von »In Sorge sein« verdenke. Aus diesem »Auf-dem-qui-vive-Stehn« werden wir wohl nie herauskommen; dergleichen ist schwer abzutun, wenn man sich auf 40 Taler monatlich hin verheiratet hat und das Metier eines deutschen Schriftstellers betreibt. Es kommt nur darauf an, wie man die Sorge und das beständige Auf-dem-Posten-Stehn trägt, ob man sich davon ganz niederdrücken läßt oder ob das Vertrauen nebenher geht: »Gott, der bis hierher geholfen hat, wird auch weiter helfen.« Sicherheit »is nich«.

Darum richte ich an Dich die herzliche Bitte: Wenn Du wiederkommst, mache mir das Leben nicht nutzlos schwer. Bedenke, daß, wenn Du mich um einen Tag oder eine Woche bringst, Du mir dadurch nur die Verpflichtung auferlegst, den nächsten Tag oder die nächste Woche das *Doppelte* arbeiten zu müssen. Du wirst einräumen, daß das geradezu grausam ist. *Gewonnen* kann durch Trübseligkeit nie etwas werden; einer Mahnung, eines Spornes bedarf ich nicht; was irgend zu leisten ist, das leist ich ohnehin. Zuspruch, Freudigkeit, Vertrauen erleichtern mir meine nicht leichte Aufgabe; Mißstimmung, ja selbst nur leichter Vorwurf erschweren sie mir, reizen mich und *fördern gar nichts*. Ich weiß, Du liebst mich, meinst es gut mit mir, hast die besten Absichten, willst mich nicht kränken: aber Dein Temperament. Deine in Blut und Nerven wurzelnden *Stimmungen* sind oft stärker als alle Deine guten Absichten. Ich bitte Dich, nach dieser Seite hin noch ein übriges tun zu wollen; man kann seine an- und eingeborne Natur nicht ganz austreiben, aber man kann mit redlichem, guten Willen doch Gott sei Dank manches zustande bringen. . . .

Glaube doch nicht, daß diese ganz gute, aber doch enfin ganz triviale Kreuzzeitungsstellung etwas Apartes war. Glaube mir auf mein Wort: sie war es *nicht*, sie war das Freiheitsopfer nicht wert, das ich ihr so viele Jahre lang gebracht habe. Ich werde in der Zukunft ebensoviel Geld verdienen und dabei zu erheblicherem Grade Herr über meine Zeit sein.

Und nun nimm endlich das Schlimmste, das gewiß nicht zutreffen wird – nimm an, es glückte wirklich *nicht*, ich fände keine Stellung, die mir einen ähnlichen festen Anhalt gäbe wie meine Kreuzzeitungsposition. Nun, so wäre das Äußerste, das passieren könnte, daß wir ausschließlich und ganz direkt von dem Ertrage meiner Feder leben müßten. Dieser Ertrag war bis jetzt, wo ich nur die Abende, resp. die Nächte dafür hatte, gegen 1000 Taler, oder sage auch nur 800 Taler; glaubst Du nun nicht, daß ich unter Dransetzung des ganzen Tages imstande sein werde, diese Summe zu verdoppeln? Das gäbe 1600 Taler. Meinst Du nicht, daß, wenn es durchaus sein *müßte*, die Sache auch davon zu bestreiten wäre? Meinst Du nicht, daß diese Summe unter allen Umständen ausreichen würde, uns vor Erniedrigung und Unwürdigkeit zu bewahren? Und nur *darauf* kommt es schließlich an. Independenz über alles! Alles andre ist zuletzt nur Larifari. Und auch von diesem Larifari werden wir immer genugsam haben; wir werden immer lebhaft, espritvoll und gesellschaftlich-liebenswürdig bleiben, und die Menschen werden sich immer ein Vergnügen und eine Ehre daraus machen, uns zu Gaste zu laden, sei es auf fünf Stunden zu einem Diner, sei es auf fünf Wochen zu einem Besuch. Also sei heiter, vertrauensvoll. Wenn unser Niedergang nicht in den Sternen beschlossen steht, so werden wir *nicht* zugrunde gehn. Wie immer Dein alter

Th. F.

DIE ERSTEN JAHRE ALS THEATER-
KRITIKER DER »VOSSIN«

1870–1876

Im August 1870 tritt Fontane in ein Vertragsverhältnis zur Konkurrentin der »Kreuzzeitung«, zur freisinnigen »Vossischen Zeitung«. Für die »Vossin«, die angesehenste und älteste Berliner Zeitung, an der einst Lessing als Redakteur gewirkt hat, schreibt nun Fontane bis 1889 die Rezensionen der Theateraufführungen im Königlichen Schauspielhaus (am Gendarmenmarkt). Im Brief vom 2. Mai 1873 an Maximilian Ludwig legt er seine erste große kritische Konfession ab; die folgenden zwei Jahrzehnte werden die Berechtigung des Anspruchs erweisen, den Fontane in der schwererrungenen Gewißheit eines verantwortlichen, integren Wertgefühls – gleich fern von berechnender Bescheidenheit wie von eitler Prätension – erheben darf: »Meine Berechtigung zu meinem Metier ruht auf einem, was mir der Himmel mit in die Wiege gelegt hat: Feinfühligkeit künstlerischen Dingen gegenüber. An diese meine Eigenschaft hab ich einen festen Glauben. Hätt ich ihn nicht, so legte ich heute noch meine Feder als Kritiker nieder. Ich habe ein unbedingtes Vertrauen zu der Richtigkeit meines Empfindens.« Ein Jahr später, in einem Brief aus Neapel, ergänzt Fontane dieses Bekenntnis durch die selbstgewisse Einsicht: »Nichts ist rarer als innerliche Freiheit den Erscheinungen des Lebens und der Kunst gegenüber und der Mut, eine selbständige Empfindung auszusprechen.« – »Freiheit« und »Mut«: von diesen beiden Leitworten wird Fontanes weltanschaulicher und künstlerischer Aufbruch in den folgenden Jahren immer nachhaltiger bestimmt werden. In seinen Briefen finden sich die ersten Anzeichen dafür; Kritik und Dichtung folgen.

Unterbrochen wird Fontanes Tätigkeit als Rezensent gleich anfangs durch eine Reise, die er auf den Kriegsschauplatz unternimmt, um Stoff und Eindrücke für sein projektiertes Kriegs-

buch zu sammeln. Er wird am 5. Oktober 1870 in Domremy, dem Geburtsort der Jeanne d'Arc, als mutmaßlicher preußischer Spion verhaftet; in seinem Drang, das »alte, romantische Land« kennenzulernen, hat er sich unvorsichtig weit in das Gebiet zwischen den Fronten vorgewagt. Es gelingt ihm schließlich, seine Unschuld zu beweisen. Nach einigen von der preußischen Regierung auf Anregung Bernhard v. Lepels unternommenen diplomatischen Schritten und auf Fürsprache Berliner Bekannter, die mit französischen Behörden und mit dem französischen Klerus in Verbindung stehen, wird Fontane schließlich von der Insel Oléron im Atlantischen Ozean, wo man ihn interniert hat, freigelassen. Auf dem Wege über die Schweiz trifft er am 5. Dezember 1870 wieder in Berlin ein. Seine Erlebnisse schildert er in dem Buche »Kriegsgefangen. Erlebtes 1870« (Berlin 1871), das sich durch seine um gerechte Urteile bemühte, von allem Chauvinismus freie Haltung wohltuend von der übrigen Kriegsliteratur der Zeit unterscheidet.

Am 9. April 1871 bricht Fontane abermals zu einer Reise in das besetzte Frankreich auf, während der er mit seinem als Offizier bei St. Denis stehenden ältesten Sohn George zusammentrifft. Über Amiens, Rouen, Dieppe, St. Quentin, Sedan, Metz und Straßburg kehrt Fontane Ende Mai 1871 nach Berlin zurück. Sein Reisebericht »Aus den Tagen der Occupation. Eine Osterreise durch Nordfrankreich und Elsaß-Lothringen 1871« erscheint 1872 in Berlin; er mutet wie eine Fortsetzung der »Wanderungen« an, ist noch persönlicher gehalten als sie. Das Persönliche tritt hingegen ganz zurück in dem Buch »Der Krieg gegen Frankreich 1870/71«, das in vier Teilen 1873–1876 in Berlin erscheint.

Die Jahre nach dem Kriege gelten der Arbeit an diesen Büchern und am dritten Band der »Wanderungen« (Berlin 1873); außerdem nimmt Fontane sofort nach seiner Rückkehr die Rezensionstätigkeit für die »Vossin« wieder auf. In den Turnus der Sommerfrischen bringen zwei Reisen nach Italien 1874 und 1875 (die erste, gemeinsam mit seiner Frau unternommene führt bis Neapel) Abwechslung. Nachhaltige Eindrücke hinterlassen sie nicht. »Ich bin Nordlandsmensch, und Italien kann, für mich, nicht dagegen an«, so schreibt Fontane noch zwanzig

Jahre später; ein andermal bezeichnet er sich als »ausgesprochen nichtsüdlich«.

Im März 1876 wird Fontane zum Ersten Sekretär der Königlichen Akademie der Künste in Berlin berufen; bereits Ende Mai 1876 kommt er wieder um seine Entlassung ein. Unvereinbar mit den Pflichten eines preußischen Angestellten erscheint ihm sein Beruf als Schriftsteller. Dieser Beruf wird ihm in den folgenden Jahren zur Berufung.

Bei Kriegsausbruch am 19. Juli 1870 war Fontane in Warnemünde; von da aus schrieb er am 23. Juli an den »Rütli«-Freund Karl Zöllner: »... Daß ich statt der patriotischen Erregung (ich kann mir nicht helfen, unendlich viel Blech; nur die Thronrede und die Adresse waren ausgezeichnet) hier Stille habe, tut mir wohl, soweit ich sie habe ...«

AN EMILIE FONTANE   Dobbertin, 5. August 1870

Vielen Dank für Deine freundlichen Zeilen von gestern; ich erhielt sie beinah gleichzeitig mit der Siegesnachricht. Das V. Korps und die Schlesier scheinen ihren alten Ruhm aufrechterhalten zu wollen. Es werden wohl nun die großen Schläge rasch folgen. Mein Herz schlug mir höher bei dieser Nachricht, und doch konnte ich ein Schmerzgefühl nicht loswerden. Wozu das alles? um nichts! Bloß, damit Lude Napoleon festsitzt oder damit der Franzose sich ferner einbilden kann, er sei das Prachtstück der Schöpfung – um solcher Chimäre willen der Tod von Tausenden!

Mir geht es gut, und dem ewigen Trubel entrückt zu sein, empfinde ich kaum als einen Nachteil. Das Ganze wirkt auf mich wie eine kolossale Vision, eine vorüberbrausende wilde Jagd, man steht und staunt und weiß nicht recht, was man damit machen soll. Eine durch Eisenbahnen regulierte Völkerwanderung, organisierte Massen, aber doch immer *Massen*, innerhalb deren man selbst als ein Atom wirbelt, nicht draußen stehend, beherrschend, sondern dem großen Zuge willenlos preisgegeben. Es ist, wie wenn es in einem Theater heißt: »Es brennt«; fortgerissen einem Ausgange zu, der vielleicht keiner ist, mitleidlos gedrückt, gestoßen, gewürgt, ein Opfer dunkler Triebe und Gewalten. Manche lieben das, weil es ein »Excitement« ist – ich bin zu künstlerisch organisiert, als daß es mir wohl dabei werden könnte.

Gleich nach Kriegsausbruch hatte der Berliner Hofbuchhändler Rudolf v. Decker, in dessen Verlag bereits Fontanes erste Kriegsbücher erschienen waren, ihm vorgeschlagen, eine Darstellung des Krieges gegen Frankreich zu schreiben.

AN RUDOLF V. DECKER   Berlin, 11. September 1870

Ende dieser Woche, spätestens zu Anfang der nächsten, will ich meine Reise auf den Kriegsschauplatz antreten, um mir, wie 1866 und 67 die böhmischen und westdeutschen, so diesmal die französischen Schlachtfelder anzusehn. Ob ich dabei zunächst bis vor Paris gehe und Sedan-Metz erst auf dem Rückwege abmache, weiß ich noch nicht.

Ich möchte Sie, hochzuverehrender Herr v. Decker, nun freundlichst wie ergebenst gebeten haben, mir wie früher so auch diesmal während meiner Arbeit Vorschüsse zahlen zu wollen, und zwar derart, daß ich zunächst zweihundert Taler (womit ich die Reise zu bestreiten hoffe) und dann allmonatlich vom 1. Oktober an hundert Taler erhalte. Ich hoffe diesmal Ostern 1872 fertig zu sein, wonach Sie die Höhe des Gesamtvorschusses leicht feststellen können.

Soweit sich die Sache bis jetzt überblicken läßt, wird sich der Stoff in drei Abteilungen gruppieren:
1. Einleitung. Saarbrücken. Weißenburg. Wörth. Spichern.
2. Metz. Sedan.
3. Straßburg. Paris.

Wenn ich nicht fürchten muß, Sie zu stören, so verabschiede ich mich vor meiner Abreise persönlich.

AN EMILIE FONTANE   Toul, 4. Oktober 1870

... Seit gestern nachmittag bin ich hier. Mit meinem Eintreffen in Toul bin ich in den poetischen Kreis der Jeanne d'Arc eingeteten, ohne daß ich sagen könnte, bis jetzt poetisch-romantisch berührt worden zu sein. Meine ersten Erlebnisse hier standen sogar in einem eklatanten Gegensatz zu aller Poesie. Ich brach natürlich gleich auf, um der berühmten Kathedrale meinen Besuch zu machen, eh ich aber noch eintreten konnte, empfand ich ein solches Rumoren in mir, daß ich es für klug hielt, einen eiligen Rückzug in mein Hotel anzutreten. Ich erreichte es auch glücklich, aber bald mußte ich mich überzeugen, daß damit wenig gewonnen sei; denn die Korridore auf und ab laufend, konnte ich jene Lokalität nicht finden, die in der Regel durch eine Tür in kleinerem Format kenntlich ist und an deren Überschriften sich die Dezenz der Menschheit so mannigfach versucht hat. Aber weder Tür noch Überschrift war zu finden. Es blieb mir endlich nichts andres übrig, als die Glocke zu ziehn. Richtig, alle meine Ahnungen gingen in Erfüllung. Statt einer jener Strickstrumpffrauen, mit denen man sich auf den deutschen Bahnhöfen so schnell und gemütlich einlebt und von denen ich jede einzelne in diesem verzweifelten Augenblick mit einem Franken belohnt hätte, erschien die Tochter der Madame Millot, stellte sich mit einem gewissen patriotischen Schmerzensausdruck, der ihr gut stand und den ich gleich bei meinem Kommen beobachtet hatte, in die geöffnete Tür und sagte ernst: »Monsieur, vous avez sonné!« Die Situation war furchbar! Ein kurzer Kampf tobte in meiner Seele; endlich siegte, wie immer, die gemeine Menschennatur, und in einem Ton, in dem sich Determiniertheit, Scham und Vertraulichkeit wunderbar mischten, fragte ich: »Oh, Mademoiselle, le cabinet où est-il donc?« Sie blieb ganz sie selbst; dem Ausdruck ihres Patriotismus noch den einer stillen Verachtung zulegend, machte sie eine klassische Armbewegung, etwa wie die Jachmann, wenn sie die Iphigenie spielt, und sagte einfach: »Descendez!« Dann schritt sie voraus, öffnete einen Hof, der die Form und die Größe jener Triangelschlafstuben hatte, denen man mitunter in Berliner Häusern begegnet, und verschwand mit einem »C'est ça« vor meinen Augen. So schlimm nun alles gewesen war, so kam doch noch das Schlimmere. Die Örtlichkeit hatte ganz den südländischen Charakter, ein Engländer hatte nie seine reformatorische Tätigkeit hier begonnen; und so begann denn jener Schauer- und Scheuerakt, dem ich vielleicht erlegen wäre, wenn mich nicht die souveräne Rücksichtslosigkeit meiner alten Kreuzzeitungskollegen seit zehn Jahren daran gewöhnt gehabt hätte, mir diesen wichtigen Platz des Lebens Tag um Tag durch meiner Hände Arbeit zu erkaufen.

Toul ist eigentlich nur ein Nest, etwa wie Spandau vor 30 Jahren; freilich entbehrt Spandau der schönen, aus Quadern aufgeführten Kirchen, aber das ist auch alles. Mitunter blickt man durch ein Portal hindurch in einen grünen, gartenartigen Hof hinein, auf dem in verschwiegner Stille ein villenartiges Wohnhaus liegt, aber die Straßen selbst sind schmutzig und ohne jeden architektonischen Reiz.

In etwa einer Stunde will ich von hier nach Vaucouleurs und Domremy fahren.

Am nächsten Tage wurde Fontane in Domremy unter dem Verdacht der Spionage verhaftet.

In einer kleinen Studie hat er vier Jahre später das Schicksal eines jungen deutschen Studenten erzählt, der durch ähnliche Umstände in denselben Tagen unschuldigerweise als Spion verhaftet und erschossen wurde. In dieser Schilderung, die durch die schlichte Verhaltenheit des Fontanischen Tonfalls besonders ergreift, zittert noch spürbar die Erinnerung an die Todesgefahr nach, in der sich Fontane selbst befunden hatte. Diese Erinnerung lebt im Rückblick aus der zeitlichen Distanz stärker, bewußter auf als in den momentanen Impressionen des Buches »Kriegsgefangen« und der Briefe. Jede Wehleidigkeit indes fehlt. Der Bericht wird zum autobiographischen Dokument. (Vgl. »Wanderungen durch die Mark Brandenburg«, Vierter Band, »Spreeland«, Kapitel »Rahnsdorf. Alexander Anderssen, Fähnrich im 4. Ulanenregiment. Erschossen zu Thionville am 29. Oktober 1870«).

Von Domremy aus wurde Fontane über Langres in die Zitadelle von Besançon gebracht.

An Emilie Fontane   Besançon, 14. Octobre 1870

Ma chère Emilie.

Vous savez: malheur, tristesse, misère ont toujours comme accompagnement quelque chose comique ou ridicule, et la bonne humeur (je suis faché: la *seule*) de ma situation est: que je m'adresse à vous en français.

J'ai entendu aujourd'hui, que des lettres écrits en français – parce qu'il est plus facile de les controler – sont permis de partir plus vite que des lettres dans une langue étrangère et c'est la raison pour cette »étude«.

Mes souhaits j'ai exprimé plusieurs fois, *si* souvent qu'il ne me parait pas nécessaire de les repêter.

Vous n'attendrez pas à present une raconte de mon enprisonnement; tout cela est trop long et mon âme n'est pas encore assez quiet pour faire une telle description. Seulement cela. Le premier jour à Neufchâteau – une petite ville dans le voisinage de Domremy – fut le pire. La population est très enragée contre nous, et en passant des villes et des villages on sent quelque chose comme un danger, mais dans le moment où les autorités prennent les affaires dans leurs mains, tout est bon. La passion est passée, et la justice commence. J'espère meilleur. Ma parfaite innocence sera prouvée bientôt. Pour le moment il faut s'armer avec patience. Il n'est pas facile. Ju suis prisonnier, comme nous disons à Berlin: »dans la plus temeraire signification du mot.« De l'autre côté il est mon devoir de vous assurer, que les autorités de la citadelle sont polis, affables, bienfaisants. Tout ce qu'est permis par la loi, est accordé. C'est une grande consolation, mais pur une personne comme moi, »verhätschelt« jusqu'à present par sa bonne fortune, reste encore une situation très dure. Oh, Jeanne d' Arc! il faut que je paye cher pours vous.

Ne soyez pas *trop* triste. Tout que se fait, est par la volonté du Dieu. Voyez par les nuages de la presence et esperez de la future. Je suis convaincu, que Professor *Lazarus* (par Mr. Crémieux), Frau von *Wangenheim* (par des autorités cléricales) et les Ambassadeurs ont fait tout qu'est possible dans ma faveur.

Dieu soit avec vous. Les plus tendres saluts pour vous et pour les enfants, aussi pour George et pour ma petite chère en Angleterre. Aujourd'hui comme toujours votre

Th. F.

Übersetzung des vorstehenden Briefes:

AN EMILIE FONTANE   Besançon, 14. Oktober 1870

Meine liebe Emilie.

Du weißt: Unglück, Trauer und Elend haben immer – gleichsam zur Begleitung – eine komische oder lächerliche Seite, und das Lustige (leider das *einzige* Lustige) an meiner Situation ist, daß ich mich auf französisch an Dich wende.

Ich habe heute gehört, daß französisch geschriebene Briefe – weil sie leichter zu prüfen sind – schneller abgehen als Briefe in einer fremden Sprache, und das ist der Grund für diese »Studie«.

Meine Wünsche habe ich viele Male ausgedrückt; *so* oft, daß es mir nicht nötig erscheint, sie zu wiederholen.

Du erwartest im Augenblick keinen Bericht über meine Verhaftung; alles das ist sehr langwierig, und ich bin nicht ruhig genug für eine derartige Schilderung. Nur folgendes: Der erste Tag in Neufchâteau – einer kleinen Stadt in der Nähe Domremys – wurde der schlimmste. Die Bevölkerung ist sehr gegen uns aufgebracht, und bei der Fahrt durch die Städte und Dörfer empfindet man so etwas wie Gefahr; aber in dem Moment, wo die Obrigkeit die Dinge in die Hand nimmt, ist alles in Ordnung. Die Leidenschaft ist vorüber, und die Gerechtigkeit beginnt. Ich hoffe das Beste. Meine völlige Schuldlosigkeit wird bald bewiesen sein. Für den Augenblick muß man sich mit Geduld wappnen. Es ist nicht leicht. Ich bin Gefangener – wie wir in Berlin sagen – »in des Wortes verwegenster Bedeutung«. Auf der anderen Seite muß ich Dir versichern, daß die Befehlshaber der Zitadelle höflich, umgänglich und entgegenkommend sind. Alles, was durch das Gesetz erlaubt ist, ist gestattet. Das ist ein großer Trost, aber für einen Menschen wie mich, »verhätschelt« bis heute durch sein gutes Glück, bleibt es immer noch eine schwere Lage. O Jeanne d'Arc, ich muß teuer für dich bezahlen!

Sei nicht *zu* traurig. Alles, was geschieht, geschieht nach Gottes Willen. Gib acht auf die Wolken der Gegenwart und hoffe auf die Zukunft! Ich bin überzeugt, daß Professor *Lazarus* (durch Herrn Crémieux), Frau von *Wangenheim* (durch die geistlichen Behörden) und die Diplomaten alles getan haben, was man zu meinen Gunsten tun kann.

Gott möge mit Dir sein. Die zärtlichsten Grüße an Dich und die Kinder, auch an George und an meine liebe Kleine in England! Heute wie immer Dein

Th. F.

An Emilie Fontane   Besançon, 27. Oktober 1870

... Welche Tage! In Stunden die Erlebnisse von Jahren zusammengedrängt; immer neue Bilder, immer neue Menschen; lange Schriftstücke und Konversationen, alles in französischer Sprache – ich habe in diesen drei Wochen mehr Französisch gelernt, als sonst in einem Jahr, aber die Anstrengung ist kolossal. Wo die Kräfte herkommen, weiß ich nicht. Alles Gnade Gottes. Freilich, wenn ich in Roche-sur-Yon sein werde, werd ich vermutlich zusammenbrechen und ein Fieber durchzumachen haben; aber ängstige Dich nicht: Tee und Soda und Schlaf werden das Ihre tun.

Ich lege diesen Zeilen einen Zettel bei, auf dem Du verzeichnet findest, was ich in Roche-sur-Yon zu haben wünsche. Du mußt zunächst auf der Post anfragen, ob es überhaupt möglich ist (immer par la Suisse), eine solche Kiste zu schicken, und wenn die Antwort auf »ja« lautet, mußt Du fragen, wieviel es kostet. Kostet es *unter* fünf Taler, so schicke; kostet es *drüber*, so laß es. Natürlich würde der Empfang dieser Dinge sehr zu meinem Komfort beitragen, da ich eigentlich nichts bei mir habe.

Mit Sehnsucht warte ich auf den Brief, den mir Dein heut empfangenes Telegramm in Aussicht stellt, hoffentlich lautet er nicht zu traurig. Cheer up! Du bist noch nicht eine Lone lorn woman. Es werden wieder glückliche Tage kommen. Daß ich Dir diese Schmerzen bereitet habe, tut mir in der Seele leid; ich kann aber auch jetzt noch nicht finden, daß meine Verschuldung groß war. Man hatte mich sicher gemacht und meine Vorsicht eingelullt.

Küsse die Kinder; wie immer, Dein alter Leichtsinn

Th. F.

Wunschzettel

zum Aufbau in Roche-sur-Yon.

1. Zwei Taghemden. Die dänischen Knöpfchen. 2. Zwei Nachthemden. Ein Nachttuch. 3. Sechs gute Kragen. 4. Drei Paar wollene Strümpfe. 5. Ein Paar Unterhosen (weil ich nachts immer friere). 6. Eine Leibbinde. 7. Die alte rote Kappe, after having been cleaned. 8. Ein Paar ältere, schwarze, mit kleinen weißen Pünktchen gesprenkelte Beinkleider; aber nicht etwa die dicken, graumelierten. 9. Die schwarze Weste, an die Basedow einen Schoß gesetzt hat. 10. Die Stiefel mit dem krausen, schlecht aussehenden Oberleder. 11. Ein Paar Filzsohlen, als Schuhe präpariert (wie die, die sich jetzt in Toul befinden). 12. Das *gebrauchte* englische Rasiermesser aus dem Merington-Kästchen und den »Strop«, den Du mir mal geschenkt hast. 13. Schachtel mit Babypins. 14. Eine Binde oder ein schwarzes Tuch. Kann schon gebraucht sein. 15. Ein altes Cachenez.

Fontane wurde nicht – wie er angenommen hatte – in Roche-sur-Yon interniert, sondern auf der Insel Oléron, nördlich der Mündung der Garonne, im Atlantischen Ozean.

AN EMILIE FONTANE   Château Isle d'Oléron,
26. November 1870

Das waren zwei große Tage, der 24. und 25.! Vorgestern früh erfuhr ich, daß ich »frei sei und auf Ehrenwort nach Deutschland zurückkehren könne«. Gestern, ganz gegen Erwarten, glückte es mir, meine preußischen Bankscheine wechseln zu können (ohne diesen glücklichen Zwischenfall konnte ich von meiner Freiheit keinen Gebrauch machen), und endlich gestern nachmittag erhielt ich, durch gütige Vermittlung des Bischofs von La Rochelle und des hiesigen Geistlichen, Deine Zeilen vom 2.

November, das erste Lebens- und Liebeszeichen von Dir seit länger als acht Wochen. Deine Worte haben mich tief bewegt, zugleich meinem Herzen wohlgetan.

Unsern Wangenheims und – zufolge ihrer Vermittlung – der Geistlichkeit dieses Landes verdanke ich überhaupt viel, vielleicht alles. Erst seit gestern weiß ich *bestimmt,* daß ich »dicht davor« war. – Wann ich hier abreisen werde, weiß ich in diesem Augenblick noch nicht. Vielleicht in drei oder vier Tagen; es ist noch eine Anfrage an den Divisionsgeneral in Bordeaux gerichtet. ...

AN DIE SCHWESTER ELISE FONTANE   Berlin, 12. Dezember 1870

Gerade heute, in dieser Stunde, bin ich seit acht Tagen wieder »bei Muttern« und also im glücklichen Besitze alles dessen, wonach sich nachgerade einige hunderttausend Menschen sehnen, die es nun satt haben, totzumachen oder totgemacht zu werden, wobei sie natürlich dem ersteren doch immer noch den Vorzug geben. Meine Schicksale kann ich schlechterdings nicht in diesem Briefe deponieren; sie werden über kurz oder lang auf dem Löschpapier der Vossin zu Dir sprechen; auch von einem *Buche* ist bereits die Rede. Du siehst, man tut sein möglichstes, um aus dem Pech, das man hatte, schließlich noch Gold zu machen. ...

AN RUDOLF V. DECKER   Berlin, 13. Dezember 1870

»Um das Rhinozeros zu sehn«, drängt sich jetzt alles an mich, nicht bloß an meine Person, sondern selbst an noch ungeborene Manuskripte. Mir wird ganz angst dabei. Denn einmal hab ich das schmerzliche Gefühl, mich auf dieser Tageshöhe unmöglich halten zu können; andrerseits erscheint mir selbst diese Tageshöhe so unverdient, so sehr aus einem *Irrtum* hervorgewachsen, daß eine rasche Enttäuschung kaum ausbleiben kann. Die Leute erwarten eine haarsträubende Räubergeschichte mit Hungerturm und Kettengerassel, und was ich ihnen zu bieten habe, ist zu neun Zehntel ein Idyll. Der »Gartenlaube«, die von Sensationsgeschichten lebt und natürlich unter den ersten war, die sich meldeten, hab ich eben geschrieben, daß sich sich trösten könne, es entginge ihr nicht viel. ...

Am 9. April 1871 reiste Fontane nochmals für sechs Wochen nach Frankreich.

AN EMILIE FONTANE Reims, 12. April 1871

Seit heute mittag 2½ Uhr bin ich hier im »Goldnen Löwen« (»Hôtel du Lion d'or«), zu Füßen der Kathedrale (siehe »Jungfrau«, 4. Akt). Viel Glück hat sie mir hier wieder nicht gebracht, denn Wohnung »is nich«, und ich werde die nächste Nacht im Speisezimmer auf einer Matratze an der Erde schlafen. Bleibt als Steigerung nur noch das bekannte Billardbett.

Von »Vergnügen« hab ich bis jetzt noch nichts genossen, läßt sich auch nicht danach an und ist auch nicht nötig. Ich hab es auch nicht erwartet. Solche Reisen macht man, weil man sie, mit Recht oder Unrecht, für nötig hält, und *dafür halte ich sie noch*. Das Büchermachen *aus Büchern* ist nicht meine Sache.

Ergeh es Dir gut und ängstige Dich nicht. Natürlich kann man, *wie überall*, einen Stein an den Kopf kriegen, aber *zunächst* und auf den großen Linien von Gefahr träumen ist lächerlich. Passiert einem *doch* ein Unglück, so ist es das berühmte Fingerbrechen in der Westentasche.

In St. Denis traf Fontane mit seinem Sohn George zusammen.

AN EMILIE FONTANE St. Denis, 20. April 1871

... George ist gestern 5 Uhr nach Mouy zurückgereist. Er war sehr nett; eigentlich wenig verändert. Er ist noch ganz im Werden. Was aus ihm sich bilden wird, ist schwer zu sagen und wird von Fügungen abhängen. Er ist gar nicht ohne Selbstgefühl, oder noch richtiger, er hätte nichts dagegen, eine Rolle zu spielen; ich zweifle aber fast, daß er die rechte Dampfkraft dahinter setzen wird. Und davon hängt *alles* ab. Begabt ist jeder dritte Mensch. Er kann ein einfacher »Bon camarade« werden, der Billard und Kegel spielt und eigentlich nicht recht von der Kneipe herunterkommt; er kann es aber auch zu einer feinen Künstlernatur und speziell zum Humoristen bringen. Nous verrons!

Diese Bemerkungen bitt ich Dich aber nicht gegen ihn selber laut werden zu lassen; denn wiewohl sie mehr Lob als Tadel enthalten, kommt dabei doch nichts heraus.

AN DEN SCHAUSPIELER MAXIMILIAN LUDWIG
(DEN DARSTELLER DES URIEL ACOSTA
IN GUTZKOWS GLEICHNAMIGEM DRAMA)

> Berlin, 2. Mai 1873
> Potsdamer Straße 134 c
> *(Fontanes Wohnung seit Anfang*
> *Oktober 1872 bei zu seinem Tode)*

Es war mir eine aufrichtige Freude, Ihre Zeilen zu empfangen, und die Art, wie Sie für Ihre Rolle und dadurch auch für den Dichter derselben eintreten, weiß ich hoch zu schätzen. Ich respektiere jede ehrliche Ansicht, zumal wenn sie auch das noch hat, was unserer Zeit zu allermeist fehlt – Pietät. Vielleicht überrascht es Sie, daß ich dies gerade betone; aber ich *habe* Pietät. Freilich, weil ich sie habe, hab ich auch einen tiefen Groll gegen alles, was diese Pietät fordern möchte und nach meinem Gefühl keinen Anspruch darauf hat.

Eine literarische Fehde können wir nicht führen, wiewohl darin, wenigstens für mich, viel Verlockendes, viel Anregendes und Belehrendes liegen würde. Statt dessen lieber das Bekenntnis, daß ich das Mißliche aller Kritikerei sehr wohl fühle und an den zwei Tagen, wo ich meine Rezensionen schreibe und – lese, immer in nervöser Aufregung bin, weil ich unter der Wucht der Frage stehe: »Kannst du das Gesagte« – das ja immer nur der unvollkommene Ausdruck eines Gefühls, oft widerstreitender Empfindungen ist – »kannst du es auch verantworten?« Sie mögen daraus ersehen, daß ich es nicht leicht nehme und mitunter da, wo das Publikum glaubt, ich kalauere oder mache einen Bummelwitz, am allerwenigsten.

Meine Berechtigung zu meinem Metier ruht auf einem, was mir der Himmel mit in die Wiege gelegt hat: Feinfühligkeit künstlerischen Dingen gegenüber. An diese meine Eigenschaft hab ich einen festen Glauben. Hätt ich ihn nicht, so legte ich heute noch meine Feder als Kritiker nieder. Ich habe ein unbedingtes Vertrauen zu der Richtigkeit meines Empfindens. Es klingt das etwas stark, aber ich habe es und muß es darauf ankommen lassen, wie dies Bekenntnis wirkt. Meine Empfindung verwirft »Uriel Acosta« und ist umgekehrt nicht nur durch alles Shakespearische hingerissen, sondern sogar auch durch die »Räuber«. Detailblödsinn schadet nichts, wenn nur das Ganze richtig gefühlt und gedacht ist. Dabei weiß ich mich völlig frei von Namenanbetung und Literaturheroenkultus.

An die Richtigkeit meiner Empfindung glaub ich; aber der Versuch, diese Empfindung hinterher zu erklären, wodurch erst eine Kritik entsteht, dieser Versuch mag unendlich oft mißlingen. So leg ich auf die Motivierung meines Urteils über »Acosta« kein Gewicht, aber die empfindungsgeborene Überzeugung von der unbedingten Verwerflichkeit dieses Stücks, an dem nur einige Nebenrollen gelungen sind, halte ich aufrecht.

Es war mir ein Bedürfnis, Ihnen dies auszusprechen. Sie werden mich daraus besser als aus diesem oder jenem Gedruckten erkennen können und zugleich vielleicht die Überzeugung gewinnen, daß ich in den verschiedenen Tönen, die ich anschlage, in Selbstbewußtsein und Selbstbezweiflung gleich aufrichtig bin.

Zu Fontanes »Rütli«-Freunden gehörte auch der Jurist Karl Zöllner (»Rütli«-Name: »Chevalier«). Zöllner, zwei Jahre jünger als Fontane, wurde später Fontanes Nachfolger als Erster Sekretär der Preußischen Akademie der Künste.

AN KARL UND EMILIE ZÖLLNER   Tabarz bei Waltershausen
                                  (Thüringen), 14. Juli 1873

Hochverehrtes Paar, geliebte Chevaliers.

In einer Lattenlaube, gackernde Hühner und meckernde Ziegen um mich her, schreibe ich diese Zeilen, von denen ich wünsche, daß sie Euch wohlbehalten in Franzensbad treffen mögen. Die Gattin nebst dem ihr und mir gleichmäßig zugehörigen Anhang (so die Treue kein leerer Wahn ist) traf am Montag in Fröttstedt ein, wo ich das Glück hatte, in unmittelbarer Nähe der Hörselbrücke – an welcher Stelle sieben Wagen und eine Rudolstädter Hofdame vor kurzem ihren Tod fanden – sie heil in Empfang nehmen zu können. Bei jetzigen Bahnzuständen immer schon was. Im Hintergrunde ragte der Hörselberg auf, wo Frau Venus den Tannhäuser mehrere und einige Nächte gefangenhielt. Mit einer gewissen Wehmut durchdrang es mich, daß sich die holde Frau (ich meine Frau Venus) um meine Person weniger bemüht und mich jedenfalls früher entlassen haben würde.

>   Abwärts geht es Schritt um Schritt,
>   Dreiundfünfzig gefallt mer nit.

Die Fahrt von Fröttstedt hierher in einem Char à banc war sehr angenehm, und ich hatte die Genugtuung, meine Haus- und Wirtswahl belobt zu sehen, was mir um so wohler tat, als man als Ehemann auf solchen Ausgang nie mit Bestimmtheit rechnen kann. Im Gegenteil. Es wurde ein idyllisches Mahl eingenommen: Erdbeeren mit Milch, frische Eier mit beinah rötlichem Dotter, Schwarzbrot und Butter, dazu Wasser aus dem Thilobrunnen. Die Kinder machten ihre ersten Kletterversuche, und alles schien eine Reihe glücklicher Tage zu versprechen. Aber »o Menschenherz, was ist dein Glück?« Und siehe da, schon zwei Stunden später begrüßte ich die ersten Anzeichen von der Dauerlosigkeit menschlichen Hochflugs. Ikarus Noel war der Sonne zu nahe gekommen, und die Wachsflügel begannen zu schmelzen. Station Halle war an meiner Penelope, die diesmal, statt treu zu warten, treu erwartet worden war, nicht spurlos vorübergegangen, und zwei um fünf Uhr früh genossene, eben heiß aus dem Ofen gekommene Semmeln begannen ihre infernale Wirkung zu üben. Die ersten verschämten Erklärungen darüber klangen noch ziemlich harmlos. »Es steht mir vor der Brust« oder »Es stößt mir das Herz ab« sind Wendungen, die einen alten Seebefahrenen, der dreiundzwanzig Jahre lang den Ozean weiblicher Anfälle durchschifft, nicht allzusehr aus der Fassung bringen. Sie stehen auf Höhe jenes unenträtselten Zustandes, wo sich bei männlichen Individuen »die Hämorrhoiden auf die Brust werfen«. Eine Abzweigung der Sommerfeldtschen Hausapotheke war mit auf die Reise genommen worden, und so suchte ich den bösen Geist durch Senfspiritus und Baldriantropfen zu bannen. Aber ich mußte bald gewahr werden, daß ich es hier nicht »mit den Kleinen von den Meinen«, sondern mit dem höllischen Meister selbst zu tun hatte, und so, alle Beschwörungsformeln durchgehend, schritt ich vor bis zur Tinctura Opii crocata. »Incubus! Incubus! Tritt hervor und mache den Schluß.« Diesem Zeichen unterwarf er sich endlich, aber doch nur knurrend, ein Knurren, das beiläufig drittehalb Tage anhielt und von den üblichen Erscheinungen, die sich durch Unruhe, rasches Aufstehen und plötzliches Verschwinden zu erkennen geben, bis zuletzt begleitet war. Dann wölbte Iris ihren Bogen, und der Friede war wieder da. . . .

Gestern konnte bereits die erste Brühsuppe gekocht, der erste Eierkuchen bereitet werden. Das Leben lacht seitdem wieder, und der Glaube an eine sittliche Weltordnung hat sie neu belebt. Partien werden geplant, und die Wörter Reinhardsbrunn und Friedrichsroda gehen rasch und sicher, die Namen Inselsberg, Schmalkalden und Schwarzatal wenigstens schüchtern über unsere Lippen. Tante Merckel ist erwartet (das Signal zu kühneren Unternehmungen). In die Tiefen Schopenhauers wird hinabgestiegen, und Wille und Vorstellung, Trieb und Intellekt sind beinahe Haushaltungswörter geworden, deren sich auch die Kinder bemächtigt haben. Mete sagt nicht mehr: »Theo, du bist zu dumm«, sondern: »Suche das Mißverhältnis zwischen deinem Willen und deinem Intellekt auszugleichen.«

Von der »schönen Natur« und unsrem Glücklichsein in ihr schreib ich nicht erst. Es versteht sich von selbst: »Die Welt ist herrlich überall, wo Berlin nicht hinkommt mit seinem Schwall.« Freilich ein Ausspruch, der sich kaum noch irgendwo mit voller Berechtigung machen läßt, denn – wo käme Berlin nicht hin?! Auch hier ist es vertreten. Und »in diesem Sinne«, wie jetzt jede öffentliche Rede unsinnig schließt, Euer aufrichtig ergebenster
Th. Fontane

Eine wichtige Korrespondenzpartnerin Fontanes in dieser Zeit wurde Mathilde von Rohr. Sie war 9 Jahre älter als Fontane; seit 1869 bis zu ihrem Tode 1889 lebte sie als Stiftsdame im Kloster Dobbertin in Mecklenburg. Fontane besuchte sie dort des öfteren. Er nannte sie ein »wahres Anekdotenbuch« und bezog von ihr zahlreiche stoffliche Anregungen für seine Wanderbücher und später für seine Erzählungen und Romane. Im ersten Bande der »Wanderungen durch die Mark Brandenburg« widmete er den Rohrs ein besonderes Kapitel.

AN MATHILDE VON ROHR   Berlin, 26. März 1874

... Der Druck der dritten Auflage meiner »Wanderungen«, in die dann auch das Rohrkapitel hineinkommen wird, schreitet rüstig vorwärts. Den Namen Barbara habe ich beseitigt und Urania wiederhergestellt. Ob die Familie im ganzen dadurch befriedigt wird, muß ich bezweifeln. Denn immer aufs neue mache ich die Erfahrung, daß Familien, mit Ausnahme der gütigen, nachsichtigen und verehrten Dame, an die ich diese Zeilen richte, nicht zufriedenzustellen sind. Ich glaube auch, daß sie, die Familien, von ihrem Standpunkte aus ganz recht haben, weil ein Schriftsteller, der die Dinge lediglich als einen Stoff für seine Zwecke ansieht, auch bei größter Vorsicht und wirklichem Takt immer noch der *Pietät* entbehren wird, die im Herzen der Familienmitglieder lebt. Mitunter ist es freilich nicht mehr Pietät, sondern einfach eine Mischung von grenzenloser Dummheit mit ebenso grenzenloser Eitelkeit. So schrieb mir heute meine Schwester Lise aus Ruppin, alle Anverwandten des Hauses Gentz (Gott sei Dank mit Ausnahme der beiden Söhne) seien *empört* über das, was ich über den alten Johann Christian Gentz geschrieben hätte. Nach meiner aufrichtigen Meinung müßten sie mir ein Denkmal errichten oder eine »Stiftung« für meine Kinder ins Leben rufen. Mitunter schwindelt einem. Ich hab es aber nun so oft erlebt, daß es keinen Eindruck mehr auf mich macht. Neulich kriegte ich einen Klagebrief von einer Frau v. Witzleben, geb. v. Meusebach, aus Potsdam, die sich bitter beschwerte über das, was ich über ihren verstorbenen Bruder geschrieben habe. Er war schließlich absolut verrückt. Ich nenne ihn einen »Mann von Genie und Exzentrizität«. Das ist nun der Dank dafür. ...

An Mathilde von Rohr   Berlin, 7. Juli 1874

Der große Tag ist erst übermorgen; aber ich schreibe heute schon, da ich morgen nur Himmel und Wasser um mich her haben und keine Gelegenheit finden werde, einen Brief zur Post zu geben. Ich reise nämlich binnen jetzt und zwei Stunden in einem Segelboot nach Teupitz, zehn Meilen von hier, an Köpenick und Wusterhausen vorbei, immer flußaufwärts. Der Fluß ist die Dahme oder wendische Spree. Das Segelboot ist übrigens keine bloße Nußschale, sondern eine Art englische Jacht, mit zwei Kajüten und allem möglichem Komfort (sogar Eiskeller) eingerichtet. Das Ganze reizt mich sehr. Nur ist meine Freude wie die der Kinder am Weihnachtsabend, eh es losgeht. »Krieg ich die Kanone, so ist es der schönste Tag meines Lebens. Krieg ich sie nicht, so verschwenden die Lichter vergeblich ihren Glanz, und der Gewürzpfefferkuchen schmeckt wie die Judenmatze.« So ist auch meine Lage. Wirft mir das Ganze nicht einen *brillanten* Beschreibungsstoff ab, so beklage ich es, drei Tage aus meiner Kriegsbucharbeit – die gerade jetzt eine so pressante ist – gerissen worden zu sein. ...

Fontane beschrieb den Ausflug im vierten Bande der »Wanderungen durch die Mark Brandenburg« (»Spreeland«, 1882) unter dem Titel »An Bord der Sphinx«; das Kapitel wurde eines der geglücktesten des ganzen Werkes.

Im Oktober 1874 reiste Fontane mit seiner Frau nach Italien. Die beiden jüngsten Söhne, Theodor (»Theo«, geboren 1856) und Friedrich (»Friedel«, geboren 1863) waren derweil bei Zöllners untergebracht worden.

An Karl und Emilie Zöllner   Venezia, 7. Oktober 1874

Die Tage verlaufen so, daß selbst *ich* nicht briefschreiben kann. Die alte Leidenschaft geht an neuen Genüssen unter, die uns doch (siehe Faust) wieder nach Begierde verschmachten lassen. Unser Erlebtes ist in Kürze das folgende. Am 3. von München aus über Innsbruck (Nest) und den Brenner nach Verona. Das Inntal hinauf, das Etschtal hinunter. Passeier, Sterzing, Iselberg – die ganze Hofer-Speckbacherei zog noch einmal an uns vorüber; im ganzen viel prosaischer als auf dem Defreggerschen Bilde. Frierend fuhren wir in das schöne Land Italia hinein. Es goß mit Mollen. Der erste Eindruck war: »*Das* leisten wir auch.« In Verona Nachtquartier in »Colomba d'oro«. Verona, wie Dir nicht unbekannt sein wird, hat eine Geschichte; es soll Lieblingsaufenthalt König Pippins gewesen sein. Nach den Maienlüften, die in »Colomba d'oro« wehten, ist dies höchst wahrscheinlich. Wir besichtigten am andern Tage die Stadt, bei welcher Gelegenheit wir den Architekten Zittel (der in Lucaes Atelier arbeitete und jetzt den Schinkelpreis gewonnen hat) sowie den dicken, blonden, kakerlakigen Dr. A. trafen. Die Gesichter, die jedesmal geschnitten werden, wenn zwei Berliner sich auf einsamem Reisepfad begegnen, sind klassisch. Jeder einzelne sagt etwa: »I, machst den Schwindel auch mit.« Früher sollen sich die Landsleute bei ähnlichen Begegnungen weinend in die Arme gestürzt sein. ...

An Karl und Emilie Zöllner   Florenz, 10. Oktober 1874

Venedig ist interessant von Schritt zu Schritt, landschaftlich zauberhaft, poetisch durch und durch; aber es repräsentiert doch nicht *die* Form der Schönheit, die ich *dauernd* vor Augen haben möchte. Dazu ist mir, rundheraus gesagt, die ganze Geschichte doch zu schmutzig. Sie bedarf des Mondlichts, bei dem man nur halb sieht. Sie bedarf der Verschleierungen, um immer wieder zu entzücken. Bei hellem Tageslicht genießt man den Canal grande, den Rialto und nun gar das Gewirr der Gassen und kleinen Kanäle mit *sehr* gemischten Empfindungen. Es ist eine Touristenstadt, eine Stadt zum Sehen, auch zum Bewundern, aber nicht zum Wohnen. Junge Künstler und Dichter werden sich vielleicht über diese Äußerungen entsetzen, aber es ist *doch* so, wie ich sage. Die ganze Welt der Erscheinungen ist nicht dazu da, um Malern und Poeten wünschenswerte und bequem liegende Stoffe zu bieten, sondern um überhaupt zu befriedigen und zu erfreuen. Das Leben stellt vielfach andere Forderungen als die Kunst, und Individuen wie Staaten gehen zugrunde, die dies übersehen. Wem diese Wahrheit zu Fleisch und Blut geworden ist, der wird auf Venedig blicken, wie ich noch in der letzten Stunde auf ein wunderschönes Frauenzimmer blickte, die aus dem zweiten Stock eines halbverfallenen Hauses träumerisch-faul mit tief und dumm schmachtendem Auge uns nachsah, als unsere Gondel an den Wasserstiegen des schmalen Kanals vorüberfuhr. Sie war so schön, wie ich selten Weiber gesehn habe, und das halbgekräuselte schwarze Haar lag wie eine Mähne um sie her, mit den Spitzen nach vorn hin über die halb entblößte Brust fallend: ich werde den Anblick nie vergessen. Aber sie war ungewaschen und ungekämmt und nach meinem Gefühl, so wenig sie persönlich innerhalb der idealen Liebe zu stehen schien, doch nur für eine solche geeignet. Ein Wesen, nur mit dem *Auge* zu genießen; mit ihr zu *leben* – ein Gedanke, nicht ausgedacht zu werden! So auch die Stadt selbst. Diese schöne, schwarzhaarige Schwester Struwelpeters, die seifenintakt auf einen gondelbefahrenen Rinnstein niedersah, war mir wie das Bild Venezias selbst erschienen.

Eine glänzende Ausnahme macht der Markusplatz und die an ihn grenzende Piazetta. Hier ist nicht nur alles interessant, malerisch, poetisch. Hier ist auch alles *in jedem Sinne schön*, und es bedarf keiner romantischen Prise Schnupftabaks, um uns die Augen übergehen zu machen. Es verlohnt sich, tausend Meilen zu reisen, um dies eine Stunde zu sehn. Es ist ganz einzig, ebenso im einzelnen wie im ganzen. Ich finde nichts lächerlicher als ein Herumkritisieren an Bauwerken wie der Markuskirche und dem Dogenpalast. Sint ut sunt aut non sint. In mehreren Reisebüchern fand ich die Markuskirche als einen »schwülstigen Bau« charakterisiert. Man muß ein unendlicher Lederschneider sein, um so was Dummes und Kleines sagen zu können. Leider reicht auch Schulfuchserei und Doktrinarismus zu solcher Dummheit gerade aus. Die Markuskirche wirkt beinahe elementar, und sie kritisieren wollen ist nicht viel anders, wie wenn man die Blaue Grotte oder die Fingalshöhle einer künstlerischen Beurteilung unterziehen wollte. So kolossale Sachen, die in einem Jahrtausend geworden, gewachsen, gemodelt sind, liegen über alle Kritik hinaus. Man hat sich lediglich vor ihnen zu verneigen. Wir sind wohl zehnmal, länger oder kürzer, in diese Kirche eingetreten, und immer war der Eindruck derselbe. . . .

An Karl Zöllner   Rom, 23. Oktober 1874

... Das Trümmer-Rom interessiert mich hundertmal mehr als das, was steht und prunkt. Oh, wie begreif ich die Kaiserzeit, die von dem Mann aus Bethlehem nichts wissen wollte. Gewiß hatte sie unrecht; aber für die *Sinne* ging von da ab eine große Welt unter, und eine kleine kam herauf. Die in die alten Wölbungen und Kolonnaden verhältnismäßig kümmerlich hineingebauten Kirchen wirken wie ein Predigtamtskandidat mit angegrauter weißer Halsbinde, der sich in eine vornehme Gesellschaft eindrängt und alles mit seinem prätentiösen Kleinzeug langweilt. ...

An Karl Zöllner   Rom, 31. Oktober 1874

Übermorgen früh werden wir Rom, nach fast dreiwöchentlicher Anwesenheit hierselbst, verlassen. Wir tun es mit dem Gefühl, nur einen Zacken vom Baumkuchen, allerdings wohl die vorstehendste, braunste und schmackhafteste Stelle, genossen zu haben. An Fleiß und Eifer haben wir es nicht fehlen lassen, aber der Stoff ist endlos. »Unüberwindliche Mächte«. Wenn hierin einerseits etwas Niederdrückendes liegt, so doch auch andrerseits etwas Trostreiches, für mich wie für alle diejenigen, die sich mit einem kurzen Aufenthalt begnügen müssen. Es würde mich geradezu verstimmen, mir sagen zu müssen: »Hättest du noch drei weitere Wochen gehabt, so hättest du Rom im großen und ganzen bezwingen können.« Aber ich empfinde umgekehrt ganz deutlich, daß die Zeitfrage an dieser Erdenstelle ziemlich gleichgültig ist und daß ich nach drei Monaten mit demselben Gefühl von Rom scheiden würde wie in diesem Augenblick. Was zu leisten war, ist geleistet worden. Ich habe die Lage der Stadt, der Straßen und Plätze, der Paläste und Kirchen, das Genrehafte und das Landschaftliche, wie ich mir einbilde, zur Genüge weg. Damit muß man sich zufriedengeben und wegen unerledigter Details sich nicht zu Tode grämen. Diese Detailsschätze, wie ich nur wiederholen kann, sind eben unbezwingbar. *Ein* Menschenleben reicht dafür nicht aus.

Die großen Sachen sind mit Liebe und Gewissenhaftigkeit absolviert; die tausend andern, für Kunst- und Kulturgeschichte *lehrreichen* Nummern, die noch bleiben, erheischen nicht das Auge eines Reisenden, sondern das eines Studierenden, die Arbeit eines Lebens. In dieser Erkenntnis schnüre ich frohen Mutes mein Bündel. Das Mögliche ist geleistet worden, und wie ich kühnlich hinzusetze: für *meine* Verhältnisse gerade genug.

Es ist nicht der Ton, in dem ich sonst wohl Briefe zu schreiben pflege; aber es will nicht anders gehn. Alles, was man sieht, gleichviel, ob es einem gefällt oder überhaupt nur *verständlich* wird, flößt einem einen solchen kolossalen Respekt ein, daß sich der Bummelwitz ängstlich verkriecht. Man scheidet aus der Gesellschaft anständiger Menschen aus, wenn man, aus dem Vatikan oder St. Peter kommend, sich in Scherzen – selbst in guten – ergehen will. Hier ist ein Fall gegeben, daß selbst die humoristische Behandlung der Dinge, die ich sonst so hoch stelle, zum Fehler werden kann. All Ding hat seine Weise.

Neapel, 3. November 1874.

Soweit war ich vor drei Tagen gekommen. Mit derselben schlechten Tinte, aber einer noch schlechteren Feder fahre ich heute fort.

Den Brief noch in Rom zu schließen verbot sich, da gerade der letzte Tag noch allerhand brachte. Es traf sich so glücklich, daß gerade am 1. November die während der sechs Sommermonate geschlossene Villa Farnese (Farnesina) zum ersten Male wieder geöffnet wurde, so daß wir noch imstande waren, die zwei berühmten Säle dieser Villa mit der Galatea und der Darstellung des Amor-und-Psyche-Märchens in Augenschein zu nehmen. In Kunstschwatz kann ich mich hier nicht ergehn. Nur so viel ganz allgemein, daß ich, bei der aufrichtigsten Bewunderung vieler der sogenannten »großen Nummern«, einer kaum geringeren Zahl gegenüber ziemlich ketzerische Ansichten unterhalte. Die Lügerei der Menschen, auch derer, die etwas von den Dingen zu verstehn vermeinen oder auch meinetwegen wirklich verstehn, ekelt mich an. Nichts ist rarer als innerliche Freiheit den Erscheinungen des Lebens und der Kunst gegenüber und der Mut, eine selbständige Empfindung auszusprechen. Und doch wäre selbst das Dümmste immer noch besser als das Unwahre, aus Furcht und Eitelkeit Nachgepapelte. Die in die Reisebücher aufgenommenen Kunsturteile, oft von sehr berühmten Leuten, wirken meistens unsägbar abgeschmackt. Man fühlt, daß die betreffenden Herren wenig gefühlt und wenig gewußt und in dieser Verlegenheit sich mit öden Redensarten aus der Affäre gezogen haben. . . .

In die Heimat zurückgekehrt, werde ich meine Zunge sehr hüten müssen, auch schon deshalb, weil ich selber sehr wohl empfinde, daß es mir nach einer ganz bestimmten Seite hin an etwas sehr Wesentlichem gebricht, was mein Urteil einseitig und ungerecht macht. Lägen die Dinge günstiger, so würde ich mich mit einem wahren Feuereifer in diese Fragen stürzen und in einem Tone losgehn wie etwa über die Iphigenie der Frau Erhartt. Schöne Erscheinung und schöne Bewegungen hatte Frau Erhartt auch. In meinem Gemüte steht es felsenfest, daß es in aller Kunst – wenn sie mehr sein will als Dekoration – doch schließlich auf etwas Seelisches, zu Herzen Gehendes ankommt und daß alles, was mich nicht erhebt oder erschüttert oder erheitert oder gedanklich beschäftigt (wie beispielsweise die großen und doch so einfachen Sachen Michelangelos) keinen Schuß Pulver wert ist. Hiermit hängt es zusammen, daß mir die der raffaelischen Zeit unmittelbar voraufgehenden Jahrzehnte lieber sind als die »Blütezeit« selbst. . . .

An Mathilde von Rohr   Berlin, 24. November 1874

. . . Vor dreißig Jahren hätten mich nicht zehn Pferde von Neapel weggekriegt, und ich würde Kopf und Kragen daran gesetzt haben, mein Leben, oder doch ein bestes Stück davon, dem Studium Pompejis und seiner ausgegrabenen wunderbaren Schätze zu widmen. *Jetzt* konnte mir dieser Wunsch nicht mehr kommen, kaum der Gedanke. All dieser Herrlichkeit gegenüber empfand ich deutlich und nicht einmal schmerzlich, daß meine bescheidene Lebensaufgabe nicht am Golf von Neapel, sondern an Spree und Havel, nicht am Vesuv, sondern an den Müggelbergen liegt, und inmitten aller Herrlichkeit, die nur eben bildartig gesehn und dann in den Kasten der »Anschauungen« hineingetan sein wollte, zog es mich an die schlichte Stelle zurück, wo meine Arbeit und in ihr meine Befriedigung liegt. Wenn es Zweck des Reisens ist, sich zu enthusiasmieren und innerhalb des

Enthusiasmus sich glücklich zu fühlen, so kann man nicht früh genug auf Reisen gehn. Handelt es sich umgekehrt um jene gerechte Würdigung, die verständig gewissenhaft abwägt zwischen Daheim und Fremde, zwischen Altem und Neuem, so kann man seinen Wanderstab nicht spät genug in die Hand nehmen. So schön und herrlich Italien ist, so ist es mir doch ganz unzweifelhaft, daß es durch *jugendliche* Menschen, namentlich durch die unglückselige Klasse der Maler, noch zu etwas Herrlicherem hinaufgeschraubt worden ist, als nötig war. . . .

Fontanes mittlerer Sohn Theodor besuchte das Französische Gymnasium in Berlin.

AN DEN SOHN THEODOR FONTANE   Berlin, 27. März 1875

Mein lieber alter Theo.

Ich glaube nicht nur, daß Du der erste »Primus omnium« in der Familie bist, ich bin dessen gewiß. Nach meiner nun durch vier Generationen gehenden Kenntnis zählt es zu den fragwürdigen Vorzügen unsres Geschlechts, daß nie ein Fontane das Abiturientenexamen gemacht, geschweige vorher die Stelle eines Primus omnium bekleidet hat. Der Durchschnitts-Fontane (wohin von Mutters Seite auch Deine Vettern gerechnet werden können) ist immer aus Oberquarta abgegangen und hat sich dann weitergeschwindelt, das beste Teil seiner Bildung aus Journalen dritten Ranges zusammenlesend. Ich war schon eine Ausnahme, ein abnormer Zustand, der nun durch Dich seinen Abschluß gefunden hat.

    Wie immer Dein alter   Papa.

Im August 1875 reiste Fontane nochmals allein nach Oberitalien; diesmal nahm er den Weg über die Schweiz.

AN EMILIE FONTANE   Auf dem Lago Maggiore,
                                       9. August 1875

Da wären wir also wieder unter italienischem Himmel! Die durch Pietsch so berühmt gewordenen Nußbaum- und Kastanienalleen, die sich vom dunklen Hintergrund der Berge abheben, sind wieder um mich her, und auch die Weingirlanden ziehen sich von Baum zu Baum. Alles echt und vorschriftsmäßig.

Gestern abend neun Uhr traf ich nach einer sechzehnstündigen Fahrt in Bellinzona ein. Um fünf Uhr früh hatte ich Chur im Eilwagen verlassen. Unter gewöhnlichen Umständen wäre das eine Strapaze gewesen, und zwar eine um so größere, als ich während der drei Stunden, die ich zu Chur im Bett zubrachte, keinen Augenblick Ruhe gefunden hatte. Nichtsdestoweniger war der ganze Tag eine Wonne von Anfang bis Ende. Selbst eine leise Prellerei, der ich ausgesetzt wurde, konnte daran nichts ändern. Sie ging mit Freundlichkeit Hand in Hand, was mich jedesmal entwaffnet; nur die gemeine norddeutsche Betrügerei, die nicht nur in dem Maß der Forderung, sondern auch in der Manier derselben Unverschämtes leistet, verdrießt mich. Wie ungermanisch bin ich doch! Alle Augenblicke (aber ganz im Ernst) empfind ich meine romanische Abstammung. Und ich bin stolz darauf.

Friedel hat recht: das Fahren ist das Beste von der Geschichte. Einige machen die Hotels zur Hauptsache, andere die Bildergalerien, noch andere das Bergklettern, als ob der Mensch von der Ziege abstammte. Dem allem steht die Friedelsche Schule, der ich mich anschließe, mit höherer Berechtigung gegenüber. Das beste ist Fahren. Mit offenen Augen vom Coupé, vom Wagen, vom Boot, vom Fiaker aus die Dinge an sich vorüberziehen lassen, das ist das A und das O des Reisens. Was noch übrigbleibt, ist Sache des Studiums, und auch mit diesem Studium ist es soso. In den seltensten Fällen ist es möglich, in den Kern der Dinge einzudringen, und wer sieben Monate lang in Rom lebte, wird nicht sehr viel mehr heimbringen als der, der es sieben Tage lang mit Plan und Buch in der Hand durchfahren hat. Wir lernen mit dem Auge am meisten; es ist beständig tätig; das Ohr nur sehr ausnahmsweise. Dazu kommt, daß wir im Sehen immer etwas empfangen, im Hören sehr oft nichts.

Also um fünf Uhr früh aus Chur. Ich hatte einen Platz im Kabriolett, neben mir zwei dänische Damen. Als Verfasser des »Krieges von 1864« schwieg ich mich patriotisch aus. Gleich der erste Moment, beim Einbiegen in die große Chaussee, war prächtig. Die Rätischen Alpen schlossen dunkel den Horizont, aber hoch über die vorderste Linie hinweg schaute das Schneehaupt des Piz Beverin, das, eben im Morgenlicht erglühend, die sich ihm nähernden Fremden freundlich begrüßen zu wollen schien. Die Fahrt geht rheinaufwärts. Nach etwa drei Stunden hatte man Thusis erreicht, das am Eingangstor der berühmten Via mala gelegen ist. Ich orientierte mich ein wenig, während die Pferde gewechselt wurden. Jetzt trat der Kondukteur, ein breitschultriger Graubündner, dessen ursprüngliche Schweizer Barschheit längst in milde stimmenden Spirituosen untergegangen war, an mich heran und machte die Bemerkung, daß ich vom Kabriolett aus nicht viel sehen würde; »der Bankettplatz, *das* sei das Wahre, um Umschau zu halten; die ›Differenz‹ könnte ich später an ihn erlegen.« Mein bereitwilligstes Eingehen auf diesen Vorschlag kostete mich außer einer Anzahl Trinkgelder 7 Francs 45 Centimes, die natürlich auch nur eine zwischen zwei, drei Verschworenen zu teilende Kriegskontribution waren. Der mir geleistete Dienst war aber viel größer als die Brandschatzung, so daß ich meinem Kondukteur auch noch nachträglich aufrichtig dankbar bin. Nur von dem offenen Bankettplatz aus war es möglich, die Zauber dieser Straße auf sich wirken zu lassen, denn man muß eben imstande sein, jeden Augenblick rechts oder links, nach oben oder unten blicken zu können. Beständig drängte sich mir die Erinnerung an das Böcklinsche Bild auf; alles war da, nur der Ichthyosaurus guckte nicht aus seinem Felsenfenster heraus. Und dennoch fehlte auch er nicht; denn der Ichthyosaurus, den der Künstler so genial erfunden hat, ist allerdings der Genius loci dieses Ortes, nichts als die Verkörperung des Schreckhaften, des Elementar-Ungeheuerlichen, das aus Fabelzeiten her hier seine Stätte hat. Was alles man auch über Böcklin sagen, ja ob man beweisen mag, daß dies und ähnliches gar keine malerischen Aufgaben seien, dennoch ist mir schließlich solch Nichtmaler lieber als hundert andere, denen niemand ihren Titel bestreitet.

Auf Beschreibung dieses großen Stücks Natur laß ich mich nicht ein; diese undankbare Aufgabe überlaß ich den Touristen generis communis, die keine Ahnung davon haben, daß die äußerliche Beschreibung nur klein macht und daß die Schilderung der Wirkung dieser Szenerie nur von einem Poeten in seiner besten Stunde geleistet werden kann. Nur eins. Ich hätte nicht geglaubt, daß nach allem, was ich in meinem Leben gesehen habe, ich noch so mächtig von Dingen dieser Art bewegt werden könnte. Zum Teil mag es daran liegen, daß meine Schweizer Eindrücke aus früherer Zeit her schon wieder verblaßt waren*, während die Eindrücke, die Italien gibt, doch von ganz anderer Natur sind. Neapel beispielsweise ist auch großartig; aber es ist eine großartige Schönheit, in der doch zuletzt das Großartige im Schönen untergeht. In der Taminaschlucht hingegen und fast noch mehr in der Via mala wird die Großartigkeit ganz rein verzapft; wenn sie einen Beisatz hat, so ist es der des Schrecklichen, der zum Imposanten und Gewaltigen au fond besser paßt als das Schönheitliche. Das Wesen der Schönheit ist das Maß, das in einer Art Gegensatz zum Großartigen steht.

Sehr bald nach der Via mala kommt das hochgelegene Dorf Splügen, das für zwei von Chur nach Italien führende Linien den Gabelpunkt bildet. Die eine, die später bei Chiavenna mündet, führt über den Splügen selbst, die andere über den Bernhardin. Diese letztere war die von mir gewählte, weil mein Reiseplan dahin ging, an der Nordseite des Lago Maggiore Italien zu erreichen. An dieser Nordspitze, oder doch in unmittelbarer Nähe derselben, liegt Bellinzona.

Um ein Uhr waren wir in Dorf Splügen und nahmen ein ganz gutes Diner. Um zwei Uhr weiter. Ich immer noch auf dem Adlerhorst meines Bankettplatzes thronend. Beim Abfahren rief mir ein zurückbleibender Postillon zu: »Jo, das ist der beste Platz!« Ich hörte gleich etwas wie Schelmerei heraus, ohne im übrigen viel Gewicht darauf zu legen. Bald indessen sollte mir die Tragweite dieses Scherzes klarwerden. Der Bernhardin, den wir jetzt in der Serpentine erkletterten, ist ganz kahl, und da saß ich nun im glühenden Sonnenbrand, immer kochiger und gedunsener werdend, durch nichts getröstet als durch die Be-

---

*) Ein Herr, mit dem ich von Konstanz bis Rohrschach fuhr, sagte mir sehr richtig: »Ich habe den Rheinfall vor zwanzig Jahren gesehen, aber ich habe kaum noch eine Vorstellung davon.« Alles verblaßt mit den Jahren; weniges, was in Farbenfrische in uns fortbesteht. Soll man sagen: »Schade« oder »Gott sei Dank«.

trachtung, daß ich für 7 Francs 45 Centimes den teuersten Platz des Wagens erstanden hatte. Die Nase tat mir weh, und ich fühlte, daß ich mit jedem Augenblick dem alten Kießling ähnlicher wurde. Nur bewahrte mich der Schilberzustand vor der Porosität. Ich konnte mich über das Peinliche und noch dazu Ridiküle meiner Lage nicht länger täuschen; die Sonne brannte, daß ein Straußenei hätte ausgebrütet werden können; alles einsam, nur die Adler und – ich in der Luft. »Non soli cedo.« Ich wich aber schließlich doch, ließ halten und kletterte (die Kabriolettplätze waren mittlerweile andererseits besetzt worden) in den Fond des Wagens. Dies war ein Glück für mich. Hier herrschte am meisten Schatten, und nach Schatten dürstete meine Seele. Zudem war ich allein. In diesem Alleinsein schwelge ich ordentlich. (Dies geht nicht gegen Dich, Du warst eine vorzügliche Reisegefährtin.) Während ich früher meine Scheuheit anklagte, segne ich sie jetzt. Es verlohnt sich nicht, auch nur ein einziges Wort zu sprechen; alles triviales, dummes Zeug, das einen nur von einer scharfen oder mußevollen Betrachtung abzieht.

Der Weg den Bernhardin hinauf war trist und langweilig, sein Plateau interessant, der Weg bergabwärts entzückend, namentlich auf der Strecke von dem kleinen Badeort San Bernardino bis Mesocco. Dies ist – selbstverständlich mit Ausnahme der Via mala, die ein Ding für sich ist – die brillanteste Strecke des Weges; die Hitze ließ jetzt nach, die Farbentöne wurden immer schöner. Ich rückte deshalb, nachdem mein Platz im Kabriolett wieder frei geworden war, aus dem Fond des Wagens abermals in den fensterreichen Frontkasten ein. Ich sollt es nicht bereuen, selbst das Störende gestaltete sich zum erheiternden Zwischenspiel. In San Bernardino war ein Chausseearbeiter aufgestiegen, den man aus Gutmütigkeit mitnahm. Er preßte sich, so gut es ging, mit in den Bockkasten des Postillons hinein. Da dieser Platz aber für zwei nicht recht ausreichte, so kam es, daß das linke Bein des blinden Passagiers gerade vor meinem Kabriolettfenster hing. Zum Überfluß hatte er kurz vor dem Aufsteigen in einen halb ausgetrockneten Fladen getreten, dessen durch einen halben Strohhalm augmentierte Überreste an seinem Hacken hingen. Alles in allem kam mit Hilfe des Halmes eine unregelmäßige Sichel heraus, die nun innerhalb des Fensterrahmens eine zweite, engere Umrahmung schuf. Lunettenartiger Ausschnitt. Über das einigermaßen Unappetitliche kam ich leicht hinweg. Ich hätte in diesem Augenblick verdient, Wichmann zu sein. Auch war die ganze Szenerie in der Tat von so viel Lieblichkeit, daß nur ein Griesgram hätte mäkeln können. Sonntagnachmittag, das Volk überall geputzt und plaudernd oder auch zur Heuernte hinausgegangen. Inmitten der Heuenden stand eine junge schöne Frau, die die ganze Wiege, in der ihr Kind lag, wie einen Leierkasten auf dem Rücken trug. Was mich aber am meisten erheiterte, war das Folgende. Wir fuhren bergab, deshalb genügten vier Pferde, während bergauf fünf gebraucht zu werden pflegen. So blieb denn von den fünf Umspannpferden, die am Vormittag, einige Stunden vor unserer Ankunft in San Bernardino, von Mesocco aus hinaufgeklettert waren, eins übrig, das aber doch auch wieder zurück mußte. Wie geschah das nun? Auf die einfachste Weise von der Welt. Schon mochten wir eine Meile oder mehr bergab sein, als ich plötzlich mit Hilfe der Serpentine eines Pferdes ansichtig wurde, das, während es uns in Wahrheit auf fünfzig Schritt folgte, an jeder Biegungsstelle nicht hinter, sondern neben uns war. Dann und wann, wenn nur ein einfaches Stück Wiesenland den Raum zwischen der Serpentine füllte, sparte sich das kluge Tier die überflüssige Wegstrecke, durchschnitt geschickt den grünen Streifen und lief nun gerade auf unser Seitenfenster zu. Hineinguckend begrüßte es uns durch das Schellenklingeln seines Geschirrs und nahm dann wieder die Queue, in pflichtschuldigem Abstand dem Wagen folgend.

Ich könnte in solchen Schilderungen fortfahren, aber es wird zuviel, und – Dubletten wirken nicht. Der Mond ging auf und warf sein Licht über verschiedene Bergwässer, zuletzt über den Tessin. Um neun Uhr fuhren wir in Bellinzona ein. Ich nahm Abschied von meinem Kondukteur, der *sehr* freundlich war, und zog in den »Engel« ein, der seinem Namen Ehre machte, was man nicht von jedem Engel sagen kann. Ich war todmüde und schlief wie in Abrahams Schoß.

Diesen Tagesbericht hab ich wirklich während der Bootfahrt auf dem Lago Maggiore geschrieben, aber – mit Bleistift in mein Notizbuch. Dies ist die Abschrift davon. Sie ist mir blutsauer geworden, da zwei Federn, die mir Zimmermagd und Kellner lieferten, gleich schlecht waren. Morgen früh rechne ich auf einen Brief von Dir, mög ich Gutes hören. Mit meinem Befinden geht es seit der Fahrt über den Bernhardin besser, die furchtbare Hitze scheint mich kuriert zu haben.

Leb wohl, herzlichst wie immer Dein

Th. F.

AN EMILIE FONTANE   Mailand, 10. August 1875

Gestern schrieb ich vom Lago Maggiore aus, heute schreib ich von Mailand, das ich gestern bei guter Zeit erreichte. Ich stieg im Hotel »De la Ville« ab, nicht im Hotel »Cavour«, das mir Heyden empfohlen hatte. Hotel »Cavour« liegt am Rande der Stadt, Hotel »De la Ville« in der Mitte. Dies bestimmt mich, letzterem den Vorzug zu geben. An Wert sind sie gleich, auch wohl an dem Wert, den sie sich in ihren Rechnungen selbst beilegen. Aber ich schulde Dir noch eine Schilderung des gestrigen Tages. Ich kann mich ziemlich kurz fassen.

Etwa um neun aus Bellinzona. Kurze Eisenbahnfahrt um die Nordspitze des Lago Maggiore herum; Ankunft in Locarno zehn Uhr. Von hier aus machte ich nun die Seefahrt, die fünf bis sechs Stunden dauerte. Der See sieht gerade so aus, wie er gemalt zu werden oder selbst in Ölfarbendruck zu erscheinen pflegt. Jede Überraschung, die so viel tut, fällt weg. Überhaupt kann man von Italien sagen, es sei »abgemalt«, wie Lieder abgesungen werden. Ihre Popularität wächst dadurch, vielleicht auch ihr Ruhm, aber nicht ihr Reiz. Alles Schönste muß rar bleiben, muß als beglückende Ausnahme empfunden werden. Je gekannter, je trivialer; nicht immer notwendig, aber die Gefahr ist da. . . .

Mit Isola Bella hört die Schönheit und das Interesse auf, man fährt nur weiter, um an der Südwestseite des Sees Arona zu erreichen, von wo die Eisenbahn die Reisenden nach Mailand führt, zweieinhalb Stunden. Eine der ersten Stationen ist Somma in der Nähe des Ticino, wo Hannibal nach Passierung der Alpen seinen ersten Sieg über die Römer erfocht; dann folgt Legnano, wo die Mailänder den Barbarossa schlugen. Überhaupt begegnet man hier – ähnlich wie auf der Strecke von Weimar bis Leipzig –

alle fünf Minuten einem berühmten Schlachtfeld. – Um 7 Uhr waren wir in Mailand.

Nach einer unerläßlichen Säuberung und Einnahme eines Soupers: Hammelkoteletts, in denen ein mir vorschwebendes Ideal endlich zur Wirklichkeit wurde, ging ich in die Stadt und sah noch den Dom, den Scalaplatz mit seinem gleichnamigen Theater, die große Marmorstatue Leonardo da Vincis und die neuerdings so berühmt gewordene »Galeria Vittore Emanuele« – das Vorbild zu unserer »Passage«, die daneben allerdings zu einem bloßen Gäßchen zusammenschrumpft. Überhaupt, welche Stadt! Oh, Berlin, wie weit ab bist Du von einer wirklichen Hauptstadt des Deutschen Reiches! Du bist durch politische Verhältnisse über Nacht dazu geworden, aber nicht durch Dich selbst. Wirst es nach dieser Seite hin auch noch lange nicht werden. Vielleicht fehlen die Mittel, gewiß die Gesinnung. »Denn aus Gemeinem ist der Mensch gemacht«, sagt Schiller; er soll dabei speziell an den Berliner Spießbürger, der inzwischen zum »Bourgeois« sich abwärts entwickelt hat, gedacht haben. Überhaupt will es mir nicht glücken, es im Auslande zu irgendeiner patriotischen Erhebung zu bringen. Nicht nur, daß man Schritt um Schritt empfindet, wie sehr uns diese alten und reichen Kulturlande voraus sind, nein, man taxiert uns auch in diesem Sinne. Man will von uns nichts wissen. Weder das »ewige Gesiege« noch die fünf Milliarden haben unsere Situation gebessert. Es hieß zwar unmittelbar nach dem Kriege, »wir seien nun ein für allemal etabliert, der so lange vermißte Respekt sei da«. Aber ich merke nichts davon. Alles dreht sich nach wie vor um England und Frankreich; man versteht kein Deutsch oder will es nicht verstehen; englische und französische Zeitungen überall; englische und französische Bücher im Schaufenster jedes Buchladens, aber kein einziges deutsches Buch. Nicht einmal die »Wanderungen«. Im Grunde genommen ist es recht so, denn das, was wirkliche Superiorität schafft, fehlt uns trotz Schulen und Kasernen nach wie vor. Freilich haben Athen und Sparta einst politisch rivalisiert, aber Sparta ist längst nur noch Name und Begriff, während die beglücktere Rivalin eine Wirklichkeit ist bis auf diesen Tag. . . .

Auf der Rückreise von der Fahrt, die ihn noch nach Riva am Gardasee, Genua, Pisa, Florenz, Bologna, Ravenna, Modena, Parma, Padua und Verona geführt hatte, traf Fontane Ende August mit seiner Frau in Berchtesgaden zusammen, so sie einige Zeit blieben.

AN MATHILDE VON ROHR   Berlin, 17. Juni 1876

... Unser langes Schweigen hat darin seinen Grund, daß sich in unsrem Hause wieder große Umwälzungen vollzogen haben: ich habe vor etwa drei Wochen meine Entlassung aus meinem Amte nachgesucht. Alle Welt verurteilt mich, hält mich für kindisch, verdreht, hochfahrend. Ich muß es mir gefallen lassen. Das Sprechen darüber hab ich aufgegeben. Es führt doch zu nichts. Ich muß durch Taten beweisen, daß ich nicht leichtsinnig gehandelt habe. Ob mir dies gelingen wird, muß abgewartet werden. Ihnen, die Sie immer so gütig und nachsichtig gegen mich gewesen sind, nur das Folgende: Ich bin jetzt drei und einen halben Monat im Dienst. In dieser ganzen Zeit hab ich auch nicht eine Freude erlebt, nicht einen angenehmen Eindruck empfangen. Die Stelle ist mir, nach der persönlichen wie nach der sachlichen Seite hin, gleich sehr zuwider. Alles verdrießt mich; alles verdummt mich; alles ekelt mich an. Ich fühle deutlich, daß ich immer unglücklich sein, daß ich gemütskrank, schwermütig werden würde. Vom ersten Tage an bis zu dieser Stunde ist meine Empfindung dieselbe geblieben. Ich benutzte eine sich mir darbietende Gelegenheit, erklärte, mein Amt niederlegen zu wollen, und kam tags darauf beim Minister um meinen Abschied ein. Bis dieser erfolgt sein wird – worüber noch ein paar Monate vergehn – führe ich die Geschäfte fort. Ich habe furchtbare Zeiten durchgemacht, namentlich in meinem Hause. Meine Frau ist tiefunglücklich, und von *ihrem* Standpunkte aus hat sie recht. Andrerseits konnte ich ihr diese schmerzlichen Wochen nicht ersparen. Und was geschehen sollte, mußte rasch geschehen. Noch hab ich vielleicht die Kraft und Elastizität, die Dinge wieder in so guten Gang zu bringen, wie sie bis zu dem Tage waren, wo mir diese unglückselige Stelle angeboten wurde. Die Weisheit der Menschen nutzt mir nichts. Was sie mir sagen können, hab ich mir in hundert schlaflosen Stunden längst selbst gesagt. Die Glücksarten der Menschen sind eben verschieden: »Den enen sin Uhl is den annern sin Nachtigall.« Mir ist die Freiheit Nachtigall, den andern Leuten das Gehalt. . . .

Die Auseinandersetzungen zwischen Fontane und seiner Frau über die Vor- und Nachteile einer Beamtenstellung fanden in folgender sarkastischer Skizze Fontanes ihren Niederschlag:

WIE SICH MEINE FRAU EINEN BEAMTEN DENKT

1. Ein Beamter lebt lange.
2. Solange er lebt, hat er ein auskömmliches Gehalt.
3. Ist er krank, so wird er vertreten. Je öfter, desto besser.
4. Badereisen sind garantiert.
5. Der Dispositionsfonds ist unerschöpflich und wird nur von der unergründlichen Güte seines Verwalters übertroffen.
6. Arbeit Chimäre.
7. Dienststunden werden gehalten oder nicht gehalten. Werden sie gehalten, so wechselt die Lektüre der Nationalzeitung mit der der Vossischen.
8. Fehler sind gleichgültig, solange nur nach außen hin die eigene und des Standes Unfehlbarkeit gewahrt bleibt.
9. Zum Ordensfest und zu Königsgeburtstag muß der Beamte gesund sein. (Weiße Binde.)
10. Erfüllt er dies, so verdoppelt der König die Witwenpension aus dem Schatullenfonds. Für die Töchter: Erziehungsgelder; für die Söhne: drei Kadettenstellen frei.

AN MATHILDE VON ROHR Berlin, 1. Juli 1876

. . . Ich hatte mich zu entscheiden, ob ich, um der äußeren Sicherheit willen, ein stumpfes, licht- und freudeloses Leben führen oder, die alte Unsicherheit bevorzugend, mir wenigstens die *Möglichkeit* heiterer Stunden zurückerobern wollte. Ich wählte das letztere, während meine Frau das erstere von mir forderte. Ich würde diese Forderung unendlich lieblos nennen müssen, wenn ich nicht annähme, sie hätte sich in ihrem Gemüt mit dem berühmten Alltagssatze beruhigt: der Mensch gewöhnt sich an alles. Dieser Satz ist falsch. Ich bin so unsentimental wie möglich, aber es ist ganz gewißlich wahr, daß zahllosen Menschen, alten und jungen, das Herz vor Gram, Sehnsucht und Kränkung bricht. Jeder Tag führt den Beweis, daß sich der Mensch *nicht* an alles gewöhnt. Auch *ich* würde es nicht gekonnt haben und wäre entweder, wenn ich durchaus hätte aushalten müssen, tiefsinnig geworden oder hätte doch wenigstens eine traurige Wandlung aus dem Frischen ins Abgestandene, aus dem geistig Lebendigen ins geistig Tote durchgemacht. Das heißt dann freilich »sich gewöhnen«, aber wie! Noch jetzt empfinde ich täglich, wie wenig meine Stellung, die Dinge wie die Menschen, für mich taugt, und doch ist seit meiner eingereichten Demission, der eine große Szene im Senat zwischen Geheimrat Hitzig und mir vorausgegangen war, eine wesentliche Änderung zum Besseren eingetreten. Denn so sind die Menschen: man flößt ihnen erst Respekt ein, wenn man ihnen den Beweis führt, daß man sich aus ihnen selbst, aus ihrem Geld und ihrer Gunst, aus ihren Ehren und Ämtern nicht das geringste macht. Bis dahin war ich, wenn auch im ganzen wohlgelitten, doch immerhin ein »armer Teufel«, der froh sein mußte, schließlich noch unter Dach und Fach gekommen zu sein. Jetzt bin ich ein forscher Kerl, ein Charakter, dem der Ehrenpunkt über den Geldpunkt ging und der nicht Lust hatte, nach jeder Geheimratspfeife zu tanzen. Die Epoche der Anklagen ist längst vorüber; die meisten beglückwünschen mich jetzt. Ich brauche Ihnen wohl nicht erst zu versichern, daß ich auf solche Beglückwünschungen gern verzichte und statt dessen des stillen Glücks einer gesicherten Stellung mich gern erfreuen würde (Gott weiß, *wie* gern). Aber andrerseits konnt ich, von einer ganzen Menge andrer Unleidlichkeiten abgesehn, das *Gefühl des Degradiertseins,* das ich nach Lage der Sache durchaus haben mußte, nicht ertragen. In allen Lebensstellungen, in denen ich bisher war, auch in denen, die mich nur halb befriedigten, hatte ich immer das Gefühl, innerhalb meines kleinen Kreises etwas zu sein und zu bedeuten. Von Jugend auf bin ich daran gewöhnt, als etwas nicht ganz Alltägliches angesehen zu werden. Dieses süßen Gefühls sollte ich plötzlich entbehren, auch *mit gutem Grund* entbehren, da all meine Begabung nicht zu brauchen und alles, was gebraucht wurde, wiederum nicht im Bereiche meiner Begabung war. Ich konnte das Peinliche, was mir daraus erwuchs, nicht auf die Dauer hinnehmen. Wer das Eitelkeit oder Hochmut nennen will, der tu es. Ich beneide solchen Jammerprinzen nicht um seine Demut. . . .

Emilie Fontane befand sich zu Besuch bei ihrer Freundin Johanna Treutler auf dem Gut Neuhof bei Liegnitz.

AN EMILIE FONTANE Berlin, 31. Juli 1876

Die Briefe von George und Mete, die ich gestern zur Post gab, wirst Du heute früh erhalten haben. Sie waren beide in ihrer Art ausgezeichnet. Wie treffend, wie allerliebst in Metens Brief der Vergleich zwischen Doberan und Warnemünde; wie fein, wie bescheiden und doch wieder wie selbständig Georges Urteile über die Goetheschen Dichtungen. Ich habe mich gleich hingesetzt und ihm den ganzen Bogenhaufen geschickt, der meine eignen Aufzeichnungen über »Wilhelm Meister« enthält. Sonderbarerweise haben Vater und Sohn den Roman zu gleicher Zeit gelesen.

Das Briefschreibetalent der Kinder ist insoweit nicht verwunderlich, als sie es ebensogut von Mutter- wie Vaterseite her haben können. Über Deinen heut erhaltenen Brief hab ich mich sehr gefreut. Wenn Du doch diese selbständigen Gedanken, dieses gerechte Urteil auch im alltäglichen Leben und bei Würdigung dessen hättest, was ich tue oder lasse. Das Schlimme ist, daß Du Dich nicht daran gewöhnen kannst und auch nicht gewöhnen willst, mich für einen verständigen und auf *meine* Weise ganz praktischen Menschen anzusehn. Du läßt mir alle möglichen Vorzüge, betrachtest mich aber wie ein poetisches Kind, das jeden Augenblick auf dem Punkt steht, sich als Familien-Enfant-terrible aufzuspielen. So liegen aber die Dinge durchaus nicht; ich weiß auch, daß man Miete und Steuern bezahlen muß und daß man von der Luft nicht leben kann. Am wenigsten ich. Es ist auch nicht richtig, wenn ewig von meiner Lieblosigkeit gesprochen wird. Ich beobachte mich seit längrer Zeit auf diesen Punkt hin, und ich kann mit gutem Gewissen sagen: es trifft nicht zu. Egoistisch bin ich, aber nicht lieblos. Das ist ein großer, großer Unterschied. Ich könnte ein hohes Lied schreiben über die Erhabenheit, die Herrlichkeit, die Wonne, die Wunderkraft der Liebe, und zwar nicht Phrasen, die ich hasse, sondern Empfundenes. Aber freilich, was sich so gemeinhin Liebe nennt, diese ganze Reihe niedrigstehender, beleidigender, zugleich mit wuchtigster Prätention auftretender Bourgeois-Empfindungen – und *dieses* Bourgeoistum ragt in alle Stände hinein – für diese Sorte Liebe hab ich nur Spott und Verachtung. Ich liebe Liebe, aber ich gucke sie mir an und prüfe sie auf ihre Echtheit; vieles, was sich in gutem Glauben dafür gibt, ist nicht weit her. Die bloße persönliche, aus leidlicher Begriffsverwirrung geborene Überzeugung »Ich liebe« ist noch lange keine Legitimation.

In der leidigen Sekretärangelegenheit bin ich so weit gegangen, vor etwa zwei Wochen schon an L. zu schreiben, daß – wenn man mein Verbleiben wünsche – ich meinerseits kein Hindernis mehr entgegenstellen würde. Weiter aber kann ich und werde ich auch nicht gehn. Es hat mich bei diesem Schritt sehr meine Liebe zu Dir mitbestimmt, weil ich Dich glücklich sehn und den heißesten Wunsch Deines Lebens – den ich nicht in gleichem Grade teile, aber völlig verstehe und respektiere – Dir riesig gern erfüllen möchte. Für mich *persönlich* bleibt es im übrigen bestehn, daß die Stelle, auch in rein pekuniärem Betracht, nicht das gelobte Land ist, von dem Du träumst, und daß ich, wenn ich sie *nicht* wiedererhalte, als freier Schriftsteller geradesogut leben kann wie als Sekretär der Akademie....

AN EMILIE FONTANE   Berlin, 15. August 1876

Heute früh erhielt ich Deine Zeilen – die freundlichsten, die ich in diesen fünf Wochen empfangen habe – und danke Dir dafür. Du schreibst, »alles verwöhne Dich dort, nur von hier aus würdest Du knapp behandelt«. Dem Zusammenhange nach kann sich dies nur auf mein Briefschreiben beziehn, und da gehört denn diese Bemerkung wieder zu jenen rätselhaften Äußerungen, in denen Du, wenigstens zuzeiten, groß bist. Ich habe das gute Gewissen, Dir ganze Manuskripte geschickt zu haben;

zweimal hab ich drei, vier Tage vergehen lassen, ohne zu schreiben, aber lediglich aus Verstimmung über den Ton Deiner Briefe oder doch aus Verstimmung über einzelne ganz ungehörige, mich kränkende Bemerkungen. So auch in Deinem längeren Briefe, der Deinen Besuch bei Schwester Lise schilderte. Was soll es heißen, wenn Du mir in bezug auf eine aus drei Personen bestehende Gesellschaft, in der noch nicht zwei Flaschen Medoc Cantenac à 12½ sgr. getrunken wurden, kurz und feierlich schreibst: »*So* hatte ich mir unsre Zukunft gedacht.« Was soll ich mit solchem Satze machen? Möglicherweise ist es nicht böse gemeint gewesen, aber ich will *den* sehen, der aus einem solchen Satze Humor oder Harmlosigkeit herauslesen kann. Ich bilde mir ein, mich auf beide zu verstehn.

Meine liebe Frau, es ist im großen und kleinen das alte Lied. Du reizest mich bis aufs Blut und wunderst Dich hinterher, wenn ich heftig und bitter werde; Du machst ein böses Gesicht und wunderst Dich, wenn ich Dir aus dem Wege gehe; Du verhältst Dich ablehnend und wunderst Dich, wenn ich nicht zärtlich bin. Natürlich bin ich auch zuzeiten unzärtlich, ohne vorher einer Nüchternheit begegnet zu sein; aber das ist nicht zu ändern, weil es ebenso in der menschlichen Natur wie ganz besonders in unsern Lebensverhältnissen liegt. Wenn ich bei einer Arbeit nicht von der Stelle kann oder das Gefühl des Mißlungenen habe, so bedrückt das mein Gemüt, und aus bedrücktem Gemüt heraus kann ich nicht nett, quick, elastisch und liebenswürdig sein. Aber das müßtest Du auch, wenn Du Dich ein bißchen auf meine Art verstündest, gar nicht von mir fordern. Daß ich Dich liebe, weißt Du: daß ich es Dir tausendfältig gezeigt habe, wirst Du nicht wohl bestreiten können. An diesem schönen Bewußtsein müßtest Du genug haben und als kluge Frau wissen, in 24 Stunden ist das alles vorüber. Statt dessen zeigst Du Deine ganz und gar unberechtigte Verstimmung, die mich nun erst wirklich verdrießlich und aus dem tristen Tage eine triste Woche macht. Wenn Du doch all dies einsehn, wenn Du Dich doch nicht in der Vorstellung verblenden wolltest, daß Du eine arme, zurückgesetzte Kreuzträgerin wärest. Es ist ja alles bittre Torheit: Du bist eine durch Deinen Mann, Deine Kinder, Deinen Lebensgang und Deine Lebensstellung unendlich bevorzugte Frau. Es gibt wenige, die es *so* gut getroffen haben. Daß Du das Glück nach der Zahl der Goldrollen bemessen solltest, für so inferior halte ich Dich nicht, habe auch keine Ursache dazu....

Du wirst bei Deiner Rückkehr mir gleich zeigen können, ob ich noch wieder auf friedliche, glückliche Tage rechnen kann oder nicht. Meine Angelegenheit hat sich mittlerweile entschieden. Am 2. August, am Tage vor der Akademiefeier, erhielt ich die amtliche Mitteilung, daß der Kaiser meine Entlassung genehmigt habe und daß ich nur noch die Ernennung eines Nachfolgers abzuwarten hätte. Im ersten Augenblicke war es mir *Deinetwegen* leid; ich hatte mich seit fünf, sechs Wochen derartig eingearbeitet, daß ich es für möglich hielt, die Sache auszuhalten, und in der äußeren Lebenssicherheit ein Äquivalent für *das* erblickte, was ich, auch im glücklichsten Falle, hätte begraben müssen, ein Äquivalent für mein aufzugebendes Schriftstellertum. Aber was ich seit 14 Tagen nun wieder erlebt, zeigt mir, wie richtig meine ersten Eindrücke waren. Ich sehe ganz klar, wie es geändert werden könnte, aber zu dieser Änderung wird es so bald nicht kommen. Ich ersehne den Moment, wo ich aus diesem wichtigtuerischen Nichts, das mit Feierlichkeit bekleidet wird, wieder heraus sein werde. Dinge, Personen, Zustände sind alle gleich unerquicklich. Ich passe in solche Verhältnisse nicht hinein und will mich lieber weiter quälen. Eine gute Theaterkritik, um das Kleinste herauszugreifen, ist viel, viel besser als diese Reskriptefabrikation, bei der ich noch nichts Erfreuliches habe herauskommen sehn. Übrigens spreche ich über diese Dinge zu niemand, am wenigsten in *diesem* Ton. Die Welt verlangt nun mal ihre Götzen. Meinetwegen, wenn ich sie nur nicht mit anzubeten brauche.

Akademie lebe wohl! Aber, enfin, es muß auch so gehen. Eine Fülle neuer Arbeiten ist angefangen, und mir ist nicht so zumute, als würde ich mit nächstem in den Skat gelegt werden. Im Gegenteil....

An Mathilde von Rohr Berlin, 22. August 1876

... Meine Frau, die große Meriten hat und in vielen Stücken vorzüglich zu mir paßt, hat nicht die Gabe des stillen Tragens, des Trostes, der Hoffnung. In dem Moment, wo ich ertrinkend nach Hülfe schreie und ein freundlich ausgestreckter Finger mich über Wasser halten würde, hat sie eine Neigung, ihre Hand nicht rettend unterzuschieben, sondern sie wie einen Stein auf meine Schulter zu legen. Bescheiden in ihren Ansprüchen, ist sie in ruhigen Tagen eine angenehme, geist- und verständnisvolle Gefährtin, aber ebensowenig wie sie die Stürme in der Luft vertragen kann, ebensowenig erträgt sie die Stürme des Lebens. Sie wäre eine vorzügliche Prediger- oder Beamtenfrau in einer gut und sicher dotierten Stelle geworden. Auf eine Schriftstellerexistenz, die, wie ich einräume, sich immer am Abgrund hin bewegt, ist sie nicht eingerichtet. Und doch kann ich ihr nicht helfen. Sie hat mich als Schriftsteller geheiratet und muß sich schließlich darin finden, daß ich trotz Abgrund und Gefahren diese Art des freien Daseins den Alltagskarrieren mit ihrem Zwang, ihrer Enge und ihrer wichtigtuerischen Langenweile vorziehe. *Jetzt,* wo ich diese Karrieren allerpersönlichst kennengelernt habe, mehr denn je. ...

Wenige Jahre später – in dem 1881 abgeschlossenen vierten Bande der »Wanderungen« – wird Fontane in bitterer Ironie das Geständnis niederschreiben: »In Ungnade fallen und Pensioniertwerden ist eigentlich immer mein Ideal gewesen.«

DICHTERISCHER AUFBRUCH

1876–1884

Die Entscheidung vom Frühjahr 1876 führt die bedeutungsvollste Wendung in Fontanes Schaffen herbei.

Die Kriegsbücher liegen endgültig hinter ihm; soeben ist der letzte Teil des »Krieges gegen Frankreich« erschienen. Die »Wanderungen« gehen ihrem Abschluß entgegen. In dem Erinnerungsbuche »Christian Friedrich Scherenberg und das literarische Berlin von 1840 bis 1860« (Berlin 1885) blickt Fontane noch einmal auf die große Zeit des »Tunnels« zurück. Zugleich ist dies der erste, noch unsichere Versuch in einer Form des biographischen Berichts, die Fontane ein Jahrzehnt später bei der Darstellung seiner eigenen Lebensgeschichte vollendet meistern wird. Die journalistische Tätigkeit beschränkt sich jetzt mehr und mehr auf die Theaterrezensionen in der »Vossin«; in ihnen erhebt sich Fontane zu einer immer kunstvolleren Handhabung des kritischen Metiers.

Stärker als alles andere beansprucht die Dichtung sein Interesse, seine Hingabe; bald wird er sich ihr ausschließlich widmen. Zunächst vollendet Fontane seinen großen historischen Roman »Vor dem Sturm« (Berlin 1878), an dem er über ein Jahrzehnt gearbeitet hat. Von nun an erscheint fast Jahr für Jahr eine neue Erzählung, ein neuer Roman: Versuche, durch die Fontane Umfang und Grenzen seiner gestalterischen Möglichkeiten abtastet – und zugleich die Staffeln, auf denen er zur Meisterschaft aufsteigt. Auf »Grete Minde« (Berlin 1880) und »Ellernklipp« (Berlin 1881) folgt – als sein erster Roman aus dem Berlin der Gegenwart – »L'Adultera« (Breslau 1882). Im nächsten Jahre erscheint »Schach von Wuthenow« (Leipzig 1883), der Beginn einer dichterischen Auseinandersetzung mit den Traditionen des »Borussismus«. Auch die Romane »Stine«, »Irrungen Wirrungen« und »Cécile« werden größtenteils schon in dieser Zeit geschrieben oder doch entworfen, jedoch erst später veröffentlicht. »Graf Petöfy« (Dresden 1884) beschließt die Reihe der Publikationen dieses Jahrzehnts. Es stand im Zeichen der Rückkehr zur Poesie.

In Fontanes äußerem Leben ändert sich wenig. Seit Anfang Oktober 1872 wohnt er in der Mansarde des Hauses der »Ballei Brandenburg« des Johanniterordens in Berlin, Potsdamer Straße 134c (der evangelische Johanniterorden war 1853 zur Förderung und Ausübung christlicher Krankenpflege neuaufgerichtet worden). Bis zu seinem Tode hat Fontane die Wohnung nicht mehr gewechselt; unzählige seiner Briefe tragen am Kopf den Absendevermerk »Potsdamer Straße 134c«.

Regelmäßig geht er in verschiedene »Sommerfrischen«, die mitunter bereits im Mai beginnen und erst im September enden. Sie sind für ihn nicht Urlaub von der Arbeit, sondern Urlaub für die Arbeit, Flucht vor dem ihm unerträglichen Sommerklima – der »Malaria« – Berlins.

Im Dezember 1884 schreibt Fontane seinen letzten Brief an den alten Freund Bernhard v. Lepel; die Korrespondenz ist schon vorher nicht mehr rege gewesen. Wenige Monate später stirbt Lepel; über vierzig Jahre war er der Freund Fontanes. Bereits im Juni 1884 hat dieser bei dem Aufenthalt in Krummhübel den 23 Jahre jüngeren Amtsrichter Dr. Georg Friedlaender aus dem benachbarten Schmiedeberg kennengelernt. Friedlaender wird der Freund und zugleich der wichtigste Korrespondenzpartner Fontanes in dessen letzten anderthalb Lebensjahrzehnten. An die Stelle des junkerlichen Gardeoffiziers und konservativen »Tunnel«-Dichters tritt der freisinnige, für alles Neue aufgeschlossene Intellektuelle aus der angesehenen jüdischen Gelehrtenfamilie. Dieser Übergang ist von zwingender Symbolik. Zehn Jahre später, an seinem 75. Geburtstag, wird Fontane in einem bitteren Gedicht seine Enttäuschung über die Behandlung ausdrücken, die er durch den preußischen Adel erfahren hat. Das Gedicht endet mit den Worten: »... kommen Sie, Cohn«.

Die Briefe der Jahre von 1876 bis 1884 belegen das allmähliche Heranreifen der diesem Satze zugrunde liegenden Einsicht. Die Konsequenzen wird Fontane in den Werken und Briefen seiner letzten, großen Jahre ziehen.

An Mathilde von Rohr Berlin, 1. November 1876

... Seit gestern habe ich nun meinen Abschied. In diesem Augenblick (Mittwochabend) wird Zöllner als mein Nachfolger eingeführt. Ich freue mich, daß er die Stelle erhalten hat. Er ist der rechte Mann am rechten Platz. Die Stelle paßt für ihn und er für die Stelle. Zu übersehen ist nicht, daß – ganz abgesehen von dem Unterschied, der in unsern Personen liegt – er auch unter unendlich günstigern Verhältnissen in seine Stelle eintritt. Mir gegenüber glaubten Ministerium und Präsident Hitzig das Gefühl haben zu dürfen: »*Der* kann Gott danken, dieses Amt erhalten zu haben.« Zöllner gegenüber haben sie das Gefühl: »Danken wir Gott, daß wir diesen Mann haben.« Das macht einen ungeheuren Unterschied. Ich bin nur auf Kühle, Ablehnung, Zweifel gestoßen. Mein Nachfolger wird überall einem artigen Entgegenkommen begegnen. Er steht nicht unter dem Senat, am wenigsten unter seinem Präsidenten (dies hat er sich klugerweise vorher ausbedungen), und wird binnen kürzester Frist Rang und Titel eines Geheimen Regierungsrats erhalten. Es wird ihm also freundlicher gesungen als mir, der ich bis zuletzt einem ganz aparten Rigorismus begegnet bin. Noch mein Entlassungsschreiben selbst – im übrigen verbindlich genug abgefaßt – gab den Beweis davon. Die letzten Zeilen lauteten ohngefähr: »Was das für das letzte Quartal 1876 empfangene Gehalt angeht, so bitten wir Sie, die den Monaten November und Dezember entsprechende Summe an unsre Generalkasse zurückzuzahlen.« Ich werde also beinahe vierhundert Taler morgen wieder abliefern. Solche Rückzahlungen kommen, glaub ich, überhaupt nur selten vor. Man trifft andre Auswege, die sich ja immer bieten, wenn man sie nur finden *will*. Es scheint mir dies Verfahren also überhaupt so streng wie möglich. Es kommt aber hinzu, daß ich meine kurze Beamtenlaufbahn gleich mit »zwei Monaten ohne Gehalt« (März und April d. J.) eröffnet und, wie ich wohl sagen darf, mich bis zum letzten Augenblick gentlemännisch betragen habe. Eine Verdächtigung meines Charakters, also eine offenbare Beleidigung, veranlaßte mich, meine Entlassung einzureichen. Die ganze wüste Wirtschaft kam als Motiv hinzu. Auf Wunsch des Ministeriums ließ ich in meinem

Schreiben an den Kaiser dies aber fallen und stellte mich wohlgemut als einen halben Imbécile dar, der weder seinem Charakter noch seiner Begabung nach der Stelle gewachsen sei. Dies war denn doch höchstens die halbe Wahrheit, und unter ein bißchen angenehmeren Verhältnissen hätt ich ruhig bleiben und mein Leben als Akademiesekretär beschließen können. All das weiß das Ministerium. Es weiß, daß man mir nicht allzu freundlich mitgespielt hat. Es weiß, daß ich zwei Monate umsonst gearbeitet habe. Es weiß, daß ich unbemittelt bin und nun in meinen alten Tagen abermals von vorn anfangen muß. Trotz alledem hat man die schöne Seelenruhe, das Gehalt pro November und Dezember von mir zurückzufordern. Ich find es einfach empörend. Kommt man mir mit »Gesetzlichkeit« der Maßregel, die ich natürlich nicht bestreite, so kann ich bloß die Achseln zucken. Seit sechsundzwanzig Jahren hab ich mit den verschiedensten Ministerien, Auswärtiges, Inneres, Kultus- und Staatsministerium, zu tun gehabt, und ich weiß nachgerade, *was möglich ist, wenn man will*. Wenn Sie die Freundlichkeit haben, mir zu antworten, so berühren Sie diesen Punkt *nicht*. Meine Frau weiß nämlich nichts davon und soll auch nichts davon erfahren. Es würde sie nur aufs neue beunruhigen, neue Sorgen und, wenn ich Glück habe, auch neue Vorwürfe schaffen.

Der Roman ist in dieser für mich trostlosen Zeit mein einziges Glück, meine einzige Erholung. In der Beschäftigung mit ihm vergesse ich, was mich drückt. Aber wenn er überhaupt noch zur Welt kommt, so werde ich, im Rückblick auf die Zeit, in der er entstand, sagen dürfen: ein Schmerzenskind. Er trägt aber keine Züge davon. Er ist an vielen Stellen heiter und nirgends von der Misere angekränkelt. Ich glaube auch sagen zu dürfen, *Ihnen* wird er gefallen, und die Hoffnungen, die Sie immer daran geknüpft haben, werden nicht ganz unerfüllt bleiben. Ich empfinde im Arbeiten daran, daß ich *nur* Schriftsteller bin und nur in diesem schönen Beruf – mag der aufgeblasene Bildungspöbel darüber lachen – mein Glück finden konnte.

An Mathilde v. Rohr   Berlin, 30. November 1876

... Ohne daß man unartig oder beleidigend gegen mich gewesen wäre, was ich mir einfach verbeten hätte, hat man mich doch nie wie einen etablierten deutschen Schriftsteller, sondern immer wie einen »matten Pilger« behandelt, der froh sein könne, schließlich untergekrochen zu sein. Immer die unsinnige Vorstellung, daß das Mitwirtschaften in der großen, langweiligen und, soweit ich sie kennengelernt habe, total konfusen Maschinerie, die sich »Staat« nennt, eine ungeheure Ehre sei. Das »Frühlingslied« von Uhland oder eine Strophe von Paul Gerhardt ist mehr wert als dreitausend Ministerialreskripte. Nur die ungeheure Eitelkeit der Menschen, der kindische Hang nach Glanz und falscher Ehre, das brennende Verlangen, den alten Wrangel einladen zu dürfen oder eine Frau zu haben, die Brüsseler Spitzen an der Nachtjacke trägt; nur die ganze Summe dieser Miserabilitäten verschließt die modernen Herzen gegen die einfachsten Wahrheiten und macht sie gleichgültig gegen das, was allein ein echtes Glück verleiht: Friede und Freiheit. Je älter ich werde, je mehr empfinde ich den Wert dieser beiden. Alles andre ist nichts. Jedenfalls bin ich froh, meinen Kopf aus dieser dreimal geknoteten Sekretärschlinge herausgezogen zu haben. Ich passe nicht für dergleichen, am wenigsten aber passe ich zum Bücherüberreichen und zum Antichambrieren und Petitionieren in Geheimratszimmern, bloß um eine goldene Medaille oder ähnliches Zeug zu erreichen. Ich habe nun einen Strich darunter gemacht. Eh mich nicht die bittere Not dazu treibt, laß ich mich, in kindischer Nachgiebigkeit und meiner eigensten Natur zum Trotz, auf solche Torheiten nicht ein. Ich habe diese Kränkungen satt. Die letzte war die größte.

Nur in aller Kürze will ich Ihnen davon erzählen. Ich gebe dabei, dem Inhalte nach, die Worte des Herrn v. Bülow wieder, der mir, wie ich nur wiederholen kann, seinerseits mit Freundlichkeit und Wohlwollen begegnet ist. Das Endresultat ist das folgende: Herr v. Wilmowski hat den Kaiser gefragt, ob er (der Kaiser) einen Grund habe, mir besonders wohlzuwollen. Diese etwas sonderbare Frage hat S. M. einfach verneint, wohl aber seine Mißstimmung über meine Amtsniederlegung zu erkennen gegeben. C'est tout! Am andern Tage stand in der Zeitung, daß der Witwe des Schauspielers Pohl (siebenten Ranges) seitens Sr. M. eine Pension von jährlich fünfhundert Talern bewilligt worden sei. Zwölf Jahre habe ich an diesen Kriegsbüchern Tag und Nacht gearbeitet. Sie feiern nicht in großen, aber in empfundenen Worten unser Volk, unser Heer, unsern König und Kaiser. Ich bereiste 1864 das gegen uns fanatisierte Dänemark, war 1866 in dem von Banden und Cholera überzogenen Böhmen und entging in Frankreich nur wie durch ein Wunder dem Tode. Unabgeschreckt, weil meine Arbeit das Wagnis erheischte, kehrte ich an die bedrohlichen Punkte zurück. Dann begann meine Arbeit. Da steht sie, wenn auch weiter nichts als das Produkt großen Fleißes, ihrem *Gegenstande* nach aber das einzige repräsentierend, demgegenüber man eine Art *Recht* hat, das Interesse des Kaisers als des persönlichen Mittelpunkts, des Helden dieser großen Epopöe (ich spreche nur vom Stoff) zu erwarten. Und eben dieser Held und Kaiser, gefragt, »ob er einen Grund habe, dem Verfasser dieses umfangreichen Werkes wohlzuwollen oder gnädig zu sein«, verneint diese Frage. Firdusi, als er dem Schah Mohammed sein Heldenepos brachte, erhielt zweihunderttausend *Silber*münzen zum Geschenk und schenkte, in bittrem Unmut, die ganze Summe einem Badeknecht zu Ghasna; denn er hatte geglaubt, zweihunderttausend *Gold*münzen erwarten zu dürfen. Ich bin kein Firdusi. Aber der Unterschied zwischen Firdusi und mir ist doch nicht so groß, daß Herr v. Wilmowski sagen dürfte: »Herr Fontane hat durch meinen Amtsvorgänger die Summe von vierhundert Talern erhalten. Nach einem so ›exorbitanten Geschenk‹ ist es mir nicht möglich, für dies neue größere, sieben Jahre später erscheinende Werk abermals eine Auszeichnung zu beantragen. Ich will indessen S. M. fragen.« Und nun erfolgte jene berühmte Frage. Wie ich selber zum Beamten verdorben bin, so hab ich auch kein Gefühl für solche dürre Beamtenhaftigkeit. Sie ist lähmend und erscheint mir einfach als Philisterei. Wenn man mir von »Witwen und Waisen« und von dem ganzen Ernst des Staatshaushaltes sprechen will, der weder für die poetischen Quisquilien eines Firdusi noch am allerwenigsten für die Prosakapitel eines Fontane Geld übrig hat, so lache ich dazu. Für ein einziges niederländisches Genrebild sind hundertvierzigtausend Franken gezahlt worden, und wenn man will, so fliegt das Geld nur so. Mir gegenüber wollte man einfach nicht. Eh bien, es muß auch *so* gehn. Aber freilich hat es mehr zu meiner Erbitterung als zu meiner Erbauung gedient.

AN MATHILDE V. ROHR   Berlin, 21. März 1877

... Was melde ich Ihnen aus meinem Hause? Meine Frau hat das vorige Jahr insoweit verwunden, daß sie mir keine Vorwürfe mehr macht, ja sogar in rührender Weise einräumt, ich hätte meiner ganzen Natur nach nicht anders handeln können. So ist denn der Friede, Gott sei Dank, wieder da, aber nicht die Freude. Denn wir erleben nichts Freudiges mehr, nichts, das aufrichtete und einen hellen Schein in das Leben trüge. Die Kinder sind alle gut und machen uns Ehre. Wir sind dankbar dafür und erkennen darin eine Gnade; auch *das* könnte ja noch anders sein. Aber so eine rechte Freudenbotschaft will doch nicht mehr über unsre Schwelle. Es ist alles wie verhext. Und so gedeiht langsam, langsam, unter Sorgen und Kümmernissen mein Roman. Ich bin nun mit der Hälfte fertig. Nach einem halben Jahre wird er beendet sein, ein wahres Schmerzenskind. Dann wird er gedruckt werden, und alles wird sein wie zuvor. Ich habe kein Glück mit Büchern, und die ungeheure Summe fleißiger Arbeit (von was andrem red ich nicht) wird mir nicht angerechnet.

In den letzten acht Tagen hatten wir einen lieben Besuch aus London. Ein Herr Schweitzer, mit dem wir während unsrer Londoner Zeit beinah täglich zusammengewesen waren, war in Familienangelegenheiten hier. Sosehr uns dieser Besuch erfreute, so war er doch auch schmerzlich; denn er rief mir aufs neue die Tatsache vor Augen, daß aus allen Menschen, auch aus den ärmsten und unbedeutendsten, mit denen ich längre Zeit auf meinem Lebenswege verkehrte, reputierliche Leute geworden sind und daß ich fast als der einzige dastehe, aus dem nichts geworden ist. Sich ewig mit dem Ruhm und Namen trösten zu wollen ist lächerlich. Dazu müßten denn beide doch um einige Ellen höher sein. Ich habe mich redlich angestrengt und bin so fleißig gewesen wie wenige, aber es hat nicht Glück und Segen auf meiner Arbeit geruht. Ein Buch wie das siebziger Kriegsbuch wäre sonst nicht *spurlos* vorübergegangen. Es hat so sein sollen. Gut. Ich murre nicht und nehme die Lose, wie sie fallen. Aber ich wollte doch mitunter, ich hätte besser gewürfelt.

AN EMILIE FONTANE   Thale am Harz, 13. August 1877. Hotel »Zehnpfund«

... Zu vermelden ist im übrigen nicht viel. Heute früh war ich in der Apotheke, um mir ein Pechpflaster zu bestellen. Es war ein weiter Weg im Sonnenbrand; ich ging über eine halbe Stunde, wurde aber auch durch ein Apothekenidyll belohnt. Das Haus mit zwei Türmen liegt in einem Akazienpark, alles kühl, schattig; in der »Offizin« selbst die höchste Sauberkeit. Ich hatte das bestimmte Gefühl, daß *Dich* dieser Anblick mit Neid erfüllt haben würde; mich selber wandelte auch so etwas an. Und doch ist es am Ende besser so, trotz alledem und alledem; ein gewisser Reichtum des Daseins, in dem man Jahrzehnte lang gelebt hat, kann einem nicht mehr genommen werden. ...

AN WILHELM HERTZ   Berlin, 21. Dezember 1877

Pardon, daß ich Ihnen in der Unruhe dieser Weihnachtstage auch noch meinerseits mit einer Bitte beschwerlich falle. Ich kann es aber, um nicht eventuell in Verlegenheit zu geraten, nicht weiter hinausschieben. Darf ich zum 2. oder 3. Januar oder doch in der ersten Januarwoche à conto meines seit zwölf Jahren in der Luft schwebenden, Gott sei Dank jetzt bis zu den Schlußkapiteln vorgerückten Romans abermals einen Vorschuß von dreihundert Talern empfangen? Ich hoffe, mich dann mit dem, was ich noch vom »Daheim« erhalte, bis Ende Mai durchzuschlagen.

In Ihrer gefälligen Antwort bitt ich freundlichst, der früher von mir empfangenen tausend Mark, die noch immer ein süßes Geheimnis für meine Frau sind, *nicht* erwähnen zu wollen. Ich will ihr davon erst erzählen, wenn mal ein Glück kommt. Also vielleicht nie.

Am 2. Juni 1878 unternahm der Anarchist Dr. Nobiling einen Attentatsversuch auf Kaiser Wilhelm I. Bismarck schob die Tat den Sozialdemokraten in die Schuhe; sie bot ihm den Vorwand für das Sozialistengesetz.

AN DIE TOCHTER METE FONTANE   Berlin, 5. Juni 1878

Man geht durch alle möglichen Stadien, und mein neuestes Stadium ist Abneigung gegen Briefschreiben, sonst hättest Du längst ein paar Zeilen von mir erhalten. Über Dr. Nobiling verbreit ich mich nicht; die Zeitungen bringen alles, was sie wissen und nicht wissen. Von letzterem am meisten. So die rührende Geschichte von der Konfrontation von Mutter und Sohn, die schlecht gerechnet eine Million Tränen hervorgerufen hat; denn Rührseligkeit und Tränendrüse sind auch der entarteten Menschheit treu geblieben. Ich traute übrigens der Geschichte gleich nicht. Es sind ja doch alles gebildete Menschen, und da fand ich den Anfang des Dialogs: »Karl, hast du Geld genommen?« etwas unterm Stand. Diese Frage, so conspicuously in den Vordergrund gestellt, kann nur von einem Reporter herrühren, der keins hat. Übrigens ist Berlin schon wieder fidel, und die Meininger, der Kongreß und die Badereisen fangen schon wieder an, die hiesige Menschheit mehr zu interessieren, als die 38 Schrotkörner und die Frage, ob sie sich »verkapseln« werden oder nicht. Mich amüsiert am meisten in solchen Zeiten das Zeitungsdeutsch; in jedem Satz sind drei Widersprüche oder drei Dummheiten oder drei hochverräterische Anzüglichkeiten. Am meisten, wenn sie loyal sein wollen. So las ich heut in der »Vossin«: »... die kronprinzlichen Herrschaften trafen ein, *er* blaß und bewegt, die Frau Kronprinzessin aber *vollkommen wohl und von blühendstem Aussehn.*« So darf man in solchen Zeiten als Schwiegertochter nur aussehn, wenn man Kupfer im Gesicht hat. Ich bin wahrscheinlich der einzige Leser, der dergleichen aufpickt und sich daran erquickt. ...

Emilie Fontane befand sich seit Ende Mai wieder zu Besuch bei ihrer Freundin Johanna Treutler in Neuhof.

AN EMILIE FONTANE   Berlin, 5. Juni 1878

Besten Dank für Deinen Brief. Du fragst, wie man früher solcher Bewegungen Herr geworden ist? Darauf ist nicht direkt zu antworten; denn *solche* Bewegungen hat es früher nicht gegeben. Wie war es früher? Eine revolutionäre Natur, ein mit Potenzen ausgerüsteter Tunichtgut verführte entweder große, harmlose Volksmassen, oder er stellte sich an die Spitze bereits vorhandener Unzufriedener. Im ersten Falle fing man den Anführer, hing ihn, und alles war vorbei. Im letzteren Falle geschah zunächst dasselbe, aber kleine berechtigte Forderungen (Bier- oder Brottaxe heruntergesetzt und ähnliche Lappalien) mußten erfüllt werden. Das alles war Kinderspiel; man befand sich einer stupiden Menge gegenüber. Das ist jetzt anders. Millionen von Arbeitern sind gerade so gescheit, so gebildet, so ehrenhaft wie Adel und Bürgerstand; vielfach sind sie ihnen überlegen. Der junge R. ist ein Tischlergeselle; glaubst Du, daß er verschiedenen jungen Leuten aus unsrer Bekanntschaft nachsteht? Gewiß nicht. Nun ist der junge R. zwar zufällig ein Bürgerssohn, er könnte aber auch der Sohn einer alten Waschfrau sein. Dann hättest Du den echten Repräsentanten des vierten Standes. Alle diese Leute sind uns vollkommen ebenbürtig, und deshalb ist ihnen weder der Beweis zu führen, »daß es mit ihnen nichts sei«, noch ist ihnen mit der Waffe in der Hand beizukommen. Sie vertreten nicht bloß Unordnung und Aufstand, sie vertreten auch *Ideen,* die zum Teil ihre Berechtigung haben und die man nicht totschlagen oder durch Einkerkerung aus der Welt schaffen kann. Man muß sie *geistig* bekämpfen, und das ist, wie die Dinge liegen, sehr, sehr schwer. – Vorläufig ist übrigens noch keine Gefahr.

AN EMILIE FONTANE   Berlin, 15. Juni 1878

Gestern kam ich nicht zum Schreiben; allerhand kleine Pusselarbeit fraß den Tag weg. Habe Dank für Deinen letzten, sehr liebenswürdigen Brief. Was meinen »Unmut« angeht, dem ich in meinen zwei letzten Briefen Ausdruck gab, so kommt er mir heute schon wieder lächerlich vor. Jede kleine Freundlichkeit stimmt mich wieder um. Aber doch auch heute noch kann ich, trotz bester Laune und freundlichster Gesinnung gegen all und jeden, nicht finden, daß ich mit meinen gelegentlichen Verstimmungen und Anklagen unrecht hätte. Nein, nein, die Sache liegt einfach so, daß auch die besten Menschen das *verdammte Erziehen* nicht lassen können. Man spricht lebhaft, mit einem Anfluge von Eitelkeit, Selbstgefühl, Überschätzung, und sogleich sind zwei, drei liebe Freunde da, die, als Anwälte höherer Sittlichkeit, glauben, einen Dämpfer draufsetzen zu müssen. Das ist aber ungehörig. Wer sich andauernd unpassend oder unbequem benimmt, mit dem bricht man den Verkehr ab. Wer sich im *Einzelfall* unpassend benimmt, dem sagt man es offen. Aber wegen ganz, ganz kleiner Eigenheiten, deren Nichtberechtigung schwer nachweisbar sein würde, aus bloßem Erziehungsdrang oder aus einer Eitelkeit heraus, *die viel, viel größer ist als die des Beschuldigten*, sich kühl, nüchtern, ablehnend verhalten wollen, das kann ich nicht billigen. Solche Bagatellen hat man die Verpflichtung nicht bloß ruhig, sondern auch artig und freundlich hinzunehmen. Hinter dem Rücken, in Gesprächen mit der Frau oder mit andern Freunden, kann man sich schadlos halten und hecheln und medisieren; aber direkte kleine Strafakte von Mann gegen Mann dürfen nicht vorgenommen werden. Bei Behandlung dieses Themas – eine Art Gesellschaftslehre – will ich doch auch gleich anfügen, daß ich mich freue, Dich in Deiner Stellung zu den sogenannten »gleichgültigen Menschen« grundsätzlich verändert zu sehn. Die Menschen und unsre Beziehungen zu ihnen dürfen uns nicht gleichgültig sein. Man kann die Menschen vermeiden, aber von dem Augenblick an, wo man mit ihnen verkehrt, hat man auch Verpflichtungen gegen sie. Man muß freundlich sein, sich angenehm zu machen suchen und erst damit aufhören, wenn man wahrnimmt (in Deutschland leider die Regel), daß alle diese Anstrengungen vergeblich sind. . . .

Mit meiner Gesundheit geht es gut, besser als seit Jahr und Tag. Und doch fühl ich, daß es eine wacklige Geschichte ist. Neulich im Theater hatt ich einen Ärger, im Grunde genommen nur eine Bagatelle, aus der ich noch dazu mehr als Sieger wie als Besiegter hervorging. Und doch war mir eine Viertelstunde lang zumute, als müßt ich auf dem Platze bleiben; das Herz schlug mir krankhaft, und um die Hüften herum hatt ich einen heftigen Schmerz. Erst ganz allmählich ließ es nach. Dies ist alles nicht so, wie es sein sollte; nervös war ich immer, aber doch nicht *so*. Und dann sag ich mir wieder, was will man denn noch? Das Leben liegt hinter einem, und die meisten 58er sind noch ganz anders ramponiert. . . .

AN EMILIE FONTANE   Berlin, 13. August 1878

Besten Dank für Deine freundlichen Zeilen vom gestrigen Tage. Zu meiner Beruhigung habe ich daraus entnommen, daß Dein neuster Courmacher 85 Jahr ist. Sonst ist bekanntlich an goldenen und silbernen Hochzeiten alles möglich, und auch der älteste Flaschenwein kommt noch mal ins Steigen und Gären.

Gestern war ich bei N.s zu Tisch und blieb von vier bis neun. Sehr angenehm, comme toujours. Sie bereiten nur eine unglaubliche, schmutzig-rötliche Suppenpampe, die sie, glaub ich, »Krebssuppe« nennen, eine Monstrosität auf dem Gebiete der Kochkunst und von einer Bauchgefährlichkeit ohnegleichen. Dabei fällt mir ein, daß mir auf dem Rückwege von Ns. W. G. begegnete, der mir ausführlich von seiner Frau erzählte; er habe anfangs geglaubt, sie werde verrückt werden; schließlich aber habe sich herausgestellt, sie habe eine »Wandelniere«. Um das »Wandeln« – eine Art Bauchpromenade – wieder zur Ruhe zu bringen, befände sie sich in Franzensbad; andere Ärzte aber meinten, sie könne auch ebensogut im Zoologischen Garten sitzen. Ich schloß mich dieser letztern Ansicht mit voller Überzeugung an. Aber ich frage Dich, was soll noch Bestand auf Erden haben, wenn selbst die Nieren zu wandeln anfangen? Die Nieren*steine* sind ja alte Planeten oder Wandelsterne des bäuchlichen Mikrokosmus, aber die Niere selbst war Fixstern im System.

Meine Novelle hab ich angefangen und sehe wenigstens, daß es geht. Bleibt mir Kraft und Gesundheit, so muß es etwas Gutes werden. Zugleich hoff ich, den Leuten zu zeigen, daß ich auch, wenn der Stoff es mit sich bringt, eine »psychologische Aufgabe« lösen und ohne Retardierung erzählen kann. Ich wiegte mich gestern in sehr angenehmen Vorstellungen darüber, die heute wenigstens noch nachklingen, oder richtiger, deren ich mich heute wenigstens noch erinnere. Denn meine momentane Stimmung ist ziemlich deprimiert und muß alles, was wie Hoffnung aussieht, aus dem Gestern und nicht aus dem Heute schöpfen. Ich leide nämlich unter diesem Wetter, das heute toller, herzbeklemmender und lähmender ist als seit Wochen. Das wird mir immer klarer, daß man während der Monate Juli und August wirklich in Berlin nicht leben kann; bei Bummeln, Spazierenfahren und Frühstücken kann man's allenfalls aushalten, geistige Arbeit aber verbietet sich. . . .

Im September 1878 weilte Fontane mit seiner Frau für einige Zeit in Forsteck bei Kiel. Hier kam er auch öfters mit Klaus Groth zusammen. Am 25. September teilte er seiner Tochter mit: »Zu Tisch erwarten wir heute Klaus Groth; ich bin schon in den voraufgegangenen Tagen viel mit ihm in Berührung gekommen. Er ist ein Kapital wie sein Landsmann Storm.« Schon 1853 hatte Fontane in dem Aufsatze »Unsere lyrische und epische Poesie seit 1848« geschrieben: »Die plattdeutsche Sprache hat in allerneuester Zeit Dichtungen voll wunderbarer Schönheit hervorgebracht. Der Verfasser des ›Quickborn‹ (Klaus Groth auf der Insel Fehmarn) hat einmal wieder an den Quellen der Poesie gesessen. Da liegt's! So viele unserer Dichter dichten nach dem Buche statt nach dem Leben.« – Von dieser Hochachtung vor Klaus Groth (und zugleich von der Wendung Fontanes zu einer realistischen Poesie) zeugt auch das folgende Briefgedicht, das Fontane im Herbst 1878 an Klaus Groth richtete – in plattdeutscher Mundart. Fontanes Werk läßt uns ja meist vergessen, daß sein Schöpfer im niederdeutschen Sprachraum aufwuchs.

AN KLAUS GROTH   Herbst 1878

    Vördem bi minem Balladenkroam
    Mit all de groten schottschen Noam:
    Percy un Douglas un noch manch een

> (All mit Is'n uppn Kopp un mit Is'n an de Been),
> Doa wührd mi de Bost so wied, so wied,
> Un ick schreew denn wull sülwer en Percy-Lied.
>
> So güng dat männig, männig Joahr,
> Awers as ick so rümmer um fortig woahr,
> Doa seggt' ick mi: »Fründ, si mi nich bös,
> Awers all dat Tüg is to spektakulös,
> Wat süll all de Lärm? Woto? Up min Seel,
> Dat allens bummst un klappert to veel;
> Ick bin mihr för allens, wat lütt un still,
> En beten Beschriewung, en beten Idill,
> Wat läuschig ist, *dat* wihr so min' Oart,
> Dat Best bliewt doch ümmer dat Menschenhart.«
>
> So seggt' ick mi; antwurten deed ick nix,
> Awers all mine Ritters, de noahm ick fix
> Un ehr' Schillen un Speeren noahm ick dato
> Un packt allens in un schlott denn to,
> Un in'n Kasten liggen se noch pêle mêle,
> Un vörbi wihr nu dat Puppenspeel.
>
> Dat Puppenspeel, joa! Awers, »min Jehann«,
> Dat richtige Lewen dat fung nu ihrst an,
> Un ick hürte nu blot noch, wat sünsten ick mied:
> Dat Mignon- und dat Harfnerlied –
> Doa hatt' ick dat Beste för dat, wat goot,
> Hatte Goethe, Mörike un Klaus Groth.

Der Roman »Vor dem Sturm« erschien zur Herbstmesse 1878.

AN WILHELM HERTZ   Berlin, 24. November 1878

... Das Buch ist der Ausdruck einer bestimmten Welt- und Lebensanschauung. Es tritt ein für Religion, Sitte, Vaterland, aber es ist voll Haß gegen die »blaue Kornblume« und gegen »Mit Gott für König und Vaterland«, will sagen: gegen die Phrasenhaftigkeit und die Karikatur jener Dreiheit. Ich darf sagen – und ich fühle das so bestimmt, wie daß ich lebe –, daß ich etwas in diesem Buche niedergelegt habe, das sich weit über das herkömmliche Romanblech, und nicht bloß in Deutschland, erhebt, und nichts hat mich mehr gereizt, als daß einer meiner *besten Freunde* (Name später mündlich) so tut, als ob es so gerade nur das landesübliche Dutzendprodukt wäre. . . .

Julius Rodenberg besprach in seiner Monatsschrift »Die Deutsche Rundschau« (Februarheft 1879) Fontanes Roman »Vor dem Sturm«.

An Julius Rodenberg Berlin, 29. Januar 1879

. . . Sie lösen die Gentlemanaufgabe, *wohltuend* zu loben und zu tadeln (jenes ebenso schwer wie dieses) und Ihren Ausstellungen Worte zu leihen, vor denen sich auch der Eigensinnigste und Selbstgerechteste jedes Widerspruchs begeben muß. Wie fein die Bemerkung, daß das, was ein Epos sein solle, hier im Wesentlichen eine Aneinanderreihung von Balladen sei! Es trifft nicht nur den schwachen Punkt, es *erklärt* ihn auch, ja glorifiziert ihn halb. »Wir vermissen nicht den äußren Zusammenhang, wohl aber fehlt zuweilen der organische, der künstlerische« – durch diese wenigen Worte haben Sie mich in meinem bisherigen Widerstande besiegt. Denn im Vertrauen gesagt, ich nahm bis dahin das »schwach in der Komposition« für eine bloße Schablonenbemerkung. Selbst Heyse, auf den ich begreiflicherweise viel gebe, hatte mich nicht bekehren können – *Ihnen* ist es geglückt. . . .

Über die Tragödie »Der Fechter von Ravenna« (1854) von Friedrich Halm (E. F. J. v. Münch-Bellinghausen) äußerte sich Fontane auch in einer Theaterkritik in der »Vossin« vom 6. Juni 1879 absprechend.

An Emilie Fontane Berlin, 6. Mai 1879

. . . Am Mittwoch war ich im Theater, wo mir die Ziegler die mir ohnehin langweilige Thusnelda noch mehr verleidete. Dagegen war *Klein*, Kaiser Caligula, wieder kapital. Seine armen Kollegen tun mir leid; sie müssen in die Ecke gehn und weinen. Und ich glaube, mancher ist klug und scharf genug, um zu sehen, wie's liegt. *Berndal* ist nach seinem 25jährigen Jubiläum plötzlich ein alter Herr geworden; dabei ein Organ, das von der Existenz der Brustkaramellen keine Ahnung zu haben scheint. Der Ziegler, glaub ich, hab ich ihr Gastspiel total verleidet; ihr Beifall kommt nur noch aus dem zweiten und dritten Rang herunter; das Parkett verhält sich still. Als die Claque sie zum vierten oder fünften Mal an die Lampen haben wollte, zischte das Parkett. Ich bin, wie immer, wenn ich solche Damen tadeln muß, in einem Zwiespalt; »laß es laufen«, sagt die eine Stimme in mir, »nein, nein« sagt die andre. Und ich glaube, die zweite Stimme hat recht. Es ist die reine Kunstquacksalberei von Anfang bis Ende, Charlatanerie, Betrug. Die Menschen werden betimpelt und in ihrer schon vorhandenen Kunstdummheit noch dümmer gemacht. Die Ziegler ist fünf Fuß neun Zoll groß, hat einen schönen Wuchs und eine schöne Stimme; weiter aber hat sie gar nichts. Und daraufhin ist sie im Leben und auf den Brettern eine Art Fürstin geworden. Kränze, Buketts, zwanzigmaliger Hervorruf, prinzliche Huldigungen und hohe Honorare. Wenn einem die Dummheit der Menschen, auf keine Spur von künstlerischem Verdienst hin, *so* viel gewährt, so muß ein so verzogenes Glückskind den Widerspruch eines einzelnen ertragen können. Dieser einzelne hat keine Verpflichtung, sich dem stupiden Begeisterungsbäh aus bloßer Artigkeit oder Gutheit anzuschließen. Das ist nicht mehr gut, das ist schwach. Aber ich habe mir immer wieder einen Ruck geben müssen, denn alles Lärmmachen und Streitsuchen widersteht meiner Natur. . . .

Im Frühjahr 1879 erschien Fontanes Novelle »Grete Minde. Nach einer altmärkischen Chronik« im Vorabdruck in der von Paul Lindau herausgegebenen Monatsschrift »Nord und Süd«. – Der folgende Brief ist geschrieben am Tage der goldenen Hochzeit des Kaisers (dessen Lieblingsblume die Kornblume war).

AN EMILIE FONTANE Berlin, 11. Juni 1879

. . . Daß dies ein Kunstwerk ist, eine Arbeit, an der ein talentvoller, in Kunst und Leben herangereifter Mann fünf Monate lang unter Dransetzung aller seiner Kraft tätig gewesen ist, davon ist nicht die Rede. Es ist so furchtbar *respektlos* und bestärkt mich in meinen Anschauungen von dem innerlichst niedrigen Standpunkt unsrer sogenannten »regierenden Klassen«. Übrigens ist es zum Totlachen, daß gerade X., solang ich ihn kenne, immer von »Fahne hoch halten« und »Wahrung der ideellen Interessen« spricht. Alles Larifari.

Heute läuft alles mit »Kornblumen« im Knopfloch herum. Es ist eine lederne Blume, *bloß* blau, ohne Duft, ohne Schönheit, ohne Poesie. So recht wie geschaffen für uns; irgendwo müßte sie noch einen roten Hosenstreifen haben. Zahllose langbeinige Leutnants, mit ihrem mephistohaften langen Krötenspieß an der Seite, meistens überhaupt wie hagere, karikierte Spanier aussehend, laufen in der Potsdamer Straße auf und ab und zwingen mich wieder zu einem beständigen Kopfschütteln. Und das findet man fein und schön! Ich habe kein Organ für all dies Wesen, und mir wird immer erst wieder wohl, wenn ich von 10 bis 3 Uhr nachts mit meinem Freunde Stanley um den Viktoria-Njanza-See herumfahre und in der Schilderung seiner Erlebnisse die Stimme der Natur zu hören glaube. . . .

An Emilie Fontane Berlin, 15. Juni 1879

. . . Vielleicht sollte man überhaupt zufriedener sein, auch ich, der ich doch eigentlich nicht zu den Unzufriedenen gehöre. Aber ich ertappe mich jetzt beständig auf großen und kleinen Verstimmungen, mindestens auf innerlichen Kopfschüttelungen. Ich habe nun mit zwei großen und ernsten Arbeiten Glück gehabt und doch auch wieder gar kein Glück. Und dies zieht sich durch meine ganze literarische Laufbahn von Anfang an. Denke an meine »Männer und Helden«, die mich auf einen Schlag zu einer kleinen Berühmtheit machten; an drei, vier Stellen wurden sie zu gleicher Zeit gedruckt, der »Tunnel« hatte gejubelt, in Theatern und öffentlichen Lokalen wurden sie gesungen, und G. Schwab bedauerte in einer Vorrede, »daß er die Bekanntschaft dieser Lieder im ›Morgenblatt‹ zu spät gemacht habe, um sie noch in seine Sammlung aufnehmen zu können«. Seitdem sind sie volkstümlich geworden, und die Lieder vom alten Zieten und Derfflinger stehen in allen Anthologien. Und nun vergleiche damit, was ich davon gehabt habe. Ich meine nicht an Geld, nein, auch an Ehre, Namen, Anerkennung. Die wenigsten wissen, daß ich diese Sachen geschrieben habe. Dies Schicksal begleitet mich nun durch dreißig Jahre. Die Sachen von der Marlitt, von Max Ring, von Brachvogel, Personen, die ich gar nicht als Schriftsteller gelten lasse, erleben nicht nur zahlreiche Auflagen, sondern werden auch womöglich ins Vorder- und Hinterindische übersetzt; um mich kümmert sich keine Katze. Es ist *so* stark, daß es zuletzt wieder ins Lächerliche umschlägt. Und das rettet mich, sonst würd ich leberkrank. . . .

An Emilie Fontane   Berlin, 25. März 1880

Mit mir geht es etwas besser. Ich muß in den letzten anderthalb Wochen eine Art Gallenfieber oder dem Ähnliches gehabt haben; leider liegt es aber so, daß ich nicht verstimmt bin aus Galle, sondern gallig aus Verstimmung. An und für sich bin ich der ungalligste Mensch von der Welt; aber das Leben packt mir so viel kleinen Ärger auf, daß auch meine gar nicht auf Galle gestellte Leber ein Treibhausbeet wird, drauf sie üppig gedeiht. Der Ärger als Mist. Was er wirklich ist. Ich kann übrigens auch heute noch nicht sagen, daß ich mich bei den zurückliegenden Szenen vergaloppiert oder irgend etwas übertrieben hätte. Das Geheimnis ist: man muß in Preußen etwas äußerlich *sein* oder *haben*. Nun weißt Du leider so gut wie ich, daß ich weder etwas bin noch etwas habe. Und danach richtet sich der Ton der Menschen, mit denen man verkehrt. Überall prävaliert ein Standes- oder Bourgeoisgefühl, und ich kenne keinen, der sich ganz davon frei hielte. Ich habe das übrigens auch schon früher beobachtet, und in Situationen, wo nicht *ich* der Betroffene war, sondern *andere,* also in Fällen, wo von Voreingenommenheit und persönlicher Reizbarkeit gar nicht die Rede gewesen sein konnte. . . .

An Emilie Fontane   Berlin, 13. April 1880

. . . Am Abend las mir George den Schluß von Ludwig Pfaus Aufsatz über Zola vor. Einzelnes ist geistvoll und zutreffend, alles ist gebildet, und im ganzen ist es doch nicht einen Schuß

Pulver wert. Immer begreiflicher wird mir der Haß der bildenden Künstler gegen die Kunst*philosophen*. Kunst*geschichte* geht, solang es einfach *Geschichte* bleibt, aber sowie das Räsonnement anfängt, wird es furchtbar. Das Urteil eines feinfühlenden Laien ist immer wertvoll, das Urteil eines geschulten Ästhetikers meist absolut wertlos. Sie schießen immer vorbei; sie wissen nicht, haben oft gar keine Ahnung davon, *worauf es eigentlich ankommt*. In der Dichtkunst, soweit sie auch darstellend und plastisch ist, ist es gerade ebenso. Der gedankliche Inhalt kann unter Umständen die Hauptsache sein, in der Regel ist er es *nicht*. Und überall da, wo es auf das »Gestalten« ankommt, reden die Philosophen Unsinn. Es fehlt ihnen ganz das Organ für das, was die Hauptsache ist. Man mag Zola vernichten, aber noch im Vernichten muß man ihn *bewundern*. Zu diesem Gefühl vermag sich der »Ästhetiker« nicht zu erheben.

An Emilie Fontane   Emden, 18. Juli 1880

... Gestern besuchte ich also die Börse, das Rathaus und den Ratskeller von Bremen. ...

Im Rathauskeller hatt' ich nur ein mäßiges Vergnügen, und nur der Wein, den ich trank, war sehr schön, sowohl der junge wie der alte. Dabei beides sehr billig. Eine halbe Flasche Marcobrunner 15 sgr., ein Spottgeld für so guten Wein, und ein Glas 1727er Rüdesheimer nur 8 sgr. Die meisten Menschen machen sich nichts aus so altem Wein, deshalb wird er zu so billigem Preise weggegeben. *Mir* schmeckte er ausgezeichnet, und ich wünschte wohl, ein »Verehrer« (die ja zeitlebens so viel für mich getan) schenkte mir 50 Flaschen davon. Ich aß einen halben Hummer, womit ich den ganzen Tag auskam. Danach ließ ich mich in den Kellern umherführen. Mir trat der Tag wieder vor die Seele, wo ich 1844 auf meiner ersten Londoner Spritzfahrt in den Dockskellern umhergeführt wurde. Sind 36 Jahre. Dazwischen liegt das Leben. Und doch kam ich mir nicht mal sehr verändert vor. Arm, unsicher und selbstbewußt, gerade wie damals. In dem einen Keller liegt in 12 Stückfässern der »Apostelwein«; jedes Faß hat einen Apostelnamen. Der »Judaswein« ist natürlich der beste.

An Emilie Fontane   Hannover, 26. Juli 1880
                                      »Karstens Hotel«

Die Seefahrt (hin nach Norderney hatte ich den *Land*weg genommen) dauerte vier Stunden und war sehr schön. Alles blieb leidlich gesund, und nur eine einzige Dame, dicke Maschine, wurde seekrank. Und zwar in demselben Moment, wo das Schiff sich in Bewegung setzte. Sie litt unsagbar und war leidlich tapfer dabei. Wer so organisiert ist, muß zu Hause bleiben, was sie sich auch vornahm. Aber es ist damit wie mit den Entbindungen. Nächsten Sommer wird sie doch wohl wieder hingehen.

Auf der Fahrt nach hier machte ich die Bekanntschaft eines Herrn, der, früher Offizier, wenn mich nicht alles täuscht, unter die Maler gegangen ist und in Düsseldorf am Verfall deutscher Kunst mitarbeitet.

Hannover macht einen vornehmen Eindruck, ist aber doch sonderbar; in mancher Beziehung wie München: Groß, weit, leer, forcierte Gotik (die mir doch nicht recht scheinen will); überhaupt etwas Raufgepufftes, wie jemand, der sich über seine Kräfte anstrengt und dem die Puste ausgeht.

Die Nacht verbrachte ich anfangs sehr trübselig. Es herrschte in meinem Zimmer ein penetrant ammoniakalischer Geruch, vor dem ich nicht einschlafen konnte und wenn ich schlief, gleich wieder aufwachte. Endlich entdeckt ich's; es war vergessen worden, »auszugießen«; dem Bodensatz nach zu schließen wohl seit drei Tagen schon. Que faire? Ich schritt zu einem Verdünnungsprozeß. Aber es wurde nur schlimmer; »don't touch it« ist die Devise solcher Beaureste. So mußte ich denn auf irgendeine Weise das ausführen, was das Dienstmädchen vergessen hatte, und geräuschlos Fenster und Jalousien öffnend und den Vorbeimarsch einer Patrouille abwartend, schoß ich alles in goldnem Bogen (der Mond schien) bis mitten auf den Damm. Nachspülen, denn ich traute dem Frieden nicht und noch weniger dem Bodensatz, und nun wusch ich mich und legte mich beruhigt nieder. Das war meine »Joyeuse entrée« in die Welfenhauptstadt, von der ich mir »als Christ, als König und als Welf« einen reinlichen poetischen Eindruck versprochen hatte. Das alte

Lied. Zärtliche Brautpaare haben an ihrem Hochzeitstage, trotzdem Schiller sagt: »Und der Brautnacht hohe Freuden, die die Götter selbst beneiden«, in der Regel einen kolossalen Schnupfen. In den schwereren Fällen Kolik.

AN EMILIE FONTANE　　　　　　　Wernigerode, 4. August 1880
　　　　　　　　　　　　　　　　　　　　　　»Lindenbergs Hotel«

Seit einer kleinen halben Stunde bin ich hier und schreibe diese Zeilen angesichts des himmlischen Panoramas, das vor dem Lindenberg ausgebreitet liegt.

Ich liebe diesen Ort so, daß ich, ich will nicht sagen, hier sterben, aber hier begraben sein möchte. Das Bild, die klare Luft, die Frische – alles erquickt mich wieder, und ich komme, um meinen alten Lepel zu zitieren, aus einem seligen Lungenturnen gar nicht heraus.

Von frischer Luft zu sprechen, ist momentan allerdings gewagt, denn es ist hier mal wieder »Schützenfest«, die Pauke rast und will ihr Opfer haben, und die ganze Luft, bis hier hoch auf den Berg hinauf, ist von dem vielen Waffelnbacken mit Schweineschmalz gesättigt. Aber ich bin so eingenommen von diesem Ort, daß mich auch das erfreut. ...

Im Sommer 1880 begann Fontane mit der Arbeit an »Graf Petöfy«.

AN EMILIE FONTANE　　　　　　　Wernigerode, 10. August 1880

... Während der letzten drei Tage hab ich an meiner neuen Novelle gearbeitet und mich in Wien hineingelebt. Ich kenne jetzt in der Altstadt jede Gasse und weiß ganz genau, wo meine Personen wohnen. Dies lokale Sicheinleben bedeutet furchtbar viel; das andre findet sich schon allmählich – selbstverständlich, wenn man einen *Stoff* als Keim des Ganzen hat. ...

Die in einer ersten Fassung schon im Herbst 1879 vollendete Novelle »Ellernklipp« erschien im Vorabdruck 1881 in Band 50 von »Westermanns Monatsheften« in Braunschweig. Redakteur dieser Zeitschrift war Dr. Gustav Karpeles.

AN GUSTAV KARPELES   Berlin, 3. März 1881

... Ich schreibe heut, um einen Seufzer auszustoßen über die »Verbesserungen«, denen ich ausgesetzt gewesen bin. Ich hoffe, daß wir für die Zukunft, zunächst also für die zweite Hälfte der Novelle, den berühmten Modus vivendi finden werden. Ich opfre Ihnen meine »Punktums«, aber meine »Unds«, wo sie massenhaft auftreten, müssen Sie mir lassen. Ich begreife, daß einem himmelangst dabei werden kann, und doch müssen sie bleiben, nach dem alten Satze: von zwei Übeln wähle das kleinere.

Warum müssen sie bleiben? Es stört, es verdrießt usw. Und doch! Ich bilde mir nämlich ein, unter uns gesagt, ein Stilist zu sein, nicht einer von den unerträglichen Glattschreibern, die für alles nur *einen* Ton und *eine* Form haben, sondern ein wirklicher. Das heißt also ein Schriftsteller, der den Dingen nicht seinen altüberkommenen Marlitt- oder Gartenlaubenstil aufzwängt, sondern umgekehrt einer, der immer wechselnd seinen Stil aus der Sache nimmt, die er behandelt. Und so kommt es denn, daß ich Sätze schreibe, die vierzehn Zeilen lang sind, und dann wieder andre, die noch lange nicht vierzehn Silben, oft nur vierzehn Buchstaben aufweisen. Und so ist es auch mit den »Unds«. Wollt ich alles auf den Undstil stellen, so müßt ich als gemeingefährlich eingesperrt werden. Ich schreibe aber Mit-und-Novellen und Ohne-und-Novellen, immer in Anbequemung und Rücksicht auf den Stoff. Je moderner, desto und-loser. Je schlichter, je mehr Sancta simplicitas, desto mehr »und«. »Und« ist biblisch-patriarchalisch und überall da, wo nach dieser Seite hin liegende Wirkungen erzielt werden sollen, gar nicht zu entbehren. Im Einzelfall – dies gesteh ich gern zu – kann es an der unrechten Stelle stehn, aber dann muß der ganze Satz anders gebildet werden. Durch bloßes Weglassen ist nicht zu helfen. Im Gegenteil. Ich habe die Hoffnung, daß Sie diesem allen ein freundliches Gehör schenken.

Bei den vorbereitenden Studien für den Supplementband »Fünf Schlösser« zu den »Wanderungen durch die Mark Brandenburg« (Berlin 1889) wurde Fontane mit dem Oberstleutnant a. D. und Stiftshauptmann Graf Philipp zu Eulenburg auf Schloß Liebenberg bekannt. In seinem Briefe spielt Fontane auf das rachsüchtige Vorgehen Bismarcks gegen den ehemaligen Botschafter in Paris Graf Harry Arnim an, den Bismarck wegen Amtsvergehens hatte absetzen und gerichtlich verfolgen lassen; Arnim wurde schließlich in Abwesenheit zu fünf Jahren Zuchthaus verurteilt. – Der Sohn des Briefempfängers, Graf Philipp zu Eulenburg, wurde später ein intimer Freund Kaiser Wilhelms II., der ihn nach einem aufsehenerregenden Prozeß – einer der größten Skandalaffären der wilhelminischen Epoche – fallenließ.

Nach Ostern 1881 weilte Fontane zu Besuch bei dem Hofprediger Windel in Potsdam, dem Pfarrer an der Friedenskirche.

AN GRAF PHILIPP ZU EULENBURG

Potsdam, 23. April 1881
Pfarrhaus der Friedenskirche

... Gegen Bismarck braut sich allmählich im Volk ein Wetter zusammen. In der Oberschicht der Gesellschaft ist es bekanntlich lange da. Nicht seine Maßregeln sind es, die ihn geradezu ruinieren, sondern seine Verdächtigungen. Er täuscht sich über das Maß seiner Popularität. Sie war einmal kolossal, aber sie ist es nicht mehr. Es fallen täglich Hunderte, mitunter Tausende ab. Vor seinem Genie hat jeder nach wie vor einen ungeheuren Respekt, auch seine Feinde, ja diese mitunter am meisten. Aber die Hochachtung vor seinem Charakter ist in einem starken Niedergehn. Was ihn einst so populär machte, war das in jedem lebende Gefühl: »Ah, ein großer Mann.« Aber von diesem Gefühl ist nicht mehr viel übrig, und die Menschen sagen: »Er ist ein großes Genie, aber ein kleiner Mann.« Dadurch, daß er seine mehr und mehr zutage tretenden kleinlichen Eigenschaften mit einer gewissen Großartigkeit in Szene setzt, werden die kleinlichen Eigenschaften noch lange nicht groß. Wenn ich einen um einen Sechser verklage und nicht eher ruhe, als bis ich ihn im Zuchthaus habe, so ist der Apparat zwar sehr groß, aber der Sechser bleibt ein Sechser. . . .

An Emilie Fontane
Thale, 24. Juni 1881
Hotel »Zehnpfund«

Gegen ein Uhr traf ich gestern hier ein; im ganzen eine sehr angenehme Fahrt, mit mir nur ein schweigsamer Herr, der mich in Quedlinburg verließ. Ich stieg als einziger Gepäckreisender aus, und auf der bekannten zweirädrigen Karre thronten beim Ausladen bloß mein Koffer und meine Kiste, letztre mit halb ausgebrochenem Boden. Die Massenliteratur war über ihre Kräfte gegangen. Also feine Organisation.

Ich habe mein altes Zimmer wieder und mich in demselben wohnlich eingerichtet – selbst bei dieser siedenden Hitze ist es hübsch. Ich bin müde, habe eine halbe Stunde fest geschlafen, und dieser müde Zustand tut mir wohl. Im übrigen merk ich doch, daß ich in den vier Jahren älter geworden bin. Damals war ich krank zum Auslöschen; jetzt beherrscht mich das *eine* Gefühl: es verlohnt sich nicht mehr. Alles sieht mich, ich will nicht sagen, gleichgültig, aber in seiner absoluten Gleichwertigkeit an. Ein guter Bettler ist gerade so viel wert wie ein guter König: alles ist nur Rolle, die durchgespielt wird. Einen unsagbar traurigen Eindruck machen die Streber auf mich und nun gar *die*, die ruhig sterben, weil sie auf dem Totenbette noch die 3. oder 2. Klasse empfingen. Wie klein, wie armselig.

Heut regnet es; es ist so erquicklich, und ich sitze am Fenster und sehe den Wolken und dem stillen Treiben auf der Dorfstraße zu. Dabei les ich viel, Turgenjew und Lessing abwechselnd. Gestern eine der berühmten Turgenjewschen »Jägergeschichten«. Er beobachtet alles wundervoll: Natur, Tier und Menschen; er hat so was von einem photographischen Apparat in Aug und Seele, aber die Reflexionszutaten, besonders wenn sie nebenher auch noch poetisch wirken sollen, sind *nicht* auf der Höhe. Diese Geschichten sind alle 30 Jahre alt, und es ist ganz ersichtlich, daß ihm damals noch die Reife fehlte, die er jetzt hat. Diese Reife find ich denn auch wirklich in »Rauch«, das etwa 1865 oder 1866 geschrieben wurde, gerade so wie in »Neuland«, aber ich werde dieser Schreibweise nicht froh. Ich bewundere die scharfe Beobachtung und das hohe Maß phrasenloser, alle Kinkerlitzchen verschmähender Kunst; aber eigentlich langweilt es mich, weil es im Gegensatze zu den teils wirklich poetischen, teils wenigstens poetisch sein wollenden »Jägergeschichten« so grenzenlos prosaisch, so ganz *unverklärt* die Dinge wiedergibt. Ohne diese Verklärung gibt es aber keine eigentliche Kunst, auch dann nicht, wenn der Bildner in seinem bildnerischen Geschick ein wirklicher Künstler ist. Wer *so* beanlagt ist, muß *Essays* über Rußland schreiben, aber nicht Novellen. Abhandlungen haben ihr Gesetz und die Dichtung auch.

AN EMILIE FONTANE   Thale, 28. Juni 1881

... Ich beschränke mich jetzt darauf, vormittags drei Stunden zu arbeiten; nachmittags geh ich dann in den »Waldkater« und lese. Gestern hab ich mit »Rheingold« begonnen, heute soll die »Walküre« folgen. Es interessiert mich doch; im Detail ist vieles kindisch, geschmacklos, prätentiös. Aufs Ganze hin angesehn, scheint es aber doch eine groß angelegte Sache, gedankenhaft und für die musikalische Behandlung eminent geeignet. Es ist etwas mystisch, tiefsinnig Märchenhaftes in diesem Stoff, und die Behandlung hat ihm diesen Charakter gelassen. Der oft gemachte Vorwurf, »es seien keine Menschen«, hat keine rechte Bedeutung; es sind menschliche Leidenschaften und Charakterzüge, die uns vorgeführt werden: Angst, Mut, Schlauheit, Intrige, vor allem (Wagners persönliche Hauptleistungen) Goldgier und Liebesgier. Er ist ganz Wotan, der Geld und Macht haben, aber auf »Lübe« nicht verzichten will und zu diesem Zwecke beständig mogelt. Auch hier lebte der Dichter in seinen Gestalten, und man muß danach sagen: Er schließt schlecht ab. ...

AN KARL ZÖLLNER   Wernigerode, 13. Juli 1881
Lindenbergstraße

... Die vier Richard Wagnerschen Textbücher habe ich im »Waldkater« am Fuße des Hexentanzplatzes durchgelesen. Diese Lokalitäten paßten trefflich zu der Lektüre, denn es ist sehr viel vom

Kater und sehr viel von der Hexe drin. Es ist eine wirkliche Arbeit, ernst gemeint, kein Schwindel und im einzelnen poetisch und fast erhaben. Dennoch bin ich der Sache nicht froh geworden, im ganzen gewiß nicht, aber auch im einzelnen kaum, weil die schöne Wirkung der einen Seite durch die häßliche Wirkung der nächsten immer wieder aufgehoben wurde.

Was er gewollt hat, ist über die Banalität eines gewöhnlichen Operntextes hoch erhaben. Überall erkennt man den Mann von Geist und poetischer Mit- und Anempfindung. Überall möcht er philosophisch das Welträtsel lösen oder doch das Wort sprechen, das uns dieser Lösung näher führt, und überall zeigt sich ein ordnender Geist, dem die Kunst der Komposition kein leerer Wahn ist. Er behält immer sein Ziel im Auge und stellt es durch überaus geschickte Rekapitulationen, in denen er geradezu exzelliert, auch seinem Leser und Hörer immer wieder vor die Seele. Dazu behandelt er Vers und Sprache wenigstens gelegentlich mit wirklicher Meisterschaft und erzielt mitunter große Detailwirkungen durch Impromptus und eine glänzende Behandlung der Antithese.

Und doch!

Über die furchtbare Menge der Quasseleien, Albernheiten, Unverständlichkeiten und Geschmacksverirrungen geh ich hin, ebenso über den totalen Mangel an Witz und Humor, trotzdem sich dieser letztre Mangel dadurch so fühlbar macht, daß Wagner beständig Anläufe nimmt, witzig und humoristisch sein zu wollen. Ich geh über all dies hin, einerseits weil es durch gelungene Details einigermaßen balanciert wird, andrerseits weil ich deutlich fühle, daß es mir hinschwinden oder als ganz bedeutungslos erscheinen würde, wenn ihm zweierlei geglückt wäre: einmal während des Lesens mich in die Äthersphäre der Kunst zu erheben und zweitens nach dem Lesen mir das Gefühl zu hinterlassen: die gestellte große Aufgabe wurde gelöst; das vorgesteckte und, wie ich zugestehe, auch im Auge behaltene Ziel wurde erreicht.

Aber beides ist ihm in einem eminenten Grade *nicht* geglückt.

Von »Äther« ist keine Rede. Überall zappeln die niedrigsten Triebe, die kommissesten Gemeinheiten, wie sie nur »Götter« leisten können, um mich herum, allerniedrigste Triebe, die dadurch so widerwärtig wirken, daß man Richard Wagner immer persönlich mitzappeln sieht. Der Sanspareil in dieser Genossenschaft ist immer *er*, und so wird das objektiv schon Häßliche durch das subjektive Mitengagiertsein des Dichters noch viel, viel häßlicher.

Und nun das große Ziel, das Weltenrätsel und das erlösende Wort, worauf läuft es hinaus! Auf Richard Lucaes so gern zitiertes Wort: »Vater, koof mir nen Appel.« Ja, leider noch nicht mal auf diesen Satz, der wenigstens an schöner Klarheit nichts zu wünschen übrigläßt. Bei Wagner liegt es aber so, daß man nicht recht weiß, ob er nicht statt des »Appels« eigentlich einen sauren Hering meint. Er ist, aller glänzenden Rekapitulationen unerachtet, doch in einer totalen Konfusion steckengeblieben; deshalb steckengeblieben, weil er sich eine Aufgabe stellte, die entweder überhaupt nicht zu lösen war oder für die wenigstens seine Kräfte, so respektabel sie an und für sich waren, nicht ausreichten.

Und welches war nun diese Aufgabe? Die Verschmelzung zweier Sagen oder Fundamentalsätze, von denen jeder einzelne gerade Schwierigkeiten genug bot. Erster Fundamentalsatz: An der Gier, an dem rücksichtslosen Verlangen hängt die Sünde, das Leid, der Tod. Wer den Goldring der Nibelungen hat, der hat ihn immer nur zum Unheil und Verderben. Zweiter Fundamentalsatz: Die Götter sind gebunden und regieren nur durch Vertrag. Auch dem Himmel kann gekündigt werden. Wächst der Mensch, so sinken die Götter; der eigentliche Weltenherrscher ist der freie Geist und die Liebe.

Ich habe gegen beide Sätze nichts einzuwenden, aber wenn man sie des Schwulstes und der Dunkelheit entkleidet, worin sie sich bei Wagner geben, so bleiben zwei ganz gewöhnliche Sätze übrig. Satz 1 ist die alte Evageschichte, sündiges Verlangen und die bekannten Konsequenzen. Satz 2 hat durch Feuerbach einen viel prägnanteren und viel geistreicheren Ausdruck empfangen: »Ob Gott die Menschen schuf, ist fraglich; daß sich die Menschen ihren Gott geschaffen, ist gewiß.«

So denn noch einmal: die beiden Sätze, mit denen Wagner operiert, sind zwar keineswegs neu, aber doch durchaus akzeptabel. Unakzeptabel wurden sie erst durch ihre Verschmelzung.

Hätt es Wagnern beliebt, seine vier Operntexte auf den einen oder andern dieser beiden Sätze zu stellen, besonders auf den ersteren, der mir der geeignetere scheint, so, glaub ich, wär er bei seinem großen Talent der Mann gewesen, die Sache siegreich durchzuführen. An der gleichzeitig und nebeneinander zu lösenden Doppelaufgabe aber ist er gescheitert und hat seinem Leser als letztes Angebinde nichts weiter hinterlassen als Kopfweh und Verwirrung und Unbefriedigtsein.

Ich bin der Mann der langen Briefe, dieser ist aber doch einer der längsten geworden. Heine sagte zu dem älteren Dumas: »Lieber Dumas, Sie haben gut schreiben, aber wer soll es lesen?« Auch das also ist schon dagewesen. . . .

Als Literaturbetrachter und -kritiker beschäftigt den alten Fontane immer stärker die Frage nach den Möglichkeiten einer Weiterentwicklung der deutschen Literatur. Die Vorbilder dafür sucht er in der Weltliteratur vor allem des 19. Jahrhunderts. Seine Stellung zu den bedeutendsten deutschen Erzählern unter seinen Altersgenossen ist dagegen auffällig kühl und distanziert, so gut er um ihren allgemeinen, gleichsam »historischen« Rang Bescheid weiß. Eine der wenigen gewichtigen Ausnahmen ist Willibald Alexis; bezeichnenderweise aber mißt Fontane ihn an einem englischen Muster – an Scott. Storm ist für Fontane »der größte Liebeslyriker seit Goethe«; seiner reifen Altersnovellistik schenkt er wenig Beachtung. Ähnliches gilt von der Erzählungskunst der Stifter, Ludwig, C. F. Meyer, Saar, Ebner-Eschenbach; auch von dem Freunde Paul Heyse rückt der alte Fontane immer mehr ab. Offensichtlich gehört sein Interesse dem großen realistisch-kritischen Gegenwartsroman, wie er ihm in der außerdeutschen Literatur bei Engländern, Franzosen, Skandinaviern und Russen begegnet – also genau dort, wo sich bald darauf der junge Thomas Mann (der lebenslang zu Fontane aufgeblickt hat) seine Vorbilder suchen wird. So ist selbst zu Keller Fontanes Verhalten recht widerspruchsvoll. Neben Ausdrücken hohen Lobes fallen harte Verdammungsworte. Am schwersten scheint Fontane der Weg zu dem künstlerisch und weltanschaulich ganz anders gearteten Raabe geworden zu sein. Als er Ende 1881 Raabes Roman »Fa-

bian und Sebastian« gelesen hat, notiert er in seinem Tagebuch: »Ganz Raabe; glänzend und geschmacklos, tief und öde.« Freimütig gesteht er Raabe in einem Briefe aus dem gleichen Jahre, daß ihm seine früheren Arbeiten unbekannt geblieben seien; zu diesen »früheren Arbeiten« gehört aber ein Großteil von Raabes Werken. Es ist sehr fraglich, ob Fontane diese Lücken später noch ausgefüllt hat; sein eigenes nun einsetzendes Schaffen weist ihn in entgegengesetzte Richtung. Dagegen sind Frau und Tochter eifrige Raabe-Leserinnen; von Emilie Fontane kann man annehmen, daß sie Wilhelm Raabe über Theodor Fontane gestellt hat.

AN WILHELM RAABE   Wernigerode, 13. Juli 1881

... Seit drei Tagen bin ich nun hier in Wernigerode, wo ich seit einer Reihe von Jahren meine Sommermonate zu verbringen pflege, dem Lärm der Stadt entrückt, der mir immer störender und selbst in dem, was anregend darin ist, immer gleichgültiger wird. Ich lese hier viel, die beste Form persönlichen Verkehrs, und freue mich darauf, im Laufe der nächsten Monate die Bekanntschaft mit Ihnen fortsetzen zu können. Ihre früheren Arbeiten sind mir unbekannt geblieben, und ich will nun tüchtig nachexerzieren. Es ist so hocherfreulich, einem Individuum zu begegnen und seiner Eigenart; alles, was jetzt den Tag und die Journale beherrscht, ist physiognomielos, es kann von Müller, aber auch von Schulze sein. Spaltenfutter, und damit basta. Daß es Ihnen vergönnt sein möge, uns noch manches Aparte zu bringen, ist der aufrichtige Wunsch Ihres hochachtungsvoll ergebensten   Th. Fontane

In Wernigerode las Fontane den historischen Roman »Ritter Lupold v. Wedels Abenteuer« (Berlin 1874) von A. E. Brachvogel.

AN MATHILDE V. ROHR   Wernigerode, 25. August 1881

... Es gibt freilich eine »rohe Kunst« in dem Sinne von Anfängerkunst, in dem Sinne von Kunst unzivilisierter oder halbzivilisierter Nationen. Unter Kulturvölkern aber darf eine

Kunst nicht mehr roh sein. Sowie sie sich als solche gibt, ist es mit ihr als Kunst vorbei. Bitte, sehen Sie hierin nicht bloß eine private Meinung über Brachvogel. Ich glaube, daß er ohne Ausnahme von allen, die ihr Metier ernsthaft betreiben, in derselben Weise beurteilt wird. Es gibt heutzutage keine bloßen »Talente« mehr. Zum wenigsten bedeuten sie nichts, gar nichts. Wer heutzutage eine Kunst wirklich betreibt und in ihr was leisten will, muß natürlich vor allem auch Talent, gleich hinterher aber Bildung, Einsicht, Geschmack und eisernen Fleiß haben. Zum künstlerischen Fleiß aber gehört etwas andres als Massenproduktion. Storm, der zu einem kleinen lyrischen Gedicht mehr Zeit brauchte als Brachvogel zu einem dreibändigen Roman, ist zwar mehr spazierengegangen als der letztre, hat aber als Künstler doch einen hundertfach überlegenen Fleiß gezeigt. Der gewöhnliche Mensch schreibt massenhaft hin, was ihm gerad in den Sinn kommt. Der Künstler, der echte Dichter, sucht oft vierzehn Tage lang nach *einem* Wort.

AN MORITZ LAZARUS   Berlin, 20. Dezember 1881

... Aber ich wollte ja von Menzel erzählen. Augenscheinlich fühlt er sich jetzt wohler unter den Rütlionen und erscheint deshalb regelmäßiger. Und weshalb? Alles ihm Unbequeme hat er ausscheiden oder wegsterben sehn. Erst Lübke, dann Kugler, dann Eggers, dann Blomberg. Ein von Kunsthistorie purifiziertes »Rütli« blieb übrig. Ich verdenk es keinem Maler, also auch Menzel nicht, wenn er der Wissenschaft das Recht des entscheidenden Mitsprechens abspricht. Aber die Kunsthistoriker können einem andrerseits nachgerade leid tun. Wenn ich an meine jungen Jahre zurückdenke! Damals lebte der alte Geheimrat Professor Dr. Tölken, Ritter pp., ständiger Sekretär der Königlichen Akademie der Künste. Mitunter kam er in die Rosesche Apotheke, wo ich damals Lehrling war, und bat um einen Magenbittern. Ich mischte ihm dann das Feinste zusammen, was es in beiden Hemisphären gab, und sah ihn mit einer Ehrfurcht an, als ob er wenigstens ein Isispriester wäre. Käm er heut in die Rosesche Apotheke, so würd ich ihm einfach einen Gilka einschenken. »So kommt man runter.«

An Mete Fontane   Thale am Harz, 20. Juni 1882
Hotel »Zehnpfund«

Mama schickt Dir zwar meine Briefe, ich will aber auch mal direkt schreiben und Dir aussprechen, daß ich alle Deine Briefe mit ihren Schilderungen und Betrachtungen mit Vergnügen gelesen habe. Zugleich will ich Dir von meinem neuesten Erlebnis, meiner gestrigen Fußreise nach Suderode, erzählen. Ich gehe nämlich jetzt viel, um meine geschwollenen Füße durch Marschierkünste wieder dünn zu kriegen, ein – da sonst geschwollene Füße durch Marschieren nur noch geschwollener werden – absolut geniales Verfahren, das in seinem Gedankenblitz und seiner Kühnheit durchaus an Pancritius erinnert.

Ich ging also nach Suderode, das ich schon vor vier, fünf Tagen auf einer Fahrt, die ich mit Senator Brehmer aus Lübeck machte, flüchtig kennengelernt hatte. Was ich aber bei der Gelegenheit gesehen hatte, konnte das eigentliche Suderode nicht sein; alles hatte zu schmuddlig und zu prosaisch auf mich gewirkt. In Wahlstatt heißt das erste Hotel »Die dreckige Ente«; diesen Titel durfte, nach meinem ersten Besuch zu schließen, in Suderode jedes Haus führen. Ich wollte drum also recherchieren und in Erfahrung bringen, ob es zwei Suderodes gäbe, ein gewaschenes und ein ungewaschenes.

Ich ging über Neinstedt, wo Philipp und Marie v. Nathusius begraben liegen, Marie v. Nathusius, die die Welt mit vielen frommen Erzählungen und einem einzigen »Kreuzzeitungs«-Redakteur beschenkt hat. An letzterem ist wieder das Beste und Interessanteste, daß er die hübsche Erzieherin seiner Kinder aus erster Ehe geheiratet hat. Eigentlich soll sie ihn geheiratet haben.

»Möchtest Du wohl, Angelika (natürlich), die Stelle bei Herrn v. Nathusius annehmen?«
»Wie ist er denn?«
»So und so.«
»O gewiß, den werd ich heiraten.« Und in vier Wochen war sie mit ihm verlobt.

Hinter Neinstedt beginnt eine lange Chaussee, nebenher aber, quer durch die Felder, läuft ein reizender Weg.

»Ist diese Chaussee der Weg nach Suderode?«

»Ja. Aber Sie gehen besser hier den Feldweg.«

Ich wies auf einen hohen weißen Prellstein, auf dem in Riesenbuchstaben stand »Verbotener Weg«.

Die Frau lachte. »Ja, ja. Verbotener Weg. Aber dat is nich so schlimm. Geihn Se man.«

Immer wieder Eva. Ich ging also los, Kornfelder und Mohn zur Seite und dahinter die Vorberge des Harzes mit ihren Burgruinen. Endlich war ich heran, und Suderode lag mir terrassenförmig zur Linken, aber so, daß ich nur die Schmalseiten der Häuser sah. Drei Parallelwege liefen auf das Dorf zu, und ich fragte, welchen ich einschlagen sollte. »Dat's all een. De irst geiht innt Unner-Dörp, un de tweet innt Over-Dörp und de dritt geiht to Michaelissen. Geihn Se man to Michaelissen.« Ich wußte nicht, wer Michaelis war, aber es konnte nichts Schlimmes sein; denn der Weg, der hinführte, war der Frieden und die Unschuld selbst. Am Anfang lag der Begräbnisplatz, und daneben weidete eine Herde; viele schwarze Lämmer, aber doch nur so, daß das Gute vorwog. Durch Friedhof und Herde mußte ich mitten hindurch, was mir beides gleich willkommen war. Ich las die Inschriften der weißen Grabkreuze und gewann dabei den Eindruck, daß es in Suderode immer nur glückliche Ehen gegeben haben muß. Die Männer beklagten den Tod ihrer »einzig guten Frau« und so umgekehrt, und das alles in einem Ton, dem selbst die lapidare Kürze seinen Gehalt an Herzlichkeit nicht genommen hatte. Einer der Grabsteine lautete: »Hier ruhet meine teure Frau Johanna Süssespeck, geb. Joachim.« In Berlin dreht sich die Sache um; unsere Joachim muß eine geborene Süssespeck gewesen sein.

Hinterher fand ich denn auch »Michaelis«. Es war das erste Hotel von Suderode, sein Zentralhotel. Ich setzte mich in die Veranda und ließ mir das geben, was man sich ohne allzu große Gefahr immer geben lassen darf: eine Tasse Tee, einen Kognak und Sodawasser. Zehn Schritt von mir saß eine ramponierte Schauspielerin, die sofort den Kritiker in mir erkannte. Solche Damen sehen kolossal scharf. Suderode W. ist eine Villenkolonie und gruppiert sich um »Michaelis« herum; wohnt man drei Treppen hoch, mag es ganz nett sein, unten aber ist es dumpfig, eine abwechselnd mit Stall- und höchstens Küchendünsten erfüllte Malaria. Dennoch soll der kleine Berliner Skrofelinski daselbst gut gedeihen. Wohl möglich. Manche Gewächse kommen in jedem Boden fort. Nach einer Stunde stieg ich in einen Omnibus und fuhr nach Quedlinburg. In dem Omnibus saßen zwei Männer, eine Mutter, zwei Tanten und eine dicke Amme, aber trotz ihrer Dicke »dry nurse«, denn sie hantierte mit einer Flasche. An dieser hing einer der vorbenannten kleinen »inskis«. Die Luftverhältnisse merkwürdig; wenig Ozon. So kamen wir in der Blumenstadt Quedlinburg an, wo Gott sei Dank alle Levkojen blühten. Um 10 Uhr war ich wieder in Thale, das nach »Michaelis« wie eine Residenz wirkte. Ich trank wirklichen Tee und wirkliches Sodawasser und schlief so gut, wie man bei einem bedösten Schnupfenfieber nur irgendwie schlafen kann.

Fontanes mittlerer Sohn Theodor trat 1882 in die Beamtenlaufbahn der Heeresintendantur ein.

AN DEN SOHN THEODOR FONTANE   Thale, 20. Juni 1882

... Zu der K.-Frage, die sich mit der ganzen Elsässerfrage so ziemlich deckt, hab ich kaum etwas hinzuzufügen. Es läuft darauf hinaus, ob es wirklich Liebe ist; Liebe steht viel höher als Stammesgefühl und nun gar als ein obsolet gewordenes Stammesgefühl. Die Elsässer gehörten 200 Jahre lang zu Frankreich, und wenn sie nun schließlich sagen: »Erwin von Steinbach hin, Erwin von Steinbach her, die Franzosen, mit denen wir jetzt durch sechs Generationen gegangen sind, gefallen uns besser als die Deutschen«, so ist schließlich nicht viel dagegen zu sagen. Jeder von uns sieht sich im Leben vor solche Fragen gestellt, die er nach seinem individuellen Bedürfnis und nicht nach dem Urteil der umherstehenden Menge beantwortet und entscheidet. Die Menge hat immer eine langweilige Prinzipschablone, das Individuum fühlt und handelt aus dem unmittelbar Gegebenen heraus. Irgendeine Situation, die sich über die Alltagssituation erhebt, und der Ausnahmefall ist da! Du wirst davon keine Ausnahme machen. Sowie sich in diese Dinge pfiffig Berechnendes oder überhaupt Unedles mit einmischt, und ich weiß nicht, ob dies bei K. der Fall ist, werden sie häßlich; aber die einfache Tatsache, daß die Elsässer lieber französisch als deutsch sein wollen, darf uns nicht zornig machen. Nur betrüblich ist es. . . .

AN EMILIE FONTANE   Norderney, 6. August 1882

Nur ein paar Zeilen. Wollt ich mich auf Details oder gar auf Beschreibungen einlassen, so würde der Brief ein Buch. Schreibt man jeden Tag, so läßt sich die Sache tagebuchartig abmachen; läßt man sich den Stoff aber eine Woche lang ansammeln, so geht es nicht mehr.

An der Spitze steht das Wetter. Die Vögel fallen aus der Luft (aber nicht tot), und die greisigsten Greise erinnern sich nicht, *solchen* August erlebt zu haben. Mir bei meiner Arbeit ist es ziemlich gleichgültig, so oder so; aber toll ist es. Ich schreibe diese Zeilen mit klammen Fingern, und so ist es nun seit länger als einer Woche. Zuletzt hat man nur den alten Trost: »Es muß sich alles, alles wenden«, und eigentlich denke ich schon mit Schrecken an die Tage, wo man hier wieder schmoren wird.

Mit Knyphausens steht es so: er kam selbst, und zwei Tage später machte ich meinen Besuch. Ich werde wohl mal eingeladen werden, mache mir aber nichts draus, wiewohl ich ihn und das ganze Haus sehr gern habe. Das liegt *daran*, daß sein Haus immer vollgepfropft ist von welfischen, sächsischen und mecklenburgischen Adelselementen, mit denen ich mich nicht stellen kann. An dem Welfismus (so ridikül ich ihn finde) würd ich keinen Anstoß nehmen, aber alle diese Herren stehn noch auf dem »verjohrnen« Standpunkt, wonach die Menschheit erst mit dem Baron anfängt. Alse etwa, wie wenn ich im Ruppinschen bin. Erst bei *solchen* Gelegenheiten merkt man so recht die Vorzüge einer großen Stadt. Dieser Provinzialadel schlägt immer einen Ton an, als ob man ein alter Hauslehrer wäre. Das fehlte auch gerade noch. . . .

AN EMILIE FONTANE   Norderney, 12. August 1882

. . . Das kleine Diner bei Knyphausens verlief gestern sehr angenehm; sie sind alle – namentlich auch *sie*, die Gräfin – von großer Liebenswürdigkeit, einfach und natürlich und in politischen Dingen ungeheuer »freiweg«. Wie ganz anders sind doch diese Leute als der märkische Durchschnittsadel, von dem, im ganzen genommen, leider all das wahr ist, was Stein vor 80 Jahren über ihn gesagt hat. Die Arnims sind die einzige Familie, die als *Familie* (ausgezeichnete *Individuen* kommen natürlich auch in den andern vor) eine Ausnahme machen. Die Schulenburgs, Alvenslebens, Knesebecks – die zu den guten gehören – sind schon keine richtigen Märker mehr; sie haben den Stempel der rein deutschen Niedersachsen, die das große Gebiet zwischen Elbe und Weser innehaben. Übrigens steht dies in durchaus keinem Widerspruch zu meinen vier Bänden »Wanderungen«; ich habe überall liebevoll geschildert, aber nirgends glorifiziert, nicht einmal meinen Liebling Marwitz. Ich habe sagen wollen und habe wirklich gesagt: »Kinder, *so* schlimm, wie *ihr* es macht, ist es nicht,« und dazu war ich berechtigt; aber es ist Torheit, aus diesen Büchern herauslesen zu wollen, ich hätte eine Schwärmerei für Mark und Märker. So dumm war ich nicht....

Vom 29. Juli bis zum 20. August 1882 erschien Fontanes Erzählung »Schach von Wuthenow« im Vorabdruck in der »Vossischen Zeitung«.

AN EMILIE FONTANE   Norderney, 14. August 1882

Gestern war es glühheiß selbst *hier*, man schwitzte im Stillsitzen. Mir war aber verhältnismäßig wohler als die Wochen vorher, und ich hätte diesen Zustand noch mehr genossen, wenn mir nicht meine *zwischen* den Zehen liegenden Hühneraugen »Wehdage« gemacht hätten. Zum Glück kühlt der nasse Strandsand; auf heißem Stein könnte man's gar nicht aushalten. Ich werde mich heute mit dem Apotheker wegen Seifenpflaster in Verbindung setzen. Durch ein riesiges Hamburger Pflaster, über den halben Leib weg, von Hüfte zu Hüfte, hat er sich bereits bewährt. Deine letzte Leistung auf dem Pflasterstreichungsgebiet war schwach und ist mir längst vor die Füße gefallen.

Vom Kurhause aus ging ich an den Strand und dämmerte so

von Bank zu Bank. Als ich an der Hauptstelle war, wo viele Hunderte von Korbhütten stehen, in denen man die Strandluft genießt, fühlt ich mich von hinten her gepackt, und Professor M. stand vor mir. Er schleppte mich bis an seine Korbhütte, wo ich nun der Frau Professorin und ihrem neunzehnjährigen Sohne, einem jungen Studenten, der für »Gegenwart« und »Magazin« Kritiken schreibt, vorgestellt wurde. Die Frau Professorin begrüßte mich sehr herzlich, zeigte mir die neueste Nummer der »Vossin« und sagte: »Eben hab ich von Ihnen gelesen; sehen Sie, hier; es ist so spannend, man kennt ja alle Straßennamen.« Dann brach das Gespräch glücklicherweise ab. Die Strandpromenade mit den drei Herrschaften dauerte nun wohl noch anderthalb Stunden, und die Gutmütigkeit und Freundlichkeit der Frau Professorin gefiel mir. Ich kam dadurch sozusagen auf meine Kosten. Aber das Urteil: »Es ist so spannend; man kennt ja fast alle Straßennamen«, hat doch einen furchtbaren Eindruck auf mich gemacht. Nicht, als ob ich der Frau zürnte; wie könnt ich auch! Im Gegenteil, es ist mir bei aller Schmerzlichkeit in gewissem Sinne angenehm gewesen, mal so naiv sprechen zu hören. Im Irrtum über die Dinge zu bleiben, ist oft gut; klar zu sehen, ist oft *auch* gut. Das ist nun also das gebildete Publikum, für das man schreibt, und der neunzehnjährige junge Sohn (der mir übrigens gefallen hat) geht nebenher und kritisiert G. Freytag, A. Glaser und natürlich auch mich in »Gegenwart« und »Magazin«, also in zwei der vornehmsten und angesehensten Blätter, die Deutschland hat. Alles macht einen wahren Jammereindruck auf mich, und wenn ich nicht arbeiten *müßte*, würd ich es in einem gewissen Verzweiflungszustande, in dem ich mich befinde, doch wahrscheinlich aufgeben. Ersieh daraus, wie groß mein Dégout ist, denn meiner ganzen Natur nach bin ich auf die *Freude des Schaffens* gestellt.

An Emilie Fontane   Norderney, 17. August 1882

... Morgen schick ich drei bis vier Druckbogen Manuskript an die Druckerei; es macht mir noch wieder ziemlich viel Arbeit, aber ich werde nicht ärgerlich dabei, weil ich empfinde: es muß sein. Ich sehe klar ein, daß ich eigentlich erst beim 70er Kriegsbuche und dann bei dem Schreiben meines Romans ein *Schriftsteller* geworden bin, d. h. ein Mann, der sein Metier als eine *Kunst* betreibt; als eine Kunst, deren *Anforderungen* er kennt. Dies letztere ist das Entscheidende. Goethe hat einmal gesagt: »Die Produktion eines anständigen Dichters und Schriftstellers entspricht allemal dem Maß seiner *Erkenntnis*.« Furchtbar richtig. Man kann auch ohne Kritik mal was Gutes schreiben, ja vielleicht etwas *so* Gutes, wie man später *mit* Kritik nie wieder zustande bringt. Das alles soll nicht bestritten werden. Aber das sind dann die »Geschenke der Götter«, die, weil es Göttergeschenke sind, sehr selten kommen. *Ein*mal im Jahr, und das Jahr hat 365 Tage. Für die verbleibenden 364 entscheidet die Kritik, das Maß der Erkenntnis. In *poetischen* Dingen hab ich die Erkenntnis dreißig Jahre früher gehabt als in der Prosa; daher lese ich meine Gedichte mit Vergnügen oder doch ohne Verlegenheit, während meine Prosa aus derselben Zeit mich beständig geniert und erröten macht.

AN EMILIE FONTANE Berlin, 23. August 1882

... Rechte Lust hab ich zu nichts mehr; man kann in der Kunst ohne eine *begeisterte* Zustimmung der Mitlebenden oder wenigstens eines bestimmten Kreises der Mitlebenden nicht bestehen. Ringt man sich erfolglos ab, so bringt man es nie über den ledernen Succès d'estime hinaus. Empfindet man jeden Augenblick: es ist ganz gleichgültig, ob du lebst oder nicht lebst, und es ist womöglich noch gleichgültiger, ob du einen Roman unter dem Titel »Peter der Große«, »Peter in der Fremde« oder »Struwelpeter« schreibst – alle bestehen aus denselben 24 Buchstaben und alle kommen in die Leihbibliothek und werden à 1 sgr. pro Band gelesen und nach Gutdünken und Zufall abwechselnd gut und schlecht gefunden – auf *dieser* Alltags- und Durchschnittsstufe stehenbleiben ist traurig, lähmt und kann selbst *meine* Hoffnungsseligkeit nicht zu neuen Großtaten begeistern. ...

Mete Fontane hatte dem Vater über »Schach von Wuthenow« geschrieben.

AN METE FONTANE   Berlin, 24. August 1882

... Der Punkt, den Du berührst, ist sehr wichtig. Wir sprechen das später mal durch. Es hängt alles mit der Frage zusammen: »Wie soll man die Menschen sprechen lassen?« Ich bilde mir ein, daß nach dieser Seite hin eine meiner Forcen liegt und daß ich auch die Besten (unter den Lebenden die Besten) auf diesem Gebiet übertreffe. Meine ganze Aufmerksamkeit ist darauf gerichtet, die Menschen so sprechen zu lassen, wie sie wirklich sprechen. Das Geistreiche (was ein bißchen arrogant klingt) geht mir am leichtesten aus der Feder. Ich bin – auch darin meine französische Abstammung verratend – im Sprechen wie im Schreiben ein Causeur; aber weil ich vor allem ein Künstler bin, weiß ich genau, wo die geistreiche Causerie hingehört und wo nicht. In »Grete Minde« und »Ellernklipp« herrscht eine absolute Simplizitätssprache, aus der ich meines Wissens auch nicht einmal herausgefallen bin; in »L'Adultera« und »Schach von Wuthenow« liegt es umgekehrt. Deshalb kann ich moderne Salonnovellen meistens nicht lesen, weil alles, was gesagt wird, so langweilig, so grenzenlos unbedeutend ist; will ich aber eine geistreiche Frau schildern oder wohl gar einen Mann wie *Bülow*, nun, so muß auch was herauskommen. Natürlich kann es des Guten zuviel werden, und wenn Bülow alle 21 Kapitel hindurch spräche, so wär es einfach nicht auszuhalten; von Kapitel 8 an hören diese Geistreichigkeiten aber ganz auf oder kehren nur noch sehr vereinzelt wieder. Und so, denk ich, sind sie hinzunehmen, um so mehr, als mir durchaus daran lag, auch wirklich ein Zeitbild, ein Stück Geschichte zu geben. Ohne ein bestimmtes Maß von »Voraussetzungen« läßt sich überhaupt nicht schreiben, und je geschulter die Menschen werden, je größer wird der Kreis dessen, worüber man plaudern darf.

AN EMILIE FONTANE					Berlin, 28. August 1882

... An meinen »Wanderungen« pußle ich weiter; inhaltlich finde ich alles ganz gut, auch die Bemerkungen, die ich seinerzeit eingestreut habe, sind richtig und mitunter nicht ohne Geist und Humor, aber der Ausdruck ist überall unvollkommen. Ich bin erst in dem Unglücksjahre 76 ein wirklicher Schriftsteller geworden; vorher war ich ein beanlagter Mensch, der was schrieb. Das ist aber nicht genug.

Der junge Kritiker Otto Brahm veröffentlichte in Band 53 von »Westermanns Monatsheften« (Braunschweig 1883) einen Aufsatz über Paul Heyse.

AN OTTO BRAHM					Berlin, 29. Oktober 1882

... Es ist schon sehr viel über Heyse geschrieben worden, und Aufschlüsse über sein Wollen hat er genugsam selbst gegeben. Wer sich noch an Heyse ranmacht, kann es nur tun in Liebe oder Haß. In Ihrem Aufsatze ist nicht Liebe, nicht Haß. Sie sagen im einzelnen eine Menge hübscher, geistvoller, witziger, auch sehr zutreffender Sachen (z. B. daß die Überschätzung der »L'Arrabiata« eine Ungerechtigkeit gegen offenbar höher stehende Arbeiten involviere), aber das eigentliche Wort, das Wort, auf das es ankommt, wird *nicht* gesprochen. Ich stehe persönlich so zu Heyse, daß ich ihn für das größte, noch mehr für das reichste Talent halte, das wir zur Zeit in Deutschland besitzen, dessen Bedeutung aber durch einen falschen Tropfen in seinem Blut immer wieder in Frage gestellt, in vielen seiner Produktionen einfach vernichtet wird. Wär ich der jüngere, könnt ich, ihn überlebend, in die Lage kommen, über ihn zu schreiben, ich würd ihn in meinem Essay sehr hoch und sehr tief stellen und das Verkehrte und schließlich doch auch sehr Unkonsequente seiner Lebensanschauungen und seines Liebeskatechismus zu beweisen suchen. Heyse, den ich sehr liebe, weiß auch, daß ich so über ihn denke. Sehr ferne liegt mir aber dabei die Anmaßung, daß meine Stellung zu diesen Fragen »der Weisheit letzten Schluß« repräsentiere. Beständig wechseln die Anschauungen, auch die sittlichen, und so mag denn Heyse sein Evangelium predigen, wie er will. Die aber, die seine Predigt mit angehört haben und dem Volke, das mit zugegen war, auf dem Heimwege noch einmal davon erzählen wollen, müssen mit ihrer Meinung, ob er gut oder schlecht, rein oder unrein, christlich oder unchristlich gepredigt habe, nicht hinter dem Berge halten.

An den Verleger Wilhelm Friedrich

Berlin, 19. Januar 1883

... Die gesamte deutsche Presse verfolgt mir wie andern gegenüber beständig den Zweck, einen bestimmten Schriftsteller an eine bestimmte Stelle festnageln zu wollen. Es ist das das bequemste. *Mein* Metier besteht darin, bis in alle Ewigkeit hinein »märkische Wanderungen« zu schreiben. Alles andre wird nur gnädig mit in den Kauf genommen. Auch bei »Schach« tritt das wieder hervor, und so lobt man die Kapitel »Sala Tarone«, »Tempelhof« und »Wuthenow«. In Wahrheit liegt es so: von Sala Tarone hab ich als Tertianer nie mehr als das Schild überm Laden gesehn. In der Tempelhofer Kirche bin ich nie gewesen, und Schloß Wuthenow existiert überhaupt nicht, hat auch nie existiert. Das hindert aber die Leute nicht zu versichern, »ich hätte ein besondres Talent für das Gegenständliche«, während doch alles, bis auf den letzten Strohhalm, von mir erfunden ist, nur gerade das nicht, was die Welt als Erfindung nimmt: die Geschichte selbst.

An Mete Fontane

Berlin, 5. Mai 1883

... Frau Gude – *keine* geborene Gräfin Wachtmeister, wie ich früher glaubte, sondern eine Baronesse Anker – sagte mir viel Verbindliches über »L'Adultera«, was mir aufs neue bestätigte, daß die Geschichte für natürliche und anständige Menschen keine Spur von Bedenklichem enthält; sie nehmen es einfach als *das*, als was ich es gegeben habe: ein Stück Leben ohne jede Nebenabsicht oder Tendenz. Wär ich nur zehn Jahre jünger, so wär ich auch sicher, daß ich damit durchdringen und insoweit besser als Turgenjew und Zola (wenn auch selbstverständlich mit geringerem äußerem Erfolge) reüssieren würde, als meine Schreibweise von zwei Dingen völlig frei ist: von Übertreibungen überhaupt und vor allem von Übertreibungen nach der Seite des Häßlichen hin. Ich bin kein Pessimist, gehe dem Traurigen nicht nach, befleißige mich vielmehr, alles in jenen Verhältnissen und Prozentsätzen zu belassen, die das Leben selbst seinen Erscheinungen gibt. ...

An Mete Fontane   Berlin, 13. Mai 1883

Wir haben Pfingsten auf unsre Art gefeiert, speziell ich. Bis zu Tisch hab ich eine lange Kritik geschrieben, am Nachmittag aber hab ich mich ins Bett gelegt und mir vorlesen lassen. Es gibt kein andres Mittel, das das alte »Sich nach der Decke strekken«; Mama und ich haben diese schwere Kunst gelernt, und Ihr müßt sie auch lernen. Nur dem Siege der Pflicht über die Neigung, nur dem Verzichtenkönnen, nur der Erkenntnis und dem Handeln danach (»Dies geht noch gerade, und dies unmittelbar Danebenliegende geht schon nicht mehr«), dieser, ich darf uns beiden das Zeugnis ausstellen, klugen und gewissenhaften Innehaltung bestimmter Normen verdanken wir es, daß wir ehrlich gelebt, unser Haus ordentlich bestellt und unsre Kinder anständig erzogen haben. Mamas Verdienste nach dieser Seite hin sind sehr groß; ich hab es mir sauer werden lassen, aber das Haushalten, das Auskommen mit dem mühvoll und spärlich Erworbenen ist schwerer und namentlich auch niederdrückender als das Erwerben selbst. Mama redet zuviel, schießt dann weit über das Ziel hinaus und hat einen schwarzseherischen Zug, der bis zum Undank gegen das ihr Gewordene werden kann und mich oft reizt und verletzt, aber in ihrem Tun ist sie nicht bloß von großer Pflichterfüllung, sondern auch von großer Güte, viel gütiger als ich und namentlich nicht kleinlich. Ihre Kleinlichkeit, soweit solche sich zeigt, ist nicht etwas ihr Angebornes, sondern immer erst eine Folge von Verstimmung, und diese Verstimmung (versteht sich, Ausnahmen zugegeben) ist nicht Laune, sondern ein ganz natürliches und oft berechtigtes Produkt von allerlei Störungen, die mitleidslos auf sie eindringen. Sie ist nur darin eine vollkommene Frauennatur, daß sie, wenn sich erst mal das Gewölk zusammengezogen hat, keinen Unterschied macht und das Verstimmungsunwetter über Gerechte und Ungerechte gleichmäßig niederbrechen läßt. Darin liegt denn oft ein Unrecht, und der schuldlos Betroffene mag über Ungerechtigkeit seufzen, aber daß sich das Verstimmungsgewölk überhaupt zusammenzog, hatte seinen guten Grund und in diesem Grund auch sein Recht. Immer nachgiebig sein, immer Sorgen und Ärgernisse lächelnd überwinden, das leistet niemand, Ihr habt alle die Pflicht, dies beständig im Auge zu haben und gerade, weil Ihr klug seid, auch in den sogenannten »Verstimmungen« nach dem guten Grunde derselben zu suchen und diesen Grund möglichst aus dem Wege zu räumen. Ich darf sagen, daß ich mich selbst seit Jahr und Tag nach dieser Seite hin in Zucht und Beobachtung genommen, nach dem Recht des anderen gesucht und dies Recht auch gefunden habe. . . .

In Thale las Fontane Zolas Roman »La fortune des Rougon« (»Das Glück der Rougon«, 1871).

AN EMILIE FONTANE   Thale am Harz, 9. Juni 1883
                              »Hubertusbad«

. . . Gestern abend hab ich wieder ein Kapitel Zola gelesen. Dasselbe Urteil: frisch, lebendig, voll schildernder Kraft, aber ohne Kunst und Sorgfalt. Wenn alle modernen französischen Romane *so* sind, hat *Spielhagen* allerdings recht, ihnen »Komposition« abzusprechen, und er hat zweitens (was er noch lieber hören würde) auch recht, sich drüber zu stellen. Ich würde dies noch bestimmter aussprechen, wenn er nicht etwas spezifisch »Spielhagensches« hätte, womit ich mich nicht aussöhnen kann. Ein Hase darf nicht hasig schmecken. . . .

*In Thale wurde Fontane mit der Familie des Besitzers des
»Hubertusbades«, Sieben, näher bekannt.*

AN EMILIE FONTANE   Thale, 11. Juni 1883

... Mit dem Schwiegersohn und seiner jungen Frau will ich in den nächsten Tagen nach Quedlinburg. Dieser Schwiegersohn ist erst seit sieben Monaten und der Nordhausener Doktor erst seit drei Monaten verheiratet; beide Paare sehr glücklich und sehr zärtlich, aber in sehr *angenehmer* Weise. Wenn ich jetzt solche jungen Paare sehe, was ja öfter vorkommt, tust Du mir nach 33, und fast kann ich sagen nach 38 Jahren noch nachträglich aufrichtig leid. Wie gut haben es diese Leute, und wie schlecht hast *Du* es gehabt. Von *mir* red ich nicht; Poetenverrücktheit und Poetendünkel helfen einem über alles weg. Aber die armen Frauen! Hunger, Not und Sorge, kleine Kinder, keine Aussichten (oder höchstens auf neue) und von der Welt mit einem Blick des Mitleids oder auch wohl mangelnder Achtung gestreift. Schließlich hat sich ja alles leidlich zurechtgerückt, und Du würdest jetzt ein schlechtes Geschäft machen, wenn Du mit der »Frau Doktorin« in Thale tauschen wolltest, aber der Anfang war schwer.

Du hast ganz recht: das Beste im Leben ist Arbeit; man kann fast sagen, das einzige. Unsre alte weisheitsvolle Rohr hat dies immer gepredigt. Du mußt mich deshalb auch nicht bedauern; es geniert mich bloß, weil ich es unsinnig finde. Nimm die zwei letzten Pfingstfeiertage! Sollt ich etwa, statt zu arbeiten, nach Halensee fahren? Gräßlicher Gedanke!

AN EMILIE FONTANE   Thale, 12. Juni 1883

Mit Zola rück ich jetzt rascher vorwärts, weil die Fehler, die mir anfangs haarsträubend erschienen, fast ganz verschwinden; die zuletzt gelesenen Kapitel sind wie die mir bekannten aus »L'assommoir« gewandt, unterhaltlich, oft witzig und erheiternd, alles in allem aber doch eine traurige Welt. Darauf leg ich indes kein großes Gewicht, das ist Anschauungs-, nicht Kunstsache. In Anschauungen bin ich sehr tolerant, aber Kunst ist Kunst.

Da versteh ich keinen Spaß. Wer nicht selber Künstler ist, dreht natürlich den Spieß um und betont Anschauung, Gesinnung, Tendenz....

Lege doch in Deinem nächsten Briefe eine Nähnadel mit einem schwarzen Zwirn- oder Seidenfaden ein, aber erst in eine Kapsel gesteckt. Alle modernen Hosennähte sind nur geheftet und haben die Eigentümlichkeit, immer an den bedenklichsten Stellen zu reißen, wo Hilfe ebenso nötig wie schwierig ist. Denn gerade mit Rücksicht auf die Stelle kann man sich nicht vertraulich an ein kleines, rotköpfiges Dienstmädchen wenden. Es wäre schon fast wie ein Antrag.

AN EMILIE FONTANE — Thale, 14. Juni 1883

... Ich bin absolut *einsam* durchs Leben gegangen, ohne Klüngel, Partei, Clique, Koterie, Klub, Weinkneipe, Kegelbahn, Skat und Freimaurerschaft, ohne rechts und ohne links, ohne Sitzungen und Vereine. Der »Rütli« mit drei Mann kann kaum dafür gelten. Ich habe den Schaden davon gehabt, aber auch den Vorteil und, wenn ich's noch einmal machen sollte, so macht ich's wieder so. Vieles büßt man ein, aber was man gewinnt, ist mehr.

Mit »La fortune des Rougon« bin ich durch und fange heute noch »La conquête de Plassans« an. Das Talent ist groß, aber unerfreulich. Besonders bemerkenswert ist sein Witz. Von Unsittlichkeit oder auch nur von Frivolität *keine Spur* (es ist grenzenlos dumm, daß gerade *das* diesen Büchern vorgeworfen wird), und selbst von Zynismus ist kaum was zu finden; es ist aber durchaus *niedrig* in Gesamtanschauung von Leben und Kunst. *So* ist das Leben nicht, und wenn es so wäre, so müßte der verklärende Schönheitsschleier dafür geschaffen werden. Aber dies »erst schaffen« ist gar nicht nötig; die Schönheit ist *da*, man muß nur ein Auge dafür haben oder es wenigstens nicht absichtlich verschließen. Der *echte* Realismus wird auch immer schönheitsvoll sein; denn das Schöne, Gott sei Dank, gehört dem Leben geradesogut an wie das Häßliche. Vielleicht ist es noch nicht einmal erwiesen, daß das Häßliche präponderiert....

An Emilie Fontane   Thale, 25. Juni 1883

... Seit gestern abend bin ich auch mit »La conquête de Plassans« fertig und habe gestern nachmittag viel darüber geschrieben. (Vormittag halt ich mit Gewissenhaftigkeit meine Korrekturstunden.) Das Talent ist kolossal, bis zuletzt. Er schmeißt die Figuren heraus, als ob er über Feld ginge und säte. Gewöhnliche Schriftsteller, und gerade die guten und besten, kommen einem arm daneben vor, Storm die reine Kirchenmaus. ...

An Emilie Fontane   Thale, 29. Juni 1883

... Ich las in diesen Tagen unter anderm auch das vierakige Trauerspiel »Angela« (nach Spielhagens Roman), das ich hier mit hergenommen hatte. Die Bearbeitung ist ganz geschickt gemacht, eigentlich absolut untadlig, aber die Spielhagenschen Hauptfiguren – die Nebenfiguren sind immer ganz gut – sind mir höchst unsympathisch. Immer die Vorstellung, daß ein Dichter, ein Maler oder überhaupt ein Künstler etwas Besonderes sei, während die ganze Gesellschaft (und so war es *immer*) auf der niedrigsten Stufe steht, so niedrig, daß die meisten übergelegt werden müßten. Von dieser Regel gibt es nur sehr wenig Ausnahmen, Scott z. B., aber Byron ist schon wieder entsetzlich. Man muß den Künstlern gegenüber, wenn es wirkliche Künstler sind, Verzeihung üben und fünfe gerade sein lassen, aber ihre Mischung von Blödsinn, Sittenfrechheit und Arroganz auch noch zu *feiern*, ist mir widerwärtig. Schon die bloßen Redensarten, »meine Kunst ist mir heilig« (namentlich bei Schauspielerinnen), bringen mich um.

Im Juli 1883 reiste Fontane von Berlin über Hannover und Emden nach Norderney, wo er bei einer Kapitänswitwe Wohnung nahm.

AN EMILIE FONTANE   Norderney, 19. Juli 1883
                         Marienstraße 3

... Erst in die Apotheke. Hier traf ich Herrn Apotheker Ommen in Person, einen stattlichen Friesen von Bildung, Manieren und Distinktion. Eine Inselgröße. Ich bat um ein Fläschchen Esprit de Menthe und bestellte mir für heut ein großes Oxycroceumpflaster. Bei der Gelegenheit nannt ich ihm meinen Namen und begann diesen wie gewöhnlich zu buchstabieren. Er lehnte dies aber mit einer verbindlichen Handbewegung ab und sagte nur, halb fragend, halb sich verneigend: »*Theodor* Fontane?« mit Betonung des Vornamens. Als ich meinerseits nun nickte und sozusagen meinen Prinzenstern zeigte, murmelte er allerlei dunkle Huldigungsworte, so daß ich die Apotheke mit dem Gefühl verließ, den größten Triumph meines Lebens erlebt zu haben. Und dies ist nicht etwa scherzhaft, sondern ganz ernsthaft gemeint. Du weißt, wie mißtrauisch und ablehnend ich in diesem Punkte bin. Dies war aber wirklich was und wiegt mir drei Orden auf; denn Anerkennung, Freude, ja selbst Respekt (*der* Artikel also, in dem man ganz besonders und bis zur Ungebühr zu kurz kommt) sprachen sich in dem Benehmen des Mannes aus. Dies lange Schreiben darüber mag etwas Komisches haben; ich befinde mich aber in der Lage eines jungen Mädchens, das sich gestern abend verlobt hat und seiner Freundin über diesen Lebensakt berichtet.

Bald nach 9 Uhr war ich wieder zu Haus und wollte mich eben an das Auspacken meines Koffers machen, als Frau Kapitän Warnecke erschien, um mir ihre Aufwartung zu machen und nach meinen Wünschen zu fragen. Sie bewohnt nämlich ein andres, größeres Haus mit einer Milch- und Ackerwirtschaft und läßt die »Dependance«, in der ich wohne, durch die vorgenannte kleine Schließerin aus West-Accummersiel verwalten. Ich bat sie, die Capitana, Platz zu nehmen, und wir hatten nun ein längeres Gespräch, das sich, nach Abmachung des Geschäftlichen, allerlei delikaten Fragen zuwandte: Ehe, Witwenstand, kränklicher Mann, Vermögensverhältnisse, Tod und Sterben. Sie sagte mir, daß sie erst seit zwei Monaten verwitwet sei und nun mit ihren Kindern allein stehe. Der Mann habe sich auf einer Indienfahrt eine schwere Krankheit, die »indische Ruhr«, zugezogen und habe neun Jahre lang daran gelitten; sechs Jahre lang habe er noch seinen Kapitänsdienst tun können, aber während der letzten drei Jahre sei er immer krank gewesen. Alle Bäder, darunter auch Aachen, hätten nicht geholfen; zuletzt sei Frerichs konsultiert worden, der verordnet habe: frische Luft, bestes Fleisch und guten Rotwein. Eine Verordnung, die mich für Frerichs einnimmt, denn die ganze Medizinschluckerei ist Unsinn. Auf diese Verordnung hin zogen die Warneckes nach Norderney, um »frische Luft« zu haben, der Kranke aber, der sehr reizbar war, *ärgerte* sich beim Hausbau, und dies war sein Tod. Der Glanzmoment der Unterhaltung war, als ich zu trösten anfing. Sie hatte geweint, übrigens sehr mit Manier, und dann hinzugefügt, »die Krankheit sei schwer für ihn, aber freilich auch für andre gewesen«. *Hier* setzte ich nun ein und sagte, »für einen Fremden sei es mißlich, solche Punkte zu berühren, aber da sie jetzt selber darauf hindeute, so müßte ich ihr sagen: ›In diesem allem läge doch zuletzt auch der Trost; wenn man niemandem mehr zuliebe leben könne, weder sich selbst noch andern, so sei der Tod zwar hart, aber doch das beste.‹« Und so führte ich denn das alte Thema, »daß Väterchen abkommen könne«, durch und fand eigentlich unbedingte Zustimmung. Sie hat jetzt eine Milchwirtschaft, melioriert ihren Acker und sehr wahrscheinlich auch sich selbst. Denn bei einem Manne mit der »indischen Ruhr« kommt man bloß runter. Viel Wäsche und wenig Vergnügen. ...

In Norderney traf Fontane mit der Familie des ihm bekannten Romanschriftstellers Friedrich Spielhagen aus Berlin zusammen.

AN EMILIE FONTANE Norderney, 24. Juli 1883

... Mein Spaziergang mit Spielhagens dauerte gestern wohl eine Stunde. Ganz zuletzt kam das Gespräch auch auf Literatur, und Daudet, Zola, Heyse, Björnson, Ibsen, auch andere noch wurden gestreift. Die ganze Geschichte dauerte nur fünf Minuten, erinnerte aber an die Minuten vor St. Privat, wo in jeder Sekunde hundert fielen. Das reine Massaker. Was gesagt wurde, war nicht so schlimm, aber was ungesagt blieb, war schrecklich. Die Sache hat mir doch sehr zu denken gegeben. Bin ich auch so? Hau ich auch so erbarmungslos in die Pfanne? Ich kann es nicht glauben.

Aber ich sah doch wieder, wie sehr man auf sich achten muß. Meinen Trost find ich darin, daß ich, soviel mir gegenwärtig ist, keinen absolut verwerfe; an jedem erkenn ich etwas wenigstens an. Dabei hab ich aber freilich Leute von Klang und Namen im Sinn. *Das*, was als alltägliches Lesepublikumsfutter dient, steht auf so niedriger Stufe, daß überhaupt gar nicht darüber zu sprechen ist. Die Trivialität in Stoff, Stil, Behandlung ist kolossal. Geist, Witz, Wissen, Humor sind Dinge, die gar nicht vorkommen. Alles siebenmal abgebrühter Tee. Da darf man freilich auch sagen: »Nee, Rike, heute keenen Tee nich.« Ich mache hier täglich in den Zeitungen, die ich lese, die entsprechenden Studien. Auch die »Kreuzzeitung« brachte in der letzten Sonntagsnummer (Sonntagsbeilage) etwas Entsetzliches – Adelssauce mit einem Bibelspruch als Champignon drin. Aber ranzig. Ihr habt das Glück, »Bleakhouse« lesen zu können; lacht und weint nur weiter.

An Emilie Fontane   Norderney, 27. Juli 1883

... So vieles ist ärmer, als man gewöhnlich annimmt (z. B. die ganze Beamtenmisere), aber vieles ist auch reicher.

Zu der »Armut« gehören auch zwei lange Artikel der »Kreuzzeitung«, der eine (von dem ich schon schrieb) »Aus dem *Taschenbuch* eines preußischen Offiziers«, der andre »Ein Sommerfest auf der Pfaueninsel«. Bei beiden sieht man in Abgründe, namentlich auch deshalb, weil sie so prätentiös auftreten. Daß sie langweilig und ledern geschrieben sind, versteht sich von selbst, auf so was leg ich gar kein Gewicht; aber die Gesinnung, die *Lebensanschauung*, die aus beiden spricht, ist so traurig und so ridikül. Das schlimmste aber ist, daß die ganze Gesellschaftssphäre, der diese Artikel entstammen, die darin niedergelegte Lebensanschauung teilt. Jeder einzelne glaubt, »es sei wirklich was damit«, und hat nicht die kleinste Vorstellung davon, daß, sowohl nach der Erscheinungs- wie nach der Geistes- und Talentseite hin, dies alles durch andre Gesellschaftsschichten weit überholt ist. Junge Kaufmannstöchter in New York sind viel eleganter, und jede kleine Künstlergenossenschaft verzapft denn doch schließlich einen ganz anderen Wein. Es wirkt alles pauvre und rautgepufft; keiner glaubt mehr dran.

AN METE FONTANE　　　　　　Norderney, 4. August 1883

... Ich lebe hier wie in Isolierhaft und hätte, wenn ich nicht zufällig den Spielhagens begegnet wäre, in dritthalb Wochen noch keine hundert Worte gesprochen. Ich war immer ein Singleton und bleib es bis zuletzt. Blick ich zurück, so hat mein Leben hier viel Ähnlichkeit mit dem, das ich vor 31 Jahren in London führte. Bewundernd ging ich vom Hyde-Park nach Regents-Park, entzückt stand ich auf Richmond-Hill und sah den May-tree blühn; die Luft, die ich atmete, die Reichtumsbilder, die ich sah, alles tat mir wohl, aber ich ging doch wie ein Fremder oder als ein nicht zu voller und ganzer Teilnahme Berechtigter durch all die Herrlichkeit hin. Immer bloß Zaungast. Und so ist es hier wieder. Zum Glück balanciert der Himmel alles, und die Blinden sehen mit ihren Fingerspitzen. Die Dinge beobachten gilt mir beinah mehr, als sie besitzen, und so hat man schließlich seinen Glück- und Freudeertrag wie anscheinend Bevorzugtere.

Von Mama hatte ich gestern einen langen Brief; *acht* Seiten, was, glaub ich, in unsrer langen Ehe keine viermal vorgekommen ist. Sie hat eine reizende Art zu schreiben, eine Mischung von Natürlichkeit, Unwissenschaftlichkeit und leiser Ironie teils über sich, teils über die »Wissenschaftlichkeit«. Man kann an Mama studieren, daß das Gefälligste, vielleicht auch das Beste, was der Mensch haben kann, die Natürlichkeit ist. Aber wir sind so grenzenlos verbildet, daß dem regelrechten Preußen, »Abiturient und Reserveoffizier«, der Sinn dafür verlorengegangen ist. ...

In Norderney beendete Fontane den Roman »Graf Petöfy«. Er korrespondierte mit seiner Frau, die ihm wie immer das Manuskript abgeschrieben hatte, über Einzelheiten des Werkes.

AN EMILIE FONTANE　　　　　　Norderney, 8. August 1883

... Du beklagst Dich über meine Weitschweifigkeit. Ja, was ist darauf zu sagen? Eigentlich nichts, was nicht schon längst gesagt wäre. Alles in allem ein wundervoller Stoff, um *aufs neue* in Weitschweifigkeit zu verfallen. Du weißt, daß ich auf solche

Kritiken immer gleich eingehe, und so bestreite ich auch diesmal nichts oder doch nicht viel. Es ist aber doch ein Unterschied, ob ich nervös und dröhnig nach einem gleichgültigen Wort suche oder ob ich weitschweifig bin, d. h. über den linken Hinterfuß eines Flohs eine Abhandlung schreibe. Das Dröhnen ist unter allen Umständen eine Tortur für den Hörer und sans phrase ein Fehler, eine Ungehörigkeit; die Weitschweifigkeit aber, die ich übe, hängt doch durchaus auch mit meinen literarischen Vorzügen zusammen. Ich behandle das Kleine mit derselben Liebe wie das Große, weil ich den Unterschied zwischen Klein und Groß nicht recht gelten lasse; treff ich aber wirklich mal auf Großes, so bin ich ganz kurz. Das Große spricht für sich selbst; es bedarf keiner künstlerischen Behandlung, um zu wirken. Gegenteils, je weniger Apparat und Inszenierung, um so besser. Ich kann also unter Einräumung des Tatsächlichen den Fehler, der in dem »Auspulen« stecken soll, nur sehr bedingungsweise zugeben. »Wär ich nicht Puler, wär ich nicht der Tell.« Daß diese Pularbeit vielen langweilig ist und immer war, davon hab ich mich in meinem Leben genugsam überzeugen können; ich hab aber nicht finden können, daß all diese Dutzendmenschen, die durch die Nase gähnten, interessanter waren als ich. Dann und wann find ich einen, freilich selten, der Geschmack an mir findet, und da dies in der Regel keine schlechten Nummern sind, so muß ich mich trösten. Herwegh schließt eins seiner Sonette (»An die Dichter«) mit der Wendung:

> »Und wenn einmal ein *Löwe* vor Euch steht,
> Sollt Ihr nicht das *Insekt* auf ihm besingen.«

Gut. Ich bin danach Lausedichter, zum Teil sogar aus Passion; aber doch auch wegen Abwesenheit des Löwen.

Theos Brief ist sehr nett. Die Mischung von Bescheidenheit und Selbstbewußtsein ist Familienzug, Fehler oder Tugend. . . .

AN EMILIE FONTANE   Norderney, 12. August 1883

. . . Daß Theo wieder da ist, ist ganz gut für Dich; er bringt doch etwas Zerstreuung und Berliner Unterhaltungsstoff ins Haus. Auch daß die katholische Köchin ausbleibt, ist vielleicht ein Glück. Ich bin in nichts ein Prinzipienreiter und so recht einer, der ein Verständnis und meist auch ein Liking für Ausnahmefälle hat. Das hebt aber den alten Satz nicht auf: Besser ist besser. Je älter ich werde, je mehr bin ich für reinliche Scheidungen; Haar apart und Kotelett apart. Jude zu Jude, Christ zu Christ und natürlich auch Protestant zu Protestant. Geschieht das nicht, so heißt es immer einmal: »Richtiger alter Jude, richtiger alter Katholik« etc. Ich habe vieles erlebt, das mir eine tief-innerliche Freude gemacht hat: die Herausreißung Deutschlands aus der politischen Misere, die Mündigwerdung des Volks, die Säuberung, d. h. Sauberwerdung Berlins, das Aufhören der Pfennigwirtschaft und der damit innig zusammenhängenden Gesinnungsruppigkeit etc. etc. Zu diesen Herrlichkeiten, an denen meine Seele lutscht wie an einem Bonbon, gehört auch der immer mehr zutage tretende Bankrott der Afterweisheit des vorigen Jahrhunderts. Das Unheil, das Lessing mit seiner Geschichte von den drei Ringen angerichtet hat, um nur *einen* Punkt herauszugreifen, ist kolossal. Das »Seid umschlungen, Millionen« ist ein Unsinn. Hoheitsaufgaben, die doch nicht gelöst werden können, verwirren die Menschheit nur. Ganz allgemein aufgestellt, sind unerfüllbare Sätze wie »Liebet eure Feinde« groß und segensreich. Denn der einzelne kann sich daran in den Himmel hineinstrampeln. Und ich bewundere es dann. Aber sowie das praktische Leben für den Alltagsgebrauch danach eingerichtet werden soll, geraten wir in die Nesseln und schreien »au«....

An Emilie Fontane   Norderney, 23. August 1883

... Du sprichst von unsrer Vereinsamung. Ja, sie ist da; aber wir müssen sie für den Rest unsres Lebens tragen. Ein Haus machen können wir nicht; andren nachlaufen, dazu sind wir zu alt, und auf neutralem Boden mit aller Welt sich treffen, dazu sind wir zu kritisch und zu verwöhnt. Die Einsamkeit tut weh, aber doch nicht so weh wie falsche Geselligkeit. Es ist wie mit der Ehe. Keine Frau ist schlimm, aber immer noch besser als eine schlechte.

Hier geht mein Leben seinen Gang nachgerade mit einer Regelmäßigkeit wie in den »regelmäßigsten« Berliner Zeiten. Kaffee, Arbeit, Mittagbrot, Briefschreiben, Nachmittagskaffee,

Lesezimmer, Strand, Tee – ein Tag wie alle Tage. Es ist mir nun auch ganz recht so, ja beinah rechter, als wenn es anders wäre. Ich brauche meine Zeit. Und sind dann die Wochen um, so hat man, aller Einsamkeit unerachtet, doch eine Menge gehört und gesehn. Schon allein die Beobachtung der Rassen, Stämme, Stände, wozu man hier auf engstem Raum wundervolle Gelegenheit hat, ist von Wert. ...

An Emilie Fontane   Norderney, 30. August 1883

Habe Dank für Deinen und Metes Brief, die heute früh hier eintrafen. Wir haben beide ziemlich schwere Wochen hinter uns: *Du* Langeweile mit Unbehagen, *ich* Einsamkeit mit Überarbeit. Und doch war es gut so; der große Kampf mußte dort ausgekämpft und die große Novelle mußte hier zu Ende gebracht werden.

Diese letztre ist nun *wirklich* zu Ende, ja nach der gründlichsten Korrektur (Du wirst Dich wundern, wie Dein schönes Manuskript aussieht) hab ich diese 35 endgültig durchkorrigierten Kapitel in drei Tagen auch *noch*mal durchgelesen, wobei sich natürlich immer noch wieder kleine, mitunter auch große Fehler vorfanden, so daß diese letzte Generaldurchsicht, die Parade vor dem Höchstkommandierenden, nicht vergeblich war.

Die Arbeit ist nun ganz, wie sie sein soll, und liest sich wie geschmiert. Alles flink, knapp, unterhaltlich, soweit espritvolles Geplauder unterhaltlich sein kann; wer auf Plots und große Geschehnisse wartet, ist verloren. Für solche Leute schreib ich nicht. Ich fühle, daß nur ein feines, vielleicht nur ein ganz feines Publikum (der Thimussche *eine* Leser!) der Sache gerecht werden kann; aber ich kann, um dem großen Haufen zu genügen, nicht Räubergeschichten und Aventürenblech schreiben. Natürlich gibt es auch *höhere* Räubergeschichten, und vielleicht sind *diese* das Romanideal. Aber weder die Lust noch das Talent dazu liegt in mir. ...

Fontanes Tochter Mete war seit März 1884 als Reisebegleiterin einer Amerikanerin in Italien.

AN METE FONTANE Berlin, 8. April 1884

... Und nun gleich noch eine andre kleine Geschichte, ohne weiteren Zusammenhang mit dem eben Erzählten als *den,* daß es auch eine kleine Geschichte ist. Mama und ich waren gemeinschaftlich im Theater, um den »Mohr des Zaren« zu sehn. Um zehn fragt Bertha den sein Abendbrot verzehrenden Friedel, »ob sie aufbleiben müsse oder zu Bett gehen könne?« »Gehen Sie ruhig zu Bett; die Eltern haben Hausschlüssel und Drücker.« Und Bertha geht zu Bett. Friedel holt Mama aus dem Theater ab und erzählt sein Gespräch mit Bertha. »Ja, das ist schlimm, ich habe keinen Drücker, und Papa kann vor zwölf von der Zeitung nicht wieder da sein.« »Nun, so wollen wir so lange zum Weihenstephan gehn und ein Seidel trinken.« Gut. Von 11½ an stehen sie aber wieder vor der Gittertür und warten auf mich. Endlich erkennen sie mich. »Da kommt er angehupst.« »Guten Abend.« »Gott sei Dank, daß Du kommst; wir können nicht in unsre Wohnung, Bertha ist zu Bett, und ich habe keinen Drücker.« »Und ich auch nicht.« Kolossale Verlegenheit, Mama merkwürdig gefaßt, weil sie noch unter dem Einfluß des Weihenstephan-Seidels stand. »Ja, was machen wir nun? Wir können ja bei der verschlossenen Hoftür auch nicht einmal die Hintertreppe hinauf und ›bullern‹.« Friedel drang nun darauf, wir sollten mit in seine Wohnung kommen, wo *ich* mich in sein Bett und Mama sich aufs Sofa legen sollte, *er* aber wolle entweder auf einem Stuhl nächtigen oder zu Karl Zöllner ins Bett kriechen. Ich dankte ihm, erklärte jedoch mein »Non possumus«; ich habe keine Vorliebe für andrer Leute Betten. So wurde denn beschlossen, daß Mama und ich bei Fredrich drüben ein Unterkommen suchen sollten. Um es kurz zu machen, im letzten Moment entdeckten wir bei »Geheimrats« noch Licht; also wieder ins Haus hinein, treppauf und geklingelt. Der Geheimrat erschien, und das Wort Hamlets, als er seines Vaters Geist auf sich zukommen sieht: »Thou comest in such a questionable shape«, paßte auch hier. Schönheit ist auch bei Tage nicht seine Sache. Die Gattin stand ihm zur Seite. Beide übrigens voller Güte und *er* sogar voller Humor, natürlich *seine* Sorte. Mit einem Hackebeil bewaffnet, das ich in der geheimrätlichen Küche von der Wand nahm, zogen wir nun, fünf Mann hoch, treppauf und bullerten zunächst. Aber Bertha schlief den Schlaf der Gerechten; und so blieb denn nichts als das Hackebeil. Es wurde zwischen die Bodentür geklemmt, um eine Klinse zu gewinnen, in die nun die Hände von Herrlich, von Friedel und mir hineinfuhren; eins, zwei, drei, und mit einem ungeheuren Ruck und Krach flog die Tür auf. Sonderbarerweise war nichts zerbrochen; die nur dünne Tür hatte elastisch nachgegeben und war einfach aus dem Schloß herausgesprungen. Und nun die Hühnerstiege hinauf, um Bertha zu wecken. Ein vollkommener Sieg war erfochten, und ein mitternächtiger Schlummerpunsch war der allseitige, wohlverdiente Lohn....

AN METE FONTANE   Berlin, 18. April 1884

... George erzählte von einem befreundeten Oberstabsarzt, der vor kurzem bei Hiller ein Diner gegeben habe. 15 Personen. Die Rechnung betrug 700 Mk., also die Verpflegung jedes Gastes beinahe 50 Mk. Theo bezahlt *eine* Mark bei Oswald Nier inklusive zwei Glas Rotwein. Zu meiner Zeit hungerten die Oberstabsärzte.

Ich sehe in diesen Übertreibungen einen Einfluß des mit dem wachsenden Wohlstande überhandnehmenden Bourgeoistums, gegen das ich jetzt eine mindestens so tiefe Abneigung empfinde wie in früheren Jahrzehnten gegen Professorenweisheit, Professorendünkel und Professorenliberalismus. Wirklicher Reichtum imponiert mir oder erfreut mich wenigstens, seine Erscheinungsformen sind mir im höchsten Maße sympathisch, und ich lebe gern inmitten von Menschen, die 5000 Grubenarbeiter beschäftigen, Fabrikstädte gründen und Expeditionen aussenden zur Kolonisierung von Afrika. Große Schiffsreeder, die Flotten bemannen, Tunnel- und Kanalbauer, die Weltteile verbinden, Zeitungsfürsten und Eisenbahnkönige sind meiner Huldigungen sicher. Ich will nichts von ihnen, aber sie schaffen und wirken zu sehn, tut mir wohl; alles Große hat von Jugend auf einen Zauber für mich gehabt, ich unterwerfe mich neidlos. Aber der

»Bourgeois« ist nur die Karikatur davon; er ärgert mich in seiner Kleinstietzigkeit und seinem unausgesetzten Verlangen, auf nichts hin bewundert zu werden. Vater Bourgeois hat sich für tausend Taler malen lassen und verlangt, daß ich das Geschmiere für einen Velázquez halte. Mutter Bourgeoise hat sich eine Spitzenmantille gekauft und behandelt diesen Kauf als ein Ereignis. Alles, was angeschafft oder wohl gar »vorgesetzt« wird, wird mit einem Blicke begleitet, der etwa ausdrückt: »Beglückter du, der du von *diesem* Kuchen essen, von diesem Weine trinken durftest«; alles ist kindische Überschätzung einer Wirtschafts- und Lebensform, die schließlich geradesogut Sechserwirtschaft ist wie meine eigene. Ja, sie ist es mehr, ist es recht eigentlich. Ein Stück Brot ist nie Sechserwirtschaft, ein Stück Brot ist ein Höchstes, ist Leben und Poesie. Ein Gänsebratendiner aber mit Zeltinger und Baisertorte, wenn die Wirtin dabei strahlt und sich einbildet, mich der Alltäglichkeit meines Daseins auf zwei Stunden entrissen zu haben, ist sechserhaft in sich und doppelt durch die Gesinnung, die es begleitet. Der Bourgeois versteht nicht zu geben, weil er von der Nichtigkeit seiner Gabe keine Vorstellung hat. Er »rettet« immer, und man verschreibt sich ihm auf eine Schrippe hin für Zeit und Ewigkeit. . . .

Im Mai zog Fontane für über zwei Wochen nach »Hankels Ablage«, einem Berliner Ausflugslokal an der Dahme, der »Wendischen Spree«. Hier arbeitete er an »Irrungen Wirrungen«. Mehrere Kapitel des Romans spielen in »Hankels Ablage«.

AN EMILIE FONTANE   Hankels Ablage, 12. Mai 1884

Ein Butterfaß und mein Koffer waren die einzigen Gepäckstücke, die in Berlin aufgeladen wurden.

Die Tinte ist furchtbar, und ich kann eigentlich nicht weiter schreiben; lauter kleine Klümpchen. Wovon man doch alles abhängig ist? Die ganze Schreiblust ist hin.

Mein Zimmer ist reizend, und der Blick über den Vorgarten fort auf den starkbewegten Strom und die Heide dahinter erquickt mich. Die Luft ist ozonreicher als nötig und macht mich fiebrig; es weht eine starke Ostbrise, dennoch fühle ich, daß meine

Nerven sich dabei erholen. Nur die Tinte! Geht das so fort, so können all the perfumes of Arabia mich nicht wieder gesund machen. Auch vor der Nacht hab ich ein ahnungsvolles Grauen – es sieht alles sehr mäusrig aus. Mein Wirt, Herr Käppel, hat zwei Kinder – – – es geht nicht weiter. Er hat also zwei Kinder, einen vierjährigen Jungen und eine anderthalbjährige Tochter, beide stellen der Luft und Verpflegung ein glänzendes Zeugnis aus. Frau Käppel habe ich noch nicht gesehn – sie »erwartet«. Nach 18 Monaten ihr gutes Recht. Der Verkehr – ich meine natürlich den geschäftlichen – ist gering, was mir eigentlich lieb ist. Wozu immer Berliner! ...

AN EMILIE FONTANE   Hankels Ablage, 13. Mai 1884

Wenn es so bleibt, so hab ich es sehr gut getroffen. Zimmer, Blick, Luft vorzüglich, Verpflegung ganz nach meinem Geschmack, und Herr und Frau Käppel sehr freundliche Leute: selbst *sie*, trotzdem sie Berlinerin ist. *Er* Thüringer, was aber nicht immer ein Verbrecher ist. Ein Wetterumschlag bereitet sich vor, aber mein Winterüberzieher wird der veränderten Situation gewachsen sein. Gestern abend habe ich ein Stück Rehziemer mit sieben Kartoffeln und heute mittag ein Beefsteak mit Zwiebeln gegessen. Getränk: »Weiße«. Das Rehziemer war mir aber doch zuviel, und ich werde zum Tee zurückkehren.

Heute vormittag bei gelegentlich niederfallendem Regen habe ich meine »Rate« geschrieben, und mit Rücksicht darauf, daß es eine sehr schwierige Situation war, kann ich leidlich zufrieden sein. Ich möchte nicht eher hier fort, als bis ich mit dem Entwurf des Ganzen fertig bin, und so werd ich wohl am Sonnabend nur zum Theater in die Stadt kommen und am Sonntag drei Uhr wieder nach hier hinausfahren. Sonderbar, wie solch kleiner Dienst einen doch bindet. Erst wollte ich Dich bitten, mir bei Stephany Urlaub zu erwirken; aber es ist doch besser *so*. Mein Ansehn, das ich an maßgebendster Stelle habe, ist nicht groß genug, um mir solche Sprünge zu erlauben. ...

Herr Käppel unterhält mich dann und wann auf zehn Minuten, bei welcher Gelegenheit ich auch schon in Intimitäten eingeweiht worden bin. Als ich ihm heute sagte, »seine Frau (eine frische, hübsche Blondine) scheine sehr gesund zu sein«, lächelte er und sagte: »Nein, sie ist kränklich, matt und bleichsüchtig, und nur wenn sie ›wie jetzt‹ ist, ist sie gesund.« Worauf ich ihm antwortete: »Na, da haben Sie wenigstens das Spiel in der Hand.« Er lächelte wehmütig und strich mit seinem Teerpinsel (das Gespräch fand an einem Boot statt) weiter.

An Emilie Fontane   Hankels Ablage, 14. Mai 1884

Habe besten Dank für Deine freundlichen Zeilen. Hoffentlich geht es mit Deiner Gesundheit wieder besser. Husten bei diesem Wetter ist etwas sehr Fatales: ich verordne: Emser Kränchen, Tee, Rhabarber, dann und wann Wein mit Wasser, kein Fett. Bier und Kaffee verpönt.

Natürlich ist mir dies Wetter nicht sehr angenehm und erschwert mir das Arbeiten; dennoch bin ich herzlich froh, hier zu sein. Trotz starken Abattuseins hab ich auch heute wieder meine Kapitel geschrieben – nach dem alten Goethesatze: »Gebt ihr euch einmal für Poeten, so kommandiert die Poesie.« Daß es gleich gut wird, ist schließlich auch nicht nötig und eigentlich von *dem*, der täglich sein Pensum arbeitet, auch nicht zu verlangen. Es wird, wie's wird. In der Regel steht Dummes, Geschmackvolles, Ungeschicktes neben ganz Gutem, und ist letzteres nur überhaupt da, so kann ich schon zufrieden sein. Ich habe dann nur noch die Aufgabe, es herauszupulen. Dies ist zwar mitunter nicht bloß mühsam, sondern auch schwer; es gibt einem aber doch eine Beruhigung, zu wissen, »ja, *da* ist es, suche nur und finde«. Meine ganze Produktion ist Psychographie und Kritik, Dunkelschöpfung im Lichte zurechtgerückt. Ein Zufall hat es so gefügt, daß ich diese ganze Novelle mit halber und viertel Kraft geschrieben habe. Dennoch wird ihr dies schließlich niemand ansehn. . . .

An Emilie Fontane   Thale am Harz, 10. Juni 1884
                           »Hubertusbad«

. . . In Potsdam hatte ich mir eine »Deutsche Montags-Zeitung« gekauft, die von denselben Leuten wie das »Berliner Tageblatt« geschrieben wird. Diese *eine* Nummer enthält *elf* selbständige lange Artikel und ein Festgedicht von Schmidt-Cabanis. Selbst dies Festgedicht ist relativ gut und eine Goethe-Leistung, wenn ich an *das* denke, was die »Kreuzzeitung« in solchen Fällen bringt. Alle elf Artikel sind von klugen, geist- und talentvollen Leuten geschrieben; eine gewisse Sorte Witz, die mir nicht sehr angenehm ist, herrscht vor, aber auch das mir am wenigsten Angenehme liest sich gut, unterhält und belehrt mich. Ich schreibe dies alles im Hinblick auf die »Kreuzzeitung« und die konservative Partei. Schließlich gehör ich doch diesen Leuten zu, und trotz ihrer enormen Fehler bleiben märkische Junker und Landpastoren meine Ideale, meine stille Liebe. Aber wie wenig geschieht, um diese wundervollen Elemente geistig standesgemäß zu vertreten. Es ist mir das immer ein wirklicher Schmerz. Das konservative Fühlen unsrer alten Provinzen wäre von unwiderstehlicher Kraft, wenn die Leute da wären, diesem Gefühl zu einem richtigen Ausdruck zu verhelfen....

An Emilie Fontane   Thale, 13. Juni 1884

... Metes Brief ist wieder brillant. Was sie über »Petöfy« schreibt, ist richtig; höher potenzierte Menschen von Geist und Wissen sprechen *beständig* so, wie der alte Graf, Franziska, Phemi und Pater Feßler sprechen. Die Trivialität unsrer Schmierer (die Weiber an der Spitze) hat es zum Axiom erhoben, daß in Novellen und Romanen nur Blech vorkommen darf. Das ist aber nicht bloß trostlos langweilig, sondern auch einfach unwahr....

An Friedrich Stephany,   Thale, 18. Juni 1884
Chefredakteur der
»Vossischen Zeitung«

... Trotz der barbarischen Kälte lebe ich glückliche Tage, doppelt glücklich dadurch, daß ich mir seit vielen Jahren zum ersten Male wieder eine wirkliche Ruhe gönne. Noch habe ich keinen Strich geschrieben, und so soll's bis Ende Juni bleiben. Zu dem Behagen trägt auch die Gesellschaft bei. Die Durchschnitts-Table d'hôte ist von altersher mein Schrecken. Trifft man's aber gut, so kann es reizend sein. Sechs Mann hoch bilden wir hier eine scharfe Ecke: ein General, ein Amtsrat, ein Bankier, dazu der

Wirt, ein ostpreußischer Industrieller und ich. Der Ostpreuße heißt Blechschmidt, ein guter Kerl, aber von Mutter Natur seinem Namen in einer merkwürdigen Weise angepaßt. Desto origineller ist der General, der sich wie alle »a. D.-Leute« dreimal den Tag den Strick um den Hals spricht. Wär er ein bißchen feiner und ein bißchen weniger eitel, so wär er ganz Nummer I. So aber kann ich ihm nur II a geben. Zu diesen sechs Herren kommen drei Damen, eine Gräfin R., deren Dame d'honneur, ein Fräulein v. H., und eine Oberstabsarztfrau aus Potsdam, Jugendfreundin der Gräfin. Diese letztere, zweiunddreißig Jahre alt, ist eine Schwiegertochter des alten Fürsten von H., der mehrere Kebsinnen hatte, mit deren Hilfe er, wenn nicht den Ruhm, so doch das Blut des Hauses fortsetzte. Durch diesen physiologischen Vorgang entstanden auch die R., und der älteste dieses Namens heiratete ein strammes (das ist immer die Hauptsache) bürgerliches Madel, das nun als »Gräfin R.« an unsrem Tisch sitzt. Sie quietscht vor Leben und Vergnügen, und wenn der alte General auf der Höhe seiner Zweideutigkeiten steht, verklärt sich ihr fideles Gesicht. Wenn Sie noch hierher kommen sollten, so bin ich ganz sicher, daß es Ihnen gefallen wird, gleichviel ob Sie hier in »Hubertusbad« oder in Hotel »Zehnpfund« Ihr Quartier nehmen. Man ist gut aufgehoben, gut bedient und gut verpflegt, ohne durch einen anspruchsvollen Baden-Baden-Ton ennuyiert zu werden. ...

In dieser Zeit konzipierte Fontane den Roman »Cécile«, der teilweise in Thale und Umgebung spielt; auch ein Ausflug nach Altenbrak wird geschildert. – Die Kriminalerzählung »Unterm Birnbaum« war zum Vorabdruck in der Wochenschrift »Die Gartenlaube« vorgesehen, wo sie 1885 erschien.

An Emilie Fontane   Altenbrak an der Bode,
               19. Juni 1884
               »Zum Rodenstein«

Heute von *hier* aus einen Gruß!

Nach dreistündigem Marsch traf ich hier in Altenbrak ein und will nun über Treseburg zurück, nachdem ich mit dem *»Herrn Präzeptor«*, einer klassischen, 80jährigen Figur (Kopf genau wie Roquette, aber sechs Fuß groß und im tiefsten Baß sprechend), zwei Stunden lang geplaudert habe. Alles wundervoll. Phantastisch-humoristische Märchenwelt. Er, seine am »Zittern« leidende, beständig weinende Frau und seine entzückende Tochter, Förstersfrau, dreißig Jahre alt, mit fünf strammen Jungens. Alles wundervoller Stoff für meine neue Novelle (*nicht* die Gartenlauben-Novelle), die sich mir heut auf dem dreistündigen Marsch in allen Teilen klar ausgestaltet hat. Es kann nun also damit losgehn – ich glaube, was ganz Feines.

AN EMILIE FONTANE   Thale, 20. Juni 1884

Der gestrige Tag war sehr schön, nur etwas anstrengend: 3½ Stunde hin, 3¼ zurück. Erst nach neun war ich wieder hier und ließ mir ein Stück Wildbraten schmecken – den ganzen Tag über hatte ich wieder nichts gegessen. In der Luft leb ich von der Luft. Eigentlich der geborene Lumpacivagabundus. Das beste war, daß ich mit meiner Arbeit plötzlich von der Stelle kam; bis dahin hatte ich nur die Tendenz und ein paar Einzelszenen, mit einem Male aber ging die ganze Geschichte klar vor mir auf, namentlich auch in ihren schwierigsten Partien, und heute früh hab ich denn auch alles in 14 Kapiteln niedergeschrieben, d. h. ganz kurz, jedes Kapitel ein Blatt. Aber es lebt doch nun und strampelt.

Die Geschichte mit Hopfen ist mir wertvoll. Die Herren können daran ersehn, daß die Tage von 1 oder 1½ Groschen pro Zeile vorüber sind. Gott sei Dank, daß ich diesen Wandel der Zeiten noch erlebt habe; der frühere Zustand war schmachvoll. Für das reine dichterische Talent, das dann *Protektion* an Fürstenhöfen fand, mag die alte Zeit förderlicher gewesen sein, aber für Menschentum und Durchschnittstalent ist der Fortschritt unsrer Tage riesig. Es ist und bleibt ein Glück (vielleicht das höchste), frei atmen zu können.

W[itte]s Zustand hat meine Teilnahme. So schwinden die Ideale. Was *er* jetzt diesen Dingen gegenüber empfindet, habe ich lange empfunden; es ist ein ganz zweifelhaftes Geschäft, dies parlamentarische Politikmachen, verdirbt den Charakter und macht einseitig. Die Leute sehen alles nur noch in Fraktionsbeleuchtung. Und doch ist das Ganze ein Segen. So ein regierender Bredow oder Rochow, der einen nach Spandau schickte, wenn man ihm andeutete, »er sei ein Schafskopf«, war auch kein Glück für Staat und Menschheit. Der absolute Staat mag noch so viel Vorzüge haben, er ist für ein frei fühlendes Herz doch eine Unerträglichkeit; er hat die Annahme zur Voraussetzung, daß Wissen, Macht, Herrscherbefähigung in *Schichten* steckt, während es doch einfach in den *Individuen* lebt.

An Emilie Fontane   Thale, 22. Juni 1884

Heute, meine Teuerste – man muß mit den Liebesanreden wechseln – nur ein paar Worte. Besten Dank für alle Briefe. Der von Mete ist wieder sehr gut; dabei hocherfreulich, daß ihr Florenz so gefällt; ihre Sehnsucht nach der Heimat würde sonst noch größer sein. *Mein* Geschmack wäre nun Florenz nicht, ich ziehe Rom weit vor; wenn dort die Geschichte aufhört, fängt sie hier erst an.

Vor Sonnabend komm ich nicht, und wenn es Schusterjungen regnet; übrigens ist mir das Wetter, wenn auch nicht angenehm, so doch auch nicht allzu unangenehm – es ist *draußen* warm, und ich kann im »Waldkater« nach wie vor im Freien Kaffee trinken. – Heute abend werde ich Schmerlen essen, meiner neuen Novelle zuliebe, worin »beim Präzeptor« Schmerlen gegessen werden.

Gestern erhielt ich einen langen, netten Brief von Theo. ... Wegen des »Petöfy« werde ich mich mit ihm mündlich auseinandersetzen; auch George kommt am Schlusse seines Briefes auf den guten, alten Grafen zurück. Alles in allem scheint ihn die Geschichte kalt gelassen zu haben, was sein gutes Recht ist. Die Kinder entschuldigen sich immer gegen mich, wenn ihnen etwas von meinen Arbeiten nicht sonderlich gefällt; sie gehen darin weiter als nötig. Einen ehrlichen, verständig motivierten Tadel kann ich von *jedem* ertragen, am leichtesten aber von Personen, die mir nicht nur persönlich zugetan sind, sondern auch ein gutes Vertrauen zu meinem Talente haben. Es ist lächerlich, anzunehmen, daß alles, was man schaffe, wunderschön und unsagbar interessant sei. Man macht es, so gut man kann, und freut sich, wenn es Verständigen gefällt; gefällt es aber mal weniger, so muß man dies ruhig hinnehmen. Auch kann man sich mit der Verschiedenheit des Geschmackes trösten; unter meinen Balladen und Feldherrenliedern ist jede einzelne Nummer mal als beste erklärt worden. Nur immer sein Bestes tun, *darauf* kommt es an.

In Berlin werde ich wohl wieder Glühhitze treffen, aber zehn bis vierzehn Tage hält man's ohne Beschwerde aus. Ein paarmal will ich ins »Deutsche Theater« gehn, um mich einigermaßen auf der Höhe zu halten; selbst der große Kainz, der den Romeo bis zur Unanständigkeit wahr spielen soll, ist mir noch ein süßes Geheimnis.

Eben kommt der Nachmittagsbriefträger. Kein Brief. So will ich denn den meinen schließen, eine Tasse Kaffee trinken (natürlich mit Kognak) und einen Erwärmungsdauerlauf unternehmen. . . .

AN EMILIE FONTANE Krummhübel, 19. Juli 1884
»Augustabad«

Die Koppe sieht mir gerad ins offen stehende Fenster, und die Wiesen *vor* mir tragen mir balsamische Luft zu, aber *hinter* mir liegt ein Korridor mit einem »Hier« und trägt mir so unbalsamische Luft zu, daß ich Kopfweh habe und vor Ekel nichts essen kann. Das »Hier« ist u. a. die Lieblingsrückzugsstätte zehn alter Jungfern, die an dem Korridor entlang wohnen und sich durch Ammoniakabsonderungen auszeichnen. Wäre ich jünger und frischer und machte mir überhaupt noch was Spaß, so würd ich ein Feuilleton schreiben, »Das Örtchen«, und den vollkommen richtigen, durchaus nicht übertriebenen Satz durchführen: »Jeder Ort in Deutschland scheitert am Örtchen.« Dobbertin, Dahlen (beim alten Schierstädt), Liebenberg, Lützburg (Knyphausen), Wernigerode (Kagelmann), Potsdam (Windel), Norderney, Thale und viele andre noch – alle werden wertlos und unbesuchbar durch das Örtchen. Das klingt scherzhaft, ist aber eine ganz ernsthafte Kalamität. Mein erster Gang heute war in den Wald, in dem ich mir auch für die Zukunft einige verschwiegene Lauben ausgesucht habe. Wenn man will: »Sommerfrische bis ins letzte.«

Ich kam gestern gegen sechs hier an; die Fahrt von Schmiedeberg hierher war reizend, und ich fühlte ordentlich, wie mir wohler wurde. Kaum daß ich vor dem Exnerschen Gasthause hielt, so kam mein guter Schwerin angehumpelt, zeigte mir die Wohnung, die ich von Dienstag an beziehen werde, und führte mich dann in meine Interimswohnung, die sich inzwischen aus einem Dachstübchen in ein entzückend gelegenes Zimmer (der Aussicht nach das schönste im Hause) im sogenannten »Augustabad« verwandelt hat. Dies »Augustabad« ist auch eine Schöpfung des Evangelischen Vereins, wie Hagenthal bei Gernrode, das ich mit Hofprediger Strauß besuchte. Ich komme also aus dem »Christlich-Germanischen« gar nicht mehr heraus, und ein jüdischer Philosophie-Doktor hat mich introduziert. ... Schlief gut. Um 7½ war ich unten und bat bei dem christlichen Hausverwalter um mein Frühstück. Er führte mich in sein Privatzimmer und gab sich als mein alter Gendarm Brey zu erkennen, bei dem ich 1868 in Erdmannsdorf gewohnt hatte. Dann kam seine Frau, nur noch mit einem Zahn, und wir plauderten in einer Stunde Welten. Dann in den Wald mehrere Stunden.

Das ganze Gebirge liegt seit einer halben Stunde in Nebel, wir werden also Regen bekommen. Mir auch recht. Mein Befinden ist gleichmäßig schlecht. Auf der Fahrt gestern wurde mir besser, aber es hat nicht vorgehalten, und ich bin wieder so abgespannt, kraft- und freudlos wie vorher. An Arbeiten ist nicht zu denken; es interessiert mich nichts. ...

Fontanes Tochter Mete erwog, mit ihren amerikanischen Bekannten nach Amerika überzusiedeln.

AN EMILIE FONTANE   Krummhübel, 26. Juli 1884

Mete hat mir ein paar interessante, wichtige und *mich erfreuende* Briefe geschrieben. Ich glaube, Du nimmst sie nicht immer richtig. Sie schreibt mir heute: »Ich bin nicht unzufrieden, im Gegenteil, aber ich würde mir *gerne meiner geistigen und herzlichen Fähigkeiten lebhafter bewußt* – ich habe das Gefühl eines Menschen, der Klavier spielen kann, aber kein Klavier hat.« Das trifft, glaube ich, zu. Sie würde sich gern ein andres »Sort« bereiten, sie würde Welt und Amerika Welt und Amerika sein lassen, aber wie die Verhältnisse nun mal liegen, sucht sie das Beste draus zu machen. Wenn der Weg, den sie dazu einschlägt, *ihr* Weg ist und nicht unsrer, so kann man ihr daraus keinen Vorwurf machen. Weißt Du, welcher Weg der richtige ist? *Ich* weiß es nicht. Und so hat man kein Recht, dem im Gefühle wurzelnden Entschluß eines andern Menschen, und wenn es das eigne Kind ist, entgegenzutreten. Ich bitte Dich, ihr ihre Freiheit zu gönnen und daran zu denken, daß es *ihre* Sache ist und daß *sie* die Konsequenzen trägt. Wenn wir, was möglich, in Mitleidenschaft gezogen werden, so verschwindet das doch neben *dem*, was, wenn es fehlschlägt, ihr zufällt. Ich bitte Dich, nach Möglichkeit Dein Benehmen zu ihr danach einzurichten.

Im August 1884 kam auch Emilie Fontane nach Krummhübel.

An Mete Fontane Krummhübel, 27. August 1884

...Wir leben hier in der alten Weise weiter. Bekannte und Nichtbekannte sind abgereist, aber neue Figuren tauchen auf, sogar Türken. Neulich erschienen fünf in einem offenen Wagen und setzten durch ihre roten Feze alles in Staunen. Auch Mama begegnete ihnen und wurde der Gegenstand einer türkischen Ansprache, über deren Inhalt – vielleicht huldigend, vielleicht furchtbar, vielleicht beides – nur Mutmaßungen gestattet sind. Mama raffte aber sich und ihr Türkisch zusammen und antwortete mit Würde: »Allah il Allah.« Wirkung unbestimmt. Von bestimmterer Wirkung dagegen war eine zweite Repressalie, die der hier anwesende Kunsthändler Ruthardt und ich am andern Tage nahmen, als wir hörten, daß die Türken bei Exner seien und dort im Freien dinierten. Wir beschlossen auf diese Nachricht hin, auch im Fez zu erscheinen, führten unseren Plan auch aus und begrüßten unsre Fezbrüder, als wir, an ihrem Tisch vorbei, auf unsern Eßtisch zuschritten. Sie müssen dadurch durchaus den Eindruck von dem Fortschreiten des Islam empfangen haben; als sie aber am selben Abend noch diesen Anschauungen Ausdruck geben und oben auf der Koppe den dort anwesenden Harfenmädchen ihre Landessitte menschlich näher führen wollten, wurden sie vom Koppenwirt, der noch zu den alten Göttern hält, an die Luft gesetzt. Du siehst, selbst Krummhübel hat seine orientalische Frage. ...

Mete Fontane hatte ihre amerikanischen Pläne aufgegeben und trat als Lehrerin in die Leydesche Höhere Töchterschule in Berlin ein. – Nach Fontanes Tod heiratete sie den Architekten Karl Emil Otto Fritsch.

AN METE FONTANE Saßnitz, 13. September 1884

Besten Dank für Deine freundlichen Zeilen. Ich freue mich herzlich, daß Deine mit Energie getanen Schritte so schnell einen guten Erfolg gehabt haben, und Mama, die Dich sehr liebt (trotz Deiner gelegentlichen Zweifel daran), wird glücklich und beinah gerührt darüber sein. Ob Deine Position bei Fräulein Leyde von Dauer ist oder nicht, ist ziemlich gleichgültig; ich sehe aber keinen Grund, warum sie's nicht sein sollte. Geschieht es doch, schnappt es über kurz oder lang doch ab, so wünsche ich nur, daß ein angenehmer deutscher Jüngling, ein Amtsrichter, ein Doktor, ein Oberlehrer, selbst ein Pastor die Veranlassung sein möge. Natürlich habe ich auch nichts gegen einen Rittergutsbesitzer, Bankier oder Schiffsreeder, es ist aber nicht nötig, immer nur nach *der* Richtung auszuschauen; acht Monate Amerika haben hoffentlich ausgereicht, Dir zu zeigen, wie wenig bei Minentum, Kofferpacken oder Hotelessen herauskommt. Zwischen Goldprinzessin und Linchen in der Fliederlaube liegt vielerlei. ...

AN BERNHARD V. LEPEL Berlin, 16. Dezember 1884

... Für Deine freundlichen Worte über den Scherenbergaufsatz sei bestens bedankt, er hat im allgemeinen gefallen (selbst Exz. Friedberg, dem ich letzten Sonntag in die Arme lief, war leidlich zufrieden), sonst aber ist von Lob- und Anerkennungeinstecken wie in jungen Jahren gar keine Rede mehr. Ignoriertwerden ist die Regel, und wird etwas gesagt, so ist es Tadel. Es wäre gleichgültig, wenn das Gesamtresultat nur günstiger wäre; mehr Geld oder mehr Reputation hätte herauskommen müssen, aber beides ist medioker geblieben. Es wäre zum Verzweifeln, wenn nicht das *eine* Gute, das des »Gutbezahltwerdens«, wäre! Sonderbar, das Publikum läßt einen im Stich, aber der alte Feind der schriftstellernden Menschheit, der Buchhändler, tut seine Schuldigkeit. Natürlich ist nicht W. Hertz gemeint; er ist ein ehrlicher und anständiger Mensch, aber vor dem Verhungern würde *er* mich nicht geschützt haben.

Dies war der letzte Brief Fontanes an Bernhard v. Lepel. Am 17. Mai 1885 starb Lepel; Fontane veröffentlichte am 7. Juni 1885 einen Nachruf in Form einer biographischen Skizze in der »Vossischen Zeitung«.

An Georg Friedlaender   Berlin, 21. Dezember 1884

Hochgeehrter Herr Doktor.

Empfangen Sie unsren herzlichsten Dank für Ihren liebenswürdigen Brief, der uns in seinem Inhalt und seinen Beilagen eine rechte Weihnachtsfreude war. Das Bild des verehrten Ehepaares ist vorzüglich und das der beiden Kinder einfach entzückend. Hirschberg in seiner photographischen Kunst rivalisiert siegreich mit Berlin, zumindest ist es ebenbürtig. Ich hebe dies absichtlich hervor und füge aus voller Überzeugung die Worte hinzu: »Wohl jedem, der in glücklicher unmittelbarer Umgebung in Schmiedeberg sitzt und statt auf den Berliner Kreuzberg auf das Riesengebirge blickt.« Bismarck, der so oft recht hat, hat auch recht in seiner Abneigung gegen die Millionenstädte. Sie schreiben selbst: »Bei weniger ›Karriere‹ hätten wir mehr Wahrheit in der Welt.« Gewiß. Und nicht bloß mehr Wahrheit, auch mehr Einfachheit und Natürlichkeit, mehr Ehre, mehr Menschenliebe; ja auch mehr Wissen, Gründlichkeit, Tüchtigkeit überhaupt. Und was heißt Karriere machen anders, als in Berlin leben, und was heißt in Berlin leben anders, als Karriere machen? Einige wenige Personen brauchen ihrem Berufe nach die große Stadt, das ist zugegeben; aber sie sind *doch* verloren, speziell für ihren Beruf verloren, wenn sie nicht die schwere Kunst verstehn, in der großen Stadt zu leben und wiederum auch *nicht* zu leben. Adolf Menzel ist beispielsweis ein Meister in *dieser* wie in seiner eigentlichen Kunst. Gewiß war ihm Berlin eine Notwendigkeit (Menzel fünfzig Jahre in Filehne wäre nicht Menzel mehr), aber wie hat er auch in Berlin gelebt? Von neun bis neun ein Einsiedler in seinem Atelier, und dann erst, wenn andre zu Bette gehn, geht er mit seinem Ordensband zu Hof oder mit seinem Klapphut zu Huth. Er war zeitlebens ein Meister in der Kunst der *Konzentration* und hat deshalb eine Kunstkarriere gemacht, ohne je ein Karrieremacher gewesen zu sein. Aber das alles ist Ausnahmefall. Als Regel steht es mir fest: die große Stadt macht quick, flink, gewandt, aber sie verflacht und nimmt jedem, der nicht in Zurückgezogenheit in ihr lebt, jede höhere Produktionsfähigkeit. Schon vor vierzig Jahren schrieb Macaulay: »Fruchtbare Gedanken sind einem Londoner Parlamentsmitglied eine Unmöglichkeit. Er geht unter im Lärm, im oberflächlichen Getreibe. Der kleinste Krämer der kleinsten schottischen Stadt kann die Welt der Ideen eher bereichern als ein Londoner, der ein ›Londoner‹ ist.« Wie wahr! Die große Stadt hat nicht Zeit zum Denken und, was noch schlimmer ist, sie hat auch nicht Zeit zum Glück. Was sie hundertfältig schafft, ist nur die »Jagd nach dem Glück«, die gleichbedeutend ist mit Unglück. Unter meinen nächsten Bekannten sind ein paar solche Jäger, alte Herren, ihre Ehegesponse natürlich an der Spitze. Es ist ein Jammeranblick. Natürlich sind es Geheimräte, die nun also längst das sind, was sie werden konnten. Aber die Jagd geht *gewohnheitsmäßig* weiter. Titel und Orden können es nicht mehr sein, und so ist denn aus der Jagd eine ganz triviale Rennerei geworden, eine Rennerei nach Quartettkonzerten, nach Premieren, nach Bazaren, wo die Kronprinzeß *vielleicht* erscheint, nach Prinzessinnentrousseaus, nach Cumberland, nach Stanley, nach einer Kögelschen Trauung. Alles zum Lachen, wenn es nicht zum Weinen wäre. Wenn ich dann zugleich an *Ihr* Haus denke, an Ihre Frau und Kinder, an gesunde Luft und Natur, so finde ich: Sie leben im Paradiese. Dies ist meine aufrichtigste Meinung. Und was ist denn der einzelne hier, wenn er nicht zufällig Bismarck oder Bleichröder heißt?

Fontanes jüngster Sohn Friedrich (»Friedel«) hatte im Oktober 1884 seine Lehrzeit als Buchhändler abgeschlossen. 1888 gründete

*er in Berlin einen eigenen Verlag, in dem viele Werke Fontanes
seit 1890 erschienen.*

An Friedrich Fontane Berlin, 23. Dezember 1884

... Hier sieht es leidlich aus; das polnische Mädchen, das wir
haben, befriedigt zwar nur unvollkommen, aber als Polin kann
sie wenigstens Karpfen kochen, was ja in der Weihnachtszeit
etwas bedeutet. Gestern hat sie sich dadurch in momentane
Gunst hineingekocht. George ist seit drei Tagen hier und in ganz
guter Stimmung; heute abend übersiedelt er in die kleine Stube
von Mutter Kerckow, Mete war, solange George hier ist, bei
M.s; heute abend zieht sie wieder in ihr Stammquartier ein.
Theo weiß noch immer nicht, wann sein Examen stattfinden
wird; ich denke mir, Mitte Januar. Mama, trotzdem sie sich sehr
quälen muß, ist ausreichend bei Wege; vorgestern war sie bei
Wilhelm Hertz in der Behrenstraße und kam leidlich befriedigt
wieder nach Hause. Von Steffens habe ich für ein paar Freunde
einige »Petöfy«-Exemplare besorgt; das einzige bewährte Mittel
zum Absatz meiner Bücher – ich muß sie selber kaufen. *Julius
Wolff* ist in vier Wochen schon wieder bis an 12- oder 15 000
ran; Gott gibt es den Seinen im Schlaf. Und wer diese Höhe
mal erreicht hat, der kann sie nie wieder ganz verlieren, auch
wenn er das Dümmste schreibt. Es wird dann wohl etwas weniger,
und die 15 000 schrumpfen zu 10- und 5000 zusammen,
aber eine gewisse Präponderanz bleibt für Lebenszeit. Nachher
aber ist es egal, und in der Literaturgeschichte scheint die Sonne
über Gerechte und Ungerechte; jeder kriegt seine zwei Zeilen.

Nochmals: habe einen frohen Tag, einen glücklichen Abend.
Bei dem bekannten Sherrypunsch, wo wir Dich und Deine Rede
vermissen werden, werden wir Deiner in Liebe gedenken. Wie
immer Dein alter

Papa.

DAS GROSSE JAHRZEHNT

1885–1894

Ohne Unterbrechung geht Fontanes dichterisches Schaffen weiter. 1885 erscheint die Kriminalerzählung »Unterm Birnbaum«; es folgen »Cécile« (Berlin 1887), »Irrungen Wirrungen« (Leipzig 1888) und »Stine« (Berlin 1890). Diese Werke sind zum größten Teil bereits in den vorangegangenen Jahren entstanden. Zu ihnen treten vier Romane, die erst jetzt entworfen und ausgeführt werden: »Quitt« (Berlin 1891), angeregt durch Vorfälle im Hirschberger Tal bei Krummhübel, »Unwiederbringlich« (Berlin 1892), »Frau Jenny Treibel« (Berlin 1892) und, im Zenit des »großen Jahrzehnts« schließlich, Oktober 1894 bis März 1895 in der »Deutschen Rundschau« im Vorabdruck erscheinend, »Effi Briest« – Fontanes Beitrag zur Weltliteratur. Auch »Die Poggenpuhls« und »Mathilde Möhring« werden bereits in dieser Zeit geschrieben, erscheinen jedoch erst 1896 und 1905.

In alle Romane geht persönliches Erleben Fontanes in vielfältiger Form ein – sei es als gedankliche Grundlage des Gehaltes, sei es als unmittelbare Motivsubstanz. Die Kessiner Kapitel in »Effi Briest« leben aus dem Erinnerungsschatz der Swinemünder Jugendzeit Fontanes. Bereits vorher hat er sie in der besonderen Kunstform des autobiographischen Romans als »Meine Kinderjahre« dargestellt; das Ende 1893 in Berlin erscheinende Buch wird einer der schönsten, ungetrübtesten Erfolge Fontanes. Dieser Erfolg ermutigt ihn, 1894 noch die Arbeit an einem zweiten Teil seiner Lebensgeschichte – »Von Zwanzig bis Dreißig« – aufzunehmen, ja sogar noch einen dritten Teil – »Kritische Jahre – Kritikerjahre (Von Fünfzig bis Siebzig)« – zu entwerfen. (Die erhaltenen Aufzeichnungen wurden erst 1934 veröffentlicht.)

Diese »kritischen Jahre« finden jetzt Höhepunkt und Abschluß zugleich. »Großes Jahrzehnt« wird diese Zeit auch für den

Kritiker *Fontane. Sein Eintreten für Ibsen, für die »Jungen« und besonders für Gerhart Hauptmann ist die überzeugendste Legitimation seines kritischen Berufes überhaupt. Begeistert begrüßt der siebzigjährige Jüngling und »Durchgänger« Hauptmanns erstes Drama »Vor Sonnenaufgang«, feiert es unbeirrt als Verheißung einer neuen, realistischen Ära der Kunst. Revers aber seines Eintretens für Naturalismus und »Freie Bühne« ist die sarkastische Ablehnung des Bayreuther Festspielbetriebs im gleichen Jahre 1889. – Am 21. und 22. Oktober ist Fontanes Rezension von »Vor Sonnenaufgang« erschienen (beiläufig die längste Theaterkritik, die Fontane in zwanzig Jahren geschrieben hat); zwei Monate später, am 31. Dezember 1889, beendet er seine Tätigkeit als Theaterkritiker der »Vossin«. Nur die Aufführungen der »Freien Bühne« begleitet er auf seinen ausdrücklichen Wunsch noch mit seinen Rezensionen bis zum Ende ihrer für die Entwicklung des deutschen Theaters so bedeutungsvollen ersten Spielzeit im Juni 1890. (Fontanes Theaterkritiken erschienen erstmals in Auswahl gesammelt in dem von Paul Schlenther herausgegebenen Band »Causerien über Theater«, Berlin 1905).*

Aber mit alledem nicht genug. Im Sommer 1885 kehrt Fontane plötzlich auch zur Poesie im engsten Sinne zurück. Er beginnt wieder Verse zu schreiben, Lieder und Balladen, ist »mit fünfundsechzig wieder bei fünfundzwanzig und beinah bei fünfzehn angelangt«. Als 1889 und 1892 die dritte und vierte Auflage der »Gedichte« erscheinen, da sind sie vermehrt durch solche »Nummer-Eins-Stücke« (mit Fontane zu sprechen) wie »Herr von Ribbeck auf Ribbeck im Havelland«, »Fritz Katzfuß« und – zu Menzels siebzigstem Geburtstag – »Auf der Treppe von Sanssouci«. Dazu kommen bereits jetzt einige »Sprüche«. Fontane wird in dieser Kunstform wenige Jahre später das reifste Konzentrat seiner Altersweisheit geben; in ihrer »kunstvollen Saloppheit« (Thomas Mann) stehen die Sprüche des alten Fontane als persönlichste Bekenntnisse neben seinen Briefen.

Das Leben, das diese Briefe widerspiegeln, ist bescheiden genug. Skepsis und Resignation wachsen. Die Tapferkeit eines vertrauensvollen »Dennoch!« wird immer wieder von körperlichen und seelischen Depressionen bedroht; private wie öffentliche Erlebnisse sind alles andere als ermutigend. 1887 stirbt der älteste Sohn George ein Jahr nach seiner Hochzeit, 1892 erkrankt Fontane selbst so schwer an einer Gehirnanämie, daß ihn alle Hoffnung, aller Lebensmut verläßt. Dazu leidet er seit Jahren – die Briefe belegen es – unter der Geringschätzung, mit der ihm ein großer Teil des Lesepublikums begegnet. Er spürt, wie wenig seine kritisch-nüchterne Haltung den Wünschen einer saturierten Epoche entspricht.

Der Zwang, in solcher Epoche leben zu müssen, aktiviert des Dichters nervöse Reizbarkeit je und je bis zu Ausbrüchen körperlich empfundenen Ekelgefühls. Sie wechseln mit Stimmungen, in denen der Impuls interessierten, wenn auch zurückhaltenden Beobachtens allen »Dégoût« momentan zurückdrängt: »Seit kurzem – sonderbar bei meinen hohen Semestern –«, so schreibt Fontane am 9. Dezember 1890, »fange ich überhaupt wieder an, auf das großstädtische Leben und den eignen Reiz, den es äußert, Gewicht zu legen. Nicht als ob ich dies Leben direkt mitleben möchte, das geht nicht, das widerstreitet meinem Können und meinem Geschmack, aber dies Leben wie aus einer Theaterloge mit ankucken zu können, das hat doch wirklich was für sich. Daß ich dies jetzt wieder stärker empfinde, hängt wohl damit zusammen, daß das Leben unter unsrem jungen Kaiser doch viel bunter, inhaltreicher, interessanter geworden ist. Immer ist etwas los.«

Fontanes Illusionen über den »jungen Kaiser« schwinden rasch; er muß erkennen, daß Wilhelms II. vorgeblicher »Bruch mit dem Alten« nicht – wie Fontane anfangs hoffen zu dürfen geglaubt hatte – zugunsten des Neuen erfolgt war, sondern im Gegenteil aus einem »Wiederherstellenwollen des Uralten« (vgl. Brief an Friedlaender vom 5. April 1897). Der immer wachere Blick, mit dem Fontane die Entwicklung der politischen, sozialen und kulturellen Verhältnisse in Preußen-Deutschland beobachtet, verschärft diese Kritik von Jahr zu Jahr; wohin er sieht, ein »Hexensabbat von Lüge, Quatsch und Sechsdreiersehnsucht«. Mit dem Adel ist er endgültig »fertig«, die Anmaßungen des Militärs erinnern ihn an die schlimmsten Zeiten der Inquisition, die »schweifwedelnden Pfaffen« sind ihm ein Greuel, über Bismarck schreibt er: »Es ist ein Glück, daß wir ihn los sind«, Raffgier und Strebertum der Bourgeoisie verspottet und verabscheut *er in einem.* »*Kunst ist nichts, Geheimerat ist alles*«, *so lautet das Resümee. Selbst unter der Sozialdemokratie stellt er mit Bedauern das Anwachsen bourgeoiser Neigungen fest. Die Ehrungen, die er zu seinem siebzigsten und fünfundsiebzigsten Geburtstag erfährt, der »Schillerpreis« von 1891, der Ehrendoktor von 1894 ändern an seiner Grundeinstellung nichts. »Mumpitz« und »Was soll der Unsinn?« sind die beherrschenden Gefühle gegenüber allen großen Worten und Gesten. Nur wo er die persönliche, menschliche Anerkennung zu spüren glaubt – selten genug –, da wird er warm und herzlich.*

Die einzige äußere Abwechslung in den Alltag von Potsdamer Straße 134c bringen, wie schon in den Jahren vorher, die Sommerfrischen. Sie schaffen die notwendigen Stimulantien zur Arbeit. In den Sielen geht Fontane in Krummhübel oder Kissingen ebenso wie in Berlin; nach Karlsbad läßt er sich die Korrekturen nachschicken. Jahr für Jahr – mit nur zwei Unterbrechungen – ist Fontane in Krummhübel oder Schmiedeberg. Die vier schweren Krankheitsmonate indes, die er 1892 hier verbringen muß, verleiden ihm den Ort für immer. Fontane ist nicht mehr in die vertraute Gegend zurückgekehrt. Von 1893 bis zum Todesjahr 1898 fährt er alljährlich nach Karlsbad zur Kur.

Die Bedeutung, die Krummhübel und Schmiedeberg für Fontanes Leben und Korrespondenz haben, hört damit jedoch nicht auf. Sie verwirklicht sich weiter in der Person Georg Friedlaenders. Fontanes »großes Jahrzehnt« ist auch das große Jahrzehnt seiner Briefe nach Schmiedeberg. Fontane erkennt in Friedlaender die verwandte Natur; nicht zuletzt schätzt er ihn wegen seines Talentes als »Causeur« – in Gespräch und Brief. Immer wieder dankt er ihm für seine »famosen Briefe«, weiß nicht, ob er an ihnen mehr die »Lebendigkeit der Darstellung« oder den »Reichtum an Stoff« bewundern soll. »›Da weiß man doch, warum man wacht‹, und bei Ihnen, warum man liest«, so beginnt ein Brief Fontanes an Friedlaender; »man hat sein morceau de resistance und erfährt hunderterlei, während der moderne Brief immer mehr den Telegrammstil annimmt . . .« Und am 10. Juni 1892 gesteht Fontane – wieder einmal fühlt er sich sehr »elend« – in einem Briefe an Friedlaender: »Keines Menschen Gespräch hat mich je so gefesselt und angeregt wie das Ihre. Und zwar immer aufs Neu, sagen wir ›unentwegt‹ ... Schmiedeberg bedeutet mir einen Platz zum Rückzug aus dem Leben, bis zum Erlöschen. Bewahren Sie mir Ihre Freundschaft, stehen Sie mir und den Meinen liebevoll bei wie bisher – ohne diesen Beistand hätten wir verspielt – ... Vielleicht genese ich noch mal und kann Ihnen dann sagen und im Plaudern bestätigen, wie sehr ich an Ihnen hänge.«

Der Charakter und die Eigenschaften Georg Friedlaenders sind es, die Fontanes Trieb, den Brief als Kunstwerk zu kultivieren, zugleich bestätigen und immer von neuem anreizen. Friedlaender wird das ideale Gegenüber des Briefschreibers Fontane. In den Briefen an ihn wie in den an Frau und Tochter gibt der alte Fontane wirklich sein »Eigenstes und Echtestes« – in ihrer Gesamtheit sind sie sein persönlichstes Werk, Konfession und Vermächtnis in einem.

Anfang Juni 1885 reiste Fontane wieder nach Krummhübel; er begann hier mit der Arbeit an dem Roman »Quitt«, dessen erster Teil in der Umgebung von Krummhübel spielt.

AN EMILIE FONTANE   Krummhübel, 3. Juni 1885

Ich habe gestern viel gearbeitet, ohne daß es mir sauer geworden wäre. Erst den kleinen Aufsatz über Lepel, dann, am Nachmittag und Abend, habe ich die neue Novelle entworfen, soweit man etwas entwerfen kann, zu dem noch überall das Material fehlt. Von der ersten Hälfte gilt dies halb, von der zweiten – die bei den Mennoniten in Amerika spielt – ganz. Natürlich kann mir auch alles erfinden und die ganze Geschichte aus dem Phantasiebrunnen heraufholen, aber besser ist besser. Ich habe nicht die Frechheit, drauflos zu schreiben, ohne Sorge darum, ob es stimmt oder nicht. ...

AN DEN SOHN TEODOR FONTANE   Krummhübel, 4. Juni 1885

... Seit anderthalb Wochen bin ich hier wieder allein und arbeite fleißig. Aber immer wieder nur Verse. Daß es mir noch mal vergönnt sein würde, zu den Göttern oder Hämmeln meiner

Jugend zurückzukehren, hätt ich mir nicht träumen lassen. Es handelt sich dabei um ein ganzes Dutzend Balladen, so daß mein Balladenkapital, das ich Euch als einziges Vermögen hinterlasse, dadurch um ein Drittel anwächst. Wie hoch Ihr das veranschlagen wollt, muß ich Euch überlassen. Wäre der Sinn der Nation ein andrer, so würd dem vorstehenden Satz jede Bitterkeit, jede Selbstironie fehlen; wie's aber mal steht und liegt, ist eine alte, sieben Jahre getragene Hausweste allerdings mehr wert als eine Ballade. Die Weste bringt auf dem Trödel wenigstens 1,50 Mark ein. Übrigens ist unter den hier geschriebenen Gedichten auch ein langes Bismarckgedicht; ich glaube, daß es mir gelungen ist, was mich sehr freut, wenn es auch verlorene Liebesmüh sein wird.

An Emilie Fontane   Krummhübel, 8. Juni 1885

Gestern hatten wir, als ich meine Pfaffenbergpromenade machte, Gewitter mit Sturm und Regen, aber trotzdem der Sturm anhielt und die ganze Nacht über ein schwer Gewölk am Himmel stand, ist es heute heißer denn je. Die Dorfstraße ist wie ausgestorben.

Mit meiner neuen Arbeit geht es rüstig weiter, dabei pußle ich an meinen Versen herum. Gelänge es mir, noch mal eine neue Ausgabe zu veranstalten, so würde der Band wohl um die Hälfte stärker werden. Im Laufe so vieler Jahre läppert sich doch was zusammen; an kleinen lyrischen Sachen (wenn auch nichts davon bedeutend ist, so ist doch alles niedlich oder auch wohl mal amüsant) habe ich ziemlich ein Dutzend und an Balladen ebensoviel. Aber das meiste von diesen letzteren ist erst halb fertig. Ich würde freudiger an all das herantreten, wenn ich nicht von der vollkommenen Gleichgültigkeit aller meiner derartigen Bestrebungen auch *jetzt*, in bester Stimmung, tief durchdrungen wäre. Gestern, bei Exner, saß an einem andern Tisch ein nettes Ehepaar, er 50, sie 45; sehr gebildete Leute, die sich davon unterhielten, was sie nun, nachmittags beim Kaffee, lesen wollten. »Oh«, sagte sie, »da werd ich mir das Buch von der Heimburg wieder schicken lassen. Wir haben es uns, als es zuerst in der ›Gartenlaube‹ stand, in Breslau vorgelesen, und ich habe es als Buch noch mal gelesen. Es ist reizend. Weißt du noch, wir konn-

ten die Zeit immer nicht erwarten, bis die nächste Nummer kam.«
»Ja, du hast recht, es war sehr hübsch. Aber willst du's denn
zum drittenmal lesen?« »Nun, warum nicht? Mit Vergnügen.«
Ich glaube, daß es eine Juristenfamilie war, Staatsanwalt oder
Landgerichtsrat. Ich glaube nicht, daß jemals ein Ehepaar irgendwo gesessen und über irgendwas, das ich geschrieben, auch nur
annähernd mit solcher Begeisterung gesprochen hat. Es fällt alles
in den Brunnen. . . .

Kurz darauf kam Emilie Fontane ebenfalls nach Krummhübel.

AN METE FONTANE				Krummhübel, 16. Juni 1885

. . . Das Denkmal, das die Förster des Grafen Schaffgotsch ihrem
durch einen Wilddieb erschossenen Kameraden gesetzt haben,
steht nur fünfhundert Schritte unter der Kleinen Koppe auf
einem Felsenvorsprung, der das ganze Hirschberger Tal mit
seinen Bergen, Kuppen, Städten, Dörfern, Parks und Schlössern beherrscht. Sehr schön, auch für meine Arbeit wundervoll zu verwenden, um so mehr, als sich hoch oben schon alpine
Sterilität, Krüppelkiefer, Knieholz und Moorgründe mit wucherndem Huflattich mit einmischen. Aber für Mama war es
doch viel zu viel; wir hatten auf anderthalb Stunden gerechnet,
und es dauerte drei Stunden, eh wir hinauf waren, immer steil
an, nirgends eine gerade Linie, wo man im Gehen mal ausruhen
konnte. Und nun kam der Rückweg, der für die arme Frau wegen
des Rucks im Körper ebenso mühevoll und anstrengend war.
Sie liegt nun heute noch im Bett; das Frühstück hat aber doch
geschmeckt, und so denke ich, daß sie heute mittag bei Exners wieder wohlauf sein und wie ein alter Krieger von anno 13,
14 und 15 mit Stolz und Freude auf ihre Erlebnisse zurückblicken wird.

Das Material für meine Novelle habe ich nun zusammen. Auf
dem Denkmal steht: »Ermordet durch einen Wilddieb.« Ich
finde dies zu stark. Förster und Wilddieb leben in einem Kampf
und stehen sich bewaffnet, Mann gegen Mann, gegenüber; der
ganze Unterschied ist, daß der eine auf dem Boden des Gesetzes
steht, der andre nicht. Aber dafür wird der eine bestraft, der

andre belohnt; von »Mord« kann in einem ebenbürtigen Kampfe nicht die Rede sein.

Fontane lernte in Krummhübel allmählich die »Honoratioren« von Schmiedeberg und Umgebung kennen. Sein Briefwechsel mit Friedlaender besteht zu einem beträchtlichen Teile im Austausch von Neuigkeiten über sie und in daran anknüpfenden Betrachtungen. Eine besondere Rolle spielte der Kommerzienrat Heinrich Richter, Besitzer einer Papierfabrik in Arnsdorf bei Krummhübel.

AN EMILIE ZÖLLNER   Krummhübel, 18. August 1885

... Wär es nicht ein bißchen weit, so beschlösse ich dies Jahr noch mit einem Ausflug an Weichsel und Nogat und sähe mir in Danzig den Memling an. Die Bilder *der* Epoche sind mir unter allem, was ich in der bildenen Kunst kenne, das Liebste und gelten mir mehr als all die großen Italiener. Dies ist nicht ödes Nachsprechen, sondern etwas immer wieder Empfundenes und muß mit dem Urgrund aller Kunst, vor dem das bloß technische Können hinschrumpft, zusammenhängen.

Es war hier sehr schön. Glückliche, beinah ungetrübte elf Wochen. Und elf Wochen sind eine lange Zeit. Ich wünsche Ihnen von Herzen, daß Sie auf gleich glückliche Sommertage zurückblicken mögen. Daß ich fleißig war, versteht sich von selbst. In den ersten sechs Wochen hab ich nur Verse geschrieben, Lieder und Balladen, so daß ich mit fünfundsechzig wieder bei fünfundzwanzig und beinah bei fünfzehn angelangt bin. Die Schlange, die sich in den Schwanz beißt; der Ring, der sich schließt. Man sagt, das bedeutet das Ende. Aber wenn auch, ich habe meine Freude daran gehabt.

AN EMILIE FONTANE   Krummhübel, 8. September 1885

... Ich sehne mich wirklich nach Ruhe ... Das ewige Schwerenöterspielen, das ich nun mal, lächerlich oder nicht, nicht lassen kann, greift mich zu sehr an. Und dabei darf man nicht mal ausspannen, um nicht den Eindruck des alten Herrn zu machen. Man ist ewig das Opfer seiner eigenen Eitelkeiten. ...

An Emilie Fontane Krummhübel, 12. September 1885

Das Wetter ist nach wie vor toll, aber mir nicht unangenehm; überhaupt ist mir jedes Wetter recht, wenn nur keine Malaria herrscht. Und davor bin ich hier sicher.

Heute hatte ich eine lange Unterhaltung mit Frau Schreiber über Milch, Küche, Wirtschaft usw., die mich einerseits in die Natürlichkeiten, anderseits in die Sorgen und Verlegenheiten einer solchen kleinen Viehwirtschaft einweihte. Schon um 8 Uhr hatte ich den alten Schreiber mit einer Kuh am Strick abziehen sehn. Ich dachte, nun ist die Milchzeit um, er wird sie wohl an einen Schlächter verkaufen wollen. Dies führte eine Stunde später zu folgender Konversation:

Ich: »Wo ging denn die Kuh hin?«
Frau Schreiber: »Die ging zum Bullen.«
Ich: »Wohin?«
Frau Schr.: »Zum Bullen.«
Ich: »So so. – Ich dachte, das wäre zum Frühjahr.« (Ich hätte ebensogut sagen können »zu Weihnachten«.)
Frau Schr.: »Nein, nein. Das ist öfter. Das ist immer.«

Das letztere halte ich nicht für richtig, da mir mein alter Papa mal in seiner humoristischen Weise sagte: »Ja, sieh mein Sohn, das ist das Merkwürdige: die Tiere sind an bestimmte Zeiten gebunden, nur nicht der Mensch, und ich weiß nicht, ob ich es als einen Vorzug oder Nachteil ansehen soll.« Danach hat Frau Schreiber unrecht. Auf eine weitere Erörterung wollte ich mich aber nicht einlassen. Übrigens erfuhr ich bei der Gelegenheit auch noch, daß sie mit der andern Kuh Unglück gehabt hätten; sie habe sehr gut Milch gegeben, sei aber immer magerer geworden und außerdem auch unbequem gewesen durch ihre großen »Gestänke«. Da hätten sie sie denn verkauft mit über 20 Taler Verlust, und da habe sich's beim Schlachten gezeigt, daß sie einen großen Spannagel mit runtergeschluckt und dadurch ein Loch im Magen oder in den Eingeweiden gehabt habe. Wie klug sind doch auch darin die Juden, die nur propres Fleisch essen, ohne Spannägel und ohne Gestänke. Meine Kenntnis des Tierlebens hat sich hier sehr erweitert und mir wieder die Verwandtschaft alles Irdischen, den Menschen mit eingeschlossen, gezeigt. . . .

AN EMILIE FONTANE   Krummhübel, 16. September 1885

Besten Dank für Deinen ausführlichen Brief. Sehr amüsiert hat mich Tante J.; alles ist so voll von bon sens, und wenn sie zu unsern Kindern sagt: »Ohne eure Mutter wär es nischt mit euch«, so hat sie ganz recht. Die Väter können sich überhaupt begraben lassen, und ist das Spezialexemplar gar noch ein Künstler oder Dichter, nun, dann erst recht. Ausnahmen gibt es freilich; aber diese Väter, die dann sozusagen das Erziehen kriegen, sind immer Erziehungskünstler, und was *die* leisten, steht noch unter gar keiner Erziehung.

Die Hitze ist kolossal, aber sowie man eine schattige Stelle findet, ist es herrlich. Heute früh ging ich *nicht* nach dem Waldhaus, sondern stieg, um die lange, sonnige Straße zu vermeiden, beim Kretscham hinunter und marschierte bis an den Melzergrund, an dessen Eingang ich fast eine Stunde saß. Anno 72 war das mein Hauptspaziergang und im übrigen auch noch die Stelle, wo ich das Einleitungsgedicht zu meinem Bande »Havelland« schrieb. Ich komme darauf, weil Lehrer L. neulich eine Stelle daraus zitierte und dabei blieb: »Ja, das ist von Ihnen«, auch als ich es bestritt. Zuletzt fand ich mich zurecht; er hatte es nämlich so zitiert, als ob es ein Gedicht*anfang* wäre, während es eine mitten herausgenommene Stelle ist. Ja, das sind nun dreizehn Jahre. Was ist nach abermals dreizehn Jahren? Nun, die Gedichtstelle wird wohl noch existieren und um Nauen und Friesack herum auch das Gedicht selbst. Aber »der Vater vons Janze«! ...

13 Jahre und 4 Tage nach diesem Briefe, am 20. September 1898, starb Fontane.

AN RICHARD BÉRINGUIER   Berlin, 6. Oktober 1885

... Mich in die Mitgliederliste des »Vereins für die Geschichte Berlins« aufgenommen zu sehen, ist mir durchaus schmeichelhaft. Ich fürchte aber, daß ich diesem und andern verwandten Vereinen gegenüber durch mein Verhalten Anstoß gegeben habe. Will mein Verhalten auch nicht loben. Aber man ist zuletzt, wie man ist, und ich war immer ein Singleton, ein Einsiedler von Jugend auf. Ich bin gelegentlich Gesellschaftsmensch, aber doch meistens absolut das Gegenteil davon. In einem kleinen befreundeten Kreise schwatzt niemand mehr als ich. Sowie der Kreis aber Gesellschaftszirkel oder gar ein »Verein« wird, in dem nicht mehr geplaudert, sondern öffentlich geredet werden soll, ist es mit meiner Beredsamkeit vorbei. Ich bin dann stumm und kann nicht mehr mitspielen. Aus diesem Charakterzuge sind mir viele Fatalitäten erwachsen, aber ich konnte es nicht ändern. Bitte, machen Sie, wo's not tut, meinen Verteidiger.

In seinen Erinnerungen »Menschen und Dinge« (Leipzig 1929) bestätigt der Berliner Schriftsteller Eduard Engel diese Selbsteinschätzung Fontanes: »Fontane war ein außerordentlicher Gesellschaftsmensch – zu zweien. Ich habe keinen zweiten gekannt, der von so sprudelnder Fülle und Ursprünglichkeit in der geistvollen Plauderei – zu zweien – gewesen wäre.«

AN FRIEDRICH FONTANE　　　　　　Berlin, 22. Dezember 1885

Mein lieber, alter Friedel.

Du sollst doch wenigstens einen Gruß zum Heiligabend von mir erhalten. Bei Tage wird es wohl noch viel für Dich zu tun geben, aber am Abend wird sich hoffentlich ein Bäumchen finden, an dessen Lichterglanz Du teilnehmen, und ein Pfefferkuchen, den Du auf sein näheres oder entfernteres Verhältnis zu Hildebrandt prüfen kannst. Ich wünsche Dir recht frohe Stunden, die Dich das Fernsein von Hause vergessen lassen. Leider ist Schlackerwetter, so daß Du der Eisfreuden während der Feiertage verlustig gehst. Hier ist alles leidlich bei Wege, mit Ausnahme von mir selbst; Stubenluft kann ich nun mal nicht vertragen, und auf einer Tiergartenbank läßt es sich jetzt nicht sitzen und träumen. Ich hätte Bremser oder Droschkenkutscher werden müssen, da stünd es besser mit meinen Nerven. Nun, es muß auch so gehn. Die »Vossin« brachte heute früh eine vorzügliche Besprechung meines »Birnbaum« von Ludwig Pietsch, die freilich auf den Absatz keinen Einfluß haben wird.

　Wie immer Dein alter　　　　　　　　　　　　　　　　Papa.

AN LUDWIG PIETSCH,   Berlin, 23. Dezember 1885
BERICHTERSTATTER UND KRITIKER
DER »VOSSISCHEN ZEITUNG«

Sie haben mir durch Ihre beschämend freundliche Besprechung meiner Novellen schon am Weihnachtsvorabend eine Weihnachtsfreude gemacht. Daß sich etwas von Wehmut mit in diese Freude hineinmischt, steigert sie nur. Sie sind ja jünger als ich und stehen auch noch forsch und fest im Leben; aber auch Sie werden vielleicht empfinden, daß neue Menschen um uns her geboren wurden, die zu neuen Göttern und Götzen beten. Ich komme aus diesem Gefühl nicht mehr heraus und bin vereinsamt. Und es ist gerade an den glücklichen Tagen wie heute, daß einem dies am lebhaftesten vor die Seele tritt. ... Sie haben Menzel und Turgenjew genannt, und zu beiden blicke ich als zu meinen Meistern und Vorbildern auf. Es ist die Schule, zu der, soweit meine Kenntnis reicht, nur noch Rudolf Lindau gehört. Heyse (so groß sein Talent) nicht, weil er nicht richtig empfindet. Keller und Storm, beide von mir verehrt, sind Erscheinungen für sich. Hopfen wäre famos, wenn er nicht nebenher auch noch Hopfen wäre. Er hat zu viel von sich selbst. Hasige Hasen schmecken nicht. In »Nord und Süd« stehen sehr interessante Turgenjewsche Briefe. Nochmals besten Dank.

AN WILHELM HERTZ   Berlin, 11. Januar 1886

... Band 4 »Spreeland« beginnt mit einem Spreewaldkapitel und hat gleich auf der zweiten oder vierten Seite eine Anmerkung der Gurkenzucht usw. Die betreffenden Zahlen sind aber ganz veraltet, weshalb ich neulich an den Kaufmann und Saurengurkenhändler Grohmann in Lübbenau geschrieben und auf das Fäßchen hin, das wir alljährlich von ihm beziehn, angefragt habe, wie das eigentlich jetzt mit den Gurken- und Meerrettichzahlen stände. Er hat mir auch geantwortet, er wollte fragen. Aber dabei ist es geblieben. So bitte ich *Sie* denn freundlich, mir die Lübbenauer Buchhändlerfirma, die's doch wohl geben wird, nennen zu wollen, damit ich an diese schreiben und wegen der Gurkenproduktion anfragen kann.

Der Schriftsteller Paul Schlenther, einer der theoretischen Wegbereiter des Naturalismus in der deutschen Literatur, war auf Fontanes Empfehlung versuchsweise ebenfalls mit der Abfassung von Theaterkritiken für die »Vossische Zeitung« beauftragt worden. Er unterzeichnete seine Berichte zunächst mit »W.«. Seine erste Kritik hatte dem Drama »Loreley« von Adolf L'Arronge gegolten (Uraufführung 6. Februar 1886), die zweite dem Anzengruberschen Stück »Hand und Herz« (»Vossische Zeitung«, 10. Februar 1886).

An Paul Schlenther Berlin, 10. Februar 1886

Eben hat mir meine Frau die zweite W.-Kritik vorgelesen. Ich finde sie vortrefflich sans phrase: klar, anschaulich, liebenswürdig und geistreich und an der entscheidenden Stelle, wo Sie das Wesen dieser Volkstragödie schildern und damit zugleich aussprechen, wie solche Stücke überhaupt sein sollen, von einer mir unendlich wohltuenden Kraft und Fähigkeit, den Nagel auf den Kopf zu treffen. Und auf diesen sicheren Hammerschlag, der weiter nichts ist als die natürliche Konsequenz eines frischen, gesunden und starken Empfindens, kommt es einzig und allein an. *Das* macht den Kritiker, *nur* das. Alles andre, vor allem das Ausmessen mit irgendeiner Elle, die Elle hieße nun Tieck oder Lessing, oder gar Aristoteles, ist Mumpitz. Hinter solcher Defensive, von der aus Vorstöße »mit Binden und Bandagen« gewagt werden, lauert immer Ohnmacht. Ich freue mich herzlich, daß Sie sich selbst geben und ein Programm in der *Brust* und nicht bloß in der Brust*tasche* haben.

Gestern vernahm ich auf weiten, verwunderlichen Umwegen, daß Ihre erste W.-Kritik Anstoß oder doch mindestens zu kleinen Bedenken Veranlassung gegeben habe. Sollte dies der Fall sein, so kann ich mich in solcher Stellungnahme nicht zurechtfinden. ... *Die* Kunst, schlechte Stücke schlecht zu finden und es doch *so* zu sagen, daß der Getroffene sich geschmeichelt fühlt, die Kunst wird nie gelernt werden. Das soll uns erst einer vormachen.

Fontanes mittlerer Sohn Theodor hatte sich im März 1886 mit Martha Soldmann, der Tochter eines Oberpostdirektors in Münster, verlobt. Er sollte zum bevorstehenden Polterabend seines Bruders George ein Gedicht verfassen (George Fontane, Premierleutnant und Lehrer an der Hauptkadettenanstalt in Großlichterfelde bei Berlin, heiratete am 12. Juni 1886 Martha Robert, die Tochter eines Berliner Justizrates).

AN DEN SOHN THEODOR FONTANE   Berlin, 14. Mai 1886

Verschiedenes liegt vor, worüber ich ein Wort sagen möchte, d. h. Nettes und Freundliches. Zunächst die Polterabend-Dichterei. Kein Mensch denkt daran, Dir aus der Verstopfung oder mindestens Nichtahnöffnung Deiner kastalischen Leitung einen Vorwurf zu machen. Selbst wenn Du ebensoviel Zeit hättest, wie Du wenig hast, kann man solche der höchsten Plackerei gleichkommenden Liebesdienste nur sehr ausnahmsweise und sehr spärlich von einem Menschen verlangen. Ich habe selbst zeitlebens so furchtbar unter solchen Forderungen gelitten, daß ich auf der Seite jedes stehe, der so mir nichts dir nichts zum Opfer auserschen werden soll. Alle Welt hält »dichten« für langweilige Quatscherei und mehr oder weniger ungehörige Beschäftigung, die man nur Kindern und Imbeciles verzeiht, und doch verlangt jeder Bourgeois, Philister und Staatshämorrhoidarius seinen Vers, wenn's ihm gerade paßt. Darüber denken *wir* nun aber anders (speziell ich) und hüten uns, dergleichen als Forderung zu stellen. Was sich freiwillig gibt, ist gut; jemanden aber damit quälen, ihm die Pistole auf die Brust setzen: »Dichte, dichte«, ist ebenso grausam wie gräßlich. So viel ganz allgemein: *hier* liegen außerdem noch die Dinge so verworren oder doch unbestimmt, daß der betreffende Dichter sich möglicherweise für den Papierkorb bemüht hätte. Mache also ein heiteres Tafelliedchen, wenn Dir so zumute ist; damit wirst Du Dir den Dank aller verdienen.

Und nun Punkt zwei. Aus allerhand kleinen Zeichen und Andeutungen, zumal in Briefen an Deine Freunde, scheint es fast, als nähmest Du an, daß wir uns Deinem Glücke gegenüber etwas mau und flau verhielten, und zwar, weil wir Dich lieber auf dem Felde der Haute finance gesehen hätten. Nichts kann falscher sein. Es liegt, Gott sei Dank, gerade umgekehrt. Deine Verlobung erscheint uns schlechtweg als eine Musterverlobung, als Ideal – uns allen, am meisten mir. Ob die Zukunft Glück oder Unglück für Dich hat, wer will das wissen, aber so viel Garantien fürs Glück gegeben werden können, so viel sind da: untadliger Ruf, Neigung, Liebenswürdigkeit, Heiterkeit. Du wirst doch nicht glauben, daß *wir*, die wir bei Sechsdreier glücklich und bevorzugt gelebt haben, mit einem Male das Glück im Mammonkultus finden sollten. Und nun gar im Hinblick auf *Dich*! Du könntest die Unbemitteltheit in Person heiraten und würdest uns doch keine Sorge machen. »Vor Peter ist mir gar nicht bange« usw. Bei Peter war es die Dummheit; was es bei Dir ist, will ich nicht sagen, um Dich nicht rot zu machen.

Am 15. Juni brach Fontane mit seiner Tochter nach Krummhübel auf; am 24. Juli kam Emilie Fontane nach. – Wieder sahen sich Fontanes und Friedlaenders oft in Schmiedeberg oder Krummhübel, auch in Arnsdorf bei Heinrich Richter, und unternahmen gemeinsam Ausflüge. Sie kamen einander noch näher.

AN GEORG FRIEDLAENDER   Krummhübel, 5. Juli 1886

... Ich verfalle immer wieder in meinen alten Fehler, der Situation und der jeweiligen Gesellschaft nicht genug Rechnung zu tragen. Was mich dabei vor Gott entschuldigt, entschuldigt mich nicht vor den Menschen. Immer meiner Natur nach geneigt, alles Schöne, Freundliche, Kluge, Talentvolle rückhaltlos anzuerkennen, betrachte ich es nebenherlaufend als mein gutes Recht, auch über Unauskömmlichkeiten offen mich auszusprechen, immer mit dem Bewußtsein, in ähnlichen Unauskömmlichkeiten tief drinzustecken. So war es gestern mit Richters sowohl bei dem Mittags- wie bei dem Abendgespräch. Ich betrachte das Leben, und ganz besonders das Gesellschaftliche darin, wie ein Theaterstück und folge jeder Szene mit einem künstlerischen Interesse wie von meinem Parkettplatz No. 23 aus. Alles spielt dabei mit, alles hat sein Gewicht und seine Bedeutung, auch das Kleinste, das Äußerlichste. Von Spott und Überhebung ist keine Rede, nur Betrachtung, Prüfung, Abwägung. Und zu solcher Prüfung forderte die Pfirsichgeschichte geradezu heraus. Ein Pfirsich ist etwas Wundervolles, und wenn einem zu Ehren ein Pfirsich bei Borchardt telegraphisch bestellt wird, so muß man solchem liebenswürdigen Besteller einen Tempel oder doch mindestens einen Kiosk bauen – ich glaube, das letztre zieht er vor. Wenn eben dieser Wunderpfirsich aber abgezogen, bräunlich getönt und günstigstenfalls von dem Ansehn einer geschmorten Prünelle auf einer Untertasse herumgereicht wird und wenn dann ein Diener mit gefrornem Champagner (es ist mir noch lieb, daß ich diesem Unsinn ganz naiv ein kleines Mißtrauensvotum gegeben habe) diesem Pfirsichumgang folgt und krampfhaft Eisklümpelchen von verdächtigstem Ansehn in die Gläser hineinschüttelt, so langsam, so andauernd, daß man Zeit gewinnt, die furchtbaren baumwollenen Handschuhe des Unglücklichen zu mustern, so wächst zwar, weil ich eine glücklich-humoristische Natur habe, mein Amüsement, und ich möcht es nicht missen, weil es in seiner Art unübertrefflich ist; aber es ist und bleibt, gesellschaftlich und schönheitlich angesehn, eine lächerliche Leistung, lächerlich trotz der besten und liebenswürdigsten Intentionen. . . .

An Emilie Zöllner   Krummhübel, 19. August 1886

. . . Als ich Anfang dieses Monats nach Franzensbad schrieb, ließ Krummhübel viel zu wünschen übrig, Regen und Hitze wechselten, und alle Welt war krank und verstimmt. Seit beinah vierzehn Tagen geht es aber besser, und nur meine arme Frau nimmt nicht teil an diesem aufgebesserten Zustande, wie ihre beiliegenden Zeilen bezeugen. Andauernde Magenkatarrhe verstimmen auch den Heitersten und Verstimmungsgeneigte erst recht. Zum Glück ist Mete mit hier, die sich sehr erholt hat und nach traurigen fünf Vierteljahren, eine kleine Ewigkeit, zum ersten Male wieder aufatmet. Sie macht das Mögliche möglich und trinkt Brunnen, badet, tanzt, klettert, kocht und ißt nicht nur Honig und Apfelmus, worauf ihre Zustände sie sonst vorzugsweise anweisen, sondern auch Steinpilze, Reizker und Champignons mit Sahnensauce. Dazu spielt sie vier Stunden lang Lawntennis und ist mal wieder glücklich, was sie schon aufgegeben hatte. Ehe meine Frau hier war, lasen wir viel: Zeller (über Strauß), Strauß' »Alten und neuen Glauben« und Ranke. Dazwischen, um auf der Höhe der Situation zu bleiben, Lindau. Das berühmte Buch von Strauß enttäuschte mich ein wenig, so glänzend es als rein literarische Leistung dasteht. Die Kritik der Christengemeinde (der erste Abschnitt des Buches) hat etwas machtvoll Überzeugendes. Was nachher kommt, schwebt geradeso in der Luft wie *alles*, was durch Jahrtausende hin über Gott und Unsterblichkeit gesagt ist und in ferneren Jahrtausenden darüber gesagt werden wird. Der Mensch als solcher bringt in dieser Frage die »Forsche« nicht raus.

Seit ich mich erholt habe, lebe ich hier wieder glückliche Tage und freue mich an allem, worauf mein Auge fällt. Ein Mütterchen, das mit dem Reisigbündel auf dem Rücken über den schmalen Steg geht, die Mädchen mit den feinen Fußknöcheln, die Himbeeren oder Besinge zum Verkaufe bringen, die Gewitter, die mit Sturm und Gekrach am Gebirge hinziehn, die nach Mehl schmeckende Wassersemmel, das zähe Rindfleisch, das das Hinschwinden seiner Zähigkeit nicht auch mit dem Hinschwinden seines Geschmacks bezahlt hat, die blinde Harfenistin, die mit einer Stimme, daraus ein Elend und eine Seele spricht, kleine Lieder auf dem Hausflur singt, die Lomnitz, die rauscht, die Heide, die blüht, der Tourist mit aufgekrempelter Hose, die Touristin mit einer aus Schals und Plaids bestehenden Außen- und Langturnüre – alles unterhält mich, alles erfreut mich und macht es mir schwer, mich von dieser schönen Stelle zu trennen. . . .

Fontanes kritisch-nervöse Labilität ließ solchen Zustand beschaulicher Alltagsfreude nicht lange anhalten. Nicht in stetem Gleichmaß, vielmehr unter einer oft zum Zerreißen bedrohlichen Spannung entgegengesetzter Stimmungen verwirklichte sich sein Lebensablauf. Das Wunder von Fontanes Alterswerk liegt nicht zuletzt darin, daß es scheinbar von dieser Zerrissenheit nichts weiß, sich darstellt als das harmonische Ergebnis einer glücklich bewältigten Synthese von Lebensanschauung und Kunstverstand. Fontanes Briefe aber zeugen von dunklen Gefahren. Immer von neuem waren sie zu überwinden, auf daß sich im Hellen jene Synthese vollziehen und zum Werk verdichten konnte. In heiterer Souveränität und Selbstverständlichkeit verrät es nichts mehr von den durchlittenen Krisen seines Schöpfers. »Ich muß durchaus fort, denn ich sehe deutlich, daß es hier nichts mehr wird«, so schreibt Fontane nicht einmal drei Wochen nach jenen glückerfüllten Zeilen. Unerträglich sei es ihm, als »Ritter von der traurigen Gestalt« herumzusitzen und auf einen Genesungstag zu warten, der vielleicht zu Weihnachten anbreche. Dieser Brief - gehalten gegen die Folie des vorhergehenden – verdeutlicht sinnfällig die ungeheure Weite der Spannung, der der Dichter überall ausgesetzt ist. Eine leichte Änderung im Atmosphärischen – anderen kaum spürbar – verkehrt alles ins Gegenteil; jeder Vogel krächzt nur noch Mißgeschick: »Bricht ... das Elend in Gestalt irgendeiner Krankheit (am schlimmsten das Gastrisch-Nervöse) erst mal herein, so ist man verloren. Der naive Misthaufen; das überall hingelegte Huhn- oder Katzenkleckschen; das Wasser aus höchst fragwürdigen Rinnsalen; die geheimnisvoll, meist unter Blumen versteckt, einmündenden Abzugskanäle; die Champignons, die in der Stube wachsen; die Mäuse, die knabbern; das Fleisch, das Leder und der Wein, der mit Sprit versetzte Tinte ist – das alles fängt dann plötzlich an, fürchterlich zu werden, weil es wohl der Gesunde, aber nicht der Kranke ertragen kann.« Am gleichen Tage noch, am 7. September, entfloh Fontane einem »wochenlangen Sich-elend-Fühlen« und kehrte nach Berlin zurück. –

Am 5. Oktober 1886 hatte Fontanes Sohn Theodor in Münster geheiratet.

AN DEN SOHN THEODOR FONTANE   Berlin, 18. Oktober 1886

Drei Karten haben wir von Eurer Hochzeitsreise erhalten: vom Drachenfels, vom Niederwald und aus Wiesbaden, und schon auf die erste hätten wir mit einem Gegengruß geantwortet, wenn wir gewußt hätten, wohin. Seit gestern seid Ihr nun wieder daheim, und wenn es schon unterwegs »selig« war, so muß es jetzt am seligsten sein. Du kannst übrigens von Glück sagen. Nicht immer verlaufen Hochzeitsreisen so hell und heiter, vielmehr sind sie ein bevorzugtes Aktionsfeld für die Heimtücken und Spielverderbereien des Schicksals. Frau v. Lepel (die erste) kam in Venedig aus den Heimwehtränen nicht heraus, und Lepels Versuche, diese Tränen durch Bildergalerien zu trocknen, scheiterten jämmerlich. Noch schlimmer erging es dem jetzigen Kaiser von Rußland und seiner schönen Dagmar; sie waren nach einem selten besuchten Schloß ins Innere gereist und verbrachten die Nacht auf einem Tisch sitzend, weil Bett und Zimmer ein Ameisenhaufen von Schwaben (blackbeetles) waren. Kastellan des Schlosses hätte ich am andern Morgen nicht sein mögen!

Uns ist es all die Zeit über nicht sonderlich gut gegangen. Vielleicht ist das sonderbare Klima dieses Sommers schuld, vielleicht die Malariawohnung in Krummhübel, vielleicht das Alter. Brauchte man nicht seine Kräfte, um des lieben Brotes halber am Trapez weiterzuturnen, so wär es alles ziemlich gleichgültig; aber Aufgaben erfüllen sollen, ohne den richtigen Muck dazu, ist mitunter schwer....

AN WILHELM HERTZ   Berlin, 10. Dezember 1886

Eben kommt das schöne Buch, das nun zu besitzen ich mich aufrichtig freue. Wie alles Kellersche – mit Ausnahme seiner furchtbaren Verse; keiner kann alles – hab ich auch »Martin Salander« von Heft zu Heft mit größtem künstlerischen Behagen gelesen. Er ist einer der wenigen, die einen nie im Stiche lassen, gleichviel welche Wege sie gehn, an welchem Ziele sie landen. Das »Martin Salander«-Ziel war wohl ursprünglich ein andres, vielleicht mehr auf das »Wohlwendsche« berechnet, aber das ist ganz gleich. Wie Sterne kann er tun, was er will, weil seine dichterische Persönlichkeit (er soll auch eine undichterische haben) alles siegreich herausreißt.

Bismarck hatte im Reichstag eine Erhöhung der Friedensstärke des Heeres für sieben Jahre beantragen lassen. Da der Antrag abgelehnt wurde, ließ er den Reichstag am 14. Januar 1887 auflösen und Neuwahlen zum 21. Februar – die sog. »Septennatswahlen« – ausschreiben. »Ich kann mich von der Beteiligung drücken«, so schrieb Fontane am 26. Januar an Friedlaender. »Dazu kommt, daß der Bismarckenthusiasmus, selbst bei seinen aufrichtigsten Bewunderern, immer mehr ins Wackeln kommt; er behauptet Fabelhaftes immer ins Gelache hinein und schneidet den besten Leuten flott drauflos die Ehre ab. ... Man hat das Gefühl, er glaubt sich gottgleich alles erlauben zu dürfen.«

AN KARL ZÖLLNER Berlin, 22. Februar 1887

Die Wahlen sind Gott sei Dank vorbei. Noch in zwölfter Stunde wollte man mich durch einen »Eilenden« an die Wahlurne zitieren. Ich lehnte aber standhaft ab. Die Verhältnisse liegen bei mir so kompliziert, daß ich ehren- und anstandshalber nicht stimmen kann.

AN DEN SOHN THEODOR FONTANE Berlin, 1. April 1887

... Mit herzlicher Freude lese ich Deine Briefe, die nicht nur von Glück sprechen – das will nicht viel sagen, jeder ist mal glücklich – nein, die mir in jedem Wort auch zeigen, daß Du Dich auf Glück verstehst. Und das ist die Hauptsache. Denn, wenn ich auch nicht ganz bestreiten will, daß es Pechvögel gibt, so gilt doch vom Glück im ganzen dasselbe wie vom Gold: es liegt auf der Straße, und *der* hat's, der's zu finden und aufzuheben versteht. Du hast, wenn mich nicht alles täuscht, von Deinem Alten die Fähigkeit geerbt, Dich in zehn Stunden (um nicht zu sagen Minuten) an zehn Dingen freuen zu können, und wer *die* Fähigkeit hat, der ist »schöne raus«. Ist sie wirklich ein Erbe von mir, so kannst Du's auf wenigstens 50 000 Mk. schätzen, was mir ein Selbstgefühl und eine Beruhigung gibt. ...

Friedlaender veröffentlichte 1886 seine Erinnerungen an den Deutsch-Französischen Krieg, an dem er als Leutnant d. R. teilgenommen hatte, unter dem Titel »Aus den Kriegstagen 1870« bei Wilhelm Hertz in Berlin und widmete das Buch Fontane. Einige Offiziere seines ehemaligen Regimentes nahmen an belanglosen Kleinigkeiten Anstoß und griffen Friedlaender deshalb an. Fontane war durch diese Vorgänge, die er als symptomatisch ansah, empört und kam in seinen Briefen immer wieder darauf zurück: »Eduard von Hartmann schrieb mal einen Aufsatz«, so heißt es in einem Brief Fontanes an Friedlaender vom 8. No-

*vember 1886, »in dem er den Gedanken durchführte: Wie sonst
der Katholizismus das Leben durchdrang und den Einzelmenschen
von ›im Mutterleibe an‹ bis über das Grab hinaus in Händen
hielt, stärkte, segnete, peinigte, opferte, so jetzt der Militarismus.
Ihr Fall ist ein schrecklicher Beleg dafür. Was soll der
ganze Quatsch? ... Ich finde, daß Staat und Behörden auf dem
Punkt stehn, in ihrem Übereifer sich beständig zu blamieren.
Wenn man solch Buch, wie das Ihrige, nicht mehr publizieren
darf, ohne den ›Staat‹ an irgendeiner Stelle zu kränken, so
kann mir der ganze Staat gestohlen werden.« Und ein halbes
Jahr später, am 24. Juni 1887, heißt es: »Es ist etwas faul im
Staate Dänemark, und einem Götzenbilde zuliebe, das sich mal
›Dienst‹, mal ›Ehre‹ nennt, werden Billigkeitsgefühl und gesunder
Sinn begraben ... Ich hätte längst gesagt: ›Macht, was
ihr wollt, und bleibt mir gewogen‹, und hätte ihnen Uniform,
Leutnantschaft, Kreuz, den ganzen Mumpitz vor die Füße geworfen.«*

AN GEORG FRIEDLAENDER   Berlin, 3. April 1887

Es lag ohnehin in meiner Absicht, heute an Sie zu schreiben; nun
kam Ihr Brief und wurde mir ein neuer Sporn. Sie konnten mir
nichts Interessanteres schreiben, aber auch nichts Traurigeres.
Lebe ich oder träume ich, leben wir unter Wilhelm I. oder unter
Friedrich Wilhelm I., unter Moltke oder unter dem alten Dessauer,
haben wir eben bei Sedan oder bloß bei Malplaquet
gesiegt, sind wir in den Händen von Werbeoffizieren oder im
Schutze freiheitlicher, uns unser Recht und unsre Würde garantierender
Gesetze? Ja, die Sache liegt so, daß *Sie* persönlich
unter den Werbeoffizieren besser dran gewesen wären! Im ganzen
leben wir in einer forschen und großen Zeit, und ich danke
Gott täglich, daß ich nicht bloß 1837, wo der Pegelstand am niedrigsten
war, sondern auch noch 1887 erlebt habe; wir sind
aus dem Elend, der Armut und Polizeiwirtschaft heraus, alles
gut, aber neben unsrer neuen Größe läuft eine Kleinheit, eine
Enge und Unfreiheit her, die die verachtete Stillstands- und
Polizeiperiode der 20er und 30er Jahre nicht gekannt hat. Besonders
die militärische Welt überschlägt sich; es ist der ver-

wöhnte Sohn im Hause, der, weil er am besten reiten und tanzen kann, sich unter Zustimmung der Eltern alles erlauben darf. Der Rest der Welt, wenn er eine eigne Meinung haben will, ist nur dazu da, gescholten und verdächtigt, unter allen Umständen aber angepumpt zu werden. Von dieser militärischen Welt gilt in gesteigertem Maße das, was von der ganzen Zeit gilt: im ganzen glänzend, im einzelnen jämmerlich. Dabei mehren sich die Zeichen innerlichen Verfalls: Selbstsucht und rücksichtsloseste Strebertum sind an die Stelle feinen Ehrgefühls und vornehmer Milde getreten, und während in den Herzen Rohheit und destruktive Ideen Fortschritte machen, zeigt sich nach außen hin ein toter, bei uns nie dagewesener Byzantinismus. Dabei wird die Jugend immer fachmäßig dummer, dem Hammel, der vorspringt, springen die andern nach, und an die Stelle selbständigen Denkens ist Salamanderreiben und Nachplapperei getreten. Früher wurden Dinge »Mode«, die nur der eine mitmachte, der andre nicht, jetzt faßt ein Schlagwort oder gar eine »Parole« die Menschen mit der Macht einer Epidemie, der sich der einzelne kaum entziehen kann und die so lange dauert, bis ein bestimmter Teil der Gesellschaft »ausgeseucht« ist. Aber schon ist eine neue Epidemie da und bemächtigt sich eines neuen Bruchteils der Gesellschaft.

Ein Opfer solcher Epidemie sind nun auch Sie geworden, nicht in dem Sinne, daß Sie selbst davon befallen wurden (Gott sei Dank nicht), aber in dem in mancher Beziehung ebenso traurigen Sinne, daß Sie von solchen epidemisch Kranken in ihre Krankenstube hineingezerrt wurden. Und da sehen Sie sich nun mit Vorwürfen überhäuft, im wesentlichen darüber, daß Sie gesund geblieben sind und nicht auch in des Militarismus Maienblüte stehn. Welche Niedrigkeit, von Ihnen zu glauben, daß Sie sich die kleinen Rezensionen selbst besorgt hätten, zu glauben, daß Sie selbst der »L. P.« der »Vossischen Zeitung« seien! Ich habe leider auch zu unsren Oberbehörden *gar kein* Fiduzit mehr – nicht weil es an gutem Willen, wohl aber an Zeit und Liebe für den Einzelfall fehlt –, sonst bin ich wie von meinem Leben überzeugt, ein feiner, vornehmer Herr wie der Kriegsminister würde nicht bloß auf Ihre Seite treten, sondern empört sein über die grenzenlose Plumpheit, über die den eignen niedrigen Standpunkt verratenden Anklagen, mit denen man gegen Sie vorgegangen ist. Ein Mann von geachteter gesellschaftlicher Stellung, ein Richter, aus guter Familie, dekoriert mit dem Eisernen Kreuz – den stellt man vor Gericht, wenn Totschlag, Diebstahl oder Verbrechen gegen die Sittlichkeit dem Staatsanwalt keine Wahl lassen, aber man bezichtigt ihn nicht, auf gut Glück hin und ohne jede Information, sich seine Lobartikel selbst geschrieben zu haben. Das ist, einem Ehrenmanne gegenüber, eine solche Schändlichkeit und Beleidigung, daß nicht Sie zur Rechenschaft gezogen *werden*, sondern umgekehrt, daß Sie die Verleumder zur Rechenschaft ziehen müßten. Aber sehen Sie, *das* ist gerade das Empörende, daß man recht gut weiß, daß Sie das nicht können, daß Sie, Familienvater und *Nicht*-Pistolenschütze, sich diesen Affront gefallen lassen und dadurch zur allerbilligsten Heldenschaft so und so vieler junger oder auch älterer Offiziere beisteuern müssen. Wären Sie ein Mann wie Fürst Pückler, oder hätte Fürst Pückler ein Büchelchen wie das Ihrige geschrieben, keine Hand hätte sich erhoben, keine Lippe sich gerührt, selbst Meie hätte wohlweislich geschwiegen, denn das ganze Offizierskorps hätte gewußt, der schießt mit Seelenruhe sechs von uns über den Haufen, er hat den Charakter und die Geschicklichkeit dazu! Sie können sich gar nicht vorstellen, wie mich speziell auch *dies* reizt und ärgert. Es ist unwürdig, einen Streit heraufzubeschwören und sich dann dem nach Lage der Sache zehnfach Schwächeren gegenüber aufs hohe Heldenpferd zu setzen. ...

Fontane ließ es nicht bei seiner Empörung bewenden, sondern bemühte sich, dem Freunde zu helfen. Vor allem suchte er seine innere Widerstandskraft zu stärken, beschwor ihn, er solle sich nicht »die Butter vom Brote« nehmen lassen und sich »nur immer das Äußerste vor Augen halten«; auch an einem Rücktritt aus dem Amte gehe er noch nicht zugrunde.

An Emilie Fontane   Seebad Rüdersdorf bei Berlin,
7. Juli 1887

... Den Nachmittag habe ich in Rüdersdorf verbracht, wo ich mein Telegramm und meinen Brief abgab. Die Fahrt hin machte ich zu Schiff, zurück ging ich, nachdem ich mir Kirche, Kriegerdenkmal (hübsch auf dem Berge gelegen) und den Bergwerksbetrieb angesehen hatte. Der Ort wirkt so wie Plaue, Wilsnack usw. Alle diese Jammernester haben irgendwo einen Charme, eine relative Bedeutung: in Plaue das Schloß samt seinen historischen Erinnerungen, in Wilsnack die Wunderblutkirche mit ihrer immerhin interessanten Geschichte, in Rüdersdorf das Bergwerkswesen und die Wichtigkeit desselben für Berlin. Trotzdem – Du siehst, daß ich gelten lasse, was nur irgend Geltung beanspruchen kann – empfinde ich diesen märkischen Nestern gegenüber immer wieder den niedrigen Stand unserer Provinz und ihrer Bevölkerung. Berlin ist ein Ding für sich, und auch in vielen kleinen Städten mögen sich gelegentlich Erfreulichkeiten finden; im ganzen steht alles nach wie vor auf einer traurigen Tiefstufe, so daß die schlesischen Gebirgsdörfer wahre Paradiese daneben sind. Die Leute dort (in Schlesien) haben einen natürlichen Schönheitssinn, auch die ärmsten sind beflissen, alles niedlich, anheimelnd erscheinen zu lassen. Dieser Sinn fehlt unsrer Provinz; alles ist arm, häßlich, trist, und mit der Wohlhabenheit fängt nicht der feine Sinn, sondern die Protzigkeit an. Es ist ein zuverlässiger, verständiger, intelligenter Menschenschlag, aber ohne jede Spur von dem, was gefällig wirkt.

Die Häuser hier sind mit Menschen besetzt. Viele Kinder, doch scheint alles ausreichend artig und manierlich zu sein. Ich glaube nicht, daß große Störungen zu befürchten stehen. Auch Mücken, krähende Hähne usw. fehlen. Fehlen auch Wanzen und Mäuse, so will ich zufrieden sein. Ich will nur arbeiten und mich in Wald- und Seeluft ergehen, und das werde ich ja wohl erreichen. Es gibt nur ein Mittel, sich wohl zu fühlen: man muß lernen, mit dem Gegebenen zufrieden zu sein und nicht immer *das* verlangen, was gerade fehlt.

Kommt noch nicht; ich muß mich erst mehr einleben.

Wie immer Dein

Alter.

»Irrungen Wirrungen« erschien vom 24. Juli bis zum 23. August 1887 in der »Vossin«. Fontane hatte zunächst gefürchtet, man werde das Werk ablehnen.

AN EMIL DOMINIK Seebad Rüdersdorf, 14. Juli 1887

... Hätte sich dieser Soupçon nun bestätigt, so hätte ich mir erlaubt, Ihnen die Novelle anzubieten, wiewohl ich weiß, daß man Arbeiten (auch ungelesene), die von andern eben zurückgewiesen wurden, nicht gleich wieder ins Feuer schicken soll. Es ist wie mit einer geschlagenen Truppe. Der Führer hat die Courage verloren, und der Truppe selbst sitzt »der Dod um der Nase«. Nun, um's kurz zu machen, meine Befürchtungen waren unbegründet. ... In einem Betracht bin ich froh darüber, weil das bessere Publikum der »Vossin« so recht in der Lage ist, den berlinischen »Flavour« der Sache – worauf ich mich schließlich doch wohl am besten verstehe – herauszuschmecken. Auch hat das rasche Aufeinanderfolgen der Kapitel große Vorteile. Anderseits sag ich mir: »Gott, wer liest Novellen bei die Hitze? Wer hat jetzt Lust und Fähigkeit, auf die hundert und, ich kann dreist sagen, auf die tausend Finessen zu achten, die ich dieser von mir besonders geliebten Arbeit mit auf den Lebensweg gegeben habe?« ... Wenn Sie die Arbeit lesen, ... bin ich neugierig, Ihre Meinung darüber zu hören, und ob Sie's als Fluch oder Segen ansehn, an der Geschichte vorbeigeschrammt zu sein. ...

AN FRIEDRICH STEPHANY Seebad Rüdersdorf, 16. Juli 1887

Seien Sie schönstens bedankt für Ihren Brief und die *erste* Kritik über »Irrungen Wirrungen«. Ich kann nur sagen, ich wünsche von Herzen, daß die Kritiken, die folgen werden, nicht unfreundlicher ausfallen mögen. Ja, Sie haben es vorzüglich getroffen: »Die Sitte gilt und muß gelten.« Aber daß sie's muß, ist mitunter hart. Und weil es so ist, wie es ist, ist es am besten: man bleibt davon und rührt nicht dran. Wer dies Stück Erb- und Lebensweisheit mißachtet – von Moral spreche ich nicht gern – der hat einen Knacks für's Leben weg. Ja, das wär es ungefähr.

Wenn ich Tugendphilister dergleichen schreiben konnte, so ist das die ewig alte Geschichte: Rotköppe mit Sommersprossen und einer riesigen Sirupsstulle im Maul verschlingen Heldengeschichten und Leute, die keine Fliege an der Wand töten können, sind literarisch von einer Beilfertigkeit, um die sie Krauts beneiden könnte. So bin ich zum Schilderer der Demimondeschaft geworden. Ich hab es durch Intuition, um nicht blasphemistisch zu sagen »von oben«. Schließlich ist es aber nicht so wunderbar damit. Erstlich hat man doch auch in grauer Vergangenheit in dieser Welt rumgeschnüffelt, und zweitens und hauptsächlichst: alles, was wir wissen, wissen wir überhaupt mehr historisch als aus persönlichem Erlebnis. Der »Bericht« ist beinah alles. Alles ist Akten- oder Buch- oder Zeitungswissen, auch in den intimsten Fragen. Ich bilde mir ein, über den Alten Fritzen einen Essay aus dem Stegreif schreiben zu können, und manche [Stellen] sollen wirken, als ob ich bei Kunersdorf oder Torgau oder auf der Terrasse von Sanssouci mit dabeigewesen wäre. Ich war aber glücklicherweise nicht mit dabei. Sonst wäre ich längst tot, und der Mensch ist nun doch mal dumm genug, leben zu wollen. ...

An Friedrich Stephany   Seebad Rüdersdorf, 18. Juli 1887

Sonnabend erhielt ich den Bürstenabzug der ersten sechs Kapitel. Weil ich doch an Sie schreiben wollte, so verzeihen Sie, daß ich die Fahnen beischließe, statt sie direkt an die Setzerei zurückzuschicken. Ich habe eine Passion für alte, zerschossene Fahnen; aber daß ich mich *dieser*, in deren Zeichen die »Vossin« siegt, besonders gefreut hätte, kann ich nicht sagen. Wenn ich das mit den Abzügen vergleiche, die einem von Teubners oder Metzger & Wittig in Leipzig oder aus der Druckerei der »Gartenlaube« zugehn, so wirken die der »Vossin«, das Mildeste zu sagen, altmodisch. Eigentlich liegt es viel schlimmer und beleidigt einen geradezu in seiner schriftstellerischen Ehre. Man mutet es einem Schriftsteller nicht mehr zu, *so* mit Steinen gemischte kleine Rosinen auszusuchen. Ich bin eigentlich außer mir. Bis zum Verrücktwerden, bis zum Tic douloureux habe ich durch fünf Vierteljahre hin immer wieder gelesen, gefeilt, poliert und wieder gelesen. Nun endlich, endlich bin ich fertig. Ein Stein fällt mir von der Brust. Ich atme auf, ich bin frei. Da kommt die Nachricht: »Es ist doch besser ...« Gut, gut. Also noch mal. Ich söhne mich mit dem Gedanken aus und freue mich, fast nun zum ersten Male freien Auges und freien Geistes über meine Arbeit, über der ich bis dahin nur gedruckst habe, hinfliegen zu können. Und nun kommt *das*! Ein Glück, daß ich mich hier in diesen zehn Tagen erholt habe. Hätte ich es in Berlin lesen müssen, so fühle ich deutlich, daß ich krank geworden wäre. Das wäre mir über die Nervenkraft gegangen. Und nun der Ärger dazu! Seien Sie mir nicht böse, daß ich mein Herz so ausschütte. Aber es wird so viel Bitteres dabei wach, die ganze Wut drüber, wie in zurückliegenden Zeiten die Schriftsteller behandelt wurden und noch froh sein mußten, von einem Ruppsack von Buchhändler (die immer an den unglaublichsten Orten drucken ließen) zehn Taler für eine Novelle zu kriegen oder Schillers Werke statt Zahlung. All das wurde durch diese Fahnen mir wieder heraufgezaubert. Und doch hätte ich es runtergewürgt und geschwiegen – denn ich bin sehr für Frieden –, wenn ich nicht deutlich fühlte, daß Kraft und Fähigkeit, *unbefangen* (worauf es doch ankommt) an die Korrektur heranzutreten, mir völlig bei solchen Bürstenabzügen verlorengeht. Macht das, was ich wünsche, Doppelarbeit, nun so macht es Doppelarbeit. Es wird den Herren Setzern und Korrektoren – und ein wahres Glück, daß es so ist – alles bezahlt, und die Generalkasse der »Vossin« wird an diesem Plus nicht scheitern. Aber während die Setzer und Drucker in ihren Verbänden längst alles durchgesetzt haben, was sie wünschen, möchte man den Schriftsteller immer noch in seinem weißen Sklaventum festhalten.

Ihre Güte wird mir diese Sprache verzeihn.

Am 19. August reiste Fontane mit seiner Tochter nach Krummhübel.

AN DEN SOHN THEODOR FONTANE
        Krummhübel, 8. September 1887, Haus »Meergans«

Sei schönstens bedankt für Deinen lieben Brief, dem ich in vielen Stücken zustimmen kann, freilich nicht in allen. In der Parallele, die Du zwischen »Irrungen Wirrungen« und »Cécile« ziehst, stehe ich ganz auf Deiner Seite. Die langen Auseinandersetzungen über die Askanier werden nicht viel Freunde gefunden haben, und hinsichtlich meiner künstlerischen Absicht, den »Privatgelehrten« als eine langweilige Figur zu zeichnen, wird man mir mutmaßlich sagen, »meinem Ziele näher gekommen zu sein als nötig«. Als ich an »Cécile« arbeitete, begegneten mir allerhand Ödheiten in den Berliner und brandenburgischen Geschichtsvereinen, und weil diese Ledernheiten zugleich sehr anspruchsvoll auftraten, beschloß ich, solche Gelehrtenkarikatur abzukonterfeien. Ich hätte es aber lieber nicht tun sollen, die Novelle wäre dadurch um etwas kürzer und um vieles besser geworden.

Auch darin hast Du recht, daß nicht alle Welt, wenigstens nicht nach außen hin, ebenso nachsichtig über Lene denken wird wie ich; aber so gern ich dies zugebe, so gewiß ist es mir auch, daß in diesem offnen Bekennen einer bestimmten Stellung zu diesen Fragen ein Stückchen Wert und ein Stückchen Bedeutung des Buches liegt. Wir stecken ja bis über die Ohren in allerhand konventioneller Lüge und sollten uns schämen über die Heuchelei, die wir treiben, über das falsche Spiel, das wir spielen. Gibt es denn, außer ein paar Nachmittagspredigern, in deren Seelen ich auch nicht hineingucken mag, gibt es denn außer ein paar solchen fragwürdigen Ausnahmen noch irgendeinen gebildeten und herzensanständigen Menschen, der sich über eine Schneidermamsell mit einem freien Liebesverhältnis wirklich moralisch entrüstet? Ich kenne keinen und setze hinzu, Gott sei Dank, daß ich keinen kenne. Jedenfalls würde ich ihm aus dem Wege gehn und mich vor ihm als vor einem gefährlichen Menschen hüten. »Du sollst nicht ehebrechen«, das ist nun bald vier Jahrtausende alt und wird auch wohl noch älter werden und in Kraft und Ansehn bleiben. Es ist ein Pakt, den ich schließe und den ich schon um deshalb, aber auch noch aus andern Gründen, ehrlich halten muß; tu ich's nicht, so tu ich ein Unrecht, wenn nicht ein »Abkommen« die Sache anderweitig regelt. Der freie Mensch aber, der sich nach dieser Seite hin zu nichts verpflichtet hat, kann tun, was er will, und muß nur die sogenannten *»natürlichen Konsequenzen«*, die mitunter sehr hart sind, entschlossen und tapfer auf sich nehmen. Aber diese »natürlichen Konsequenzen«, welcherart sie sein mögen, haben mit der Moralfrage gar nichts zu schaffen. Im wesentlichen denkt und fühlt alle Welt so, und es wird nicht mehr lange dauern, daß diese Anschauung auch gilt und ein ehrlicheres Urteil herstellt. Wie haben sich die Dinge seit dem »Einmauern« und »In den Sack stecken« geändert, und wie werden sie sich weiter ändern! Empörend ist die Haltung einiger Zeitungen, deren illegitimer Kinderbestand weit über ein Dutzend hinausgeht (der Chefredakteur immer mit dem Löwenanteil) und die sich nun darin gefallen, mir »gute Sitte« beizubringen. Arme Schächer! Aber es finden sich immer Geheimräte, sogar unsubalterne, die solcher Heuchelei zustimmen.

Unrecht hast Du, trotz Deines Balkons und Deiner Blumenzucht, hinsichtlich der Blüherei; ich habe das mit den Kastanien und der Pappelwolle auf Tiergartenspaziergängen ausgeprobt.

Am 19. September kehrte Fontane nach Berlin zurück; am 24. September starb sein ältester Sohn George in Lichterfelde bei Berlin.

An den Sohn Theodor Fontane   Berlin, 24. September 1887

Meinem Telegramm an Soldmann lasse ich noch diese Zeilen folgen, damit Du, wenn Du vielleicht morgen nach Münster zurückkehrst, doch einiges Nähere erfährst. Die Krankheit, Blinddarmentzündung, trat mit ungeheurer Vehemenz auf; er schrie vor Schmerz, und als ich ihn am Mittwoch zuerst sah – der Dienstag war der schlimme Tag gewesen –, sah er mich bereits mit Todesaugen an. Ich hatte gleich das Gefühl: er ist hin. Trotz alledem schien es besser zu gehn, und alle drei Ärzte waren nicht ohne Hoffnung. Die letzte Nacht aber setzte wieder furchtbar ein, und nach vielstündigem, schwerem Kampfe schloß heute früh neun Uhr sein Leben. Ich trat in demselben Augenblick an sein Bett, als sein Puls stillstand; der Eisenbahnzug hatte mir nicht den Gefallen getan, sich um eine Minute zu verfrühen. Mete hatte ihn während der letzten vier Nächte mit heroischem Mute gepflegt, gemeinschaftlich mit einer Grauen Schwester. Die Liebesbeweise Metes und die Tapferkeit und Umsicht, womit sie ihn gepflegt, waren ihm das einzige Licht dieser schweren Tage, und er gab der Freude darüber auch Ausdruck bis zuletzt. . . .

An Georg Friedlaender   Berlin, 12. Oktober 1887

... Überhaupt ist die Art, wie der Trauerapparat arbeitet, doch sehr unvollkommen und beinah roh; roh, weil er das Beste, was der Mensch hat, zu bloßer Phrase, ja zur Kunstträne und Gefühlsheuchelei heruntergedrückt. Und dabei noch die widerwärtige Wahrnehmung, daß die Menschen im höchsten Maße unzufrieden mit einem sind und Aschestreuen und Kleiderzerreißen verlangen und einen noch nicht einmal für einen Eisblock halten. Denn der kann doch wenigstens schmelzen. Der »andre« ist mit dem »andern« nie zufrieden, und zum Kolossalmut und zur Kolossalliebe veranlagt er auch den Kolossalschmerz. Und doch ist Maß nicht nur das Schöne, sondern auch das Wahre. Sie sehen: selbst dieser schmerzliche Fall, der nun auf dem Rest meines Lebensweges neben mir hergeht, hat meine Menschenanschauung nicht geändert, am wenigsten erquicklicher und beglückender für mich gemacht. Es gibt viel Freundliches in der Welt, aber das offiziell Freundschaftliche, da hapert's. Auch auf diesem Gebiete wächst das Beste in der Freiheit. Freundschaft aber ist eine Zwangsanstalt. ...

An Georg Friedlaender   Berlin, 7. Dezember 1887

Diesmal sollen aber nicht wieder sechs, acht Wochen vergehn, kaum ebensoviel Tage. Der Wunsch ging sogar dahin, Ihnen auf der Stelle zu danken, denn unter den vielen hübschen Briefen, die ich Ihrer Güte verdanke, steht dieser obenan – Sie haben ja das berühmte »Talent épistolaire«, aber *dieser* Sieg ist der glänzendste, Moltke, Sedan. ... Was die beiden Militärs angeht, so muß Ihnen aus dem Verhalten derselben ein gewisser Trost erblühn, aber wenn ich mich in Ihre Lage versetze, so würde für mich doch ein höchst schmerzliches Gefühl das weitaus überwiegende bleiben. Literarisch und allerpersönlichst kann Ihnen diese Rechtfertigung von so ganz besonders berufener Seite her nur Freude machen, aber wenn Sie von Ihrer Person abstrahieren und den Fall als Signatura temporis und nicht als bloß möglich *in* Preußen, sondern auch als charakteristisch *für* Preußen ansehn, so muß man, und Sie mit, als Patriot und Mensch blutige Tränen weinen. Das ist auch immer der Standpunkt gewesen, den ich dieser unglückseligen Sache gegenüber eingenommen habe; der Schmerz, die Kränkung, die Beängstigungen, die Sie durchmachen mußten, das hat mir alles furchtbar leid getan, aber was mich empörte, hatte mit Ihrer Person nichts zu tun und war ein Achselzucken und fast ein Grauen darüber, daß man am Ausgange des 19. Jahrhunderts *das* in einem Staate erleben muß, der stolz ist auf seine Bildung, seinen Fortschritt, seine Freiheit. Da war die Inquisition nichts dagegen. Denn die Inquisition, so glücklich ich bin, ihre Zeiten nicht erlebt zu haben, handelte doch aus einem großen Prinzip heraus, es stand beständig eine Welt oder doch eine Weltanschauung auf dem Spiel; aber auf dem Punkt zu stehn, vor Gericht seine Ehre einzubüßen, weil man nach siebzehn Jahren erzählt, ein dämlicher Oberst habe »verblüfft« ausgesehn, das ist unerhört. . . .

AN DEN SOHN THEODOR FONTANE   Berlin, 9. Dezember 1887

. . . Hast Du denn die Prozeßverhandlungen zwischen dem Kriegsministerium und Carstenn-Lichterfelde gelesen? Höchst interessant. Der preußische Staat kann keinen größeren Bewunderer haben als mich (daß er mir sympathisch wäre, kann ich nicht sagen), aber mitunter kriegt diese Bewunderung doch einen Knacks, und angesichts dieses Prozesses erscheint mir dies ganze Staatswesen grotesk, karikiert und, was das schlimmste ist, nicht mal ehrlich, sicherlich nicht anständig. Und es sind denn auch in der Tat die staatlichen »Korrektheiten«, die uns in der ganzen Welt so verhaßt gemacht haben, und wahrhaftig nicht mit Unrecht. Es gibt nicht zwei Sorten von Anständigkeit, und was ein anständiger Mensch nicht darf, das darf auch ein anständiger Staat nicht. Verstößt der Staat gegen diesen einfachen Satz, so gibt er nur ein schlechtes Beispiel.

Anfang 1888 erschien die Buchausgabe von »Irrungen Wirrungen«.

AN DEN SOHN THEODOR FONTANE   Berlin, 17. Februar 1888

Das gefeierte und verurteilte Buch ist nun da und präsentiert sich Dir im beifolgenden. Wirke für dasselbe; daß Münster die Stätte dafür ist, ist mir freilich nicht wahrscheinlich. Vor acht Tagen war ich noch in Furcht, daß man über das Buch herfallen werde, um es zu verschlingen, aber nicht im guten Sinne; heute schon bin ich in Furcht, daß nicht Huhn noch Hahn danach kräht. Es ist ein sonderbares Metier, die Schriftstellerei, und Du kannst mir danken, daß ich Dir zugerufen habe: bleibe davon! Nur die, die durchaus weiter nichts können und deutlich fühlen, daß sie wohl oder übel nun mal an diese Stelle gehören und nur an diese, nur die dürfen es wagen. Einfach, weil sie müssen und weil ein andres Leben sie erst recht nicht befriedigen würde. Wer aber fühlt, daß er auch Beine abschneiden oder Bahnhofswölbungen berechnen oder einen neuen Stern oder ein neues Alkaloid entdecken kann, der bleibe von den Künsten fern. Unter Tausenden ist nur immer ein *Julius Wolff*, den sich nicht die Muse, wohl aber das Glück auswählt, um Ruhm und Gold auf ihn zu häufen.

Wir leben hier in alter Weise weiter – kolossal still, namentlich ich. Sosehr ich für Einsamkeit bin, so ist es mir doch mitunter ein bißchen zu viel. Natürlich, wenn ich mir Gesellschaft wünsche, wünsche ich mir gute; kann ich diese nicht haben, so bin ich lieber Höhlenbewohner. Auf Mete bezieht sich aber dieses Stilleben nicht; sie turnt viel umher und ist in diesem Augenblick auf dem Wege nach Rostock. Im ganzen geht es ihr gut. Friedel arbeitet weiter an der Hebung des deutschen Buchhandels, was ja, nach Ansicht der Buchhändler, gleichbedeutend ist mit Hebung der deutschen Literatur. In Wahrheit wird es immer schofler....

An Mete Fontane   Berlin, 9. März 1888

Sei bestens bedankt für Deinen lieben Brief. Onkel Witte war hier und hat Mama und Lieschen Treutler in den Reichstag geführt, wo Bismarck um 11½ Uhr erscheinen und die Mitteilung vom Hinscheiden des Kaisers machen sollte. Das für mich bestimmte Billet erhielt Geheimrat Herrlich, der gerade zugegen war und sich unter Onkel Wittes erregten Armbewegungen, die ganz dem »historischen Moment« entsprachen, wie ein Klümpchen Unglück ausnahm.... Wofür Onkel W. *mich* hielt, der ich erklärte, lieber zu Hause bleiben zu wollen, weiß ich nicht; doch darf ich wohl annehmen, daß seine Betrachtungen nicht allzu schmeichelhafte Wege gegangen sind.

Ich kenne »solche großen historischen Momente« aber zu gut und weiß, daß einem nur Geschubst- und Gedrücktwerden sicher ist, während es zweifelhaft ist, ob man etwas sieht, und sicher, daß man nichts hört. Es gibt Ausnahmen von der Regel, aber die Regel läuft darauf hinaus: »Der Bericht ist besser als die Sache selbst.« Wie ruppig verlaufen historische Momente, und wie gut nehmen sie sich in der Beschreibung aus! Ich warte auf die Abendzeitung. Ach, was sind große Momente! Gestern gegen neun Uhr ging ich in die Stadt bis zum Palais des Kaisers. Bis zu Kranzlers Ecke waren die Linden, die sich überhaupt durch Langeweile auszeichnen, kolossal langweilig, beinahe öde; bei Café Bauer fing das Gedränge an und setzte sich bis zum Palais hin fort; die Menschen aber sahen gleichfalls unglaublich gelangweilt aus, und ich empfing einen geradezu kläglichen Eindruck. Nichts von Geist, von Leben, von Liebe oder Teilnahme. Nur einem elenden Schaubedürfnis hingegeben, standen Tausende da; der Regen drippte von den Schirmen, und wie Kretins sahen sie nach dem Palais hinüber. Ich will zugeben, daß es nicht anders sein kann und daß, wenn ein Einundneunzigjähriger stirbt, eine Bevölkerung nicht in Tränen zerfließen kann; wenn man dann aber den Zeitungsradau liest, dann ekelt einen die furchtbare Lüge. . . .

AN METE FONTANE   Berlin, 13. März 1888

. . . Elementar und in ihrer Art groß ist auch eines Volkes Neugier und Schaulust, wenn ein mit Recht gefeierter einundneunzigjähriger Kaiser gestorben ist. Aber so gern ich dies zugebe, so gewiß ich weiß, daß bei Kritik und Aufklärung und Auf-den-Grund-Gehn gar nichts herauskommt, so kann ich doch diese Dinge nicht gläubig *mitmachen* – Dinge, von deren Hohlheit und Lüge ich durchdrungen bin. Ich weiß wohl: »Nur der Irrtum ist das Leben, und die Wahrheit ist der Tod« – das Tiefste, was je über Mensch und Menschendinge gesagt worden ist. Aber wie das Tiefste, so doch zugleich das Traurigste. Bewußt wird, von Kaiser und König an bis zum Bettler hinunter, gelogen, vor allem eine beständige Gefühls- und Scheinheiligkeitskomödie aufgeführt. Was wir Glauben nennen, ist Lug und Trug oder

Täuschung oder Stupidität; was wir Loyalität nennen, ist Vorteilberechnung; was wir Liebe nennen, ist alles mögliche, nur meist nicht Liebe; was wir Bekenntnistreue nennen, ist Rechthaberei. »Das *ist* sein Fleisch und Blut«, »Das bedeutet sein Fleisch und Blut« – auf diesen Unterschied hin wird verbrannt und geköpft, werden Hunderttausende in Schlachten hingeopfert, und eigentlich – eine Handvoll verrückt-fanatischer Pfaffen ausgenommen – ist es jedem gleichgültig. Ich habe noch keinen kennengelernt, dem es *nicht* gleichgültig gewesen wäre, selbst unsre gute alte W. ist au fond mehr für Fasan oder gar Austern, bei denen sie jedesmal ein andächtiges Gesicht annimmt.

Alles Höchste und Heiligste kommt ja im Leben wirklich einmal vor; oder richtiger, es gibt ernste, tiefe Überzeugungen (die drum noch lange nicht die Wahrheit zu sein brauchen), für die gelegentlich ein einzelner ehrlich stirbt. Aber dieser einzelne ist der Tropfen Urtinktur im Ozean. Der Ozean ist nichtiges, indifferentes Wasser. Und die Menschheit ist noch lange nicht Wasser, sondern bloß Sumpf, mit Infusorien in jedem Tropfen, vor denen man, wenn man sie sieht, ein Grauen und Schaudern empfindet. Der alte Wilhelm, als vor Jahr und Tag das Volksansammeln vor seinem Fenster Mode wurde, sagte: »Dieselben Menschen, wenn ein politischer Umschlag eintritt, zerreißen mich.« Nur *zu* wahr. Wir haben nur das bißchen Kunst und Wissenschaft, das uns, in ehrlicher Arbeit, über uns erhebt und haben als Bestes – die Natur. Alles andre ist Mumpitz, und je mehr Lärm und patriotischer Radau, desto mehr. Es hat alles gar keinen Wert. Aber man muß es gehn lassen und auch schließlich noch so tun, als freue man sich darüber. Denn, um es zu wiederholen, das andre ist bloß langweiliger, aber nicht besser. Wir stecken schlimm drin; das heißt: Mensch sein.

Im Frühjahr 1888 beendete Fontane seinen Roman »Frau Jenny Treibel« im Konzept.

AN DEN SOHN THEODOR FONTANE   Berlin, 9. Mai 1888

Schon längst hätte ich Dir mal wieder geschrieben, wenn ich nicht, und zwar mit immer steigendem Eifer, mit der Zuendeführung meines neuen Romans beschäftigt gewesen wäre. Nun ist er, im

Brouillon fertig, vorläufig beiseite geschoben. Titel: »Frau Kommerzienrätin« oder »Wo sich Herz zum Herzen find't«. Dies ist die Schlußzeile eines sentimentalen Lieblingsliedes, das die fünfzigjährige Kommerzienrätin im engeren Zirkel beständig singt und durch das sie sich Anspruch auf das »Höhere« erwirbt, während ihr in Wahrheit nur das Kommerzienrätliche, will sagen viel Geld, das »Höhere« bedeutet. Zweck der Geschichte: das Hohle, Phrasenhafte, Lügnerische, Hochmütige, Hartherzige des Bourgeoisstandpunktes zu zeigen, der von Schiller spricht und Gerson meint. Ich schließe mit dieser Geschichte den Zyklus meiner Berliner Romane ab. Es sind sechs im ganzen, und ich habe vor, wenn mir noch ein paar Jahre vergönnt sind, mit einem ganz balladesken historischen Roman, der um 1400 spielt, abzuschließen. Die Leute mögen dann sehn, daß ich auf Zoologischen Garten und »Hankels Ablage« nicht eingeschworen bin und daß ich imstande bin, meine Personen ebensogut eine Simplizitätssprache wie die Bummel- oder Geistreichigkeitssprache des Berliner Salons sprechen zu lassen. . . .

AN MATHILDE V. ROHR   Berlin, 23. Mai 1888

... Wiewohl ich gern gelebt habe, jetzt am Ende meiner Tage bin ich doch tief davon durchdrungen, daß dies alles eine Welt der Mängel ist, viel, viel mehr noch, als man in jungen und mittleren Jahren annahm, und daß es nicht schlimm ist, die Unruhe mit der Ruhe zu vertauschen. Sie glauben gar nicht, in wie hohem Maße die Überzeugung davon während dieser letzten Jahre in mir gewachsen ist. Und nicht erst seit Georges Tod. Denn man kann den Tod eines geliebten Menschen tief und innig beklagen und doch in Hoffnung und selbst in Heiterkeit weiterleben. Aber dieser Hoffnung und Heiterkeit – was nicht ausschließt, daß man mal herzlich lacht – entbehre ich seit geraumer Zeit schon, und zwar deshalb, weil so wenig geschieht, dem man aus vollem Herzen zustimmen kann. Unsinn und Ungerechtigkeit und überall Selbstsucht und der Neid in allen Formen. Im kleinen geschieht um einen her sehr vieles, was einen wieder aussöhnt (sonst wär's auch nicht auszuhalten), und unbefangene, nichtswollende Herzensgüte lacht einem hier und da entgegen, aber das politische Treiben, das finanzielle, das wissenschaftliche, das künstlerische – wie tief unerfreulich! Ich erinnere Sie nur, um wenigstens *ein* Beispiel herauszugreifen, an das Treiben der Ärzte am kronprinzlichen beziehungsweise kaiserlichen Krankenbett. Ich weiß nicht, *wer* schuld hat, mag es auch nicht wissen; das aber weiß ich, daß ich wenig erlebt habe, was mir den Menschheitsjammer so gezeigt hätte wie dieser Vorfall. Und so überall. Es wird so viel von Fortschritt gesprochen, und die Bildung soll alles besorgen. Es wird aber mit Hülfe dieser Bildung nur noch schlimmer. Denn die Zahl derer wächst ins Millionenfache, die nun auch »von Bildungs wegen« etwas bedeuten wollen. Und das Einsehen davon, daß es so ist und so bleiben wird, entwertet doch stark das Jammertal, von dem man in der Jugend ein Stück Paradies erwartet.

Fontane hatte seinen Roman »Stine« an Paul Schlenther geschickt, um einen Vorabdruck in der »Vossischen Zeitung« erwägen zu lassen. Die Redaktion lehnte jedoch ab, und der Roman erschien 1890 im Vorabdruck in der von Fritz Mauthner herausgegebenen Wochenschrift »Deutschland«.

An Paul Schlenther   Berlin, 13. Juni 1888

... Was Sie schreiben, ist alles nur zu richtig.

Stine, als Figur, bleibt weit hinter Lene zurück, und da sie Hauptheldin ist und dem Ganzen den Namen gibt, so hat das Ganze mit darunter zu leiden. Davon wäscht mich kein Regen rein, und auch der Umstand, daß die Pittelkow und der alte Graf Haldern zu den besten Figuren meiner Gesamtproduktion gehören, kann die Sache nicht wieder ins gleiche bringen. Ich habe dabei nur einen Trost: je länger ich lebe, je klarer wird es mir, es ist auch gar nicht nötig, daß einem ein Ding in allen Teilen glückt. Es ist nur wünschenswert. Geht dieser Wunsch aber nicht in Erfüllung, und dies ist die Regel, und selbst die Großen und Größten sind diesem Gesetz unterworfen, so muß man schon zufrieden sein, wenn dem mühe- und liebevoll Geschaffenen die Existenzberechtigung zugesprochen wird. Das ist schon sehr viel, und dies habe ich ja auch mit meiner »Stine« erreicht.

Ich möchte noch ein Wort sagen dürfen. Ich schreibe alles wie mit einem Psychographen (die grenzenlose Tüftelei kommt erst nachher) und folge, nachdem Plan und Ziel mir feststehen, dem bekannten »dunklen Drange«. Es klingt ein bißchen arrogant, aber ich darf ehrlich und aufrichtig sagen: es ist ein natürliches, unbewußtes Wachsen. Wenn nun bei diesem Naturprozeß eine sentimentale und weisheitsvolle Lise wie diese Stine herauskommt, so muß das einen Grund haben, denn im ganzen wird man mir lassen müssen, daß ich wie von Natur die Kunst verstehe, meine Personen in der ihnen zuständigen Sprache reden zu lassen. Und nun spricht diese Stine im Stine-Stil statt im Lene-Stil. Warum? Ich denke mir, weil es eine angekränkelte Sentimentalwelt ist, in die sie durch ihre Bekanntschaft mit Waldemar hineinversetzt wird. Und so wird die Sentimentalsprache zur Natürlichkeitssprache, weil das Stück Natur, das hier gegeben wird, eben eine kränkliche Natur ist. Dadurch geht freilich ein Reiz verloren, und an die Stelle von Seeluft tritt Stubenluft, aber der psychologische Prozeß, Vorgang und Ton sind eigentlich richtig. . . .

AN PAUL SCHLENTHER   Berlin, 22. Juni 1888

Eben kommt das Paket. Es ist ganz ehrlich, wenn ich Ihnen versichere: »Eigentlich ist es mir lieb, es wieder in Händen zu haben.« Mit dem Gelde stehe ich nicht so schlecht, daß ich das Honorar dringend bedürfte, und das Gefühl, daß der Welt durch den Nichtabdruck in der »Vossin« etwas Herrliches, ihr (der Welt) Wohltuendes vorenthalten würde – dies Gefühl habe ich erst recht nicht. Es gibt zehn oder, wenn es hoch kommt, hundert Menschen in Deutschland, die von der Erkenntnis und der freundlichen Gesinnung sind, die Männer wie Sie oder der kleine Brahm oder der liebenswürdige M. v. Waldberg solcher Arbeit entgegenbringen – das große Publikum, nun, es ist nicht nötig, große Worte darüber zu verlieren. Ich hätte wieder das sittliche Hallo mit anhören müssen. Familie X. hätte sich wieder über »Schneppengeschichten« beschwert, und selbst bei Familie Y. hätten alle wohlwollenden Gesinnungen für mich nicht ausgereicht, mir ein Bedauern über den armen alten Mann, der sich so wenig der Pflicht seiner Jahre bewußt ist, zu ersparen. Und so mag es denn so wohl sein. Schließlich werde ich es ja wohl noch irgendwem »anschmieren« können, und was dann hinter meinem Rücken geredet wird, schadet nicht viel. Sie aber seien nochmals schönstens bedankt für ihr treues Zu-mir-Stehen und – ich bitte das sagen zu dürfen – beglückwünscht für Ihr freies Drüberstehen. Denn daß der alte sogenannte Sittlichkeitsstandpunkt ganz dämlich, ganz antiquiert und vor allem ganz lügnerisch ist, *das* will ich wie Mortimer auf die Hostie beschwören.

Im Juli und August war Fontane wieder in Krummhübel; diesmal nahm er in der »Brotbaude« Quartier.

AN KARL ZÖLLNER Krummhübel, 3. August 1888
»Brotbaude«

... Wir sitzen hier schon dreimal 24 Stunden fest in der Brotbaude, heizen und sprengen mit Ozogen, weil die Luft jenen bekannten Keller- und Stallcharakter hat, der nur auf freien Bergen und in klimatischen Kurörtern angetroffen wird. Ohne Boston, das seitens der Damen von 4½ an bis Schlafenszeit gespielt wird, wäre »Tante Witte« mit Familienanhang wohl schon wieder abgereist. Einziger Trost: es ist überall so oder am Meer oder an Quellen, die man bibbernd sechs Uhr früh trinken muß, noch schlimmer. Wir leben hier zu acht und üben uns in der Kunst der Umgänglichkeit, was dem einen leichter, dem andern schwerer wird. Ich habe hier arbeiten wollen, bin aber über ein bißchen Korrekturlesen noch nicht recht hinausgekommen. Zum Teil ist das Wetter schuld, zum Teil die Tageseinteilung; wenn man bis 10½ Kaffee trinkt und nach einem Schinkenfrühstück um 12 sich um 1 zu Tische setzt, so hat man nicht viel Arbeitszeit. Kämen die Zeitungen früher, so hätte man gar keine (Arbeitszeit), und so wird das Pech, daß der Krummhübler Briefträger erst nach 5 Uhr abends hier oben eintrifft, zu einer Art Segen für mich. Pietsch hat sehr hübsch aus Petersburg berichtet; für einen Schriftsteller am hübschesten in *dem* Punkt, daß er an einer Legion von Beispielen zeigt, wie Preßleute, im Gegensatz zu dem in dieser Beziehung entsetzlichen »offiziellen

Preußen«, in andern Ländern, speziell aber in Rußland behandelt werden....

Bis zum 10. sind wir hier oben zusammen, dann treten wir einen geordneten Rückzug an. Mete und ich werden wohl am längsten aushalten, weil wir am wenigsten uns einbilden, »ohne Komfort«, der meist keiner ist, nicht leben zu können.

An Emilie Fontane   Berlin, 30. September 1888

Meine liebe Alte.

Wie viele Briefanreden hat man nun schon durchgemacht! Jetzt sind wir glücklich bei »liebe Alte« angekommen, eine Form, die kaum noch Wechsel oder Steigerung zuläßt. Hoffentlich bist Du heil angekommen und hast Du Dich in 24 Stunden nach alter Vorschrift wieder erholt.

Der um sechs Uhr erwartete fremde Herr, dem wohl auch von Ida mit so viel Spannung entgegengesehn wurde, »weil es vielleicht ein Graf war«, kam natürlich nicht, und gegen sieben Uhr machte ich mich auf nach dem Wallnertheater. Von Kritik war nur Dr. H. zugegen, also niemand. Und nun das Stück. Anfangs dachte ich: »Wie nett; trivial, aber nett«; bald indessen ließ es nach, und die kleinen, in ihrer Art ganz allerliebsten komischen Szenen langweilten mich eigentlich, trotzdem ich das Spiel graziös fand und auch ein paarmal lachen mußte. Es ist doch alles zu dumm, alle Natur zu sehr auf den Kopf gestellt und doch auch wieder nicht genug, nicht so, daß man mit Entzücken ausrufen könnte: »Ah, ich bin im himmlischen Reich des höheren Blödsinns.« Der kleine Brahm spricht in einem reizenden Artikel, den er mir heute früh geschickt hat, über dieselbe Frage, und zwar bei Besprechung des neuen französischen Stückes »Décoré«. Er findet es, was mich hoch erfreut, entzückend und beweist dem guten Berlinertum, daß es für solchen himmlischen gallischen Humor gar kein Verständnis habe. Wie stolz und wie glücklich bin ich, daß »meiner Ahnen Wiege« im Languedoc, ja sogar in der Gascogne gestanden hat. Übrigens bist Du auch daher; Toulouse und Montpellier liegen beieinander....

An Emilie Fontane   Berlin, 12. Oktober 1888

Nur ein paar Worte. Wir sind überrascht, wenn auch selbstverständlich angenehm, daß Du schon am 16., unserm Hochzeitstage, zurück willst. Vergleicht man sich mit damals, so ist man doch – ich spreche nur von mir –, wenn auch an sich nie heldenmäßig, schon ein rechtes Wrack geworden. Es ist immer die alte Geschichte, »nun möcht ich wieder Fähnrich sein«! Wieder Fähnrich sein. Aber nicht noch mal anfangen. Nur ob ein gewisses Etabliert- und Beruhigtsein ohne Jugend und Hoffnung, oder Jugend und Hoffnung ohne Etabliert- und Beruhigtsein besser ist – die Frage drängt sich einem immer wieder auf. Wenn es nicht zu toll kommt, ist das Jugendleben doch vielleicht schöner. Vielleicht; vielleicht auch nicht. Man schwankt auch darin wie in allem, und nur das bleibt: das Ganze ist eine sonderbare Geschichte. . . .

An?   Berlin, 28. Dezember 1888

. . . Es gibt eine ausgezeichnete Novelle von Helene Böhlau, drin ein sommersprossiger Ladenbengel vorkommt, der, während er Heringe verkauft, die ganze Welt, seine Prinzipalität und vor allem auch das Publikum, die hübschen Dienstmädchen an der Spitze, von oben herab behandelt, und das alles bloß, weil er drei Gedichtbücher hat und aus dem ersten Teil des »Faust« – dessen Lesezeichen, höchst charakteristisch, eine Wurstpelle ist – lange Stellen auswendig weiß, die er nun jedesmal selig vor sich hin deklamiert, wenn er in den Keller muß, um die Sirupskanne neu zu füllen. Auf mich hat das seinerzeit einen großen Eindruck gemacht, weil ich mich in dem Ladenschwengel wiedererkannte. Alles, was vor mehr als fünfzig Jahren in der Roseschen Apotheke um mich her war, als ich Kamillentüten drehte, wurde von mir wie Kaff behandelt; nein, nicht behandelt, sondern bloß angesehn. Im Gegenteil, ich behandelte jeden artig, gütig, zuvorkommend, und das rettete mich und hat mich schließlich das werden lassen, was ich jetzt bin. Fehlte mir aber damals das heitere Gleichmaß der seelischen Kräfte, spielte ich die Hochmuts- und Wichtigkeitsrolle ohne begleitenden Humor, und ich darf hinzusetzen, ohne begleitende Bescheidenheit durch, so war ich verloren. . . .

AN METE FONTANE					Berlin, 13. April 1889

... Die Schwierigkeit richtiger Schätzungen drängt sich mir nicht selten auch bei Aufführung neuer Theaterstücke auf; ich sage dann wohl, »es sei ganz nett, aber doch nur soso«; ich hätte statt dessen ebensogut sagen können, ich fände es langweilig, aber auch, ich fände es fein, klassisch, goethisch. Bei Romanen, Novellen, Gedichten bin ich meines Urteils in der Regel ganz sicher, beneidenswert sicher (die meisten, wenn sie ehrlich sind, sind es nie). Dramatischen Arbeiten gegenüber aber, namentlich wenn sie von der Bühne her zu mir sprechen, wo einem die feinen, erst in Wahrheit den Unterschied schaffenden Details großenteils und oft total entgehen, bin ich stets unsicher und finde, um Beispiele zu geben, zwischen »Iphigenie«, »Des Meeres und der Liebe Wellen«, »Weisheit Salomos« und »Nausikaa« kaum einen Unterschied. ...

AN METE FONTANE					Berlin, 19. April 1889

Mama, nachdem sie mit der ihr eigenen Verve (hier stehe ich, ich kann nicht anders) gekocht hat, schreibt für Friedel Geschäftsbriefe, nicht ganz so viel, wie in der »Lungenschwindsuchtsbroschürenangelegenheit« schrecklichen Angedenkens. Bei dieser Sachlage weiß ich nicht, ob sie dazu kommen wird oder schon gekommen ist, Dir für Deinen heut eingetroffenen Brief mit seinem gesundheitlichen Mittelbericht und seinen Studien der mecklenburgischen Volksseele bei 40 Grad (hoffentlich Fahrenheit) zu danken, weshalb ich für alle Fälle einspringe. Mit den Temperaturgraden ist es ein eigen Ding; mein Vetter August Fontane erzählte mir, er habe im Golf von Mexiko dicht neben der Maschinenheizung bis zu 63 Grad gehabt – eigentlich schon Gothaische Feuerverbrennung –; anderseits weiß ich, daß eine Temperatur von 19 Grad, z. B. bei Frau Sarah Lazarus, schon nahezu unerträglich ist. Du mußt das mit den 40 Graden, die gerade die Mitte zwischen Frau Sarah und dem Golf von Mexiko halten, aufklären.

Ein Hauptpunkt in Deinem Briefe betrifft meine Stellung zu Deinem Kranksein. Ich kann mir wohl denken, daß mein Sprechen und Schreiben, meine gesamte Haltung so wirkt, als sähe ich das alles für nicht so schlimm an, und daß Dich diese Haltung mehr oder weniger verdrießt. Ich kann Dir aber sagen, daß nicht der geringste Grund dazu vorliegt. Ich seh Dir's oft an, wie leidend Du bist und wie traurig und unglücklich Du bist, so leiden zu müssen und bei jungen Jahren gar kein Vertrauen mehr zu Deinem physischen Menschen haben zu können. Ich sehe das alles und finde es beklagenswert; aber ich lasse es gehn, wie's gehn will, weil absolut nichts dagegen zu machen ist. Es ist dieselbe Geschichte wie früher mit Mamas Sturmkrankheit, wo die arme Frau oft ein wahres Jammerbild war, tief bemitleidenswert. Ich redete ihr zu, so gut ich konnte, und dann ging ich zu Bett und schlief. Nicht aus Gleichgültigkeit, sondern aus kolossaler Müdigkeit, und weil ich mir sagte, Du tust nur einen reinen Unsinn, wenn Du Dich Deiner Müdigkeit gewaltsam entreißt und noch drei Dutzend Male sagst: »Meine arme Frau, sieh, ich glaube, es läßt schon nach.« Es gibt so vieles, dem wir machtlos gegenüberstehn, und dies, und wenn es das Schrecklichste wäre, muß mit möglichst guter Manier getragen werden, von dem Leidenden sowohl wie von der Umgebung. Es ist unsre Pflicht, eine gewissen Hospitalstimmung von uns fernzuhalten und nicht in fruchtlose Heulhuberei zu verfallen. Gott sei Dank haben wir, auch die Weichlichsten unter uns, alle diesen Charakter. George war in diesem Stücke wie ein Held und vorbildlich wie Kaiser Friedrich. Auch Du hast diese Tapferkeit. Und dahin gehört nicht minder das sich Entschlagen aller Sentimentalitäten auch von seiten derer, unter denen ein Kranker lebt, ein Sich-Entschlagen, das etwas ganz andres ist als Gleichgültigkeit oder Gefühlsmangel. Es spricht sich nur darin aus erstens: ergeben wir uns; und zweitens: hoffen wir. Und dies ist das beste und oft das einzige, was man einem Kranken antun kann. Die Flinte ins Korn zu schmeißen, dazu ist immer noch Zeit.

AN DETLEV V. LILIENCRON   Berlin, 11. Mai 1889

Gestern früh trafen die Gedichte ein, und meine Frau las mir gleich beim Frühstück ein halbes Dutzend kleiner Sachen vor, darunter das reizende, höchst originelle, höchst treffende »Der Handkuß«. Es entzückte mich. Heut habe ich den ganzen letzten

Abschnitt: »In willkürlicher Betonung« gelesen und bin ganz erfüllt davon....

Alles in allem: trotzdem ich nicht wenig erwartete, sah ich meine Erwartungen übertroffen. Und doch habe ich ein Bedenken, sogar ein großes, ein Bedenken, das ich nicht den Mut haben würde zu äußern, wenn nicht jede Silbe darin mich selber träfe. Man bleibt im Bann seiner Art und Persönlichkeit, kann aber kritisch doch drüberstehn und hinter sein Eigenstes und in manchen Stücken Bestes und Talentvollstes doch ein ernstes Fragezeichen machen. Alles, was Sie schreiben, ist ungemein lebendig; aber diese Lebendigkeit steigert sich vielfach, so z. B. gleich in dem Widmungsgedicht und dann wieder in den Prosaschlußstücken der »Schmetterlinge«, zu einer nervösen Forscheté, die dem Eindruck voller, reiner Kunst nicht günstig ist. Nun kann ich freilich nach an mir selbst, und zwar bis auf diesen Tag immer wieder und wieder gemachter Erfahrung nur wiederholen: »Man kann aus seiner Haut nicht heraus«, soll auch schließlich nicht. Es ist aber doch schon viel gewonnen, wenn man, den Fehler als solchen zugegeben (was ich hier nicht wissen kann), auf sich achtet. Zahlloses in meinen Sachen habe ich um einer gewissen Forscheté des Ausdrucks willen schließlich wieder fallengelassen und beklage es nicht. Selbst bei den Sachen, die ihrer Natur nach auf diesen Ton gestellt sind und bis auf einen gewissen Grad mit ihm stehn und fallen, muß man immer noch vorsichtig sein. Was ist der Zauber der altenglischen Balladen? Ihre Simplizität. Ich entsinne mich noch, daß ich vor beinahe fünfzig Jahren die »Chevy-Chase« besser als Herder übersetzen wollte und mir auch einbildete, es sei mir gelungen. Jetzt bin ich sehr für Herder und erschrecke vor meinen famosen Vollreimen....

Fontane plante damals, zur Ergänzung der »Wanderungen durch die Mark Brandenburg« ein Buch über die Geschichte des märkischen Geschlechtes v. Bredow zu schreiben, einen »beseelten Familien-Stammbaum«. Der Plan, mit dem sich Fontane noch lange trug, blieb unausgeführt.

An Mete Fontane Berlin, 26. Mai 1889

... Morgen will ich nun zu Herrn v. Bredow auf Landin ins Havelland und von diesem Hauptquartier aus meine Fahrten auf die Bredowgüter (ungefähr 20) antreten. Ich will froh sein, wenn ich das alles in einer Woche bezwingen kann; wahrscheinlich dauert es länger, da jeder Einzelbesuch doch meist von einem Dejeuner usw. begleitet ist, wo dann halbe Tage hingehn, ohne daß von meinem eigentlichen Zwecke auch nur die Rede ist. Es gibt zwei Bredow-Linien; eine gräfliche: Bredow-*Friesack*, mit mehreren gräflichen Abzweigungen, und eine nichtgräfliche Linie Bredow-*Bredow*, mit verschiedenen Unterabteilungen. Ich fürchte, daß ich diesmal nur die erstere bezwingen und genötigt sein werde, der Bredow-Bredow-Linie erst später meinen Besuch zu machen, vielleicht im September. Das Einschlachten auf einmal wäre mir natürlich lieber, denn dies Vorfahren von einer Schloßrampe auf die andre hat für einen Siebziger doch sein Unbequemes. Dabei ist das Schriftstellermetier und der Zweck, zu dem man kommt, mehr oder weniger verdächtig. »Was will er eigentlich? Da steckt gewiß was dahinter. Solch Berliner Skribifax kann sich doch nicht für unsre Schafställe interessieren. Kunst? Bilder? Inschriften? Kunst gibt es hier nicht, und um das Bild von Tante Rosalie mit ihrer weißen Tüllhaube kann er doch unmöglich kommen.« Die märkischen Edelleute sind sehr gute Menschen, aber sie haben den allgemein märkischen Zug des Argwohns, der Nüchternheit und des Nicht-begreifen-Könnens eines reinlichen, über den äußerlichsten Gewinn und Vorteil hinausgehenden Wollens....

Mit meiner Dichterei bin ich nun fast zu Ende (zweideutig); zu schreiben ist nichts mehr, nur hier und da noch zu korrigieren, aber auch das ist von keinem Belang, und ich habe dann nur noch ein Dutzend Abschriften zu machen. Dann kann der Druck beginnen, vor dem ich mich fürchte. Nichts regt mich mehr auf als die Korrekturbogen; immer ist man in Angst, daß etwas ganz Furchtbares stehnbleibt, ein Unsinn oder eine Lächerlichkeit oder eine Unanständigkeit. Und all diese Angst um nichts. Die Gleichgültigkeit der Menschen gegen Poetereien übersteigt alles Maß, und es ist mir ein Beweis meines natürlichen Angewiesen- und Eingeschworenseins auf diese Dinge, daß ich, trotz der klaren und niederdrückenden Erkenntnis von dem Nichts dieser Beschäftigung, doch dabei ausharre, einfach weil ich nicht anders kann.

Aber Bäcker Thier an der Ecke der Eichhornstraße mit seinen zwei blonden Mamsells, die Mohn- und Quarkkuchen verkaufen, ist besser dran. Sonderbar, daß ich im Drauflosschreiben gerade Mohn und Quark rausgegriffen habe. Dazu bringt man's genau auch; bei den meisten Kollegen prävaliert Quark, bei mir Mohn. Aber es fragt sich, ob Mohn nicht das Schlimmere ist. Da habe ich neulich, auf redaktionelles Ansuchen, ein Dutzend kleinere und größere Sachen an D. und D. geschickt. Wenn noch Gerechtigkeit in der Welt wäre, so müßten die Kerle kopfstehen; denn es sind Sachen darunter, die nicht von schlechten Eltern sind, apart, lebendig und den preußisch-brandenburgischen Ton treffend, wie ich ihn kaum je zuvor getroffen habe. Und es liegt nun alles seit vier, fünf Wochen auf der Redaktion, kein Wort, kein Dank, am wenigsten aber Zusendung eines Abzuges, worauf ich warte. Und das passiert mir, von dem nun schon drei deutsche Kaiser gesagt haben, ich sei ihr Lieblingsdichter, mir, dem alle Jahre ein Buch gewidmet wird, auf dessen Widmungsblatt steht: »Dem Meister der Ballade.« Wenn man scharf zusieht, so sieht es freilich auf jedem Gebiete ähnlich aus. Was haben sich beispielsweise Männer wie v. Bergmann und seine verschiedenen Kollegen im vorigen Jahre alles sagen lassen müssen, und namentlich beim Militär hält jeder den andern für einen bis zum Staatsverbrecherischen gesteigerten Schafskopf. Aber das Traurigste, weil jeder von der Gleichgültigkeit der Sache durchdrungen ist, ist doch die Dichterei.

Nun sei's! Keiner kann aus seiner Haut, und man muß verbraucht werden, wie man ist.

An Julius Rodenberg   Berlin, 11. Juni 1889

... Übrigens muß ich Ihnen doch noch eine kleine Bredowgeschichte erzählen. Eins der Bredowgüter – dicht bei Görne gelegen, wo Gräfin Adele Bredow-Görne hauste, deren Zusendungen Sie schwerlich entgangen sein werden – heißt Kleeßen, und dies Kleeßen hat einen See, natürlich den Kleeßner See. Der ist nun ein eigentümlich feines Ding. Alle sonstigen Seen des Havellandes sind Sumpf und Moor, und nur der Kleeßner See hat Sand und Kalk (wie der Limfjord), so daß sein Wasser durchsichtig ist und man bis auf den Grund sehen kann. In diesen See senden nun die sumpfigen Nachbargewässer dann und wann etwas von ihrem Fischreichtum: Aale, Schleie, Bleie, sämtlich moorig, weil sie bis dahin unter schmutzigen Moorverhältnissen gelebt haben. Kaum aber in den Kleeßner See getreten, beginnt das Purgatorium, der Reinigungs- und Veredlungsakt all dieser Rowdies und Kommißknüppel, und ehe ein halb Jahr um ist, ist aus dem Mooraal ein Edelaal geworden, der viefach höher im Preise steht und sein geläutertes Leben, wenn nicht bei Hofe, so doch niedrigstens bei Borchardt oder Dressel beschließt. Ich habe in Kleeßen ein Stück von solchem Aal gegessen, an dem nichts Gemeines mehr war, ausgenommen seine kolossale Dicke. Denn das Edle muß auch immer schlank sein. . . .

An Carl Robert Lessing, Eigentümer der »Vossischen Zeitung«

Berlin, 22. Juni 1889

Die Ferien rücken heran – von Ihnen gewiß sehnlich erwartet –, und was geschäftlich für Herbst und Vorwinter geordnet werden muß, muß heute schon zur Sprache kommen. Es läuft bei mir darauf hinaus, daß ich meinen nun neunzehn Jahre lang innegehabten Parkettplatz No. 23 mit Beginn des neuen Jahres aufgeben möchte.

Blick ich auf diese neunzehn Jahre mit ihrer langen Reihe von Vorzügen und Annehmlichkeiten zurück, so starrt mich dies Demissionsgesuch fast wie Undank an. Aber es sind lediglich die nun vor der Tür stehenden siebzig Jahre, die mich zu drücken beginnen und mir die Rückzugssehnsucht eingeben.

Wenn sich's nach einer Ihrerseits mit Stephany, sagen wir im Herbst, zu nehmenden Rücksprache vielleicht ermöglichen sollte, mich als einen Scharwerker für gelegentliche Flick- und Aushilfearbeit bei der Zeitung zu belassen, so würde mir das *sehr* erwünscht sein. Denn ein Abstrich von achthundert Talern ist doch stark genug, um in meinem Hausbudget einigermaßen schmerzlich empfunden zu werden. Und was die »freie Kunst« abwirft, ist immer unsicher.

Ich soll so bald wie möglich nach Kissingen und bitte, nach meiner Rückkehr im September wegen des letzterwähnten Punktes (Verbleib unter irgendeinem Titel beziehungsweise Vorwand) noch einmal anfragen zu dürfen.

An Friedrich Stephany   Berlin, 24. Juni 1889

Nur ein paar Worte, die bloß eine Meldung, aber keine Störung sind. Ich habe vorgestern an Lessing geschrieben und ihm mitgeteilt, daß ich mit dem Eintritt in mein siebzigstes Lebensjahr meinen neunzehn Jahre lang innegehabten Parkettplatz Nr. 23 gern aufgeben, aber – wenn irgend möglich – in einer fixierten Stellung bei der Zeitung verbleiben möchte. Darauf hat er mir heute sehr gütig und liebenswürdig geantwortet, daß er letzteres auch wünsche und nach Beratung mit Ihnen auch für durchführbar halte. Kommt es nun brieflich oder mündlich zu solcher Beratung, so bitte ich Sie freundlich, ein gutes Wort für mich haben zu wollen. Sehr leicht – wir haben darüber gesprochen – ist die Sache nicht, und sie wird nur leicht und namentlich auch am vorteilhaftesten für die Zeitung und für mich, wenn man über die ganze Sache lächelt und unter vier Augen ausspricht: »Es ist eigentlich ganz egal, ob er für das Geld was tut oder nicht tut.« Greift diese leichte, noble, wohlwollende Anschauung Platz, so werde ich ganz gewiß was tun und in dem erquicklichen, die Brust nicht beengenden Gefühle: »Es kommt gar nicht darauf an«, gelegentlich auch was *Gutes* tun. Ich habe nun mal zeitlebens keinen Druck ertragen können, geh aber bis diesen Tag noch immer mit Lust und Freude im Geschirr, wenn man bloß vom Bock her schnalzt und mit der Peitsche die Bremsen fortjagt. Wären nicht – ich habe einen ganz freien Sinn, bin aber freilich nicht »freisinnig« – die verdammten politischen Unterschiede, so wäre ich wundervoll als Leitartikelschreiber zu verwenden, was Sie vielleicht nicht glauben, was aber doch wahr ist. Denn eigentlich interessiert mich nur alles Historische und gibt mir die Kraft und Wärme der Darstellung. . . .

AN METE FONTANE   Berlin, 25. Juni 1889

... Mama hat Dir das Talent épistolaire abgesprochen. Ganz mit Unrecht. Ja, was heißt Briefschreibetalent! Es ist damit wie mit allem; eine Norm gibt es nicht. Der kleine Notizenbrief kann sehr nett sein, und ich kann mit Vergnügen lesen, daß der Kanarienvogel bei Herrlichs (dies ist aber bloß Supposition, ich will dem Tierchen nichts nachreden) zwei Eier ausgebrütet hat, oder daß Fips geschoren wurde, erst halb und dann ganz, oder daß die Mackeldeyschen Mamsells es abgelehnt haben, ein »schieres« Karbonadenstück zu verkaufen und jetzt auf ruhige Mitknochenhinnahme bestehn. Aber ich kann doch nicht zugeben, daß diese Form der Briefschreibung die alleinseligmachende Kirche sei.

Dabei fällt mir ein kleines Erlebnis ein, das sich hier paßlich einreiht. Ich ging gestern heimlich (was denn auch später moniert wurde) zu Mey & Edlich, um mir einen kleinen schwarzen Sommerrock für zehn Mark zu kaufen. Was auch geschah. »Aber wird er passen?« »Oh, wir werden gleich sehn!« Ich nahm dies als eine Aufforderung, was es auch war, mußte in der Haltung der jungen Dame aber doch irgendeine mich dirigierende Bewegung übersehen haben; denn als ich jetzt Miene machte, mich in conspectu omnium und im Bewußtsein eines eben erst angezogenen schneeweißen Hemdes meines schwarzen Tuchrocks entkleiden wollte, traf mich ein Angstblick, der etwa ausdrückte: »Mein Herr, dies ist keine Badeanstalt.« Ich folgte ihr nun beschämt durch allerhand lange dunkle Korridore, bis ich endlich an einen männlichen Schneider abgeliefert wurde. Nun aber komme ich auf mein Thema zurück und sage: man kann auch sein Talent épistolaire in Reflexionen, philosophischen Betrachtungen, Bildern, Vergleichen, Angriffen und Verteidigungen zeigen. Also schreibe ruhig so weiter. Würdest Du von der Beschaffenheit der Bonner Semmeln, von dem Nichtvorhandensein eines guten Bieres und der Grobheit eines gestern entlassenen Dienstmädchens schreiben (also, namentlich das letztere, wahre Musterthemata), so würde Mama beim dritten Briefe derart sagen: »Ich finde, Mete versimpelt recht.«

Heute muß ich noch einmal ins Theater und schreibe gleich

am Abend ein paar Zeilen, morgen früh will ich nach Lichterfelde hinaus, und übermorgen geht's nach Kissingen; diesmal ich als Quartiermacher, was kein Vergnügen ist, denn das Gewählte, was es auch sei, wird kein »Ideal« sein. Es ist aber schon immer was wert, in solchen Dingen klarzusehen. – An Lessing habe ich vor ein paar Tagen geschrieben und ihm meinen Wunsch eines Rücktritts aus meiner Theaterstellung ausgesprochen. Ich muß nun abwarten, was daraus wird. Ganz möchte ich aus dieser mir sehr angenehmen Zeitungsstellung (im Gegensatz zum Theater) nicht heraus. – Der Druck meiner Gedichte schreitet ziemlich rasch vorwärts; der dritte Bogen enthält zwei Gedichte auf George, ich glaube aber, daß sie Mama noch nicht gelesen hat, was mir sehr angenehm ist; sie kann es von ungefähr lesen, wenn ich fort bin. Jetzt kommen nun die »Nordischen Balladen« an die Reihe, die mir viel Spaß machen.

Am 27. Juni reiste Fontane nach Kissingen.

AN EMILIE FONTANE Kissingen, 2. Juli 1889
  Bei Gottfried Will

Um 4 Uhr singt eine Tiroler Familie, Entree 1 Mark, und diesen Kunstgenuß will ich mir gönnen; ich war übrigens auch schon mal im Theater, es kostet aber 3 Mark, was doch zu teuer. Um 4 Uhr also Hinterlacher oder Hinterwalder, jedenfalls ist es ein Name mit einem Hintern, was auch nur in der Ordnung ist; denn ich habe den Haupttiroler schon heute vormittag gesehn und bin über all seine Drallheiten orientiert. Jetzt ist es 3 Uhr 20 Minuten, ich darf also nicht zu breit werden.

Mein Tag ist nunmehr gut eingeteilt. Aber die Langeweile ist kolossal und wäre noch kolossaler, wenn ich nicht das Menschenbeobachten zu einer mir lieben, unterhaltlichen und lehrreichen Kunst ausgebildet hätte. Ja, es steckt was von Genuß drin, von einer ganz feinen Sinnlichkeit, wie sie der künstlerisch beanlagte Mensch immer hat und haben muß, solange er als Künstler sieht und empfindet. Die Toiletten, ihre Schönheit und Sonderbarkeit, interessieren mich gleichermaßen, und am meisten die Frauengesichter, aus denen man lange, schreckliche Romane herauslesen kann, schrecklich durch Schuld und schrecklich durch Sühne. Mitunter sieht auch ein Gesicht nach Buße aus, nach Reue nie. Nichts ist seltener als Reue; jeder ist schließlich mit seinem Tun zufrieden und würd es, wenn es ginge, wieder so machen....

AN MORITZ LAZARUS   Kissingen, 8. Juli 1889

Teuerster Leibniz.

Diese Zeilen sollen uns entschuldigen, daß wir, trotz Anmeldung, an Schönefeld vorübergeflitzt sind. Wie gewöhnlich kam alles anders als geplant: wir sind einzeln gereist, ich acht Tage früher als meine Frau, und Leipzig wurde gar nicht berührt; an Halle vorüber ging es in zehn Stunden direkt nach Kissingen, ich Donnerstag, den 27. Juni, meine Frau Donnerstag, den 4. Juli. Nur eine Woche Unterschied, und doch waren unsre Reiseschicksale sehr verschieden: ich aß wundervoll zwischen Großheringen und Dietendorf im Speisewagen; meine Frau, die sich auf eben diese Wagen verlassen hatte, mußte zehn Stunden hungern, weil der Menschenandrang so groß war, daß der Speisewagen nicht für die Hälfte der Futterungssuchenden Platz hatte. Natürlich auch die Coupés überfüllt.

Ich ärgre mich schwer darüber, nicht kleinlich persönlich – denn man kommt über das Unbequeme darin leicht weg –, aber in meiner Eigenschaft als geeichter preußisch-deutscher Patriot. Ewig nehmen wir das Maul voll, ewig bilden wir uns ein, »daß alles bei uns am besten sei«, und in Wahrheit ist alles am schlechtesten. Amerikaner müssen über diese primitiven Zustände lachen. Und so ist es mit allem. Die schofelsten, d. h. die gleichgültigsten Toiletten, die man hier sieht, stammen alle aus Berlin; was schön, reich, schick ist, fängt erst bei den Wienern und Engländern und vor allem bei den Polen und Russen an. Und fast das gleiche läßt sich – natürlich mit Ausnahmen – von den Menschen sagen. Welche inferiore Rolle spielt die »Berliner Madamm«! Nicht einmal unsre reichen Jüdinnen können sich auch nur annähernd neben ihren Kolleginnen aus Odessa, Petersburg, Wilna, Lodz etc. behaupten....

Von Kissingen aus unternahm Fontane einen Abstecher nach Bayreuth.

AN EMILIE FONTANE   Bayreuth, 27. Juli 1889,
                                abends 7½ Uhr
                                Gasthaus zur »Post«

Es wäre hier alles ganz gut, aber die Gerüche sind fürchterlich. Wenn ich sie in ihrer Zusammensetzung erkennen könnte, möchte es gehn, aber in dem Undefinierbaren liegt etwas Schreckliches. Mir zur Seite, wenn auch zwei Etagen tiefer, ist eine Gänsehürde – diese habe ich im Verdacht, die Hauptsünderin zu sein; allgemein Sonnabendsches – es wird alles gescheuert – mischt sich ein. Der Bahnhofsportier schickte mich durch eine Duenna hier herüber, und ich bin ein bißchen das Opfer einer Kleinen-Leut- und Unter-der-Hand-Verschwörung. Jetzt habe ich es: es sind die gewaschenen Wolldecken, die meinen alten Ingrimm gegen Blankets usw. nur noch steigern.

Die Stadt und das Leben hier sind hochinteressant: vergorene Residenz, malerisches Drecknest und dazwischen das denkbar feinste und intelligenteste Publikum. Engländer aller Arten und Grade, sehr vornehme und daneben kolossale Karikaturen. Bierkneipen und Hotels 1. Ranges, in deren einem, »Zum Reichsadler« (mit einem alten malerischen Brunnen in Front), ich eben gegessen habe. Nach den Anstrengungen des heutigen Tages mußte ich mir etwas gönnen, und die Gerüche hier verlangen Balancierung, sonst werde ich krank.

Ich freue mich, daß ich hier bin, sehe aber ein, daß die ganze Geschichte doch nur für Lords und Bankiers inszeniert ist. So daß man eigentlich nicht hineingehört. Wer mit keinem Tonnengewölbekoffer ankommt, ist von vornherein unten durch. Zwei Tage wird es aber gehen. Alvary habe ich eben gesehn, viel England und Amerika um sich her. Grüße die Kissinger. Wie immer

                                            Dein Alter.

Ich schreibe morgen nicht, es bleibt also bei diesem ersten und letzten Brief.

Eben habe ich die letzten drei Fremdenlisten gekauft und durchgesehen: Zwei Drittel sind Engländer und Amerikaner; Amerikaner noch mehr als Engländer, viele aus Denver, wo die zweite Hälfte meines schlesischen Romans spielt.

An Emilie Fontane   Bayreuth, 28. Juli 1889,
                      Sonntagabend 9 Uhr

Ich mache mir den Spaß, noch mal zu schreiben, und vermute, daß diese Zeilen noch rechtzeitig bei Dir eintreffen werden. Denn *bis Mitternacht* ist die Post auf.

Es ist jetzt 9 Uhr, und wenn ich bedenke, daß frühestens nach abermals einer Stunde »Parsifal« zu Ende ist, so weiß ich nicht, wie ich diese Äonen innerhalb des Theaters hätte erleben wollen. Die Ouvertüre habe ich gehört und im Hinausgehen noch einen Glimpse von der ersten Szene gehabt; dann bin ich langsam nach Hause geschlendert (ziemlich weit) und habe gelesen, dann bin ich in die Stadt gegangen und habe erst bei einem Konditor in der Nähe der großen Brücke (gegenüber der Kaserne) und dann bei dem vielgenannten Sammet zum zweiten Male Kaffee getrunken, weil ich doch was tun mußte. Dann wieder nach Hause, wo ich zwei Briefe schrieb. Diese Briefe brachte ich zur Post und ging wieder eine halbe Stunde spazieren. Dann las ich, wieder zu Hause angekommen, eine ganze Stunde und habe eben auf meinem Zimmer mein Abendbrot und meinen Tee zu mir genommen und – »Parsifal« ist trotzdem noch lange nicht aus. Die 1500, die heute drin waren, müssen wundervoll gesund sein, oder 750 davon haben nach drei Tagen – denn es regnet und ist hundekalt – Katarrh, Brechdurchfall, Magenerkältung und Rheumatismus. Der passionierte Mensch hält alles aus; ich meinerseits bin doch fast traurig, auf Reisen (und vielleicht auch sonst) immer ein Schwächling gewesen zu sein. . . .

Jetzt ist es 9 Uhr 20, aber »Parsifal« spielt noch immer. Die Eßzelte sind im Freien; es muß einige Erfrorene geben, sonst ist keine Räson mehr in der Welt.

An Mete Fontane   Berlin, 13. August 1889

Lange habe ich nichts von mir hören lassen, und ich schweige auch heute wohl noch, wenn nicht Tante Witte über Dein Befinden geschrieben und uns mitgeteilt hätte, daß Deine seelische Verfassung immer noch ziemlich mau sei.

Das klingt nicht gut, und Mama hat sich bis zu Tränen verstiegen, was ich nur halb in der Ordnung finde. Schließlich ist alles zum Weinen, das Heitre (warum sind sie nur so heiter?) erst recht, und der christliche Liederdichter, der anfing »Ich bin ein rechtes Sündenaas«, woran sich dann ähnliche Betrachtungen anreihten, hatte mit seinem Anfang und seinen Fortsetzungen vollkommen recht. Aber in der Regel sieht man die Dinge weniger schwarz an oder legt sich das Schlimme zum Besseren zurecht und weint nur, wenn es ganz »doll« kommt oder wenn es einem allerschmerzlichst und zum Aufschreien auf die Nägel brennt. Und so, find ich, liegt es nicht mit Dir, daß von einem »ganz doll« die Rede sein könnte. Du bist eine nervenkranke Dame, etwas nicht sehr Erfreuliches, womit man sich aber einleben kann und muß. Ich bin zeitlebens ein nervenkranker Mann gewesen, und es hat auch gehen müssen und ist gegangen. Man muß die Kunst lernen und ausbilden, mit halber und viertel Dampfkraft zu arbeiten, und muß sich daran gewöhnen, immer nur stunden- oder tageweis Disposition über sich zu haben. Ist man erst darauf eingefuchst, so lernt man diese guten Stunden ausnutzen und schafft durch weise Ökonomie schließlich dasselbe zusammen wie die Kraftmeier und Schlagedodros. Ich denke, so wird es auch mit Dir sein. Aller Abattuschaft zum Trotz hast Du schon ein gut Stück in Deinem Leben geleistet und wirst es ferner; es braucht ja nicht jeder um drei Uhr früh aufzustehn und fünfzehn Stunden Steine zu klopfen; man kann sich auch anderweitig im Leben nützlich machen, mancher bloß dadurch, daß er da ist, durch Freundschaft, Treue, Liebenswürdigkeit – alles ohne Anstrengung, ja am schönsten dann, wenn man das alles ohne Anstrengung leistet. Und indem ich dies alles als eine lange Standrede gegen Mama und ihre Tränen halte, spreche ich Dir selber vielleicht einen kleinen Trost ins Herz. Solange man lebt, hofft man und darf auch hoffen; es kommt immer anders, und wenn sich unsere sehnsuchtsvollen Wünsche nicht immer erfüllen (oder eigentlich nie), so erweisen sich auch unsre Befürchtungen meist als ungerechtfertigt. Immer Kopf oben.

AN KARL ZÖLLNER   Berlin, 19. August 1889

... Von Kissingen aus war ich auf drei Tage in Bayreuth, um »Parsifal« und »Tristan und Isolde« zu hören. Sonnabend nachmittag kam ich an und fiel aus einem Hotel und Kaffeehaus in das andere, was sehr interessant war. So international, daß die Promenade von Kissingen bloß wie Zoologischer Garten daneben wirkte. Sonntag »Parsifal«, Anfang vier Uhr. Zwischen drei und vier natürlich Wolkenbruch; für zwei Mark, trotzdem ich ganz nahe wohnte, hinausgefahren. Mit aufgekrempten Hosen hinein. Alles naß, klamm, kalt. Geruch von aufgehängter Wäsche. Fünfzehnhundert Menschen drin, jeder Platz besetzt. Mir wird so sonderbar. Alle Türen geschlossen. In diesem Augenblicke wird es stockduster. Nur noch durch die Gardinen fällt ein schwacher Lichtschimmer, genau wie in »Macbeth«, wenn König Duncan ermordet wird. Und nun geht ein Tubablasen los, als wären es die Posaunen des letzten Gerichts. Mir wird immer sonderbarer, und als die Ouvertüre zu Ende geht, fühle ich deutlich: »Noch drei Minuten, und du fällst ohnmächtig oder tot vom Sitz.« Also wieder raus. Ich war der letzte gewesen, der sich an vierzig Personen vorbei bis auf seinen Platz, natürlich neben der »Strippe«, durchgedrängt hatte, und das war jetzt kaum zehn Minuten. Und nun wieder ebenso zurück. Ich war halb ohnmächtig; aber ich tat so, als ob ich's ganz wäre, denn die Sache genierte mich aufs äußerste. Gott sei Dank wurde mir auf mein Pochen die Tür geöffnet, und als ich draußen war, erfüllte mich Preis und Dank. Nur das Dankgefühl des Türhüters konnte mit dem meinigen vielleicht rivalisieren. Denn er kriegte nun mein Billett, das er sofort für fünfzehn Mark oder auch noch teurer (denn es wurden ganz unsinnige Preise bezahlt) an draußen Wartende verkaufen konnte. Mein »Tristan«-Billet schickte ich am andern Morgen zurück und vermachte den Betrag einer »frommen Stiftung«. Ich hätte diese lächerliche Großmuts- oder Anstandskomödie nicht aufgeführt, wenn ich nicht ein drittes von mir bestelltes Billett gleich beim Einkauf am Tage vorher zurückgegeben hätte, worauf der Kassenbeamte sehr liebenswürdig einging. Diese Szene nun zu wiederholen war mir doch gegen die Ehre. Ich hebe dies eigens hervor, damit ich nicht alberner erscheine als nötig. Die ganze Geschichte – außerdem eine Strapaze – hatte gerade hundert Mark gekostet, und doch bedaure ich nichts. Bayreuth inmitten seiner Wagnersaison und seines Wagnerkultus gesehen zu haben, ist mir so viel wert. ...

Noch drastischer drückte sich Fontane in einem Briefe an Friedlaender vom folgenden Tage aus, in dem es heißt, er habe »in dem geschlossenen Scheunentempel ... wie als Kind in einer zugeschlagenen Apfelkiste« gesessen (vgl. dazu auch »Cécile«, Kap. 7).

AN DEN VERLEGER PAUL ACKERMANN

Berlin, 8. September 1889

Durch einen Zufall wurde auf meinem Riesenschreibtisch (ein altes Erbstück von einem längst verstorbenen Sammler) das G.-Hauptmann-Stück verpackt und verschoben, so daß ich es am Freitagabend erst wieder entdeckte. Ich machte mich gleich an die Lektüre, las an demselben Abend auch den 1. Akt und gestern (Sonnabend) den Rest. Ich war ganz benommen, und ich kann Ihnen nur gratulieren, etwas so Hervorragendes ediert zu haben. ... Der Herr Verfasser ist an eine Aufgabe herangetreten, die er, was die wenigsten, die Berühmtheiten mit eingerechnet, von sich sagen können, vollständig beherrscht, der er gewachsen war. Er kennt das, was er schildern wollte, und auf gleicher Höhe wie seine Beobachtungsgabe steht seine Kraft der Darstellung ... All dies erschöpft aber mein Lob noch keineswegs. Das Leben scharf beobachten und das Beobachtete kraftvoll darstellen, das können zwar nicht sehr viele, aber doch eine ganze Menge, was aber diese glücklichen Beobachter und Darsteller *nicht* können, das ist: ein Kunstwerk herstellen. ...

Ihr Dichter wird vielleicht ein Leben lang warten können, eh ihm – und noch dazu von einem auf dem Aussterbe-Etat stehenden alten Herrn – je wieder so viel und so unbedingt Anerkennendes (was zu tadeln ist, verschwindet) gesagt werden wird. Denn nichts ist seltener als eine Kritik, die nicht mit der Linken wieder nimmt, was sie mit der Rechten gab. Gerhart Hauptmann kann auch im weiteren auf mich zählen, und ich will, wenn er es wünscht, sein Stück an Brahm empfehlen. Hilft es vielleicht oder wahrscheinlich auch nichts, so kommt es doch in einem tonangebenden Kreise ernsthaft zur Sprache....

AN METE FONTANE   Berlin, 14. September 1889

Schon gestern abend wollte ich Dir einen kleinen Brief stiften, kam aber nicht dazu, weil ich anderweitig eine große Korrespondenz hatte; darunter ein Brief an einen Herrn Gerhart Hauptmann, der ein fabelhaftes Stück geschrieben hat: »Vor Sonnenaufgang«, soziales Drama, fünf Akte. Ich war ganz benommen davon. Mama natürlich wieder in Angst, ich ginge zu weit, ich engagierte mich ungebührlich; Durchgänger, Hitzkopf, »Jüngling«. Nachdem nun aber gestern eine Karte von *Brahm* eingetroffen ist, der ganz meine Anschauungen teilt, hat sie sich einigermaßen beruhigt. Ich allein kann nie recht haben; es muß immer erst bestätigt werden, und wenn es durch Müller oder Schultze wäre. Dieser Hauptmann, ein wirklicher Hauptmann der schwarzen Realistenbande, welche letztere wirklich was von den Schillerschen Räubern hat und auch dafür angesehen wird, ist ein völlig entphraster Ibsen, mit andern Worten, ist das wirklich, was Ibsen bloß sein will, aber nicht kann, weil er in seinen neben der realistischen Tendenz herlaufenden Nebentendenzen – die freilich in den letzten Stücken zur Haupttendenz geworden sind – mehr oder weniger verrückt ist und in zugespitzter Entwicklung dieser Verrücktheit ins ganz Phrasenhafte verfällt. Nicht in die Phrasenhaftigkeit des Wortes, aber in die des Gefühls, der Anschauung. Von all diesem ist Hauptmann ganz frei; er gibt das Leben, wie es ist, in seinem vollen Graus; er tut nichts zu, aber er zieht auch nichts ab und erreicht dadurch eine kolossale Wirkung. Dabei (und das ist der Hauptwitz und der Hauptgrund meiner Bewunderung) spricht sich in dem, was dem Laien einfach als abgeschriebenes Leben erscheint, ein Maß von

Kunst aus, wie's nicht größer gedacht werden kann. Denn fünffüßige Jamben, gerammt voll von Sentenzen, können zwar auch sehr schön sein, sind aber weitab davon, das Höchste in der Kunst zu repräsentieren. Im Gegenteil, es ist etwas verhältnismäßig Leichtes und läßt sich lernen. Höheren Wert aber hat nur das, was man persönlich rätselhaft empfangen hat und was kein anderer mit einem teilt. ...

An Friedrich Stephany   Berlin, 30. September 1889

... Ihnen gegenüber kann ich mich in der Ibsenfrage ganz kurz fassen. Seine Wirkung ist groß und berechtigt. Er hat neue Typen und neue Aufgaben geschaffen. Es fängt wirklich ein neues Leben mit ihm an, und das Alte wirkt abgestanden, langweilig. Aber indem ich dies kolossale Lob ehrlich ausspreche, muß ich doch zugleich hinzusetzen: alles, was da von Lebensanschauungen und Doktrinen mit drunterläuft, ist der reine Unsinn, so daß ein alter Kerl wie ich bloß drüber lachen kann. Neulich war Rittershaus bei mir, der das Pulver nicht erfunden hat. Aber eines war doch sehr gut. Er sagte: »Sehen Sie, dieser Ibsen. Man kann nicht drei Seiten lesen, ohne zu merken, daß er Apotheker war.« Wie mir dabei zumute wurde, können Sie sich denken; im Hause des Gehenkten spricht man nicht vom Strick. Aber trotz dieses Angstgefühls, trotzdem ich mir die Frage vorlegen mußte: »Wie steht es denn mit dir? Merkt man es auch?«, trotz alledem fand ich es vorzüglich. Überall der kleine, kluge, verrückte Apotheker, der sich, weltabgeschieden, in eine furchtbare Frage einbohrt. Man muß unverheiratet sein, wie unsere jungen Freunde, um auf diesen Zopf von Ehe, freier Liebe, Selbstbestimmung, Verantwortlichkeit usw. anzubeißen. Alles verrückt und manches auch noch *sehr* unangenehm, wie z. B. in »Rosmersholm«, was, glaub ich, der kleine Brahm ganz besonders schön findet. Ich in meiner Eigenschaft als Zwischen-zwei-Stühlen-Sitzer bin schlimm dran. Keinem kann ich's recht machen.

AN FRIEDRICH STEPHANY   Berlin, 10. Oktober 1889

... Und nun Gerhart Hauptmann, der neue Räuberhauptmann, neben dem Ibsen bloß ein Kadett ist. Ja, ich bin auch sehr von ihm eingenommen, werde mich aber sehr manierlich ausdrücken und allen Radau vermeiden, was ich auch kann, ja muß, weil ich durchaus nicht so stehe, daß ich wünschen könnte, die nächste Generation mit lauter Gerhart Hauptmannschen Schnapstragödien oder dem ähnlichen beglückt zu sehn. Es steckt nur in all diesen neuen Stücken was drin, was die alten nicht haben und was sie verhältnismäßig dürftig und oft tot erscheinen läßt. Der Realismus wird ganz falsch aufgefaßt, wenn man von ihm annimmt, er sei mit der Häßlichkeit ein für allemal vermählt. Er wird erst ganz echt sein, wenn er sich umgekehrt mit der Schönheit vermählt und das nebenherlaufende Häßliche, das nun mal zum Leben gehört, verklärt hat. Wie und wodurch? Das ist seine Sache zu finden. Der beste Weg ist der des Humors. Übrigens haben wir in Shakespeare längst die Vollendung des Realismus. Er wird nur in seiner Größe nicht ausschließlich daraufhin angesehn. ...

Die Uraufführung von Gerhart Hauptmanns sozialem Drama »Vor Sonnenaufgang« fand in einer Veranstaltung des Vereins »Freie Bühne« am 20. Oktober 1889 im Berliner Lessingtheater statt. Fontane besprach Aufführung und Stück begeistert; die Rezension – seine längste Theaterkritik überhaupt – erschien in zwei Teilen am 21. und 22. Oktober 1889 in der »Vossischen Zeitung«.

AN FRIEDRICH STEPHANY   Berlin, 22. Oktober 1889

Gestern abend, nachdem ich die zweite Hälfte meiner Kritik abgeliefert hatte, habe ich mir noch den Genuß gemacht, in einer Zeitungsbude die sämtlichen Abendzeitungen zu kaufen, um mich dann daheim in die Meinungen der Kollegenschaft zu vertiefen. Es war mir sehr genußreich. Mir steckt von dem »alten Berliner« (aus den dreißiger Jahren her) gerade noch genug im Geblüt, um mich über gute Witze, selbst wenn ich sie verwerfen muß, zu amüsieren, und so habe ich mich über Lindau und Landau und über den Unbekannten im »Kleinen Journal« herzlich amüsiert; ja selbst über Frenzel, der, wenn er wütend ist, mitunter auch einen sehr guten, schneidigen Witz hat. Aber – und das ist der Grund, warum ich schreibe – alle diese Kritiken, die, mit Ausnahme der Frenzelschen, gar keine Kritiken sind, sind so gewiß auf dem Holzwege, wie ich hier sitze und eine Feder mit breitem Spalt in der Hand halte. Das alles sind Schimpfereien und Ulkereien, als Ulke zum Teil sehr gut, aber, auf das Eigentlichste hin angesehn, oberflächlich und böswillig, entweder ohne jedes wahre Kunstverständnis geschrieben oder unter Zurückdrängung aller besseren Einsicht. Es ist lächerlich, diesen jungen Kerl so mit der landläufigen Phrase, daß er auch ein bißchen Talent habe, abspeisen zu wollen. Das ist gar nichts. »Ein bißchen Talent« hat jeder. Das kann man von jedem dritten Menschen sagen. Hauptmann hat ein sehr großes, ein seltenes Talent. Vor allem aber, und das muß ich immer wieder betonen – und *darf* es betonen, weil ich von den Dingen, die hier in Frage kommen, wirklich mehr verstehe als die andern –, vor allem spricht sich in seinem Stück ein stupendes Maß von *Kunst* aus, von Urteil und Einsicht in alles, was zur Technik und zum Aufbau eines Dramas gehört. Möglich, daß er die blinde Henne war, die das Korn zufällig fand und aufpickte, möglich, aber nicht wahrscheinlich. Bezwingen Sie nach Möglichkeit Ihre persönliche Abneigung gegen die Richtung (Gefühle respektiere ich durchaus), aber lassen Sie mich als »alten Knopp« die festeste Überzeugung aussprechen, daß hinter einem Manne, der so was schreiben kann, mehr steckt als hinter der andern Blase, die alle bloß nach der »Tantième« schielen.

AN GEORG FRIEDLAENDER   Berlin, 11. November 1889

Herzlichen Dank für Ihren lieben, wundervollen Brief, der so niederdrückend und so erhebend wirkt. Denn ich kann nicht zugeben, daß ein Einblick in die Misere, das Sich-Überzeugen von der Unzulänglichkeit und günstigstenfalls von der Mittelmäßigkeit der Menschen, in gut organisierter Natur *auf die Dauer* unglücklich mache. Ganz im Gegenteil. Je besser man seine Pappenheimer kennenlernt, je mehr man sieht, wie dumm alles liegt, oft sogar innerhalb des Metiers, sicher aber, wenn es über das Metier hinausgeht, je mehr man sich mit dieser Erkenntnis durchdringt, je heitrer wird man. Aller Ärger fällt fort, und man resigniert sich dahin: »Nach Lage der Sache geht es einem eigentlich noch sehr gut.« Denn das natürliche Resultat aller dieser Schofelinskischaften müßte Verzweiflung oder Vereinsamung oder unausgesetzte Fehde sein. Und doch lebt man und hat glückliche Stunden mit allerlei Freuden und Auszeichnungen, die man weder nach der Beschaffenheit der Menschen noch auch nach der kritischen Stellung, die man diesen gegenüber einnimmt, für möglich halten sollte. ...

Ich habe, ein paar über den Neid erhabene Kollegen abgerechnet, in meinem langen Leben nicht fünfzig, vielleicht nicht fünfzehn Personen kennengelernt, denen gegenüber ich das Gefühl gehabt hätte, ihnen dichterisch und literarisch *wirklich* etwas gewesen zu sein. Im Kreise meiner Freunde hier (oder gar Verwandten) ist nicht einer; jeder hält sich die Dinge grundsätzlich und ängstlich vom Leibe. Und vergegenwärtige ich mir das alles, so habe ich allerdings Ursach, über den Verkauf von lumpigen tausend Exemplaren erstaunt zu sein; denn hundert ist eigentlich auch schon zu viel. Und mehr als hundert werden auch wirklich aus dem Herzen heraus nicht gekauft. Das andere ist Zufall, Reklame, Schwindel. Aber daß der Zufall einem über das eigentlich Richtige hinaus so wohl will, das ist doch sozusagen etwas Schönes, wofür man sich in Heiterkeit bei eben diesem Zufall bedanken muß. Also noch einmal: das Lebensresultat, so schlecht es ist, ist immer noch besser, als es eigentlich sein dürfte. Manchen mag diese Betrachtung quälen. Mich quält sie nicht; vielmehr freue ich mich, daß nach einem unerforschlichen Ratschluß schließlich noch so viel Gnade für Recht ergeht. Zudem (und dies ist so wichtig und eigentlich ausschlaggebend) fehlt in all dem Dümmlichen jeder Animus injuriandi. Kann ich einer Dame böse sein, die von der Familie Douglas höchstens den Grafen Douglas (in der Nähe von Halle) kennt, der vorigen Winter die lange Kaiserrede hielt? – Ich habe selbstsüchtigerweise bis hierher bloß von literarischen Dingen, das heißt also versteckt von mir selber gesprochen. Aber wie's literarisch liegt, so liegt es *überall*; zum Teil noch schlimmer, weil der Sinn für das Poetische doch vielfach angeboren in den Seelen der Menschen lebt, während der Sinn für die bildenden Künste bei nicht allzu vielen und der für die Architektur bei nur ganz vereinzelten zu finden ist. Welchen entsetzlichen Quatsch müssen die Baumeister mit anhören. Und die Musiker! Wenn man ihnen von der musikalischen Volksseele erzählt, so kriegen sie das Lachen und wahrscheinlich mit Recht. Ein riesiges Quantum von Unausreichendheit auf *jedem* Gebiet erfüllt die Welt, eine Tatsache, die jeder zugibt (sich selbst mit eingeschlossen), der wir aber alle noch lange nicht genug Rechnung tragen. Wir »rechnen« immer noch mit der Menschheit. Beifall, Zustimmung, Ehren bedeuten uns immer noch was, als wäre damit etwas getan. Das ist aber falsch und unklug. Wir müssen vielmehr unsre Seele mit dem Glauben an die Nichtigkeit dieser Dinge ganz erfüllen und unser Glück einzig und allein in der Arbeit, in dem Uns-Betätigen unser selbst finden. ...

1890 erschien Fontanes Roman »Quitt« im Vorabdruck in der »Gartenlaube«.

An die Redaktion der »Gartenlaube«

Berlin, 15. November 1889

... Was die vorzunehmenden Kürzungen und Änderungen angeht, wo wiederhole ich meine ganz ergebenste Bitte, frei schalten zu wollen, ohne mir die Sache nochmal vorzulegen. Von einer nachträglichen, auch nur stillen Klage meinerseits kann gar keine Rede sein; es muß doch schließlich immer was herauskommen, was, soweit der Urstoff es ermöglicht, dreihunderttausend Abonnenten, oder wieviel ihrer sein mögen, ein Genüge tut, und aus der Schüssel, aus der dreihunderttausend Deutsche essen, eß ich ruhig mit. Ich bin so alt, daß ich von nichts tiefer überzeugt bin als von der Wackligkeit des Urteils, also auch des eignen, vielleicht das eigne in erster Reihe, und so kenne ich denn, was diese Dinge angeht, kein Härmen und Grämen. Außerdem bin ich von dem Immer-wieder-Lesen derselben Geschichte (da reichen keine zwanzig Mal) schon ganz drehig. ...

Die »Vossische Zeitung« plante, zu Ehren von Fontanes siebzigstem Geburtstag am 30. Dezember 1889 eine Feier zu veranstalten.

An Friedrich Stephany　　　　　Berlin, 18. November 1889

Die Kritik ist fort, und ich kann mich nun dem Privaten zuwenden.

Also:

Erstens. So es Ihnen und den andern Herren paßt: Sonntag, den 5. Januar 1890, sechs Uhr.

Zweitens. Frau und Tochter wollen nicht. Das klingt sonderbar und eigentlich schon unartig, aber ich kann nichts dagegen sagen, weil ich ihnen in meinem Herzen zustimmen muß. Es ist zunächst eine Geldfrage. Sich auch nur leidlich dazu zurechtzumachen, kostet eine ganze hübsche Summe. Natürlich bringt man solche Summe auf, wenn man das Gefühl hat: es muß sein. Aber *muß* es sein? Dreimal nein. Sie, der Sie viel mehr von solchen Geschichten erlebt haben, wissen ja, wie's hergeht. Alles widerwillig oder spöttisch; im günstigsten Falle Stoff zu Witz und Ulk. Als X. gefeiert wurde, mußte Lindau den Toast auf Frau X. ausbringen. Es ist noch heute ein guter Gesprächsstoff für Lindau, und man muß herzlich lachen, wenn er seine Verzweiflung dieser alten lyrischen Quidipse gegenüber schildert. Und keinem werden die Brezeln apart gebacken; es ist bei jedem dasselbe. Und dazu das Gefühl totalen Fremdseins unter Menschen, die man nie sah und nie wieder sehen wird. Und nun gar die vom selben Geschlecht, die Weiber. Muß ich Ihnen die Weiber schildern? Von zehn sind neun von einer mustergültigen Grausamkeit, glatt wie Katzen und ebenso falsch. Ich bin in der heitersten Stimmung und von allen menschenfeindlichen Betrachtungen so weit ab wie möglich; aber es *ist* so. Dazu ängstigen sie sich um mich (d. h. *meine* Weiber, nicht die andern) und sind in einer Todesangst, daß ich mich blamieren könnte. Jede Frau wird *diese* Angst nie los; es muß wohl an uns liegen. Und so bitte ich Sie denn herzlich, daß von diesem »höchsten Schmuck des Festes« Abstand genommen wird.

Und nun drittens.

Ach, ich bin in einer grenzenlosen Verlegenheit; denn ich soll ja nun sagen, wer wohl aufzufordern ist. Ja, ich weiß keinen. Ich kenne keinen, von dem ich mich nicht überzeugt hielte, daß er bei ergehender Aufforderung zur Beteiligung in Verlegenheit oder in Ärger oder in Spott geriete. Solcher Einladung wie bei dem Pietschfest bei Uhl folgt jeder gern, und wenn er aus irgendeinem Grunde ablehnen muß, so geniert es ihn nicht. In solcher Anfrage oder Aufforderung liegt aber ein stiller moralischer Zwang. Das ist das eine. Was aber noch schlimmer, wer sieht einen denn für voll an? Wer erklärt einen ehrlich, aufrichtig und gern für *fest*berechtigt? »Siebzig Jahre kann jeder werden, wenn er einen leidlichen Magen hat. Also, was soll der Unsinn? Der Kerl ist schon so eingebildet, und eigentlich ist es doch ein Jammer mit ihm; er hat nicht mal studiert.«

Und so bitte ich denn herzlich: lassen Sie aus Presse und Klub teilnehmen, wer will, und damit basta. Ich erscheine mit angenähten Orden (wenn das richtig ist, sonst lieber nicht), nehme meinen Ehrenplatz, werde angetoastet, stammle eine Antwort, und damit ist das Festliche erledigt. Dann trinken wir Wein und Kaffee, was das Angenehmste von der Sache ist. Also alles in allem: eine *Klubsitzung*, wie sie neulich war, wo Heyse gefeiert werden sollte, aber nicht kam. Nichts Besonderes, nichts Höheres. Jedenfalls kann ich weder weiblich noch männlich ein Kontingent stellen.

An Friedrich Stephany   Berlin, 20. November 1889

Was ich Ihnen in einem langen Schreibebriefe am Montag geschrieben, wird Sie vielleicht überrascht haben, wenn es Ihnen nicht gar als der Ausdruck der Gereiztheit oder Verstimmtheit gegen einzelne gute Freunde erschienen ist. Aber nichts von dem allen. Ich erwarte keine Liebe. Ich will einsam begraben sein. Ich will auch keine Kränze haben und verzichte auf den ganzen Klimbim. Ich will nur, solange ich atme, einfach sagen dürfen, wie ich die Dinge ansehe. Man lebt sich selbst, man stirbt sich selbst. Man ist den Menschen gar nichts (ihnen höchstens im Wege), und wenn sich drei Ausnahmen finden, so steht es auch mit diesen mau genug. Wir hatten ein altes Dienstmädchen, altes originelles Berliner Gewächs, das sechzehn Jahre in unserm Hause war und all die Kinder hat wachsen und – gehen sehn. *Die* wird trauern, wenn ich selber gehe. Das andere ist alles nichts. Und nun gar bei dem Vorspiel, das »Siebzigster Geburtstag« heißt. Haben Sie schon erlebt, wenn man nicht zufällig ein humaner rationalistischer Konsistorialrat ist, wo dann die alten Konfirmandinnen kommen, daß jemand dabei »mit Liebe« behandelt oder auch nur angekuckt worden ist? Ich nicht. Ich will es auch nicht ändern. Es amüsiert mich bloß, daß es so ist, wie es ist. Ich will nur nicht ein feierliches Gesicht schneiden, aus dem man den Schluß ziehen könnte, ich *glaubte* an all dergleichen. Ich glaube *nicht* dran. Und deshalb widersteht es mir, irgendwen bei dieser Gelegenheit zu inkommodieren. Die Freiwilligen bin ich artig genug zu respektieren, aber auch nur einen noch durch zufällige Namensnennung heranzukratzen, dazu kann ich mich nicht entschließen.

An den Verleger Friedrich Bruckmann

Berlin, 3. Dezember 1889

... Ich ziehe mich aus der Fiktionswelt zurück, nehme auch wirklich preußisch-märkische Arbeiten wieder auf, kann aber doch das, was Sie wünschen, nicht schreiben. Ich würde vor Langerweile dabei umkommen. Alles schon huntertmal von andern Erzählte noch einmal zu erzählen, wenn auch ein bißchen abgerundeter, widersteht mir aufs äußerste. Wenn ich in diesem Augenblick ein Konvolut fände: »Briefe des Generals Müller vom Regiment Forçade an seinen Vater, den Schuhmacher Müller in Brieg, von 1756 bis 1763«, so würde mich das in Entzücken versetzen; aber den Siebenjährigen Krieg persönlich noch mal zu beschreiben ist tödlich. Und andere Abschnitte unserer Geschichte sind noch viel tödlicher. Es geht mir auf andern Gebieten meiner Tätigkeit ebenso. Muß ich ins Theater, um über die »Freie Bühne« zu berichten, so schreibe ich spaltenlang mit dem größten Vergnügen, weil mich alles interessiert. Soll ich ein altmodisches Durchschnittsstück sehn, so kann ich hinterher kaum zehn Zeilen schreiben. Ich bedarf der innern Lust und Freudigkeit. Ist die nicht da, so geht es nicht. Früher konnte ich mich wenigstens zwingen, aber das kann ich nicht mehr....

Fontanes Begeisterung für die Bestrebungen der »Freien Bühne« war tief und nachhaltig. Am 29. April 1890 schrieb er rückblickend an Friedlaender, er verfolge all diese Erscheinungen mit dem größten Interesse; die Jugend habe recht. »Das Überlieferte ist vollkommen schal und abgestanden; wer mir sagt: ›Ich war gestern in Iphigenie, welch Hochgenuß!‹, der lügt oder ist ein Schaf und Nachplapperer.« Und am 8. Januar 1891 heißt es – ebenfalls an Friedlaender – über die »Freie Bühne«: »Wenn sie den Geschmack des Publikums auch den Neuproduktionen nicht recht zuwenden konnte, so hat sie den Geschmack dem Alten, Abgestandenen, Phrasenhaften doch abgewendet, und auch das schon ist eine Tat.«

AN LUDWIG PIETSCH Berlin, 22. Dezember 1889

Ich hänge nur noch in den Gräten und bin immer nur vormittags außer Bett, um ein paar Briefe zu schreiben. Der 30. Dezember und dann hinterher das Abendfest am 4. Januar – das alles steht wie ein Berg vor mir. Sie sind der Glückliche, den das nicht anficht und dem jede Gesellschaft nur Kräfte zu einer neuen gibt. So liegt es nun leider mit mir *nicht*. Ich bin der ewig mit Hilfskonstruktionen Arbeitende....

AN HEINRICH JACOBI, PFARRER IN
KRIELE/MARK

Berlin, 23. Januar 1890

... Ich halte den Bredowstoff nach wie vor für einen ganz besonders glücklichen, glücklich namentlich für mich, da ich nirgends auf das *Große* aus bin (*das* findet doch seinen Darsteller), sondern auf das Mittlere, selbst auf das Kleine, das ich, idyllisch und humoristisch angeflogen, am liebsten behandle. Leider – ich sage ganz aufrichtig: leider – ist die ganze Geschichte in Schwanken und Unsicherheit geraten, da man mich nach meinem Jubelfeste selber zu einer kleinen Größe raufgepufft hat und nun auch von *mir* etwas wissen will. Mit andern Worten, ich soll durchaus eine Autobiographie schreiben, und mir sind daraufhin pekuniär sehr günstige Anerbietungen gemacht worden, namentlich von meiner »Vossischen Zeitung«, die sich ohnehin sehr generös gegen mich benommen und mich wie einen alten Beamten regelrecht und auskömmlich pensioniert hat. Aber können Sie sich denken (ein Fall, der in der Literaturgeschichte vielleicht noch gar nicht dagewesen ist), daß ich lieber über die Bredows als über mich selber schreibe, trotzdem mein Leben, in seinem bunten Wechselgange, *auch* ein sehr guter Stoff ist? . . .

Von meinem »Jubelfeste« schreibe ich Ihnen nicht. Die konservativen Blätter, die mich als einen »Abtrünnigen« (es ist aber nicht so schlimm damit) einigermaßen auf dem Strich haben, haben nur sehr wenig davon gebracht; aber gelegentlich kommt auch wohl ein anderes Blatt Ihnen zu Händen, und die haben es an weitschichtiger Schilderung, der ich kaum etwas hinzuzufügen hätte, nicht fehlen lassen. Man hat mich kolossal gefeiert und – auch wieder gar nicht. Das moderne Berlin hat einen Götzen aus mir gemacht; aber das alte *Preußen*, das ich durch mehr als vierzig Jahre hin in Kriegsbüchern, Biographien, Land- und Leuteschilderungen und volkstümlichen Gedichten verherrlicht habe, dies »alte Preußen« hat sich kaum gerührt und alles (wie in so vielen Stücken) den Juden überlassen. Minister v. Goßler, mein alter Gönner, riß die Sache zwar persönlich heraus, aber »ich sah doch viele, die nicht da waren«. Nun, »es muß auch *so* gehen«, sagte der alte Yorck bei Laon, als die Russen nicht anrücken wollten. . . .

Fontane war über den Verlauf des Festes tief verstimmt. Es war offensichtlich, daß viele von den etwa vierhundert Anwesenden lediglich gekommen waren, um – wie Eduard Engel in einem spöttisch-bitteren Bericht in der »Gegenwart« vom 18. Januar 1890 schrieb – »durch die Vertilgung teurer Speisen und noch viel teurerer Weine ihre verständnisvolle Begeisterung ... zu bekunden.« Das wurde besonders peinlich spürbar, als bei dem Vortrag von »Archibald Douglas« ein Teil des Auditoriums mitten im Gedicht zu applaudieren begann; man kannte nicht ein-

mal diese berühmteste Ballade Fontanes und glaubte, sie sei zu Ende. Eduard Engel fährt fort: »*Der Dichter konnte durchaus nicht wieder in seine vorige Stimmung zurück. Seine Blicke irrten trostlos über die noch immer beglückte Versammlung ... und senkten sich beschämt auf den Teller, inmitten dessen ein einsames blutrotes Radieschen lag. Gern hätte der alte Dichter dieses Radieschen gegessen, denn ihm war der Mund trocken und bitter geworden ...*«

In dem Entwurf eines Briefes vom 5. Januar 1890 an August v. Heyden hatte Fontane geschrieben: »*Das unpassende Benehmen eines Bruchteils der einen Tafel hat mir freilich wie wohl auch vielen andern den Schluß des Festes verleidet und war, wie das Sprichwort sagt, der Hühnerdreck, der mir auf meinen Freudenteller fiel. ... Und ich, als der, der das Fest verschuldet hat, komme mir vor wie ein Mitschuldiger. Warum wird man 70?*« *Diese bittere Frage entsprang nicht zuletzt der herben Enttäuschung Fontanes darüber, daß der märkische Adel ostentativ seinem Feste ferngeblieben war. Wirklich aufrichtig war Fontane nur von den zum größeren Teile aus Juden bestehenden fortschrittlichen literarischen Kreisen Berlins gefeiert worden; sie sahen in ihm den Wegbereiter einer neuen, ehrlicheren Kunstauffassung.*

AN FAMILIE GUTTMANN　　　　　　　　Berlin, 25. Januar 1890

... Wenn wir uns wiedersähen, so würden Sie an meiner Bekehrung Ihre Freude haben. Ich bin freilich auch jetzt noch der Ansicht, daß eine rein nationale Entwicklung (wie sie sich in manchen Teilen Skandinaviens findet) das Schönere wäre. Andererseits aber habe ich mich nicht bloß von der Unmöglichkeit der Durchführung dieser Idee überzeugt, sondern auch unserm von mir aufrichtig geliebten Adel gegenüber einsehen müssen, daß uns alle Freiheit und feinere Kultur, *wenigstens hier in Berlin*, vorwiegend durch die reiche Judenschaft vermittelt wird. Es ist eine Tatsache, der man sich schließlich unterwerfen muß und als Kunst- und Literaturmensch (weil man sonst gar nicht existieren könnte) mit Freudigkeit.

Wie allen Wirkungen, die das Anwachsen des Kapitalismus und die Entwicklung Berlins zur Weltstadt zeitigten, schenkte Fontane auch dem Problem des zunehmenden jüdischen Bevölkerungsanteiles große Beachtung. Fontane stand den Juden nicht unkritisch gegenüber; zuzeiten spottete er über einzelne unerfreuliche Typen oder über bestimmte Charakterzüge, die er bei Juden antraf – selbst Friedlaender war vor seiner Kritik nicht sicher. Der antisemitischen Bewegung jedoch, die in der 1878 von Stöcker gegründeten »Christlich-Sozialen Partei« ihren Ausdruck fand, stand er ablehnend gegenüber. »Die Judenfeindschaft ist, von allem Moralischen abgesehn, ein Unsinn«, so schrieb er am 9. November 1892, und am 10. April 1893 spricht er – ebenfalls an Friedlaender – von der »Unmöglichkeit eines Sieges der antisemitischen Bewegung«. So hatte er schon 1855 die judenfeindliche Tendenz in Freytags »Soll und Haben« getadelt. »Wohin soll das führen?« fragte er in einer Rezension des Romans. »Die Juden sind mal da und bilden einen nicht unwesentlichen Teil unserer Gesellschaft, unseres Staates.« Pflicht des Schriftstellers aber sei es – »und je höher er steht um so mehr« –, der Freiheit und Toleranz zu dienen. Der borniert antisemitische Agitator Ahlwardt ist für ihn daher schlechtweg ein »Lump« und »Verrückter« (an Mete, 21. August 1893; in den »Familienbriefen« blieb dieser Passus weg!). Besonders aufschlußreich ist folgende Stelle: Fontane berichtet Friedlaender am 4. Oktober 1891 von einem Gespräch mit einem Realschulprofessor: »Wir sprachen über moderne Kunst und Literatur in Deutschland, und er sagte: ›Sonderbar, die Juden bei uns tuen die deutsche Kulturarbeit, und die Deutschen leisten als Gegengabe den Antisemitismus.‹ Kolossal richtig, leider die erste Hälfte noch richtiger als die zweite.« Die hier ausgesprochene Erkenntnis bewegte den alten Fontane so stark, daß er sie auch in verschiedenen anderen Briefen wiederholte.

Vollends ist der Versuch, Fontane selbst zum Antisemiten zu stempeln, wie er in der Zeit des Faschismus in einseitig-unwissenschaftlichen Darstellungen unternommen wurde, ebenso töricht wie infam. Fontanes menschliche Unvoreingenommenheit, seine ehrliche Hochachtung vor jeder wirklichen Leistung, vor allem auf dem Gebiet der Kultur, sind unvereinbar mit religiöser, nationaler oder rassischer Intoleranz; jede Form von Fanatismus widerspricht der ständigen kritisch-rationalen Verantwortungsbereitschaft des alten Fontane. Wie im Bereich des Persönlichen, so richtet er auch in den Bereichen des Sozialen, Nationalen und Konfessionellen seine Kritik mit Vorliebe zuerst an die eigene Adresse, kehrt vor der eigenen Tür. Insbesondere die Erkenntnis der überall erschreckend hervortretenden barbarischen Rückständigkeit der preußischen Aristokratie läßt alle anderen Bedenken verstummen; je älter Fontane wird, je mehr. 1886 hatte er noch an Friedlaender geschrieben (19. September): »*Die Juden haben nichts von der germanischen Schwerfälligkeit, sie sind quick, witzig, zugespitzt im Ausdruck, aber der germanische Geist ist dem jüdischen unendlich überlegen.*« *Zwölf Jahre später, auf den Tag genau ein halbes Jahr vor seinem Tode, ist von* »*germanischer Überlegenheit*« *nicht mehr die Rede; gegenüber den in Preußen-Deutschland herrschenden Klassen, insbesondere dem Junkertum, sind die Juden für den alten Fontane eine Wohltat schlechthin. Am 20. März 1898 schreibt er an seine Tochter:* »*Immer wieder erschrecke ich vor der totalen ›Verjüdelung‹ der sogenannten ›heiligsten Güter der Nation‹, um dann im selben Augenblick ein Dankgebet zu sprechen, daß die Juden überhaupt da sind. Wie sähe es aus, wenn die Pflege der ›heiligsten Güter‹ auf den Adel deutscher Nation angewiesen wäre! Fuchsjagd, getünchte Kirche, Sonntagnachmittagspredigt und jeu.*«

Am 20. März 1890 war es zum Bruch zwischen Wilhelm II. und Bismarck gekommen; Bismarck schied aus allen seinen Ämtern aus. Die kritischen Bemerkungen, mit denen der Bismarckverehrer Fontane diese Ereignisse glossierte, belegen abermals die sich vollziehende Wandlung seiner politischen Auffassungen. »*Bismarck hat keinen größeren Anschwärmer gehabt als mich*«*, so schrieb Fontane am 1. Mai 1890 an Friedlaender,* »*meine Frau hat mir nie eine seiner Reden oder Briefe oder Äußerungen vorgelesen, ohne daß ich in ein helles Entzücken geraten wäre, die Welt hat selten ein größeres Genie gesehn, selten einen mutigeren und charaktervolleren Mann und selten einen größeren Humoristen. Aber eines war ihm versagt geblieben:*

Edelmut; das Gegenteil davon, das zuletzt die häßliche Form kleinlichster Gehässigkeit annahm, zieht sich durch sein Leben ... Es ist ein Glück, daß wir ihn los sind ...«

Sieben Jahre später hat sich dieses Urteil bis zu einer sittlichen Verurteilung gesteigert: »Ich bin kein Bismarckianer«, so schreibt Fontane am 6. April 1897, ebenfalls an Friedlaender, »das Letzte und Beste in mir wendet sich von ihm ab, er ist keine edle Natur.« Übertroffen wird diese Ablehnung jedoch von der Verachtung für das Verhalten der Hohenzollern. Die Stellung des Kaisers zu Bismarck sei »das Tollste, was man sich denken kann«. Das Hohenzollerntum verdanke die ganze neue Glorie des Hauses »dem genialen Kraftmeier im Sachsenwald« – der »sprichwörtliche Undank der Hohenzollern« starre einen hier an. »Glücklicherweise schreibt die Weltgeschichte mit festem Griffel weiter.« (Vgl. auch die Briefe vom 5. August 1893 und vom 29. Januar 1894.)

AN THEODOR WOLFF, CHEFREDAKTEUR
DES »BERLINER TAGEBLATTES«

Berlin, 24. Mai 1890

Heute abend erst bringt mir mein Sohn Ihre schon vor vier Tagen erschienene, überaus freundliche Besprechung meiner »Stine«. Ich eile nun, Ihnen zu danken. Es ist gewiß alles so, wie Sie sagen. Es ist so hinsichtlich der Mischung von Romantischem und Realistischem, und es ist so hinsichtlich der Parallele zwischen Lene und Stine. Lene ist berlinischer, gesünder, sympathischer und schließlich auch die besser gezeichnete Figur. Auf die Frage »Lene oder Stine?« hin angesehn, kann »Stine« nicht bestehen. Darüber habe ich mir selber keine Illusionen gemacht. Das Beiwerk aber – mir die Hauptsache – hat in »Stine« vielleicht noch mehr Kolorit. Mir sind die Pittelkow und der alte Graf die Hauptpersonen, und ihre Porträtierung war mir wichtiger als die Geschichte. Das soll gewiß nicht sein, und der eigentliche Fabulist muß der Erzählung als solcher gerechter werden. Aber das steckt nun mal nicht in mir. In meinen ganzen Schreibereien suche ich mich mit den sogenannten Hauptsachen immer schnell abzufinden, um bei den Nebensachen liebevoll, vielleicht zu liebevoll verweilen zu können. Große Geschichten interessieren mich in der *Geschichte*; sonst ist mir das Kleinste das liebste. Daraus entstehen Vorzüge, aber auch erhebliche Mängel, und diese so nachsichtig berührt zu haben, dafür Ihnen nochmals schönsten Dank.

Am 17. Juni reisten Fontanes wieder nach Kissingen.

AN METE FONTANE   Kissingen, 19. Juni 1890

... Wir leben hier wieder ganz angenehm, ein bißchen langweilig, was aber nicht viel schadet. Die Langeweile würde fortfallen, wenn man die Kraft hätte, acht oder zehn Stunden marschieren zu können, aber dazu reicht es doch nicht aus; ich bringe es bis auf fünf oder sechs, aber das ist für die lange Zeit von morgens sechs bis abends zehn zu wenig. Das sind 16 Stunden; sechs Marschierstunden davon ab, bleiben immer noch zehn, die schwer unterzubringen sind. Im Freien sitzen geht nicht, dazu ist es zu naß und zu kalt, und lesen ist nur ein Vergnügen, wenn man ganz frisch ist und jede Schönheit und jede Dummheit gleich voll genießen kann; aber gelangweilt lesen ist ein Hundevergnügen und strapaziös. Heute machten wir einen hübschen Spaziergang zur historischen Lindelesmühle, wo die Vorhut der Division Goeben trotz abgetragener Brücke über den Fluß ging und dadurch die Einnahme Kissingens rasch entschied. An einem Wiesenpfade stand ein gußeisernes Kreuz: »Hier fiel ein preußischer Soldat am 10. Juli 1866.« Mohn- und Kornblumenkränze hingen daran, natürlich nur, um auf die zahlreichen Berliner Fremden einen guten Eindruck zu machen. Alles Geschäft. ...

AN FRIEDRICH FONTANE   Kissingen, 29. Juni 1890

... In das hiesige »Berühmtheitenbuch« habe ich mich vor ein paar Tagen einschreiben müssen, erst Menzel mit einem Bild, dann ich mit einem Vers auf Kissingen. Das Menzelbild taxiere ich auf wenigstens 500 Mk., meinen Vers auf 50 Pf.; das kennzeichnet die Stellung der Künste untereinander; die Reimerei, auch die gute, ist immer Aschenbrödel. Nun, es geht auch so.

Am 15. Juli verließen Fontanes Kissingen und fuhren nach kurzem Aufenthalt in Berlin Anfang August nach Krummhübel, wo sie bis Mitte September blieben.

AN OTTO BRAHM   Berlin, 19. Oktober 1890

Sie kennen mein »Faible« für Dr. O. Brahm und wissen, daß ich mich freue, wenn ich mich ihm in irgendeiner Weise nützlich machen kann. Aber was Hebel mal zu Tieck sagte, als dieser fragte: »Sagen Sie, Herr Kirchenrat, warum schreiben Sie nichts mehr?« und dieser antwortete: »Mir fallt halt nix mehr ein« – das drückt genau meine Situation aus. In früheren Zeiten hatte ich wenigstens einen Zettelkasten, und jeder Zettel enthielt eine Überschrift, ein Thema, woraus sich dann in verzweifelten Momenten was machen ließ. Aber auch dieser Zettelkasten ist leer wie eine Armenbüchse in einem Tanzlokal. So auf der Straße oder im Tiergarten geht es noch, aber zu Hause sitzt man doch klapprig wie der alte Faust und sieht die untergehende Sonne. Dann und wann fällt wohl noch ohne Zutun ein Apfel vom Baum, aber die Kraft zum Herabholen ist nicht mehr da....

AN METE FONTANE   Berlin, 21. Februar 1891

... Ich habe mich nie für einen großen Kritiker gehalten und weiß, daß ich an Wissen und Schärfe hinter einem Manne wie *Brahm* weit zurückstehe, habe das auch immer ausgesprochen. Aber doch muß ich für natürliche Menschen mit meinen Schreibereien ein wahres Labsal gewesen sein, weil jeder die Antwort auf die Frage »weiß oder schwarz«, »Gold oder Blech« daraus ersehen konnte; ich hatte eine klare, bestimmte Meinung und sprach sie mutig aus. Diesen Mut habe ich wenigstens immer gehabt. Ich sagte zu *Wildenbruch*: »Nein, das geht nicht; das ist talentvoll, aber Unsinn«, und als er endlich die »Quitzows« brachte, sagte ich mit gleicher Deutlichkeit: »Ja, der alte Wildenbruch tobt und wurachst auch hier noch herum, aber es ist so viel von Genialem da, daß ich seinem Unsinn Indemnität erteile.« Zu solchem runden Urteil rafft sich von den Modernen keiner auf. Wie die Schatten in der Unterwelt schwankt alles hin und her und sieht einen traurig an; deutlich werden sie nur, wenn sie einen ausgesprochenen Feind (der dann meistens ein ganz kleiner Doktor ist) beim Schopfe fassen, um ihn vor versammeltem Volk zu skalpieren. Das machen sie dann ganz nett....

AN OTTO BRAHM   Berlin, 4. April 1891

... Ich folge den Bestrebungen der neuen Schule mit dem größten Interesse und bin mit vielem einverstanden – was ich ja auch nicht bloß briefverborgen, sondern auch auf Zeitungslöschpapier öffentlich ausgesprochen habe; aber ich mag die Kämpfe nicht mitkämpfen... Mit klingendem Spiel in das Lager der »Neuen« überzugehen, wäre Kleinigkeit und mir moralisch unbedenklich, aber dazu fehlen mir einige Zentner Überzeugung. Ich sehe das Gute, aber auch das Nicht-Gute und drücke mich in die Sofaecke. Mit 71 darf man das. ...

AN METE FONTANE   Berlin, 24. April 1891

... In acht Tagen haben wir nun die große internationale Kunstausstellung, worauf ich mich freue, trotzdem es mir seit lange feststeht, daß die ganz kleinen Ausstellungen, die man bezwingen kann, viel genußreicher sind. Neulich war ich bei Schulte, Unter den Linden, und sah mir die dort ausgestellten Zeichnungen und Bilder von Franz Stuck (München) an; die Zeichnungen waren die Originale zu 20 oder 30 Holzschnittbildern in den »Fliegenden Blättern«, alles höchst witzig und geistreich, die Ölbilder desselben jungen Künstlers aber waren zum Teil wandhoch und stellten den Engel dar, der Adam und Eva aus dem Paradiese treibt. Dieser Cherub mit dem Flammenschwert ist dreimal von ihm gemalt, einmal sozusagen als Riesenporträt in einer Art Himmelsatmosphäre, lauter dicke weiße, lila- und rosafarbene Kleckse, mitunter halbfingerhoch, so daß der Bengel bloß in Farben ein kleines Vermögen ausgegeben haben muß; auf dem zweiten Bilde hat er, d. h. der Engel, Adam und Eva eben hinausgeworfen und bezieht die Paradieswache als Außenposten; auf dem dritten steht er wieder allein da, am Ausgangspunkt einer perspektivisch sich verengenden Avenue und schließt mit seiner Person eine nur halbhandbreite Paradiesklinse, durch welche das rot und golden leuchtende Paradies in die tannenschwarze Avenue hineinblitzt. Alle drei sind ausgezeichnet, am poetischsten das zuletzt genannte. Viele nennen es »Schmierereien« und den Racheengel einen »Hausknecht«, ich bleibe aber bei meiner Bewunderung.

So war der gute Geheimrat N. vorgestern hier, um mir zu gratulieren, und kam nun auch auf diese Bilder; »die Kunst soll doch das Schöne wollen« – dabei blieb er. Ich sagte ihm, »man merke, daß er durch Schönheit in seinem Hause verwöhnt sei«. Dies ging ihm glatt runter und war auch zur Hälfte ehrlich gemeint – eigentlich aber war es doch Verhöhnung, und zwar wohlverdiente. Solch Blech darf man nicht mehr aussprechen, auch nicht mal, wenn man Geheimrat ist.

AN GEORG FRIEDLAENDER Berlin, 27. Mai 1891

... »Die Welt war nie so arm an Idealen.« Diese Anschauung beherrscht mich seit Jahr und Tag, und jeder Tag bringt neue Belege und steigert mein Unbehagen bis zur Angst. Dabei muß ich bemerken, daß ich nie zu den Lobrednern des Vergangenen gehört habe, auch jetzt noch nicht gehöre. Die Zeit, in die meine Jugend fiel, Ende der dreißiger Jahre, war auch schrecklich in vielen Stücken, so in allem, was Erscheinung angeht, schrecklicher als jetzt. Die »Ruppigkeit« von damals ist überwunden (leider noch immer nicht genug) – aber sosehr ich diesen Fortschritt anerkenne, sosehr er mich geradezu beglückt, so gewiß ist er auf halbem Wege steckengeblieben, auf der Station »Äußerlichkeit«. Alles dient dem Äußerlichen. Auf den ersten Ruck ist dadurch was gewonnen, die Sinne werden befriedigter; aber sowie man ein bißchen schärfer zusieht, nimmt man eine Äußerlichkeitsherrschaft wahr, die mit einer gewissen Verrohung Hand in Hand geht. Die ganze Welt, man könnte beinah sagen: die Sozialdemokratie mit eingerechnet, hat sich durch gesteigerten Besitz und durch gesteigerte Lebensansprüche bis zu einer gewissen *Bourgeoishöhe*, vielfach von greulichstem Protzentum begleitet, entwickelt; aber von der Bewältigung der zweiten Hälfte des Weges, von der Entwicklung bis zur Aristokratie, der echten natürlich, wo das Geld wieder anfängt, ganz andren Zwecken zu dienen als dem Bier- und Beefsteakskonsum – von dieser Entwicklung unsrer Zustände sind wir weiter ab denn je; weiter als in jenen Armutszeiten unter Friedrich Wilhelm III., wo es Tausende von höchst erfreulichen Einzelerscheinungen namentlich im Adel, im Professorentum und unter den Geistlichen gab, Einzelerscheinungen, die derart kaum noch vorkommen. Was ein Mann wie Krupp tut, vielleicht großartig in seiner Art, ist doch etwas ganz andres und wurzelt verstandesmäßig in sozialer Frage, nicht in einem schönen Herzen und liebevoller Menschlichkeit. . . .

Seit dem 3. Juni war Fontane wieder mit seiner Frau in Kissingen zur Kur.

AN METE FONTANE   Kissingen, 25. Juni 1891

. . . Unter den zweitausend Damen, die ich nun hier in drei Wochen gesehn habe, waren zehn oder zwanzig (hoch gerechnet) famos gekleidet, so daß sich von Kunst und höherem Geschmack reden läßt, hundert andre präsentieren sich gut, die übrigen eintausendfünfhundert und mehr sind entweder zum Weinen oder reichen doch noch lange nicht an die M. heran, wenn sie nur einigermaßen ihren guten Tag hat. Die meisten wirken einfach wie Karikaturen, und wenn mich meine Erinnerung nicht täuscht, war man früher in der Masse besser gekleidet. Es kann auch kaum anders sein; die jetzt herrschende Mode verlangt wirklich ein Stück Kunst, um die schwierige Sache zu bewältigen, und wo soll bei der ungeheuren Mehrzahl von Schneiderfräuleins diese Kunst herkommen. In allen Lebensverhältnissen fehlt Einfachheit, Natürlichkeit, bon sens; daher ist alles so ganz niederträchtig schlecht. Allenfalls das Bierbrauen abgerechnet. . . .

Mete Fontane befand sich zu Besuch auf dem Gut einer Freundin, der verwitweten Gräfin Wachtmeister (Tochter des berühmten Bonner Gynäkologen v. Veit) in Deyelsdorf bei Stralsund.

An Mete Fontane

Berlin, 25. Juli 1891

Du hast recht, daß etwas wenig geschrieben wird, namentlich in Anbetracht des »literarischen Hauses« (Talent épistolaire oblige). Deinem letzten Brief entnehm ich zu meiner Freude, daß es Dir leidlich wohl geht, und zu meiner noch größeren, daß Du viel und mit Lust und Liebe musizierst. Wenn es damit vorhält, so würde ich das als die eigentliche diesmalige Landaufenthalts-Errungenschaft ansehn; denn könntest Du's zu einer »Passion« bringen, gleichviel ob Eiersammlung, Tellerbemalung oder Gesang, so würde Dich das weiter bringen als ein Zentner Brom, an dem nur sicher ist, daß es den Magen verdirbt. »Wählt Euch eine Fakultät«, sagt schon Mephisto zum Schüler, aber eine Passion ist immer noch besser als eine Fakultät. Wie hätte ich leben und alle Miserabilität des Tütendrehens und Tütenklebens (und nun erst gar die Menschen!) ertragen können, wenn ich nicht die Passion gehabt hätte, Terzinen zu machen. Denn mit dem Schwersten muß man immer anfangen, dadurch kriegt die Geschichte einen Glorienschein; selbst Friedel hatte sich sein Ziel weit gesteckt und wollte nicht Schaffner, sondern Eisenbahnbetriebsdirektor werden. Ein bißchen davon spukt noch jetzt in ihm nach.

Wir leben sehr still; Mama rückt sich überhaupt nicht von der Stelle, ich gehe jeden Abend um neun Uhr bis an die Christuskirche, umschlendre schließlich zweimal den Leipziger Platz, schnobre etwas Lindenduft, gucke mir die Gesellschaft an, die unterm Zelt im Hotel Bellevue soupiert, und bin um elf Uhr wieder zu Hause. Gestern wurde es etwas später, weil ich Brahm und Sternfeld traf, mit denen ich noch eine halbe Stunde flanierte. Sie schossen mir beide Liebenswürdigkeiten in den Leib – bei Brahm etwas Seltenes –, und während Sternfeld von »Vor dem Sturm« schwärmte (er scheint ein preußisch-historisches Interesse zu haben), orakelte Brahm von »Unwiederbringlich« und wunderte sich, wo ich das alles her hätte. In Deutschland darf man bloß schreiben: »Grete liebte Hans, aber Peter war dreister, und so hatte Hans das Nachsehen«; wer darüber hinausgeht, fällt auf und meist auch ab. Das Komischste war, daß sich in dies literarische Gespräch immer intensiv Medizinisches mischte;

Brahm hat sich nämlich einer Bandwurmkur unterzogen; anfangs dachten **Sternfeld** und ich, es bezöge sich auf sein Schillerbuch, zuletzt ergab sich aber, daß ein ganz gemeiner Bandwurm gemeint war, wie er an den Litfaßsäulen auf grünem Papier immer abgebildet ist, dicht neben den Versen der goldenen 110. Was doch in solcher großen Stadt alles sein Wesen treibt. ...

Von einer Reise nach der »Brotbaude« bei Krummhübel – »sosehr ich diesen Fleck Erde auch liebe, mehr als irgendeinen, den ich kenne« – sah Fontane in diesem Jahre ab. »Im vorigen Jahre haben Frau und Tochter vier Wochen lang nachts keine zwei Stunden geschlafen«, schrieb er am 18. Juli an Friedlaender; »die Tochter nicht wegen ihrer nervösen Angstzustände, die Frau nicht wegen der ewigen Stürme. So müßte ich denn dort oben allein sitzen oder (noch schrecklicher) in Gesellschaft eines dorthin verschlagenen großmäuligen oder vergrätzten Berliners oder gar einer knausrigen und wichtigtuerischen Berlinerin.« Fontane entschloß sich daher für Wyk auf Föhr, wo Friedlaenders zur Sommerfrische weilten. Am 8. August kam er in Wyk an.

An Mete Fontane   Wyk auf Föhr, 9. August 1891

... Das Wetter ist toll. Ein großer Nachtfalter hatte gestern abend Schutz in meiner Stube gesucht, und ich hielt es für meine Pflicht, ihm diesen Schutz zu gewähren. Heute früh saß er noch an derselben Teppichstelle, zwei Schritte von der geöffneten Balkontür. Ich nahm mein Frühstück und beschloß, dem etwas unheimlichen Tier auch Tagesquartier zu bewilligen; ich erschien mir wie ausersehen, ihn zu retten. Mit einem Male kam auch ein Sperling ins Zimmer, frech wie immer, und ich machte schon Miene, ihn durch ein Stückchen Semmel abzulohnen, als er, seine Marschlinie rasch ändernd, auf meinen Schützling zuhüpfte, ihn aufpickte und davonflog. Es ist mit den Rettungsversuchen oft so. ...

An Emilie Fontane   Wyk auf Föhr, 21. August 1891

So recht was zu schreiben habe ich eigentlich nicht. Die Tage vergehen im Gleichmaß; erst kurz vor 9 Uhr auf, von 12–2 Uhr gearbeitet, bis 3½ zu Tisch, dann bis 5 Uhr in meiner Wohnung

Zeitung gelesen, dann eine Plauderstunde beim Kaffee und dann wieder nach Hause, um bei Tee und Schinken den Tag zu beschließen. Ist das Wetter gut, so fällt in die Zeit von 5–8 Uhr auch ein längerer Spaziergang entweder am Strand hin oder nach dem reizenden Dorfe Boldixum; stürmt und regnet es aber, so fallen diese Spaziergänge natürlich aus. Heute war nun Sturm und Regen, aber, das Meer vor mir, kam ich kaum zu einem rechten Unmut und wurde an unsere Berchtesgadener Tage erinnert, wo wir von dem reizenden großen Balkon aus bei nicht aufhörendem Regen in das schöne Gebirgstal hineinsahen. Wie vieles ist seitdem anders geworden; das war sechs Wochen vor unserer silbernen Hochzeit, jetzt fehlen nur noch neun Jahre an der goldenen. Damals ältlichte man, jetzt ist man alt, aber ich bin nicht wie Bogumil Goltz, der vor Wut über sein Alter auf den Tisch schlug. Resignieren können ist ein Glück und beinahe eine Tugend. . . .

AN EMILIE FONTANE   Wyk auf Föhr, 23. August 1891

. . . Alles Arbeiten habe ich einstellen müssen, und glücklicherweise habe ich auch nichts zu lesen – damit verdirbt man sich immer bei Schnupfenzuständen. Ich beschäftige mich damit, mein Leben zu überblicken, allerdings in etwas kindischer oder doch mindestens in nicht sehr erhabener Weise. Bei den ernsten Dingen verweile ich fast gar nicht; ich sehe sie kaum und lasse Spielereien, Einbildungen und allerhand Fraglichkeiten an mir vorüberziehn. Das Endresultat ist immer eine Art dankbares Staunen darüber, daß man von so schwachen wirtschaftlichen Fundamenten aus überhaupt hat leben, vier Kinder großziehen, in der Welt umherkutschieren und stellenweise (z. B. in England) eine kleine Rolle hat spielen können. Alles auf nichts andres hin als auf die Fähigkeit, ein mittleres lyrisches Gedicht und eine etwas bessere Ballade schreiben zu können. Es ist alles leidlich geglückt, und man hat ein mehr als nach einer Seite hin bevorzugtes und, namentlich im kleinen, künstlerisch abgerundetes Leben geführt. Aber, zurückblickend, komme ich mir doch vor wie der »Reiter über den Bodensee« in dem gleichnamigen Schwabschen Gedicht, und ein leises Grauen packt einen noch nachträglich. Personen von solcher Ausrüstung, wie die meine war: kein Vermögen, kein Wissen, keine Stellung, keine starken Nerven, das Leben zu zwingen – solche Menschen sind überhaupt keine richtigen Menschen, und wenn sie mit ihrem Talent und ihrem eingewickelten Fünfzigpfennigstück ihres Weges ziehen wollen (und das muß man ihnen schließlich gestatten), so sollen sie sich wenigstens nicht verheiraten. Sie ziehen dadurch Unschuldige in ihr eigenes fragwürdiges Dasein hinein, und ich kann alle Deine Verwandten, darunter namentlich meine noch immer von mir geliebte Klara Below, nicht genug bewundern, daß sie mich von Anfang an mit Vertrauen, Herzlichkeit und beinahe Liebe behandelt haben. *Ich* wäre gegen mich selber viel flauer gewesen; denn ein Apotheker, der anstatt von einer Apotheke von der Dichtkunst leben will, ist so ziemlich das Tollste, was es gibt.

An Mete Fontane   Wyk auf Föhr, 25. August 1891

... Alles in allem habe ich mich übrigens trotz dieser Wetterunbill meines hiesigen Aufenthaltes zu freuen gehabt, und selbst der kolossale Bellhusten, an dem ich seit vier Tagen laboriere, hat mich nicht andern Sinnes gemacht. Der Anblick des Meeres erfreut immer wieder, die Luft ist schön, die Verpflegung vortrefflich, und der Verkehr mit Friedlaenders sorgt für Zerstreuung und läßt das grausige Einsamkeitsgefühl nicht aufkommen. Ohne sie wäre der Aufenthalt hier auch bei schönstem Wetter eine Unmöglichkeit gewesen; denn noch bin ich keinem Menschen begegnet, mit dem ich auch nur fünf Worte hätte sprechen mögen. Abgesehn von meiner Ungeschicklichkeit – ich bin es auch müde, mich mit langweiligen oder unliebsamen Menschen abzuquälen und mich um die Gunst von Nobodies zu bewerben. Die beiden Friedlaenderschen Damen sind sans phrase vorzüglich, fein und liebenswürdig, und auch klug genug für jedes Gespräch, selbst heikle Themata mit eingeschlossen, woran man immer einen Bildungsmesser hat; nur die dämlichen sind ötepötöte. Er, Friedlaender, der natürlich den Löwenanteil der Unterhaltung zu bestreiten hat, ist, wie Du weißt, in den Banden des Persönlichen; nur was er erlebt hat, nur was in seinen Umgangskreis eingetreten ist, interessiert ihn. ... Kaum daß er Geduld hat, einer altenfritzischen Anekdote zuzuhören, wenn sie nicht sehr drastisch ist. Aber so gewiß dies ein Mangel ist, so gewiß ist es auch, daß er sich innerhalb seiner Welt mit einer vollkommenen Meisterschaft bewegt. Er erinnert mich in all diesen Stücken ganz außerordentlich an Richard Lucae, der auch so virtuos war, weil er seine Geschichten, lauter Kabinettstücke, schon hundertmal erzählt hatte. Friedlaender ist vielleicht äußerlicher, aber trotz dieses Gewichtlegens auf gutsitzende Hosen usw. doch viel *unbourgeoishafter*, ein Vorzug, der mir, je älter ich werde, immer mehr bedeutet. Ich hasse das Bourgeoishafte mit einer Leidenschaft, als ob ich ein eingeschworner Sozialdemokrat wäre. »Er ist ein Schafskopf, aber sein Vater hat ein Eckhaus«, mit dieser Bewunderungsform kann ich nicht mehr mit. Wir erheben uns jetzt so sehr über die Chinesen, aber darin sind diese doch das feinste Volk, daß das Wissen am höchsten gestellt wird. Bei uns kann man beinah sagen, es diskreditiert. Das Bourgeoisgefühl ist das zur Zeit maßgebende, und ich selber, der ich es gräßlich finde, bin bis zu einem Grade von ihm beherrscht. Die Strömung reißt einen mit fort.

An Emilie Fontane   Wyk auf Föhr, 27. August 1891

... Das Wetter ist heute schön, d. h., was man so schön nennt; es scheint die Sonne, im übrigen geht ein scharfer Wind und verbietet ein Spazierengehen am Strand, nur im Schutz der Häuserreihe geht es allenfalls. Das Bild von meinem Fenster aus ist nach wie vor entzückend, die Breakers, die ihren Schaum ans Ufer rollen, die Boote, die Möwen, die auf dem Wasser tanzen, und zahlreiche Kinder in roten und weißen Kappen, die am Strand ihre Festungen bauen. Es ist ein sehr angenehmer Aufenthalt, ohne alles Häßliche oder sonst Störende, nur das Wetter hat es nicht gut mit mir gemeint. ...

Am nächsten Tage verließ Fontane Wyk; Friedlaenders waren bereits am 27. August abgereist.

Im Winter 1891 auf 1892 arbeitete Fontane an den »Poggenpuhls« und an »Effi Briest«.

AN GEORG FRIEDLAENDER   Berlin, 28. Februar 1892

... Nur über die »vornehmen Parteigruppen« im Hirschberger Tal noch ein Wort. Alle mit diesen Elementen verbrachte Zeit ist verlorene Zeit. Man bereichert wohl seine Menschenkenntnis, und für mein Metier ist es mir von Vorteil gewesen, unsren Landadel und ähnliches kennengelernt zu haben. Aber an persönlicher Förderung, an Wachstum in Einsicht und Wissen habe ich gar nichts davon gehabt. Ich hätte, was *das* angeht, ebensogut mit einem Buchbinder oder Kürschnermeister in Neuruppin verkehren können, ja vielleicht hätte ich mehr dabei gelernt. Es kommt all diesen Herrschaften – und beinah muß ich sagen: ohne Ausnahme – auch gar nicht auf Wahrheit, Erkenntnis und allgemeinen Menschheitsfortschritt, sondern bloß auf ihren Vorteil, ihre begünstigte Lebensstellung und befriedigte Eitelkeit an. Alles andre ist Mumpitz und die Pfafferei erst recht. Der Repräsentant der letztren, von dem Sie mir in Ihrem Briefe erzählen, die Kanzelgröße von Warmbrunn, scheint ein ganz besonders berufenes Werkzeug, wie geschaffen, der Vortänzer in diesem Hexensabbat von Lüge, Quatsch und Sechsdreiersehnsucht zu sein. Denn darauf läuft es schließlich immer hinaus. Mein Widerwille dagegen ist in meinen alten Tagen in einem beständigen leidenschaftlichen Wachsen. Ich weiß wohl, es gibt auch ehrliche, und einige sind ganz ausgezeichnet, aber die meisten grenzen an Harder aus Weißensee. ...

Das »Rütli« war auf wenige Mitglieder zusammengeschmolzen; zu ihnen zählten außer Fontane noch der Rostocker Senator Karl Hermann Eggers (Bruder des verstorbenen Friedrich Eggers) und der Kunstmaler August v. Heyden.

AN AUGUST V. HEYDEN   Berlin, 2. März 1892

Am Sonnabend ist »Rütli« – jetzt meist nur noch richtig gezählter Dreimännerschwur – beim Senator. Da könnte man sich sehen. In Erwägung aber, daß Du als kluger Feldherr wohl fehlen wirst, denn die Sache wird immer dünner, will ich doch noch ein paar Zeilen an Dich schreiben und mich entschuldigen, daß ich mich im Haus Heyden immer nur sehen lasse, wenn ich eingeladen bin. Es sollte notwendigerweise anders sein, aber das Alter hält mich seit einiger Zeit doch scharf in den Klauen, und das Wort des guten alten Pietsch, als er mal wieder den Kraftmeier spielte: »Jott, Sie solln 'n mal bloß zu Hause sehn« – dies große Wort ist auch der Fahnenspruch, unter dem ich fechte. Körperlich geht es noch, aber das »Innen lebt die schaffende Gewalt« ist für mich leider zur Phrase geworden. Von Federkraft – bei mir doppelsinnig zu verwenden – ist keine Rede mehr. Ich raffe mich mit Anstrengung auf, um wenigstens jeden Abend meinen Spaziergang zu leisten. . . .

Kurz nach diesem Briefe erkrankte Fontane.

AN METE FONTANE   Berlin, 26. März 1892

Seit heute sind wir wieder außer Bett, aber nur auf Stunden. Es hat uns sehr mitgenommen, besonders mich; Mama war ein paar Tage lang elender, nur 56 Pulsschläge; ich aber hatte dafür das spezifisch Influenzliche: den schaudervollen Geschmack, den Pelz, den Degout und die tief deprimierte Stimmung viel stärker. Mit letzterer kann ich auch heute noch aufwarten, auch von Appetit und Rekonvaleszentengefühl ist keine Rede. »Was soll der Unsinn?« In hoc signo siegt es sich schlecht, es reicht kaum aus zum Leben. . . .

AN GEORG FRIEDLAENDER   Berlin, 22. April 1892

. . . »Geld besorgt alles« – ein Glaube, der sich beständig in meiner Seele mehr festigt. Kunst und Wissenschaft, solange sie nur als solche auftreten, sind lächerlich, etwa wie der Küster mit dem Klingelbeutel, der Pfennige einsammelt; erwirbt ein Professor alljährlich 60 000 Mark (Taler natürlich noch besser), so beginnt er geachtet zu werden, nicht wegen seiner Wissenschaft, *die* hatte er, als er noch hungerte, auch schon, sondern einfach, weil er anfängt, einen bankierhaften Anstrich zu kriegen. Es kommt vor, daß hochbegabte, aber erfolglose Dichter und Künstler nach ihrem Tode den Makel der Armut überwinden und in Tagen, wo sie niemanden mehr anpumpen können, heiliggesprochen werden; bei Lebzeiten indes waren sie ein Schrecknis, kaum ein Gegenstand des Mitleids; man wich ihnen aus, immer in Angst. ... Ich bin glücklich in meiner Armut, weil ich nicht das Bedürfnis habe, in Front zu stehn und eine Rolle zu spielen; wer diesen Zug aber hat – und das sind immer 999 unter 1000 – der muß dem Golde nachjagen und sich vor dem verbeugen, der's schon hat. ...

Am 21. Mai reiste Fontane mit Frau und Tochter nach Zillerthal bei Schmiedeberg; kurz darauf erkrankte er wieder. Die ausgedehnte Sommerfrische brachte ihm keine Genesung; auch eine Spezialbehandlung, zu der er sich eigens zweimal nach Breslau begab, schlug zunächst nicht an. Aller Schaffensmut verließ ihn. Das Manuskript von »Effi Briest«, das er mitgenommen hatte, um es in Zillerthal zu vollenden, blieb unberührt liegen. »Es kam aber ganz anders, ich wurde ganz elend, und so verbrachten wir ... vier schlimme Monate an der sonst so schönen Stelle«, so schrieb Fontane rückblickend im Tagebuch nieder.

AN CARL ROBERT LESSING   Zillerthal bei Schmiedeberg,
                              23. Mai 1892
                              Villa Gottschalk

Vorgestern bin ich mit Frau und Tochter hier eingetroffen, um nach fast vierteljähriger Krankheit Genesung und Kraft zur Arbei an meiner alten schlesischen Heilstätte zu suchen. »Andere Luft« war der herkömmliche Doktorsrat. Aber die Luft allein kann es nicht. Ruhe, auch innerliche, ist gleichermaßen nötig. ...

Wir wohnen hier in nächster Nähe von Buchwald und Fischbach. Alles sehr schön, sehr still, sehr erquicklich, auch hohenzollerngeschichtlicher Grund und Boden. Aber die Tage, wo mich dergleichen mit einem kleinen Enthusiasmus erfüllte, liegen zurück, und tiefe Müdigkeit ist an Stelle davon getreten. Ob ich noch einmal von dieser Müdigkeit loskomme? Mit zweiundsiebzig sind die Chancen gering. Und so richte ich mich denn an einem altwürttembergischen Wahlspruch auf, dem ich vor einiger Zeit begegnete:

»Sorg, aber sorge nicht zu viel.
Es kommt doch, wie's Gott haben will.«

AN CARL ROBERT LESSING   Zillerthal, 15. Juni 1892

Eh es in den Zeitungen steht (das »Hirschberger Tageblatt« hat schon begonnen), erscheint es mir Pflicht, Sie, hochgeehrter Herr, wissen zu lassen, daß wir uns entschlossen haben, Berlin aufzugeben und uns nach Schmiedeberg für den Rest unserer Tage zurückzuziehn. Ich habe keine Freude mehr an dem großstädtischen Leben; aber wenn es auch anders läge, die Verhältnisse ließen mir keine Wahl. Seit meiner letzten Krankheit bin ich eine ganz gebrochene Kraft, zur Zeit kaum fähig, ein paar Briefzeilen zu schreiben, und so schrumpfen denn meine Einnahmen auf weniger als die Hälfte zusammen. Damit in Schmiedeberg zu leben wird gehen. In Berlin wäre es unmöglich, und so waren wir eines langen Schwankens überhoben. Einige Freunde drücken mir freilich ihr Entsetzen aus, davon ausgehend, daß ich ohne den Anblick einer Prinzessinnenkutsche nicht leben könne. Ganz gefehlt. In Wahrheit liegt mir nur noch an Ruhe. Finde ich *die*, so bin ich geborgen. Wenn nicht, weil durch Krankheit gequält, so kann auch Berlin mit Matkowsky und der dell Era nicht helfen. . . .

Aus einem Briefe Emilie Fontanes an den Sohn Friedrich geht hervor, wie schlecht es um Fontane stand; am 21. Juli berichtete sie aus Zillerthal: »Es ist nicht zu beschreiben, wie schwer es ist, mit dem armen Kranken zu leben, die Tage sowohl wie die Nächte. Wir erwarten den Arzt, der immer dringender von einer Nervenheilanstalt spricht. Papa, der erst damit einverstanden schien, zeigt jetzt ein rechtes Grauen, so daß ich nur in äußerster Not meine Einwilligung dazu geben würde. . . . Diesen klaren, verständigen Mann so zu sehen ist herzzerreißend.«

Nach fast vier Monaten, am 13. September 1892, kehrte Fontane nach Berlin zurück. »Die Gesamtstimmung ist freudlos;

man ist eben das gelbe Blatt am Baum um die Zeit, wo der Spätherbst einsetzt«, so schrieb er am 25. September in einem Briefe. Dennoch hänge er am Leben, so heißt es drei Tage später an Friedlaender, obwohl »einen jede Stunde von der Mißlichkeit der Sache überzeugt«. Unbegreiflich sei es, »daß wir das Wertlose für so wertvoll halten und uns sträuben gegen das Abschiednehmen von Tand und Flitter. Ein Rätsel, das ungelöst bleiben wird wie alle andern. Man ächzt so weiter und freut sich, daß man atmet.«

In Berlin genas Fontane bald. Dies war vor allem das Verdienst des bewährten Arztes der Familie, eines Dr. Delhaes. Delhaes verzichtete fast ganz auf Medikamente – gegen die der ehemalige Apotheker Fontane ohnehin eine starke Abneigung hatte – und verlegte seine Behandlung – neben einer »elektrischen Kur« – vor allem auf psychische Einwirkung. Er bekämpfte den wahnhaften Glauben des Kranken, ebenso wie sein Vater um das 72. Jahr herum sterben zu müssen, und regte ihn zu neuem Schaffen an; er erkannte richtig, daß Fontanes Versagen im Ringen um »Effi Briest« eine der Ursachen gewesen war, die die Nervenkrise herbeigeführt hatten: »Sie sind ja gar nicht krank! – Ihnen fehlt nur die gewohnte Arbeit! – Und wenn Sie sagen: ›Ich habe ein Brett vorm Kopf, die Puste ist mir ausgegangen, mit der Romanschreiberei ist es vorbei‹, nun, dann sage ich Ihnen: Wenn Sie wieder gesund werden wollen, dann schreiben Sie eben was anderes, zum Beispiel Ihre Lebenserinnerungen. Fangen Sie gleich morgen mit der Kinderzeit an!«

Fontane griff die Anregung auf, die seinen eigenen Neigungen entgegenkam (vgl. Briefe vom 23. Januar 1890 und 23. August 1891). In den Herbstmonaten des Jahres 1892 begann er, an dem autobiographischen Roman »Meine Kinderjahre« zu arbeiten; indem er seine glückliche Swinemünder Jugendzeit heraufbeschwor, wichen Unruhe und Seelenangst allgemach von ihm. Gleich nach Abschluß des Buches aber, dem man die Entstehung »in tormentis« nicht anmerkt, zu Anfang des Jahres 1893, wandte sich Fontane wieder einem Roman zu: »Effi Briest«. In steilem, wunderbarem Anstieg erhob er sich aus der dumpfen Verzweiflung des psychischen und biologischen Tiefs zu den lichten Höhen seines Gipfelwerkes. Er vollendete den Roman, weil er genas, und er genas, weil er den Roman vollenden konnte.

Im Frühjahr 1893 bot Fontane »Meine Kinderjahre« Julius Rodenberg zum Vorabdruck in der »Deutschen Rundschau« an.

AN METE FONTANE   Berlin, 9. Juli 1893

... Ja, mit *Rodenberg*! Ich kann da nichts tun. An meiner Haltung liegt es nicht. Ich habe immer geradesoviel Courage wie zuständig; die Verhältnisse haben mir jederzeit eine Bescheidenheitsrolle aufgezwungen – »ach, es war nicht meine Wahl«. Seine Bedenken, die Sache in aller Ausführlichkeit zu geben, sind wahrscheinlich berechtigt. Und doch kann ich es nicht bedauern und bedaure es nicht, daß ich es so gemacht habe, wie's daliegt. Erst wollte man von den Ausführlichkeiten in »Vor dem Sturm« nichts wissen, jetzt höre ich nur noch: »Gerade so, so war's richtig.« Wer seinen eignen Weg geht, begegnet immer Widerspruch; die Schablone gilt. Aber man muß es eben riskieren. Wer nicht wagt, gewinnt nicht. Vielleicht wird es auch als Buch nur sehr mäßiger Anerkennung begegnen, dennoch mußte es so sein. Es gibt, dabei bleibe ich, doch wenigstens einen Fingerzeig, wie man die Sache anzufassen hat. Das Operieren mit Größen und sich selber dabei als kleine Größe im Auge haben, immer Kunst, immer Literatur, immer ein Professor, immer eine Berühmtheit – das alles ist vom Übel.

Friedlaender hatte Fontane über nichtige Klatschaffären unter den Schmiedeberger Pastoren berichtet.

AN GEORG FRIEDLAENDER   Berlin, 1. August 1893

... Nun frage ich, wenn eine bedrückte Seele Trost sucht, sich niederwirft, Erbarmen anruft, wo soll sie, solcher Miserabelschaft gegenüber, diesen Trost finden? Alles Blech, alles ödeste Phrase, keine Spur von Natur, von Herz. Haben Sie neulich vielleicht gelesen, wie ostpreußische Pastoren ihrem neuernannten Superintendenten als »Bischof« gehuldigt haben? Schafsköpfe, Heuchler, Narren. Diese Stümper, Stümper noch mehr an Herz als an Geist, diese dürftigen Gesellen, die bloß an Klingelbeutel, an das Wohlwollen hoher Vorgesetzten und an das zuerst oder zuletzt gereichte Riechfläschchen des Fräulein Klein in Schmiedeberg denken, solche Löffelgarde will sich dem Riesen der neuzeitlichen Entwickelung entgegenstellen und erhofft das Heil von einer Verdoppelung der Kirchen, in denen man *jetzt* schon nur solche sieht, die nicht da sind. Ich kenne keinen Menschen, zu dessen Glaubensbekenntnis, wenn es sich mit dem lutherschen deckt, ich das geringste Vertrauen hätte; nur offener Unglaube, Redensartlichkeit und Heuchelei treten mir entgegen. . . .

Etwa am 15. wollen wir nach Karlsbad und freuen uns sehr, daß wir Aussicht haben, Sie früher oder später dort zu sehn; hoffentlich erlauben Wetter und Befinden auch die geplanten Fahrten bis Eger und Pilsen. Zunächst würden wir Ihnen für Ratschläge hinsichtlich Karlsbads selbst sehr dankbar sein. Wir haben uns seitens einer uns bekannten Dame, die häufiger in Karlsbad war, einen Zettel schreiben lassen, aber der Wert desselben ist Null. Daß bei Pupp auf der Wiese gut gegessen und getrunken wird, wußte ich auch vorher schon, und eine Hotelempfehlung ist ebenfalls gleichgültig; ein Hotel ist wie das andre. Worauf es ankommt, das ist eine *Wohnung*, nicht zu teuer, nicht zu sonnig, nicht zu kalt und feucht und nicht zu weit von dem Hauptbrunnenplatz. Auf unsrem Zettel werden zwei Häuser genannt, eins heißt die »Amsel«, was wenigstens einem Poeten gut klingt. Wer gern tanzt, dem ist leicht gepfiffen. Aber trotzdem darf mich der Name nicht bestechen. Können Sie uns nun nach eigener Erfahrung was empfehlen? Nähe des Brunnens ist wichtig, der Preis, wenn nicht zu exorbitant, verhältnismäßig gleichgültig, denn »kommst du übern Hund, kommst du übern Schwanz«. . . .

AN AUGUST V. HEYDEN Berlin, 5. August 1893

. . . Du fragst wegen Bismarck. Meine Damen, die mir die Zeitung vorlesen, müssen schlecht aufgepaßt haben. Ich weiß nichts von einer Rede in Hannover. Aber sie wird gewesen sein wie die andern. Das ewige Sich-auf-den-Waisenknaben-und-Biedermeier-hin-Ausspielen ist gräßlich, und man muß sich immer wieder all das Riesengroße zurückrufen, was er genialisch zusammengemogelt hat, um durch diese von den krassesten Widersprüchen getragenen Mogeleien nicht abgestoßen zu werden. Er ist die denkbar interessanteste Figur. Ich kenne keine interessantere; aber dieser beständige Hang, die Menschen zu betrügen, dies vollendete Schlaubergertum ist mir eigentlich widerwärtig, und wenn ich mich aufrichten, erheben will, so muß ich doch auf andere Helden blicken. Dem Zweckdienlichen alles unterordnen ist überhaupt ein furchtbarer Standpunkt, und bei ihm ist nun alles noch mit so viel Persönlichem und geradezu Häßlichem untermischt, mit Beifallsbedürftigkeit, unbedingtem Glauben an das Recht jeder Laune, jedes Einfalls und kolossaler Happigkeit. Seine aus jedem Satz sprechende Genialität entzückt mich immer wieder, schmeißt immer wieder meine Bedenken über den Haufen; aber bei ruhigem Blute sind die Bedenken doch auch immer wieder da. Nirgends ist ihm ganz zu trauen. Andrerseits (Kritik ist billig) trifft er in dieser seiner Kritik meistens den Nagel auf den Kopf und hat sicherlich darin recht, daß wir an unsichern Zuständen laborieren und daß ein tiefes Mißtrauen durch das Land schleicht. Noch richtiger wäre wohl der etwas mildere Ausspruch, »daß wir kein rechtes Vertrauen zu uns hegen«. Der Zusammenbruch der ganzen 1864 bis 1870 aufgebauten Herrlichkeit wird offen diskutiert, und während immer neue hunderttausend Mann und immer neue hundert Millionen bewilligt werden, ist niemand (auch wenn die Sache mit den Bewilligungen noch so fortginge) im geringsten von der Sicherheit unserer Zustände überzeugt. . . .

Am 16. August reiste Fontane mit seiner Frau nach Karlsbad, wohin etwa eine Woche später auch Friedlaenders kamen.

AN METE FONTANE   Karlsbad, 17. August 1893
                         »Silberne Kanne«

Wir sitzen nun doch in der »Silbernen Kanne«, nachdem fünf Minuten lang auch die »Amsel« wieder in Frage gekommen war. Ein Doppelgespräch mit der »Amsel«-Wirtin, Frau Marie

Schmidt, leitete dies alles ein. Frau Marie Schmidt ist sechzig, klein, bummlig und hat einen Seitenkropf, d. h., er hängt nicht über die Brust, sondern mehr über die linke Schulter. Charakter dementsprechend, also humoristisch. Ich sagte: »Frau G. hat uns empfohlen – vielleicht erinnern Sie sich ihrer?« »Ach, Frau G., gewiß, eine charmante Dame.« Mittlerweile war auch Mama aus der Droschke gestiegen. Diese führte nun frische Truppen ins Gefecht und sagte: »Herr B. hat uns an Sie empfohlen; vielleicht erinnern Sie sich seiner.« »Ach, Herr B., gewiß, ein sehr charmanter Herr.« So sind die deutschen Stämme verschieden. Ein Berliner hätte geantwortet: »B.? B. kenn ich nicht.« Als echte Bekanntschaft stellte sich aber ein andrer Freund unsres Hauses heraus, wenn auch nur Freund auf dem Hühneraugenwege. Es lagen, als wir ausgepackt hatten, drei kleine Pennale auf dem Tisch, alle mit der Inschrift: »Hühneraugenpflaster; Bellmann, Bellevue-Apotheke.« Das Mädchen, auch Anna, las »Bellmann« und sagte: »Ach, Herr Bellmann, der hat im vorigen Jahre hier gewohnt.« »So, so,« sagte Mama, »ein freundlicher, jüdischer Herr?« »Wohl möglich«, war die Antwort, »aber ich habe nichts bemerkt.«

Wir kamen sehr ermüdet hier an, machten aber doch noch einen großen Spaziergang an dem Café »Pupp« vorüber, welchen Namen Frau Schmidt (übrigens nicht zu seinem Vorteil) weich ausspricht. Ich werde diese Korrektheit denn auch nicht mitmachen. »Pupp« ist übrigens nicht ein vornehmer Kaffeegarten, sondern ein Ding wie der Tuileriengarten, daraus ein in gotischer Renaissance gehaltenes Riesenschloß als »Grand Hotel Pupp« aufragt; drum herum Terrassen, Veranden, Gärten – alles mit Tischen, an denen getafelt und getrunken wird, überdeckt. In tausend Lichtern strahlend, wirkte es am Abend feenhaft oder doch orientalisch, welche Wirkung durch den Stammescharakter seiner Gäste gesteigert wurde. Ich hätte nie geglaubt, daß es so viel Israeliten in der Welt überhaupt gibt, wie hier auf einem Hümpel versammelt sind. Und dabei soll es in Heringsdorf noch mehr geben! »Nicht zu denken gedacht zu werden«, hieß es früher im »Kladderadatsch«. Ich halte so viel von den Juden und weiß, was wir ihnen schulden, wobei ich das Geld noch nicht mal in Rechnung stelle. Aber was zu toll ist, ist zu toll; es hat etwas – auch vom Judenstandpunkt aus angesehen – geradezu Ängstliches. Der Ort ist wirklich eine Sehenswürdigkeit und wäre Stoff für einen Essay; ein solcher, d. h. ein Etwas, das das Wesen dieser merkwürdigen Welt-Gasthausstadt zusammenfaßt, ist wohl noch nicht geschrieben. Die Sache selbst ist das kunstvoll Gewordene mehrerer Jahrhunderte. . . .

AN METE FONTANE Karlsbad, 21. August 1893

... Unser Tag verläuft wie folgt: um 6½ Uhr auf, um 7½ an den Theresienbrunnen, von 7½ bis 9 Uhr Spaziergang bis zum »Posthof«, das Tepeltal hinauf und auf dem Heimwege Gebäckeinkauf bei Domenico Mannl, Schweizerbäcker, von dessen »Weltruhm« die Karlsbader mit Stolz sprechen. Und mit Recht. Was sind Storm oder Heyse neben Mannl! Der ist ein andres Mannl. Von 9 bis 9½ Uhr Frühstück. Dann schläft sich Mama viertelstundenweise durch den Vormittag durch, während ich Brugsch oder Pietsch oder Arne Garborgs »Schilderungen aus Kolbotten« lese. Dann Toilette, d. h. bei Mama; das alte Spitzenkleid wird angezogen, bei mir wird ein neuer Hemdkragen umgebunden. Handschuhzwang für die Männerwelt existiert nicht. Dann folgt das Diner: halbes Rebhuhn, hinterher eine Mehlspeise und ein Glas Pilsener. Von zwei bis vier Uhr Stillsitzen in unserer Wohnung und Erörterung der lieben alten Fragen: »Wird es schwül bleiben, oder wird es regnen, oder wird ein Gewitter kommen, oder wird es bloß wetterleuchten?« Nach endlicher Feststellung, daß das eine so gut möglich sei wie das andere, geht es um vier Uhr zu Pupp, um Kaffee bzw. Milch oder auch bloß Gieshübler zu trinken. Die Kellnerinnen kokettieren (freilich nicht mit mir), die Oblatenmädchen, Bälge von zehn oder zwölf Jahren, überbieten noch die Kellnerinnen, und von fern her oder auch im Lokal selbst hört man Musik, denn ohne diese geht es hier nicht. Die Session bei Pupp dauert bis sechs Uhr. Dann wieder Spaziergang bis zum »Posthof«, auf dem Heimwege Schinkeneinkauf bei »Friedel« (unserm wünschte ich dies Geschäft, eine wahre Goldgrube), gegen acht Uhr Abendbrot und um neun Uhr in die Klappe. Bisher ging alles ganz leidlich; aber das Vergnügen ebbt doch schon, und ich sehe den

Tag sehr nahe, wo der »Posthof«, wo Mannl und wo selbst Pupp ihre Zauber verloren haben werden. »Unter Larven die einzig fühlende Brust« – selbst von diesem Minimalsatz ist hier nicht zu sprechen; denn auch diese eine Brust fehlt. Worin sich übrigens eine Ironie des Schicksals ausspricht, denn wenn es anderseits etwas gibt, das hier massenhaft auftritt, so ist es Brust als solche. Schon nicht mehr schön....

AN METE FONTANE   Karlsbad, 24. August 1893

Vor einer Stunde kam Dein großes Briefpaket an, darin auch der Brief von P. Ich hielt einen niedrigern Honorarsatz für möglich, aber freilich auf für provozierend, und hätte in diesem Falle kurzen Prozeß gemacht, bin nun aber froh, daß mir das erspart wird; ich bin nun mal für Frieden und Kompromisse. Wer diese Kunst des Kompromisses nicht kennt, vielleicht nicht kennen will, solch Orlando furioso und Charakterfatzke kann sich begraben lassen. Ich habe noch nicht gesehen, daß ein Dollbregen oder auch nur Prinzipienreiter heil durchs Leben gekommen ist. All den großen Sätzen in der Bergpredigt haftet zwar was Philiströses an, aber wenn ihre Weisheit richtig geübt wird, d. h. nicht in Feigheit, sondern in stillem Mut, so sind sie doch das einzig Wahre, und die ganze Größe des Christentums steckt in jenen paar Aussprüchen. Man begreift dann Omar, als er die alexandrinische Bibliothek verbrannte: »Steht es *nicht* im Koran, so ist es schädlich, steht es im Koran, so ist es überflüssig.« Das ist das Resultat, wenn man lange gelebt hat: »Alles, was da ist, kann verbrannt werden, wenn nur zehn oder zwölf Sätze, in denen die Menschenordnung liegt (nicht die Weltordnung, von der wir gar nichts wissen), übrigbleiben.« Es ist auch recht gut so; nur für einen Schriftsteller, der vom Sätzebau lebt, hat es etwas Niederdrückendes.

Was Du über unsre Freunde schreibst, ist alles richtig, nur nicht liebevoll oder doch nicht nachsichtig genug. »Nur der Irrtum ist das Leben usw.« Im reinen Licht verbrennt alles. Es wird einem in der Jugend immer gepredigt, man solle seine Phantasie nicht ausschweifend wirtschaften lassen, und der Satz ist gut und richtig; aber was noch richtiger ist, ist das: »Man hüte sich vor

Gefühlssezierungen andrer, vor dem ewigen Suchen nach dem eigentlichen Motiv, vor Betrachtung alles Irdischen im ›reinen Licht‹.« Erstlich kriegt man's doch nicht raus, hinter dem letzten liegt wieder noch ein allerletztes; aber wenn man's nun auch herausgekriegt hätte, was hat man davon? Entweder Überhebkeit, wenn man die Untersuchung am eignen lieben Ich vorbeigehen läßt, oder Deprimiertheit und Katzenjammer, wenn man dahinterkommt: »Ja, so bist Du nun auch.« Ohne ein gewisses Quantum von »Mumpitz« geht es nicht. Als ich jung war, hieß es in der Chemie: »Wir berechnen alles nach Atomen. Diese Atome sind etwas ganz Willkürliches, sie sind ein Einfall, wir haben sie uns erfunden; aber wir müssen sie haben, um unsre Rechnungen machen zu können, und – sonderbar – mit Hilfe dieser chimärischen Grundlage stimmt alles.« So ist es auch in der moralischen Welt. Professor Möller (Bildhauer) sagte zu Friedrich Eggers: »Wenn da noch was fehlt, nehm ich wahrscheinlich Glaube, Liebe, Hoffnung.« Wie oft ist mir das eingefallen! Immer wird ein bißchen Glaube, Liebe, Hoffnung genommen wie aus dem Bausteinkasten der Kinder. Von wirklichem Glauben und wirklicher Liebe ist mir noch nichts vor die Klinge gekommen, zu dem ich auch nur ein halbes Vertrauen hätte. Schopenhauer hat ganz recht: »Das Beste, was wir haben, ist Mitleid.« Mitleid ist auch vielfach ganz echt. Aber mit all den andern Gefühlen sieht es windig aus. Trotzdem brauchen wir sie, brauchen den Glauben daran; wir dürfen sie nicht leugnen, weil sich sonderbare Reste davon immer wieder vorfinden. Und selbst wo gar nichts ist, müssen wir dies Nichts nicht sehen wollen; wer sein Auge immer auf dies Nichts richtet, der versteinert. Die Wahrheit ist der Tod. . . .

AN DEN SOHN THEODOR FONTANE   Karlsbad, 30. August 1893

Ich wollte Dir schon gestern für Deinen lieben Brief vom 26. danken, kam aber nicht dazu, da mich Friedlaender zu einer Partie nach Eger abholte, anderthalb Eisenbahnstunden von hier. Natürlich war ich gleich bereit, da meine Vorliebe für historische Mordplätze ungeschwächt geblieben ist – fast die einzige Passion, von der ich das sagen kann. Es verlief denn auch alles in jener

Fidelität, die man meistens empfindet, wo was besonders Schreckliches passiert ist. Diese Fidelität, die zum wesentlichen in dem schön-menschlichen Gefühle wurzelt: »Siehst du, du Dummbart, ich lebe noch« (ein Gefühl, das bei jedem Begräbnis in alltäglicherer Form wiederkehrt), hat aber doch glücklicherweise einen zweiten Grund, den, daß für den mit einiger Sachkenntnis Ausgestatteten die Sache nie stimmt, so daß das fossil gewordene Schrecknis als eine Art Mumpitz an einen herantritt. In Eger wird z. B. die Hellebarde gezeigt – an der Spitze blutrostig –, mit der Deveroux den Wallenstein niederpiekte; ich glaube, daß Kostüm- und Waffenkundige der Hellebarde sofort eine andere Jahreszahl als das Jahr 1634 geben würden....

An Georg Friedlaender Berlin, 3. Oktober 1893

... Ich empfinde genauso wie Sie, kann also sehr gut folgen, aber ich bin sanguinischer und dadurch in meinem Gemüte glücklicher beanlagt, und mit Hülfe dieser glücklichen Beanlagung bin ich verhältnismäßig leicht über unausgesetzte Kränkungen fortgekommen. Ohne Vermögen, ohne Familienanhang, ohne Schulung und Wissen, ohne robuste Gesundheit bin ich ins Leben getreten, mit nichts ausgerüstet als einem poetischen Talent und einer schlechtsitzenden Hose. (Auf dem Knie immer Beutel.) Und nun malen Sie sich aus, wie mir's dabei mit einer gewissen Naturnotwendigkeit ergangen sein muß. Ich könnte hinzusetzen, mit einer gewissen preußischen Notwendigkeit, die viel schlimmer ist als die Naturnotwendigkeit. Es gab natürlich auch gute Momente, Momente des Trostes, der Hoffnung und eines sich immer stärker regenden Selbstbewußtseins, aber im ganzen genommen darf ich sagen, daß ich nur Zurücksetzungen, Zweifeln, Achselzucken und Lächeln ausgesetzt gewesen bin. Immer, auch als ich schon etwas war, ja auf einem ganz bestimmten Gebiete (Ballade) an der Tête marschierte, sah ich mich beargwohnt und andere, oft wahre Jammerlappen, bevorzugt. Daß ich das alles gleichgültig hingenommen hätte, kann ich nicht sagen. Ich habe darunter gelitten; aber andrerseits darf ich doch auch wieder hinzusetzen: ich habe nicht *sehr* darunter gelitten. Und das hing und hängt noch damit zusammen, daß ich immer einen ganz ausgebildeten Sinn für *Tatsächlichkeiten* gehabt habe. Ich habe das Leben immer genommen, wie ich's fand, und mich ihm unterworfen. Das heißt nach außen hin, in meinem Gemüte nicht. Sie wissen so gut wie ich oder besser als ich, daß es in unsrem guten Lande Preußen (wie übrigens in jedem andren Lande auch) etablierte Mächte gibt, denen man sich unterwirft. Diese Mächte sind verschieden: Geld, Adel, Offizier, Assessor, Professor. Selbst Lyrik (allerdings als eine Art Vaduz und Liechtenstein) kann als Macht auftreten. Von dem Kuglerschen Hause wurde vor vierzig Jahren gesagt: »Dort gilt nur, wer einen Band lyrischer Gedichte herausgegeben hat.« Es kommt nun darauf an, daß einen das Leben, in Gemäßheit der von einem vertretenen Spezialität, richtig einrangiert. So kam es, daß ich trotz meiner jämmerlichen Lebensgesamtstellung doch jeden Sonntag nachmittag von vier bis sechs richtig untergebracht war, nämlich im »Tunnel«. Dort machte man einen kleinen Gott aus mir. Und das hielt mich. Ist man aber aus seiner richtigen Rubrik raus, so ist das Elend da. Bankierssöhne (z. B. der junge Bleichröder) sind in Offiziers- und Professorenkreisen der größten Nichtachtung ausgesetzt. Offiziere werden in Bankierkreisen wie Hungerleider behandelt. Professor Oppert, linguistische Größe ersten Ranges, der aber, wie Ahlwardt, immer vergißt, daß Beinkleider auch Knöpfe haben, würde in Adels- und Offizierskreisen wie Gundling oder Morgenstern behandelt werden. Humboldt, als er zu ausschließlich vom Popokatepetl sprach, mußte erleben, daß Louis Schneider ihm vorgezogen wurde. Jede Gesellschaftsklasse, jeder Hausstand hat ein bestimmtes Idol. Im ganzen aber darf man sagen: es gibt in Preußen nur sechs Idole, und das Hauptidol, der Vitzliputzli des preußischen Kultus, ist der Leutnant, der Reserveoffizier. Da haben Sie den Salat. Hätten Sie – seien Sie übrigens froh, daß es nicht der Fall war – in eine bocksteife Professoren- oder vor Hochmut platzende Künstlerfamilie hineingeheiratet, so würden Sie der Leutnants- und Reserveoffizierbewunderung glücklich entgangen sein, aber es hätten sich Übelstände herausgestellt, die gleich bedrücklich wären. Man muß sich darin finden, daß immer wer da ist, der einem vorgezogen wird. Vielfach – namentlich in der Jugend und ehe man sich etabliert hat – ist dies kränkend. In spätren Lebensjahren aber hört es auf, kränkend zu sein, weil man sich überzeugt, daß niemand, auch der Größte nicht, von dieser Kränkung ausgeschlossen bleibt. Es läuft darauf hinaus, daß immer »das andre« besser ist. Eine Frau, die einen Schöngeist hat, sehnt sich nach einem Kürassieroffizier, und eine Frau, die einen Kürassieroffizier hat, sehnt sich nach einem Schöngeist. Ist man klug, so kommt es auf Stattlichkeit, und ist man stattlich, so kommt es auf Klugheit an. Dem Loyalitätsfatzke steht der Freiheitsapostel und dem Freiheitsfatzke der Loyalitätsapostel gegenüber. Wie man's auch einrichten mag, zur *Hälfte* kommt man immer schlecht weg. Hat man sich damit durchdrungen, daß es nicht anders sein kann, so fällt zwar nicht der momentane Ärger fort, aber man verheiratet sich nicht mit ihm. Eins der schönsten Lutherworte ist das folgende: »Ja, die bösen Gedanken. Wir können nicht hindern, daß die Vögel über uns hinfliegen. Aber wir können hindern, daß sie auf unsren Köpfen Nester bauen.« Dies ist ein *gutes* Bild. Dafür ist es aber auch von Luther....

Der Jenenser Gymnasialdirektor Gustav Richter, dessen Frau Fontane in Karlsbad kennengelernt hatte, schlug die Durchführung von Lutherfestspielen zur Hebung der Religiosität vor. In einem Briefe vom 12. Februar 1892 an Friedlaender hatte sich Fontane schon gegen das Bestreben gewandt, »mit Hülfe des Schutzmanns, bzw. des Staatsanwalts ... ›wieder Religion ins Land zu schaffen‹.« Kein vernünftiger Mann werde was gegen Religion haben, wenn er persönlich auch nicht »mitmache«. »Glaubt meinetwegen, daß die Balken brechen; ich habe zwar noch nicht gesehn, daß viel dabei herauskommt, aber wenn es ehrlich ist, geb ich dem Gläubigen seine Ehre. Nur das Anpacken dieser feinen Dinge von außen her widersteht mir aufs äußerste, und der gesunde Sinn unsres Volks lehnt sich dagegen auf.«

An Georg Friedlaender   Berlin, 7. November 1893

... Wie man jetzt oft hört: »Bismarck hat abgewirtschaftet«, so hat sich auch der modernen norddeutschen Menschheit das Gefühl bemächtigt: »Luther hat abgewirtschaftet.« ... Der moderne Geist ist dem alten Luther dankbar, daß er an die Stelle der Autorität das Forschen gesetzt hat, wie man Bismarck für den Aufbau Deutschlands dankbar ist. Aber nun schnappt es ab, und von einem allgemeinen Sich-einschwören-Lassen oder von einer *General*bewunderung ist keine Rede. Diese verlangen aber die Lutherleute, die nichtstrengen geradesogut wie die strengen, und das widerspricht dem Geist unsrer Zeit. Man nimmt sich das, was einem paßt, und auch Luther wird mit Auswahl behandelt. Und solch Auswählen, solche beständig geübte Kritik schließt nun mal die Begeisterung aus, und so kommt es denn, daß auf »Lutherfestspiele« keiner mehr recht anbeißen will. Das Publikum entbehrt durchaus der enthusiastischen Gefühle, die solch jenensischer Professor, seinerseits sehr weltabgeschieden (immer im Rollstuhl), als vorhanden annimmt. . . .

Ich fühle mit einem Instinkt, der mich selten täuscht, heraus, daß er ein sehr abgeschlossener, bewußter, eigensinniger Herr ist, der sich nicht fördern und entwickeln, sondern weil er das Richtige bereits zu haben glaubt, dies sein »Richtiges« à tout prix durchdrücken will. Solche Personen kann ich bis zu einem gewissen Grade anerkennen, aber ich kann nicht mit ihnen leben. Personen, denen irgend etwas absolut feststeht, sind keine Genossen für mich; nichts steht fest, auch nicht einmal in Moral- und Gesinnungsfragen und am wenigsten in sogenannten Tatsachen. Taufregister sind sprichwörtlich falsch. . . .

An Georg Friedlaender   Berlin, 29. November 1893

. . . Von mir selber – jeder hat so seine Eitelkeiten – pflege ich gern zu versichern, daß ich einen natürlichen Sinn für *Tatsächlichkeiten* hätte, und ich darf sagen, ich verdanke diesem Sinne sehr viel. Als ich in Besançon gefangen saß und *sehr* unliebsame Sachen durchzumachen hatte, sagte ich mir lächelnd: »Ja, so is es, wenn man gefangen is«, und es kam keine Klage, sicherlich keine Anklage über meine Lippen. Es erwächst einem aus diesem Sinn ein Trost, jedenfalls eine Resignation. »Es ist nun mal so.« Von diesem Sinn haben alle Prinzipienreiter keine Spur, sie nehmen nicht die Welt, wie sie ist, sondern wie sie nach ihrer Meinung sein sollte, und so schneidert sich Hofrat

Richter eine Lutherwelt zurecht. Allerdings wird ihm etwas bange dabei, nichts stimmt und klappt, aber er tröstet sich sofort: »Was nicht ist, kann werden.« Und als ein Hauptmittel dazu betrachtet er die Lutherfestspiele. Aber es liegt umgekehrt; ein lebendiges Luthertum kann wohl Lutherfestspiele schaffen, aber mit Ach und Krach zusammengebrachte Lutherfestspiele können kein lebendiges Luthertum wiederherstellen. Ich wüßte nichts zu nennen, was *so* in der Decadence steckte wie das Luthertum. An die Stelle bestimmter Dogmen, die Produkt der Kirche waren, hat Luther Dogmen gesetzt, die seiner persönlichen Bibelauslegung entsprachen, und diese neueren Dogmen, die übrigens mit den alten vielfach eine verzweifelte Ähnlichkeit haben, sollen nun, trotzdem die Forschung *frommer* Männer ihre Fraglichkeit dargetan hat, mit demselben Feuer-und-Schwert-Rigorismus aufrechterhalten werden wie die alten. Die Offiziere, die ihre Kommandoworte schreien, sind da, aber wo ist die Truppe? Ich sehe viele, die nicht da sind. Eigentlich kenne ich keinen, der »da« ist, natürlich die paar tausend orthodoxe Pastoren abgerechnet. Lasse ich diese außer Spiel, so gibt es nur Rationalisten, Deisten und Atheisten; Personen, die *stramm* zum lutherischen Glaubensbekenntnis stünden, kenne ich nicht. . . .

Ende 1893 erschien (mit der Jahreszahl 1894) Fontanes autobiographischer Roman »Meine Kinderjahre« im Verlag von Friedrich Fontane.

AN OTTO BRAHM   Berlin, 1. Dezember 1893

»Was? Wie?
ne Biographie?
Und, Gott bewahre,
Bloß bis zum zwölften Jahre.
Was man nicht alles erleben kann!«
Nehmen Sie's trotzdem freundlich an.
                    Ihr Th. F.

AN HERMANN SCHERENBERG Berlin, 2. Januar 1894

Wenn ich das Glück gehabt habe, Ihnen mit meinen »Kinderjahren« eine Weihnachtsfreude zu machen, so haben Sie mir mit Ihrem so überaus liebenswürdigen Brief eine große Geburtstagsfreude gemacht. Solche Leser zu finden ist das größte Schriftstellerglück. Gegen das Lob auf Löschpapier – ein paar glänzende Ausnahmen zugegeben – brüht man ab; aber solche Herzensstimmen unmittelbar aus dem Publikum heraus tun unendlich wohl. Lassen Sie mich, was Ihnen vielleicht einen kleinen Spaß macht, hinzusetzen, daß ich mit diesem Buche zum ersten Male das erlebt habe, was ich einen Erfolg nenne; denn den Swinemünder Weihnachtsmarkt habe ich literarisch beherrscht. Freilich nur ein Lokaltriumph, aber besser als der Absatz der üblichen tausend Exemplare auf fünfzig Millionen Deutsche. Das ist ein Tropfen im Ozean, jenes ein tüchtiger Schuß Kognak in einem Glase Wasser.

Mete Fontane befand sich wieder in Deyelsdorf bei Stralsund.

AN METE FONTANE Berlin, 29. Januar 1894

... Die Versöhnungsszene im Berliner Schloß scheint in Neuvorpommern sehr kritischen Augen begegnet zu sein. Ich stehe in der ganzen Geschichte von Anfang an auf Kaisers Seite; selbst die so viel getadelte »Form« war einem Bismarck gegenüber unvermeidlich. Als Blücher nach Anno 1815 in Berlin lebte, wollte niemand mehr mit ihm Karten spielen, worüber er unglücklich war und sich bei Friedrich Wilhelm III. beschwerte. »Ja, lieber Blücher, die Herren sagen, Sie mogelten immer«, worauf Blücher pfiffig und verschämt antwortete: »Ja, Majestät, ein bißchen mogeln ist das beste.« Danach hat auch Bismarck gehandelt; »ein bißchen mogeln« (d. h. ganz gehörig) ist ihm immer als das Schönste erschienen. Und wer diese Tugend hat, der darf sich nicht wundern, wenn er wieder bemogelt wird oder wenn ein Stärkerer ihm sagt: »Du, auf die Brücke trete ich nicht; ich kenne meine Pappenheimer, du bist ein Mogelant und willst mich wieder bemogeln; aber ich spiele nicht mehr mit und sage einfach: ›Mein königlicher Wille ist Trumpf.‹« Bismarck ist der größte Prinzipverächter gewesen, den es je gegeben hat, und ein »Prinzip« hat ihn schließlich gestürzt, besiegt – dasselbe Prinzip, das er zeitlebens auf seine Fahne geschrieben und nach dem er nie gehandelt hat. Die Macht des hohenzollernschen Königtums (eine wohlverdiente Macht) war stärker als sein Genie und seine Mogelei. Er hat die größte Ähnlichkeit mit dem *Schiller*schen Wallenstein (der historische war anders): Genie, Staatsretter und sentimentaler Hochverräter. Immer *ich, ich,* und wenn die Geschichte nicht mehr weitergeht, Klage über Undank und norddeutsche Sentimentalitätsträne. Wo ich Bismarck als Werkzeug der göttlichen Vorsehung empfinde, beuge ich mich vor ihm; wo er einfach er selbst ist, Junker und Deichhauptmann und Vorteilsjäger, ist er mir gänzlich unsympathisch....

... Hat Dir denn Mama von meinem Vorleseabend bei den V.schen Damen geschrieben? Die Heldin des Abends – ich selber kam mir wenig als Held vor – war ein kleines Fräulein Z., von der ich nur sagen kann, ihre Erscheinung und gesamte Haltung war eine glänzende Widerlegung ihres prosaischen Namens. Schönes Profil, kluge Augen, alles Nerv und Charakter, merkwürdige Mischung von Berliner Geist und Berliner Keller. Eine Korallenbrosche auf dem schwarzen Kleid und mit einem Lorbeerkranz (den sie dezent »in ihres Kleides Falten« verbarg) bewaffnet, stand sie vor mir, sah mich, aus reiner Nervosität, denn sie zitterte leise, scharf an und trug nun ihre Huldigungsverse vor. Ich fragte nachher: »Wer und was ist die junge Dame?« »Sie ist Verkäuferin in einem Knopfladen.« Du weißt, daß bei meinem Hange, gleich zu kombinieren und weitgehende Schlüsse zu ziehen, solche Dinge immer einen großen Eindruck auf mich machen. Ich werde immer demokratischer und lasse höchstens noch einen richtigen Adel gelten. Was dazwischen liegt: Spießbürger, Bourgeois, Beamter und »schlechtweg Gebildeter«, kann mich wenig erquicken. Immer tiefer sinkt der Beamte, übrigens ganz unverschuldet. Vor hundert Jahren und fast noch vor fünfzig war er durch Stellung und Bildung überlegen und in seiner Vermögenslage, so bescheiden sie war, meist nicht zurückstehend; jetzt ist er im Geldpunkt zehnfach überholt und in natürlicher Konsequenz davon auch in allem andern. Denn –

etliche glänzende Ausnahmen zugegeben – ist der Besitz auch in Bildungsfragen entscheidend.

Und nun lebe wohl. Dieser Brief erreicht die Friedlaendergrenze, das höchste Maß also, das heutzutage noch vorkommt. Empfiehl mich, erhole Dich bei dem schönen, frischen Wetter, koche und philosophiere.

Der frische Ton dieses Briefes zeigt Fontane wieder ganz auf seiner alten Höhe als Briefschreiber, Beobachter und Causeur. Die Beobachtung der Menschen – mehr noch: des Menschen – ist ihm künstlerisches Bedürfnis und Vergnügen in einem. Besonders fesselt ihn die Entwicklung Berlins zur Weltstadt mit allen den Kontrasten und Widersprüchen, die sie mit sich bringt. In den nachgelassenen Entwürfen zum dritten Teil seiner Autobiographie »Kritische Jahre – Kritikerjahre« hat er reizende Einzelbeobachtungen dazu zusammengetragen: »Ist Berlin Weltstadt? Ja und nein. Nun das große Leben und das daneben fortexistierende Klein- und Spießbürgerleben. ... Es gibt noch Frauen, die in die Landsberger Straße fahren, um eine Sache für fünf Pfennige billiger zu kaufen, und die, wenn sie ein Rezept in die Apotheke schicken, immer eine krumme und schiefe Flasche mitschicken. Wenn sie eine Seltersflasche öffnen, halten sie die Hand darüber, damit von der kostbaren Kohlensäure nichts entweicht.« – In einer liebenswürdigen Impression hat uns Heinrich Spiero, der in den neunziger Jahren in Berlin studierte, die Erscheinung des alten Fontane überliefert, wie er auf täglichen Streifzügen durch die Straßen Berlins – seinem Luftbedürfnis wie seinem Beobachtungstrieb frönend – dem Spaziergänger begegnete: »Traf man den alten Theodor Fontane, den grünen oder weißen Schal bei schlechtem Wetter um den Hals, bei gutem in der Hand, am Kanalufer, so bekam man unweigerlich einen Blick der strahlenden blauen Augen, denn er hatte Zeit und Gelegenheit, die wenigen Spaziergänger zu beobachten.«

Der Architekt K. E. O. Fritsch, Fontanes späterer Schwiegersohn, hatte gesprächsweise für eine Aufführung von Lessings Trauerspiel »Philotas« plädiert.

An K. E. O. Fritsch   Berlin, 26. März 1894

... Sie kennen mich zu gut, als daß Sie nicht wissen sollten, daß der ganze streitsuchende Krimskrams von Klassizität und Romantik, von Idealismus und Realismus, beinahe möchte ich auch sagen, von Tendenz und Nichttendenz – denn einige der allergrößten Sachen sind doch Tendenzdichtungen – weit hinter mir liegt. *Alles* ist gut, wenn es gut ist.

Ich bin also auch für einen Heldenjüngling, der *unter Umständen* à tout prix fürs Vaterland sterben und sich dadurch unter die Unsterblichen einreihen will.

Aber für diesen Philotas bin ich nicht.

Der Schauspieler Grube hat mir vor einigen Monaten eine Döringgeschichte erzählt. Döring stand ganz gut mit Kahle, hielt ihn aber von Anfang an für einen schwachen Schauspieler.

»Lieber Kahle, Sie sind kein Schauspieler, Sie sind ein Rhetor.«

»... Aber lieber Herr Döring!«

»Sie sind ein Rhetor.«

»Aber ich habe doch auch meine Erfolge. ...«

»Täuschung, lieber Kahle. Machen Sie den Versuch, gehen Sie von hier direkt rüber zu Lutter und Wegener und bestellen Sie sich beim Küfer Wilhelm, einem Freunde von mir, eine halbe Flasche St. Julien.«

»Nun? ...«

»Er bringt sie Ihnen nicht.«

»Aber warum denn nicht, lieber Herr Döring?«

»*Er glaubt es Ihnen nicht.*«

So wirkt Philotas. Ich bin ganz der Küfer Wilhelm und glaube ihm seine halbe Flasche St. Julien nicht. Wenn ich jemals das Wort »akademisch« passend gefunden habe, so hier. Es ist nicht Aktzeichnen, was ja auch tot genug ausfallen kann; es ist Zeichnen nach dem weißesten Gips. Totgeborner Seifensieder, wie er im Buche steht. Es hat auf mich gar keinen Eindruck gemacht, und *wenn* einen, so einen wenig angenehmen. Ein patenter, gebildeter Renommierbruder. ...

AN GEORG FRIEDLAENDER Berlin, 12. April 1894

... Ich habe nichts gegen das Alte, wenn man es innerhalb seiner Zeit läßt und aus dieser heraus beurteilt; der sogenannte altpreußische Beamte, der Perückengelehrte des vorigen Jahrhunderts, Friedrich Wilhelm I., der Kürassieroffizier, der mehrere Stunden Zeit brauchte, eh er sich durch sein eignes Körpergewicht in seine nassen ledernen Hosen hineinzwängte, die Oberrechenkammer in Potsdam, der an seine Gottesgnadenschaft glaubende Junker, der Orthodoxe, der mit dem lutherschen Glaubensbekenntnis steht und fällt – all diese Personen und Institutionen finde ich novellistisch und in einem »Zeitbilde« wundervoll, räume auch ein, daß sie sämtlich ihr Gutes und zum Teil ihr Großes gewirkt haben, aber diese toten Seifensieder immer noch als tonangebende Kräfte bewundern zu sollen, während ihre Hinfälligkeit seit nun grade hundert Jahren, und mit jedem Jahre wachsend, bewiesen worden ist, das ist eine furchtbare Zumutung. Von meinem vielgeliebten Adel falle ich mehr und mehr ganz ab, traurige Figuren, beleidigend unangenehme Selbstsüchtler von einer mir ganz unverständlichen Borniertheit, an Schlechtigkeit nur noch von den schweifwedelnden Pfaffen (die immer an der Spitze sind) übertroffen, von diesen Teufelskandidaten, die uns diese Mischung von Unverstand und brutalem Egoismus als »Ordnungen Gottes« aufreden wollen. Sie müssen alle geschmort werden. Alles antiquiert! Die Bülows und Arnims sind zwei ausgezeichnete Familien, aber wenn sie morgen von der Bildfläche verschwinden, ist es nicht bloß für die Welt (da nun schon ganz gewiß), sondern auch für Preußen und die preußische Armee ganz gleichgültig, und die Müllers und Schultzes rücken in die leergewordenen Stellen ein. Mensch ist Mensch....

AN JOSEPH VIKTOR WIDMANN, Berlin, 27. April 1894
REDAKTEUR DER BERNER ZEITUNG
»DER BUND«

... Meine »L'Adultera«-Geschichte hat mir damals, als sie, ich glaube 1880, zuerst in Lindaus »Nord und Süd« erschien, viel Anerkennung, aber auch viel Ärger und Angriffe eingetragen.

Seitens der Lobredner hieß es: »Da haben wir wieder einen Berliner Roman«, aber die Philister und Tugendwächter, deren Tugend darin besteht, daß sie die Tugend *nicht* bewachen, sondern sie nur immer weiter behaupten, auch wenn sie längst weg ist – diese guten Leute beschuldigten mich, neben andrem, der Indiskretion. ... Dies war nun aber ganz falsch. Ich habe das Ravenésche Haus nie betreten ... Ich denke, in solchem Falle hat ein Schriftsteller das Recht, ein Lied zu singen, das die Spatzen auf dem Dache zwitschern. Verwunderlich war nur, daß auch in bezug auf die Nebenpersonen alles in geradezu lächerlicher Weise *genau* zutraf. Aber das erklärt sich wohl so, daß vieles in unsrem gesellschaftlichen Leben so typisch ist, daß man bei Kenntnis des Allgemeinzustandes auch das einzelne mit Notwendigkeit treffen muß. ...

In Berlin war die Kopie eines wertvollen romanischen Teppichs aus dem 11. Jahrhundert – die Eroberung Englands durch die Normannen behandelnd – ausgestellt.

An August v. Heyden   Berlin, 6. Mai 1894

Vielleicht treffen Dich diese Zeilen noch hier. Sie sollen Dir sagen, wie dankbar ich Dir für den Bayeuxteppich bin. Fast zwei Stunden lang habe ich mir den Hals verrenkt und unter Hervorsuchung meiner kümmerlichen Latinität den eingestickten historischen Kommentar gelesen. Ein Hundevergnügen. Aber es verlohnte sich. Nach meiner Meinung hätten sowohl Vorstand wie Presse die Sache ganz anders in die Hand nehmen und ein verhundertfachtes Interesse des Publikums wachrufen müssen. So war es ein Schlag ins Wasser. Ich war nicht nur der einzige Beschauer. Ich wurde auch – weil ich in meinem Interesse »verdächtig« war – von fünf oder sechs ausgestellten Posten in Zivil und Uniform von den verschiedensten Punkten aus beobachtet, ganz so wie ein nach Magdeburg Gereister, weil er der Polizei gemeldet hatte *»Vergnügens halber«*, von dieser observiert und schließlich sistiert wurde. Man glaubte es ihm nicht. So geht es mir in Berlin immer. Lasse ich mich mal wo sehn und zeige meine ganz besondere Teilnahme, so bin ich sofort Hochstapler,

Pickpocket. So ist es mir im Königlichen Schloß und im Hohenzollernmuseum ergangen. Alles bei uns ist roh, kommissig, urdämlich. Ich verlange, daß man mir meine Nicht-Pickpocket-Beschaffenheit schon auf dreißig Schritt ansieht. Aber in einem Menschen lesen, ihn einigermaßen richtig taxieren – o du himmlischer Vater! Deshalb haben mir auch Anno 70 alle preußischen Offiziere gesagt: »Bei uns wären Sie erschossen worden.«

An Wilhelm Hertz   Berlin, 27. Mai 1894

... Waren Sie mit auf dem Goethetag? Was Schlenther darüber geschrieben – besonders die Schilderung der witzig-graziösen Fehde zwischen Erich Schmidt, Heyse, Alexander Meyer – war geradezu reizend. Ein Jammer, daß die »Vossin« nicht hundert Leser hat, die die Zunge dafür mitbringen. Aber wo sitzt hier überhaupt die Zunge? Der Borussismus hat keine oder eine belegte. Welch Glück, daß wir noch ein außerpreußisches Deutschland haben. Oberammergau, Bayreuth, München, Weimar – das sind die Plätze, daran man sich erfreuen kann. Bei Strammstehn und Finger an der Hosennaht, bei Leist und Wehlan wird mir schlimm. Und dabei bin ich in der Wolle gefärbter Preuße. Was müssen erst die andern empfinden! ...

Im Alter trat Fontane auch wieder mit dem ehemaligen Tunnelfreund Herman Wichmann in eine lebhaftere Korrespondenz. Wichmann, dessen Tochter Dorothea Fontanes Patenkind war, lebte seit längerer Zeit als Musikdirektor und Schriftsteller in Italien, von wo aus er sich in anschaulichen Briefen über italienische Zustände und italienisches Leben verbreitete.

An Herman Wichmann   Berlin, 7. Juli 1894

... Seien Sie schönstens bedankt. Solche Briefe schreiben sich die Leute heute nicht mehr, alles wird im Telegrammstil besorgt. Und dabei bildet man sich noch ein, das sei ein Fortschritt. Dies ist nun aber ganz und gar verkehrt. Daß die sentimentalen Seichbeuteleien, die zu Anfang des Jahrhunderts beliebt waren, jetzt außer Mode gekommen sind, ist ein Glück; jene Briefe enthielten nur Redensarten, die noch dazu Lüge waren; daß man aber auf jeden Austausch von Mitteilungen, wenn diese nicht praktisch-geschäftlich sind, verzichten soll, erscheint mir als ein Unsinn. Natürlich müssen Schreiber und Leser einander entsprechen; wenn ich Ihren Brief nehme, ja, für jeden Reetzengassenbewohner ist er nicht geschrieben, wer aber ein bißchen Bescheid weiß, ... für den ist ein Brief wie der Ihre der reine Zucker, weil er aus ihm mehr Licht und Wissen empfängt als aus sechs Reisebüchern oder wohl gar aus zwölf. Denn je mehr man liest, je dümmer wird man. Es mag das nach den Naturen verschieden sein, aber ich für mein Teil habe von sogenannten »gründlicheren Studien« gar nichts gehabt und schiebe mein leidliches Zuhausesein in Welt, Leben und Geschichte darauf, daß ich mich immer nur vom *unterhaltlichen* Stoff, von Anekdoten, Memoiren und Briefen genährt habe. Der alte Witz: »Totale Unkenntnis von der Sache sicherte ihm ein unbefangenes Urteil« umschließt ein gut Stück Wahrheit. Natürlich werden auf diese Weise keine Gelehrten geboren; aber offener Sinn und Phantasie, wenn sie sich bewußt bleiben, daß sie's über »Fühlen und Ahnen hinaus« nicht bringen können, treffen es meist besser als die mit Scheuklappen vorgehenden Bücherfresser. ...

Daß Ihre Söhne nicht rechte Lust haben, einen Germanisierungsversuch mit sich vorzunehmen, kann ich ihnen so sehr nicht verdenken. Jede Nation hat ihre Aufgaben und ihre Vorzüge, und das beste ist, daß man da bleibt, wo man durch Gott hingestellt wurde, und das ist für Ihre Söhne Italien. ... Ich finde eigentlich nur eine Kategorie von Menschen, die nur in Deutschland leben und ein Genüge finden kann. Das sind die »Wagnerianer«, worunter man sowohl die Anhänger Richard Wagners wie die des »schweren Wagner« verstehen kann. Außerdem vielleicht noch Freimaurer. Aber was haben wir sonst, das einen Tausch rechtfertigen könnte! Kunst? Lächerlich. Wissenschaft (die der Deutsche gepachtet zu haben glaubt) auch lächerlich. Biedermannschaft? Dito. In Liebenswürdigkeit und der ganzen Welt der Formen stehen wir jammervoll zurück. Man kann doch nicht nach Deutschland kommen, bloß um im Lande Luthers oder Goethes oder Friedrichs des Großen oder Bismarcks zu leben. ...

AN OTTO NEUMANN-HOFER   Berlin, 21. Juli 1894

... Sie fordern mich freundlichst auf, Ihnen mal was für die »Romanwelt« zu senden. Ich habe den besten Willen dazu, werde von Ihrer Aufforderung auch seinerzeit Gebrauch machen, aber mit Bangen. Ich entferne mich in meinem Geschmack immer mehr von dem, was das Publikum will und was ihm, *weil* es es will, auch geboten wird. Was ich noch einen Zug fühle zur Darstellung zu bringen, das sind die kleinsten, alltäglichsten Hergänge. Verführungen, Entführungen, Radauszenen und alles das, was an den Müllkasten des Polizeiberichts erinnert, ist mir ein Greuel, und mit einer Geschichte von mir mich vorzuwagen, ist, als ob ich mit einer in lila Barége gekleideten »Einfalt vom Lande« auf einem von den Sportsleuten gegebenen Ball erscheinen soll. Ich passe mit meiner Dame nicht auf den Ball, und der Ball paßt nicht zu mir. *Die* exzeptionelle Stellung, die Verwunderung und Zweifel verstummen macht, nehme ich leider nicht ein.

Am 15. August reisten Fontanes wieder – wie schon im Vorjahr – nach Karlsbad. –

Otto Brahm hatte 1894 die Direktion des »Deutschen Theaters« in Berlin übernommen. Die ersten Aufführungen unter seiner Leitung wurden heftig kritisiert.

AN KARL ZÖLLNER   Karlsbad, 6. September 1894
»Silberne Kanne«

Ja, Brahm und Deutsches Theater! *Mir* tut Brahm leid, denn er ist besser als sein Ruf und hat jenen eigentümlichen Idealzug, der sich bei den Juden, auch wenn sie noch so scharf und bissig und selbst noch so happig sind, so häufig findet. Er lebt ganz für ein Prinzip, und das wird ihm eine spätre Zeit mal anrechnen. Im allgemeinen glaube ich nicht an die Auszahlungen durch eine »spätre Zeit«. Hier ist aber ein Ausnahmefall gegeben, denn die literarische Bewegung der letzten zwanzig Jahre, die jetzt auf einem Tiefpunkt steht, wird sehr bald wieder anerkannt werden. Was sich jetzt als »Sieg« der Gegner geriert, ist ein letztes Aufflackern. Die Großen bleiben und wachsen natürlich. Was aber zwischen dreißig und siebzig geschrieben wurde – wenige, die eine Sonderstellung einnahmen, abgerechnet – ist mausetot. Die Schönrednerei kommt nicht wieder auf. . . .

Im »Deutschen Theater« wurden am 25. September 1894 Gerhart Hauptmanns »Weber« aufgeführt, nachdem bereits am 26. Februar 1893 in einer geschlossenen Veranstaltung des »Vereins Freie Bühne« im Berliner »Neuen Theater« die Uraufführung stattgefunden hatte. Fontane schrieb über das Drama eine Rezension – seine letzte Theaterkritik überhaupt. Sie wurde zunächst anonym in Nr. 40 des von Joseph Ettlinger herausgegebenen »Salon-Feuilletons« veröffentlicht.

An Otto Brahm   Berlin, 27. September 1894

Teuerster Doktor und Direktor.
Allerherzlichste Glückwünsche zu dem großen Erfolg. Ich hätte Ihnen dies schon gestern ausgesprochen, doktorte aber an einem Artikelchen herum, zu dem mich meine Erregung und der Wunsch, doch auch noch mit dabei zu sein (»letztes Aufgebot«), drängte.

Das Stück ist vorzüglich, epochemachend. Ob jemand dran herumtadelt, meinetwegen selbst mit Recht, ist gleichgültig. An Bismarck wird auch herumgetadelt (ich mit), er bleibt aber Bismarck, und das ist gerade genug. Sprechen Sie dem liebenswürdigen Dichter, der mal wirklich einer ist und ein Mensch dazu, meinen herzlichsten Dank aus. Auch Freund Schlenther hat sich wieder glänzend bewährt. Der heutige kleine Essay scheint mir ein Nummer-eins-Stück.

Mit dem Wunsche, daß, wie die deutsche Literatur ein Prachtstück, so das Deutsche Theater ein Zug- und Kassenstück gewonnen haben möge, unter schönsten Grüßen von meiner Frau (die ganz baff war) Ihr

Th. Fontane.

Mit warmen, herzlichen Worten echter Begeisterung äußerte sich Fontane immer wieder über Gerhart Hauptmann – über den

Dichter und *den Menschen. Am 19. März 1895 schrieb er an Friedlaender:* »*Es gibt überhaupt wenige nette Dichter, aber sie kommen doch am Ende vor und beweisen einem, daß Talent, Hochflug und Reichtum an Herz und Seele mit Bescheidenheit gepaart sein können. Ein glänzendes Beispiel ist Gerhart Hauptmann.*«

Am 8. November 1894 wurde Fontane mit der Ehrendoktorwürde der Philosophischen Fakultät der Berliner Universität ausgezeichnet.

AN GEORG FRIEDLAENDER   Berlin, 9. Dezember 1894

... Im ganzen genommen, stehe ich mau und flau zu Auszeichnungen derart. Diese aber hat doch einen Eindruck auf mich gemacht, trotzdem ich recht gut weiß, wie dergleichen gemacht wird und auch diesmal gemacht worden ist. Erich Schmidt ist mein besonderer Gönner; *der* nahm es in die Hand und versicherte sich zunächst Mommsens, der – wegen »Vor dem Sturm« – auch ein kleines Liking für mich hat. Da sagte dann keiner mehr »nein«, und alle einundfünfzig »Ja« kamen glücklich zustande – sie sprangen nach. Aber trotzdem ist es eine Freude; vor strenger Kritik kann überhaupt nichts bestehn. ... Der »Ulk« hat in seiner letzten Nummer auch einen Vers über mich gebracht, halb Huldigung, halb Spott, von letztrem wohl eine Spur mehr. Er lautete (ohngefähr):

>Fontane ist nun schön heraus,
>Doktor wurde das alte Haus,
>Und will er nicht bürgerlich mehr bleiben,
>So kann er sich auch *von Tane* schreiben. ...

AUSGANG

1895–1898

Fontanes Gesundheitszustand und Wohlbefinden in seiner letzten Lebenszeit ist besser als in den Jahren vorher. Regelmäßig nimmt er seit 1893 die Kur in Karlsbad. Eine Staupe wie die von 1892 viederholt sich nicht. In seinen Briefen wird dies spürbar. Sie schlagen wieder öfters den kecken Ton früherer Jahre an; die reizenden Mecklenburger Briefe von 1896 könnten gut anderthalb Jahrzehnte früher geschrieben sein. Auch das Resignationsmotiv erklingt seltener. Die politischen Briefe sind zukunftsgewisser; mit dem Alten ist Fontane jetzt wirklich »fertig« – immer wieder betont er, seine Hoffnung liege beim »vierten Stand«.

Diese Äußerungen fallen vornehmlich in den Briefen an einen Mann, der erst jetzt wieder näher in Fontanes Gesichtskreis tritt. Es ist der Londoner Arzt Dr. James Morris, ein alter Freund aus der Zeit vor über vierzig Jahren. Fontane hatte ihn 1852 in England kennengelernt; damals nahm der junge Arzt Deutschunterricht bei ihm. »Er hat in allen Stücken Haltung, Gesicht, Wesen und Wissen«, so urteilte Fontane im Juli 1852 über Morris. Jetzt entwickelt sich zwischen beiden ein Briefverkehr, der an Umfang und Bedeutung fast die Korrespondenz mit Friedlaender erreicht. Morris schickt englische Zeitungen und Zeitschriften, und Fontane äußert dazu seine Meinungen. Sie betreffen die bildende Kunst und vor allem die große Politik; als Zeugnisse für Fontanes Einschätzung der weltpolitischen Entwicklung sind seine Morris-Briefe von hohem Wert. Scharf verurteilt er Militarismus, Kolonialismus und Kriegspolitik, fordert Abrüstung und Völkerverständigung.

Fontanes Schaffen in dieser Zeit gilt zwei großen Werken: dem Erinnerungsbuch »Von Zwanzig bis Dreißig« und dem Roman »Der Stechlin«. Beide kann er noch beenden. »Von

Zwanzig bis Dreißig« erscheint im Sommer *1898*, wenige Wochen vor seinem Tode, nachdem bereits viele Einzelabschnitte – so große Teile des umfangreichen Mittelstücks über den »Tunnel« – vorher in Zeitschriften veröffentlicht worden sind. Fontanes letzter Roman »Der Stechlin« – »Gegenüberstellung von Adel, wie er bei uns sein *sollte* und wie er *ist*« (8. Juni 1896, an C. R. Lessing) – kommt erst nach seinem Tode, im Herbst *1898* (mit der Jahreszahl *1899*), heraus.

Daneben schreibt Fontane weiterhin Verse. Die Ballade »Die Balinesenfrauen auf Lombok« (*1895*), in der er – poetische Version der Morris-Briefe – die Grausamkeit des Kolonialsystems darstellt, erregt unliebsame internationale Aufmerksamkeit. Fontane ist es recht. – Auch die Spruchdichtung setzt er fort. Wie die Briefe aus seinen letzten Lebensjahren sind seine reifsten Sprüche aller Bitternis und Schwere enthoben. Selten hat Gefühl des Abschieds und Erfülltseins einen so reinen Ausdruck gefunden wie in den Sprüchen »Leben«, »Ausgang«, »Mein Leben«.

Mein Leben

Mein Leben, ein Leben ist es kaum,
Ich gehe dahin als wie im Traum.

Wie Schatten huschen die Menschen hin,
Ein Schatten dazwischen ich selber bin.

Und im Herzen tiefe Müdigkeit –
Alles sagt mir: Es ist Zeit . . .

AN HEINRICH JACOBI   Berlin, 5. Januar 1895

. . . Oft und gern erinnere ich mich meines Aufenthaltes im Ländchen Friesack. Es war meine letzte märkische Liebe, und es hätte mich glücklich gemacht, das von mir intendierte Buch schreiben zu können. Mir lag ganz ungemein daran, denn ich wollte nicht bloß meinen märkischen Landsleuten, sondern – so anspruchsvoll es klingt – der ganzen Welt zeigen, wie man das eigentlich machen muß. Alles, was von unsern historischen Kleinforschern über Mark Brandenburg geschrieben wird, ist das Ödeste, das bodenlos Langweiligste, was Gottes Sonne je beschienen hat, und alles, was von unsern Novellisten, Belletristen und Feuilletonisten (immer Willibald Alexis ausgenommen, der eine ganz große Nummer war) märkisch gesündigt worden ist, ist wieder wertlos in seiner historischen Dünnheit und Oberflächlichkeit. Mein stolzes Beginnen lief nun darauf hinaus: Allerkleinstes – auch Prosaisches nicht ausgeschlossen – exakt und minutiös zu schildern und durch scheinbar einfachste, aber gerade deshalb schwierigste Mittel: durch Simplizität, Durchsichtigkeit im einzelnen und Übersichtlichkeit im ganzen, auf eine gewisse künstlerische Höhe zu heben, ja es dadurch sogar *interessant* oder wenigstens lesensmöglich zu machen. Sie sehen, daß ich mich noch in der bloßen Rückerinnerung daran wie erhitze. Warum nichts daraus geworden? Die ganze Sache – dies dürfen Sie aber nicht weiter ausplaudern – bedeutete meinerseits ein kolossales Geldopfer. Ich hätte (in Blättern, von denen der Schriftsteller lebt, *nicht* von seinen Büchern) keine Leser und keine Honorare gefunden. Aber *darauf*, in meiner Passion für die Sache, hätte ich's ankommen lassen, wenn meine Passion einem ähnlichen Gefühl bei den Bredows selbst begegnet wäre. Dies war aber nicht der Fall. Alle waren artig, liebenswürdig, verbindlich, aber es mischte sich etwas von Verlegenheit mit ein, und der Totaleindruck war der einer gewissen Fläue. Davon bildete nun freilich Ihr Landiner – dem ich mich wie seiner liebenswürdigen Hausherrin angelegentlichst zu empfehlen bitte – eine glänzende Ausnahme; aber das reichte nicht aus. *Alle* mußten die Passion teilen, sonst ging es nicht.

Da haben Sie ein Bekenntnis.

AN DEN MALER HANNS FECHNER Berlin, 12. Februar 1895

Es ist hohe Zeit, daß Ihr Conrad Ferdinand Meyer zu Ihnen zurückkehrt, natürlich mit Dank und Entschuldigung von meiner Seite. So hoch ich die beiden Schweizer G. Keller und C. F. Meyer als Erzähler stelle – ich möchte ihnen geradezu den ersten Rang anweisen –, so kann ich doch mit ihrer Lyrik nicht recht mit. Eben vor dem Einpacken habe ich noch wieder ein gutes halbes Dutzend gelesen. Die ersten gefielen mir so gut, daß ich an meinem früher empfangenen Urteile momentan irre wurde. Aber als ich weiterlas, war der alte Eindruck wieder da. Die Sachen haben alle was Ernstes, Verständiges, Männliches. Man empfindet, daß man es nicht mit einem jugendlichen Quatschpeter zu tun hat; aber der *lyrische Zauber*, der bei Storm, Mörike, Justinus Kerner so groß ist, fehlt (ein paar Ausnahmen zugegeben) total. Beide Schweizer haben keine leichte Hand. In ihrer Prosa haben sie Schönheit und Grazie, in ihrer Lyrik meistens nicht.

AN HANS HERTZ Berlin, 2. März 1895

Seien Sie schönstens bedankt für Ihre liebenswürdigen Zeilen, die mir, weil von einem starken Gefühl eingegeben, eine große Freude gemacht haben.

Ja, die arme Effi! Vielleicht ist es mir so gelungen, weil ich das Ganze träumerisch und fast wie mit einem Psychographen geschrieben habe. Sonst kann ich mich immer der Arbeit, ihrer Mühe, Sorgen und Etappen erinnern – in *diesem* Falle gar nicht. Es ist so wie von selbst gekommen, ohne rechte Überlegung und ohne alle Kritik. Meine Gönnerin L. erzählte mir auf meine Frage: »Was macht denn *der*?« (ein Offizier, der früher viel bei L.s verkehrte und den ich nachher in Innstetten transponiert habe) die ganze »Effi-Briest«-Geschichte, und als die Stelle kam, zweites Kapitel, wo die spielenden Mädchen durchs Weinlaub in den Saal hineinrufen: »Effi, komm«, stand mir fest: »*Das* mußt du schreiben.« Auch die äußere Erscheinung Effis wurde mir durch einen glücklichen Zufall an die Hand gegeben. Ich saß im Zehnpfundhotel in Thale, auf dem oft beschriebenen großen Balkon, »Sonnenuntergang«, und sah nach der Roßtrappe hinauf, als ein englisches Geschwisterpaar, er zwanzig, sie fünfzehn, auf den Balkon hinaustrat und drei Schritte vor mir sich auf die Brüstung lehnte, heiter plaudernd und doch ernst. Es waren ganz ersichtlich Dissenterkinder, Methodisten. Das Mädchen war genau so gekleidet, wie ich Effi in den allerersten und dann auch wieder in den allerletzten Kapiteln geschildert habe: Hänger, blau und weiß gestreifter Kattun, Ledergürtel und Matrosenkragen. Ich glaube, daß ich für meine Heldin keine bessere Erscheinung und Einkleidung finden konnte, und wenn es nicht anmaßend wäre, das Schicksal als ein einem für jeden Kleinkram zu Diensten stehendes Etwas anzusehen, so möchte ich beinah sagen: das Schicksal schickte mir die kleine Methodistin.

AN HANS HERTZ Berlin, 16. März 1895

... Ich will einen neuen Roman schreiben (ob er fertig wird, ist gleichgültig), einen ganz famosen Roman, der von allem abweicht, was ich bisher geschrieben habe, und der überhaupt von allem Dagewesenen abweicht, obschon manche geneigt sein werden, ihn unter die Rubrik »Ekkehard« oder »Ahnen« zu bringen. Er weicht aber doch ganz davon ab, indem er eine Aussöhnung sein soll zwischen meinem ältesten und romantischsten Balladenstil und meiner modernsten und realistischsten Romanschreiberei. Den »Hosen des Herrn von Bredow« käme diese Mischung am nächsten, bloß mit dem Unterschiede, daß die »Hosen«, wie es ihnen zukommt, was Humoristisches haben, während mein Roman als phantastische und groteske Tragödie gedacht ist.

Er heißt »Die Likedeeler« (Likedealer, Gleichteiler, damalige – denn es spielt Anno 1400 – Kommunisten), eine Gruppe von an Karl Moor und die Seinen erinnernden Seeräubern, die unter Klaus Störtebeker fochten und 1402 auf dem Hamburger Grasbrook en masse hingerichtet wurden. Alles steht mir fest, nur eine Kleinigkeit fehlt noch: das Wissen. Wie eine Phantasmagorie zieht alles an mir vorbei, und eine Phantasmagorie soll es schließlich auch wieder werden. Aber eh es dies wieder wird, muß es eine bestimmte Zeit lang in meinem Kopf eine feste und klare Gestalt gehabt haben. Dazu gehört genaustes Wissen. Wo nehme ich das nun her? Ich glaube, daß man in den Hamburger Archiven ein reiches Material aus jenem großen Prozeß beherbergt, und wenn es sein müßte, würde ich mich selbst an derartig Archivalisches machen. Aber ich denke mir, daß die Hamburger Historiker all dies längst extrahiert und in ihren Geschichtswerken niedergelegt haben. Reichen nun Ihre Hamburger Beziehungen und Einflüsse so weit, daß Sie zunächst in Erfahrung bringen können, wie's damit steht, und zweitens, wenn dergleichen da ist, in welchen Schriften und Büchern? Weiß ich erst, ob und wo dergleichen zu finden ist, so zweifle ich nicht, daß sich mir die Erlangung ermöglicht, trotzdem unsere Bibliothek ein elendes Institut ist und wohl auch noch lange bleiben wird. Dafür sind wir das Volk der Denker und Dichter. In Wahrheit sind wir das Volk für zweieinhalb Silbergroschen.

AN METE FONTANE Berlin, 1. April 1895

Bismarcktag mit wahrem Hohenzollernwetter, woraus sich schließen läßt, daß der Himmel die Versöhnung der beiden Dynastien von Preußen und Lauenburg angenommen hat. Es ist gerade Mittagsstunde, und die viertausend hoffentlich mit Butterstullen bewaffneten Studenten werden nun wohl gerade antreten und ihrer Begeisterung Ausdruck geben. Und Bismarck wird gewiß entzückend antworten und in diesem Falle auch ehrlich. Es ist ein Festtag für Studenten, ja, die Studenten müssen begeistert sein; das ist ihre verfluchte Pflicht und Schuldigkeit. Für alte Knöppe liegt es anders oder wenigstens komplizierter. Es ist schade, daß dieser Tag – wenigstens in meinen Augen – doch nicht das ist, was er sein könnte. Und das liegt – noch einmal nach meinem Gefühl – an Bismarck. Diese Mischung von Übermensch und Schlauberger, von Staatengründer und Pferdestall-Steuerverweigerer (er glaubte, die Stadt Berlin wollte ihn zugleich ärgern und bemogeln), von Heros und Heulhuber, der nie ein Wässerchen getrübt hat, erfüllt mich mit gemischten Gefühlen und läßt eine reine helle Bewunderung in mir nicht aufkommen. Etwas fehlt ihm und gerade das, was recht eigentlich die Größe leiht. Bankier Neumann, uns gegenüber, hat auch nicht geflaggt, und Arm in Arm mit Neumann fordere ich mein Jahrhundert in die Schranken. . . .

AN HANS HERTZ Berlin, 4. April 1895

Herzlichen Dank für die Bücher und die freundlichen Begleitzeilen. Das Störtebekerlied ist sehr famos, und ich habe was davon. Das, was vom Volk kommt (im Gegensatz zum Ratsherrn oder gar zum Assessor), ist immer mehr oder weniger brauchbar; furchtbar wird die Welt erst mit der Aktenschmiererei, mit dem Kommissionsbericht und der – Enquête.

Auf Schloß Neuhof bei Schmiedeberg wohnte der Prinz Heinrich IX. Reuß j. L., ein »wunderbarer Heiliger«, der »in den abgestorbensten Anschauungen« steckte. Er bot Fontane in seinen Briefen an Friedlaender immer von neuem Stoff zu kritischen Reflexionen über den deutschen Hochadel. So hatte Fontane am 27. Dezember 1893 geschrieben: »Solche Personen haben eigentlich nur noch ein Recht, als privateste Privatleute zu existieren ..., werden aber andrer Leute Interessen in solche Hände gelegt, so ist es schlimm. Daß wir jetzt – für mein Gefühl – einen so schrecklich zurückgebliebenen Eindruck machen, hat darin seinen Grund, daß Tausende solcher aus der Steinzeit stammenden Persönlichkeiten herumlaufen ...«

An Georg Friedlaender   Berlin, 6. Mai 1895

... Der Prinz hat verschiedne kleine Tugenden und manches, was sympathisch berührt, aber ich komme in meinem, der vornehmen Welt einst so zugeneigten Herzen immer weiter von meiner alten Liebe ab. Was wollen diese Menschen auf der Welt? Sie sind nur eine Störung, ein Hemmnis, ein aus Böswilligkeit oder Dummheit auf die Schienen gelegter Stein, der sich rühmen darf, ein Eisenbahnunglück herbeizuführen, aber schon nach zwei Stunden ist die Strecke wieder frei, und neue Züge machen ihren Weg. Die Welt wird noch lange einen Adel haben, und jedenfalls *wünsche* ich der Welt einen Adel, aber er muß danach sein, er muß eine Bedeutung haben für das Ganze, muß Vorbilder stellen, große Beispiele geben und entweder durch geistig moralische Qualitäten direkt wirken oder diese Qualitäten aus reichen Mitteln unterstützen. Was tut davon Ihr Neuhofer Prinz? Er stimmt jeder reaktionären Maßregel zu, glaubt an den beschränkten Untertanenverstand und hat keine Ahnung davon, daß Frohme, Grillenbecher oder gar Bebel ihn zehnmal in die Tasche stecken. Es ist ganz vorbei mit dem Alten, auf jedem Gebiet, und Ihr Schmiedeberger Pastor, dessen Großtaten mir nur noch so dunkel vorschweben, wird mit seinem Gesäure weder das Apostolicum noch irgendeinen unverständlichen Satz der Apokalypse bei Leben erhalten können. Mein Haß gegen alles, was die neue Zeit aufhält, ist in einem beständigen Wachsen, und die Möglichkeit, ja die Wahrscheinlichkeit, daß dem Sieg des Neuen eine furchtbare Schlacht vorausgehen muß, kann mich nicht abhalten, diesen Sieg des Neuen zu wünschen. Unsinn und Lüge drücken zu schwer, viel schwerer als die leibliche Not.

Heute nachmittag will ich in die Kunstausstellung, um meine schon begonnenen Bilderstudien fortzusetzen; es sind *sehr* interessante belgische, französische und italienische Sachen da. Was *wir* ausgestellt haben, ist wie gewöhnlich vorwiegend langweilig. Eh wir nicht volle Freiheit haben, haben wir nicht volle Kunst; ob einige Zoten und Frechheiten mit drunterlaufen, ist ganz gleichgültig, *die* leben keine drei Tage. Die Regierenden glauben hier, auf jedem Gebiet das tote Zeug einpökeln zu können. Eine mir bei der Gescheitheit unsrer Gesellschaftsoberschicht ganz unverständliche Dummheit.

Der Arzt und Schriftsteller Oskar Panizza war wegen angeblicher Gotteslästerung zu einem Jahr Gefängnis verurteilt worden, weil er in seinem Drama »Das Liebeskonzil« (Zürich 1895) den christlichen Dogmenglauben kritisiert hatte.

An Maximilian Harden, Herausgeber der unabhängigen Wochenschrift »Die Zukunft«

Berlin, 27. Juli 1895

Heute schon ein Wort in der Panizza-Sache. Die ganze Welt – das ist die Macht des Überkommenen – steckt in dem Vorurteil, daß der Glauben etwas Hohes und der Unglauben etwas Niederes sei. Wer sich zu Gott und zur Unsterblichkeit seiner eigenen werten Seele bekennt, ist ein »Edelster« oder dergleichen, wer da nicht mitmacht, ist ein Lump, reif für Lex Heinze. Mit diesem furchtbaren Unsinn muß gebrochen werden. Ich persönlich kenne keinen Menschen, habe auch nie einen gekannt, der den Eindruck eines Vollgläubigen auf mich gemacht hätte. Neunundneunzig stehen ebenso, der Hundertste möchte es bestreiten, kommt aber nicht weit damit. So steht es wirklich. Und dabei Forderungen an unser Gemüt, als lebten wir noch zur Zeit der Kreuzzüge. Läuft es so still hin, so schadet es nichts, kommen aber die Provokationen, an denen kein Mangel ist, so haben wir, als Antwort darauf, Panizza. Hohn war immer eine berechtigte Form geistiger Kriegführung.

Fontanes Sohn Theodor war mit seiner Familie auf der Insel Langeoog zur Sommerfrische gewesen.

AN DEN SOHN THEODOR FONTANE   Berlin, 12. August 1895

... Daß Deine Frau durch das eigentümlich Aufregende, das die Seeluft hat, erst überreizt und dann abgespannt worden ist, beweist mir aufs neue, wie mißlich es mit den Sommerfrischen ist. So recht etwas haben eigentlich nur die davon, die's nicht brauchen. Wer auf den Großglockner raufklettert oder drei Stunden in Sonnenglut auf dem Wasser ist, um Seehunde zu schießen, der kommt sehr vergnügt von einer Sommerfrische zurück, deren Frische für ihn überhaupt nicht nötig war; die aber, die einer Erholung bedürfen, für die sich's wirklich um eine Luftkur handelt, die kriegen furchtbar oft einen Knacks davon weg, weil die ganze Wissenschaft von diesen Dingen noch in den Kinderschuhen steckt. Viele können im Gebirge nicht schlafen, andere an der See; die meisten kriegen an der See Cholerinezustände und brauchen im Gebirge Strahlsche Pillen. Dabei das furchtbare Gasthofseiend. Um zwölf Uhr kommt der letzte Zug: Trampeln, Stiefelschmeißen; um vier Uhr geht der erste Zug: Klingeln, Wecken, Türenschmeißen. Man hat ein Beefsteak und eine Kulmbacher genossen und am Morgen eine Portion Tee, und für diese Leistung sind mindestens sechs Hände da, die sich nach einem Trinkgeld ausstrecken. Entsetzliche Table-d'hôte-Gesellschaft, betrügerische Kutscher, ein Zimmer, drin es nach Schwamm oder, wenn hinten raus, nach Pferdestall riecht! Es ist mir ganz lieb, daß ich mich trotz aller dieser Dinge in der Welt umhergetrieben habe; denn man braucht das alles als Studium und Lebensmaterial. Aber wer mir sagt, daß das schön sei, mit dem breche ich die Unterhaltung ab. Schön ist es für die Engländer, die eine

Jacht haben und mit dieser die Mittelmeerküsten anlaufen, die grundsätzlich keine Trinkgelder bezahlen und einen Kammerdiener haben, der alles besorgt. Und letzte Rückzugslinie ist immer die eigene Kabine. Mit einer Art Grauen sehe ich auf fast alle meine Reisen zurück; am besten ist es mir in der Gefangenschaft ergangen....

Auch in den Entwürfen zum dritten Teil seiner Autobiographie klagt Fontane beweglich über die peinigenden Unzulänglichkeiten der »Sommerfrischen«, wo er viele seiner Romane schrieb: »Diese ländlichen Gebirgsaufenthalte, gleichviel wo, sind entzückend, solange man jung ist oder sich jung fühlt, was dasselbe bedeutet. Aber es ist vorbei damit, sowie die Kräfte nicht mehr ausreichen, in die Berge zu steigen und sich an dem Ozon der Berge für all das schadlos zu halten, was die Aufenthalte als solche an einem verbrechen. Diese Verbrechen sind groß: die Verpflegung ist miserabel, der Komfort null, die Wohnung noch miserabler. Entweder man wohnt in einer Laterne, darin man sich vor Morgen- und Mittagssonne nicht lassen kann, oder man wohnt sonnenlos, so wachsen die Pilze aus der Erde, und alles riecht nach Multer und Schimmel. Die Mäuse laufen einem über das Bett...« Demgegenüber rühmt der alte Fontane »Komfort und Behagen« der »großen Bäder..., die man aufsuchen kann, auch ohne Kurgast zu sein. Ich habe mich schließlich ganz zu diesen bekehrt.« – So fuhren Fontanes auch in diesem Jahr am 14. August nach Karlsbad, wo sie mit Friedlaenders zusammentrafen.

Mete Fontane befand sich wieder auf dem Gut ihrer Freundin, der Gräfin Wachtmeister, das vorübergehend mit militärischer Einquartierung belegt wurde. Sie äußerte sich in Briefen an den Vater kritisch dazu.

AN METE FONTANE   Karlsbad, 22. August 1895

Heute, vierter Tag, kam Dein Brief vom 10. August. Fast wie Korrespondenz mit New York. Es freut uns herzlich, daß es Dir so gut geht und Du so gut bei Stimme bist, was doch die

Hauptsache bleibt. Den Gedanken, daß die künstlerische Betrachtung des Lebens der wahre Jakob sei und höher stehe als die Kunst oder diese letztere wenigstens überflüssig mache – diesen Gedanken habe ich auch schon gehabt, auch schon ausgesprochen; doch lasse ich Dir die Priorität der Erfindung. . . .

Der Aufenthalt hier ist wieder sehr nett und eine Auffrischung in meinem Leben, das doch zu sehr aus Feder und Tinte und – »Vossischer Zeitung« besteht. Im Theater waren wir noch nicht; es wird immer der »Zigeunerbaron« gegeben, und das ist mir doch zu wenig. Auch »Mikado« kann mich nicht retten. Das weibliche Geschlecht wird einem hier verleidet. Nur Karikaturen. Die Menschheit fängt nicht beim Baron an, sondern nach unten zu, beim vierten Stand; die drei andern können sich begraben lassen. Solange man die Dinge um einen her wie selbstverständlich ansieht, geht es; aber bei Beginn der Kritik bricht alles zusammen. Die Gesellschaft ist ein Scheusal.

AN METE FONTANE   Karlsbad, 30. August 1895

Mama ist im Bade – glücklicherweise Sprudel und nicht Moor –, und so komme ich statt ihrer dazu, Dir für Deinen Brief, der uns eine große Freude war, zu danken. Was Du über Partien à la H. Y. sagst, unterschreibe ich, es ist zum Freuen, aber auch zum Weinen; alles im Leben muß auch ganz gemein äußerlich seinen »chic« haben, und die sogenannte Hauptsache kann die fehlenden Nebensachen nicht ersetzen. Das Leben, Gott sei Dank, ist kein Tummelplatz großer Gefühle, sondern eine Alltagswohnstube, drin das sogenannte Glück davon abhängt, ob man friert oder warm sitzt, ob der Ofen raucht oder guten Zug hat. Liebe ist gut, aber sie läßt sich nach Minuten berechnen, alles andre hat lange Stunden. . . .

Deinen Militärgefühlen, in Lob wie Tadel, stimme ich bei. Der Leutnant ist nicht der Held der Situation, sondern der aus dem Volk geborne Unteroffizier. Da sitzen die Musikanten. Volk ist alles, Gesellschaft ist nichts, und nun gar unsre, die, die Juden abgerechnet, bloß eine sein will und nichts ist wie Bonvivants auf einer kleinstädtischen Bühne. Friesack in Frack und Claque. Man hat gesagt: »Preußen werde durch Subalterne regiert.« Das ist richtig und auch gut so. Die Subalternen sorgen für Ordnung, Sauberkeit und Herrschaft des gesunden Menschenverstandes. Die »Ideen« finden sich von selbst, die wachsen rätselvoll und sind mit einem Male da. Das Wort Nietzsches von der »Umwertung« der Dinge, die durchaus stattfinden müsse, trifft überall zu.

An Clara Kühnast   Berlin, 27. Oktober 1895

... Ja, Effi! Alle Leute sympathisieren mit ihr, und einige gehen so weit, im Gegensatz dazu, den Mann als einen »alten Ekel« zu bezeichnen. Das amüsiert mich natürlich, gibt mir aber zu denken, weil es wieder beweist, wie wenig den Menschen an der sogenannten »Moral« liegt und wie die liebenswürdigen Naturen dem Menschenherzen sympathischer sind ... Eigentlich ist er (Innstetten) doch in jedem Anbetracht ein ganz ausgezeichnetes Menschenexemplar, dem es an dem, was man lieben muß, durchaus nicht fehlt. Aber sonderbar, alle korrekten Leute werden schon bloß um ihrer Korrektheit willen mit Mißtrauen, oft mit Abneigung betrachtet. Vielleicht interessiert es Sie, daß die *wirkliche* Effi übrigens noch lebt, als ausgezeichnete Pflegerin in einer großen Heilanstalt. Innstetten, in natura, wird mit nächstem General werden. Ich habe ihn seine Militärkarriere nur aufgeben lassen, um die wirklichen Personen nicht zu deutlich hervortreten zu lassen.

An Karl Eggers   Berlin, 3. Januar 1896

... Als ich eines Tages las, »daß es nur noch drei große Männer in Deutschland gebe: Bismarck, Menzel und Fontane« – da wurde mir doch unheimlich. Es muß notwendig ein Rückschlag kommen, und wie mir Pietsch an meinem Geburtstag erzählte (als Geburtstagsgeschenk freilich etwas sonderbar), daß das »Daheim« einen Artikel vorbereitete, drin ich mehr oder weniger als alter Esel dargestellt würde, erkannte ich so was von göttlicher Gerechtigkeit. ...

1896 war Herman Grimms Buch »Das Leben Raphaels« in dritter Auflage erschienen.

AN WILHELM HERTZ   Berlin, 27. Januar 1896

Das Raphaelbuch interessiert mich sehr, auch durch seinen Stil, der sehr abweichend von dem Herkömmlichen ist; er vermeidet fast zu ängstlich die Phrase. Dennoch ist es alles in allem ein großer Vorzug. Nur meine Vorstellung vom Quattrocento weicht sehr ab von der seinigen. Es war eine ganz niederträchtige Bande, und er faßt es als Idyll liebenswürdiger, dann und wann etwas unartiger Kinder. Ja, aber solcher, die Phosphorhölzer in den Kaffee abschaben und Stecknadeln in die Brotstücke stekken.

AN JAMES MORRIS   Berlin, 31. Januar 1896

Schönsten Dank für Brief und Zeitungssendungen, unter welchen mich die »Daily News«-Nummern von 1846 und 1896 am meisten interessiert haben. Ein halbes Jahrhundert hat viel geändert, was nicht bloß aus dem Format, sondern auch aus den Bildern zu ersehen. Charles Dickens wirkt sehr gut – besser als im Leben –, aber zugleich doch etwas komisch; so stark hat die Mode gewechselt. Freilich ist in Rechnung zu stellen, daß er persönlich etwas Theaterhaftes hatte, so daß nicht alles auf die Zeit, sondern ein gut Teil auch auf ihn *selbst* und seine Eigenart zu schieben ist.

Und nun Ihre freundlichen Zeilen! Ich glaube, daß eine Stelle meines letzten Briefes – allerdings wohl durch meine Schuld – mißverstanden worden ist. Die letzte Rolle, die zu spielen ich geneigt sein könnte, ist die des Kriegsberserkers. Abgesehen von dem Entsetzlichen jedes Krieges, stehe ich außerdem noch allem Heldentum sehr kritisch gegenüber. Es gibt ein ganz *stilles* Heldentum, das mir imponiert. Was aber meist für Heldentum gerechnet wird, ist fable convenue, Renommisterei, Grogresultat.

Aber meine falsch verstandene Briefstelle! Ich hatte mit dem, was ich sagte, nicht einen kriegerischen *Wunsch,* sondern nur eine kriegerische *Situation* – als nun mal leider vorhanden – aussprechen wollen. Daß diese »Situation« da ist, steht mir allerdingst fest. Daran können weder wir zwei beide noch die Zeitungen noch die Regierungen irgendwas ändern. Die Schicksale nehmen ihren Lauf, und etwa am Säkulartage von Trafalgar oder nicht sehr viel später werden wir einen großen Krach haben. England wird dann noch einmal glänzend siegen, aber es wird sein Höhepunkt sein. Verzeihen Sie mir diese Gastrolle als Secondsight-highlander.

AN FRIEDRICH SPIELHAGEN   Berlin, 21. Februar 1896

... Die ganze Geschichte ist eine Ehebruchsgeschichte wie hundert andere mehr und hätte, als mir Frau L. davon erzählte, weiter keinen großen Eindruck auf mich gemacht, wenn nicht (vgl. das kurze zweite Kapitel) die Szene, beziehungsweise die Worte: »Effi komm« darin vorgekommen wären. Das Auftauchen der Mädchen an den mit Wein überwachsenen Fenstern, die Rotköpfe, der Zuruf und dann das Niederducken und Verschwinden machten *solchen* Eindruck auf mich, daß aus *dieser* Szene die ganze lange Geschichte entstanden ist. ...

AN JAMES MORRIS   Berlin, 22. Februar 1896

... Mit besonderem Vergnügen habe ich Keir Hardie's »Labour Leader« durchgesehen. Alles Interesse ruht beim vierten Stand. Der Bourgeois ist furchtbar, und Adel und Klerus sind altbacken, immer wieder dasselbe. Die neue, bessere Welt fängt erst beim vierten Stande an. Man würde das sagen können, auch wenn es sich bloß erst um Bestrebungen, um Anläufe handelte. So liegt es aber nicht. *Das*, was die Arbeiter denken, sprechen, schreiben, hat das Denken, Sprechen und Schreiben der altregierenden Klassen tatsächlich überholt. Alles ist viel echter, wahrer, lebensvoller. Sie, die Arbeiter, packen alles neu an, haben nicht bloß neue Ziele, sondern auch neue *Wege*. Die »Times« sind nach wie vor die erste Zeitung in der Welt, aber doch eigentlich nur durch ein gewisses stilles »Übereinkommen« der sogenannten Gebildeten. In Wahrheit ist alles tot und eingefroren, keine neuen Ideen, kein neuer Stil, nicht einmal (ganz äußerlich) ein neues Zeitungsarrangement. In dem »Leader« ist die Schablone durchbrochen.

Im Maiheft 1896 von Julius Rodenbergs Zeitschrift »Die Deutsche Rundschau« veröffentlichte Fontane das Kapitel über Theodor Storm aus »Von Zwanzig bis Dreißig«.

An Julius Rodenberg Berlin, 2. März 1896

Herzlichen Dank für Ihre Karte, die mir einen Stein vom Herzen genommen. Ich war doch in einer kleinen Sorge, ob Ihnen diese Behandlung unseres Lieblings auch recht sein würde. Und doch konnte ich auf meine Schreibweise nicht verzichten, weil mir das Prinzip, nach dem ich dabei verfahre, so wichtig ist. Mein Interesse für Menschendarstellung ist von der Wahrheit oder doch von dem, was mir als Wahrheit erscheint, ganz unzertrennlich. Ich muß mich im Guten und Bösen, im Hübschen und Nichthübschen über ihn aussprechen können. Wird mir das versagt, so hört das Vergnügen für *mich* auf. Ich gehe aber noch weiter und behaupte: auch für andere. Das Zeitalter des Schönrednerischen ist vorüber, und die rosenfarbene Behandlung schädigt nur den, dem sie zuteil wird. Frei weg!

An Georg Friedlaender Berlin, 13. März 1896

... Und nun der gute Prinz Reuß! Oder ist er jetzt richtiger Fürst? Natürlich erfüllt mich das Bild, das Sie von ihm geben, mit Teilnahme, aber sonderbar, bis auf einen gewissen Grad verhärtet sich mein Herz all solchen Erscheinungen gegenüber. Vor etwa zwanzig Jahren starb ein Graf Kanitz oder Egloffstein oder v. d. Recke (kurzum aus einer der frommen Familien), der aber als junger Offizier, eh die Frömmigkeit so recht zum Ausbruch kam, sehr, sehr forsch gelebt hatte. Nun war er General und ein Sterbender. Er ließ ein Kruzifix aufstellen, und dies Kruzifix mußte, je nachdem er seine Bettlage nahm, beständig wandern, damit er den Gekreuzigten beständig vor Augen haben und zu ihm beten könne. Manche Menschen finden dies großartig. Auf mich macht es einen elenden Eindruck, und Geschichten, in denen Mut und Trotz oder lächelnde Resignation zum Ausdruck kommen, imponieren mir viel, viel mehr. Es ist was Kleines in diesem Verhalten, auch Gott gegenüber. Und nun liegt da der gute alte Reuß und schimpft. Macht auch einen traurigen Eindruck. Wenn einer im *Leben* steht und spielt den Berserker, weil's mit seinem Fürstentum und ähnlichem Unsinn auf die Neige geht, so finde ich mich darin zurecht; wenn aber einer im Sterben liegt und immer noch an diesen Krimskrams glaubt und sich einbildet, nun gehe die Welt unter, so habe ich bloß ein Achselzucken. Da lobe ich mir als herzerquickendes, vernünftiges Gegenstück die Leute in Niesky. Persönlich bin ich ganz unchristlich, aber doch ist dies herrnhutische Christentum, das in neuer Form jetzt auch wieder bei den jüngeren Christlichsozialen zum Ausdruck kommt, das einzige, was mich noch interessiert, das einzige, dem ich eine Berechtigung und eine Zukunft zuspreche. Das andre ist alles Blödsinn, ganz besonders aber der Mammonismus, der die niedrigste Form menschlichen Daseins repräsentiert. Meine Armut macht mich jeden Tag glücklich....

An Mete Fontane   Berlin, 19. März 1896

... Ich gehe, wie Dir Mama wohl schon geschrieben, unruhigen Tagen entgegen: Sitzungstage, Maltage. Ich freue mich aber darauf, einmal, weil es nun doch endlich mal ein richtiger Maler ist, dem ich in die Hände falle, dann weil Liebermann ein ebenso liebenswürdiger wie kluger Mann ist. Er erzählte mir, Bismarck verbringe seine Tage nur noch mit Schimpfen. Er freue sich über jeden Besuch, weil er dann gleich wieder loslegen und auf seiner Invektivenorgel ein neues Register ziehen könne. Immer gegen den Kaiser. Sein alter Diener soll neulich zu ihm gesagt haben: »Durchlaucht, ick will lieber en bisken rausgehn, daß ich es nich alles höre.« »Ja, geh nur: ich hab mich noch lange nicht ausgekollert.« Bei jedem andern würd ich darüber die Achseln zucken; aber zu Bismarck gehört es. Es kleidet ihn.

In einem niederländischen Blatt bin ich wegen eines im »Pan« abgedruckten Gedichts (also der »Pan« *lebt*!) heftig angegriffen und einerseits als »alter Barde«, anderseits als »Meister der Grobschmiedekunst« spöttisch gefeiert worden, weil das eine Gedicht »Die Balinesenfrauen auf Lombok« mit den Worten schließt: »Mynheer derweile auf seinem Kontor, malt sich christlich Kulturelles vor.« Ich bin sehr froh darüber; auf die Weise wird mein armes Gedicht doch wenigstens beachtet, denn die Berliner Blätter (z. B. »Börsenkurier«) drucken die ganze Geschichte ab und natürlich das Gedicht mit.

Pfingsten 1896 wurde das neue Gebäude des Goethe- und Schiller-Archivs eingeweiht.

AN ERICH SCHMIDT, PROFESSOR
AN DER BERLINER UNIVERSITÄT

Berlin, 25. Mai 1896

Wie so vieles, so verdanke ich Ihrer Güte höchstwahrscheinlich auch eine Einladung zur Einweihungsfeier in Weimar, die mir gestern in einem von Professor Suphan unterzeichneten Schriftstück zugegangen ist.

Ich habe geantwortet, »daß ich nicht könne«, was wegen Karlsbad auch wirklich der Fall ist. Aber wenn es auch anders läge, würde ich doch »weit vom Schuß« zu bleiben suchen. Ich kann mich da nicht mit einem Male gut einreihen. Abgesehen davon, daß einige in den Verwunderungsruf: »Gott, nun auch hier noch«, ausbrechen würden, passe ich wirklich in die Sache nicht recht hinein, weil ich der da zu spielenden Rolle nicht gewachsen bin. Es ist mir gelegentlich passiert, daß ich mit einem lateinischen oder selbst griechischen Zitat wie mit du auf du angeredet worden bin, wobei ich immer das Gefühl gehabt habe: »Erde, tu dich auf« – ein Gefühl, das mir in Weimar leicht noch mal erblühen könnte. Denn trotzdem ich meinen Lewes und sogar meinen Herman Grimm gelesen habe, habe ich doch von Goethewissenschaftlichkeit keinen Schimmer und würde jeden Augenblick die Angst haben: »Jetzt geht es los.«

Ich mußte Ihnen das bekennen.

Ende Mai reisten Fontanes wieder nach Karlsbad.

AN METE FONTANE Karlsbad, 19. Juni 1896
»Amsel«

... Heute früh kam Deine Karte mit dem Bericht über die Gesellschaft bei Fritschs. Es hat einen Eindruck auf mich gemacht, daß Du von liebenswürdigen, beinah wohlwollenden Menschen sprichst. Mancher würde darüber weglesen – ich nicht. Man denkt zunächst, »liebenswürdig ist mehr und umschließt alles«. Im letzten und höchsten ist dies auch ganz richtig. Aber die Durchschnittsliebenswürdigkeit ist ein Nichts im Vergleich zu »Wohlwollen«. Das Wort sieht nach gar nichts aus, umschließt aber eine Welt. Es gehört ganz unter die feinen Sachen, wie Demut, Reue, Vergeben- und Vergessenkönnen, Beichtbedürfnis. Aber was besitzt die Welt von diesen Extraartikeln! Immer ein Quentchen auf hundert Pfund Kommiß. . . .

1898 verlobte sich Mete Fontane mit dem seit 1897 verwitweten Architekten Fritsch.

AN METE FONTANE Berlin, 15. Juli 1896

... Richtig plaziert, bin ich für Einsetzung aller Kraft, auch wenn man dabei mit in die Brüche geht; aber jede Kraftvergeudung ärgert und reizt mich. Ich glaube, daß ich in jeder Schlacht auch unter furchtbarster Angst immer ein Stückchen Held gewesen wäre; die Vorstellung aber, mich wegen eines beim Skat gemachten Ulkes totschießen zu lassen, hat was Entsetzliches für mich. Und wer das *nicht* empfindet, der ist ein in ödem Konventionalismus befangener Schafskopp.

Mit Mama geht es wieder besser. Ich glaube, daß ihr ein paar Stunden lang ganz schrecklich zumute gewesen ist; was aber auf Friedel und auch wohl auf Anna den meisten Eindruck macht, ängstigt mich nicht sehr. Mama verfällt nämlich leicht in ein gewisses Irrereden, und wenn man ihr einen Kranz einflicht, so ist Ophelia, oder (ohne Kranz) Lady Macbeth fertig. Es ist nicht eigentlich Komödie, aber ein Sich-gehen-Lassen; zwei Stunden später ißt sie dann eine Sardellensemmel. Ich würde dies noch mehr betonen, wenn ich mir nicht sagte, daß mit beinah 72 Jahren mit nichts zu spaßen ist und auch Kleinigkeiten – irgendein unverdautes Radieschen – sehr gefährlich werden können.

Dr. S. war heute wieder hier und ist ganz zufrieden mit ihrem Zustand; sie muß Rheinwein trinken und sich kräftigen. Unglückseligerweise hat er eine Vorliebe für Sardellensemmeln – so ziemlich das Tollste, was es gibt.

Mamas Laune ist verhältnismäßig sehr gut. Heute früh hatte sie das Bedürfnis, sich zu unterhalten, und trotzdem ich gern noch weitergeschlafen hätte, entspann sich, völlig vom Zaun gebrochen, folgendes Gespräch:
Sie: »Ich weiß nicht, wie die Frommen so gegen das Verbrennen sein können; Asche oder Erdenstaub ist doch ganz dasselbe, wenn sich's um Auferstehung handelt.«
Ich: »Ja, so sind die Frommen. Der Kaiser red't auch so.«
Sie: »Ja, der. Das macht, weil sie immer eine Wand um sich rum haben. Er sollte nur auch mal unerkannt durch die Straßen gehn und hören, wie das Volk spricht, so wie Hassan.«
Ich: »Harun.«
Sie: »Ja, Harun al Hassan. Übrigens find ich, daß Friedels neuer Anzug sehr gut sitzt.«
Ich: »Ja.«
Sie: »Und ich will auch gleich mal nachsehn, ob mein Knie heilt.« (Sie tut es.) »Ja, es heilt. Ich habe so sehr gesunde Säfte.«
Ich: »Jawohl.«

Ich muß sagen, daß solche kleinen Erlebnisse sehr zu meiner Erheiterung beitragen. . . .

Im August 1896 reisten Fontanes nach Waren in Mecklenburg.

AN FRIEDRICH STEPHANY   Waren (Mecklenburg-Schwerin)
                           28. August 1896
                           Villa »Zwick«

Was ich lange von der Potsdamer Straße aus vorhatte, Sie zu begrüßen und ein wenig nach dem Rechten, d. h. nach der Gesundheit, zu sehen, das tu ich nun, soweit das Grüßen in Betracht kommt, von *hier* aus. Waren an der Müritz! Hoffentlich geht es Ihnen gut. Sollte aber umgekehrt Ihre Gesundheit einer Aufbesserung bedürfen, so kann ich Ihnen auf der ganzen Gotteswelt keinen bessern Platz empfehlen, als, um mit Storm zu sprechen, diese »graue Stadt am Meer«. Die Müritz ist nämlich so was wie ein Meer, wie der Viktoria-Njanza oder der Tanganjika, und wenn der Michigan sein Chikago hat, so hat die Müritz ihr Waren. Sehen Sie die Dinge, je nachdem, durch ein Vergrößerungs- oder Verkleinerungsglas an, so ist wirklich eine große Ähnlichkeit da, und wie Chikago Stapelplatz ist für die Produkte der Midlandstaaten, so Waren für die Produkte von Mittelmecklenburg, ein Stück Land, das sonderbarerweise den Namen der »mecklenburgischen Schweiz« führt. Der Obotritengrande lagert hier sein Korn und sein Holz ab, und so ist denn die Seespitze, dran die Stadt liegt, von Mahl- und Sägemühlen umstellt, deren Getriebe zuzusehen ein beständiges Vergnügen für mich ist. Die Luft ist wundervoll, und je nachdem der Wind steht, bin ich auf unserm Balkon von einer feuchten Seebrise oder, von der Waldseite her, von Tannenluft und -duft umfächelt. Von der Stelle aus, wo wir wohnen, bis in die Stadt hinein ist eine halbe Stunde Wegs, was bei Unwetter ein schlimm Ding wäre. Da wir aber schöne Herbsttage haben, so ist auch dieser Weg ein Vergnügen und tut das Seine, um unsern Appetit zu stärken, wenn wir zu Tische gehn. Dieser Mittagstisch ist nun die Krone des Ganzen, und wir sind alle vier einig – auch für unser Mädchen wird in einem kleinen Küchenzimmer serviert –, daß wir noch in unserm ganzen Leben nicht acht Tage lang hintereinander so gut verpflegt worden sind wie hier; auch in England nicht, trotz beef und mutton. Man merkt, daß es *der* Gasthof ist, in dem seit hundert Jahren die benachbarten Bassewitze, Maltzahns und Hahns sich bene getan haben. Die Leute gehen hier damit um, Waren zu einem Binnenbadeort zu gestalten, und wenn Sie mir bei meiner Rückkehr nach Berlin eine halbe Spalte zur Verfügung stellen wollen, so hab ich vor, den Berliner Sommerfrischler auf dies prächtige Stück Erde aufmerksam zu machen. Vor allem aber möchte ich Ihnen und Ihrer hochverehrten Frau diesen Platz allerpersönlichst empfehlen dürfen. Immer gleich nach Schweiz und Italien ist zu teuer und zu umständlich, außerdem langweilig durch Kunst, durch »große Natur« und Table d'hôte, dran die Fremden einem zu anmaßlich und die Landsleute zu ruppig erscheinen. Hier im mecklenburgischen Kornlande blüht aber der Weizen!

Nach ihrer Verheiratung zog Mete Fontane später nach Waren; sie liegt dort begraben.

AN KARL ZÖLLNER   Waren, 30. August 1896

Von jedem Punkte der Erde aus habe ich Dir geschrieben, sogar von Neapel, und was Neapel recht ist, ist Waren billig. – Zwei Badestege laufen weit und klapprig in die Müritz hinein. Am Ende der zwei Stege stehn zwei Badehäuser, und über die Badehäuser weg kucken die zwei Warener Türme vom andern Ufer her herüber. Auf dem, was dazwischen liegt, treibt die Zille ihr Wesen. Es ist sehr schön hier; eine frische Luft, eine behäbige Bevölkerung und eine feudale Verpflegung, an der sich Milachen erst gesund und dann leider auch wieder krank gegessen hat, so daß wir augenblicklich wieder am alten Flecke stehn. Ganz wie in Kreta; nutzlose Anstrengungen Europas.

Die hohe Sanddüne, auf der wir wohnen und von der wir auf das beherrschte Samos niederblicken, führt den Namen die »Ecktannen« und ist zur Zeit mit drei nebeneinanderliegenden Villen besetzt, von denen die mittlere den bedenklichen Namen »Villa Zwick« führt. Es hat uns aber noch nichts gezwickt, weder moralisch noch physisch. Die Mücke tritt nur ganz vereinzelt auf. Floh vakat.

Die Villa links neben uns führt auf ihrem Giebel die weit in den See hineinleuchtende Inschrift: »Villa Meta«, was wir wie Namensraub, jedenfalls aber als Ungehörigkeit auffassen. Die Villa rechts gehört dem Bildhauer Th., der sich in einem kolossalen Tatterichzustande (er weinte immer) von Berlin aus hierher zurückgezogen und bei Kürbis- und Melonenzucht seine Nerven wiederhergestellt hat. Eine wundervolle Netzmelone hat er uns bereits geschenkt. Aber fürchte die Danaer, wenn sie schenken! Und so haben wir die Melone, die für Milachens Zustände soviel wie Mord bedeuten würde, in eine Rollkammer gestellt, wo sie ihre Tage beschließen mag. . . .

AN FRIEDRICH STEPHANY   Berlin, 24. September 1896

Seien Sie schönstens bedankt für Ihren lieben Brief und den famosen Rückblick auf Ihre römischen Tage. Sie schildern darin das Schicksal aller derer, die, statt zu flanieren oder in einer Trattoria zu frühstücken, alle Quattro- und Cinquecentisten in drei Wochen einschlachten wollen. Der Aufwand an Zeit und Kraft steht in gar keinem Verhältnis zu dem, was man davon hat. Selbst Leute von Fach haben wenig davon und schließen nicht viel besser ab als der Laie. Was auch gar nicht anders sein kann. Wenn ich in eine Bibliothek von hunderttausend Bänden geführt werde, so hab ich, trotzdem ich lesen kann, innerhalb dreimal vierundzwanzig Stunden nicht mehr davon als ein beliebiger Analphabet und komme über die Betrachtung der Deckel auch nicht hinaus. Das Stadt- und Landschaftsbild in sich aufzunehmen, davon hat man was. Auch von Betrachtung großartiger und berühmter Architekturen, selbst *dann* noch, wenn man sie in ihrer Größe und Schönheit nicht versteht. Aber das herkömmliche Durch-die-Galerien-gejagt-Werden ist nicht bloß eine Grausamkeit, sondern der reine Unsinn. Es müßte, wenn man Rom oder Paris oder die holländisch-flandrischen Kunststädte besucht, Leute geben, die dem Laien ein Dutzend oder, wenn's hoch kommt, zehn Dutzend Sachen zeigen – damit müßte man entlassen werden. Ich war zweimal sieben Wochen in Italien, 1874 und 1875, und habe schlecht gerechnet zehntausend Bilder und Skulpturen gesehn (täglich hundert Stück reicht kaum), wäre nachträglich aber glücklich, wenn ich mich höchstens um den zehnten Teil davon bemüht hätte. Sie waren insoweit noch schlimmer daran, als Sie das Opfer einer Art Verschwörung waren, während ich wenigstens freiwillig hineintappte. Fanatische Kunstweiber, und wenn sie's noch so gut meinen, können einen vollends zur Verzweiflung bringen. Auf dem Palatin stehen, über den Esquilin hinwandern, das Grabmal der Caecilia Metella besuchen, durch die Campagna bis an den Nemisee fahren, *das* sind die großen Momente, *nicht* die Bilder, sie mögen so schön sein, wie sie wollen. Ein paar Ausnahmen sollen zugegeben werden.

AN GEORG FRIEDLAENDER   Berlin, 2. November 1896

... Sie werden vielleicht überrascht sein, daß ich über relativ harmlose Leute (aber auch wirklich nur »relativ«) jetzt immer so bissig schreibe, was weder meiner eigentlichen Natur noch meiner Vergangenheit entspricht. Ich kann es aber nicht beklagen, daß noch in meinen alten Tagen solche Wandlung über mich gekommen ist. Alles, was jetzt bei uns obenauf ist, entweder *heute* schon oder es doch vom *morgen* erwartet, ist mir grenzenlos zuwider: dieser beschränkte, selbstsüchtige, rappschige Adel, diese verlogene oder bornierte Kirchlichkeit, dieser ewige Reserveoffizier, dieser greuliche Byzantinismus. Ein bestimmtes Maß von Genugtuung verschafft einem nur Bismarck und die Sozialdemokratie, die beide auch nichts taugen, aber wenigstens nicht kriechen. Und das allein schon ist ein Verdienst. . . .

An Ernst Heilborn, Berlin, 17. November 1896
Redakteur der Halbmonatsschrift
»Das literarische Echo«

. . . Wenn man so Umschau hält, kann einen der Menschheit ganzer Jammer anfassen. Ich spreche natürlich nur von Deutschland. Seit Keller und Storm tot sind, welche Dürftigkeit! Und so wenig Aussicht auf Besserwerden. Liegt es daran (Menzel hat es oft behauptet), daß der Deutsche von Natur kunstfremd ist, oder beherrscht der Borussismus alle Gemüter derartig, daß auch die Klugen und Talentvollen wie von selbst in den Strom der Staatlichkeit einmünden? Kunst ist nichts, Geheimerat ist alles. Eine Mißachtung liegt hierlandes über dem ganzen Metier, und man läßt es nur dann notdürftig gelten, wenn es sich zur Parteischuhputzerei herabwürdigt. Dazu – als Schuld auf unsrer eignen Seite – das à-tout-prix-Geld-verdienen-Wollen, möglichst rasch und möglichst viel.

In den Briefen des alten Fontane taucht auch mehrere Male der Name Nietzsches auf. Fontane glaubte in Nietzsches Kultur- und Moralkritik den eigenen Anschauungen Verwandtes feststellen zu können. Er erkannte nicht, daß Nietzsches destruktiver Zynismus unvereinbar mit seiner eigenen, zutiefst humanistischen Ethik war. »Man kann sich von dem ganzen Herkömmlichkeitsbast nicht genug emanzipieren«, schrieb er am 31. August 1895 an Karl Zöllner. »Das Wort von einer immer nötiger werdenden ›Umwertung‹ aller unserer Vorstellungen ist das Bedeutendste, was Nietzsche ausgesprochen hat.« Andererseits beobachtete Fon-

tane voller Sorge, wie sich Nietzsches Lehre mit der Ideologie des »Borussismus« verband.

AN FRIEDRICH PAULSEN,
PROFESSOR FÜR PHILOSOPHIE UND
PÄDAGOGIK AN DER BERLINER
UNIVERSITÄT   Berlin, 14. März 1897

Gestern habe ich Ihren kleinen Artikel in der »Vossin« über den wunderbaren und auch wieder nicht wunderbaren Einfluß Nietzsches auf unsere Reserveleutnants und die, die's werden wollen, gelesen.

Es drängt mich, Ihnen aus vollem Herzen dafür zu danken. Ich kann mich nicht entsinnen, in einer Kritik oder einem Essay jemals eine Stelle von gleicher Wirkung auf mich gelesen zu haben. Es ist – wuchtig und elegant zugleich – die Hinrichtung des Borussismus; der beduselte Kopf fliegt nur so weg.

Und doch möchte ich Ihnen in meinem Entzücken noch einen Wunsch ans Herz legen, dessen Erfüllung mein Entzücken erst voll machen würde, *den* Wunsch, nun auch Ihrerseits eine Widerlegung dazu schreiben zu wollen, aber nur, um im unmittelbaren Anschluß daran und unter Zurückgreifen auf Ihren ersten Satz diese Widerlegung zu widerlegen.

Es steht mir nämlich fest, daß seltsamerweise doch auch viel, *sehr* viel zur Verherrlichung dieses spezifischen Preußentums (siehe Treitschke) gesagt werden kann; und alle diese Herrlichkeit, die, bei viel Tüchtigem und Gescheitem, schließlich nur ein Götzenbild auf tönernen Füßen ist, in ihrer Unausreichendheit, vor allem auch in dem niedrigen Kulturgrad, den sie vertritt, geschildert und verurteilt zu sehn, wäre mir ein Hochgenuß. Mir und manchem andren. Denn es gibt ihrer doch noch etliche, die nach solchem Worte dürsten.

AN GEORG FRIEDLAENDER   Berlin, 5. April 1897

... Sie klopfen an wegen der Reden aus hohem Munde, drin so viel gesagt und noch mehr verschwiegen wird. Ich komme, wenn ich dergleichen in meiner guten »Vossin« lese, jedesmal ganz außer mir, während ich mich doch von Illoyalität frei weiß und für vieles, was an »oberster Stelle« beliebt wird, nicht bloß ein Verständnis, sondern auch eine Dankbarkeit habe. Was mir am Kaiser gefällt, ist der totale Bruch mit dem Alten, und was mir an dem Kaiser *nicht* gefällt, ist das im Widerspruch dazu stehende Wiederherstellenwollen des Uralten. In gewissem Sinne befreit er uns von den öden Formen und Erscheinungen des alten Preußentums, er bricht mit der Ruppigkeit, der Popligkeit, der spießbürgerlichen Sechsdreierwirtschaft der 1813er Epoche, er läßt sich, aufs Große und Kleine hin angesehn, neue Hosen machen, statt die alten auszuflicken. Er ist ganz unkleinlich, forsch und hat ein volles Einsehen davon, daß ein deutscher Kaiser was anders ist als ein Markgraf von Brandenburg. Er hat eine Million Soldaten und will auch hundert Panzerschiffe haben; er träumt (und ich will ihm diesen Traum hoch anrechnen) von einer Demütigung Englands. Deutschland soll obenan sein, in all und jedem. Das alles – ob es klug und ausführbar ist, laß ich dahingestellt sein – berührt mich sympathisch, und ich wollte ihm auf seinem Turmseilwege willig folgen, wenn ich sähe, daß er die richtige Kreide unter den Füßen und die richtige Balancierstange in Händen hätte. Das hat er aber nicht. Er will, wenn nicht das Unmögliche, so doch das Höchstgefährliche mit falscher Ausrüstung, mit unausreichenden Mitteln. Er glaubt das Neue mit ganz Altem besorgen zu können, er will Modernes aufrichten mit Rumpelkammerwaffen; er sorgt für neuen Most, und weil er selber den alten Schläuchen nicht mehr traut, umwickelt er ebendiese Schläuche mit immer dickerem Bindfaden und denkt: »Nun wird es halten.« Es wird aber *nicht* halten. Wer sich neue, weite Ziele steckt, darf sein Feuerschloßgewehr nicht bloß in ein Perkussionsgewehr umwandeln lassen, der muß ganz neue Präzisionswaffen erfinden, sonst knallt er vergeblich drauflos. Was der Kaiser mutmaßlich vorhat, ist mit »Waffen« überhaupt nicht zu leisten; alle militärischen Anstrengungen kommen mir vor, als ob man anno 1400 alle Kraft darauf gerichtet hätte, die Ritterrüstung kugelsicher zu machen – statt dessen kam man aber schließlich auf den einzig richtigen Ausweg, die Rüstung ganz fortzuwerfen. Es ist unausbleiblich, daß sich das wiederholt; die Rüstung muß fort, und ganz andre Kräfte müssen an die Stelle treten: Geld, Klugheit, Begeisterung. Kann sich der Kaiser dieser Dreiheit versichern, so kann er mit seinen 50 Millionen Deutschen jeden Kampf aufnehmen; durch Grenadierblechmützen, Medaillen, Fahnenbänder und armen Landadel, der seinem »Markgrafen durch dick und dünn folgt«, wird er es aber *nicht* erreichen. Nur Volkshingebung kann die Wundertaten tun, auf die er aus ist; aber um diese Hingebung lebendig zu machen, dazu müßte er die Wurst gerade vom entgegengesetzten Ende anschneiden. Preußen – und mittelbar ganz Deutschland – krankt an unsren Ostelbiern. Über unsren Adel muß hinweggegangen werden; man kann ihn besuchen wie das Ägyptische Museum und sich vor Ramses und Amenophis verneigen, aber das Land *ihm* zu Liebe regieren, in dem Wahn: *dieser Adel sei das Land* – das ist unser Unglück, und solange dieser Zustand fortbesteht, ist an eine Fortentwicklung deutscher Macht und deutschen Ansehns nach außen hin gar nicht zu denken. Worin unser Kaiser die *Säule* sieht, das sind nur *tönerne Füße*. Wir brauchen einen ganz andren Unterbau. Vor diesem erschrickt man; aber wer nicht wagt, nicht gewinnt. Daß Staaten an einer kühnen Umformung, die die Zeit forderte, zugrunde gegangen wären – *dieser* Fall ist sehr selten. Ich wüßte keinen zu nennen. Aber das Umgekehrte zeigt sich hundertfältig.

Am 15. Februar 1897 waren griechische Truppen auf Kreta gelandet und hatten die türkische Besatzung vertrieben. Die Großmächte suchten durch ihren Einspruch die Vereinigung Kretas mit Griechenland zu verhindern.

AN JAMES MORRIS   Berlin, 16. April 1897

Es ist ziemlich lange, daß ich nicht habe von mir hören lassen, und doch liegt allerhand vor, das dazu auffordert: Zeitungen (die ich Ihrer Güte verdanke) und Zeitereignisse. Unter den Zeitereignissen steht in meinen Augen die Rede obenan, die Sir William Harcourt vor ein paar Tagen im »Achtziger Klub« gehalten und die mich entzückt hat. Endlich, nach all dem Diplomatenunsinn, ein erlösendes Wort, das erste vernünftig und natürlich gesprochene, das ich seit Jahr und Tag in dieser unglückseligen Orientfrage gelesen habe. »Wenn das europäische Konzert *gesunden Menschenverstand* besäße, so wäre alles längst gelöst.« Das ist so gewiß, wie: zwei mal zwei macht vier. Aber noch richtiger ist der andere Satz: »Eine Vereinigung von Mächten, die dem *Universum Gesetze* vorschreiben will, macht sich lächerlich.« Und diesen Unsinn gewollt zu haben, ist das Verbrechen und die Stupidität (letzteres bekanntlich das Schlimmere), dessen sich die Großmächte schuldig machen. Wenn ich für die nächste Woche drei Visiten vorhabe, die mir alle sehr langweilig und sehr unbequem sind, so lege ich sie gewiß auf den Montag, damit ich für den Rest der Woche Ruhe habe. Die Sache kann nicht schnell genug erledigt sein. Genauso in der Politik. Unbequemlichkeiten, selbst Schrecklichkeiten, die kommen *müssen*, kann man nur dadurch ihres Schreckenscharakters einigermaßen entkleiden, daß man sie so rasch wie möglich an der Brust packt und den Kampf auskämpft, der *doch* gekämpft werden muß. Der alte Satz: »Lieber ein Ende mit Schrecken, als ein Schrecken ohne Ende« ist längst eine Platitüde geworden, aber seine Plattheit hat an seiner Wahrheit nichts geändert. Und doch ist die sogenannte »Politik« der Großmächte nichts als eine langweilige Auflehnung gegen diese platte, aber ewig richtige Wahrheit. Es wäre zum Weinen, wenn man aus dem Ganzen nicht auch wieder Trost und Vertrauen zu den irdischen und ewigen Dingen schöpfen könnte. Die Machtlosigkeit der bloßen äußerlichen Macht wird einem großartig demonstriert und dabei der Beweis erbracht, daß es andere Kräfte – wie Bismarck einmal sagte: die »Imponderabilien« – sind, die die Welt regieren. Da stehen nun die Griechen, nicht viel was anderes als ne große Räuberbande, und trotzen Europa. Und warum? Und wodurch? Weil der gesunde Menschenverstand auf ihrer Seite steht und in die Welt hineinlacht.

AN JAMES MORRIS   Berlin, 3. Juni 1897

Ihre Güte ließ mir gestern oder vorgestern »Pictures from the Royal Academy« zugehn, mit einem Bilde von Präsident Poynter beginnend. Poynter ist nun schon der vierte Präsident, den ich seit meinen Londoner Tagen erlebe: Eastlake, Leighton,

Millais, Poynter. Unter den verschiedenen Bildern stehn wie immer die Porträts und die Landschaften obenan. Das sind die segensreichen Nachwirkungen von Reynolds und Gainsborough. Turner war zu genial und original, um Schule bilden zu können. Speziell das Ouleßsche Porträt von Sir Spencer Ponsonby-Fane scheint mir ganz ersten Ranges. Vor allem aber ist mir aufgefallen, daß – von etlichen spezifisch englischen Zügen und Vorzügen abgesehen – im ganzen genommen eine Allerweltsmalerei mehr und mehr zur Geltung kommt, so daß die nationalen Unterschiede fast verschwinden. Im Porträt ist noch am ersten ein bestimmter Stil zu erkennen, in der Landschaft schon viel, viel weniger. Wir haben beispielsweise jetzt eine Schule in Worpswede (einem friesischen Dorf), die malt genau ebenso. Diese Schule erinnert (innerhalb der *Malerei*) sehr an die »Lake school«. Es sind vier oder fünf junge Maler, die sich auf ein Dorf zurückgezogen haben und da klösterlich miteinander leben, nur noch in gelegentlichem Verkehr mit den Bauern. Ich finde das sehr richtig. Was nun die *modernen*, knifflig herausgesuchten Stoffe betrifft, so sind die dahin einschlägigen Bilder in England gerade so verrückt wie in Frankreich und Deutschland. Aller modernen Kunst ist der Sinn für das *Natürliche* verlorengegangen, und gerade diese Kunst nennt sich naturalistisch. Übrigens bin ich trotz meiner hohen Jahre keiner von den »Alten« – im Gegenteil, ich bin für das Neue, wenn es gut ist. Was doch, Gott sei Dank, auch vorkommt.

Die Politik ist unerfreulich überall. Etwas Elenderes als den »griechischen Krieg« hat es nie gegeben. Er wird an Jammer nur übertroffen von der Großmäuligkeit der Griechen selbst und von den politisch-diplomatischen Leistungen des »europäischen Konzerts«. Und *das* soll man als etwas Höheres bewundern. ...

An Wilhelm Hertz   Berlin, 6. Juni 1897

... Am Mittwoch will ich mit Frau und Tochter nach »Nijen Bramborg« abdampfen, um Preußen zu vergessen, wozu Fritz Reuters Heimat – als eine Art Gegensatz – die beste Gelegenheit bietet. Ich stelle Rotspon und Onkel Bräsig höher als den ganzen

Borussismus, diese niedrigste Kulturform, die je da war. Nur der Puritanismus (weil total verlogen) ist noch schlimmer.

Im »Augustabad« bei Neubrandenburg am Ufer des Tollensesees – oder, wie andere sich kürzer fassen, des »Tollensees« – will ich auch endlich an die Korrektur beziehungsweise Anordnung meiner Gedichte für die fünfte Auflage gehen und bitte ganz ergebenst, mir zwei Exemplare zu diesem Zwecke zur Verfügung stellen zu wollen. Ich habe schon mal vor zwei oder drei Jahren um zwei Exemplare gebeten und in Karlsbad, wo man sonst nichts vornehmen kann, auch wirklich die Durchsicht bis in die Mitte des Buches begonnen und durchgeführt. Aber jetzt, wo ich diese Exemplare suche, sind sie fort, was mir leid tut, weil ich nicht weiß, ob die zweite Korrigiererei nicht hinter der ersten zurückbleiben wird.

Ich bin gern in Mecklenburg, wie in allen Ländern und Städten, die man in dem öden und dämlichen Berlinertum unserer Jugend für Plätze zweiten Ranges hielt, während sie unserem elenden Nest – *damals* gewiß »elendes Nest« – immer überlegen waren.

Die fünfte Auflage der Gedichte Fontanes, die letzte zu seinen Lebzeiten, erschien 1898.

AN JAMES MORRIS Neubrandenburg, 13. Juli 1897
»Augustabad«

Vor etwa Jahresfrist schrieb ich Ihnen, wenn ich nicht irre, von Waren aus, heute von Neubrandenburg. Beide Städte sind mecklenburgisch, jene dem Lande Schwerin, diese dem Lande Strelitz zugehörig, aber beide mit denselben Vorzügen ausgestattet: mit Wald und Seen, mit einer sehr wohlhabenden Bevölkerung, sehr guter Verpflegung und einem patriarchalischen Regiment. Dies Regiment, eine Adelsherrschaft, wird nun zwar im ganzen übrigen Deutschland und speziell in Preußen verspottet, zeigt aber so recht, daß es auf Verfassungen und Freiheitsparagraphen (die *wirkliche* Freiheit hat keine Paragraphen) gar nicht ankommt, sondern auf die Lebensformen, die hier beglückender sind als anderswo. Man freut sich seines Daseins, trinkt Rotwein und liest kleine Blätter. Die Leute sind infolgedessen weniger »gebildet«, aber auch weniger »verbildet«, was sich darin zeigt, daß aus kaum einem andern deutschen Landesteile so viele Talente hervorgehen. In Berlin sind die Menschen infolge des ewigen Lernens und Examiniertwerdens am talentlosesten – eine Beamtendrillmaschine. Anknüpfend an meinen diesjährigen mecklenburgischen Aufenthalt möchte ich noch sagen dürfen, daß der Zug nach dem Norden, der sich dann oft bis nach Skandinavien hin ausdehnt, immer größer wird. Italien ist halb entzaubert (mit Ausnahme der Riviera), weil man die Hitze, die Moskitos, die Malaria und die Bettelei nicht mehr aushalten mag und weil sich der »Bourgeois« – und der wirklich Gebildete erst recht – nachgerade eingesteht, daß er von Kunst *doch* nichts versteht, auch wenn er dreitausend Bilder noch so beharrlich angeglotzt hat. Der Norden ist klimatisch angenehmer, dabei sauberer und appetitlicher, und die Bevölkerung weniger Räuberbande. ...

Mit Schrecken sehe ich die »englischen Rüstungen«, und daß das so welt- und lebenskluge England schließlich auch in diesen modernen Unsinn verfällt. Die Kultur, die dadurch geschützt werden soll, geht darin unter. England, weil es reich ist, kann die Sache eine Weile aushalten, aber wir in Deutschland, die wir durchaus eine große Flotte haben wollen (oder sollen), um sie nach vier Wochen verbrannt zu sehen, wir könnten unser bißchen Geld besser anlegen. Alle Staaten müssen erst wieder den Mut kriegen, vor dem Besiegtwerden nicht zu erschrecken. Es schadet einem Volke nicht, weder in seiner Ehre noch in seinem Glück, mal besiegt zu werden – oft trifft das Gegenteil zu. Das niedergeworfene Volk muß nur die Kraft haben, sich aus sich selbst wieder aufzurichten. Dann ist es hinterher glücklicher, reicher, mächtiger als zuvor.

Am 23. August reisten Fontanes wieder nach Karlsbad.

An Friedrich Paulsen Karlsbad, 2. September 1897
 »Stadt Moskau«

Auch Städte, je nach dem Individuum, das ihnen zupilgert, haben ihren Stern oder Unstern. Auf Friedrich Wilhelm IV. wurde regelmäßig geschossen (oder ein Wagenrad brach), wenn er nach dem von ihm so sehr geliebten Rheinsberg wollte, so daß er's schließlich aufgab. Für mich ist »das Karlsbad«, wie man, glaub ich, zu Goethes Zeiten noch sagte, das volle Gegenstück dazu. Nur immer Liebes und Nettes widerfährt mir hier seit einer Reihe von Jahren, am hellsten aber strahlte der gute Stern, als gestern Ihre Karte kam. So was tut einem alten Menschen wohl.

An James Morris   Berlin, 26. Oktober 1897

In unsern deutschen Zeitungen verfolge ich mit großem Interesse die englischen Kämpfe in Indien und am Nil. Die ersteren sind natürlich die wichtigeren, denn sie sind das Vorspiel zu dem Großen und Entscheidenden, *was kommt* und worüber sich einer aus den Reihen Ihrer Hocharistokratie – wenn ich nicht irre, war es der Herzog von Hamilton – mit erfrischender Offenheit und Unbefangenheit ausgesprochen hat. Wenn ein Fremder dergleichen sagt, so stößt er leicht an. Wenn er sich aber Ansichten, die er vorfindet, nur anschließt, so geht es eher. Die englische Herrschaft in Indien *muß* zusammenbrechen, und es ist ein Wunder, daß sie sich bis auf den heutigen Tag gehalten hat. Sie stürzt, nicht weil sie Fehler oder Verbrechen begangen hätte – all das bedeutet wenig in der Politik. Nein, sie stürzt, weil ihre Uhr abgelaufen ist, weil ein »anderes« mächtig in die Erscheinung drängt. Dies »andere« heißt zunächst Rußland. Aber auch Rußland wird nur eine Episode sein, und ein sich auf sich selbst besinnendes nationales, religiöses und dem uralt Überlieferten angepaßtes Leben wird schließlich triumphieren und einigen Anspruch auf Dauer haben. Dieser hier angedeutete Werdeprozeß vollzieht sich, wohin man blickt, in der ganzen Welt, und es ist ein ungeheurer Segen, *daß* er sich vollzieht. Die Konquestadorenzeit, wo zwanzig Räuber, weil sie Knallbüchsen hatten, viel gesittetere Leute zu Paaren trieben und die Könige dieser besseren Leute auf den Rost legten – diese brutale Zeit ist vorbei, und gerechtere Tage brechen an. Die ganze Kolonisationspolitik ist ein Blödsinn: »Bleibe zu Hause, und nähre dich redlich.« Jeder hat sich *da* zu bewähren, wohin ihn Gott gestellt hat, nicht in einem fremden Nest. Mit Schaudern lese ich jetzt täglich von den verzweifelten Anstrengungen, die England machen will, um den alten Zustand à tout prix zu bewahren. Bis jetzt konnte man sich, wenn man auf England sah, daran aufrichten, daß es wenigstens *ein* Volk in Europa gab, das noch an ein anderes Ideal als an eine »Million Soldaten« glaubte. Wenn England sich dieses kolossalen Vorzugs, der gleichbedeutend ist mit gesundem Menschenverstand, freiwillig begibt und nun auch anfängt, jedem Menschen eine Flinte in die Hand zu zwingen, so steigt es von der Höhe herab, die es bis heute innehatte. Außerdem wird nicht mal *das* dadurch erreicht, was damit erreicht werden soll. Die Menschheit hat zu natürlichen Zuständen zurückzukehren. Das aber, womit am ehesten (weil unerträglich geworden) gebrochen werden muß, ist der Militarismus.

AN FRIEDRICH SPIELHAGEN   Berlin, 22. November 1897

... Je älter ich werde, je mehr neige ich mich den alten Schulaufsatzthemen, wie »Pfingstausflug nach Freienwalde«, »Die Radler im Grunewald« oder »Berliner Weihnachtsmarkt« zu. Vor ein paar Tagen las ich in einer stattlichen Anzahl von Korrekturbogen mal wieder meine aus dem Altenglischen übersetzten Balladen durch und fand dabei, halb zu meinem Entsetzen, halb zu meiner Freude, daß mich nicht mehr die Liebes- und Heldenballaden interessierten, sondern nur noch Robin Hood, der seinen alten Onkel Gamwel besucht, zusieht, wie Festkuchen gebacken wird, ungeheuer viel ißt und trinkt und zuletzt mit einer schwarzzöpfigen Jenny zur Stadt hinauswalzt, wieder in seinen Sherwoodwald hinein. Da haben Sie meine Stimmung, meinen gegenwärtigen Geschmack....

Bereits seit 1895, wie man annehmen darf, arbeitete Fontane am »Stechlin«. Am 8. Juni 1896 schrieb er an Carl Robert Lessing, den Haupteigentümer der »Vossischen Zeitung«: »Im Winter habe ich einen politischen Roman geschrieben (Gegenüberstellung von Adel, wie er bei uns sein sollte *und wie er* ist). *Dieser Roman heißt ›Der Stechlin‹.«*

Auch im folgenden Brief geht es um den »Stechlin«, Fontane vergleicht diesen seinen letzten Roman hier mit seinem ersten, mit »Vor dem Sturm«.

AN FRIEDRICH PAULSEN   Berlin, 29. November 1897

Allerschönsten Dank für die freundlichen Worte, die Sie erneut für meinen vaterländischen Roman, den ersten, den ich schrieb (ich begann ihn 63 auf 64, als die nach Schleswig-Holstein gehenden östreichischen Batterien auf der Verbindungsbahn, Königgrätzer Straße, an mir vorüberrasselten), gehabt haben. In Jahresfrist hoffe ich Ihnen einen Roman von beinah gleicher Dicke, der statt im Oderbruch in einem Ostwinkel der Grafschaft Ruppin spielt, überreichen zu können. Er ist auch patriotisch, aber schneidet die Wurst von der andern Seite an und neigt sich mehr einem veredelten Bebel- oder Stöckertum als einem alten Zieten- und Blüchertum zu....

»Der Stechlin« erschien vom Oktober 1897 bis zum März 1898 im 79. Band der Zeitschrift »Über Land und Meer« im Vorabdruck.

AN JAMES MORRIS   Berlin, 6. Januar 1898

... Ich kann mit Ausnahme des Technischen und Naturwissenschaftlichen (wiewohl auch da die großen Dinge der Vergangenheit angehören) nirgends einen Weltfortschritt wahrnehmen. Die Kanonen und Gewehre werden immer besser und scheinen die Fortdauer europäischer »Zivilisation im Pizarrostil« vorläufig noch verbürgen zu wollen. Aber es geht auch damit auf die Neige. Die nichtzivilisierte Welt wird sich ihrer Kraft bewußt werden, und der große Menschheitsauffrischungsprozeß wird seinen Anfang nehmen. Eigentlich sind wir schon in der Sache drin.

Am bedrohtesten ist England, weil es seine Flügel über die Erde hin am weitesten ausgebreitet hat. Überall schwere Gefahr. Aber wie immer, wenn die Gefahren sich mehren, ja, wenn »decay and fall« als Möglichkeiten am Horizonte sichtbar werden, raffen sich die Völker noch mal zu größten Leistungen auf, und so finde ich denn auch die Haltung Englands im gegenwärtigen Augenblicke geradezu bewundernswert. Daheim in einer schweren, in ihren Folgen ganz unberechenbaren Krisis, in Indien, in Afrika, in China entweder in seinem Besitzstand oder doch in seinem »Prestige« bedroht, von allen beargwohnt und gehaßt, von keinem geliebt oder sekundiert, zeigt es trotzdem in seiner Haltung keine Spur von Unruhe; teilt die Fragen nüchternen Sinnes in »große und kleine«; schiebt die kleinen beiseit oder bequemt sich zu Konzessionen; ist aber bereit, für die großen Fragen zu kämpfen und seine Existenz an die Fortdauer seiner gegenwärtigen Machtstellung zu setzen. Das hat auch für den Fremden etwas Erhebendes und in dem großen Stil des Vorgehens ein Etwas, das einen mit Neid erfüllen kann. Ist mein Blick in die Zukunft richtig, so zieht das Gewitter diesmal noch vorüber. Die Wolken sind noch nicht geladen genug. Die Regierungen führen noch das Wort, nicht die leidenschaftlichen Volksempfindungen. Sprechen aber *diese* mit, so werden wir furchtbare Kämpfe haben, nach deren Abschluß die Welt und die Landkarte anders aussehen wird als heut.

AN FRIEDRICH STEPHANY   Berlin, 22. März 1898

... Ibsen mag die größere Natur, die stärkere Persönlichkeit, das überlegene, bahnbrechende Genie sein, dichterisch steht mir Gerhart Hauptmann höher, weil er menschlicher, natürlicher, *wahrer* ist. Da quatscht jetzt jeder von Ibsens *Wahrheit*, aber gerade *die* spreche ich ihm ab. Er ist ein großer, epochemachender Kerl, aber mit seiner »Wahrheit« kann er mir gestohlen werden. In der Mehrzahl seiner Dramen ist alles unwahr. Die bewunderte Nora ist die größte Quatschliese, die je von der Bühne herab zu einem Publikum gesprochen hat. ... Was ich mal Schlenther gesagt habe: »Nach dreißig Jahren (hoch gerechnet) ist Ibsen der Komik verfallen« – diesen Satz halte ich aufrecht. Daneben läuft eine ganz aufrichtige Bewunderung für das, was der Mann getan hat.

In »Von Zwanzig bis Dreißig« berichtet Fontane, wie 1848 eine Kanonenkugel in die Jungsche Apotheke einschlug und monatelang im Eckpfeiler steckenblieb.

AN FRIEDRICH STEPHANY   Berlin, 29. März 1898

... Mit der Sechspfünderkugel (ich habe lang und breit darüber geschrieben – »Herr Apotheker, wat kost't denn die Pille?«) hat es seine Richtigkeit. Übrigens fangen die Erinnerungen an den 18. März an, scheußlich langweilig zu werden. Eine Unsumme von Nichtigkeiten türmt sich auf. Als historisches Ereignis war es eine große Sache, als Heldenleistung urschwach. Scharmützel. Unsere Enkel werden erst die wirkliche Schlacht zu schlagen haben.

1898 war Friedrich Paulsens Buch »Immanuel Kant. Sein Leben und seine Lehre« erschienen. Er hatte es Ende März 1898 an Fontane geschickt, der ihm dafür dankte und zugleich gestand, er sei in seiner Kant-Kenntnis »über ein paar Anekdoten und eine gleiche Zahl landläufiger Redewendungen nicht hinausgekommen – aber nun soll es besser werden.«

AN FRIEDRICH PAULSEN   Berlin, 25. April 1898

... In Ihrem Kant-Buch bin ich erst bis S. 74. Das macht, daß ich krank wurde (bin's leider auch noch) und will deshalb, sobald es warm wird, nach dem »Weißen Hirsch« bei Dresden. Ihr Buch begleitet mich dahin. Es interessiert mich überall – ich habe auch weiterhin schon in schwierigere Stellen hineingeguckt –, und es verlohnte sich vielleicht, darüber nachzudenken, woher es kommt, daß die reine Kunst der Darstellung auf den, der ein Gefühl dafür hat, eine ähnliche Wirkung übt wie das Packende, das Sensationelle. Der geistige Mensch kann geradeso gekitzelt werden wie der sinnliche. Sehr gut kann man es am Witz zeigen. Ein scharfgeschliffener und brillant vorgetragener Witz nimmt mich ganz so gefangen wie 'ne Mordgeschichte – auch vor Vernügen können einem die Haare zu Berge stehn.

AN FRIEDRICH STEPHANY   Berlin, 17. Mai 1898

... Gegen »Nora« bin ich sehr, auch gegen andre Ibsengestalten, aber für einen Bekehrten dürfen Sie mich doch nicht halten. Ich bin Ibsen gegenüber fast ganz unverändert geblieben. In vorderster Reihe stehen doch Bewunderung und Dank, denn er ist ein großer Reformator unseres Bühnenwesens gewesen. Er hat neue Gestalten und vor allem eine neue Sprache geschaffen. Daß unter den Gestalten viele aus der Retorte sind, darf man ihm nicht so übelnehmen. Dafür war er – Apotheker.

Im Juni und Juli 1898 war Fontane mit Frau und Tochter im Weißen Hirsch bei Dresden zur Sommerfrische, »die diesmal freilich etwas frischer als nötig ist«, wie er an Friedlaender schrieb. »Wir frieren Stein und Bein und werden erst warm, wenn wir bald nach neun unter das Deckbett kriechen. . . . Trotz dieser Kälte gefällt es uns sehr, weil wir uns in unsren Nerven erquickt und gestärkt fühlen.« Auch die sächsische Lebensart sagte Fontane sehr zu: »Daß der Volkscharakter gut sei«, so schrieb er, »will ich nicht behaupten, aber alles vertritt einen Grad von Manierlichkeit, der bei uns doch noch vielfach fehlt. Alte Kultur ist kein leerer Wahn. Daß sie hier gegen alles Preußische gereizt sind, kann ich ihnen nicht verdenken; die Preußen gerieren sich als die Überlegenen und sind es doch vielfach nicht.« Und sechs Wochen später hob er nochmals hervor, wie sympathisch ihm das Sächsische sei. Er sei überzeugt, sich in seinem Urteil nicht zu täuschen. »Ich bin meiner ganzen Anlage nach unbefangener und vorurteilsfreier, ich sehe auch schärfer, vielleicht von Natur, sicherlich aber von Metier wegen. Ich bin auf beständiges scharfes Beobachten wie gedrillt; kleine Vorzüge meiner Schreiberei wurzeln lediglich darin.«

AN FRIEDRICH PAULSEN　　　　Weißer Hirsch bei Dresden,
　　　　　　　　　　　　　　　1. Juni 1898

Ihr Kant-Buch hat mich hierher begleitet, und vormittags, wenn mich Ozon und Sonne ein wenig über mein eigentliches Maß erheben, wage ich mich an mundus sensibilis und mundus intelligibilis heran. Einen Tag dacht ich auch schon: »Ich hab es.« Aber es war eine Täuschung. An der einen oder andern Stelle glaubte ich nämlich herausgelesen zu haben, daß Kant der kritischen oder philosophischen Beschäftigung mit den Sinnlichkeiten die Methode entnommen habe, der wirklich wirklichen Welt siegreich auf den Geistesleib zu rücken, und darin schien mir etwas Neues und Großes zu liegen: Erkenntnis des Intelligiblen, gestützt auf eine vorhergewonnene Erkenntnistheorie des Sensiblen. Aber bald mußte ich mich überzeugen, daß es so ziemlich gerad umgekehrt läge und alles vielmehr darauf hinauslaufe, beiden Welten a priori beizukommen, der sensiblen Welt mit apriorischen Berechnungen oder auch bloß Annahmen und Vermutungen, der intelligiblen Welt mit apriorischen Ideen. Ich konnte mich, nachdem das erste gefallen war, auch in diesem zweiten zurechtfinden, aber leider zu sehr, so daß mir die diesem Satze zugemessene hohe Bedeutung, als wäre eine neue Welt entdeckt, nicht recht einleuchten wollte. Verblieb mir schließlich nur noch die Annahme, daß das, was ich verstanden zu haben glaubte, von mir mißverstanden oder infolge völliger Unvertrautheit mit diesen Dingen in seiner tieferen und eigentlichen Bedeutung gar nicht erkannt worden sei. Da konnte denn nicht ausbleiben, daß sich meine ursprünglich freudige Stimmung in eine wehleidige verkehrte, in eine aufrichtige Trauer darüber, in dieser höheren und feineren Welt nicht mitzukönnen. Die große Klarheit und Übersichtlichkeit, mit der Sie, nach Historikerart (viele lassen einen freilich im Stich), den Ihnen gegebenen Stoff aufbauen, hatte mich eine kurze Weile glauben lassen, ich könnte nicht bloß diesem Ihrem Aufbau, sondern auch den Kantischen Bausteinen in ihrem innersten Sollen und Wollen folgen. Aber damit bin ich in der Hauptsache gescheitert. Ob es an meinem ganz unphilosophischen Kopf gelegen oder ob sich nur der alte Satz bestätigte: »Was Hänschen nicht lernte, lernt Hans nimmermehr« – ich weiß es nicht. ... König Max von Bayern, der wohl sein lebelang in ähnlich trauriger Lage war wie ich, soll seinen Philosophen gegenüber immer den Wunsch geäußert haben: »Ich hätte diese Sache samt ihrer Lösung gern in einem Distichon.« So ruf ich echt dilettantisch auch in meiner Sehnsucht nach einem die letzten Dinge bequem aufschließenden Schlüssel.

Im Sommer 1898 erschien »Von Zwanzig bis Dreißig« im Verlag von Fontanes Sohn Friedrich.

AN FRIEDRICH FONTANE Weißer Hirsch bei Dresden,
16. Juni 1898

Heute früh – am Wahl- und Schlachttage, der nach der »Vossin«
auf lange hin über Wohl und Wehe der Menschheit entscheiden
wird, nach meinem Dafürhalten aber zu den gleichgültigsten und
wahrscheinlich auch langweiligsten Tagen der Weltgeschichte
gehört – empfing ich Buch und Karte. Sei bestens bedankt. Ich
fing gleich tapfer an zu lesen, habe wenigstens 150 Seiten bewältigt und bin bis jetzt noch keinem schrecklichen Druckfehler
begegnet. Im Gegenteil, verhältnismäßig alles sehr gut; ich habe
also alle Ursache, mit Bonde zufrieden zu sein. Auch der Einband ist gut (klappt vorzüglich auf), und die Dicke des ganzen
stört nicht, weil jede einzelne Seite klar, gefällig und übersichtlich wirkt. Mama rührt mich dadurch, daß sie mit allem, was
sie betrifft, einverstanden ist und an dem »Mädchen mit de
Eierkiepe« und ähnlichem keinen Anstoß nimmt, was ich anfangs
fürchtete. Für einen richtigen Leser – und nur auf solche kann
ich Rücksicht nehmen – ist gerade diese Jugendschilderung eine
vollständige Verherrlichung.

Den ganzen Tag über habe ich Dich neben der »Wahlurne«
sitzen sehen – ein Anblick für Götter. Dieser ganze Wahlkrempel kann unmöglich der Weisheit letzter Schluß sein. In England
oder Amerika vielleicht oder auch gewiß – aber bei uns, wo
hinter jedem Wähler erst ein Schutzmann, dann ein Bataillon
und dann eine Batterie stehen, wirkt alles auf mich wie Zeitvergeudung. Hinter einer Volkswahl muß eine Volksmacht stehen;
fehlt die, so ist alles Wurscht.

*Ludwig Pietsch hatte in der »Vossischen Zeitung« vom 29.
Juni »Von Zwanzig bis Dreißig« besprochen.*

AN LUDWIG PIETSCH Berlin, 29. Juni 1898

... Seien Sie herzlichst bedankt. Es ist ein Kabinettstück, wobei
ich mir bewußt bin, daß meine Freude darüber nicht bloß ein
Kind empfangener großer Freundlichkeiten, sondern zugleich
ein Kunstgefühlprodukt ist. Gelobt werden ist immer gut, aber
den Ausschlag gibt doch das »Wie«. Ganz besonders dankbar

bin ich Ihnen für den Hinweis darauf, daß ich andern zu Leibe rücke, mir selbst aber auch. Und hätte ich meiner Neigung folgen können, so wäre ich noch ganz anders gegen mich losgegangen. Denn inmitten aller Eitelkeiten, die man nicht los wird, kommt man doch schließlich dazu, sich als etwas sehr Zweifelhaftes anzusehen: »Thou comest in such a questionable shape.« ...

Friedrich Paulsen hatte an Fontane über dessen soeben erschienenes Buch »Von Zwanzig bis Dreißig« geschrieben. Es enthält einen großen Abschnitt über Theodor Storm. – Auch seine Erlebnisse während der Berliner Märzkämpfe 1848 stellt Fontane in diesem Buche dar; die Darstellung steht unter dem Eindruck der Lektüre der »Denkwürdigkeiten aus dem Leben Leopolds von Gerlach« (Berlin 1891/92). Gerlach, 1790–1861, streng konservativer preußischer Offizier, hatte als Haupt einer Hofkamarilla nach der Revolution einen verhängnisvollen Einfluß auf die preußische Politik ausgeübt. In seinen »Denkwürdigkeiten« – denen gegenüber Fontane übrigens seine »total andere Meinung« hervorhob (an Herman Wichmann, 2. Januar 1896) – hatte Gerlach berichtet, daß während der Märzkämpfe die Führer der konterrevolutionären Truppen in Berlin bereits am Abend des ersten Tages unsicher geworden seien und mit einem Sieg der Revolution gerechnet hätten. Dieses Eingeständnis, das in auffallendem Gegensatz zu späteren offiziellen Darstellungen stand, beeindruckte den alten Fontane stark und führte ihn zu grundsätzlichen Überlegungen über die Möglichkeiten und Aussichten revolutionärer Erhebungen. »Ja, wie verlaufen denn diese Dinge überhaupt?« so fragte er sich in »Von Zwanzig bis Dreißig«. »Sie müssen – vorausgesetzt, daß ein großes und allgemeines Fühlen in dem Aufstande zum Ausdruck kommt – jedesmal mit dem Siege der Revolution enden, weil ein aufständisches Volk, und wenn es nichts hat als seine nackten Hände, schließlich doch notwendig stärker ist als die wehrhafteste geordnete Macht.«

Fontanes Stellung zu dieser Frage, die ihn im Alter immer stärker beschäftigte, hatte sich in seinem letzten Lebensjahrzehnt von Grund aus geändert. 1889, noch unter dem Sozialistengesetz, hatte er mit Furcht auf die bevorstehende Revolution geblickt;

immer wieder sehe er, so schrieb er am 19. Oktober 1889 an seinen Sohn Theo, »wie kipplig alles steht und wie sehr wir des Glückes und der Siege bedürfen, um über die Fährlichkeiten, die von allen Seiten, und zwar im eignen Lager drohen, leidlich hinwegzukommen. Alles ist verdemokratisiert, verwelft, verkatholisiert oder ganz allgemein vergrätzt und verärgert und gehorcht nur, weil jeder im Geiste die Kanonen aufgefahren sieht, die Kreis schließen und hineinkartätschen. Aber eines Tages fehlen auch die, mit denen man den Kreis schließen kann, und dann ist es vorbei. Man braucht kein Schwarzseher zu sein, um solche Zeiten vor sich aufsteigen zu sehen ...« Nur den einen Trost habe er, daß es immer ganz anders komme, als man erwarte. »Irgendeine Sünd- oder Sintflut ist immer vor der Tür, aber dabei leben die Menschen vergnüglich weiter und backen Hochzeitkuchen.«

Diese Skepsis, der wir bereits in dem Briefe vom 5. Juni 1878 (S. 215) begegneten, war in den nächsten Jahren, im Zusammenhang mit der »Verdemokratisierung« (vgl. S. 353, 372) des alten Fontane, immer mehr einer revolutionären Stimmung gewichen; von einer Furcht vor der Revolution war sehr bald nicht mehr die Rede, nur von Bedenken für die Revolution, von der Sorge, daß sie mißlingen könne. Wer sich in Preußen auf Revolutionen einlassen wolle, so schrieb er am 19. März 1895 an Friedlaender, der müsse sehr optimistisch leichtsinnig oder sehr tapfer sein; das gelte auch heute noch, »trotz Sozialdemokratie«. Die Ausgänge hingen immer, auch für den Starken, »an einem seidenen Faden«. Aber trotz allem, trotz dem Grauen vor der »furchtbaren Schlacht«, die geschlagen werden müsse, ließ er sich nicht abhalten, den »Sieg des Neuen zu wünschen« (Brief vom 6. Mai 1895). Drei Jahre später ist dieser Wunsch zur Prophezeiung geworden; ein halbes Jahr vor seinem Tode verkündet Fontane die kommende Revolution, gegen die 1848 nur ein »Scharmützel« gewesen sei: »Unsere Enkel werden erst die wirkliche Schlacht zu schlagen haben« (Brief vom 29. März 1898, S. 416).

AN FRIEDRICH PAULSEN   Berlin, 13. Juli 1898

Hochgeehrter Herr Professor, Ihre freundlichen Zeilen – seit vierzehn Tagen bin ich vom »Weißen Hirsch« zurück – erhielt ich erst heute. Seien Sie herzlichst bedankt. Es ist eine Liebestat, so durch siebenhundert Seiten durchzugehn. Allem, was Sie über Storm sagen, kann ich gern zustimmen, besonders auch dem, was Sie hinsichtlich des Heiratens in der durch Geburt vorgeschriebenen Sphäre bemerken. Als ich den Storm-Aufsatz schrieb (schon vor ungefähr zehn Jahren), dachte ich über Umgang, Verkehr, Heirateri ganz anders, und zwar besser, *freier* als jetzt. Ich ärgerte mich über die Spießbürgerlichkeiten, über den ewigen Soupçon und das allzu niedrige Sich-selbst-Einschätzen der außeradeligen Kreise. Jetzt – eben erst in meinen ganz alten Tagen – bin ich, im Gegensatz dazu, zu zwei traurigen Überzeugungen gekommen: man muß jeden Versuch, sich unsren Adel (denn es paßt nur auf *unsren*) durch Freimut erobern zu wollen, aufgeben, und man darf zweitens von keinem Menschen in der Welt etwas annehmen. Wer mir, in unsrer Mark, eine Käsestulle vorgesetzt hat, dem bleibe ich auf Lebenszeit verpflichtet. Ein erbärmlicher Zustand. Und das nennt sich Kultur. –

Haben Sie auch *darin* recht, daß mich das Gerlachbuch zu was Falschem bekehrt hat, so können wir uns mit unsren Freiheitswünschen nur alle begraben lassen. Das entsetzlichste aller Dogmen, die Stuartleistung von der Gottesgnadenschaft der Könige, steht mal wieder in üppigster Blüte (siehe die beiden Reden beim Abschiedsmahle des Prinzen Heinrich), und denke ich mir 500 000 Repetiergewehre dazu, so weiß ich nicht, was mit der Menschheitsentwicklung werden soll, wenn ich nicht auf die bei Hemmingstedt hereinbrechenden Fluten oder auf *ähnlich Elementares* warten darf.

Am 12. August reiste Fontane wieder mit Frau und Tochter nach Karlsbad.

An den Sohn Theodor Fontane

Karlsbad, 29. August 1898
»Stadt Moskau«

Unter den Karten, die Dich in der Schweiz aufsuchten, war keine von mir (der »Stechlin« hielt mich in Banden), aber den in seine Würzburger Straße Zurückgekehrten will ich begrüßen. Von Deinen Reiseschicksalen hören wir Intimeres, wenn wir wieder daheim sind, und alles, so nehme ich an, wird gut und freundlich lauten, wenn auch mit Einschränkung. Vier, fünf Wochen sind eine lange Zeit, und daß einem durch so viele Tage hin immer nur angenehme Menschen vorgesetzt werden sollten, ist, weil beinahe unnatürlich, kaum zu verlangen. Schweiz, Italien, Paris muß man gesehen haben, das ist man sich schuldig, und ein »Intendant« erst recht; aber das vergnügliche Reisen, von dem man menschlich was hat, liegt doch woanders. Stille Plätze, wenig Menschen, ein Buch, ein Abendspaziergang über die Wiese, mit andern Worten: die kleine Lehrersommerfrische. Daß du mit Fritsch Fühlung gewonnen hast, freut mich sehr; er ist ein Mann, mit dem man seinen Faden spinnen kann.

Am 28. August 1898 hatte der russische Außenminister Graf Murawiew den Großmächten gemeinsame Maßnahmen zur Erhaltung des Friedens und zur Beschränkung der Rüstung vorgeschlagen. Die Anregung führte zur Haager Friedenskonferenz von 1899.

An James Morris   Karlsbad, 30. August 1898

Seit ein paar Wochen bin ich hier in Karlsbad und kann mir wieder die Häuser ansehen, wo der alte Goethe gewohnt, desgleichen auch die Hotels, wo die Kaiser und Könige in den Gott sei Dank verschwundenen Tagen der Polizeialliance, die in der Geschichte den anspruchsvollen Namen »Heilige Alliance« führt, ihre Karlsbader Tage verbracht haben.

Vielleicht kommen ihre Thronnachfolger nun *wieder* hier zusammen, um über die Abrüstung und den Weltfrieden zu beraten. Es wird nicht viel draus werden, aber es bleibt doch eine große Sache, das der mächtigste Mann der Erde solch Wort aussprechen konnte, und zwar, wie ich fest überzeugt bin, nicht phrasenhaft oder gar mit Hintergedanken, sondern grundehrlich. ...

An Friedrich Fontane   Karlsbad, 4. September 1898

... Was Du mir von Kritiken schicktest, habe ich durchgelesen oder richtiger überflogen, mit Ausnahme der sehr liebenswürdigen Worte, die der gute Mauthner für mich gehabt hat. Stellenweise zum Totlachen war Otto Leixner in der »Täglichen Rundschau«. An einer Stelle schreibt er: »Er (Th. F.) mußte fünf Jahre auf sein Bräutchen warten.« Danach muß Leixner ein Sachse sein; Gemütlichkeit ist gut, aber es darf nicht zu viel werden. ...

Kurz darauf kehrte Fontane nach Berlin zurück. Seine Frau weilte noch für einige Tage zu Besuch bei ihrer inzwischen verwitweten Freundin Johanna Treutler, die jetzt in Dresden-Blasewitz wohnte. Fontane veranstaltete daheim eine kleine Feier. Paul Schlenther, der an ihr teilnahm, berichtet: »Voller Entwürfe, voll regsten Interesses für alles und jedes, so sah ich ihn noch Freitag, den 16. September, abends in seinem Arbeitsstübchen zwischen Erich Schmidts und meiner Frau sitzen. Zur Feier der Verlobung seiner ihm geistesverwandten einzigen Tochter war ein kleines, feines Essen bereitet worden. Nur neun Personen. Der Alte in seiner herrlichen, lieben Greisesschönheit Mittelpunkt und Seele der Unterhaltung.«

An Emilie Fontane   Berlin, 18. September 1898

... Wenn ich beim Tee sitze, geht es, und wenn ich meine gute Frau Sternheim sehe, geht es noch besser; aber sowie ich aus der Ruhe heraus und in irgendwelche Aktion hinein soll, ist es mit der ganzen Herrlichkeit vorbei. Ich erschrecke vor allem, und selbst, wo sogenannte Vergnüglichkeiten in Sicht stehn, ist mein Trost: »Um neun Uhr ist alles aus.« Nicht im Sinn einer Todessehnsucht, sondern nur in dem tiefen Verlangen nach Ruhe. Freilich spukt das andere darin vor, was auch wohl recht gut ist. Ein so glückliches und so bevorzugtes Leben und doch: »Was soll der Unsinn?« Dies kann man beinah wörtlich nehmen; in der Politik gewiß und in Religion und Moral ist alles Phrase. Früher statuierte ich Ausnahmen; jetzt kaum noch. . . .

Franz Servaes hat uns ein Bild des greisen Dichters in seinem letzten Lebensjahr überliefert: »Da stand er ... allein und blickte halb über das Gewühl hinweg, mehr in der Stellung eines Lauschenden als eines Schauenden. Fast erschrak ich ein wenig, als ich ihn sah: so alt schien er mir plötzlich geworden, so nahe dem Verfall. Um so mehr lag etwas ungemessen Ehrwürdiges in der ganzen Erscheinung. Er schien völlig in Sinnen verloren, beinahe der Welt schon entrückt. Etwas wie ein kindliches, seliges Staunen, wie dankesfrohes Mitgenießen lag auf seinen Gesichtszügen, in denen die Augen einen eigenen, gleichsam verklärten Glanz zeigten.«

An Emilie Fontane   Berlin, 20. September 1898

Meine liebe Frau.

Dies sind nun also die letzten Zeilen, übermorgen mittag dürfen wir Dich erwarten. Es freut mich, daß Du dies Zusammensein mit Deiner alten Freundin noch haben konntest.

Unsre gestrige zweite Gesellschaft verlief ebenfalls zufriedenstellend, weil alle voll guten Willens waren. Daß dieser so oft fehlt, daran scheitern so viele Gesellschaften. Zu den Haupttugenden, die Z[öllner]s und wir in alter Zeit vertraten, gehörte diese absolute gesellschaftliche Zuverlässigkeit. Die meisten machen sich ein Vergnügen draus, wenigstens den einen oder andern zu ärgern.

Mit Metes und meinem Befinden ist es »soso«: man arbeitet am Trapez immer weiter und leistet dasselbe wie andre, aber es fehlt – einzelne Momente abgerechnet, wo einen ein Witz oder eine Skandalgeschichte erheitert – die rechte Freudigkeit, weil die Kräfte nicht ausreichen. Das prädominierende Gefühl bleibt doch immer: »Lägst du nur erst wieder im Bett.« Bei mir ist dies Gefühl so stark, daß selbst meine berühmte Artigkeit zusammenbricht und ich mir sage: »Wird dir das und das übelgenommen, nun, so auch gut!« Es ist vielleicht eine kleine Tugend, von dem Urteil der Menschen abhängig zu sein, aber bequemer haben es die Rüpel, denen all so was ganz gleichgültig ist.

Gestern mittag ging ich eine Stunde spazieren und traf P.; er erzählte mir vom Tode seiner Frau und welchen »goldenen Humor« sie gehabt habe; er sei ganz gebrochen, alles habe jedes Interesse für ihn verloren, auch sein Geschäft, und dabei weinte er beständig. Er sei, um sich rauszureißen, in England gewesen und habe mit zwei englischen Nichten seiner Frau eine Reise nach Schottland gemacht. Die jüngere sei heiter und ausgelassen und habe den »goldenen Humor« seiner Frau; die ältere, die jetzt bei ihm sei, sei aber ernster. Ich glaube, er war ganz aufrichtig in seiner Trauer, und doch habe ich nie so stark den Eindruck gehabt: »Dieser Trauernde wartet das Trauerjahr nicht ab«; eine der beiden Nichten muß es werden. Wohl die mit dem »goldenen Humor« seiner Frau. So geht es. Und die Witwen sind noch flinker als die Witwer! –

Empfiehl mich allerseits aufs herzlichste, besonders Tante Johanna. Wie immer Dein

Alter.

Dies war Fontanes letzter Brief. Am gleichen Tage abends neun Uhr verschied er ohne Todeskampf. Er hatte sich noch lebhaft mit seiner Tochter unterhalten und sie schließlich um einen Likör gebeten. »Während sie das Glas holte«, so erzählt ein Freund der Familie, »ging er in sein Schlafzimmer. Sein langes Verweilen dort beunruhigte sie. Und als sie die Tür öffnete, fand sie den Vater über dem Bett liegend.«

Seine letzte Aufzeichnung lag noch auf dem Schreibtisch, der wie immer ein Bild größter Ordnung bot. Es war die Liste derjenigen, die den soeben ausgedruckten »Stechlin« erhalten sollten.

Im Norden Berlins auf dem Französischen Friedhof wurde Theodor Fontane an einem klaren Herbsttage zur letzten Ruhe gebettet. Unter den zahlreichen Sprüchen, die er in seinen letzten Lebensjahren geschaffen hatte, fand sich der folgende:

Ausgang

Immer enger, leise, leise,
Ziehen sich die Lebenskreise,
Schwindet hin, was prahlt und prunkt,
Schwindet Hoffen, Hassen, Lieben,
Und ist nichts in Sicht geblieben
Als der letzte dunkle Punkt.

Berlin 18. Sept. 98

Mein lieber Freund.

Vielleicht hab ich Dir schon geschrieben, aber ich muss Dir doch noch einmal danken für Deinen liebenswürdigen Brief, der in besonders guter Stimmung geschrieben schien. Ich soll mich statt der ewigen „Friesack" lieber um den Dritten „Lessing" u Konzer kümmern, das ich habe auch den besten Willen dazu, aber Du vergisst meine 84 Pferdeschläge. Wenn ich keinen Schnee sehe, ich gehe und wenn ich meinen guten Freund Stauen sehe, ich glaube er [illegible]

[illegible]

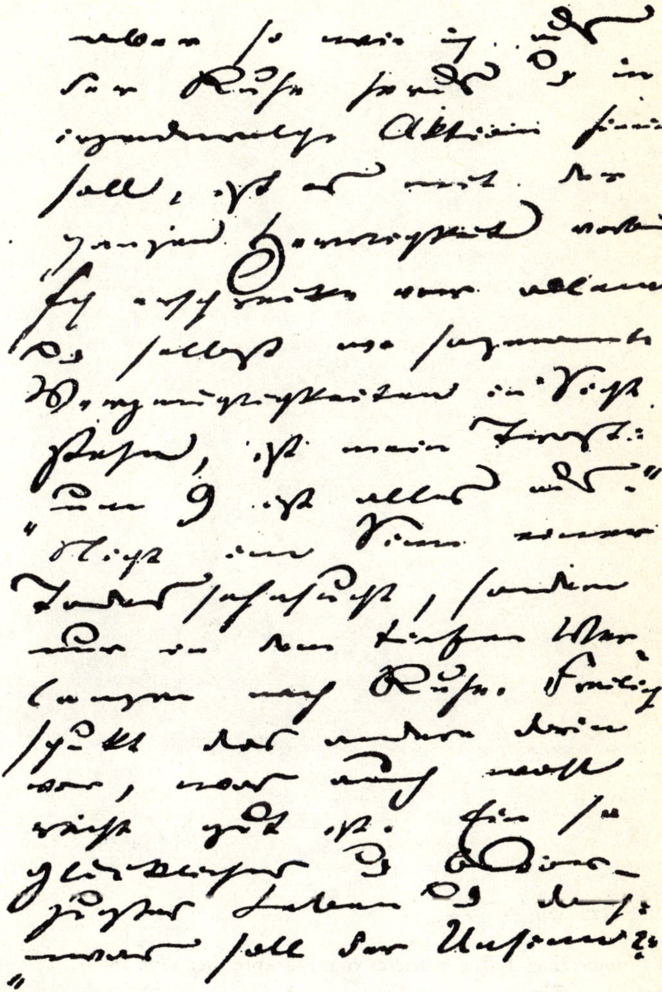

zu S. 428–429

Faksimile eines Teils des Briefes vom 18. September 1898 an Emilie Fontane

DIE ÜBERLIEFERUNG
VON THEODOR FONTANES
BRIEFEN

Einige Jahre vor seinem Tode schätzte Fontane scherzweise die Zahl der Briefe, die er an seine Frau geschrieben hatte, auf zehntausend. Dazu kommen die unzähligen Briefe an die übrigen Verwandten – vorab an die Kinder – und an die vielen Freunde und Mitstrebenden eines reichen, erfüllten Lebens. Eigentlich polemische Briefe hat Fontane, der in seinem Gegenüber verbindlich stets das beiden Gemeinsame anzusprechen verstand, nie geschrieben; war solche Gemeinsamkeit ausnahmsweise nicht oder nicht mehr herzustellen, so machte er »kurzen Prozeß« und brach jede Beziehung ab, wie er selbst einmal an seinen Sohn Theo schrieb. »Auf eine sich hinschleppende stille Fehde habe ich mich nie eingelassen. Ich trenne mich von Menschen, oder, wenn ich mich nicht von ihnen trenne, so lebe ich in Frieden mit ihnen und verwinde kleine und selbst große Unannehmlichkeiten, die ja nun mal nicht aus der Welt zu schaffen sind« (25. Dezember 1895). Ein Brief wie der an Storm vom 25. Juli 1854 liegt daher bereits an der Grenze des für Fontane in einem »Freundesbrief« überhaupt Möglichen.

Von allen diesen Briefen ist nur ein Teil erhalten, und nur ein – wenn auch beträchtlicher – Teil dieses Teils wurde bisher veröffentlicht. Sehr viele Freundesbriefe Fontanes wurden (und werden noch immer) zuerst in Zeitungen, Zeitschriften, Jahrbüchern oder Sonderpublikationen gedruckt und sind bis heute in keiner Gesamtausgabe vollständig erfaßt. Auch die beiden großen, einander ergänzenden Sammlungen der Freundesbriefe von 1910 und 1943 (letztere beiläufig bis auf wenige Exemplare im Zweiten Weltkrieg vernichtet) geben nur eine Auswahl. Dagegen läßt sich die Situation bei den Familienbriefen leichter überschauen. Verloren sind hier offenbar zunächst alle Briefe, die Fontane an seinen ältesten Sohn George gerichtet hat (wenn man von einigen Briefen aus dessen Kinderzeit absieht). Weiterhin dürfte Frau Emilie selbst viele Briefe vernichtet haben, und zwar teilweise gleich in zeitlich zusammenhängenden Partien, so daß beispielsweise von Fontanes Reisen zu den Kriegsschauplätzen von 1864 und 1866 bisher keine nennenswerten Briefe bekannt geworden sind. Auch die Briefe Fontanes aus der fünfjährigen Brautzeit mußten auf Geheiß Frau Emiliens nach ihrem Tode ungelesen verbrannt werden.

Schließlich sind alle Briefe Fontanes an seine Verwandten aus seinen Jugend- und ersten Mannesjahren verloren.

Die uns erhaltenen Briefe Fontanes setzen daher im wesentlichen erst um sein dreißigstes Jahr herum ein; nur verhältnismäßig wenige Freundesbriefe liegen vorher. Eine wirklich gewichtige Ausnahme bilden lediglich die fünf großen Revolutionsbriefe an Lepel von September bis November 1848. Aus Fontanes dreißigstem Lebensjahr ist uns sein erster Brief – freilich nur im Entwurf – an seinen treuesten Korrespondenzpartner überliefert: an Emilie, seine spätere Frau. Fast fünfzig Jahre später richtet er an sie am Morgen seines Todestages seinen letzten Brief überhaupt. Ein halbes Jahrhundert zieht in Fontanes Briefwerk an uns vorüber: eine Lebensgeschichte »Von Dreißig bis Achtzig«, unmittelbar sich anschließend an die Erinnerungen »Von Zwanzig bis Dreißig«.

Die wichtigsten Quellen nach dem Stande von 1975

Theodor Fontane, Briefe an seine Familie. Hg. v. Karl Emil Otto Fritsch, 2 Bände, Berlin 1905 u. ö. – Bei dieser Ausgabe wurden – insbesondere aus Gründen der Diskretion – von dem Herausgeber verschiedentlich Kürzungen, Verschlüsselungen oder Änderungen am Originalwortlaut einzelner Briefe vorgenommen. Das gilt, in etwas beschränkterem Umfang, auch von der folgenden Sammlung der Freundesbriefe.

Theodor Fontane, Briefe an seine Freunde. Hg. v. Otto Pniower und Paul Schlenther, 2 Bände, Berlin 1910 u. ö.

Theodor Fontanes Briefwechsel mit Wilhelm Wolfsohn. Hg. v. Wilhelm Wolters (= Wilhelm Wolfsohn Sohn), Berlin 1910.

Theodor Fontane, Briefe und Tagebuch. Hg. v. Mario Krammer, in: Die Neue Rundschau, 30. Jg., 1919, Heft 12, S. 1427–1450.

Theodor Fontane an Paul Lindau. Hg. v. Paul Alfred Merbach, in: Die Deutsche Rundschau, Jg. 57, Bd. 210, März 1927, S. 239–246, Bd. 211, April 1927, S. 56–64.

Der Briefwechsel von Theodor Fontane und Paul Heyse 1850–1897. Hg. v. Erich Petzet, Berlin 1929.

Neunundachtzig bisher ungedruckte Briefe und Handschriften von Theodor Fontane. Hg. v. Richard von Kehler, Berlin 1936 (Privatdruck).

Theodor Fontane, Heiteres Darüberstehen. Familienbriefe/Neue Folge. Hg. v. Friedrich Fontane, Berlin 1937.

Theodor Fontane und Bernhard von Lepel. Ein Freundschafts-Briefwechsel. Hg. v. Julius Petersen, 2 Bände, München 1940.

Theodor Fontane, Briefe an die Freunde. Letzte Auslese. Hg. v. Friedrich Fontane und Hermann Fricke, 2 Bände, Berlin 1943. (Enthält bis dahin bekannt gewordene und teilweise bereits einzeln veröffentlichte Freundesbriefe Fontanes nach den »Briefen an seine Freunde« von 1910.) Von diesem Werk wurden die meisten Exemplare durch Kriegseinwirkung vernichtet; nur wenige sind erhalten.

Storm – Fontane. Briefe der Dichter und Erinnerungen von Theodor Fontane. Hg. v. Erich Gülzow, Reinbek bei Hamburg 1948. (Die vollständige Ausgabe des Briefwechsels zwischen Fontane und Storm wird z. Z. auf Grund der Handschriften vorbereitet.)

Theodor Fontane, Briefe an Friedrich Paulsen. In 500 gezählten Faksimiledrucken, Bern 1949.

Theodor Fontane, Briefe an Georg Friedlaender. Hg. v. Kurt Schreinert, Heidelberg 1954.

Theodor Fontane. Aus Briefen an Maximilian Harden. Hg. v. Hans Pflug, in: Merkur, 10. Jg., 1956, Heft 11, S. 1091–1098.

Einige unbekannte Fontane-Briefe. Hg. v. Joachim Krueger, in: Marginalien, Heft 5/6, September 1959, S. 27–33.

Liselotte Lohrer, Fontane und Cotta. (Mit zahlreichen bisher unveröffentlichten Briefen Fontanes.) In: Festgabe für Eduard Behrend zum 75. Geburtstag am 5. Dezember 1958, Weimar 1959, S. 439 bis 466.

Theodor Fontane, Unveröffentlichte Aufzeichnungen und Briefe. Hg. v. Hans-Heinrich Reuter, in: Sinn und Form, Jg. 13, 1961, Heft 5/6, S. 704–749.

Theodor Fontane und München. Briefe und Berichte. Hg. v. Werner Pleister, München 1962.

Fontanes Briefe in zwei Bänden. Hg. v. Gotthard Erler, Berlin und Weimar 1968.

Theodor Fontane, Briefe. Hg. v. Kurt Schreinert, zu Ende geführt v. Charlotte Jolles, 4 Bände, Berlin 1968–1971

Theodor Fontane, Briefe an Julius Rodenberg. Hg. v. Hans-Heinrich Reuter, Berlin und Weimar 1969.

Theodor Fontane, Briefe an Hermann Kletke. Hg. v. Helmuth Nürnberger, München 1969.

Theodor Fontane, Briefe an Wilhelm und Hans Hertz 1859–1890. Hg. v. Kurt Schreinert †, vollendet und mit e. Einleitung versehen v. Gerhard Hay, Stuttgart 1972.

Der Briefwechsel zwischen Theodor Fontane und Paul Heyse. Hg. v. Gotthard Erler, Berlin u. Weimar 1972.

Dichter über ihre Dichtungen, Bd. 12: Theodor Fontane. Hg. v. Richard Brinkmann in Zusammenarbeit mit Waltraud Wiethölter, 2 Bände, München 1973.

Nachweise von zahlreichen weiteren Veröffentlichungen von Briefen Fontanes, meist in Zeitschriften, finden sich in *Hans-Heinrich Reuter, Fontane*, 2 Bände, München 1968, S. 1002 ff. und 1006 ff.

ANHANG

AUS DER NACHBEMERKUNG DES HERAUSGEBERS
ZUR 1. AUFLAGE VON 1959

Der Text unseres Buches beruht auf den verbindlichen Editionen der Briefe Fontanes; ein Zurückgehen auf die Handschriften war nicht möglich. Die Friedlaender-Briefe – also auch die bereits früher veröffentlichten – werden ausnahmslos nach dem Wortlaut in der endgültigen, auf den Urschriften Fontanes beruhenden Ausgabe Kurt Schreinerts (1954) wiedergegeben. Rechtschreibung und Zeichensetzung wurden überall den heute geltenden Regeln angeglichen. Lediglich den für Fontane besonders charakteristischen Gebrauch der Gänsefüßchen in der indirekten Rede habe ich beibehalten. Die Wiedergabe des Briefes auf S. 173 f. entspricht genau Fontanes französischer Orthographie. – Kleine Abweichungen in der Schreibung von Eigennamen wurden stillschweigend berichtigt; dagegen habe ich alle Eingriffe unterlassen, die den Lautstand der Vorlagen verändert hätten. In einigen Fällen, wo der Text offensichtlich sinnwidrig entstellt oder verderbt ist, wurden vorsichtige Berichtigungen versucht. Wo derartige Konjekturen den Lautstand berührten, habe ich in den Anmerkungen Rechenschaft abgelegt.

Alle nicht von Fontane stammenden Einfügungen innerhalb der Briefe stehen in eckigen Klammern. Auslassungen sind in jedem Falle durch ... gekennzeichnet, mit Ausnahme der Anrede- und Grußformeln oder entsprechenden Floskeln am Anfang und Schluß der Briefe. Sie blieben bis auf wenige besonders charakteristische Proben weg. Die Angaben des Empfängers, des Absendeortes und -datums sind einheitlich gestaltet, stimmen also formal vielfach nicht mit den in den verschiedenen Ausgaben unterschiedlich wiedergegebenen Briefköpfen überein. Wo in den Originalbriefen das Datum fehlt, habe ich Konjekturen späterer Herausgeber geprüft und in einigen Fällen ergänzt; Differenzen sind in den Anmerkungen registriert. Bei mehreren aufeinanderfolgenden Briefen aus demselben Ort erhielt nur der jeweils erste die vollständige Angabe (»Thale am Harz. Hotel ›Zehnpfund‹«); die folgenden wurden mit der Kurzform (»Thale«) gekennzeichnet.

Anmerkungen und Register ergänzen einander. Grundsätzlich wurden alle Erläuterungen, die lediglich Personen oder Zeitungen, Zeitschriften und literarische Vereinigungen betreffen, in die Register verwiesen; dort findet sich der zum Verständnis der Textstelle notwendige Kommentar. In den Registern wird ferner auf wichtigere Erwähnungen von Personen oder Vereinigungen in Fontanes Erinnerungsbüchern

»Meine Kinderjahre« und »Von Zwanzig bis Dreißig« verwiesen. Der Leser soll dadurch angeregt werden, den vorliegenden Band im Zusammenhang mit den beiden großen autobiographischen Werken Fontanes zu benutzen und in seinem Briefwerk »Von Dreißig bis Achtzig« die Fortsetzung der Lebensbeschreibung in anderer Form zu erkennen. ...

Zu Dank verpflichtet bin ich der Hilfsbereitschaft derer, die mich bei der Arbeit durch Ratschläge und Hinweise unterstützt haben. Es sind dies die Auskunftsstelle der Deutschen Bücherei in Leipzig, das Goethe-Wörterbuch der Deutschen Akademie der Wissenschaften in Berlin, Herr Professor Dr. Ernst Beutler (Frankfurt/Main), Herr Peter Goldammer (Schöneiche bei Berlin), Herr Werner Kreutzmann (Waldsteinberg, Bez. Leipzig), Herr Dr. Walter Kunzmann (Leipzig), Frau Dr. Margaret Ley (Frankfurt/Main), Herr Erich Neumann (Thomas-Mann-Archiv der Deutschen Akademie der Wissenschaften in Berlin), Herr Professor Wolfgang Niemeyer (Zwickau/Sa.). Ganz besonders zu danken habe ich Herrn Dr. Joachim Krueger (Teltow bei Berlin), Herrn Joachim Schobeß vom Theodor-Fontane-Archiv der Brandenburgischen Landes- und Hochschulbibliothek in Potsdam und Herrn Professor Dr. Kurt Schreinert (Göttingen). Sie haben mir wertvolle Auskünfte gegeben und mir den Abdruck von ihnen zuerst veröffentlichter Fontane-Texte gestattet. Darüber hinaus sind Anmerkungen und Register des vorliegenden Bandes in vielen Punkten dem gründlichen Kommentar verpflichtet, den Kurt Schreinert den von ihm edierten Briefen Fontanes an Friedlaender beigegeben hat.

Mein Dank gilt ferner der Dieterich'schen Verlagsbuchhandlung und insbesondere ihrem Leiter, Herrn Rudolf Marx in Leipzig, für das Verständnis und die Umsicht, womit man hier das Buch in allen Phasen seiner Entstehung gefördert hat. Bei der Korrektur und der Anfertigung der Register hat mich meine Frau in gewohnter Weise unterstützt; ich danke ihr dafür.

H.-H. Reuter

NACHTRAG ZUR NEUAUSGABE

Die Nachweise in den Anmerkungen und Registern der 1. Auflage von 1959 wurden, besorgt von Peter Bramböck, für die Neuausgabe geringfügig erweitert und der großen Nymphenburger Fontane-Ausgabe (NFA) angeglichen. Die Werkverweise in den biographischen Zwischentexten, Anmerkungen und Registern beziehen sich immer auf die NFA. Lediglich die Verweise auf Band XIV und Band XV gelten auch für die im Deutschen Taschenbuch Verlag erschienenen Ausgaben. Die NFA gliedert sich in folgende Bände:

1. Abteilung: Das gesamte erzählende Werk

Bd. I	Vor dem Sturm
Bd. II	Graf Petöfy – Ellernklipp – Schach von Wuthenow
Bd. III	Grete Minde – Irrungen Wirrungen – Stine – Unterm Birnbaum
Bd. IV	L'Adultera – Cécile – Die Poggenpuhls
Bd. V	Unwiederbringlich
Bd. VI	Quitt – Mathilde Möhring
Bd. VII	Frau Jenny Treibel – Effi Briest
Bd. VIII	Der Stechlin

2. Abteilung: Wanderungen durch die Mark Brandenburg

Bd. IX	Die Grafschaft Ruppin
Bd. X	Das Oderland
Bd. XI	Havelland
Bd. XII	Spreeland
Bd. XIII	Fünf Schlösser
Bd. XIIIa	Register und Nachweise

3. Abteilung: Fontane als Autobiograph, Lyriker, Kritiker und Essayist

Bd. XIV	Meine Kinderjahre (auch dtv t-b 6004)
Bd. XV	Von Zwanzig bis Dreißig (auch dtv t-b 6025)
Bd. XVI	Kriegsgefangen – Aus den Tagen der Okkupation
Bd. XVII	Aus England und Schottland
Bd. XVIII	Unterwegs und wieder daheim
Bd. XIX	Politik und Geschichte
Bd. XX	Balladen und Gedichte
Bd. XXI, 1–2	Literarische Essays und Studien
Bd. XXII, 1–3	Causerien über Theater
Bd. XXIII, 1–2	Aufsätze zur bildenden Kunst
Bd. XXIV	Fragmente und frühe Erzählungen. Nachträge

4. Abteilung: Sämtliche Briefe (8 Bände, in Vorbereitung)

5. Abteilung, Kriegsbücher (Faksimilewiedergabe in 6 Bänden)

Der Schleswig-Holsteinsche Krieg im Jahre 1864 (1 Band)
Der deutsche Krieg von 1866 (3 Bände)
Der Krieg gegen Frankreich 1870–1871 (2 Bände)

ANMERKUNGEN

S. 22 *russische Dampfschiffe, die den Kaiser Nikolaus brachten*: Zar Nikolaus I. reiste im Juni 1829 über Swinemünde nach Berlin und ersuchte Friedrich Wilhelm III. um seine Vermittlung zur Herbeiführung eines Friedensabschlusses mit der Türkei. Der Friede zu Adrianopel zwischen Rußland und der Türkei wurde daraufhin am 14. September 1829 unterzeichnet.

S. 23 *ins Türkische Zelt:* Das »Türkische Zelt« war ein bekanntes Ausflugslokal an der Berliner Straße in Charlottenburg. (Vgl. »Schach von Wuthenow«, 17. Kap.)

S. 25 *mit einem Ruppiner Freunde*: Hermann Scherz aus Krenzlin bei Neuruppin.

S. 26 *in der »Zeitungshalle«:* In der fortschrittlichen Zeitung »Die Berliner Zeitungshalle«, an der u. a. Fontanes Leipziger Freund Hermann Kriege mitarbeitete, erschienen folgende Aufsätze aus der Feder Fontanes: »Preußens Zukunft« (Nr. 200, 31. August 1848), »Das preußische Volk und seine Vertreter« (Nr. 211, 13. September 1848), »Die Teilung Preußens« (Nr. 238, 14. Oktober 1848) und »Einheit oder Freiheit?« (Nr. 258, 7. November 1848). Wieder abgedruckt in NFA Bd. XIX, Politik und Geschichte, S. 45–52. – *des Verlegers:* Wohl Robert Binders (s. Register).

S. 27 *Ihr Bruder*: Max Fontane.

S. 33 *Elogen*: frz. = Lobeserhebungen. – *Totenlisten aus dem Vogtland:* Das vor dem Hamburger Tore in Berlin gelegene Armenviertel wurde »Vogtland« genannt. In ihrer Anklageschrift »Dieses Buch gehört dem König« hatte Bettina v. Arnim 1843 auf die Not der dort wohnenden Weber hingewiesen.

S. 34 *Die Polen sind eingesteckt*: Im Februar 1846 hatte sich die unterdrückte polnische Bevölkerung in Galizien und Posen abermals erhoben; der Aufstand wurde durch preußische, russische und österreichische Truppen niedergeschlagen. Die Führer der Erhebung in Posen, unter ihnen Ludwig v. Mieroslawski, wurden 1847 in Berlin abgeurteilt. – *mirabile dictu:* lat. = wunderbar zu sagen. – *Benehmen der österreichischen Regierung:* Österreich benutzte den Februaraufstand von 1846 in Galizien zum Vorwand, um die Einverleibung des seit 1815 bestehenden, formell unabhängigen Freistaates Krakau, des letzten Restes des ehemals selbständigen Polens, zu betreiben.

Trotz der Proteste Englands und Frankreichs wurde der Freistaat Krakau am 6. November 1846 aufgehoben und der österreichischen Monarchie eingegliedert. – *Die Schleswig-Holsteiner:* Am 8. Juli 1846 hatte König Christian VIII. durch einen berüchtigten »offenen Brief« verkünden lassen, daß die Herzogtümer Schleswig und Lauenburg auch im Falle eines Aussterbens der männlichen Linie der dänischen Dynastie weiterhin bei Dänemark verbleiben müßten. Gegen diese Entscheidung erhob sich in ganz Schleswig-Holstein ein Sturm der Entrüstung; bedeutete sie doch die Auseinanderreißung der »up ewig ungedeelten« Herzogtümer Schleswig und Holstein, deren legaler Erbe der Herzog Christian von Augustenburg war. – *In Baden:* Die Landtagswahlen von 1846 in Baden hatten eine weitere Stärkung der oppositionellen liberalen Partei gebracht. – *Zentralverein:* 1844 war der »Central-Verein für das Wohl der arbeitenden Klassen« in Berlin gegründet worden. Er wurde wegen politischer Verdächtigungen bald wieder verboten; nach der Märzrevolution 1848 mußte das Verbot aufgehoben werden. – *die Lichtfreunde:* Die Unduldsamkeit der pietistisch-orthodoxen Richtung, die in der protestantischen Kirche nach der Thronbesteigung Friedrich Wilhelms IV. (1840) herrschte, löste in Nord- und Mitteldeutschland eine heftige Opposition aus, die bald auch politische Ziele verfolgte. Ihre Anhänger nannten sich »Protestantische Freunde«, wurden im Volk aber als »Lichtfreunde« bezeichnet. Seit 1846 führte diese Bewegung zur Bildung sog. »freier Gemeinden«, die sich von den Landeskirchen lossagten.

S. 36 *Runen:* Die Gäste im »Tunnel« »hießen ›Runen‹, womit wohl ausgedrückt sein sollte, daß sie was Geheimnisvolles hätten, daß man noch nicht recht Bescheid mit ihnen wisse« (»Von Zwanzig bis Dreißig«, S. 156).

S. 37 *der Wrangelsche Armeebefehl:* General Wrangel hatte am 8. September 1848 den Oberbefehl der konterrevolutionären preußischen Truppen in den Marken übernommen. In seinem Armeebefehl vom 17. September bezeichnete er seine Truppen heuchlerisch als Stütze der »guten Bürger«.

S. 38 *eine alte, aber gute Büchse:* Vgl. dazu Fontanes Fußnote am Anfang des Lepel-Kapitels in »Von Zwanzig bis Dreißig«, S. 275. – *comme il faut:* frz. – wie es sich gehört.

S. 39 *der Segen des Jahres 92:* Fontane meint wahrscheinlich die bereits 1791 in Kraft getretene französische Verfassung, durch die Frankreich in eine parlamentarische Monarchie umgewandelt worden war. 1792 wurde das Königtum abgeschafft, nachdem ein Teil seiner namhaftesten Anhänger in den Pariser Gefängnissen getötet worden war (»Septembermorde«).

S. 40 *die Karlsbader Beschlüsse*: Auf einem Ministerkongreß in Karlsbad wurden 1819 auf Antrag Metternichs die Zensur für Bücher und Zeitungen, das Verbot des Turnens, die strenge Beaufsichtigung der Universitäten und das Verbot der 1815 gegründeten Deutschen Burschenschaft im Gebiete des Deutschen Bundes beschlossen. Infolge dieser Beschlüsse wurden überall in Deutschland liberale Bestrebungen unterdrückt und ihre Wortführer verfolgt und eingekerkert. (Vgl. S. 423). – *Van-Diemensland:* Alter Name für die Insel Tasmanien südlich von Australien.

S. 42 *»Meine Tat ist faul, sie stinkt gen Himmel«*: Zitat aus Shakespeares »Hamlet«, 3. Akt, 3. Szene (gesprochen vom König).

S. 43 *Septembriseurs*: Bezeichnung der radikalen französischen Revolutionäre, die im September 1792 die Monarchisten in den Pariser Gefängnissen umbrachten (vgl. Anm. zu S. 39). – *Die Antwort des Königs:* Die ihm von einer Deputation der deutschen Nationalversammlung in der Frankfurter Paulskirche angebotene Kaiserkrone lehnte Friedrich Wilhelm IV. am 3. April 1849 unter formalen Vorwänden ab, nachdem er sie bereits Monate vorher in einem vertraulichen Briefe an den preußischen Botschafter in London, Bunsen, als einen »imaginären Reif, aus Dreck und Letten gebacken« bezeichnet hatte.

S. 44 *eine unglaubliche Leistungsfähigkeit:* Fontane hatte Alimente für ein uneheliches Kind zu zahlen. Als er »zum zweiten Male unglückseliger Vater eines illegitimen Sprößlings« geworden war, schrieb er an Lepel (1. März 1849): »Meine Kinder fressen mir die Haare vom Kopf, eh die Welt weiß, daß ich überhaupt welche habe. ›O horrible, o horrible, o most horrible!‹ ruft Hamlets Geist und ich mit ihm. Das betreffende interessante Aktenstück (ein Brief aus Dresden) werd ich Dir am Sonntage vorlegen, vorausgesetzt, daß Du für die Erzeugnisse meines penes nur halb so viel Interesse hast wie für die meiner Feder. Eigentlich wollt ich schreiben ›penna‹, um eine Art Wortspiel zustande zu bringen, aber es schien mir doch allzu traurig, obschon ich in solchen Dingen nicht so ängstlich bin wie z. B. Freunde von mir.« (Dieser Brief wurde auf ausdrücklichen Wunsch der Erben Fontanes 1940 nicht in die Ausgabe des Briefwechsels mit Lepel aufgenommen; er wurde erst im März 1960 zum ersten Male von Joachim Krueger in der Zeitschrift »Marginalien« veröffentlicht.)

S. 45 *Deines Eisernen Friedrich*: Das Schauspiel »Friedrich II., Kurfürst von Brandenburg«, das Lepel am 22. und 29. April 1849 im »Tunnel« vorgelesen hatte; bereits dort hatte es nur schwach gewirkt. Die Anspielung auf die Hofbühne ist ein gutmütiger Spott Fontanes. Lepel war kein Dramatiker; von mehreren Dramen, die er verfaßte, wurde nur eines, ein »König Herodes«, aufgeführt, und auch das nur infolge der guten Beziehungen Lepels zur Intendanz des Königlichen Schauspielhauses. Nach einer »dreimaligen Schleifung über die Bretter« (Fontane) wurde das Stück abgesetzt; Fontane »kondolierte« Lepel in einem Brief voll köstlichen Humors (Lepel II, S. 195-199); vgl. »Von Zwanzig bis Dreißig«, S. 287 f. (vgl. auch Brief an Merckel vom 18. Februar 1858).

S. 46 *»glaube mir, bedächtgem Wagen / sind die Götter gern geneigt«*: Das Zitat ist nicht belegbar. – *in specie*: lat. = insonderheit.

S. 47 *der beschränkte Untertanenverstand*: Dieser Ausdruck wurde zuerst 1838 in einem Briefe des preußischen Innen- und Polizeiministers v. Rochow an einen Elbinger Bürger geprägt; er wurde bald zum geflügelten Wort, um die Überheblichkeit der absolutistischen Bürokratie gegenüber dem liberalen Bürgertum zu kennzeichnen. Herwegh gebrauchte ihn 1842 in seinem berühmten Briefe an Friedrich Wilhelm IV.

S. 50 *die »Ellora«*: Der merkwürdige Name des kleinen Freundeskreises geht auf folgende Episode zurück: Als Eggers einst arbeitsüberhäuft mit seinen fünf Freunden, den späteren »Elloristen« (s. Register), im Zimmer saß, rief er verzweifelt: »Wenn mir nur einer von euch den Artikel ›Ellora‹ für Brockhaus abnehmen könnte!« Zöllner war sofort bereit, nahm Papier und Feder und heischte dann, schon am Schreibtisch sitzend: »Nur eine Vorfrage: »Was *ist* ›Ellora‹?« (nach Otto Roquettes Bericht in seinen Erinnerungen »Siebzig Jahre«, Bd. 2, 1894, S. 10). Ellora ist der Name eines indischen Dorfes mit berühmten Höhlentempeln. – An den Zusammenkünften der »Ellora« nahmen auch die Frauen teil; Emilie Fontane wurde »Elloratante« oder »Elloramutter« genannt.

S. 52 *Chambre garni*: frz. = möbliertes Zimmer. – *Büchercroupier*: Als Croupier bezeichnet man den Gehilfen einer Spielbank, der die von den Spielern angesetzten Gelder einzieht oder auszahlt; hier von Fontane scherzhaft auf den Bibliotheksdienst übertragen.

S. 53 *der Platensche Nimmermann*: Held der Platenschen Literatursatire »Der romantische Ödipus« (1829); der Name ist eine Anspielung auf Immermann, den Platen zusammen mit Heine in dem Werk verspottet.

S. 54 *Nachfolger von Geibel und Freiligrath*: Geibel und der Dichter Johannes Minckwitz erhielten eine königliche Pension von 300 Talern, nachdem Freiligrath 1844 auf sie verzichtet hatte. In einem Gesuch vom 13. März 1851 an Friedrich Wilhelm IV. kam Fontane um eine königliche Unterstützung ein; das Gesuch wurde wegen Fontanes politischer Gesinnung abgelehnt (vgl. die Briefe vom 1. Mai und 1. Juli 1851 im vorliegenden Bande; ferner an Lepel, 7. Januar 1851, Lepel I, S. 297). – *horribile dictu:* lat. = schrecklich zu sagen.

S. 55 *Rune*: vgl. Anm. zu S. 36.

S. 56 *»Car tel est notre plaisir«*: frz. = »Denn dies ist unser Wille«, konventionelle Formel in den Erlassen der französischen Könige, zuerst in einer Ordonnanz Karls VIII. vom 12. März 1497 auftauchend; später auch von den Herrschern anderer Länder übernommen.

S. 57 *mein besondrer Protektor*: Der Leipziger Verleger Robert Binder; vgl. »Von Zwanzig bis Dreißig«, S. 81 ff. – *wie fast jeder Zweiundzwanzigjährige, der das Leipziger Pflaster tritt, »unter die Literaten zu gehn«*: In der gleichen Zeit wie Fontane, 1842, kam Otto Ludwig zum zweiten Male nach Leipzig; er hatte seinen ursprünglichen Plan, Musik zu studieren, aufgegeben und widmete sich – nicht zuletzt unter dem Eindruck Leipziger Anregungen – ganz der Literatur. Das literarische Klima Leipzigs fing er ein in seinem 1842/43 niedergeschriebenen hoffmannesken Literaturmärchen »Die wahrhaftige Geschichte von den drei Wünschen«.

S. 58 *Rückzug der Schleswig-Holsteiner*: Nach dem endgültigen Sieg der Konterrevolution in Berlin schloß Preußen nach vorangegangenem Waffenstillstand mit Dänemark am 2. Juli 1850 Frieden und zog seine Truppen zurück. Die im Stich gelassenen Schleswig-Holsteiner kämpften allein weiter und wurden von der dänischen Übermacht am 24. und 25. Juli 1850 bei Idstedt (südlich von Flensburg) besiegt. Vgl. »Von Zwanzig bis Dreißig«, S. 378 f.

S. 59 *Kuhfuß*: Soldatenausdruck für das alte Infanteriegewehr; er geht auf den Büchsenmacher Georg Kühfuß (gest. 1600 in Nürnberg) zurück, der das Radschloß des Gewehrs verbesserte. – *Diogenes mit der Laterne:* Nach einer Anekdote soll der griechische Philosoph Diogenes, am hellen Tage mit einer Laterne herumlaufend, auf die Frage nach dem Zweck seines Tuns geantwortet haben: »Ich suche einen Menschen!« – *der wittenberg-studierte Hamlet sich über seine Lumpenschaft vollkommen klar:* Anspielung auf die 2. Szene des 2. Aktes von Shakespeares »Hamlet« mit Hamlets großem Monolog am Schluß: »O welch ein Schurk und niedrer Sklav bin ich!«

S. 60 *citissime*: lat. = schnellstens.

S. 61 *mein Verleger*: Friedrich Wilhelm Ernst in Berlin. – *»Ihr habt's verschmäht, der Freiheit Ring ...«*: Abgewandelte Fassung der 38. Strophe von Georg Herweghs Terzinendichtung »Auch dies gehört dem König«: »Dein war das Amt, der Freiheit Ring, den engen, / Mit Meisterschlägen friedlich zu erweitern –/ Du hast's verschmäht! Nun gilt es, ihn zu sprengen.« (Aus dem zweiten Band der »Gedichte eines Lebendigen«, Zürich und Winterthur 1844.)

S. 62 *Juste milieu*: frz. = »richtige Mitte, Mittelstraße«, insbesondere auf die Regierung des »Bürgerkönigs« Louis Philippe 1830 bis 1848 angewandt; von Fontane hier im ursprünglichen Wortsinne gebraucht. – *wo Du mit der »Kumpanie« hier einrücktest:* Lepel hatte 1848 den Abschied genommen, war aber bei der Mobilmachung vom 29. Oktober 1850 (hessischer Verfassungskonflikt) wieder eingetreten. Am 29. Dezember 1850 war er mit seiner Kompanie in Wittenberg (also nicht »hier«, wie Fontane schreibt) eingetroffen und hatte am 5. Januar in einem langen Brief an Fontane über die Plackereien des Wach- und Kasernenlebens berichtet (Lepel I, S. 289–291).

S. 69 *Anthologie*: Das von Fontane 1852 im Berliner Verlag O. Janke herausgegebene »Deutsche Dichter-Album«. – *Ottaven zu Ehren Manteuffels:* Die Ottave (Ottaverime, Oktave) oder Stanze ist eine italienische Strophenform mit acht jambischen Zehn- oder Elfsilbern; sie wurde von Ariost und Tasso zur Form des italienischen Epos der Hochrenaissance gemacht; in der deutschen Dichtung finden sich Ottaven z. B. in der »Zueignung« zu Goethes »Faust«. – Fontanes Gedicht war aus Anlaß der dritten Wiederkehr des Tages, an dem Manteuffel Mitglied des preußischen Staatsministeriums geworden war (9. November 1848), entstanden. Vgl. Brief vom 20. Juli 1852, S. 87. – *Scharren*: Mundartlicher Ausdruck für eine Verkaufsstelle von Brot oder Fleisch.

S. 70 *»Schreibtafel her!«*: Zitat aus Shakespeares »Hamlet«, 1. Akt, 5. Szene. – *Vivat Louis Schneider!:* Über die reaktionären politischen Ansichten Louis Schneiders, die in seiner Lieblingsidee von dem bedingungslosen Anschluß Preußens an den zaristischen

Despotismus gipfelten, äußert sich Fontane ausführlich in »Von Zwanzig bis Dreißig«, S. 233–243.

S. 71 *eines mäßigen Oreillers*: frz. = Kopfkissen. – *Watercloset*: engl. = Wasserklosett.

S. 74 *»Pas pleurer!«*: frz. = »Nicht weinen!« – *Douaniers*: frz. = Zollbeamte.

S. 75 mais *»pas pleurer!«*: frz. = aber »nicht weinen!« – *Bonne*: frz. = Kindermädchen. – *Reise nach Liegnitz:* Die Mutter Emilie Fontanes war seit 1842 in zweiter Ehe mit dem Oberförster Triepke in Dammersdorf bei Liegnitz verheiratet. Auch die Freundin Frau Emilies, Johanna Treutler, wohnte als Gattin des Kommerzienrates Treutler, Besitzers des Zuckerrübengutes Neuhof, in der Nähe von Liegnitz. Emilie verbrachte hier viele ihrer Sommeraufenthalte; zuerst allein, später auch mit den Kindern. – Vgl. auch den Brief vom 29. Mai 1852, S. 80, ferner Anm. zu S. 314 f.

S. 78 *das Money-making*: engl. = das Geldmachen. – *Teacher*: engl. = Lehrer.

S. 79 *tant mieux*: frz. = desto besser.

S. 80 *unsere Berliner Mama ... außer den ledernen Bethaniern:* Fontanes Mutter, die damals bereits getrennt von ihrem Gatten in Berlin lebte, war befreundet mit dem Pastor Schultz, dem geistlichen Leiter des Diakonissenhauses Bethanien, durch dessen Vermittlung Fontane 1848/49 die Stelle als pharmazeutischer Lehrer in Bethanien erhalten hatte. Zu seiner Charakteristik vgl. »Von Zwanzig bis Dreißig«, S. 364 ff.

S. 81 *Nous verrons!*: frz. = Wir werden sehen!

S. 82 *›Umgürte dich mit dem ganzen Stolze deines Englands ...‹*: Zitat aus Schillers »Kabale und Liebe«, 7. Szene des 1. Aktes, wörtlich: »Umgürte dich mit dem ganzen Stolz deines Englands – ich verwerfe dich – ein teutscher Jüngling!« – *Man nimmt Dienste auf der deutschen Flotte:* Die aus freiwilligen Gaben des deutschen Volkes seit 1848 gebildete deutsche Kriegsflotte wurde nach dem Siege der Reaktion in Deutschland durch den wiederhergestellten Deutschen Bund am 2. April 1852 zur Versteigerung verurteilt.

S. 83 *c'est tout!*: frz. = das ist alles! – *»In Geldangelegenheiten hört alle Gemütlichkeit auf«:* Der freisinnige rheinische Unternehmer David Hansemann (1794–1864) sagte am 8. Juni 1847 im Berliner Vereinigten Landtag, wo er einer der bedeutendsten Führer der liberalen Opposition war: »Bei Geldfragen hört die Gemütlichkeit auf!« und beantwortete damit die patriotischen und religiösen Phrasen, mit denen der König in seiner Rede vom 11. April 1847 vor dem Vereinigten Landtag die Schaffung einer Verfassung abgelehnt hatte. Der Satz wurde alsbald zum geflügelten Wort in ganz Deutschland.

S. 84 *»Please you to put coals on!«*: engl. = »Ich bitte Sie, Kohlen anzulegen!«

S. 84f. *»Dare I trouble you for some bread?«*: engl. = »Darf ich Sie wegen etwas Brot bemühen?«

S. 85 *»Waiter, no salmon to-day ...«*: engl. = »Kellner, gibt es heute keinen Lachs? Bitte, geben Sie mir Steinbutt.« – *Scotchman*: engl. = Schottländer. – *die »ungarischen« unsres Freundes Wollheim da Fonseca:* Über das Fabulieren und Lügen Wollheims »in vierunddreißig Sprachen« vgl. »Von Zwanzig bis Dreißig«, S. 191 f.

S. 86 *Cäsar hatte kein Wohlgefallen an den magren Leuten*: Anspielung auf Shakespeares »Julius Caesar«, 1. Akt, 2. Szene (Caesar): »Laßt wohlbeleibte Männer um mich sein!«

S. 88 *das berühmte Manteuffel-Gedicht*: vgl. Anm. zu S. 69. – *Cap-Keller und selbst Niquet und Habel:* Berliner Restaurants; das zuletzt genannte Unter den Linden gelegen, der Cap-Keller in der Friedrichstraße unweit der Linden (vgl. »Von Zwanzig bis Dreißig«, S. 36).

S. 89 *(seit Empfang der 100 Taler)*: Am 28. März 1852 war in einer besonderen »Tunnel«-Versammlung (»Deliberationstunnel«) Fontane ein Reisezuschuß von 100 Talern aus dem eisernen Fonds auf Antrag Lepels gewährt worden (vgl. Fontanes Brief an Lepel vom 15. März 1852, Lepel I, S. 411 ff.). Auch an den König hatte sich Fontane unter dem 6. März 1852 noch einmal gewandt und um eine Reiseunterstützung von 50 Talern gebeten, die bewilligt wurde.

S. 91 *Ulz*: Schülerausdruck für »Ultimus«: lat. = der Letzte.

S. 92 *auf den man doch zumeist angewiesen ist*: Die Druckvorlage hat hier »dort« statt »doch«; wahrscheinlich handelt es sich um einen Druckfehler.

S. 93 *7. November 1852*: Diese von dem Herausgeber des Lepel-Fontane-Briefwechsels vorgenommene Datierung ist zweifelhaft; Fontane antwortet in dem Briefe auf ein Schreiben Lepels vom 5. November 1852(!) und datiert lediglich »Sonnabend«; der 7. November fiel aber auf einen Sonntag. Vielleicht ist zu verbessern: 13. November 1852. – *der Dir die Pauke gehalten, ... »Weltstellung«*: Lepel hatte am 5. November 1852 an Fontane geschrieben: »Obwohl ich gestern abend in einer mehrstündigen, angreifenden Unterhaltung sehr heftige Vorwürfe wegen der lang ausbleibenden Resultate meines Musendienstes und wegen meiner damit verbundenen nichtigen Weltstellung und schlechten Broterwerbs von gewisser Seite her bekommen habe, so konnt ich doch nicht umhin, heut früh mein Tagewerk mit Erfüllung Deines Auftrags, der zu versuchenden Korrektur einiger Stellen aus der ›Rosamunde‹, zu beginnen« (Lepel II, S. 25 f.). Vgl. auch »Von Zwanzig bis Dreißig«, S. 287 f.

S. 94 *c'est tout*: frz. = das ist alles.

S. 95 *Denn es heißt ja vom Leben ...*: Psalm 90, Vers 10, in Luthers Übersetzung: »Unser Leben währet siebenzig Jahr, und wenn's hoch kommt, so sind es achtzig Jahr, und wenn's köstlich gewesen ist, so ist es Mühe und Arbeit gewesen; denn es fähret schnell dahin, als flögen wir davon.« – *Meine Ballade:* »Wangeline von Burgsdorf oder Die weiße Frau«. Das Gedicht wurde am 6. März 1853 von Lepel im »Tunnel« vorgetragen (Lepel II, S. 55) und am 20. März in einer »Konkurrenz« zur Abstimmung gestellt. Es unterlag jedoch gegen Kuglers »Opfer«, das den Preis erhielt. – Fontane nahm die Ballade nur in fragmentarischer Form in die 2. Auflage seiner »Gedichte« (1875) auf; die vollständige Fassung (mit Lepels Randbemerkungen) wurde erst 1930 von Friedrich Fontane in den Veröffentlichungen des Historischen Vereins der Grafschaft Ruppin (1930, Nr. 4, S. 1–13; Festschrift zur 75. Wiederkehr des Gründungstages) abgedruckt. Vgl. auch »Vor dem Sturm«, 34. und 65./66. Kapitel.

S. 95 f. *mit Ihrem schönen Gedicht*: Storms Gedicht »Im Herbste 1850« (»Und schauen auch vom Turm und Tore«), das aus Anlaß der Besetzung Husums durch die Dänen (1. August 1850) entstanden war.

S. 96 *ein literarisches Unternehmen*: Die Herausgabe des Belletristischen Jahrbuches »Argo« (1. Jahrgang 1854, hrsg. von Fontane und Franz Kugler in Dessau). Vgl. Brief vom 3. Oktober 1853, S. 99, vom 14. Februar 1854, S. 102.

S. 102 *für Ihren Aufsatz*: Theodor Storm schickte den Aufsatz über Fontane erst am 11. Februar 1855 an Friedrich Eggers, den Herausgeber des »Literaturblattes des Deutschen Kunstblattes«, wo er am 18. Oktober 1855 gedruckt wurde (2. Jahrgang, Nr. 21). – *Schlacht bei Ostrolenka:* Am 26. Mai 1831 siegt der russische General Diebitsch über das polnische Befreiungsheer bei Ostrolenka. Vgl. »Unterm Birnbaum«, 5. Kapitel; »Meine Kinderjahre«, S. 115 und 185. – *Crecy:* Bei Crecy-en-Ponthieu wurde am 25. August 1346 das Ritterheer König Philipps VI. von Frankreich von einem zahlenmäßig viel schwächeren, aber mit Artillerie ausgerüsteten englischen Heer unter König Eduard III. besiegt. Vgl. »Meine Kinderjahre«, S. 137. – *Poitiers*: Auf dem Feld Maupertuis bei Poitiers erfochten die Engländer am 19. September 1356 unter dem »Schwarzen Prinzen«, einen Sohne Eduards III., einen vernichtenden Sieg über die Franzosen, der Frankreich mit dem Verlust seiner Unabhängigkeit bedrohte. König Johann II. von Frankreich wurde als Gefangener nach England gebracht.

S. 103 *in den neusten »Argo«-Beiträgen*: Die »Argo« enthielt von Fontane die Balladen »Johanna Gray«, »Die Hamiltons«, »Sir Walter Raleigh's letzte Nacht«, neun altenglische Balladen sowie die drei Erzählungen »Tuch und Locke«, »Goldene Hochzeit« und »James Monmouth«.

S. 104 *zu meiner Schwester*: Jenny Sommerfeldt geb. Fontane.

S. 105 *Idstedt*: Vgl. Anm. zu S. 58. – *»Mich schuf aus gröbrem Stoffe die Natur«*: Zitat aus »Wallensteins Tod«, 2. Akt, 2. Szene. – *die Corpora delicti*: lat. = die Gegenstände des Verbrechens.

S. 107 *in Tannhäusers Gesellschaft*: Storm war Gast des »Tunnels« unter dem Namen »Tannhäuser«.

S. 109 *My dear Lady*: engl. = Meine liebe Frau. – *drei Bände »Vanity Fair«*: Thackerays Roman »Jahrmarkt der Eitelkeit« (1847/48). – *Bedroom*: engl. = Schlafzimmer.

S. 110 *au fond*: frz. = im Grunde; Lieblingsausdruck Fontanes.

S. 111 *Siegesnachrichten aus der Krim*: Im Kriege Englands, Frankreichs, der Türkei und Sardiniens gegen Rußland (»Krimkrieg«, 1853/54–1856) hatten die französichen Truppen am 8. September 1855 den Malakowturm der Festung Sebastopol erobern können, während die Erstürmung des Redan durch die Engländer mißlang. – *Tavistock-Square*: Platz nördlich der Londoner City, in der Nähe des Britischen Museums. Fontane hatte hier bei seinem zweiten Londoner Aufenthalt 1852 gewohnt.

S. 112 *out of town*: engl. = außerhalb der Stadt.

S. 113 *drei oder vier Briefe über diesen Gegenstand*: Fontanes Theaterberichte aus London erschienen gesammelt in dem Buche »Aus England. Studien und Briefe über Londoner Theater, Kunst und Presse«, Stuttgart 1860, Verlag von Ebner und Seubert (vgl. »Die Londoner Theater« in NFA Bd. XXII, 3, Causerien über Theater, Dritter Teil, S. 9–117). – *in den Boardinghäusern*: engl. = Speiserestaurants.

S. 114 einen »Zuschauer«: Überschrift des lokalen Teils der »Kreuzzeitung« unterm Strich.

S. 118 von Pauls neusten Sachen: Paul Heyse.

S. 119 jener reichen »Tante«: Die »Vossische Zeitung«, im Berliner Volksmund als »Tante Voß« bezeichnet. – *Insel Thanet:* Name des nordöstlichsten Teiles der Grafschaft Kent, der bis etwa 1500 durch einen Meeresarm vom Festland getrennt war. Südlich davon landete Caesar bei seinen beiden Expeditionen nach Britannien 55 und 54 v. Chr. – *Margate:* Stadt an der Nordküste der (ehemaligen) Insel Thanet, der volkstümliche Seebadeort der Londoner.

S. 120 mutton chops: engl. = Hammelkoteletts.

S. 124 Buchanan oder Fillimore: Am 1. November 1856 hatte Fontane an seine Frau geschrieben: »Vielleicht wird das Kind am 4. November geboren; das ist der lang erwartete Tag, wo in Nordamerika die Präsidentenwahl stattfindet. Wenn es ein Junge ist, wollen wir ihm den Namen des Siegers als Vornamen geben; oder vielleicht ist es nobler und humaner, das Gemüt des Besiegten durch solche Huldigung wieder aufzurichten. Theodor Buchanan Fontane, wie hübsch das klingt! Ja, die Sache geht noch weiter; es paßt auch, wenn es ein Mädchen ist: der eine Kandidat heißt ›Fillimore‹ [vielmehr Fillmore], das klingt ganz weiblich und hübsch dazu und erinnert an die reizende ›Fennimore‹ in einem Roman der guten Paalzow«. – Henriette Paalzow, 1788–1847, erfolgreiche Romanschriftstellerin.

S. 125 Sagt doch mein Balladenheld: Die letzte Zeile der zweiten Strophe von Fontanes Ballade »Der letzte York« lautet: »Er rechtet mit dem Leben nicht, und wie es fällt, so nimmt er's hin.«

S. 126 vor »sechs Büchern preußischer Geschichte«: Wohl eine Anspielung auf Leopold v. Rankes »Neun Bücher preußischer Geschichte« (Berlin 1847/48).

S. 128 Manchester: Fontane befand sich in Manchester zum Studium einer englischen Kunstausstellung, über die er in 15 Artikeln für die Berliner Morgenzeitung »Die Zeit« berichtet hat (zum ersten Male vollständig wieder abgedruckt in NFA Bd. XXIII, 1, Aufsätze zur bildenden Kunst, Erster Teil, S. 51–161). Vgl. Anm. zu S. 113. – *black tea:* engl. = schwarzer Tee.

S. 130 der Kleine: Fontanes 1856 geborener Sohn Theodor. – *Quatimozin:* s. Personenregister.

S. 132 Riester: Lederfleck (zur Ausbesserung von Schuhen). – *pro patria:* lat. = fürs Vaterland. – *sauve qui peut:* frz. = rette sich, wer kann.

S. *134* *en grand parure*: frz. = in großem Putz.

S. *135* *arrières-pensées*: frz. = Hintergedanken. – *Reüssierung*: frz. = Erfolg.

S. *138* *Sweet spirit of nitre*: engl. = Süße Salpetersäure. – *St. Augustins Road*: Fontanes letzte Wohnung in London.

S. *139* *der Boy und der Kleine*: George und Theodor. – *beim König*: Maximilian II. von Bayern. – *Die beiden Damen*: Paul Heyses Schwiegermutter Clara Kugler und deren Tochter Margarete.

S. *140* *Savoir faire*: frz. = Geschicklichkeit, Gewandtheit.

S. *141* *die englischen Damen*: Damen aus Fontanes Bekanntschaft, denen er Vorlesungen über englische Literaturgeschichte hielt. – *Rosenthal und Blankenfelde (alte Kirche, Grumbkow usw.)*: Vgl. Abschnitt »Friedrichsfelde bis 1700« in den »Wanderungen durch die Mark Brandenburg«, 4. Band: »Spreeland«. – *Buch*: Vgl. Abschnitt »Buch« im Band »Spreeland« der »Wanderungen«.

S. *142* *Die Rheinsbergaufsätze, Wustrau, Carwe*: alle im ersten Bande der »Wanderungen« (»Die Grafschaft Ruppin«). – *die Spreewaldkapitel*: Sie waren ursprünglich ebenfalls im ersten Band der »Wanderungen durch die Mark Brandenburg« enthalten, wurden aber von der 3. Auflage an (1874) aus ihm entfernt und gingen später (1881) nach gründlicher Überarbeitung in den vierten Band (»Spreeland«) ein. – *in dem Luch- und in dem Buchaufsatz*: Vgl. die Abschnitte »Das Wustrauer Luch« im ersten Band der »Wanderungen« (»Die Grafschaft Ruppin«) bzw. »Buch« (s. o.; ursprünglich ebenfalls im ersten Band der »Wanderungen« enthalten. Vgl. die vorhergehende Anm.).

S. *143* *Zessionen*: Abtretungen. – *auf Garibaldi und den Papst*: Garibaldi hatte am 7. November 1860 die Gewalt in dem eroberten Königreich Neapel an König Viktor Emanuel II. von Sardinien übergeben und sich auf die Felseninsel Caprera bei Sardinien zurückgezogen. Sein Ziel blieb weiterhin die Eroberung Roms, das noch päpstlich war (Papst Pius IX., 1846–1878). Ein Angriff Garibaldis auf Rom im Sommer 1862 scheiterte.

S. *144* *Blumberg*: Vgl. Abschnitt »Blumberg« im 4. Band der »Wanderungen« (»Spreeland«). – *Werneuchen*: Vgl. das gleichnamige Kapitel in »Spreeland« (mit der schönen Würdigung des märkischen Dichters Schmidt von Werneuchen).

S. *146* *den Brief von Schinkel*: Vgl. »Karl Friedrich Schinkel« (7. Abschnitt des Kapitels »Neu-Ruppin«) im 1. Band der »Wanderungen« (»Die Grafschaft Ruppin«). Fontane gibt dort mehrere Briefzitate Schinkels wieder; das längste entstammt einem Reisebrief aus Schottland an Schinkels Frau vom Jahre 1826.

S. 148 *bei Vater draußen*: Vgl. »Meine Kinderjahre«, S. 157–168. – *Drechslermeister Weise:* Vgl. über ihn den Abschnitt »Hans Sachs von Freienwalde« des Kapitels »Freienwalde« im 2. Band der »Wanderungen« (»Oderland«).

S. 149 *die Ressource*: frz. = »Erholung«; Name eines geselligen Vereins mit zugehörigem Vereinshaus, Treffpunkt der »Honoratioren« (vgl. »Meine Kinderjahre«, S. 55f.; »Effi Briest«, 9. Kapitel).

S. 150 *aus dessen Spitze ich (beim Kastanienpflücken) niederstürzte*: Diese Episode erzählt Fontane ausführlich in »Meine Kinderjahre«, S. 146 f. – *Dunkle Zypressen ...*: Viertes und letztes der »Frauen-Ritornelle« Theodor Storms; es steht zusammen mit 13 weiteren schon im »Liederbuch dreier Freunde« (Storm, Theodor und Tycho Mommsen), Kiel 1843, und zwar unter dem Namen Theodor Mommsens; Storm nahm es in die erste Ausgabe seiner »Gedichte« (Kiel 1852) auf. Die zweite Zeile lautet bei Storm: »Die Welt ist gar zu lustig.«

S. 152 *das Schlachtfeld von Fehrbellin*: Am 28. Juni 1675 siegte hier ein brandenburgisches Heer unter dem Kurfürsten Friedrich Wilhelm über die Schweden unter General Wrangel. – *im »Schenkenländchen«*: Das Gebiet um Teupitz am Teupitzsee war vom 14. bis zum 18. Jahrhundert im Besitz der »Schenken von Landsberg und Teupitz« und wurde daher »Schenkenländchen« genannt. Vgl. den Abschnitt »Teupitz« des Kapitels »Eine Pfingstfahrt in den Teltow« im 4. Band der »Wanderungen« (»Spreeland«).

S. 153 *Vetturinen*: vetturino (ital.) = Lohnkutscher.

S. 154 *Verschmähe nicht den Strohsack neben dem Kutscher:* Ein hübsches Beispiel eines solchen ständigen Gedankenaustausches mit dem Kutscher gibt Fontane in der anmutig erzählten »Osterfahrt in das Land Beeskow-Storkow« im 4. Bande der »Wanderungen« (»Spreeland«); Fontane beginnt: »Ich hatte gleich anfangs meinen Platz neben dem Kutscher genommen ...«

S. 155 *›Das verlorene Paradies‹*: »Paradise lost«, religiöses Epos in Blankversen (1667) von John Milton. – *»study«*: engl. = Studierzimmer.

S. 156 *Spandauer Bock*: Brauerei in Spandau bei Berlin mit dazugehörigem Restaurant.

S. 157 *Guide*: frz. = Führer.

S. 158 *Buen Retiro*: span. = »Gute Zuflucht«; Name eines königlichen, im 17. Jahrhundert erbauten Lustschlosses in der Nähe von Madrid.

S. 159 *Antimakassars*: Um die Sofakissen vor der Befleckung mit Makassaröl, einem vielgebrauchten Haarwuchsmittel, zu schützen, überzog man sie mit Deckchen, den sog. »Antimakassars«. – *W. Scott:* Fontane las, seinem Tagebuch zufolge, in Erdmannsdorf Scotts »Kloster« (s. d. folgende Anmerkung) und »Der Kerker von Edingburgh«. – *Die »Weiße Dame«*: Es gibt kein Werk Scotts dieses Namens; wohl aber schuf Eugène Scribe sein Libretto zu Boieldieus Oper »La Dame blanche« (»Die weiße Dame«, 1825) nach den beiden Romanen Scotts »Guy Mannering« (1815) und »The Monastery« (»Das Kloster«, 1821); eine deutsche Bearbeitung der beiden Romane unter diesem Titel ist nicht zu belegen. Möglicherweise las Fontane Scribes Libretto *nach* Scott in deutscher Übersetzung.

S. 160 *mein Kriegsbuch*: »Der deutsche Krieg von 1866« (Zwei Bände, Berlin 1870/71; Auszüge daraus in NFA Bd. XIX, Politik und Geschichte). – *Friede:* Friedrich Eggers. – *C'est tout:* frz. = das ist alles.

S. 161 *Stellung zur Zeitung:* die »Kreuzzeitung«.

S. 165 *qui vive:* frz. = Wer da?

S. 169 *die Thronrede und die Adresse*: Am 19. Juli 1870 hatte Frankreich Deutschland den Krieg erklärt. König Wilhelm hielt am gleichen Tage vor dem Norddeutschen Reichstag eine Thronrede; der Reichstag beschloß daraufhin eine Adresse an die Regierung, in der er sich mit den von ihr getroffenen Maßnahmen einverstanden erklärte. – *Siegesnachricht:* Am 4. August 1870 hatte die Vorhut der dritten deutschen Armee, bestehend aus dem 5. norddeutschen Korps und bayrischen Truppen, Weißenburg und den dahinter liegenden stark befestigten Geisberg unter schweren Verlusten erstürmt.

S. 170 *»Excitement«:* engl. = Anregung, Aufregung. – *Saarbrücken. Weißenburg. Wörth. Spichern*: Am 2. August besetzten die Franzosen Saarbrücken, am 4. August fand die Schlacht bei Weißenburg statt (s. o.), am 6. August wurde die französische Armee MacMahons bei Wörth von der 3. deutschen Armee geschlagen, und am gleichen Tage erstürmten Teile der 1. und 2. deutschen Armee die stark verschanzten Spicherer Höhen. – *Metz. Sedan*: Unter schwersten beiderseitigen Verlusten wurde die französische Rheinarmee (unter Bazaine) in den Schlachten vom 14., 16. und 18. August am Abmarsch nach Châlons (Vereinigung mit MacMahon) gehindert und in Metz eingeschlossen (Belagerung bis zum 27. Oktober). – Am 1. September wurde die Armee MacMahons in Sedan eingeschlossen und am 2. September zur Übergabe gezwungen. Napoleon III. geriet in deutsche Gefangenschaft. – *Straßburg. Paris*: Straßburg kapitulierte nach längerer Belagerung am 27. September . – Die 3. deutsche und die Maasarmee marschierten von Sedan aus nach Paris, dessen Einschließung am 19. September vollendet wurde.

S. 171 »*Monsieur, vous avez sonné!*«: frz. = »Mein Herr, Sie haben geläutet!« – »*Oh, Mademoiselle ...*«: frz. = Verzeihen Sie, mein Fräulein, wo ist die Toilette? « – *die Jachmann, wenn sie die Iphigenie spielt*: Über Johanna Jachmann-Wagner in der Rolle der Antigone des Sophokles schrieb Fontane in einer Rezension der Aufführung vom 30. 12. 1871 in der »Vossischen Zeitung«: »Ihre große Seite, weit über den Klang der Stimme oder über das geistige Verständnis hinaus, war die *Macht ihrer Erscheinung*. Sie war von der Natur gebildet, um Hohes und Edles auszudrücken, um durch die Schönheit der Linien zu wirken; ihre Bedeutung lag nach der *plastischen* Seite hin.« – Die Iphigenie der Jachmann nannte Fontane eine Rolle, »in der sie, in allem, was Erscheinung angeht, noch auf lange hin ein Vorbild bleiben und in dankbarem Gedächtnis aller derer fortleben wird, die das Glück hatten, die hohe Gestalt an den Stufen des Diana-Tempels, *ihres* Tempels, stehen zu sehen.« Einst werde es Enthusiasten geben, die erklären: »Nichts, nichts, *nach* der Jachmann keine Iphigenie mehr!« (»Vossische Zeitung«, Aufführung vom 10. 1. 1872.) Vgl. NFA Bd. XXII, 1–3, Causerien über Theater. – »*Descendez!*«: frz. = »Gehen Sie hinunter!« – »*C'est ça*«: frz. = »Da ist es!«

S. 175 *par la Suisse*: frz. = über die Schweiz. – *Cheer up!*: engl. = Kopf hoch! – *eine Lone lorn woman*: engl. = eine einsame, verlorene Frau.

S. 176 *after having been cleaned*: engl. = nachdem sie gereinigt worden ist. – *Merington-Kästchen*: Ein Geschenk der englischen Familie Merington (s. Register). – »*Strop*«: engl. = Streichriemen für das Rasiermesser. – *Babypins*: engl. = Sicherheitsnadeln. – *Cachenez*: frz. = Halstuch.

S. 178 »*Bon camarade*«: frz. = Guter Kamerad. – *Nous verrons!*: frz. = Wir werden sehen!

S. 180 *Meine Empfindung verwirft »Uriel Acosta«*: Vgl. Fontanes Rezension der Aufführung vom 30. 1. 1879 in der »Vossischen

Zeitung« (wiederabgedruckt in NFA Bd. XXII, 1, Causerien über Theater, Erster Teil, S. 747-750).

S. 181 *Char à banc*: frz. = Bankwagen. – »*o Menschenherz, was ist dein Glück?*«: Erster Vers des vierzeiligen Lenauschen Gedichtes »Frage«. – *Ikarus Noel*: Ikarus, eine Gestalt der griechischen Mythologie, stürzte beim Flug mit seinen aus Federn gefertigten, mit Wachs geklebten Flügeln ins Meer, weil er der Sonne zu nahe gekommen war. – »Noel« war der Name Fontanes im »Rütli«, weil es seinen Freunden mitunter schien, er »nöle« (niederdt.: »langsam reden, langsam vorwärtskommen mit einer Sache«). Vgl. Fontanes Gedicht »Fritz Katzfuß«, ferner Lepel II, S. 317, 356.

S. 182 »*mit den Kleinen von den Meinen*«: Anspielung auf »Faust I«, Vers 1627/28: »Dies sind die Kleinen/Von den Meinen.« – *Tinctura Opii crocata*: Safranhaltige Opiumtinktur. – »*Incubus! Incubus!* ...«: Zitat aus »Faust I«, Vers 1290/91. – »*Die Welt ist herrlich überall* ...«: Anspielung auf Schillers »Braut von Messina«, 4. Akt, 7. Szene: »Die Welt ist vollkommen überall, / Wo der Mensch nicht hinkommt mit seiner Qual.«

S. 183 *Den Namen Barbara habe ich beseitigt* ...: Vgl. den Abschnitt »Urania von Poincy« des Kapitels »Trieplatz. Ein Kapitel von den Rohrs« im 1. Band der »Wanderungen« (»Die Grafschaft Ruppin«). – *was ich über den alten Johann Christian Gentz geschrieben hätte*: Vgl. »Johann Christian Gentz« (10. Abschnitt des Kapitels »Neu-Ruppin«) und das Kapitel »Gentzrode« im 1. Band der »Wanderungen« (»Die Grafschaft Ruppin«). – *Frau v. Witzleben, geb. v. Meusebach ..., was ich über ihren verstorbenen Bruder geschrieben habe*: Vgl. das Kapitel »Alt-Geltow« im 3. Band der »Wanderungen« (»Havelland«). In der zweiten Auflage (1880) formulierte Fontane die Stelle über Meusebach, den ehemaligen preußischen Gesandten in Brasilien, schärfer:« ... acht Jahre später in Rio verfiel er dem Wahnsinn. Seine Lebensweise hatte die angeborene Exzentrizität unterstützt ... So konnte die Katastrophe kaum ausbleiben. Eine reich angelegte Natur ging in ihm zugrunde.«

S. 184 *Judenmatze*: Mazza (hebr.) ist das ungesäuerte, nur aus Wasser und Mehl zübereitete Brot, das die Juden nach Vorschrift des mosaischen Gesetzes (vgl. 4. Mose, Kap. 28, Vers 17) während des Passah-(Oster-)festes zu essen verpflichtet sind. – *siehe Faust*: »Faust I«, Vers 3249/50 (»Wald und Höhle«): »So tauml' ich von Begierde zu Genuß, / Und im Genuß verschmacht' ich nach Begierde.«

S. 185 als auf dem Defreggerschen Bilde: »Das letzte Aufgebot«, 1874 entstandenes, in Wien befindliches Gemälde Franz Defreggers, das eine Szene aus dem Tiroler Aufstand von 1809 darstellt. Fontane zählte es »zu den bedeutendsten Bildern« der Berliner Kunstausstellung von 1874 (vgl. NFA Bd. XXIII, 1, Aufsätze zur bildenden Kunst, Erster Teil, S. 402).

S. 186 Sint ut sunt aut non sint: lat. = Sie sollen sein, wie sie sind, oder sie sollen nicht sein. – *die Blaue Grotte*: Auf der Insel Capri. – *die Fingalshöhle*: Grotte an der Südwestküste der Hebrideninsel Staffa, dem Inneren eines großen Domes vergleichbar. Nach der Sage wurde sie von Riesen für den durch die Lieder Ossians berühmten Helden Fingal als Palast erbaut. – Eine ausführliche Beschreibung dieser Höhle gibt Fontane in seinem Buche »Jenseit des Tweed. Bilder und Briefe aus Schottland« (Berlin 1860), Kapitel »Staffa« (NFA Bd. XVII, Aus England und Schottland, S. 365–369). – Auch der von Fontane in den »Wanderungen« wiedergegebene Brief Schinkels (vgl. Anm. zu S. 146) enthält eine Beschreibung der Fingalshöhle. Vgl. ferner Fontanes Brief an seine Frau vom 7. August 1875.

S. 187 »*Unüberwindliche Mächte*«: Anspielung auf einen Roman Herman Grimms gleichen Titels (Berlin 1867, 3 Bände), den Fontane in der »Kreuzzeitung« (Nr. 138, 1867) besprochen hatte (wiederabgedruckt in NFA Bd. XXI, 1, Literarische Essays und Studien, Erster Teil, S. 275–280).

S. 188 Farnesina ... mit der Galatea und der Darstellung des Amor- und Psyche-Märchens: Die im römischen Stadtteil Trastevere 1509–11 von Baldassare Peruzzi erbaute Villa. Hier malte Raffael um 1514 eigenhändig das Fresko »Triumph der Galatea« nach Philostrat in der Halle und entwarf die von Schülerhand 1517 vollendeten Fresken nach dem Märchen von Amor und Psyche des Apulejus für die Decke der Galerie. Fontane hatte die Villa bei seiner ersten Italienreise 1874 gemeinsam mit seiner Frau besichtigt (vgl. die Schilderung der Fresken in seinem Reisetagebuch unter dem 1. Nov. 1874, abgedruckt in NFA Bd. XXIII, 2, Aufsätze zur bildenden Kunst, Zweiter Teil, S. 75 ff. – Vgl. auch »L'Adultera«, 17. Kap.).

S. 189 die Iphigenie der Frau Erhartt: Über eine Aufführung von Goethes »Iphigenie« mit Louise Erhartt am 9. Mai 1874 schrieb Fontane in der »Vossischen Zeitung«: »Eine durch Anmut der Erscheinung ausgezeichnete, in den verschiedensten Rollenfächern glänzend bewährte Künstlerin schreitet zum ersten Male als Iphigenie die Tempelstufen hinab; der Gürtel und die Doppelspangen leuchten, und um den Reifen im Haar legt sich ein grüner Zweig. Nun spricht sie. Der feine Gemmenkopf belebt sich mehr und mehr, die Arme steigen auf und nieder, die Wimpern tun ein gleiches, und melodisch treffen wohlbekannte Worte unser Ohr. Wer sollte sich dieses Bildes nicht freuen, sich nicht lächelnd schaukeln auf dieser Wohllautswoge! Es ist eine schöne Frau, ›das Land der Griechen mit der Seele suchend‹. Aber sie findet es nicht. Sie findet es nicht, weil sie nicht dorther stammt; sie ist verständnislos für die Rolle, die sie spielen soll, und Iphigenie, die ihren Goethe kennt, ruft ihr zu: ›Du gleichst dem Geist, den du begreifst, nicht mir.‹ Der Geist aber, den Frau Erhartt begreift, ist ein ganz anderer. Sie begreift das Klärchen im ›Egmont‹, die Lady Milford [in ›Kabale und Liebe‹], sogar die Königin Margarete in Shakespeares ›Heinrich VI.‹, aber – die Iphigenie begreift sie nicht. Hier und dort begegnen wir etwas Getroffenem, aber es ist wie ein Schuß ins Blaue, der zufällig ins Schwarze traf. Das meiste geht vorbei.« (Vgl. NFA Bd. XXII, 1, Causerien über Theater, Erster Teil, S. 350–354).

S. 190 »*Primus omnium*«: lat. = »der erste von allen«, Bezeichnung des besten Schülers der obersten Klasse eines Gymnasiums.

S. 192 *Via mala*: Schlucht im Schweizer Kanton Graubünden, vom Hinterrhein durchflossen; die Via mala (lat. = schlimmer Weg) ist durch ihre düstere und wilde Großartigkeit berühmt. – *das Böcklinsche Bild*: Arnold Böcklin malte 1871 in Basel für die Münchener Galerie des Grafen Schack das Bild »Die Höhle des Drachen«. – *Ichthyosaurus*: Riesiges fischförmiges Reptil der Jura- und Kreidezeit; hier svw. Drache. – *der Genius loci*: lat. = der Schutzgeist des Ortes. – *generis communis*: lat. = der gewöhnlichen Sorte.

S. 194 *der Schilberzustand:* schilbern (niederdt.) svw. abblättern. Vgl. den Abschnitt »Großrietz« des Kapitels »Eine Osterfahrt in das Land Beeskow-Storkow« im 4. Band der »Wanderungen« (»Spreeland«); dort sagt Fontane, der auf dem Kutschbock ständigem Ostwind und »Stichsonne« ausgesetzt ist: »Fühlen Sie mal, wie mir die Haut schon abschülbert.« Vgl. auch »Irrungen Wirrungen«, 12. Kap. – »*Non soli cedo*«: lat. = Ich weiche der Sonne nicht; nach der Devise Friedrich Wilhelms I. von Preußen auf das preußische Wappentier, den Adler, bezüglich: »Nec soli cedit« (»Er weicht selbst der Sonne nicht«). – *augmentierte*: lat. = vermehrte.

S. 195 *Lunettenartiger Ausschnitt*: Eine Lunette (lat./frz. = »Möndchen«) ist eine halbkreisförmige Fläche über Türen und Fenstern. – Im Original des Briefes ist an dieser Stelle eine kleine Skizze gezeichnet mit der Notiz »Etwa so«. – *die Queue*: frz. = die Nachhut.

S. 196 *Ticino ... Hannibal*: Am Ticinus, einem linken Nebenfluß des Po, besiegte Hannibal im Jahre 218 v. Chr. in einem Reitertreffen den römischen Konsul Publius Cornelius Scipio. – *Legnano, wo die Mailänder den Barbarossa schlugen*: Im Mai 1176.

S. 197 *»Denn aus Gemeinem ist der Mensch gemacht«*: Zitat aus »Wallensteins Tod«, 1. Akt, 4. Szene. – *die fünf Milliarden*: In den am 26. Februar 1871 in Versailles unterzeichneten Friedenspräliminarien zwischen Deutschland und Frankreich wurde Frankreich die Zahlung einer Kriegsentschädigung von fünf Milliarden Goldfranken innerhalb von drei Jahren auferlegt. Diese (vorfristig von Frankreich erlegte) Summe trug wesentlich mit zum Spekulationsfieber und -schwindel der sog. »Gründerzeit« in Deutschland bei.

S. 201 *Aufzeichnungen über »Wilhelm Meister«*: Sie wurden erstmals 1908 in dem Band »Aus dem Nachlaß von Theodor Fontane«, hg. von Josef Ettlinger, Berlin 1908 veröffentlicht; wieder abgedruckt in NFA Bd. XXI, 2, Literarische Essays und Studien, Zweiter Teil. – *Enfant terrible*: frz. = schreckliches Kind.

S. 204 *enfin*: frz. = schließlich. – *es muß auch so gehen*: Lieblingszitat Fontanes nach Yorck; vgl. S. 339 u. Anm. dazu.

S. 209 *Imbécile*: frz. = Idiot.

S. 210 *Das »Frühlingslied« von Uhland*: »Frühlingsglaube« (»Die linden Lüfte sind erwacht ...«). – *eine Strophe von Paul Gerhardt*: Vgl. dazu die schöne Würdigung Paul Gerhardts im Abschnitt »Mittenwalde« des Kapitels »Eine Pfingstfahrt in den Teltow« im 4. Bande der »Wanderungen« (»Spreeland«).

S. 211 *C'est tout*: frz. = das ist alles. – *Firdusi, als er dem Schah Mohammed ...*: Die folgende Episode wurde von Heine dichterisch gestaltet im ersten Teile seines Gedichts »Der Dichter Firdusi« (aus dem »Romancero«, erstes Buch: »Historien«). Wahrscheinlich erzählt Fontane hier in Erinnerung an Heines Gedicht.

S. 214 *conspicuously*: engl. = sichtbar. – *die Meininger*: Die vom Herzog Georg II. von Meiningen ins Leben gerufene Hoftheatergesellschaft. Ihren Aufführungen lag eine Bühnenreform zugrunde, deren Hauptziele waren: 1. Einheitlichkeit und Geschlossenheit des Ensemblespiels, 2. bewegte Organik der Massenszenen, 3. stilvolle Einheit des Bühnenbildes, 4. äußerste historische Treue der Kostüme und Requisiten. Die Meininger führten zahlreiche Gastspielreisen in Europa und Amerika durch; ihr erstes Gastspiel in Berlin fand am 1. Mai 1874 mit Shakespeares »Julius Caesar« statt. Vgl. Fontanes Urteile in NFA Bd. XXII, 1–3, Causerien über Theater. – *der Kongreß*: Vom 13. Juni bis zum 13. Juli 1878 tagte unter Bismarcks Vorsitz der sog. »Berliner Kongreß« der Großmächte, um die durch den zwischen Rußland und der Türkei am 3. März 1878 geschlossenen Frieden zu San Stefano geschaffenen Spannungen auf dem Balkan auszugleichen. Die Macht der Türkei wurde durch den Kongreß erheblich geschwächt, der Einfluß Rußlands auf dem Balkan zugunsten Österreich-Ungarns und der neugeschaffenen Balkanstaaten eingeschränkt; Cypern kam endgültig zu Großbritannien.

S. 217 *comme toujours*: frz. = wie immer. – *Meine Novelle*: »Grete Minde«.

S. 219 *mit Is'n uppn Kopp ... rümmer um fortig*: So muß wohl gelesen werden statt der sinnlosen Fassungen im Erstdruck (»Aus dem Nachlaß von Theodor Fontane«, Berlin 1908): »mit ih'n uppn Kopp« und »rümmer un fortig«. – *pêle mêle*: frz. = durcheinander. – *»min Jehann«*: Anspielung auf Klaus Groths gleichnamiges Gedicht aus dem »Quickborn« (»Ick wull, wi weern noch kleen, Jehann«). – *Dat Mignon- und dat Harfnerlied*: Aus Goethes Roman »Wilhelm Meisters Lehrjahre« (»Kennst du das Land, wo die Zitronen blühn«, »Nur wer die Sehnsucht kennt«; »Wer sich der Einsamkeit ergibt«, »Wer nie sein Brot mit Tränen aß«). – *gegen die »blaue Kornblume«*: Vgl. den Brief vom 11. Juni 1879, S. 221 f., ferner »Frau Jenny Treibel«, 3. Kapitel.

S. 220 *einer meiner besten Freunde*: Gemeint ist vielleicht Paul Lindau, der sich über den Roman in verletzender Weise ausschwieg (vgl. Fontanes Brief an Lindau vom 23. Oktober 1878). – *»Der Fechter von Ravenna« ... Theaterkritik*: Abdruck in NFA Bd. XXII, 1, Causerien über Theater, Erster Teil, S. 795–800. – Der folgende Brief an Emilie ist vom 6. Juni (und nicht vom 6. Mai) 1879.

S. 225 *Que faire?*: frz. = Was tun? – *»don't touch it«*: engl. = rühr es nicht an. – *Beaureste*: frz. = schöne Reste. – *»Joyeuse entrée«*: frz. = »fröhlicher Einzug«; als »droit de joyeuse entrée« (»Recht des fröhlichen Einzugs«) wurde das Recht der französischen Könige bezeichnet, beim ersten Betreten bestimmter Kirchen die Stelle eines Kanonikers (Chor- oder Domherrn) für den nächsten Erledigungsfall zu vergeben. – »*als Christ, als König und als Welf*«: Das Zitat ist nicht zu belegen.

S. 226 »*Und der Brautnacht hohe Freuden ...*«: Zitat aus Schillers Ballade »Hero und Leander«. – *aus einem seligen Lungenturnen*: Vgl. Brief vom 28. August 1868, S. 159.

S. 227 *Modus vivendi*: lat. = »Form zu leben«; gütliches Auskommen. – *Sancta simplicitas*: lat. = Heilige Einfalt.

S. 228 *Liebenberg*: Vgl. das gleichnamige Kapitel im Band »Fünf Schlösser« der »Wanderungen«.

S. 229 *die 3. oder 2. Klasse*: Der 1705 vom Erbprinzen von Braunschweig gestiftete, 1792 zum zweiten preußischen Orden erhobene Rote Adlerorden umfaßte fünf Klassen in 40 Abstufungen.

S. 232 *Feuerbach ... »Ob Gott die Menschen schuf ...*«: »Der Gott des Menschen ist nichts anderes als das vergötterte Wesen des Menschen ... Der christliche Gott ist ebensogut in und aus dem Menschen entsprungen wie der heidnische« (Ludwig Feuerbach, »Das Wesen der Religion«, 3. Vorlesung, Leipzig 1851).

S. 233 *Thomas Mann (der lebenslang zu Fontane aufgeblickt hat)*: Ein schönes Beispiel dafür ist die folgende Notiz Thomas Manns über Fontane, die aus Anlaß der Enthüllung des Fontane-Denkmals von Max Klein im Berliner Tiergarten am 7. Mai 1910 in der »BZ am Mittag« vom gleichen Tage (Nr. 105) veröffentlicht wurde. Sie wurde seitdem nicht wieder abgedruckt und tritt den anderen, bekannten Äußerungen Thomas Manns über Fontane würdig an die Seite: »Unendliche Liebe, unendliche Sympathie und Dankbarkeit, ein Gefühl tiefer Verwandtschaft (vielleicht beruhend auf ähnlicher Rassenmischung), ein unmittelbares und instinktmäßiges Entzücken, eine unmittelbare Erheiterung, Erwärmung, Befriedigung bei jedem Vers, jeder Briefzeile, jedem Dialogfetzchen von ihm – das ist, da Sie fragen, mein Verhältnis zu Theodor Fontane. Wo in deutscher Prosa gibt es zum zweitenmal eine solche Gehobenheit bei so viel scheinbarer Anspruchslosigkeit? Er war ein Sänger, auch wenn er zu klöhnen schien. Und er ist unser Vater – die wir, einer überholten, doch zählebigen Ranglehre zum Trotz, dem deutschen Roman als Kunstform die ästhetische Ebenbürtigkeit neben Drama und Lyrik zu erwirken gesonnen sind.« Hermann Hesse bestätigte ein halbes Jahrhundert später dieses Bekenntnis Thomas Manns in einem Briefe an den Hrsg. (2. 12. 1959): »Über Fontane habe ich Thomas Mann nie anders als mit einer richtigen Zärtlichkeit sprechen hören.«

S. 236 *einem einzigen »Kreuzzeitungs«-Redakteur*: Philipp v. Nathusius-Ludom.

S. 238 *»dry nurse«*: engl. = trockene Amme. – *Elsässerfrage*: Bereits in seinem 1872 erschienenen Buch »Aus den Tagen der Occupation. Eine Osterreise durch Nordfrankreich und Elsaß-Lothringen 1871« hatte Fontane nachdrücklich auf das französische Empfinden der Elsässer hingewiesen und durch ein drastisches Beispiel vor bürokratischen oder gar polizeilichen Germanisierungsversuchen gewarnt, durch die nur das Gegenteil erreicht werden könne. »In allen Schichten« sei der *»französische Geist«* lebendig, so hatte Fontane ausgeführt. »Es mag als eine Tatsache gelten, daß es Frankreich seit dem ersten Empire gelungen ist, dieses kerndeutsche Volk innerlichst Deutschland zu entfremden. Sie *wollen* Franzosen sein. Diese Entfremdung ist häßlich; ich habe mich an den verschiedensten Stellen über die ganz besondere Häßlichkeit dieser Entfremdung ausgesprochen; aber – sie ist eine Tatsache, und *weil* sie eine Tatsache ist, kann es zu nichts führen, *den,* der nicht lieben will, beständig zu alter Liebe *aufzufordern*; wir müssen einfach versuchen, eine neue Liebe zu gewinnen.
Wodurch?
Von deutschen Geistes wegen! Ich nannte schon die großen Faktoren [Lehre, Wissenschaft, Predigt, Lied. Vor allem auch die Presse], die dieser Aufgabe *allein* gewachsen sein werden; – die *Administration* (auch das sei wiederholt) wird von Glück sagen können, wenn sie den Ummodelungsprozeß, der sich vollziehen muß, nicht stört. Stört sie ihn *nicht*? Sind wir dessen gewiß? Diese Fragen drängen sich auf...« Fontane beantwortet diese Fragen nicht direkt; die indirekte Antwort aber, die er gibt, indem er ein abstoßendes Beispiel preußischer Überheblichkeit gegenüber der elsässischen Bevölkerung erzählt, läßt an Deutlichkeit nichts zu wünschen übrig (vgl. NFA Bd. XVI, Kriegsgefangen – Aus den Tagen der Okkupation, Kapitel »Straßburg – Stadt. Stimmung. Ein paar Fragen«).

S. 239 *»Es muß sich alles, alles wenden«*: Refrain des Uhlandschen Gedichtes »Frühlingsglaube«: »Nun muß sich alles, alles wenden.«

S. 242 *»Die Produktion eines anständigen Dichters...«*: Das Zitat ist nicht zu belegen. – *Succès d'estime*: frz. = Achtungserfolg.

S. 243 *einen Mann wie Bülow*: Gestalt aus »Schach von Wuthenow«.

S. 248 »*L'assommoir*«: frz. = »Der Totschläger«, Titel eines Romans von Zola (1877).

S. 249 »*La fortune des Rougon*« ... »*La conquête de Plassans*«: frz. = »Das Glück der Familie Rougon« (1871) und »Die Eroberung von Plassans« (1875), Titel zweier Romane von Zola; Fontanes Aufzeichnungen über sie sind abgedruckt in NFA Bd. XXI, 2, Literarische Essays und Studien, Zweiter Teil.

S. 250 *das vieraktige Trauerspiel »Angela« (nach Spielhagens Roman)*: Der Roman erschien 1881; der Verfasser des Trauerspiels ist nicht zu belegen.

S. 251 *Esprit de Menthe*: frz. = Pfefferminzöl. – *Oxycroceumpflaster*: Safranpflaster.

S. 252 *St. Privat*: Bei St. Privat, in der Schlacht von Gravelotte, nahmen am 18. August 1870 preußische und sächsische Truppen unter sehr schweren Verlusten die französischen Stellungen und entschieden damit die Einschließung von Metz.

S. 253 »*Bleakhouse*«: engl. = svw. »bleiches Haus«; Titel eines Romans von Dickens (1852). – *pauvre*: frz. = arm.

S. 254 *ein Singleton*: ein Einzelgänger. – *den May-tree*: engl. = den Frühlingsbaum.

S. 255 *sans phrase*: frz. = »ohne Redensart«, auf jeden Fall. – »*Wär ich nicht Pulver ...*«: Abwandlung eines Wortes aus Schillers »Wilhelm Tell«: »Wär' ich besonnen, hieß' ich nicht der Tell« (3. Akt, 3. Szene).

S. 256 *ein Liking*: engl. = eine Vorliebe. – *Lessing mit seiner Geschichte von den drei Ringen*: Die »Ringparabel« in der 7. Szene des 3. Aktes von »Nathan der Weise«. Fast wörtlich die gleiche Meinung über die »Geschichte von den drei Ringen« läßt Fontane auch in »Effi Briest« (19. Kap.) darlegen. – Vgl. auch Fontanes Brief an F. Paulsen vom 12. 5. 1898. – *Das »Seid umschlungen, Millionen«*: Aus Schillers »Lied an die Freude«.

S. 257 *Plots*: engl. = Intrigen. – *der Thimussche eine Leser*: Vgl. dazu den Brief Fontanes vom 25. April 1898 an Friedrich Paulsen: »›Ein Leser‹, so sagte mir mal der alte Herr v. Thimus, als er seine mehrbändige Geschichte der Musik geschrieben, ›ist unter Umständen schon viel‹ ...«. – Vgl. auch »Frau Jenny Treibel«, 6. Kapitel.

S. 258 *den »Mohr des Zaren«*: Schauspiel von Richard Voß. Vgl. Fontanes Rezension der Aufführung in NFA Bd. XXII, 2, Causerien über Theater, Zweiter Teil, S. 300–305. – »*Non possumus*«: lat. = »Wir können nicht«. – *Der Geheimrat*: C. Herrlich (s.Register). – »*Thou comest in such a questionable shape*«:

engl. = »Du kommst in so fragwürdiger Gestalt«; Zitat aus »Hamlet«, 1. Akt, 4. Szene. – Fontane zitiert die Stelle gern bei ähnlichen Gelegenheiten wie der in Rede stehenden; darüber hinaus ist sie ihm Stichwort für seine – wohl von der englischen Literatur mit angeregte – Neigung zu »Understatement« und Selbstironie, vgl. Brief vom 29. Juni 1898, S. 419 f. – Im gleichen Sinne führte Thomas Mann in einem Briefe ein Jahr vor seinem Tode das Zitat an, bemerkend, es sei ihm stets »eine nur zu geläufige Selbstanrede« gewesen.

S. 261 *all the perfumes of Arabia*: engl. = alle Wohlgerüche Arabiens.

S. 262 *»Gebt ihr euch einmal für Poeten ...«*: vgl. »Faust I«, Vers 220 f. – *Deutsche Montags-Zeitung«*: In der Vorlage Druckfehler (»Monats-Zeitung«).

S. 266 *meiner neuen Novelle zuliebe*: Der Ausflug zum »Präzeptor« nach Altenbrak findet sich im 13. bis 15. Kapitel von »Cécile«.

S. 268 *jüdischer Philosophie-Doktor*: Ludwig Schwerin. – *»Sort«*: engl. = Los.

S. 272 *die »Jagd nach dem Glück«*: Anspielung auf das gleichnamige, seinerzeit sehr berühmte Gemälde Rudolf Hennebergs in der Berliner Nationalgalerie (1868). – *Prinzessinnentrousseaus*: Öffentlich ausgestellte Aussteuer einer Prinzessin.

S. 277 *»Schillerpreis« von 1891*: Fontane erhielt den Preis zusammen mit Klaus Groth. – *»Was soll der Unsinn?«*: Diese Lieblingsfrage des alten Fontane kann nicht, wie es mitunter geschieht, einseitig im Sinne der Lebensmüdigkeit und des resignierten Verzichts gedeutet werden. Vielmehr schwingt in ihr vor allem eine humoristisch-satirische Kritik mit, wie die Briefstellen belegen, in denen Fontane die Wendung gebraucht (zuerst im Briefe an Moritz Lazarus vom 3. August 1889). Der Sarkasmus der Frage entspringt damit der im letzten lebenszugewandten, vertrauensvollen Grundhaltung, die das Denken und Schaffen des alten Fontane bestimmt und die durch alle kritische Klarsicht, nüchterne Skepsis und Selbstironie nicht zurückgenommen, vielmehr vertieft und recht eigentlich erst bestätigt wird. In diesem Sinne übernimmt Thomas Mann aus bewußter Wahlverwandtschaft die Frage, macht sie sich zu eigen und bezeichnet sie schließlich als »*die* Fontane-Frage« schlechthin (vgl. »Lotte in Weimar«, Kap. 8; Brief Thomas Manns an P. Amann vom 23. 3. 1937).

Humor und Lebenszugewandtheit liegen vor allem auch der Begebenheit selbst zugrunde, aus der Fontane seinen Lieblingssatz gewann; die Vorliebe für das Anekdotische und Anzügliche wie die Freude am Kleinen, Pointierten, die wir vom alten Fontane kennen, haben in gleicher Weise Anteil daran. In dem Berliner literarischen Klub der »Zwanglosen«, dem Fontanes Sohn Friedrich angehörte, erzählte Hans Hertz folgendes Erlebnis: Er geht seines Weges, als kurz vor ihm ein Kolonialwarenhändler aus seinem Laden herausstürzt, einen davorstehenden kleinen Knaben packt und verprügelt. Der Ärmste schreit jämmerlich, so daß Hertz sich mitleidsvoll bewogen fühlt, einzuschreiten. Er stellt also den Händler zur Rede. »Das sagen Sie so, lieber Herr«, erwidert jener. »Jeden Tag steht der Bengel, wenn er von Schule kommt oder hinjeht, hier beim Keller still und paßt uff. Wenn denn keiner von uns jrade hinsieht, stellt er sich da an das Faß Sauerkohl und pinkelt rin. Nu schad't ja det den Sauerkohl nischt – aber wat soll der Unsinn?« Fontanes Freund, der Justizrat Paul Meyer, dem wir diesen Bericht verdanken, schließt mit dem Satze: »Das war etwas für Fontane, dem wir die Anekdote alsbald erzählten.« – *morceau de resistance*: frz. = »Verteidigungsstellung«, dann svw. Hauptstück, Mittelstück; Lieblingsausdruck Fontanes.

S. 278 *die neue Novelle*: »Quitt«.
S. 279 *ein langes Bismarckgedicht*: »Jung-Bismarck (In Begleitung eines Bildes, das ihn in seinem 19. Jahre darstellt)« (abgedruckt in NFA Bd. XX, Balladen und Gedichte, S. 245).
S. 280 *durch einen Wilddieb erschossenen Kameraden*: Am 21. Juli 1877 hatte der Wildschütz Knobloch den Revierförster Wilhelm Frey in der Nähe der Hampelbaude im Riesengebirge erschossen. Vgl. »Quitt«, 11. Kapitel.
S. 283 *Tante J.*: Emilie Fontanes Freundin Johanna Treutler. – *bon sens*: frz. = gesunder Menschenverstand, Mutterwitz. – *Einleitungsgedicht zu meinem Bande »Havelland«*: »Havelland« (»Grüß Gott dich, Heimat! ...«) im 3. Band der »Wanderungen«. – *»der Vater vons Janze«*: Unter diesem Titel verfaßte Fontane 1893 eine satirische Rezension von Max Nordaus (1849–1923) zweibändigem Werk »Entartung« (Berlin 1892 f.). Die Rezension blieb zu Fontanes Lebzeiten ungedruckt, da die Redaktion der »Vossischen Zeitung« eine Veröffentlichung ablehnte (abgedruckt in NFA Bd. XXI, 1, Literarische Essays und Studien, Erster Teil, S. 488 ff.).
S. 285 *Spreewaldkapitel*: »In den Spreewald«. Die Notiz über Gurken-, Kürbis- und Meerrettichzucht findet sich im ersten Abschnitt, »Lübbenau«.
S. 287 *Deiner kastalischen Leitung*: Auf dem Parnassos, einem Wald-

gebirge in Mittelgriechenland, befand sich der Kastalische Quell. Sein Wasser verlieh, wie die Alten glaubten, dichterische Begeisterung. – *Haute finance:* frz. = Hochfinanz.

S. 288 *Parkettplatz No. 23:* In dem dritten, unvollendet gebliebenen Teil seiner Lebenserinnerungen »Kritische Jahre – Kritikerjahre« beschreibt Fontane sein Debut als Kritiker der »Vossischen Zeitung« im Königl. Schauspielhaus im Jahre 1870: »... ich nahm meinen Kritikerplatz ein. Dies war damals Nummer 23. Schon eine merkwürdige Zahl. In überfüllten Hotels bin ich fast immer Nummer 23 untergebracht worden und habe da Schreckliches erlebt. Das kann ich nun von Nummer 23 im Königlichen Schauspielhaus eigentlich nicht sagen. Ich habe da viel angenehme Stunden zugebracht, aber ein merkwürdiger Platz war es doch auch. Es war nämlich kein eigentlicher Parkettplatz, sondern nur ein Annex, ein Vorposten, ein ausgebautes Fort, man könnte auch sagen ein Sperrfort, und wuchs ganz, in die scharfe Ecke zwischen Proszeniums- und Parkettlogen hineingebaut, von dieser Ecke her in den Parkettgang vor. Knierempeleien waren also ganz was Alltägliches. Das Häßlichste war die Abgesondertheit. Wer eine hohe Meinung von sich hatte, der konnte sich beglückt fühlen, hier ein Gegenstand der Aufmerksamkeit zu sein, wer dieses Gefühls entbehrte, für den war es peinlich. Für den Eitlen war Nummer 23 ein kurulischer Stuhl, für den weniger Eitlen ein Armesünderbänkchen. Denn man bilde sich nur nicht ein, daß ein Theaterkritiker ein Richter ist, weit öfter ist er ein Angeklagter. ›Da sitzt dies Scheusal wieder‹, habe ich sehr oft auf den Gesichtern gelesen.« (Vgl. NFA Bd. XV, Von Zwanzig bis Dreißig, S. 388–393.) S. auch Glaßbrenner (Register).

S. 289 *Lawntennis:* engl. = Rasentennis.

S. 290 *Besinge:* norddeutsch mundartlich für Heidelbeeren.

S. 292 *dem jetzigen Kaiser von Rußland:* Alexander III. – *»Martin Salander« von Heft zu Heft:* Kellers Roman erschien im Vorabdruck von Januar bis September 1886 (mit Unterbrechungen im März und August) in der »Deutschen Rundschau«. – *das »Wohlwendsche«:* Louis Wohlwend ist der betrügerische Gegenspieler Martin Salanders, des Helden von Kellers Roman.

S. 294 *bei Sedan:* 1./2. September 1870. – *bei Malplaquet:* Bei Malplaquet in Ostflandern siegten 1709 die österreichischen und englischen Truppen unter dem Prinzen Eugen und Marlborough über die Franzosen. Auf der Seite der Verbündeten nahm ein preußisches Hilfskorps unter Leopold von Dessau und dem preußischen Kronprinzen, dem späteren König Friedrich Wilhelm I., an der Schlacht teil.

S. 295 *Salamanderreiben*: Deutscher Studentenbrauch des 19. Jahrhunderts, wobei die Biergläser in kreisförmiger Bewegung auf dem Tisch gerieben, dann geleert wurden und schließlich mit ihnen auf dem Tisch getrommelt wurde, bis man sie mit einem Schlage niedersetzte. – *Fiduzit*: Vertrauen (Studentenlatein). – *der Kriegsminister*: Bronsart von Schellendorf.

S. 297 *in Plaue das Schloß samt seinen historischen Erinnerungen*: Vgl. das Kapitel »Schloß Beuthen« im 4. Band der »Wanderungen« (»Spreeland«), ferner vor allem das Kapitel »Plaue a. H.« in »Fünf Schlösser«. – *in Rüdersdorf das Bergwerkswesen*: Vgl. das Kapitel »Glindow« (erste Fußnote) im 3. Band der »Wanderungen« (»Havelland«).

S. 299 *Demimondeschaft*: frz. = Halbwelt. – *bei Kunersdorf*: Am 12. August 1759 wurde Friedrich II. bei Kunersdorf durch ein österreichisch-russisches Heer geschlagen. – *Torgau:* Am 3. November 1760 siegte Friedrich II. bei Torgau über die Österreicher. – *Tic douloureux*: frz. = neuralgischer Gesichtsschmerz.

S. 300 *Die langen Auseinandersetzungen über die Askanier*: Vgl. »Cécile«, 6. und 13. Kapitel.

S. 301 *Lene*: Lene Nimptsch, die Heldin von »Irrungen Wirrungen«.

S. 302 *das mit den Kastanien und der Pappelwolle*: Vgl. »Irrungen Wirrungen«, 6. und 9. Kapitel.

S. 303 *»Talent épistolaire«*: frz. = Briefschreibetalent. – *die beiden Militärs*: Friedlaender hatte Fontane in einem Briefe berichtet, daß zwei hohe Offiziere, General v. Nachtigall und Oberst v. d. Heyde, sich zustimmend zu seinem Kriegsbuche geäußert hätten. – *Signatura temporis*: lat. = Zeichen der Zeit.

S. 306 *»Nur der Irrtum ist das Leben ...«*: Zitat aus Schillers Gedicht »Kassandra«.

S. 307 *»Das ist sein Fleisch und Blut«* ...: Eine der Hauptdifferenzen zwischen Luther und Zwingli bestand in der Auffassung vom Abendmahl. Während Luther die Gegenwart des wahrhaftigen Leibes Christi im Abendmahl annahm (»Das *ist* sein Fleisch und Blut«), gestaltete Zwingli die Kommunion zu einem reinen Gedächtnismahl im Sinne des Evangeliums um (»Das *bedeutet* sein Fleisch und Blut«). Auf einem Religionsgespräch zwischen Luther und Zwingli vom 1. bis 4. Oktober 1529 in Marburg gelang es nicht, diesen Streit beizulegen; bis heute trennt die unterschiedliche Auffassung des Abendmahls Lutheraner und Reformierte. – Vgl. »Unwiederbringlich«, Kap. 19.

S. 308 *Berliner Romane ... sechs im ganzen*: »L'Adultera«, »Schach von Wuthenow«, »Cécile«, »Irrungen Wirrungen«, »Stine« und »Frau Jenny Treibel«. – *mit einem ganz balladesken historischen Roman*: »Die Likedeeler«. Das Werk gedieh nicht über den Entwurf hinaus.

S. 309 *das Treiben der Ärzte*: Vgl. Mackenzie, v. Bergmann (Personenregister), ferner Brief vom 26. Mai 1889, S. 317 f. – *die Pittelkow und der alte Graf Haldern*: Gestalten aus »Stine«.

S. 310 *wieder über »Schneppengeschichten« beschwert*: Wie bei »Irrungen Wirrungen«; vgl. Brief vom 8. September 1887, S. 300 f.

S. 311 *wie Mortimer auf die Hostie beschwören*: Vgl. Schillers »Maria Stuart«, 1. Akt, 6. Szene.

S. 313 *»nun möcht ich wieder Fähnrich sein«*: In einem drei Tage vor seinem Tode an Emilie Fontane gerichteten Briefe beschreibt Fontane Metes Verlobungsfeier (vgl. S. 424); am Schluß des Briefes heißt es: »Befrage ich den Gesamteindruck ..., so tritt das von mir so oft zitierte triviale Lied, das in unserer Jugend in jeder Gesellschaft gesungen wurde, wieder vor mich hin. Es hieß in der ersten Hälfte des Liedes refrainmäßig: ›Ach, könnt ich doch erst Hauptmann sein‹, und dann in der zweiten Hälfte: ›Ach, könnt ich wieder Fähnrich sein.‹ So verläuft jedes Leben.« (17. September 1898). – *Novelle von Helene Böhlau*: »Die alten Leutchen« in »Der schöne Valentin«, Berlin 1886. Die Novelle bot die Anregung zu Fontanes Gedicht »Fritz Katzfuß« (NFA Bd. XX, Balladen und Gedichte, S. 55 ff.).

S. 314 *»Des Meeres und der Liebe Wellen«*: Trauerspiel von Franz Grillparzer. Vgl. Fontanes Rezensionen (»Vossische Zeitung« vom 15. 2. 1874 und 14. 10. 1881) in NFA Bd. XXII, 1, S. 328–331 und Bd. XXII, 2, S. 86–90 (Causerien über Theater). – *»Weisheit Salomos«*: »Die Weisheit Salomos«, Schauspiel (1887) von Paul Heyse. Vgl. Fontanes Rezension der Berliner Erstaufführung vom 18. 2. 1888 in NFA Bd. XXII, 2, Causerien über Theater, Zweiter Teil, S. 546–552. – *»Nausikaa«*: Trauerspiel (1884) nach Goethes »Nausikaa« – Fragment von Hermann Schreyer; die Berliner Erstaufführung am 12. 4. 1889 wurde von Fontane ebenfalls rezensiert (NFA Bd. XXII, 2, S. 614 ff.).

S. 314f. *meine Stellung zu Deinem Kranksein ... das sich Entschlagen aller Sentimentalitäten*: Viele Briefe Fontanes beschäftigen sich notgedrungen mit Krankheitszuständen von Frau und Tochter oder mit eigenem *»Abattusein«*. Solange es geht, sucht er Wehleidigkeit und Trübsinn – seinem ganzen Wesen nach – durch phrasenlose, besonnene Ratschläge zu bekämpfen; nüchtern und heiter appelliert er an den Lebenswillen des Kranken. Ein Brief an seine Frau vom 21. Oktober 1868 ist das Muster eines solchen Trostbriefes: er lenkt den Blick des Kranken auf seine Daseinspflicht, führt ihn vom Grübeln über die Krankheit zum Vertrauen auf die Genesung und gipfelt in köstlichen, echt Fontaneschen Sätzen über die »Kunst des Lebens« schlechthin: »Du tätest gut, wenn Du in allen Gesundheitsfragen mehr auf Deinen Mann hörtest. Ich darf wirklich sagen: ich habe diese Fragen gründlich studiert, und da unsre nervösen Organismen sich sehr ähnlich sehen, so weiß ich auch immer ziemlich genau, was Du tun mußt, weil ich eben genau weiß, was *ich* zu tun habe. Ich habe die geheimnisvolle Kraft des Luft-, Orts- und Umgebungswechsels zu oft erprobt, seinen Segen zu oft erfahren, als daß ich mich in diesen Dingen irren könnte. Ich kann natürlich nicht Pocken oder Cholera oder Magenkrebs durch Luftwechsel kurieren; aber solche Zufälle, an denen wir zu leiden pflegen, heil ich unter neun Fällen von zehn durch bloßen change of air [Luftwechsel]. Kommt dann noch so viel Liebes und Gutes hinzu, wie Dir Neuhof [vgl. Anm. zu S. 75] jedesmal bietet, so ist die Kur gemacht. Erwäge: man hat gegen sich selbst und fast noch mehr gegen andre die *Pflicht*, nicht mehr und nicht länger krank zu sein, als eben unvermeidlich ist; man kürzt sich und andern dadurch die frohen Lebensstunden ab und gibt gar nichts dafür. Daß es an Bangen und Sorgen im Leben nicht fehlt, dafür ist ja ohnehin gesorgt; aber nun mache man auch dies Trübsalmaß nicht voller, als nötig ist. Leicht zu leben ohne Leichtsinn, heiter zu sein ohne Ausgelassenheit, Mut zu haben ohne Übermut, Vertrauen und freudige Ergebung zu zeigen ohne türkischen Fatalismus – das ist die Kunst des Lebens. In vielen Stücken ordne ich mich unter, aber in diesem Punkt bin ich Autorität.«

S. *316 die »Chevy-Chase«*: engl. = »die Jagd auf den Cheviotbergen«, eine im 16. Jahrhundert aufgezeichnete englische Volksballade, die Herder übersetzte und in seine »Volkslieder« (1778) aufnahm. Fontanes Übersetzung erschien in seinen »Gedichten« (1851); in der zweiten Auflage (1875) ließ er sie weg, von der dritten (1889) an erschien sie wieder (vgl. NFA Bd. XX, Balladen und Gedichte, S. 306–312).

S. *317 Dejeuner*: frz. = Frühstück.

S. *321 in conspectu omnium*: lat. = angesichts aller. – *Beschaffenheit der Bonner Semmeln*: Mete Fontane befand sich zu Besuch bei ihrer Freundin, der Gräfin Wachtmeister, einer Tochter des berühmten Gynäkologen v. Veit in Bonn.

S. 322 *zwei Gedichte auf George*: »Meine Gräber« (»Kein Erbbegräbnis mich stolz erfreut ...«) und »Am Jahrestag – 27. September 1888« (»Heut ist's ein Jahr, daß man hinaus dich trug ...«); vgl. NFA Bd. XX, Balladen und Gedichte, S. 41 ff.

S. 323 *Leibniz*: »Rütli«-Name von Lazarus. – *Schönefeld*: Lazarus hatte eine Besitzung in Schönefeld bei Leipzig.

S. 324 *Blankets*: engl. = Wolldecken.

S. 325 *schlesischen Romans*: »Quitt«. – *Glimpse*: engl. = Schimmer.

S. 326 *»Ich bin ein rechtes Sündenaas«*: »Ich bin ein echtes Rabenaas, / Ein wahrer Sündenknüppel ...«: Anfang einer (aus einer einzigen Strophe bestehenden) Persiflage auf die geschmacklosen Zerknirschungslieder der pietistischen Richtung des 19. Jahrhunderts. Verfasser war der Student der Philologie an der Universität Breslau Friedrich Wilhelm Wolff (gest. 1864). Vollständig aufgenommen ist die Strophe in Thomas Manns »Buddenbrooks«, 5. Teil, 5. Kapitel. – *Abattuschaft*: abattu (frz.) = kraftlos, elend.

S. 328 *das G.-Hauptmann-Stück*: »Vor Sonnenaufgang«.

S. 333 *Animus injuriandi*: lat. = die Absicht einer Beleidigung.

S. 335 *Quidipse*: Spottwort aus verballhorntem Lateinisch.

S. 336 *Pietschfeste bei Uhl*: Zur Feier von Ludwig Pietschs fünfundzwanzigjähriger Mitarbeiterschaft an der »Vossischen Zeitung« war 1889 von den Eigentümern der Zeitung ein großes Fest im Restaurant von Conrad Uhl (Hotel »Bristol«), Unter den Linden 5, veranstaltet worden. – *Klub*: die »Literarische Gesellschaft« in Berlin (Vorsitzender Friedrich Spielhagen).

S. 339 *»Jubelfeste«*: Die Feier fand am 4. Januar 1890 in dem Restaurant »Englisches Haus« in der Mohrenstraße statt. – *Yorck bei Laon*: Am 9. und 10. März 1814 siegte ein preußisch-russisches Heer bei Laon über Napoleon I. – Der Ausspruch ist eine der Lieblingswendungen des alten Fontane, charakteristisch für das Ethos seiner tapferen Resignation. Fontane kannte das Zitat aus dem »Leben Yorcks« (Berlin 1851) des liberalen Historikers Johann Gustav Droysen (1808–1884); dieses Buch gehörte – neben den »Essays« Macaulys, den Memoiren von F. A. L. v. d. Marwitz, Holbergs »Dänischer Geschichte« und Karl Büchsels »Erinnerungen aus dem Leben eines Landgeistlichen« – zu den Büchern, die der alte Fontane am meisten schätzte (Brief an Pantenius vom 14. 8. 1893).

S. 345 *mein »Faible«*: frz. = Schwäche.

S. 349 *(Talent épistolaire oblige)*: frz. = Briefschreibetalent verpflichtet. – *»Wählt Euch eine Fakultät«*: Vgl. »Faust I«, Vers 1968: »Doch wählt mir eine Fakultät.«

S. 350 *der goldenen 110*: Die »Goldene Hundertzehn« war eine Kleiderhandlung von J. Cohn in der Leipziger Straße 110 in Berlin, die mit wirkungsvollen Reklameslogans warb. 1880 war im Selbstverlage des Geschäfts ein sog. »Liederalbum der Goldenen Hundertzehn« herausgekommen, das immer neue erweiterte Auflagen erfuhr. Vgl. auch »Die Poggenpuhls«, Kap. 6 sowie Fontanes Gedichtentwurf »Goldene Hundertzehn« (Abdruck in NFA Bd. XX, Balladen und Gedichte, S. 713; Original im Potsdamer Fontane-Archiv).

S. 351 *unsere Berchtesgadener Tage*: Fontanes waren im August und September 1875, nach Fontanes zweiter Italienreise, in Berchtesgaden gewesen (vgl. dazu das Tagebuch von Fontanes zweiter Reise, abgedruckt in NFA Bd. XXIII, 2, Aufsätze zur bildenden Kunst, Zweiter Teil).

S. 352 *Nobodies*: Mehrzahl von nobody (engl. = niemand). – *Die beiden Friedlaenderschen Damen*: Die zweite Dame war Frau Friedlaenders Schwester, die Kunstmalerin Marie Tillgner. Sie war unverheiratet und zog nach dem Tode ihrer Mutter zu Friedlaenders; dort wurde sie ihrer verständigen Ratschläge wegen die »regierende Tante« genannt.

S. 353 *Breakers*: engl. = Brecher.

S. 354 *die Kanzelgröße von Warmbrunn*: Vgl. Brief vom 1. August 1893, S. 359, Brief vom 6. Mai 1895, S. 388.

S. 360 *Riechfläschchen des Fräulein Klein in Schmiedeberg*: Fräulein Hermine Klein, die viel in den Schmiedeberger Pastorenhäusern verkehrte, mußte eines Tages, wie Friedlaender an Fontane geschrieben hatte, zu ihrem Schmerz feststellen, daß sich die Frau des Ersten Pfarrers Demelius ihr gegenüber merkwürdig kühl, ja ablehnend verhielt. Als sie sich endlich ein Herz faßte und nach dem Grund der Zurückhaltung fragte, erhielt sie die verblüffende Antwort: »Ja, Sie hatten doch zum Geburtstag Parfüm bekommen, und da haben Sie die Frau Pastor Schulz zuerst riechen lassen.«

S. 364 *»Unter Larven die einzig fühlende Brust«*: Zitat aus Schillers Ballade »Der Taucher«. – *Orlando furioso*: ital. = Rasender Roland; Titel von Ariosts großem Heldenepos (1516/32). – *»Nur der Irrtum ist das Leben usw.«*: Vgl. Anm. zu S. 306.

S. 367 *Humboldt ... mußte erleben, daß Louis Schneider ihm vorgezogen wurde*: Als Reisebegleiter Friedrich Wilhelms IV. nach der Revolution von 1848. Die Episode mit dem Popokatepetl kannte Fontane wohl aus einem Bericht Bismarcks über A. v. Humboldt (vgl. »Bismarcks Humor«, hg. v. A. Gottwald, Leipzig o. J., S. 54 f.). – *Vitzliputzli*: Der Sonnengott des altmexikanischen Kultus.

S. 368 *Eins der schönsten Lutherworte*: Dieses Wort kommt wenigstens zehnmal bei Luther vor, u. a. auch in den »Tischreden«. Fontane hatte es bereits im 24. Kapitel von »Unwiederbringlich« zitiert.

S. 369 *à tout prix*: frz. = um jeden Preis.

S. 370 *Ich sehe viele, die nicht da sind*: Lieblingswendung Fontanes, anspielend auf eine Stilblüte evangelischer Pastoren beim Predigen vor leeren Kirchen; vgl. u. a. Briefe an Storm von Ende September 1854, an H. Jacobi vom 23. 1. 1890, an J. Rodenberg vom 21. 5. 1895.

S. 371 *Die Versöhnungsszene im Berliner Schloß*: Kaiser Wilhelm II. hatte zu seinem Geburtstag am 27. Januar 1894 Bismarck nach Berlin eingeladen und mit großem Gepränge eine Versöhnungsfeier inszeniert. Die persönlichen und politischen Differenzen zwischen ihm und Bismarck wurden dadurch jedoch nicht beigelegt.

S. 374 *eine Döringgeschichte*: Diese Geschichte erzählt Fontane auch in dem unvollendeten dritten Teil seiner Lebenserinnerungen (vgl. NFA Bd. XV, Von Zwanzig bis Dreißig, S. 404: »Eine letzte Döring-Anekdote«). Dort findet sich auch folgende fragmentarische Charakteristik dieses Schauspielers: »›Er‹ hätte mich gern vergiftet. Es ging aber nicht recht. Dabei gutmütig. Ganz Schauspieler. Grenzenlos verwöhnt. Tyrann. Wer ihn tadelte, war sein Feind. 42 lernte ich ihn kennen in Dresden. Hingerissen. Im Lustspiel groß ... Auch in Charakterrollen ... In der Tragödie durchschnittsmäßig, fast störend. Es ging nur da, wo sich – was oft der Fall – etwas von Humor, von infernalem Humor in den Tragödienstil mit einmischt ...« (ebda, S. 399).

S. 375 *An Joseph Viktor Widmann*: Widmann hatte am 22. 4. 1894 in Nr. 111 des »Bund« den Aufsatz »Neues und Altes von Theodor Fontane« veröffentlicht.

S. 376 *Ich habe das Ravenésche Haus nie betreten ...*: Fontane hatte jedoch für den Ravené-Stoff (s. Personenregister), besonders für die Szene, wo der junge Ravené erklärt: »Ich habe keine Mutter mehr!« (vgl. »L'Adultera«, 20. Kap.), eine authentische Quelle in der mit Emilie Fontane bekannten Frau Harder (Berlin SO, Schmidtstraße), deren Mann Prokurist bei Ravené war. Frau

Harder nahm den jungen Ravené nach der Flucht seiner Mutter in ihr Haus auf. Der Sohn des Ehepaars Harder wurde Lehrer am Luisenstädtischen Gymnasium in Berlin und stand mit dem alten Fontane in gelegentlichem Briefwechsel.

S. 377 *Pickpocket*: engl. = Taschendieb.

S. 378 *des »schweren Wagner«*: Der »schwere Wagner« war ein sehr bekanntes Berliner Bierlokal, in dem die schweren Nürnberger und andere bayrische Biere ausgeschenkt wurden. Der Berliner Gastwirt, der sie etwa um 1850 eingeführt hatte, hieß Wagner; sein Lokal befand sich im ersten Stock eines Hauses Ecke Charlotten- und Behrenstraße. Vgl. »Frau Jenny Treibel«, 10. Kap., und »Der Stechlin«, 34. Kap.

S. 381 *Liking*: engl. = Vorliebe.

S. 385 *wie mit einem Psychographen*: Der Psychograph (griech. = »Seelenschreiber«) ist ein Schreibapparat, der bei spiritistischen Sitzungen verwendet wurde. Durch ihn sollten die gerufenen Geister angeblich ihre Offenbarungen verkünden. Vgl. »Effi Briest«, 11. Kap.

S. 386 *»Ekkehard« oder »Ahnen«*: »Ekkehard« ist ein Roman Viktor v. Scheffels (1855); Fontane schrieb über ihn eine Kritik, die 1908 aus seinem Nachlaß veröffentlicht wurde (abgedruckt in NFA Bd. XXI, 1, Literarische Studien und Essays, Erster Teil, S. 250 ff.). Auch über die ersten Teile von Gustav Freytags Romanzyklus »Die Ahnen« (1873–81) verfaßte Fontane eine Kritik (»Vossische Zeitung« vom 14. und 21. 2. 1875, abgedruckt ebda S. 231–248), zu den übrigen Teilen äußerte er sich ausführlich in seinem Tagebuch. – *Den »Hosen des Herrn von Bredow«*: Historischer Roman in zwei Teilen (1846 und 1848) von Willibald Alexis. Vgl. Fontanes Beurteilung des Romans in seinem Alexis-Essay von 1873 (Ebda S. 182–185).

S. 387 *Bismarcktag*: Bismarck war am 1. April 1815 geboren. – *Versöhnung der beiden Dynastien von Preußen und Lauenburg*: Bismarck war bei seiner Entlassung am 20. März 1890 zum Herzog von Lauenburg ernannt worden; bereits am 21. März 1871 hatte er eine große Domäne in Lauenburg mit dem sog. »Sachsenwald« bei Hamburg erhalten. Hier suchte ihn Wilhelm II. am 26. März 1895 auf, wiederholte die öffentliche Versöhnungszeremonie vom 27. Januar 1894 (vgl. S. 371) und gratulierte Bismarck zu seinem bevorstehenden 80. Geburtstag. – *Das Störtebekerlied*: Das historische Volkslied aus dem Jahre 1402 »Stötzebecher und Göde Michael ...«.

S. 388 *Enquête*: frz. = amtliche Untersuchung. – *Grillenbecher*: vielmehr Grillenberger (s. Register). – *Ihr Schmiedeberger Pastor*: Demelius; vgl. Briefe vom 28. Februar 1892, S. 354, und vom 1. August 1893, S. 359.

S. 389 *Apokalypse*: griech. = »Offenbarung« des Johannes; prophetisches Buch des Neuen Testamentes.

S. 392 *»Mikado«*: Operette von Sullivan (s. Register). – *nach Minuten berechnen*: in der Druckvorlage: »*nicht* nach Minuten berechnen«; offenbar Druckfehler.

S. 394 *Quattrocento*: ital. = das fünfzehnte Jahrhundert. – *fable convenue*: frz. = durch (stillschweigende) Übereinkunft entstandenes Märchen.

S. 395 *Trafalgar*: Am 21. Oktober 1805 besiegte die englische Flotte unter Nelson die vereinigte französische und spanische Flotte bei Trafalgar unweit Cadiz. – *Secondsight-highlander*: engl. = Hochländer mit dem »zweiten Gesicht« (= der Gabe, in die Zukunft zu sehen).

S. 396 *ist er jetzt richtiger Fürst?*: Der Erbprinz von Reuß ältere Linie (Reuß-Greiz) war wegen Schwachsinns regierungsunfähig; daher mußte aus der jüngeren Linie (Reuß-Schleiz-Gera) für den Fall des Ablebens seines Vaters ein Regent für ihn ernannt werden; offenbar hatte Prinz Heinrich IX. von Reuß (s. Register) gehofft, damit betraut zu werden. Regent wurde jedoch 1902 Heinrich XIV., der regierende Fürst von Reuß j. L.

S. 397 *die Leute in Niesky*: In der Niederlassung der herrnhutischen Brüdergemeine in Niesky bei Liegnitz befanden sich u. a. berühmte Bildungsanstalten der Herrnhuter. – *In einem niederländischen Blatt . . .*: Vgl. dazu den Brief Fontanes an Friedrich Stephany vom 17. März 1896: »Herzlichen Dank für die Wochenschrift der Mynheers, in der ich der ›Grobschmiedekunst‹ angeklagt werde. Was man nicht alles erlebt. Ich wollte dem Gedicht, weil ich so was ahnte, einen Nachreim geben, etwa des Inhalts:

›Wo liegt Lombok? nun, irgendwo –
Übrigens machen es *alle* so.‹«

S. 398 *Herman Grimm*: Gemeint ist die noch heute wertvolle Monographie Herman Grimms über Goethe (Berlin 1877). Fontane hatte 1876 in der »Vossischen Zeitung« (17. und 24. 12.) Grimms Goethe-Essay besprochen (wieder abgedruckt in NFA Bd. XXI, 1, Literarische Essays und Studien, Erster Teil, S. 34–44).

S. 399 *Ophelia, oder . . . Lady Macbeth*: In Shakespeares Tragödien »Hamlet« und »Macbeth«; beide Frauengestalten werden wahnsinnig.

S. 400 *Storm ... »graue Stadt am Meer«*: Anspielung auf Theodor Storms Gedicht »Die Stadt« (»Am grauen Strand ...«).

S. 401 *Der Obotritengrande*: Die Obotriten waren ein slawischer Stamm auf dem Gebiete des heutigen Mecklenburgs, Pommerns und der Uckermark; sie fielen der gewaltsamen Kolonialisierungspolitik Heinrichs des Löwen 1170 zum Opfer. – *beef und mutton*: engl. = Rind- und Hammelfleisch. – *der Gasthof*: Hotel Stadt Hamburg.

S. 402 *wie in Kreta*: Vgl. S. 407. – *vakat*: lat. = bleibt fern, fehlt. – *Aber fürchte die Danaer, wenn sie schenken!*: Freie Übersetzung des Zitates aus Vergils »Aeneis«, II/49: »Quidquid id est, timeo Danaos et dona ferentes« = »Was es auch ist, ich fürchte die Danaer [Griechen], auch wenn sie schenken.« – *alle Quattro- und Cinquecentisten*: ital. = alle [Künstler] des fünfzehnten und sechzehnten Jahrhunderts.

S. 407 *im »Achtziger Klub«*: Der »Eighty Club« war ein nach seinem Gründungsjahre (1880) benannter exklusiver Klub des Londoner Westens.

S. 408 *»Pictures from the Royal Academy«*: engl. = Bilder aus der Königlichen Akademie; Fontane hatte 1856 und 1857 die großen Ausstellungen der Akademie in London besprochen (wieder abgedruckt in NFA Bd. XXIII, 1, Aufsätze zur bildenden Kunst, Erster Teil, S. 15–25 bzw. 29–36).

S. 409 *eine Schule in Worpswede*: In Worpswede bei Bremen hatte sich seit 1895 ein Kreis von Landschaftsmalern und Bildhauern zu einer Künstlerkolonie zusammengeschlossen; sie fanden sich in der gemeinsamen Vorliebe für den Reiz bis dahin übersehener schlichter Gegenden als malerischer Sujets. Zu den Worpsweder Künstlern gehörten: Hans am Ende, Heinrich Vogeler, Otto Modersohn, Paula Becker-Modersohn, Fritz Overbeck u. a. Rainer Maria Rilke, der 1901 die Worpsweder Bildhauerin Clara Westhoff geheiratet hatte, veröffentlichte 1903 eine Monographie über Worpswede. – *»Lake school«*: engl. = »Seeschule«. 1797 in Westmoreland gegründeter englischer Dichterkreis, benannt nach den Seen von Cumberland und Westmoreland, wo die Hauptvertreter der »Seeschule«, die sog. »Lakers«, wohnten; es waren William Wordsworth, Samuel Taylor, Coleridge und Robert Southey. Das dichterische Programm der »Seeschule«, das sich unter dem Einfluß der Französischen Revolution herausgebildet hatte und – im Rückschlag gegen klassizistische Strömungen – Naturnähe und Lebenswahrheit verlangte, stellt den Beginn der Romantik in der englischen Literatur dar. – *Onkel Bräsig*: Humoristische Gestalt in Fritz Reuters Roman »Ut mine Stromtid« (1864).

S. 414 *»decay and fall«*: engl. = Verfall und Untergang. – *Krisis, in Indien, in Afrika, in China*: Die englische Kolonialpolitik stieß in Indien auf einen immer stärkereren Widerstand der Bevölkerung; Ausdruck dieses Widerstandes waren u. a. die regelmäßig abgehaltenen indischen Nationalkongresse. – In Afrika stand England seit über einem Jahrzehnt in Konflikten mit den Burenrepubliken; diese Konflikte führten 1899 zum offenen Krieg, in dem England nach Einsatz überlegener Machtmittel 1902 siegte. Das englische Prestige in der Welt erlitt besonders durch die in diesem Kriege verübten Grausamkeiten eine starke Einbuße. Außerdem hatte die Expansionspolitik, die England seit 1896 im Sudan betrieb, zu Spannungen mit dem französischen Kolonialismus geführt; sie erreichten ihren Höhepunkt in der sog. Faschodakrise im Sommer 1898. – In China, wo die Gegensätze der Kolonialmächte besonders hart aufeinanderstießen, hatte England bedeutend an Boden verloren; Deutschland hatte im November 1897 in China Fuß fassen können (vgl. Register, »Prinz Heinrich«). Hinzu kam das immer spürbarere Erwachen eines aktiven Nationalbewußtseins im chinesischen Volke, das 1900 zu dem ersten großen nationalen Aufstand gegen die »Fremden« führte (»Boxeraufstand«).

S. 417 *mundus sensibilis und mundus intelligibilis*: In der philosophischen Terminologie bedeutet »mundus sensibilis« (lat.) die durch Sinneswahrnehmungen erkennbare Welt, während »mundus intelligibilis« (lat.) im Gegensatz dazu die nur durch Denken und intellektuelle Anschauung wahrnehmbare Welt bezeichnet. Kant, der 1770 mit einer Dissertation über den Unterschied beider »Welten« die Würde eines ordentlichen Professors erlangt hatte, untersuchte in seinem Werk »Die Kritik der reinen Vernunft« (1781) die Möglichkeiten und Grenzen des »mundus intelligibilis«.

S. 418 *a priori*: lat. = »von vornherein«; Urteile a priori sind nach Kant Urteile, die unabhängig von aller Erfahrung oder Sinneswahrnehmung zustande kommen. Auf der Möglichkeit derartiger Urteile beruht die »reine (= absolute, von aller Erfahrung unabhängige) Vernunft«.

S. 419 *»Mächen mit de Eierkiepe«*: Vgl. »Von Zwanzig bis Dreißig«, S. 312.

S. 420 *»Thou comest ...«*: Vgl. Anm. zu S. 258. – *Fontanes Stellung* *zu dieser Frage*: Vgl. dazu auch »Meine Kinderjahre«, S. 115 ff. (geschrieben Ende 1892).

S. 422 *bei Hemmingstedt*: In der Schlacht bei Hemmingstedt am 17. Februar 1500 siegten die Dithmarschen über ein dänisches Söldnerheer, indem sie es in die Moräste lockten und durch Öffnung der Schleusen vernichteten. Vgl. Fontanes Ballade »Der Tag von Hemmingstedt« (in NFA Bd. XX, Balladen und Gedichte, S. 180–185).

S. 423 *»Heilige Alliance«*: Auf Anregung des Zaren Alexander I. von den drei Monarchen Rußlands, Österreichs und Preußens nach der endgültigen Niederwerfung Napoleons am 26. September 1815 in Paris geschlossener Bund. – Vgl. S. 40.

S. 424 *Berlin, 18. September 1898*: Vgl. das Faksimile dieses Briefes auf S. 428 f. – *»Um neun Uhr ist alles aus«*: Vgl. »Der Stechlin«, Kap. 37, ferner »Von Zwanzig bis Dreißig«, S. 247. Dort erzählt Fontane am Schluß seines Kapitels über Louis Schneider: »Wofür ich ihm aber am meisten verpflichtet bin, das ist das Folgende: ›Sie müssen sich nicht ärgern und nicht ängstigen. Sehen Sie, wir hatten da, als ich noch auf der Bühne herummimte, einen Trostsatz, der lautete: »Um neun ist alles aus.« Und mit diesem Satze haben wir manchen über schwere Stunden weggeholfen. Ich kann Ihnen diesen Satz nicht genug empfehlen.‹

Und das hat mir der gute Schneider nicht umsonst gesagt. Ich bin ihm bis diese Stunde dafür dankbar: ›Um neun ist alles aus.‹« – Auch von Bismarck wird dieselbe Äußerung berichtet (vgl. »Bismarcks Humor«, hg. v. A. Gottwald, Leipzig o. J. S. 78).

Zwei Tage später starb Fontane abends um neun.

S. 426 *ein Freund der Familie*: Der Justizrat Paul Meyer in seinem Buche »Erinnerungen an Theodor Fontane« (Berlin 1936).

ERLÄUTERNDES PERSONEN- UND WERKREGISTER

Die Briefempfänger sind durch kursiv gesetzte Seitenzahlen hervorgehoben.

Ackermann, Paul (1837–1903), Verleger *328*
Ahlwardt, Hermann (1846–1914), Schulrektor; antisemitischer Agitator, Mitglied des Reichstages 1892 und 1893 341, 367
Alexander III., Kaiser von Rußland 1881–1894 292
Alexis, Willibald, Pseudonym für Wilhelm Häring (1798–1871), Verfasser historischer Romane und Novellen vor allem aus der brandenburgisch-preußischen Geschichte. F. veröffentlichte 1873 einen umfangreichen Essay über Alexis 233, 384 – *Die Hosen des Herrn von Bredow* (Roman, 1846) 386
Alvary, Max, eigentlich Maximilian Achenbach (1856–1898), Sohn des Landschaftsmalers Andreas Achenbach. Wagnersänger, Tenor; 1885 bis 1889 an der Metropolitan Opera in New York 324
Alvensleben, brandenburgische Adelsfamilie, aus dem Magdeburgischen und der Altmark stammend 240
Anderssen, Alexander (1847–1870), Student und Fähnrich 172
Anna, s. Fischer, Anna
Anzengruber, Ludwig (1839–1889), österreichischer Dramatiker und Erzähler 286 – *Hand und Herz* (Trauerspiel, 1874) 286
Aristoteles, griech. Philosoph (384–322 v. Chr.), als Kunstrichter durch seine »Poetik« bis Lessing maßgebend 286
Arnim, brandenburgische Adelsfamilie, aus der Altmark stammend 240, 375
Arnim, Bettina von, geb. Brentano (1785–1859), Schwester von Clemens Brentano, Schriftstellerin 8
Arnim, Graf Harry (1824–1881), preußischer Diplomat (vgl. »Cécile«, Kap. 20) 228

Baedeker, Karl (1801–1859), Buchhändler, Herausgeber vielbenutzter Reisehandbücher 157
Balzac, Honoré de (1799–1850) 12, 62
Bebel, August (1840–1913), Mitbegründer und Führer der deutschen Sozialdemokratie, 1867–1913 Mitglied des Norddeutschen bzw. des Deutschen Reichstages 388, 414
Becker, Karl Friedrich (1777–1806), Geschichtsschreiber (»Weltgeschichte für Kinder und Kinderlehrer«, 9 Bde., zuerst Halle 1801/05) 99

Beckmann, Friedrich (1803–1866), Berliner Komiker; vgl. »Von Zwanzig bis Dreißig«, S. 52   11 – *Eckensteher Nante im Verhör*   11
Bellmann, Apotheker in Berlin   362
Below, Klara von (geb. 1813), Halbschwester von Fontanes Frau, Witwe des 1870 bei Orléans gefallenen Hauptmanns Max von B.   352
Bergmann, Ernst von (1836–1907), seit 1882 Professor der Chirurgie und Direktor der Chirurg. Universitätsklinik in Berlin, Generalarzt der preußischen Armee. 1887/88 wegen der von ihm vorgeschlagenen operativen Behandlung des an Kehlkopfkrebs erkrankten Kronprinzen Friedrich, des späteren Kaisers, heftig angegriffen (vgl. Mackenzie).   309 (Anm.), 318
Béringuier, Richard (1854–1916), Amtsgerichtsrat, Sécrétaire der französischen »Kolonie« in Berlin   283
Berndal, Gustav (1830–1885), Schauspieler am Königl. Schauspielhaus in Berlin 1854–1885, Heldendarsteller. »Er kann alles, was zwischen König Philipp [»Don Carlos«] und dem Präsidenten in ›Kabale und Liebe‹ liegt, und er exzelliert im Lustspiel wie im Konversationsstück ... Aber das Ideale, das Poetische, das Schwärmerische, das kann er nicht, und am allerwenigsten kann er das Gefühlvolle« (Fontane)   221
Bertha, Hausangestellte Fontanes   258
Beseler, Karl Georg Christoph (1809–1888), Rechtsgelehrter, Abgeordneter in der deutschen Nationalversammlung 1848/49.   86
Bethmann-Hollweg, Moritz August von (1795–1877), Rechtsgelehrter, 1858–1862 preußischer Kultusminister   134
Beutner, Dr. Tuiscon (1816–1882), Chefredakteur der »Kreuzzeitung«; vgl. »Von Zwanzig bis Dreißig«, S. 257–261   162
Binder, Robert, Verlagsbuchhändler in Leipzig; vgl. »Von Zwanzig bis Dreißig«, S. 81 ff., 85   26 (Anm.), 57 (Anm.)
Bismarck, Otto von (1815–1898)   214, 228, 271 f., 276, 292, 305, 342 f., 360 f., 367 (Anm.), 368 f., 371 f., 378, 380, 387, 393, 397, 404, 408, 424 (Anm.)
Björnson, Björnstjerne (1832–1910), realistischer norwegischer Erzähler und Dramatiker, Nobelpreisträger 1903   252
Blechschmidt, ostpreußischer Industrieller   264
Bleichröder, Gerson (1822–1893), Berliner Bankier, Berater Bismarcks in Finanzangelegenheiten, 1872 in den erblichen Adelsstand erhoben (vgl. »Die Poggenpuhls«, Kap. 2)   272
Bleichröder, Hans von, Sohn des Vorigen, Teilhaber des Bankhauses seit 1881   367
Blesson, Johann Ludwig Urbain (1790–1861), Major und Militär-

schriftsteller, seit 1841 Mitglied des »Tunnels« u. d. N. »Carnot«; vgl. »Von Zwanzig bis Dreißig«, S. 154   36
Blomberg, Hugo von (1820–1871), Maler und Dichter, Mitglied des »Tunnels« seit 1852; Mitglied des »Rütlis«; vgl. »Von Zwanzig bis Dreißig«, S. 225–229   235
Blücher, Gebhard Leberecht von, Fürst von Wahlstatt (1742–1819)   371, 414
Böcklin, Arnold (1827–1901), Schweizer Maler   192 – *Die Höhle des Drachen*   192
Bodenstedt, Friedrich von (1819–1892), epigonal romantisierender Dichter, Mitglied des »Münchener Dichterkreises«   106
Böhlau, Helene (1859–1940), Romanschriftstellerin   313 – *Die alten Leutchen* (1886)   313
Bonde, Oskar, Inhaber einer Buchdruckerei und Buchbinderei mit 50 Arbeitern in Altenburg (gegr. 1872)   419
Bonin, Gustav von (1793–1865), Finanzminister im preußischen Kabinett Pfuel 1848   37
Borchardt, F. W., teure Delikatessen- und Weinhandlung mit Restaurant in der Französischen Straße in Berlin (jetzt »Lukullus«)   289, 319
Bormann, Dr. Karl (1802–1882), Provinzialschulrat, Mitglied des »Tunnels« und des »Rütlis«   69, 97, 100
Börne, Ludwig (1786–1837), Schriftsteller, von hervorragender Bedeutung für die Entwicklung der deutschen Publizistik   11
Bourmont, Louis Auguste Victor de Ghaisnes, Graf von B. (1773 bis 1846), französischer General; eroberte 1830 Algier   102
Boyen, Hermann von (1771–1848), preußischer General; als Mitarbeiter Scharnhorsts, später 1814–19 als preuß. Kriegsminister um eine fortschrittliche Heeresorganisation bemüht. Nahm zusammen mit W. v. Humboldt (s. d.) 1819 den Abschied   40
Brachvogel, Albert Emil (1824–1878), erfolgreicher Unterhaltungsschriftsteller   223, 234 f. – *Ritter Lupold v. Wedels Abenteuer*   234 f.
Brahm, Otto (1856–1912), Literaturhistoriker und Kritiker, Mitarbeiter der »Deutschen Rundschau«; Vorkämpfer des deutschen Naturalismus, mit Paul Schlenther Gründer des Vereins »Freie Bühne« (s. d.) in Berlin (1889), Leiter der dazugehörigen Theatervereinigung, seit 1890 Herausgeber der Zeitschrift »Freie Bühne für modernes Leben«, 1894 Leiter des Deutschen Theaters in Berlin, 1904 des Lessingtheaters   14, 244, 310, 312, 329 f., *345, 346,* 350, 370, 379, 380 – *Schiller* (1888–92; unvollendet, nur bis 1795 reichend)   350

Bredow, märkisches Adelsgeschlecht 316 ff., 339, 384
Bredow, Max von (1855–1918), Gutsbesitzer in Landin bei Friesack im Havelland 317, 384
Bredow-Görne, Adele von, auf Görne in der Mark; »Schriftstellerin, aber ein bißchen verdreht« (Fontane an Heyse, 25. 6. 1885) 318
Brehmer, Wilhelm (1828–1905), Jurist; seit 1870 Mitglied des Lübekker Senats; verdient auch um Erforschung und Pflege der hansischen und lübischen Geschichte, seit 1880 Vorsitzender des Vereins für hansische Geschichte 236
Brey, Gendarm in Erdmannsdorf; Wirt Fontanes 158, 160, 268
Bronsart von Schellendorf, Paul (1832–1891), preußischer General, Kriegsminister 1883–89 295 (Anm.)
Bruckmann, Friedrich (1814–1898), Verleger; sein 1858 in Frankfurt/Main begründeter Kunstverlag wurde 1863 nach München verlegt 337
Brugsch, Heinrich Karl (1827–1894), berühmter Ägyptologe, den Fontane bei einem Symposion des Prinzen Friedrich Karl in Dreilinden kennengelernt hatte. Seine Erinnerungen »Mein Leben und Wandern« erschienen vom 27. Juli 1893 ab als Vorabdruck in der »Vossischen Zeitung« (als Buch veröffentlicht 1894) 363
Buchanan, James (1791–1868), Präsident der Vereinigten Staaten 1857–1861 124 (m. Anm.)
Bülow, brandenburgisch-preußische Adelsfamilie aus der Altmark 375
Bülow, Otto von (1827–1901), Vortragender Rat im deutschen Ministerium des Auswärtigen seit 1867; Reisebegleiter Kaiser Wilhelms 1872–87 210
Bunsen, Christian Karl Josias Freiherr von (1791–1860), preußischer Gesandter in London 1842–54 83, 85 f.
Bunsen, Georg von (1824–1896), Sohn des Vorigen, preußischer Politiker 83
Bürger, s. Smidt
Byron, George Noël Gordon Lord (1788–1824) 250

Caesar, Gaius Julius (100–44 v. Chr.) 86
Carnot, s. Blesson
Chamisso, Adelbert von (1781–1838) 103 – *Salas y Gomez* 103
Chatterton, Thomas (1752–1770), frühreifer englischer Dichter, der seine Schöpfungen als mittelalterlich ausgab 63
Christus 187
Cicero, Marcus Tullius (106–43 v. Chr.), römischer Staatsmann und Redner, i. J. 63 Konsul 57

Cobden, Richard (1804–1865), englischer Nationalökonom, Vertreter des Freihandels 92
Cohn, J., Berliner Geschäftsmann 350 (Anm.)
Cook, s. Scherenberg, Christian Friedrich
Cotta, Johann Georg Freiherr von (1796–1863), Verleger in Stuttgart 56, 433
Cotta'sche Buchhandlung, 1659 in Tübingen begründeter Verlag, seit 1810 in Stuttgart. 1889 wurde der Verlag von den Gebrüdern Kröner gekauft, 1899 in eine Aktiengesellschaft umgewandelt 32, 56, 141
Crémieux, Isaac Adolphe (1796–1880), 1870/71 französischer Justizminister in der Regierung Gambetta, als Vorsitzender der »Alliance Israélite Universelle« mit Prof. Lazarus (s. d.) in Verbindung stehend 173, 175
Cumberland, Stuart, englischer Vortragsreisender; gab in Berlin vielbesuchte antispiritistische Abendvorstellungen 272

Dagmar, 1847–1928, Prinzessin von Dänemark; unter dem Namen Maria Feodorowna seit 1866 Gattin des späteren russischen Kaisers Alexander III. 292
Dalwigk (Dalwick), schwedischer General, in der Schlacht bei Fehrbellin 1675 verwundet 152
Daudet, Alphonse (1840–1897), erfolgreicher französischer Erzähler und Bühnenschriftsteller 252
Decker, Rudolf Ludwig von (1804–1877), Berliner Verleger *170, 177*
Defregger, Franz (1835–1921), Tiroler Maler 185
Delhaes, Dr. W. (1843–1912), Sanitätsrat, bis zu Fontanes Tod Hausarzt der Familie 358
dell' Era-Sandriri, Antoinette, seit 1880 Primaballerina am Königl. Opernhaus in Berlin 357
Demelius, Richard (geb. 1861), seit 1890 Erster Pfarrer in Schmiedeberg 354, 388
Derby, Edward Geoffrey Smith Stanley Lord (1799–1869), konservativer englischer Premierminister Juli bis Dezember 1852 92
Dessauer, der Alte, s. Leopold
Deveroux, s. Wallenstein
Dickens, Charles (1812–1870) 11, 394 – Bleakhouse (Roman, 1852) 253
Diderot, Denis (1713–1784), französischer Schriftsteller und Philosoph der Aufklärung 8
Diogenes von Sinope, 412–323 v. Chr., griechischer Philosoph 59
Dominik, Emil (1844–1896), Buchhändler und Verleger, Chefredak-

teur der »Deutschen Illustrierten Zeitung« und der Halbmonatsschrift »Zur guten Stunde« *298*

Döring, Theodor, eig. Häring (1803–1878), Schauspieler; von 1845 bis zu seinem Tode am Königl. Schauspielhaus in Berlin. Aus Ärger über eine Kritik Fontanes – »und dabei war ich nach wie vor ein Döring-Schwärmer« (F.) – veranlaßte er seinen Freund Glaßbrenner (s. d.) zu einer Satire gegen Fontane *374*

Douglas, altes schottisches Adelsgeschlecht (vgl. Fontanes Balladen »Archibald Douglas«, »Der sterbende Douglas«, »Das Douglas-Trauerspiel«, Schwertspruch«, NFA Bd. XX, Balladen und Gedichte, S. 120–123, 135 f., 287 ff. und 359); vgl. »Von Zwanzig bis Dreißig«, S. 157 *58, 218, 333*

Douglas, Graf Hugo Sholto, Bergwerksbesitzer aus Aschersleben, freikonservativer preußischer Abgeordneter. Bürgerlicher Herkunft, 1888 in den Grafenstand erhoben *333*

Dressel, Berliner Delikatessenhandlung und Weinlokal Unter den Linden. Vgl. »Stine«, 12. Kap. *319*

Drucker, Louis, Inhaber eines angesehenen Berliner Weinlokals; ein geistreicher, witziger Mann, der eine eigene humoristische Zeitung für seine Gäste herausgab *82*

Dumas, Alexandre (1802–1870), der Ältere, französischer Romanschriftsteller *233*

Duncker, Alexander (1813–1897), Verlagsbuchhändler in Berlin *46*

Duperré, Victor Guy Baron (1775–1846), französischer Admiral, nahm 1830 als Befehlshaber der Flotte an der Eroberung Algiers teil. Vgl. »Meine Kinderjahre«, S. 114, 185 und »Stine«, 11. Kap. *102*

Düringer, Philipp Jakob (1809–1870), Oberregisseur und Direktor des Königl. Schauspielhauses in Berlin; seit 1856 Mitglied des »Tunnels« *126*

Eastlake, Sir Charles Lock (1793–1865), englischer Maler und Kunstgelehrter. 1850 Präsident der Königl. Akademie in London, 1855 Direktor der brit. Nationalgalerie; vgl. Fontanes Kurzbiographie des Künstlers in NFA Bd. XXIII, 1, Aufsätze zur bildenden Kunst, Erster Teil, S. 447–450 *408*

Ebner-Eschenbach, Marie von (1830–1916), österreichische Erzählerin *233*

Eggers, Friedrich (1819–1872), Kunstschriftsteller, seit 1863 Professor an der Akademie der Künste in Berlin. Mitglied des »Tunnels« seit 1847, des »Rütlis« und der »Ellora«; vgl. »Von Zwanzig bis Dreißig«, S. 179–183. S. auch den Folgenden *54, 63 f., 67, 84, 97, 100, 106, 118, 134, 138, 160 (Anm.), 235, 354, 365*

Eggers, Dr. Karl Hermann (1826–1900), Bruder des Vorigen, Senator in Rostock, Mitglied des »Tunnels« seit 1866. Vollendete die große Biographie über Chr. D. Rauch, die sein Bruder begonnen hatte (5 Bde., Berlin 1873–91; von Fontane besprochen in Nr. 52/1874 und 1/1875 der Sonntagsbeilage der »Vossischen Zeitung«: 25.12.1874, 3.1.1875; wieder abgedruckt in NFA Bd. XXIII, 1, Aufsätze zur bildenden Kunst, Erster Teil, S. 572–595). Vgl. »Von Zwanzig bis Dreißig«, S. 179 354, 393

Eichmann, v., Innenminister im preußischen Kabinett Pfuel 1848 37

Engel, Dr. Eduard (1851–1938), Schriftsteller und Literaturhistoriker; einige seiner Arbeiten wurden von Fontane rezensiert (vgl. NFA Bd. XXI, 1–2, Literarische Essays und Studien, Register) 284, 339 – *Menschen und Dinge* (Leipzig 1929) 284

Erhartt, Louise (1844–1916), 1865–78 Schauspielerin am Königl. Schauspielhaus in Berlin. Sie »zählte nicht zu den großen schauspielerischen Talenten, und sie hat mich durch ihr konsequentes Hinauf- und Hinunterklettern auf derselben Tonleiter ... manch liebes Mal zu stiller Verzweiflung gebracht; aber ... auch ihre schwachen und verfehlten Darstellungen waren immer noch von einem gewissen Reiz. Sie war eine poetische Natur ... Eine auf dem Doppelwege von Aug und Ohr über uns hereinbrechende künstlerische Schönheit, die uns gefangennimmt. ... Zu blond, nicht bloß von Haar und Teint, auch von Natur und Charakter. Es fehlt das Dämonische« (Fontane; vgl. NFA Bd. XXII, 1–3, Causerien über Theater, Register sowie »Frau Jenny Treibel«, 11. Kap.) 189

Ernst, Friedrich Wilhelm (geb. 1814), Inhaber des Verlages Carl Reimarus in Berlin, wo 1851 Fontanes »Gedichte« in 1. Auflage erschienen 61 (Anm.)

Erwin von Steinbach, um 1244–1318, Baumeister der Westfassade des Straßburger Münsters 238

Ettlinger, Joseph (1869–1912), Schriftsteller und Redakteur. Begründer und Herausgeber des »Salon-Feuilletons« und der Halbmonatsschrift »Das literarische Echo« 380

Eulenburg, Graf Philipp zu (geb. 1820), Oberstleutnant a. D., Stiftshauptmann zu Zehdenick (vgl. »Fünf Schlösser«, Kap. »Liebenberg«) *228*

Eulenburg, Graf Philipp zu (1847–1921), Sohn des Vorigen, Diplomat, Vertrauter Wilhelms II.; versuchte sich auch als Liederkomponist und Dichter 228

Exner, A., Besitzer des Gasthauses »Zur Schneekoppe« in Krummhübel (vgl. »Quitt«, 3. und 13. Kapitel) 268 f., 279

483

Fechner, Hanns (1860–1931), Porträtist, Schöpfer mehrerer Fontanebilder *384*
Feuerbach, Ludwig (1804–1872), materialistischer Philosoph 232 – *Das Wesen der Religion* (Leipzig 1851) 232 (Anm.)
Fillmore, Millard (1800–1874), Vizepräsident der Vereinigten Staaten 1849/50, Präsident 1850–53. Unterstützte die Politik der Sklavenhalterstaaten in verhängnisvoller Weise, wurde aber von ihnen bei seiner erneuten Kandidatur 1852 und 1856 im Stich gelassen 124 (m. Anm.)
Firdusi, d. i. Abul-Qâsim Mansûr (932–1021), bedeutendster persischer Epiker, Schöpfer des Heldengedichtes »Schâh-Nâme« (»Königsbuch«, vollendet 1010) 211
Fischer, Anna, aus Cunersdorf bei Hirschberg, bis nach Fontanes Tod Hausangestellte der Familie F., die sie 1890 von der Brotbaude bei Krummhübel nach Berlin mitgebracht hatte 362, 399
Flottwell, Eduard Heinrich von (1786–1865), preußischer Staatsmann, 1844–46 Finanzminister 35
Fontane, August (1801–1870), Onkel Theodor Fontanes; vgl. »Von Zwanzig bis Dreißig«, S. 102–107, 118 f., 321–325 23 f., 27 f., 33, 46 f., 81, 130
Fontane, August (geb. 1842), Vetter Fontanes, Marineingenieur; F. besuchte ihn 1882 von Norderney aus in Wilhelmshaven 314
Fontane, Elise, s. Weber
Fontane, Emilie, geb. Labry (1797–1869), Mutter Th. F.s; vgl. »Meine Kinderjahre«, S. 14–17 u.ö. 21–24, 28, 33, 55, 57, 59, 70, 76, 80, 87 f., 115, 124 f., *128 f.*, *131*, *143*, *160*, *161*
Fontane, Emilie, geb. Rouanet (1824–1902), Frau Th. F.s. Ihre Mutter Therese, geb. Rouanet, war in erster Ehe mit dem Prediger Johann Heinrich Müller in Müllrose verheiratet gewesen, in zweiter Ehe seit 1842 mit dem Oberförster Triepke in Dammersdorf bei Liegnitz. Während ihrer langen Witwenschaft war die Tochter Georgine *Emilie* Karoline am 14. November 1824 in Dresden als uneheliches Kind des unverheirateten Bataillonsarztes George Bosse geboren worden. Emilie wuchs in Berlin als Pflegetochter des »Rates« Kummer auf (vgl. Hermann Fricke, »Emilie Fontane«, Rathenow 1936). – Da Emilie F. nicht nur diejenige Person ist, an die Th. F. die meisten Briefe gerichtet hat (vgl. S. 431), sondern auch in seiner gesamten übrigen Korrespondenz immer wieder genannt wird, erscheint eine besondere Registrierung hier überflüssig. Hingewiesen sei lediglich auf die Charakteristik S. 27 ff.; vgl. »Von Zwanzig bis Dreißig«, S. 308–319
Fontane, Friedrich, »Friedel« (1863–1941), jüngster Sohn Th. F.s,

Buchhändler. Seit Oktober 1854 in Jena, danach in Leipzig; ab Ende Mai 1885 in Oldenburg; im Oktober 1888 gründete er in Berlin einen eigenen Verlag 161, 174 ff., 184, 191, 203, 212, 258, *273*, *284*, *305*, 314, *344*, 349, *357*, 363, 370, 399 f., *419*, 424, 431

Fontane, George (1851–1887), ältester Sohn Th. F.s, gestorben als Hauptmann in Lichterfelde bei Berlin 7, 50, 68, 72, 74 f., 79 f., 85, 90, 99, 101, 104, 110, *114*, 116, 124, 126 ff., 130, 139, 161, 168, 174 f., 178, 201, 203, 212, 223, 259, 266, 273, 275 f., 287, 302 f., 308, 315, 322

Fontane, Jenny, s. Sommerfeldt

Fontane, Louis Henri (1796–1867), Vater Th. F.s; vgl. »Meine Kinderjahre«, S. 9–14 u. ö. 12, 21–24, 54, 56 f., 62, 79, 143, 148, 282, 358

Fontane, Martha (»Mete«), 1860–1917, einzige Tochter Th. F.s. Heiratete am 4. Januar 1899 den verwitweten Architekten K. E. O. Fritsch (s. d.) 14, 140, 161 f., 174 f., 182, 201, 203, 212, *218*, 234, *236*, *243*, *245*, 254, 257, *258*, 259, 263, 266, 269, 270, 273, 278, 280, 288 f., 300, *305*, 306, 312, *314*, 317, *321*, 326, 329, 335, 341 f., *344*, *345*, *346*, 348, 349, 350, *352*, *355*, 356, *359*, 361, 363, 364, 371, *387*, *391*, 392, *397*, 398, 399, 401, 417, 422, 424 ff. (vgl. besonders S. 140)

Fontane, Max (1826–1860), Bruder Th. F.s, ebenfalls Apotheker und Mitglied des »Tunnels« 27 (Anm.), 80

Fontane, Peter Paul (1853–1854) dritter Sohn Th. F.s 104, 124

Fontane, Philippine, geb. Sohm (etwa 1810–1882), »Tante Pinchen«, Frau August Fontanes; vgl. »Von Zwanzig bis Dreißig«, S. 99 bis 106 23, 81 f.

Fontane, Pierre Barthélemy (1757–1828), Großvater Th. F.s, Maler und Zeichenlehrer in Berlin; vgl. »Meine Kinderjahre«, S. 9 f., 26 f. und »Von Zwanzig bis Dreißig«, S. 102 12, 23

Fontane, Rudolf (1852–1854), zweiter Sohn Th. F.s. 87, 92

Fontane, Theodor (1856–1933), fünfter Sohn Th. F.s, Beamter bei der Heeresintendantur, gest. als Wirkl. Geh. Kriegsrat i. R. 124, 128, 130, 139, 161, 174 ff., 182, 184, *190*, 203, 212, *238*, *255*, 259, 266, 273, 278, 287, 291, 293, 300, 302, 304, 307, *365*, 390, 421

Fontane, Ulrich (geb. u. gest. 1855), vierter Sohn Th. F.s 124

Frederich (so!), Adolf, Inhaber eines Hotels und einer Weinhandlung in Berlin, Potsdamer Str. 12, Fontanes Wohnung ungefähr gegenüber *258*

Freiligrath, Ferdinand (1810–1876); vgl. »Von Zwanzig bis Dreißig«, S. 74, 372 11, 54

Frenzel, Karl (1827–1914), Romanschriftsteller und Essayist, als Theaterkritiker der Berliner »Nationalzeitung« für die Königl. Schauspiele Fontanes bedeutendster Konkurrent; akademisch, gelehrtenhaft, ästhetisierend, von großem Fachwissen. Fontane warf ihm wiederholt Unnatur in künstlerischen Fragen vor, erkannte aber sein großes Wissen neidlos an. Besonders dem Naturalismus gegenüber versagte er völlig; in Hauptmanns »Vor Sonnenaufgang« vermochte er nur »graue Langeweile, Unflätigkeiten, Mangel an Handlung und Gedankenleere« zu sehen. – Bei Fontanes Beerdigung hielt Frenzel eine Ansprache am Grabe 332

Frerichs, Friedrich Theodor von (1819–1885), Mediziner, seit 1859 Professor der inneren Medizin und Direktor der medizinischen Klinik in Berlin 252

Frey, Wilhelm, Revierförster in Krummhübel 280 (Anm.)

Freytag, Gustav (1816–1895), Romanschriftsteller, Kulturhistoriker und Literaturtheoretiker; vgl. Fontanes Rezensionen einiger seiner Werke in NFA Bd. XXI, 1, Literarische Essays und Studien, Erster Teil, S. 214–249 84, 241, 341 – *Die Ahnen* (1873–81) 386 – *Soll und Haben* (Roman, 1855) 341

Friedberg, Heinrich von (1813–1895), preußischer Justizminister; Mitglied des »Tunnels« seit 1839. Vgl. »Von Zwanzig bis Dreißig«, S. 163 270

Friedlaender, Elisabeth, geb. Tillgner (1854–1919), Gattin Georg F.s 352

Friedlaender, Dr. Georg (1843–1914), Amtsrichter und späterer Amtsgerichtsrat in Schmiedeberg/Riesengebirge, Freund und hochgeschätzter Korrespondenzpartner des alten Fontane 8, 22, 207, *271, 276, 277* f., *281, 288,* 292 f., *294,* 296, *303,* 328, *332,* 338, 341 ff., *347, 350,* 352 f., *354, 355,* 358, *359,* 361, *366,* 368, *369,* 373, *375, 381,* 382, *388,* 391, *396,* 403, *405,* 417, 421, 433 – *Aus den Kriegstagen 1870* (Berlin 1886) 293–296

Friedrich I., »Barbarossa«, deutscher König 1152–1190 (Kaiser seit 1155) 66, 76, 196

Friedrich II., Kurfürst von Brandenburg und König von Preußen 1740–1786; vgl. »Von Zwanzig bis Dreißig«, S. 302 f. 39, 98, 143, 152, 299, 353, 378

Friedrich, deutscher Kaiser, als König von Preußen Friedrich III., Regierungszeit März bis Juni 1888 214, 309, 315, 318

Friedrich, Wilhelm (1851 bis nach 1914), Verleger in Leipzig *245*

Friedrich Wilhelm, Kurfürst von Brandenburg 1640–88 39

Friedrich Wilhelm I., Kurfürst von Brandenburg und König von Preußen 1713–40 294, 375

Friedrich Wilhelm III., König von Preußen 1797–1840; vgl. »Von Zwanzig bis Dreißig«, S. 11 40, 348, 371

Friedrich Wilhelm IV., König von Preußen 1840–1861 (seit 1857 geisteskrank, seit 1858 in der Regierung durch seinen Bruder Wilhelm vertreten)   34 f., 41 ff., 60, 65, 68, 71, 133, 411

Fritsch, Karl Emil Otto (1839–1915), Architekt, Prof. Dr. Ing., heiratete als Witwer 1899 Fontanes Tochter Martha   270, *374,* 398 f., 423

Froben, Emanuel von (1640–1675), Stallmeister des Kurfürsten Friedrich Wilhelm von Brandenburg, gefallen bei Fehrbellin, nachdem er – wie es heißt – dem Kurfürsten das Leben gerettet hatte (vgl. den Schluß des 8. Kapitels von »Effi Briest«, ferner Fontanes »Der Schleswig-Holsteinische Krieg im Jahre 1864«, Berlin 1866, S. 202 ff.)   152

Frohme, Karl (1850 bis nach 1917), Maschinenbauer, sozialdemokratischer Reichstagsabgeordneter seit 1881, Redakteur des »Hamburger Echos« seit 1880   388

Gainsborough, Thomas (1727–1788), englischer Maler, hervorragend als Porträtist und vor allem als Landschaftsmaler; zu Fontanes Urteil über ihn vgl. NFA Bd. XXIII, Aufsätze zur bildenden Kunst, Register   409

Garborg, Arne Evensen (1851–1924), norwegischer Dichter und Kritiker, in seinen Anfängen dem Naturalismus nahestehend; Vorkämpfer einer rein norwegischen, von dänischen Einflüssen freien Dialektsprache, Gegner Ibsens. Seine autobiographischen »Kolbotnbrev« (»Kolbotten-Briefe«, 1890) entstanden im hohen Norden, wohin sich G. zurückgezogen hatte, nachdem er seine Staatsstelle wegen eines Romans zum Sexualproblem verloren hatte   363

Garibaldi, Giuseppe (1807–1882), Freikorpsführer in den italienischen Einheitskämpfen 1848–66; vgl. »Meine Kinderjahre«, S. 116 sowie das Kapitel »Garibaldi« aus »Der Krieg gegen Frankreich 1870 bis 1871« (abgedruckt in NFA Bd. XIX, Politik und Geschichte, S. 550–560)   143

Geibel, Emanuel (1815–1884), spätklassizistisch-epigonaler Dichter, Mitglied des »Tunnels« seit 1846; vgl. »Von Zwanzig bis Dreißig«, S. 203 f.   35, 54, 63 ff., 94, 121

Gentz, Alexander (1825–1888), Sohn des Folgenden, Kaufmann in Neuruppin   183

Gentz, Johann Christian (1794–1867), Unternehmer aus Neuruppin   183

Gentz, Wilhelm (1822–1890), Sohn des Vorigen, Orientmaler. Ruppiner Jugendfreund Fontanes; lebte längere Zeit in Paris. Vgl. »Von Zwanzig bis Dreißig«, S. 33 sowie den Abschnitt über ihn im Ka-

pitel »Neu-Ruppin« des ersten Bandes der »Wanderungen« (»Die Grafschaft Ruppin«) 83
Gerhardt, Paul (1607–1676), evangelischer Kirchenlieddichter 210
Gerlach, Ernst Ludwig von (1795–1877), Bruder des Folgenden, hochkonservativer preußischer Politiker und Publizist, Mitbegründer der »Kreuzzeitung«; vgl. »Von Zwanzig bis Dreißig«, S. 261 47
Gerlach, Leopold von (1790–1861), konservativer preußischer General und Politiker, seit 1849 Generaladjutant Friedrich Wilhelms IV.; vgl. »Von Zwanzig bis Dreißig«, S. 261, 347 f. 420, 422 – *Denkwürdigkeiten aus dem Leben Leopolds von Gerlach* (hg. von seiner Tochter, Berlin 1891/92) 420, 422
Gerson, Hermann, vornehmes Mode- und Warenhaus in Berlin, des öfteren von Fontane erwähnt (vgl. »Die Poggenpuhls«, Kap. 12; »Der Stechlin«, Kap. 1) 308
Glaser, Adolf (1829–1916), fruchtbarer Unterhaltungsschriftsteller, Redakteur von »Westermanns Monatsheften« 1856–1878 und seit 1882 241
Glaßbrenner, Adolf (1810–1876), »Brennglas«, revolutionärer humoristisch-satirischer Schriftsteller, »Vater des Berliner Witzes«. Seit 1858 Redakteur der »Berliner Montagszeitung«. – »Glaßbrenner bemächtigte sich der Chiffre ›Th. F.‹, unter der ich meine Theaterberichte schrieb, und in der ... ›Montagspost‹ erschien ein Aufsatz, ... worin ich – immer in Fettdruck von ›Th. F.‹ – nicht *T*heodor Fontane, sondern *T*heater *F*remdling genannt wurde. Dies war nun wirklich sehr witzig gemacht, und weil mir außer meiner Theaterfremdlingschaft sonst nichts Schlimmes nachgesagt wurde, so war ich in der angenehmen Lage, über den guten Witz mitlachen zu können« (Fontane); s. a. Döring. Vgl. »Von Zwanzig bis Dreißig«, S. 52 11
Goeben, August Karl von (1816–1880), preußischer General; 1866 Befehlshaber des linken Flügels der Mainarmee, besiegte am 10. Juli 1866 die Bayern bei Kissingen 344
Goedsche, Hermann (1815–1878), Redakteur bei der »Kreuzzeitung«, Verfasser zahlreicher Sensationsromane unter dem Pseudonym Sir John Retcliffe; vgl. »Von Zwanzig bis Dreißig«, S. 259 f. 162
Goethe, Johann Wolfgang von (1749–1832); vgl. »Von Zwanzig bis Dreißig«, S. 74 8, 56, 67, 201, 219, 233, 242, 262 f., 314, 377 f., 398, 412, 423 – *Faust* 182 (Anm.), 184, 262 (Anm.), 313, 345, 349 (Anm.) – *Harfenspieler* 219 – *Iphigenie* 171, 189, 314, 338 – *Mignon* 219 – *Nausikaa* 314 (Anm.) – *Wilhelm Meisters Lehrjahre* 201
Goltz, Bogumil (1801–1870), humoristisch-idyllischer Schriftsteller,

Völkerbeschreiber und Kulturkritiker; vgl. »Meine Kinderjahre«,
S. 171 und »Von Zwanzig bis Dreißig«, S. 178   351
Goncourt, Gebrüder: Edmond de G. (1822–1896), Jules de G. (1830 bis
1870), französische Schriftsteller; durch ihre Romane und Aufzeichnungen Vorbereiter des französischen Naturalismus. Vgl. »Von
Zwanzig bis Dreißig«, S. 207   12
Goßler, Gustav von (1838–1902), konservativer preußischer Politiker,
Reichstagspräsident seit 1881. 1881–91 preußischer Kultusminister;
vgl. »Von Zwanzig bis Dreißig«, S. 298   339
Gottsched, Johann Christoph (1700–1766), Ästhetiker und Literarhistoriker, Organisator des deutschen Theaters   97
Grillenberger, Karl (1848–1897), Schlosser und Werkmeister, sozialdemokratischer Reichstagsabgeordneter seit 1881, Redakteur des
»Nürnberg-Fürther Sozialdemokrat« und der »Fränkischen Tagespost«   388
Grillparzer, Franz (1791–1872). – *Des Meeres und der Liebe Wellen*
314
Grimm, Herman (1828–1901), Kunst- und Literarhistoriker, Sohn
Wilhelm G.s.   393, 398 – *Das Leben Raphaels* (Stuttgart 1886)
393 f. – *Goethe* (Berlin 1877)   398 – *Unüberwindliche Mächte* (Berlin 1867)   187
Grohmann, Kaufmann in Lübbenau   285
Groth, Klaus Johann (1819–1899), bedeutender niederdeutscher Lyriker und Erzähler, Begründer der norddeutschen Mundartdichtung.
Seit 1866 Titularprofessor an der Universität Kiel. Zusammen mit
Fontane wurde G. 1891 mit dem »Schillerpreis« ausgezeichnet   218,
219 – *Min Jehann* 219 (Anm.) – *Quickborn* (Gedichtsammlung,
1853)   218
Grube, Max (1854–1934), 1888–1905 Schauspieler am Königl. Schauspielhaus in Berlin, später Intendant des Meininger Theaters. »Ich
glaube daran, daß Herr G. zu jener Gruppe von Künstlern zählt,
die viel Talent und viel Bildung, aber keine stark ausgesprochene
Natur mitbringen, in der so oft das wurzelt, was wir Genie nennen«
(Fontane)   374
Grumbkow, Joachim Ernst von (gest. 1690), brandenburgischer Geheimrat unter dem Kurfürsten Friedrich Wilhelm   141
Gude, geb. von Anker, Frau des norwegischen, in Deutschland wirkenden Malers Hans G. (1825–1903)   245
Gundling, Freiherr Jakob Paul von (1673–1731), seit 1705 Professor
der Geschichte und Rechtswissenschaft an der Berliner Adelsakademie, seit 1713 Zeitungsreferent Friedrich Wilhelms I., der ihn wie
einen Hofnarren behandelte. Seinem wüsten Lebenswandel ent-

sprechend, wurde er in einem Weinfaß begraben (s. Abschnitt »Bornstädt« des Kapitels »Potsdam und Umgebung« im 3. Bd. der »Wanderungen«, »Havelland«); vgl. »Meine Kinderjahre«, S. 79   367
Guttmann, Familie   *340*
Gutzkow, Karl (1811–1878), Dramatiker, Erzähler und Publizist, einer der Hauptvertreter des »Jungen Deutschland«. S. auch »Telegraph für Deutschland«   179 – *Uriel Acosta* (Trauerspiel, 1846)   179 f.

Habel, Weinrestaurant Unter den Linden 30 in Berlin, mit historischer Weinstube   88
Hagen, Karl Gottfried (1749–1829), Verfasser des »Lehrbuchs der Apothekerkunst« (Königsberg 1805)   26
Hahn, Werner (1816–1890), Schriftsteller, Redakteur der »Deutschen Reform«, Mitglied des »Tunnels« seit 1840; vgl. »Von Zwanzig bis Dreißig«, S. 58, 286   78
Halm, Friedrich von, eig. Eligius Freiherr von Münch-Bellinghausen (1806–1871), österreichischer Dichter   220 – *Der Fechter von Ravenna* (Trauerspiel, 1857)   220
Hamilton, George Lord (1845–1927), konservativer englischer Politiker, 1885/86 und 1886–92 Erster Seelord der Admiralität, 1895–1903 Minister für Indien   412
Hannibal, 246–182 v. Chr., karthagischer Feldherr gegen die Römer   196
Harcourt, Sir William George Granville Bernon (1827–1904), liberaler englischer Politiker, 1880–85 Innenminister, 1886 und 1892–95 Schatzkanzler im Kabinett Gladstone. 1895 Führer der liberalen Fraktion; legte aus Gegnerschaft gegen deren Kolonialpolitik 1898 diese Funktion nieder   407
Harden, Maximilian, eig. Witkowski (1861–1927), Schriftsteller, Gründer und Herausgeber der Wochenschrift »Die Zukunft« (s. d.) 7 f., *389, 433*
Harder, Familie   *376* (Anm.)
Harder, Pfarrer in Berlin-Weißensee, war wegen Sittlichkeitsvergehen geflüchtet und Ende Oktober 1891 in Graz verhaftet worden   *354*
Hardie, James Keir (1856–1915), englischer Arbeiterführer, aus Schottland gebürtig, wo er von seinem 7. bis zum 24. Jahr in den Kohlenbergwerken gearbeitet hatte. 1887–90 Redakteur des »Labour Leader«, Führer der 1893 gegründeten »Independent Labour Party« (»Unabhängige Arbeiterpartei«), Unterhausabgeordneter 1892–95 und seit 1900. Gegner der Kriegspolitik der Labour Party vor dem Ersten Weltkrieg   395
Hartmann, Karl Robert Eduard von (1842–1906), Philosoph, Nachfolger Schopenhauers. Vgl. »Frau Jenny Treibel«, 6. Kap.   293 f.

Hauptmann, Gerhart (1862–1946) 28, 275, 328–332, 380 f., 415 – *Die Weber* (»Schauspiel aus den vierziger Jahren«, 1892) 380 – *Vor Sonnenaufgang* (»Soziales Drama«, 1889) 275, 328 f., 331 f.
Haynau, Julius Jakob Freiherr von (1786–1853), österreichischer General, berüchtigt durch die blutige Unterdrückung der Revolutionen von 1848/49 in Norditalien und Ungarn 66
Hebbel, Friedrich (1813–1863) 8
Hebel, Johann Peter (1760–1826), Lyriker und Erzähler; Begründer der alemannischen Mundartdichtung 345
Heffter, Arthur, Redakteur der »Kreuzzeitung« 162
Heilborn, Dr. Ernst (1867–1942), Schriftsteller und Redakteur, Herausgeber der Halbmonatsschrift »Das literarische Echo« (s. d.) in Berlin 404
Heimburg, W., eig. Berta Behrens (1850–1912), Unterhaltungsschriftstellerin, Nachfolgerin der Marlitt in der »Gartenlaube« 279
Heine, Heinrich (1797–1856), vgl. »Von Zwanzig bis Dreißig«, S. 228 11, 35, 233 – *Deutschland. Ein Wintermärchen* 11 – *Reisebilder* 11 – *Romanzero* 11
Heinrich, Prinz von Preußen (1862–1929), Bruder Kaiser Wilhelms II., Admiral. Wurde 1898 mit dem Oberkommando des Kreuzergeschwaders betraut, das zur Unterstützung der deutschen Kolonialpolitik in Ostasien stationiert war. Er war am 16. Dezember 1897 als Kommandant des großen Kreuzers »Deutschland« nach feierlicher Verabschiedung nach Ostasien abgegangen; am 6. März 1898 wurde China zur Abtretung des Hafengebietes von Kiautschou, das bereits im November 1897 besetzt worden war, gezwungen 422
Heinrich IX., Prinz von Reuß j. L. (1827–1898), Landrat und Oberst à la Suite auf Schloß Neuhof bei Schmiedeberg 388, 396 f.
Heinze, Gotthilf. Der Prozeß gegen H., der Zuhälter seiner eigenen Frau war und im Verdacht stand, beim Einbruch in eine Berliner Kirche einen Nachtwächter ermordet zu haben, bot den Anlaß für die sog. »Lex Heinze«, eine Novelle zum StGB vom 25. Juni 1900. Die Sittlichkeitsbestimmungen des seit 1892 diskutierten Entwurfs sollten gesetzliche Handhaben auch gegen politisch mißliebige Kunst und Literatur schaffen 389
Henneberg, Rudolf (1825–1876), Maler, dessen üppige, phantastisch-romantizistische Kompositionen sich in der 2. Hälfte des 19. Jhs. einer modischen Beliebtheit erfreuten. Vgl. auch NFA Bd. XXIII, Aufsätze zur bildenden Kunst, Register 272 (Anm.)
Herder, Johann Gottfried (1744–1803) 316 – *Die Chevyjagd* 316
Herrlich, C., Geheimer Hofrat, Erster Sekretär des Johanniterordens in Berlin, dessen Wochenblatt er herausgab. Vizehauswirt Fontanes;

»ein guter Mensch, der vielen hilft« (Fontane an E. Gründler, 22. 2. 1896; der Brief enthält zugleich eine kleine Biographie Herrlichs); in der Sonntagsbeilage Nr. 8 der »Vossischen Zeitung« vom 21. 2. 1875 besprach Fontane Herrlichs Buch »Die Balley Brandenburg des Johanniterordens von ihrem Entstehen bis zur Gegenwart« (Berlin 1875; Wiederabdruck der Besprechung in NFA Bd. XVIII, Unterwegs und wieder daheim). Fontane veröffentlichte zahlreiche »Wanderungs«-Kapitel sowie andere Aufsätze erstmals im Johanniterblatt 259, 321

Hertz, Hans (1848–1895), Verleger, ältester Sohn des Folgenden, endete durch Selbstmord 141, 145, *385, 386*

Hertz, Wilhelm (1822–1901), Verleger in Berlin 137, *141, 142, 144, 145, 146, 151, 154, 213, 219*, 271, 273, *285, 292, 293, 377, 394, 409, 434*

Herwegh, Georg (1817–1875); vgl. »Von Zwanzig bis Dreißig«, S. 97 ff. 11, 103, 255 – *An die Dichter* 255 – *Auch dies gehört dem König* 61 (Anm.)

Hesekiel, George (1819–1874), Redakteur der »Kreuzzeitung«, seit 1849 Mitglied des »Tunnels«. In seinen zahlreichen historischen Romanen wie in seinen Gedichten vertrat er einen stark konservativen, »preußischen« Standpunkt. Vgl. »Von Zwanzig bis Dreißig«, S. 247–274 31, 56, 94, 136

Heyden, August Jakob Theodor von (1827–1897), Kunstmaler, Mitglied des »Tunnels« und des »Rütlis«; vgl. Fontanes Besprechung des Heydenschen Bildes »Vor dem Reichstag« in NFA Bd. XXIII, 1, Aufsätze zur bildenden Kunst, Erster Teil, S. 389 f. u. Anm. sowie ebda., Register 196, *340, 354, 360, 376*

Heyse, Julie, geb. Salomon (Saalig), 1788–1864, Witwe des Professors Karl H., Mutter Paul H. s. 145

Heyse, Margarete, s. Kugler

Heyse, Paul (1830–1914), seit 1849 Mitglied des »Tunnels«, ab 1854 ständig in München; vgl. »Von Zwanzig bis Dreißig«, S. 176 ff. sowie die zahlreichen biographischen Skizzen Heyses bzw. Rezensionen seiner Werke von Fontane in NFA Bd. XXI, 1, Literarische Essays und Studien, Erster Teil, S. 90–140 50, 63 ff., 67, 84, 100 f., 106, 118 (Anm.), 136, 139 f., 220, 233, 244 f., 252, *285*, 336, 363, 377, 433 – *Die Brüder* (Versepos, 1852) 101 – *Die Weisheit Salomos* (Schauspiel, 1887) 314 – *Francesca von Rimini* (Buchtragödie, 1850) 65 – *La Rabbiata* (L'Arrabiata; Novelle, 1854) 101, 244

Hitzig, Georg Heinrich Friedrich (1811–1881), Geheimer Oberbaurat, Präsident der Königl. Akademie der Künste in Berlin 200, 208

Hofer, Andreas (1767–1810), Tiroler Freiheitskämpfer gegen Napoleon I. 185
Hohenzollern-Sigmaringen, Karl Anton, Fürst von (1811–1885), preußischer General und Ministerpräsident 1858–62 133
Hölderlin, Friedrich (1770–1843) 8
Hopfen, Hans (1835–1904), Lyriker und Novellist, Angehöriger des »Münchener Dichterkreises« um Geibel und Heyse 265, 285
Hudson, James, englischer Bekannter Fontanes 90 f.
Hugo, Victor (1802–1885) 62
Hülsen, Botho von (1815–1886), preußischer Offizier, seit 1851 Generalintendant der Königl. Schauspiele in Berlin (später außerdem in Hannover, Kassel und Wiesbaden). Fontane veröffentlichte am 1. 10. 1886 in Nr. 458 der »Vossischen Zeitung« einen Nachruf auf ihn (wieder abgedruckt in NFA Bd. XXII, 2, Causerien über Theater, Zweiter Teil, S. 749 ff.). Vgl. »Von Zwanzig bis Dreißig«, S. 172 und »Cécile«, Kap. 25 126
Humboldt, Alexander von (1769–1859). Der Naturforscher hatte Friedrich Wilhelm IV. auf Reisen nach England (1841) und Dänemark (1845) begleitet. Nach der Revolution von 1848 wurde Louis Schneider (s. d.) Reisebegleiter des Königs 367
Humboldt, Wilhelm von (1767–1835). Der Kulturphilosoph und Staatsmann fiel 1819 seiner freiheitlichen Haltung wegen in Ungnade und erklärte seinen Rücktritt als preußischer Staatsminister 40
Huth, Weinhandlung und Weinstube in Berlin, Potsdamer Str. 139. Vgl. »Effi Briest«, 35. Kap. 272

Ibsen, Henrik (1828–1906) 252, 275, 329 ff., 415 ff. – *Ein Puppenheim* (»Nora«; Schauspiel, 1879) 415 ff. – *Rosmersholm* (Schauspiel, 1886) 330

Jachmann, Johanna, geb. Wagner (1828–1894), Opernsängerin und Schauspielerin, 1862–72 am Königl. Schauspielhaus in Berlin. »Ein nachgeborener Grieche – trotz dem germanischen Blond – äußerlich in Haltung und Bewegung« (Fontane) 162, 171
Jacob II., seit 1685 König von England und Schottland, büßte 1688 durch die »Ruhmreiche Revolution« den Thron ein 41
Jacobi, Friedrich Heinrich (1839–1907), Hofprediger in Kriele bei Friesack/Mark *338, 383*
Jacoby, Mr. 81
Janke, Otto (1818–1887), Verleger in Berlin 69
Jeanne d'Arc, die »Jungfrau von Orléans« (1411–1431), Anführerin

der Franzosen im Kampf gegen die Engländer; von diesen gefangengenommen und wegen angeblicher Zauberei verbrannt 168, 171, 173 f.
Josty, bekanntes Berliner Café, anfangs an der Stechbahn gegenüber dem Schlosse, später am Potsdamer Platz. Vgl. »Frau Jenny Treibel«, 8. Kap., »Die Poggenpuhls«, 6. Kap.; »Meine Kinderjahre«, S. 14 und »Von Zwanzig bis Dreißig«, S. 107 23
Jung, Jean Auguste Ferdinand (1812–1865?), Besitzer der Apotheke »Zum Schwarzen Adler«, Ecke Neue Königs- und Georgenkirchstraße in Berlin; vgl. »Von Zwanzig bis Dreißig«, S. 327 f. 15, 26, 39, 415

Kagelmann, pensionierter Lokomotivführer in Wernigerode, in dessen Haus Fontane wiederholt wohnte. Vgl. »L'Adultera«, 12. Kap. 267
Kahle, Richard (1842–1916), Schauspieler; 1871–99 am Königl. Schauspielhaus in Berlin. Fontane achtete sein »künstlerisches Streben«, kritisierte aber seine Leistungen oft (vgl. NFA Bd. XXII, 1–3, Causerien über Theater, Register). Er erreichte »nach der technischvirtuosen Seite hin die Grenze des Möglichen, nicht so nach der Seite der letzten und tiefsten Charaktererfassung ... Er ist zu klug und zu gescheit und denkt zuviel über seine Rollen nach« (Fontane) 374
Kainz, Josef (1858–1910), Schauspieler; bedeutender realistischer Charakterdarsteller, hervorragend durch Sprechkunst und geistige Durchdringung der Rolle. 1883–99 am Deutschen Theater in Berlin, danach am Wiener Burgtheater 267
Kant, Immanuel (1724–1804) 416 ff.
Käppel, Wirt von »Hankels Ablage« an der Dahme 261 f.
Karl der Große, Frankenkönig 768–814, seit 800 Kaiser 72
Karl V., deutscher Kaiser 1519–56 76
Karpeles, Gustav (1848–1909), Journalist und Literarhistoriker 227
Katte, Hans Hermann von (1704–1730), Jugendfreund Friedrichs II., wegen Beteiligung an dessen Fluchtversuch enthauptet 152
Keller, Gottfried (1819–1890). Vgl. Fontanes Rezensionen Kellerscher Werke in NFA Bd. XXI, 1, Literarische Essays und Studien, Erster Teil, S. 256–271 8, 233, 285, 292, 384, 404 – *Martin Salander* (1886) 292
Kerner, Justinus (1786–1862), schwäbischer Dichter und Verfasser medizinisch-okkultistischer Schriften. Als Lyriker und Balladendichter vom Volkslied beeinflußt 385
Kersting, Ernst, Bekannter Fontanes aus dessen Dresdener Zeit, Sohn des Malers F. G. Kersting 25
Kießling 194

Klein, Adolf (1847–1931), Schauspieler am Königl. Schauspielhaus in Berlin 1876–80 und 1892–98; ausgezeichnet durch realistische Charakterdarstellungen von »effektloser Natürlichkeit« (Fontane)   220

Klein, Hermine, aus Schmiedeberg   360

Klöden, Karl Friedrich von (1786–1856), Geograph und Historiker, 1824–55 Direktor der neubegründeten Friedrichswerderschen Gewerbeschule in Berlin, die Fontane 1833–36 besuchte; vgl. »Meine Kinderjahre«, S. 10, 110   23

Klopstock, Friedrich Gottlieb (1724–1803)   8

Knesebeck, brandenburgische Adelsfamilie; ihr bekanntester Vertreter: Karl Friedrich von dem K. (1768–1848), Generaladjutant Friedrich Wilhelms III., später preuß. General, aus Karwe bei Neuruppin   240

Knobloch, Wildschütz aus Krummhübel   280 (Anm.)

Knyphausen-Lützburg, Graf Thilo von   239, 267

Kögel, Rudolf (1829–1896), Oberhofprediger am Berliner Dom seit 1880, bevorzugt von den Angehörigen der obersten Gesellschaft. Vgl. »Von Zwanzig bis Dreißig«, S. 264 f., »Frau Jenny Treibel«, 7. Kap. sowie »Effi Briest«, 5. Kap.   272

Kranzler, Café und Restaurant in Berlin Unter den Linden, Ecke Friedrichstraße. Vgl. »Von Zwanzig bis Dreißig«, S. 211 f.   306

Krauts, preußischer Scharfrichter der Zeit   299

Kriege, Hermann, Jugendfreund Fontanes aus Leipzig, 1848 Angehöriger des »Zentralausschusses der deutschen Demokraten«; vgl. »Von Zwanzig bis Dreißig«, S. 83 ff.   47

Krupp, Friedrich Alfred (1854–1902), Großindustrieller   348

Kugler, Clara, geb. Hitzig (gest. 1873 durch Selbstmord), Frau des Folgenden. Vgl. »Von Zwanzig bis Dreißig«, S. 175 ff., 205   100, 106, 139

Kugler, Franz Theodor (1808–1858), Kunsthistoriker, seit 1849 Mitglied des »Tunnels«, 1852 Gründer des »Rütlis«. Schwiegervater Paul Heyses. Vgl. »Von Zwanzig bis Dreißig«, S. 169–176, 203 ff., 210 f.   50, 64 f., 67, 96 f., 100 f., 118, 235

Kugler, Margarete (1834–1862), Tochter des Vorigen, Frau Paul Heyses seit 1854; vgl. »Von Zwanzig bis Dreißig«, S. 175 ff.   100, 106, 139, 367

Kühnast, Clara, Korrespondenzpartnerin Fontanes   393

Kummer, Karl Wilhelm, »Rat«, Adoptivvater Emilie Fontanes (geb. Rouanet); vgl. »Von Zwanzig bis Dreißig«, S. 311–315   27

Kurz, Heinrich (1805–1873), Literarhistoriker   162 – *Geschichte der deutschen Literatur* (1851 ff.)   162

Labry, Fritz, Bruder von Fontanes Mutter, Forstmeister in Aachen   72

Labry, Jean François (1767–1810), Seidenkaufmann, Großvater Theodor Fontanes; vgl. »Meine Kinderjahre«, S. 14 f.   12, 21

Landau, Isidor (1851 bis nach 1934), Kritiker, späterer Chefredakteur des Berliner »Börsenkuriers«   332

Landolina, Mario, sizilianischer Adliger, in dessen Garten in Syrakus August von Platen begraben liegt   33

L'Arronge, Adolf (1838–1908), Dramatiker, vorwiegend Lustspieldichter; er gründete 1883 das »Deutsche Theater« in Berlin, das er bis 1894 leitete   286 – *Die Loreley* (Trauerspiel, 1886)   286

Lazarus, Moritz (1824–1903), philosophischer Schriftsteller, Begründer der Völkerpsychologie als Wissenschaft. Seit 1847 Mitglied des »Tunnels«, später auch des »Rütlis«. Präsident der ersten israelitischen Synode (s. a. Crémieux). – Fontane zog sich zuletzt von L. wegen dessen Neigung zu bedenklichen Geldgeschäften zurück; L. rächte sich dafür in seinen »Lebenserinnerungen« (Berlin 1906) auf unfeine Art an Fontane   175, 235, 323

Lazarus, Sarah, Frau des Vorigen   314

Leighton, Frederick, Lord (1830–1896), englischer Maler und Bildhauer; er bevorzugte Darstellungen – oft in Monumentalmalereien – mit Stoffen aus dem Alten Testament und der griechischen Mythologie und Geschichte. 1878–96 Präsident der Königl. Akademie in London   408

Leist und Wehlan, deutsche Kolonialbeamte in Afrika, berüchtigt wegen brutaler Mißhandlungen der eingeborenen Bevölkerung. Vgl. »Der Stechlin«, Kap. 37   377

Leixner-Grünberger, Otto von (1847–1907), Kultur- und Literarhistoriker, Novellist   424

Lenau, Nikolaus, eig. Niembsch Edler von Strehlenau (1802–1850). Vgl. »Meine Kinderjahre«, S. 115 und »Von Zwanzig bis Dreißig«, S. 27 f., 35 f.   26, 35 – *Frage*   181 (Anm.)

Leonardo da Vinci, 1452–1519   197

Leopold I., Fürst von Anhalt-Dessau 1698–1747, brandenburgisch-preußischer General seit 1695   294

Lepel, Bernhard von (1818–1885), Dichter; Mitglied des »Tunnels« seit 1840, in den er Fontane 1844 einführte. Langjähriger Freund und Korrespondenzpartner Fontanes; vgl. »Von Zwanzig bis Dreißig«, S. 274–295   29 f., 32, 33, 37, 38, 39, 42, 45, 52, 54, 55, 58, 61, 67, 69, 78, 83, 93, 97, 99 f., 108, 130, 132, 134, 150, 160, 168, 207, 226, 270, 278 – *Friedrich II., Kurfürst von Brandenburg* (Schauspiel, 1849)   45 – *König Herodes* (Schauspiel, 1858)   45 (Anm.)

Lepel, Hedwig, geb. von Lepel-Wieck (1827–1893), erste Frau des

Vorigen 1847–71; vgl. »Von Zwanzig bis Dreißig«, S. 286, 294 291

Lesser, Ludwig (1802–1867), Kaufmann und Schriftsteller, Gründungsmitglied des »Tunnels« u. d. N. »Petrarca« 36

Lessing, Carl Robert (1827–1911), Großneffe Gotthold Ephraim Lessings; Landgerichtsdirektor in Berlin, Haupteigentümer der »Vossischen Zeitung« *319,* 320, 322, *356, 357,* 383, 413

Lessing, Gotthold Ephraim (1729–1781) 8, 11, 167, 229, 256, 286, 373 – *Nathan der Weise* 256 – *Philotas* 473 f.

Lewes, George Henry (1811–1878), englischer Schriftsteller 398 – *The Life and Works of Goethe* (Goethes Leben und Werke; 1855) 398

Leyde, Fräulein; Leiterin einer Höheren Töchterschule in Berlin 270

Liebermann, Max (1847–1935), Hauptvertreter des Impressionismus in der deutschen Malerei. Sein Fontane-Porträt schuf er 1896 für die Berliner Nationalgalerie 397 (vgl. Frontispiz)

Liliencron, Detlev von (1844–1909) *315 – Der Handkuß* (»Viere lang ...«) 315 – *Schmetterlinge* (»Schmetterling, du reizend Ding ...«; Prosaschlußstück: »Ein warmer Septembertag ...«) 316

Lind, Jenny (1820–1887), berühmte schwedische Opernsängerin, die 1844 in der für sie geschriebenen Rolle der Vielka in Meyerbeers »Feldlager in Schlesien« in Berlin große Triumphe gefeiert hatte 35

Lindau, Paul (1839–1919), produktiver Schriftsteller, Gründer und Leiter der Monatsschrift »Nord und Süd« (1878–1904). Nach einem von Franz Mehring in der »Berliner Volkszeitung« aufgedeckten Korruptionsskandal, in den L. verwickelt war, verließ er Berlin für längere Zeit. Vgl. Fontanes Rezensionen dreier Werke von L. in NFA Bd. XXI, 1, Literarische Essays und Studien, Erster Teil, S. 281–292   220 (Anm.), 221, 332, 335, 375

Lindau, Rudolf (1829–1910), Bruder des Vorigen, Diplomat in schweizerischen und deutschen Diensten, Journalist, fruchtbarer Novellist und Romancier; Fontane besprach zahlreiche seiner Werke (abgedruckt in NFA Bd. XXI, 1, Literarische Essays und Studien, Erster Teil, S. 318–334)   285, 290

Lübke, Wilhelm (1826–1893), Kunsthistoriker. Mitglied des Kuglerschen Kreises und der »Ellora«, Gast in »Tunnel« und »Rütli«, Freund Fontanes. Lübke war seit 1861 Professor in Zürich, später in Stuttgart und Karlsruhe. L.s wichtigsten kunsthistorischen Werke sowie seine »Lebenserinnerungen« wurden von Fontane rezensiert (abgedruckt in NFA Bd. XXIII, 1, Aufsätze zur bildenden Kunst). Vgl. »Von Zwanzig bis Dreißig«, S. 175   235

Lucae, Richard (1829–1877), Architekt, Mitglied des »Tunnels« seit 1852 und der »Ellora«; vgl. »Von Zwanzig bis Dreißig«, S. 183 bis 189   185, 232, 353
Ludwig XVI., 1774–92 König von Frankreich, 1793 hingerichtet   41
Ludwig, Maximilian (1846 geb.), 1872–1907 Schauspieler am Königl. Schauspielhaus in Berlin. »Er gehört zu den feinen, gebildeten, ihre Kunst ernst nehmenden Schauspielern, die nie etwas verderben werden. ... Sein Spiel ist immer durch und durch verständig; er erkennt, um was es sich handelt, im ganzen und im einzelnen, und arbeitet nun das künstlerisch heraus, was er sich vorher innerlich zu eigen gemacht hat. Gestalten, die so geboren werden, entbehren oft einer vollen Wärme; aber selbst in diesen ungünstigeren Fällen befriedigen sie die Kritik« (Fontane; vgl. NFA Bd. XXII, 1–3, Causerien über Theater, Register)   167, *179*
Ludwig, Otto (1813–1865), realistischer Erzähler und Dramatiker. Vgl. »Von Zwanzig bis Dreißig«, S. 91   233
Luther, Martin (1483–1546)   360, 368 ff., 375, 378
Lutter & Wegener, durch den Kreis um E. Th. A. Hoffmann berühmte Weinstube in Berlin, Französische Straße, Ecke Charlottenstraße, gegenüber dem Königl. Schauspielhaus. Im Zweiten Weltkrieg zerstört   374

Macaulay, Thomas Babington (1800–1859), englischer liberaler Geschichtsschreiber und Essayist   155, 272, Anm. zu 339
Mackenzie, Sir Morell (1837–1892), Londoner Arzt, Spezialist für Hals- und Kehlkopfkrankheiten. Behandelte 1887 das Halsleiden des späteren deutschen Kaisers Friedrich; bezweifelte die von den deutschen Ärzten gestellte Diagnose auf Kehlkopfkrebs und erreichte, daß die notwendige Operation hinausgeschoben wurde. Er wurde deshalb in Deutschland scharf angegriffen und verdächtigt (s. a. Bergmann). Fontane am 12. 7. 1888 an seine Tochter: »Das große Ereignis ist natürlich die ärztliche Anklageschrift gegen M.; ich glaube jetzt, daß sie recht haben« (vgl. Brief vom 17. 6. 1888)   309 (Anm.)
Mann, Thomas (1875–1955)   8, 17, 98, 233 (m. Anm.), 275
Mannl, Domenico, Bäcker in Karlsbad   363
Manteuffel, Otto Theodor von (1805–1882), preußischer Ministerpräsident und Innenminister 1850–58, Exponent der preußischen Reaktionszeit   63, 66, 69 f., 88, 133 ff.
Marlitt, E., eig. Eugenie John (1825–1887), Verfasserin erfolgreicher Unterhaltungsromane   223, 227
Marwitz, Friedrich August Ludwig von der (1777–1837), preußischer

General; als starrer Vertreter der Adelsvorrechte Haupt der junkerlichen Opposition gegen die Hardenbergschen Reformen. Fontane widmete ihm im 2. Bde. der »Wanderungen« (»Das Oderland«) ein besonderes Kapitel, bildete auch Berndt von Vitzewitz in »Vor dem Sturm« nach M.' Vorbild. Die 1852 erschienenen Memoiren von M. schätzte er sehr (vgl. Anm. zu S. 339)   240

Matkowsky, Adalbert (1858–1909), Schauspieler; 1889–1909 am Königl. Schauspielhaus in Berlin als jugendlicher Held, Liebhaber und Charakterdarsteller. »Herrn M.s Spiel und Kunst ist, aufs Ganze hin angesehen, ein unter Donner und Blitz in Szene gehendes und durchaus auf Leidenschaftsverschleiß hin etabliertes Kraftmeiertum – eine Spielweise, mit der ich mich nie und nimmer versöhnen kann.... Aber es gibt Rollen, die von vornherein aufs Theatralische gestellt sind, deren Stil das Theatralische ist und denen man nur gerecht wird, wenn man sich diesem Stil anbequemt. Und das tut Herr M. (schon weil er nicht anders kann)...« (Fontane). Vgl. »Die Poggenpuhls«, 7. Kap. sowie NFA Bd. XXII, 1–3, Causerien über Theater, Register   357

Mauthner, Fritz (1849–1923), Dichter und Parodist, Kritiker, Sprachphilosoph; Herausgeber der Wochenschrift »Deutschland«. Bekannter Fontanes   309, 424

Maximilian II., König von Bayern 1848–64   136, 139 f., 418

May, Mrs.   112

Meie, Friedrich Wilhelm, Premierleutnant und Kompaniechef G. Friedlaenders 1870/71; 1883 als Charaktermajor verabschiedet   296

Memling, Hans (etwa 1433–1494), einer der Hauptmeister der altniederländischen Malerschule, ausgezeichnet durch Farbenschmelz und zierliche Formgebung. Nicht unumstritten ist M.s Urheberschaft für das vor 1473 enstandene »Jüngste Gericht« in der Danziger Marienkirche. Vgl. »Effi Briest«, 19. Kap.   281

Menzel, Adolf von (1815–1905), bedeutender realistischer Maler und Illustrator in Berlin; Mitglied des »Tunnels« und des »Rütlis« u. d. N. Rubens. Vgl. Fontanes Artikel über ihn in NFA Bd. XXIII, 1, Aufsätze zur bildenden Kunst, Erster Teil; s. a. »Von Zwanzig bis Dreißig«, S. 282 ff.   10, 100, 235, 271 f., 275, 285, 344, 393, 404

Merckel, Henriette von, geb. von Mühler (1811–1889), Frau des Folgenden; vgl. »Von Zwanzig bis Dreißig«, S. 305   *119, 125, 127, 137 f., 182*

Merckel, Traugott Wilhelm von (1803–1861), Kammergerichtsrat in Berlin; seit 1841 Mitglied des »Tunnels«. Vgl. »Von Zwanzig bis Dreißig«, S. 155, 295–305   49, 55, 97, 100, 106, *127, 133*

Merington (Marrington), Londoner Arztfamilie, deren Tochter Marthe
1859 bei Fontanes in Berlin zu Besuch gewesen war 163, 176
Metternich, Clemens Fürst von (1773–1859), 1809–48 leitender österreichischer Minister 40
Metzger & Wittig, Buchdruckerei und Buchbinderei in Leipzig C 1, Hohe Straße 1; Kommanditgesellschaft mit 180 Arbeitern. Verantwortlicher Teilhaber Rudolf Wittig 299
Metzel, Dr. Ludwig (gest. 1895), Geh. Regierungsrat, Direktor der »Literarischen Zentralstelle« der preußischen Regierung 119 ff., 132
Meusebach, v., preußischer Diplomat 183
Meyer, Dr. Alexander (1832–1908), Publizist und Politiker; 1881 bis 1896 nationalliberaler, später freisinniger Reichstagsabgeordneter 377
Meyer, Conrad Ferdinand (1825–1898) 233, 384
Meyer, Paul (1857–1935), Justizrat, Testamentsvollstrecker Fontanes 426 (Anm.) – *Erinnerungen an Theodor Fontane* (Berlin 1936) 277 (Anm.), 426 (Anm.)
Michelangelo Buonarotti, 1475–1564 189
Millais, John Everett (1829–1896), englischer Maler, hervorragend als Porträtist. 1896 Präsident der Königl. Akademie in London (gest. 13. 8. 1896). Vgl. »Der Stechlin«, 25. Kap. 409
Milton, John (1608–1674), englischer Dichter. – *Das verlorene Paradies* (Religiöses Epos, 1667) 155
Mine, Hausangestellte Fontanes 72, 81
Mohammed (Mahmûd), 998–1030 Sultan von Ghasna in Afghanistan; ihm überreichte Firdusi 1010 sein »Schâh-Nâme« 211
Möller, Heinrich Hermann Christian (1835–1929), Bildhauer aus Altona, in Dresden schaffend 365
Moltke, Helmuth Graf von (1800–1891), Generalstabschef der preußischen Armee 1858–88. Vgl. Fontanes biographisches Porträt in NFA Bd. XIX, Politik und Geschichte, S. 713–718 294, 303
Mommsen, Theodor (1817–1903), Historiker, seit 1858 Professor für alte Geschichte an der Berliner Universität 381
Morgenstern, Salomo Jakob (1706–1785), Historiker und Geograph; 1736–40 Vorleser Friedrich Wilhelms I., von ihm als eine Art Hofnarr behandelt. 1741 als politischer Agent im Dienste Friedrichs II.; vgl. »Meine Kinderjahre«, S. 79 367
Mörike, Eduard (1804–1875), vgl. »Von Zwanzig bis Dreißig«, S. 197 f. 8, 69, 219, 385
Morris, Dr. James, Londoner Arzt, Freund Fontanes seit 1852 13, 91, 382 f., 394, 395, 407, 408, 410, 412, 414, 423
Müller, August (gest. 1868), Rendant der Berliner Charité; seit 1831

Mitglied des »Tunnels« u. d. N. »Ernst Schultze«; vgl. »Von Zwanzig bis Dreißig«, S. 190 f.   54, 67, 69

Müller, Dr. Hermann (1816–1859), Stabsarzt, Stiefbruder von Fontanes Frau   62

Murawiew, Michail Nikolajewitsch (1845–1900), russischer Außenminister 1897–1900   423

Napoleon III., Louis (»Lude«), Kaiser der Franzosen 1852–71   169

Nathusius, Marie von, geb. Scheele (1817–1857), Frau des Folgenden; Verfasserin von Erzählungen mit christlich-pietistischer Tendenz   236

Nathusius, Philipp Engelhard von (1815–1872), christlich-konservativer Publizist, Mitbegründer (1848) und Mitarbeiter der »Kreuzzeitung«. Auf seinem Gut Neinstedt am Harz begründete er das »Knabenrettungs- und Brüderhaus« Lindenhof. Vgl. »Cécile«, Kap. 7   236

Nathusius-Ludom, Philipp von (1842–1900), Sohn des Vorigen; konservativer preußischer Politiker und Publizist, 1872–76 Redakteur der »Kreuzzeitung«   236

Neumann, Bankier in Berlin   387

Neumann-Hofer, Gilbert Otto (1857–1919), Redakteur und Schriftsteller, Herausgeber des »Magazins für Litteratur« (s. d.) und der »Romanwelt«   379

Nietzsche, Friedrich (1844–1900)   393, 404 f.

Nikolaus I., Kaiser von Rußland 1825–55   22, 52

Niquet, Altberliner Bierlokal   88

Nobiling, Dr. Karl Eduard (1848–1878), Angestellter; Anarchist. Verletzte Kaiser Wilhelm I. am 2. 6. 1878 durch zwei Flintenschüsse. – Vgl. »Effi Briest«, Kap. 9   214

Nordau, Max (Pseudonym für Max Südfeld, 1849–1923), Sohn eines jüdischen Gelehrten in Budapest; Arzt und Schriftsteller, seit 1880 in Paris lebend   283 (Anm.). – *Entartung* (Berlin 1892 f.)   283 (Anm.)

Omar I., etwa 592–644, zweiter Kalif. Sein Feldherr Amru eroberte im Dezember 641 Alexandria. Die große, weltberühmte Bibliothek von 700 000 Rollen war bereits zur Zeit Caesars im alexandrinischen Kriege (47 v. Chr.) zum großen Teil verbrannt. Daß Omar den Rest zum Heizen von Bädern benutzt habe, ist eine Erfindung   364

Ommen, Apotheker in Norderney   251

Oppert, Gustav (1836–1908), Indologe und Sanskritist; er war 21 Jahre als Professor in Madras gewesen und habilitierte sich 1895 an der Berliner Universität   367

Orelli, Heinrich von (1815–1880), philosophischer Schriftsteller und Kritiker, seit 1849 Mitglied des »Tunnels«; vgl. »Meine Kinderjahre«, S. 259–280   67

Otway, Thomas (1652–1685), englischer Dramatiker   63

Ouleß, Walter William (1848–1933), englischer Maler, Schüler von Millais (s. d.); bedeutend vor allem als Porträtist   409

Paalzow, Henriette (1788–1847), Romanschriftstellerin   124 (Anm.)

Pancritius, Dr., Geh. Sanitätsrat, Arzt der Familie Fontane   236

Panizza, Oskar (1853–1921), Arzt und Schriftsteller, lebte später in der Schweiz und in Frankreich als Emigrant. Seit 1904 geisteskrank   389 f. – *Das Liebeskonzil* (Drama, 1895)   389

Patow, Erasmus Robert Freiherr von (1804–1890), preußischer Finanzminister 1858–62   134

Paulsen, Friedrich (1846–1908), Professor für Philosophie und Pädagogik an der Berliner Universität seit 1878   *405, 411, 414, 416, 417, 420, 422,* 433 – *Immanuel Kant. Sein Leben und seine Lehre* (Stuttgart 1898)   416 ff.

Percy, schottisches Adelsgeschlecht (vgl. Fontanes Balladen »Percy und die Nortons« und »Percys Tod« in NFA Bd. XX, Balladen und Gedichte, S. 317–326). S. a. »Von Zwanzig bis Dreißig«, S. 157   58, 218

Petrarca, s. Lesser

Pfau, Ludwig (1821–1894), Dichter und Kunstkritiker, Teilnehmer an der Revolution von 1848, lebenslang leidenschaftlicher Gegner Bismarcks und Preußens   223

Pfuel, Ernst Heinrich Adolf von (1779–1866), preußischer General, 21. September bis 31. Oktober 1848 Ministerpräsident und Kriegsminister in einem »Ministerium der bewaffneten Reaktion«   37

Pietsch, Ludwig (1824–1911), Kunst-, Reise- und Gesellschaftsberichterstatter der »Vossischen Zeitung«   190, 284, *285,* 311, 336, *338, 363,* 393, *419*

Pippin, König der Franken 751–68   185

Pius IX., Papst 1846–78   143

Pizarro, Francisco (1475–1541), spanischer Abenteurer, eroberte und plünderte das Inkareich in Südamerika   103

Platen-Hallermund, August Graf von (1796–1835), vgl. »Von Zwanzig bis Dreißig«, S. 27   11, 26, 33, 53 f., 99. – *Der romantische Oedipus* (Literatursatire, 1829)   53 f. (Anm.)

Pohl, O. (gest. 1876), von 1871 bis zu seinem Tode am Königl. Schauspielhaus engagiert   211

Poyntner, Edward John (1836–1919), englischer Maler, Kunstgelehrter

und Kunstsammler; 1894-1904 Direktor der britischen Nationalgalerie, 1896-1918 als Nachfolger Millais' (s. d.) Präsident der Königl. Akademie in London 409
Pries, Robert, Londoner Vetter von Friedrich Eggers (s. d.) 84, 91
Puchta, Georg Friedrich (1798-1846), Rechtslehrer; sein Werk über die »Pandekten« (Auszüge aus den Schriften von 39 altrömischen Rechtsgelehrten, denen unter Kaiser Justinian Gesetzeskraft verliehen wurde) erschien 1838 99
Pückler-Muskau, Hermann Fürst von (1785-1871), Reiseschriftsteller; vgl. »Frau Jenny Treibel«, 7. Kap. 296
Pupp, Grand-Hotel und Café auf der »Wiese«, einer Hauptstraße Karlsbads 360, 362 ff.

Quatimozin (Guatimozin), letzter König von Mexiko, Neffe und Schwiegersohn Montezumas, wurde 1521 von Cortez' Truppen gefangengenommen und 1525 hingerichtet 130
Quehl, Dr. Ryno (gest. 1864), Journalist im Dienste der Presse des Ministeriums Manteuffel (s. d.) 55, 70, 77

Raabe, Wilhelm (1831-1910) 17, 233, 234 – *Fabian und Sebastian* (Erzählung, 1882, von Fontane besprochen; Abdruck der Rezension in NFA Bd. XXI, 1, Literarische Essays und Studien, Erster Teil, S. 272 ff.) 233 f.
Raffael Santi, 1483-1520 189, 393 f. – *Amor und Psyche* 188 – *Triumph der Galatea* 188
Ranke, Leopold von (1795-1886), preußischer Geschichtsschreiber. Fontane las 1886 in R.s »Weltgeschichte«, die ihn »an ihren großen Stellen entzückt, im ganzen aber, namentlich als stilistische Leistung, wenig befriedigt« (Tagebuch) 290 – *Neun Bücher preußischer Geschichte* (Berlin 1847/48) 126 (Anm.)
Ravené, Louis (18..–), Berliner Großindustrieller. Seine Frau Therese geb. von Kusserow war 1874 mit dem Königsberger Bankier Gustav Simon geflohen und hatte diesen zwei Jahre später geheiratet. Dieser vielbesprochene Gesellschaftsskandal gab Fontane die Fabel des Romans »L'Adultera« 376
Redwitz, Oskar Freiherr von (1823-1891), romantisierender, frömmelnder Dichter 94
Reuter, Fritz (1810-1874) 409 – *Ut mine Stromtid* (Roman, 1864) 409
Reynolds, Sir Joshua (1723-1792), englischer Bildnismaler; vgl. den 6. Brief von der Kunstausstellung in Manchester (1857) über englische Porträtmaler (u.a. Reynolds) in NFA Bd. XXIII, 1, Aufsätze zur bildenden Kunst, Erster Teil, S. 85-98 409

Richter, Gustav (1838–1904), Gymnasialdirektor aus Jena, Hofrat
  368 ff.
Richter, Frau des Vorigen 368
Richter, Heinrich (gest. 1922), Kommerzienrat in Arnsdorf bei Krummhübel (Schlesien) 281, 288
Ring, Dr. Max (1817–1901), Berliner Arzt, fruchtbarer Romanschriftsteller; drei seiner wenig gespielten Theaterstücke wurden von Fontane in der »Vossischen Zeitung« rezensiert (s. NFA Bd. XXII, 1–3, Causerien über Theater, Register) 94, 223
Rittershaus, Emil (1834–1897), Kaufmann und Schriftsteller aus Barmen 330
Robert, Martha (1865–1900), seit 1886 Gattin George Fontanes. Sie heiratete nach dessen Tod den späteren Landrat in Sagan, Martin von Neefe und Obischau 287
Robin Hood, um 1200, englischer Volksheld; vgl. die gleichnamige Ballade Fontanes in NFA Bd. XX, Balladen und Gedichte, S. 326–334, und »Von Zwanzig bis Dreißig«, S. 293 413
Rodenberg, Julius, eig. Julius Levy (1831–1914), Journalist und Romanschriftsteller, begründete 1874 die bedeutende Monatsschrift »Die Deutsche Rundschau« (s. d.), die er bis zu seinem Tode leitete; zahlreiche seiner Romane wurden von Fontane besprochen (vgl. NFA Bd. XVIII, Unterwegs und wieder daheim«, und Bd. XXI, Literarische Essays und Studien, jeweils Register) *220, 318, 359, 396*
Rohr, Mathilde von (1810–1889), seit 1869 Stiftsdame im Kloster Dobbertin in Mecklenburg. Freundin und langjährige Korrespondenzpartnerin Fontanes, der sie ein »wahres Anekdotenbuch« nannte. Die Äußerung findet sich in F.s. Gedenkaufsatz »Mathilde von Rohr«, der in Nr. 24 und 25 des »Daheim« im März 1892 erschien, jedoch erst 1903 in den ersten Band der »Wanderungen« (»Die Grafschaft Ruppin«, 8. Auflage) einging *183, 184, 189, 198, 199, 205, 208, 210, 212, 234, 248, 308*
Roquette, Otto (1824–1896), Dichter und Literarhistoriker, seit 1869 Professor der Literatur und Geschichte am Polytechnikum in Darmstadt. Mitglied der »Ellora«. »Ich glaube, daß Roquette vom Kastalischen Quell getrunken, aber in Sommerszeit, wenn er nur noch ›drippelt‹ und lauwarm ist wie Spülwasser« (Fontane an Heyse, 8. 12. 1852). Vgl. Fontanes biographische Skizze R.s in NFA Bd. XXI, 1, Literarische Essays und Studien, Erster Teil, S. 87 ff. 265
Rose, Wilhelm (1792–1867), Besitzer der Apotheke »Zum weißen Schwan« in der Spandauer Straße in Berlin; vgl. »Von Zwanzig bis Dreißig«, S. 13–17 23, 25 f., 164, 235, 313
Rosenplüt, eig. Hans der Schnepperer (= Schwätzer), etwa 1400 bis

1470, aus Nürnberg stammender Verfasser zahlreicher Sprüche, Schwänke und Fastnachtsspiele 97

Rothschild, Anselm Mayer (1773–1855), Chef des Rothschildschen Bankhauses in Frankfurt am Main, preußischer Geh. Kommerzienrat 35

Rückert, Friedrich (1788–1866), formgewandter Lyriker, bedeutender Übersetzer orientalischer Literaturen 99

Ruthardt, Theodor, früher Mitinhaber der Berliner Kunsthandlung Amsler & Ruthardt 269

Saar, Ferdinand von (1833–1906), österreichischer Erzähler 233

Saphir, Moritz Gottlieb (1795–1858), humoristischer Schriftsteller und Journalist, Begründer des »Tunnels« (1827); vgl. »Von Zwanzig bis Dreißig«, S. 149 31

Schacht, Julius Eduard (1804–1871), Medizinalrat, Besitzer der »Polnischen Apotheke« in Berlin, Friedrich-, Ecke Mittelstraße; vgl. »Von Zwanzig bis Dreißig«, S. 306 ff. 25

Schaffgotsch, Ludwig Gotthard Reichsgraf von (gest. 1891), schlesischer Großgrundbesitzer 280

Scheffel, Joseph Viktor von (1826–1886), Dichter mit romantisierenden historischen Stoffen, literarischer Liebling des deutschen Bürgertums in der 2. Hälfte des 19. Jhs.; vgl. »Von Zwanzig bis Dreißig«, S. 173. – *Ekkehard* (Roman, 1855) 386

Scherenberg, Christian Friedrich (1798–1881), Balladendichter und Epiker, seit 1841 Mitglied des »Tunnels« u. d. N. »Cook«; vgl. »Meine Kinderjahre«, S. 70 ff., 193–355 (»Christian Friedrich Scherenberg und das literarische Berlin von 1840 bis 1860«) und »Von Zwanzig bis Dreißig«, S. 177, 235 ff., 299 36, 67, 94

Scherenberg, Hermann (1826–1897), Stiefbruder des Vorigen, Bildnis- und Genremaler und Illustrator, aus Swinemünde stammend; vgl. »Meine Kinderjahre«, S. 70 f. 371

Scherz, Hermann (1818–1888), Jugendfreund Fontanes aus Krenzlin bei Neuruppin; vgl. »Von Zwanzig bis Dreißig«, S. 128 f., 131 ff. 25 (Anm.)

Schierstädt, Baron (gest. 1886), Gutsbesitzer auf Dahlen in der Altmark 267

Schiller, Friedrich (1759–1805); vgl. »Meine Kinderjahre«, S. 135 ff., 165, 185. – 56, 94, 197, 226, 277, 300, 308, 372 – *Das Lied an die Freude* 256 – *Der Taucher* 364 (Anm.) – *Die Braut von Messina* 182 (Anm.) – *Die Jungfrau von Orléans* 178 – *Die Räuber* 180, 329, 386 – *Hero und Leander* 226 (Anm.) – *Kabale und Liebe* 70, 82 (Anm.) – *Kassandra* 306 (Anm.), 364 (Anm.) – *Maria*

Stuart 311 (Anm.) – *Wallenstein* 105 (Anm.), 197 (Anm.), 372 – *Wilhelm Tell* 255

Schinkel, Karl Friedrich (1781–1841), Baumeister und Maler des Berliner Klassizismus; vgl. »Meine Kinderjahre«, S. 46, sowie den Abschnitt »Karl Friedrich Schinkel« des Kapitels »Neu-Ruppin« im ersten Band der »Wanderungen« (»Die Grafschaft Ruppin«). 146, 185

Schlenther, Paul (1854–1916), Schriftsteller und Theaterleiter. Partner und Nachfolger Fontanes als Theaterkritiker der »Vossischen Zeitung« in Berlin. Gründete mit Brahm (s. d.) 1889 in Berlin den Verein »Freie Bühne«, den er ab 1893 leitete 286, 309, 310, 377, 380, 415, 424

Schmidt, Erich (1853–1913), Literarhistoriker, seit 1886 Professor an der Berliner Universität 377, 381, 398, 424

Schmidt, Marie, Wirtin der »Amsel« in Karlsbad 361 f.

Schmidt-Cabanis, Richard (1838–1903), humoristisch-satirischer, freisinniger Schriftsteller, 1869–84 Redakteur der »Berliner Montagszeitung« (s. d.), Mitglied der Redaktion des »Berliner Tageblattes« 263

Schneider, Louis (1805–1878), Schauspieler und Schriftsteller, seit 1827 Mitglied des »Tunnels«. Gegner der Revolution von 1848; von Friedrich Wilhelm IV. zu seinem Vorleser (und ständigen Begleiter) ernannt. Vgl. »Von Zwanzig bis Dreißig«, S. 233–247 32, 36, 70, 367

Schobeß, Joachim (geb. 1908), Leiter des Theodor-Fontane-Archivs der Deutschen Staatsbibliothek in Potsdam (s. d.) 137

Schopenhauer, Arthur (1788–1860) 182, 365

Schreiber, Familie; Wirtsleute Fontanes in Krummhübel 1884 und 1885 282

Schreinert, Dr. Kurt (1901–1967), Literaturwissenschaftler, namhafter Fontaneforscher; Professor an der Universität Göttingen 7

Schreyer, Dr. Hermann (1840–1907), Literaturwissenschaftler und Dramatiker. – *Nausikaa* (Trauerspiel, 1884; nach Goethes gleichnamigen Fragment) 314

Schulenburg, ehemals über Nord- und Mitteldeutschland verbreitete reichsfreiherrliche Adelsfamilie 240

Schulte, Salon für moderne Kunst in Berlin, Unter den Linden 1, am Pariser Platz 346

Schultze, Ernst, s. Müller, August

Schwab, Gustav (1792–1850), schwäbischer Balladendichter, Herausgeber und Nacherzähler klassischer und deutscher Sagen 25, 56, 222, 351 – *Der Reiter und der Bodensee* 408

Schwartz, Dr. Wilhelm (1821–1899), Prähistoriker und Mythenforscher 144

Schweitzer, Apotheker, Bekannter Fontanes aus London 212

Schwerin, Dr. Ludwig (gest. 1888), Rentier und Privatgelehrter aus Berlin; er hatte Fontane Krummhübel als Sommerfrische empfohlen 268

Scott, Sir Walter (1771–1832); vgl. »Meine Kinderjahre«, S. 88, »Von Zwanzig bis Dreißig«, S. 163 sowie den Essay »Walter Scott« in NFA Bd. XXI, 1, Literarische Essays und Studien, Erster Teil, S. 399–419 8, 11, 154, 159, 233, 250 – *Guy Mannering* (1815) 159 (Anm.) – *The Heart of Midlothian* (1818) 159 – *The Monastery* (1821) 159 (Anm.) – *Der Kerker von Edinburgh* 159 (Anm.)

Scribe, Eugène (1791–1861), französischer Dramatiker 62, Anm. zu 159

Servaes, Dr. Franz (1862–1947), Kunst- und Literarhistoriker, Verfasser der Monographie »Theodor Fontane« (Berlin 1900; Vorstufe davon bereits im »Pan«, 3/1899) 425

Shakespeare, William (1564–1616) 7, 12, 108, 113, 126, 180, 331, – Hamlet 42 (Anm.) 57, 59, 70, 258, 399, 420 (Anm.) – *Julius Caesar* 86 (Anm.) – *König Heinrich der Vierte* 7 – *König Richard der Dritte* 113 – *Macbeth* 57, 327, 399 – *Romeo und Julia* 267

Sieben, Besitzer des »Hubertusbades« in Thale. 248

Smidt, Heinrich (1798–1867), Verfasser von Seegeschichten, Mitglied des »Tunnels« seit 1830 u. d. N. »Bürger«; vgl. »Von Zwanzig bis Dreißig«, S. 220–225 36, 55, 94

Smith, Adam (1723–1790), englischer Nationalökonom 155 – *Untersuchung über die Natur und die Ursachen des Reichtums der Nationen* (London 1776) 155

Soldmann, Karl, Oberpostdirektor in Münster, Vater der Folgenden 302

Soldmann, Martha (geb. 1865), seit 1886 Gattin von Fontanes Sohn Theodor 287, 390

Solly, Thomas (1816 1875), vorübergehend Lektor an der Berliner Universität, Lehrer der englischen Sprache 85

Sommerfeldt, Hermann (1820–1902), Gatte der Folgenden, Apotheker. Übernahm am 1. Oktober 1850 die Apotheke von Fontanes Vater in Letschin im Oderbruch; 1867 erwarb er die Luisenstädtische Apotheke in Berlin 143, 181

Sommerfeldt, Jenny, geb. Fontane (1823–1904), Schwester Fontanes, seit 1850 Gattin des Vorigen 104 (Anm.)

Speckbacher, Joseph (1767–1820), Tiroler Freiheitskämpfer 185
Spencer, Sir Spencer Cecil Brabazon Ponsonby-Fane (1824–1915), englischer Hofbeamter 409
Spenser, Edmund (um 1550–1599), englischer Dichter 26
Spielhagen, Friedrich (1829–1911), Verfasser realistischer Zeitromane; Literaturtheoretiker, Gegner des Naturalismus. Berliner Bekannter Fontanes 247, 250, 252 ff., 395, 413 – *Angela* (1881) 250
Spiero, Heinrich (1876–1947), Literarhistoriker und Essayist, Verfasser einer Fontane-Monographie (Wittenberg 1928) 373 – *Schicksal und Anteil. Ein Lebensweg in deutscher Wendezeit* (Berlin 1929) 373
Springer, Julius (1817–1877), Berliner Verleger 142
Stanley, Henry Morton (1841–1904), englischer Journalist und Afrikaforscher. Umfuhr 1875 den Victoria-Njanza-See, worüber er in dem Buche »Through the Dark Continent« (»Durch den dunklen Erdteil«, 1878) berichtete. 1884 war er als technischer Deputierter der USA auf der Kongokonferenz in Berlin. Vgl. »Effi Briest«, Kap. 35 222, 272
Steffens, F. W., Verlag in Dresden und Leipzig. Hier erschienen die ersten Buchausgaben von »Graf Petöfy« (1884) und »Irrungen Wirrungen« (1888) 273
Stehely, Berliner Café am Gendarmenmarkt; vgl. »Von Zwanzig bis Dreißig«, S. 13, 39, 107, 117 23
Stein, Karl Freiherr vom und zum (1757–1831) 39, 240
Stendhal, eig. Henry Beyle (1783–1842) 12
Stephany, Friedrich (1830–1912), Chefredakteur der »Vossischen Zeitung« seit 1870 261, 263, 298, 299, 319, 320, 330, 331, 335, 336, 400, 402, 415, 416
Sterne, Laurence (1713–1768); vgl. die Rezensionen Fontanes von Sternes »Tristram Shandy« und »Yoricks empfindsame Reise« in NFA Bd. XXI, 1, Literarische Essays und Studien, Erster Teil, S. 389–398 11, 292
Sternfeld, Dr. Richard (1858–1926), Geschichtsschreiber und Musikschriftsteller; Universitätsprofessor in Berlin seit 1899. Veröffentlichte seine Erinnerungen an Fontane 1919 im Sonderheft der »Mitteilungen des Vereins für die Geschichte Berlins« (zum 100. Geburtstag Fontanes) 349 f.
Sternheim, Marie, geb. Meyer, Schwester Paul Meyers (s. d.), enge Freundin der Familie Fontane, insbesondere Metes, »so ziemlich die normalste, angenehmste und liebenswürdigste Frau, die ich kenne« (Fontane am 24. April 1891) 424
Stifter, Adalbert (1805–1868) 233

Stöcker, Adolf (1835–1909), Hofprediger in Berlin 1874–90. Begründete 1878 die konservative und antisemitische »Christlichsoziale Partei«, um die Arbeiter von der Sozialdemokratie abzuziehen. 1880–93 und 1898–1908 Mitglied des Reichstages. Vgl. »Frau Jenny Treibel«, Kap. 16 und »Der Stechlin«, Kap. 3 341, 397, 414

Storm, Constanze, geb. Esmarch (1825–1865), erste Frau Theodor Storms; vgl. »Von Zwanzig bis Dreißig«, S. 214 105 f.

Storm, Theodor (1817–1888), vgl. »Von Zwanzig bis Dreißig«, S. 192–215, 371 sowie die beiden Rezensionen Stormscher Werke in NFA Bd. XXI, 1, Literarische Essays und Studien, Erster Teil, S. 141–153 8, 50, 95, 96, 98, 100, *101*, *102*, *104*, *105*, *107*, 127, 133, 150, 218, 233, 235, 250, 285, 363, 385, 396, 400, 404, 420, 422, 433 – *Abschied* 98 f. – *Die Stadt* 400 – *Ein grünes Blatt* 50, 98 – *Frauen-Ritornelle* (Dunkle Zypressen) 150 – *Geschwisterblut* 96 – *Hinzelmeier* 127 – *Im Herbste 1850* 95 f. (Anm.) – *Sommergeschichten* 100

Störtebeker, Klaus, Anführer der »Vitalienbrüder« seit 1394; 1401 von den Hamburgern hingerichtet. Vgl. »Meine Kinderjahre«, S. 173 f. 386 f.

Strauß, David Friedrich (1808–1874), Philosoph und Religionskritiker 290 – *Der alte und der neue Glaube, ein Bekenntnis* (Leipzig 1872) 290

Strauß, D. Friedrich Adolf, Hofprediger aus Potsdam. Fontane hatte ihn 1884 im Zuge nach Thale kennengelernt; von Thale aus hatten beide gemeinsame Ausflüge unternommen 268

Strauß, Johann (1825–1900), Operettenkomponist. – *Der Zigeunerbaron* (1885) 392

Stuart, schottisches Adelsgeschlecht, das 1371–1689 in Schottland und 1603–1688 auch in England regierte. Das Dogma von der Gottesgnadenschaft der Könige, durch das der europäische Absolutismus seinen Herrschaftsanspruch theologisch zu begründen suchte, wurde in ganzem Umfang zuerst von dem Stuart Jacob I. (1603–1625) auf die politische Praxis übertragen; sein Sohn Karl I. (1625–1649) folgte ihm darin; vgl. das dramatische Fragment »Karl Stuart« in NFA Bd. XX, Balladen und Gedichte, S. 675–692 422

Stuck, Franz von (1863–1928), Maler und Bildhauer; Vertreter des Jugendstils und des Symbolismus 346 f.

Sue, Eugène (1804–1857), französischer Romanschriftsteller 62

Sullivan, Arthur (1842–1900), englischer Opern- und Operettenkomponist. – *Der Mikado oder Ein Tag in Titipu* (Operette, 1885; Text von W. S. Gilbert) 392

Suphan, Bernhard (1845–1911), Literarhistoriker, seit 1887 Direktor des Goethe- und Schiller-Archivs in Weimar 398
Swift, Jonathan (1667–1745), englischer satirischer Schriftsteller 8

Tacitus, Publius Cornelius (etwa 56–118), römischer Historiker 57
Teichmann, Valentin (1791–1860), Sekretär der Generalintendanz der Königl. Schauspiele in Berlin 126
Teubner, B. G., 1824 begründeter Leipziger Verlag mit Druckereien in Leipzig und Dresden 299
Thackeray, William Makepeace (1811–1863) 11 – *Vanity Fair* (Jahrmarkt der Eitelkeit; Roman, 1847/48) 109
Thimus, Albert Freiherr von (1806–1878), ursprünglich Jurist, später Musikhistoriker 257
Tieck, Ludwig (1773–1853), romantischer deutscher Dichter, Kritiker, Übersetzer und Herausgeber 286, 345
Tillgner, Marie, Schwester Elisabeth Friedlaenders (s. d.), Kunstmalerin 352 (Anm.)
Tölken, Ernst Heinrich (1785–1869), Archäologe, seit 1823 Ordinarius für Kunstgeschichte und Mythologie an der Berliner Universität 235
Treitschke, Heinrich von (1834–1896), nationalistischer Publizist und Historiker, Gegner der Liberalen, Sozialdemokraten und Juden, Verherrlicher des Preußentums 405
Treutler, Johanna, Gattin des Kommerzienrates Treutler aus Liegnitz, Jugend- und Lebensfreundin Emilie Fontanes. Nach dem Tode ihres Mannes (1891) in Dresden-Blasewitz wohnhaft 201, 215, 283 (Anm.), 424
Treutler, Lieschen, wahrscheinlich Tochter der Vorigen 305
Turgenjew, Iwan (1818–1883) 229, 245, 285 – *Aufzeichnungen eines Jägers* (1852) 229 f. – *Neuland* (Roman, 1876; von Fontane rezensiert: vgl. NFA Bd. XXI, 1, Literarische Essays und Studien, Erster Teil, S. 469 ff.) 229 – *Rauch* (Roman, 1867) 229
Turner, Joseph Mallord William (1775–1851), hervorragender englischer Landschaftsmaler; vgl. Fontanes Ausführungen über ihn im 9. Brief von der Kunstausstellung in Manchester (»Die Landschaftsmaler ...«), abgedruckt in NFA Bd. XXIII, 1, Aufsätze zur bildenden Kunst, Erster Teil, S. 125–139 409

Uhl, Conrad, Besitzer des Hotels »Bristol« in Berlin, Unter den Linden 5 336
Uhland, Ludwig (1787–1862) 210 – *Frühlingsglaube* 210, 239 (Anm.)

Velázquez, Diego (1599–1660), bedeutender spanischer Maler des Barock 260
Viktoria, 1840–1901. Prinzessin von Großbritannien, seit 1858 Gattin des späteren deutschen Kaisers Friedrich 214, 272
Voltaire, eig. François-Marie Arouet (1694–1778) 8
Voß, Richard (1851–1918), fruchtbarer Bühnenschriftsteller und Erzähler (s. NFA Bd. XXII, 1–3, Causerien über Theater, Register).
– *Der Mohr des Zaren* (Schauspiel, 1883) 258

Wachtmeister, Margarete Gräfin von, geb. von Veit (1865–1928), Freundin Mete Fontanes 348, 391
Wagner, »schwerer Wagner«, bekanntes Berliner Bierlokal 378
Wagner, Richard (1813–1883) 230–233, 327, 378 – *Der Ring des Nibelungen* 230–233 – *Parsifal* 325, 327 – *Tristan und Isolde* 327
Waldberg, Max Freiherr von (1858 bis nach 1933), Literarhistoriker; 1889–1933 Universitätsprofessor in Heidelberg 310
Wallenstein, 1583–1634, ermordet am 25. Februar 1634 in Eger von dem Kapitän Devereux (Deveroux), einem Irländer. Wallenstein war am 18. Februar durch ein kaiserliches Patent des Verrats beschuldigt und seine Offiziere jeder Verpflichtung gegen ihn entbunden worden 366, 372
Walther von der Vogelweide, etwa 1170–1220 64
Wandrey, Conrad, Verfasser der Monographie »Theodor Fontane« (München 1919) 16
Wangenheim, Elsy von, geb. Aickner von Heppenstein (1814–1891), Gattin des Geh. Regierungsrates von Wangenheim (1807–1890). Fontane hatte 1853–55 die Wangenheimschen Zwillingstöchter unterrichtet; 1870 nutzte Frau v. W. ihre Beziehungen als Katholikin, um Fontanes Freilassung zu erreichen. – In Fontanes Nachlaß fanden sich Aufzeichnungen über die Familie v. W.; sie sollten der Grundstock für ein Kapitel in dem geplanten dritten Erinnerungsbande Fontanes sein. Die Aufzeichnungen wurden erstmals 1919 und dann wieder, in zuverlässigerer Textgestalt, 1939 veröffentlicht; auf letzterem Druck basiert der Wiederabdruck in »Von Zwanzig bis Dreißig«, S. 414–426 173, 175, 177
Warnecke, Kapitänswitwe in Norderney 251 f.
Weber, Carl Maria von (1786–1826). – *Der Freischütz* 121
Weber, Elise, geb. Fontane (1838–1923), jüngste Schwester Fontanes, seit 1875 verheiratet mit dem verwitweten Kaufmann Hermann W. aus Striegau (Schweidnitz); vgl. »Meine Kinderjahre«, S. 20 f. 115 f., 124, 177, 183, 203

Wehlan, s. Leist

Weise, Karl (1813–1888), Volksdichter und Drechslermeister in Freienwalde 148 (m. Anm.)

Wentzel, Dr., Mitarbeiter Fontanes bei der »Deutsch-Englischen Korrespondenz« 125

Wichmann, Dorothea, Tochter des Folgenden 377

Wichmann, Herman (1823–1905), Musikdirektor und Schriftsteller, Mitglied des »Tunnels« seit 1861. Er begleitete Lepel 1846 auf der Reise durch Sizilien und lebte später lange in Italien. In seinem Buch »Frohes und Ernstes aus meinem Leben« (Leipzig 1898) veröffentlichte W. 29 Briefe und Karten (1881–97) Fontanes an ihn: die erste Publikation eines größeren Komplexes Fontanescher Briefe 195, 377, 420

Widmann, Joseph Viktor (1842–1911), Schweizer Dichter und Essayist; Redakteur der Berner Zeitung »Der Bund« 375

Wieland, Christoph Martin (1733–1813) 11

Wildenbruch, Ernst von (1845–1909), Verfasser von Dramen vor allem aus der brandenburgisch-preußischen Geschichte in pathetischer Nachahmung von Schillers Tragödienstil; mehrere davon besprach Fontane in der »Vossischen Zeitung« (vgl. NFA Bd. XXII, 1–3, Causerien über Theater, Register) 345 – *Die Quitzows* (Schauspiel, 1888) 345

Wilhelm I., seit 1861 König von Preußen, seit 1871 Deutscher Kaiser (gest. 1888) 133, 204, 209 ff., 214, 221, 294, 305 f., 318

Wilhelm II., Deutscher Kaiser 1888–1918 228, 276, 318, 342 f., 371 f., 379, 400, 405 f.

Wilhelm, 1882–1951, ehemaliger Kronprinz des Deutschen Reiches und von Preußen 9

Will, Gottfried, Fontanes Wirt in Kissingen 322

Wilmowski, Freiherr von (gest. 1890), Chef des Geheimen Zivilkabinetts Kaiser Wilhelms I. 210 f.

Wimpffen, Waldemar Freiherr von (1801–1868), Offizier, seit 1846 Mitglied des »Tunnels« u. d. N. »Fouqué«; vgl. »Von Zwanzig bis Dreißig«, S. 163 36

Windel, Karl Friedrich Adam (1840–1890), Hofprediger an der Friedenskirche in Potsdam 1879–90. Fontane war bereits im Wangenheimschen Hause (s. d.) mit ihm näher bekannt geworden 228, 267

Witte, Anna, geb. Schacht (1835–1910), Gattin des Folgenden; vgl. »Von Zwanzig bis Dreißig«, S. 308 311, 326

Witte, Dr. Friedrich (1829–1893), Jugendfreund Fontanes, Mitglied des »Tunnels«. Später Inhaber einer pharmazeutischen Fabrik in

Rostock und nationalliberaler Parlamentarier. Er war mit seiner Familie der Familie Fontane lebenslang in Freundschaft verbunden. »Bei kleinen Marotten und Eitelkeiten war er ein ganz ausgezeichneter Mensch, von seltener Integrität und großer Güte« (Fontane im Tagebuch, 1893). Vgl. »Von Zwanzig bis Dreißig«, S. 307 f. – 47, 59, 61, 65, 66, 67, 68, 92, 94, 99, 101, 265, 305

Witzleben, Frau von, geb. von Meusebach, aus Potsdam 183

Wolff, Friedrich Wilhelm (gest. 1864), Student der Philologie an der Breslauer Universität. – *Ich bin ein echtes Rabenaas* ... 326

Wolff, Julius (1834–1910), Verfasser ehemals vielgelesener historischer Unterhaltungsromane 10, 273, 305

Wolff, Theodor (1868–1943), Chefredakteur des »Berliner Tageblattes«, als Greis in Sachsenhausen ermordet *343*

Wollheim da Fonseca, Anton Eduard (1810–1884), Publizist, Dramatiker und Übersetzer, Mitglied des »Tunnels« seit 1828; vgl. »Von Zwanzig bis Dreißig«, S. 189–192 85

Wrangel, Friedrich Heinrich Ernst Graf von (1784–1877), preußischer Generalfeldmarschall 37, 210

Yorck von Wartenburg, Johann David, Graf (1759–1830), preußischer General der Befreiungskriege 339 (m. Anm.)

Zeller, Eduard (1814–1908), Geschichtsschreiber der Philosophie 289 – *David Friedrich Strauß in seinem Leben und seinen Schriften geschildert* (Bonn 1874) 290

Ziegler, Clara (1844–1909), Münchener Schauspielerin, auf Gastspielen wiederholt in Berlin. »Sie spielt Kaulbach. Ihr ganzes Auftreten wirkt wie die Treppenhausbilder im Museum. ... Ein chaotisches Durcheinander von Echtem und Unechtem, von Richtigem und Falschem, von Hinreißendem und Abstoßendem, von Rührendem und Verzerrtem, von Einfachem und Maßlosem. Dennoch ist ihr Spiel eine Kolossalleistung« (Fontane). – Vgl. »Graf Petöfy«, 22. Kap. 221

Zieten, Hans Joachim von (1699–1786), Reitergeneral Friedrichs II.; vgl. »Meine Kinderjahre«, S. 50 sowie die biographische Skizze »Zieten« in NFA Bd. XIX, Politik und Geschichte, S. 647–653 414

Zittel, Architekt 185

Zola, Emile (1840–1902) 12, 223 f., 245, 247–250, 252 – *La conquête de Plassans* (Die Eroberung von Plassans; Roman, 1875) 249 f. – *La fortune des Rougon* (Das Glück der Familie Rougon; Roman, 1871) 247, 249 – *L'assommoir* (Der Totschläger; Roman, 1877) 248

Zöllner, Emilie, geb. Timm (gest. 1912), Gattin des Folgenden; vgl. »Von Zwanzig bis Dreißig«, S. 211 f.   *180, 184, 185, 281, 289, 425*
Zöllner, Karl (1821–1897), Freund Fontanes, Jurist. Mitglied des »Tunnels«, des »Rütlis« und der »Ellora«; vgl. »Von Zwanzig bis Dreißig«, S. 210 ff.   169, *180, 184, 185,* 187, 208, 230, 293, 311, *327, 402, 404, 425*
Zöllner, Karl Friedrich, Sohn des Vorigen, Baurat   258

Register der Zeitungen, Zeitschriften, Vereinigungen und Archive

Athenaeum, Londoner literarische Wochenschrift 1828–1921, gegründet von James Silk Buckingham 91

Berliner Börsen-Courier, 1868–1934 erscheinende großbürgerliche Berliner Tageszeitung, deren Feuilleton besonders die Kunst- und Theaterkritik pflegte. Chefredakteur I. Landau (s. d.). Das Blatt nahm eine »feindliche Stellung« gegen Fontane ein (Brief vom 2. 10. 1888 an Emilie Fontane) 398

Berliner Schnellpost für Literatur, Theater und Gesellschaft, 1826–29 von M. G. Saphir (s. d.) herausgegebene Zeitschrift 31

Berliner Tageblatt und Handelszeitung, bürgerlich-demokratische, freisinnige Tageszeitung, gegründet 1872 von Rudolf Mosse als Berliner Lokalblatt. Chefredakteur zu Fontanes Zeit Arthur Levysohn, später Theodor Wolff (s. d.). 1933 verboten. (S. auch »Ulk« und »Deutsche Montagszeitung«.) 262

Berliner Zeitungshalle, Die, von Gustav Julius seit 1846 im Auftrage des »Zentralausschusses der deutschen Demokraten« herausgegebene fortschrittliche Zeitung; verboten Ende 1848 26 (m. Anm.)

Börsen-Courier, s. Berliner Börsen-Courier

Bund, Der, freisinnig-demokratische Berner Tageszeitung mit Sonntagsblatt 375

Constitutionnel, Le, 1815 gegründete liberale französische Tageszeitung, bis 1849 geleitet von Thiers, später die Politik Napoleons III. unterstützend 124

Daheim, Wochenzeitschrift mit Familienblatt-Charakter, seit 1864 im Leipziger Verlag Velhagen & Klasing erscheinend; Redaktion seit 1891 in Berlin 213, 393

Daily News, liberale Londoner Tageszeitung, gegründet 1846. Erster Herausgeber Charles Dickens; vgl. Fontanes Aufsatz über dieses Blatt innerhalb der Artikelfolge »Die Londoner Tagespresse«, abgedruckt in NFA Bd. XIX, Politik und Geschichte, S. 203–206 394

Danziger Dampfboot 94

Deutsche Montagszeitung, herausgegeben von der Redaktion des »Berliner Tageblattes« (s. d.); Redakteur 1869–84 Richard Schmidt-Cabanis (s. d.) 262

Deutsch-Englische Korrespondenz 108, 119
Deutsche Reform, s. »Preußische (Adler-)Zeitung« 69
Deutsche Rundschau, Die, von Julius Rodenberg (s. d.) 1874 begründete und im Berliner Verlag Gebr. Paetel herausgegebene repräsentative belletristische Monatsschrift 220, 274, 359, 396
Deutsches Theater in Berlin, 1883 aus dem Friedrich-Wilhelmstädtischen Theater von Adolf L'Arronge (s. d.) gegründet zur Pflege einer realistischen deutschen Schauspielkunst; 1892–1904 geleitet von Otto Brahm (s. d.) 267, 379 f.
Deutschland, Wochenschrift für Kunst, Litteratur, Wissenschaft und soziales Leben, begründet und herausgegeben Oktober 1889 bis Dezember 1890 von Fritz Mauthner (s. d.); sie ging bereits zu Beginn des 2. Jahrganges ein (verschmolzen mit dem »Magazin für Litteratur«, s. d.) 309

Ellora, gesellschaftliche Künstlervereinigung in Berlin, gegründet 1852. Mitglieder: Fontane, Friedrich Eggers, Wilhelm Lübke, Richard Lucae, Otto Roquette und Karl Zöllner (alle s. Register) 50

Fliegende Blätter, humoristisches illustriertes Wochenblatt, seit 1844 in München erscheinend, hervorragend durch seine Illustrationen (Mitarbeiter u. a. Moritz von Schwind, Spitzweg, Franz Graf Pocci, Wilhelm Busch) 98, 346
Freie Bühne für modernes Leben, Theatervereinigung und (seit 1890) Zeitschrift in Berlin, begründet im März/April 1889 auf Anregung Theodor Wolffs und Maximilian Hardens von Julius Stettenheim, Samuel Fischer, Paul Jonas, G. Stockhausen, Otto Brahm, Paul Schlenther, Maximilian Harden, Heinrich und Julius Hart, Theodor Wolff, Ludwig Fulda u. a. Leiter der »Freien Bühne«, die den bedeutendsten Anteil an der Durchsetzung des deutschen Naturalismus hatte, war anfangs Otto Brahm. Aus der Zeitschrift »Freie Bühne für modernes Leben« ging 1893 die »Neue Deutsche Rundschau« (seit 1904 »Die Neue Rundschau«, S. Fischer Verlag) hervor 275, 331, 337 f.

Gartenlaube, Die, illustrierte belletristische Wochenschrift, gegründet 1853 in Leipzig von Ernst Keil, der sie bis 1878 leitete. Seit 1884 von Adolf Kröner herausgegeben; vgl. »Von Zwanzig bis Dreißig«, S. 41 f. 177, 227, 264, 279, 299, 334
Gegenwart, Die, Berliner Wochenschrift für Politik, Literatur, Kunst und öffentliches Leben, begründet 1872 von Paul Lindau (s. d.), der sie bis 1881 leitete 241, 339

Goethe- und Schiller-Archiv, das 1885 in Weimar begründete Goethe-Archiv (Direktor zunächst Erich Schmidt, ab 1886 Bernhard Suphan) wurde 1889 zum Goethe- und Schiller-Archiv erweitert und 1896 in einem eigenen Gebäude untergebracht. Heute ist es den Nationalen Forschungs- und Gedenkstätten der Klassischen Deutschen Literatur in Weimar angegliedert 398

Hirschberger Tageblatt 357

Kladderadatsch, 1848 von David Kalisch begründete Berliner politisch-satirische Wochenschrift. Das ursprünglich linksliberale Blatt änderte später seine politische Haltung und unterstützte die Politik Bismarcks 98, 362

Kleines Journal, 1879 begründete, von Julius Spitz in Berlin herausgegebene Tageszeitung mit Vorliebe für Klatsch- und Skandalaffären. Vgl. »Effi Briest«, Kap. 29 332

Konstitutionelle (Klub-)Zeitung, seit dem 22. April 1848 erscheinende liberale Berliner Tageszeitung, 1850/51 redigiert von Ludwig Karl Ägidi 63

Kreuzzeitung, s. Neue Preußische (Kreuz-)Zeitung

Kunstblatt, s. Literaturblatt des Deutschen Kunstblattes.

Labour Leader (»Arbeiterführer«), bedeutende linksgerichtete englische Arbeiterzeitung, redigiert 1887–90 von Keir Hardie (s. d.) 395

Lake School (»Seeschule«), englische Dichterschule 409 (m. Anm.)

Lenau-Verein, literarischer Freundeskreis in Berlin, dem Fontane 1840 angehörte; vgl. »Von Zwanzig bis Dreißig«, S. 27–57 26

Literarisches Echo, Berliner Halbmonatsschrift, 1898 begründet von Josef Ettlinger (s. d.), seit 1924 u. d. T. »Die Literatur« weitergeführt 404

Literaturblatt des Deutschen Kunstblattes, Halbmonatsschrift, seit 1854 in Berlin im Verlag von Heinrich Schindler erscheinend, herausgegeben von Friedrich Eggers 84, 113

Magazin für Litteratur, Das, Berliner Wochenschrift, gegründet 1832 von Joseph Lehmann, zu Fontanes Zeit herausgegeben von Fritz Mauthner und G. O. Neumann-Hofer. »Das ›Magazin‹, aus dem ich überhaupt meine Weltliteraturkenntnis nehme« (Fontane an Maximilian Harden, 4. Januar 1896) 241

Morgenblatt für gebildete Stände (seit 1. Juli 1837 *Morgenblatt für gebildete Leser*), im Cottaschen Verlag 1807–65 erscheinende bedeutende Tageszeitung (bis 1810 in Tübingen, danach in Stuttgart). Redakteur bis 1827 Wilhelm Hauff, danach, bis zu seinem Tode 1865, dessen Bruder Hermann Hauff; Gustav Schwab war 1827–38 festhonorierter Mitarbeiter   32, 56, 222

Münchener Dichterkreis, Vereinigung der seit 1852 von Maximilian II. von Bayern nach München gerufenen, meist norddeutschen Dichter (Geibel, Heyse, Lingg, Bodenstedt, Leuthold, Dahn u. a.)   136

National-Zeitung, 1848 gegründete Berliner politische Tageszeitung, in späterer Zeit ein Hauptorgan der bismarckhörigen Nationalliberalen Partei; nach deren Spaltung (1879/80) zeitweise Organ der Freisinnigen Partei. Feuilletonredakteur zu Fontanes Zeit Karl Frenzel (s. d.). – Vgl. »Frau Jenny Treibel«, Kap. 9   109

Neue Preußische (Kreuz-)Zeitung, 1848 von dem konservativen preußischen Politiker Hermann Wagener gegründete christlich-konservative Berliner Tageszeitung. Später in »feindlicher Stellung« gegen Fontane (Brief vom 2. Oktober 1888 an Emilie Fontane). Vgl. auch Personenregister, Nathusius   15, 31 f., 51, 108, 114, 130, 134, 136, 138, 146, 161–164, 166 f., 172, 236, 253, 263

Nord und Süd, 1878 von Paul Lindau (s. d.) in Berlin begründete und bis 1904 geleitete kulturpolitische Monatsschrift; tatsächliche Herausgeber Julius Grosser und Raphael Löwenfeld   221, 285, 375

Pan, bibliophile Vierteljahresschrift für moderne Kunst (»Ganz Natur, ganz Phantasie«), begründet durch Fontane, Richard Dehmel u. a., erscheinend von 1895 bis 1899 in Berlin (ab Jg. 2 im Verlag F. Fontane & Co.). Die beiden ersten Hefte des ersten Jahrgangs (April bis August 1895) wurden herausgegeben von Otto Julius Bierbaum und Julius Meier-Gräfe; vom zweiten Jahrgang (1896/97) an herausgegeben von Wilhelm von Bode, Caesar Flaischlen, Richard Graul, Alfred Lichtwark u. a. In den drei ersten Heften des Jahrgangs 1895/96 erschienen die ersten Kapitel von Fontanes »Von Zwanzig bis Dreißig« im Vorabdruck   397

Platen-Klub, literarischer Verein in Berlin, dem Fontane 1840 angehörte; vgl. »Von Zwanzig bis Dreißig«, S. 57–64   26

Preußische (Adler-)Zeitung, Presseorgan des Ministeriums Manteuffel (s. d.), erscheinend vom 11. März 1851 bis 1853 (Nachfolgerin der von Oktober 1848 bis März 1851 erscheinenden »Deutschen Reform. Politische Zeitung für das constitutionelle Deutschland«). 50, 69, 95

Romanwelt, »Wochenzeitschrift für die erzählende Literatur aller Völker«, 1893–1900 herausgegeben von G. O. Neumann-Hofer (s. d.) in Stuttgart   379

Rütli, 1852 von Franz Kugler gegründete Abzweigung des »Tunnels«, »eine Art Nebentunnel« (Fontane)   50, 101, 107, *116,* 134, 138, 169, 180, 235, 249, 354

Salon-Feuilleton, Zeitungskorrespondenz, zunächst im Verlage F. Fontane & Co. in Berlin erscheinend; begründet von Josef Ettlinger (s. d.), später herausgegeben von Ernst Heilborn (s. d.)   380

Schiller-Nationalmuseum, 1903 als »Schillermuseum« in Marbach am Neckar eröffnet; heute als »Schiller-Nationalmuseum« zugleich bedeutendes allgemeines Literaturarchiv, erweitert 1952 durch die Angliederung des Cotta-Archives   141

Schnellpost, s. Berliner Schnellpost

Soldatenfreund, Der, seit 1833 von Louis Schneider (s. d.) herausgegebene Berliner Zeitschrift   32

Tägliche Rundschau, seit Oktober 1880 erscheinende, anfangs überparteiliche bürgerliche Berliner Tageszeitung. 1933 verboten   424

Telegraph für Deutschland, 1835 von Karl Gutzkow begründete und herausgegeben Zeitschrift, bis 1837 in Frankfurt/Main, danach bis 1842 in Hamburg erscheinend; vgl. »Von Zwanzig bis Dreißig«, S. 20   26

Theodor-Fontane-Archiv. Der Nachlaß Fontanes wurde zunächst von Paul Schlenther und Friedrich Fontane betreut; nach Schlenthers Tod (1916) wurde er von Friedrich Fontane im Fontane-Archiv zu Neuruppin zusammengefaßt und geordnet. Dieses Archiv, das bis 1945 die größte Fontane-Handschriftensammlung darstellte, wurde 1935 von der Brandenburgischen Provinzialverwaltung erworben und der Brandenburgischen Landesbücherei angegliedert. In den letzten Kriegstagen erlitt es schwere Verluste. Im Jahre 1947 übernahm die neugegründete Brandenburgische Landes- und Hochschulbibliothek in Potsdam als Nachfolgerin der Landesbücherei das Fontane-Archiv. Seitdem neu aufgebaut und von Joachim Schobeß betreut, verfügt das Fontane-Archiv dank des 1945 geretteten Grundbestandes und zahlreicher Neuerwerbungen heute wieder über eine beachtliche Handschriften- und Literatursammlung. Neuerdings der Deutschen Staatsbibliothek, Berlin, Unter den Linden, angegliedert   137

Times, The, 1783 gegründete (seit 1788 unter ihrem jetzigen Namen existierende) bedeutendste englische Tageszeitung, im 19. Jahrhundert die Interessen der liberalen Partei vertretend; vgl. »Von Zwanzig bis Dreißig«, S. 97. – Fontane hatte bereits 1854 in sein Buch »Ein Sommer in London« Auszüge aus der »Times« übernommen und schrieb während seines dritten Londoner Aufenthaltes (1855–59) sodann selbst Artikel für dieses Blatt, dem er interessierte und kritische Aufmerksamkeit widmete. 1859 beschloß er seine umfangreiche Berichtserie »Die Londoner Tagespresse« mit einer Würdigung der »Times« (eingegangen in den Band »Aus England. Studien und Briefe über Londoner Theater, Kunst und Presse«, Stuttgart 1860) und hielt Anfang 1860 in Arnims Hotel in Berlin auch einen Vortrag über dieses Thema. Der Artikel über die »Times« ist wieder abgedruckt in NFA Bd. XIX, Politik und Geschichte, S. 224–247 90, 112, 395

Tunnel (»Tunnel über der Spree«), Berliner Künstlervereinigung, begründet 1827 von M. Saphir, Devise: »Ungeheure Ironie – Unendliche Wehmut«. Fontane gehörte dem »Tunnel« seit Mai 1844 an. Das »Kastalia«-Kapitel im dritten Band von »Vor dem Sturm« verwertet viele »Tunnel«-Erinnerungen Fontanes; vgl. »Von Zwanzig bis Dreißig«, S. 149–305 14 f., 29–34, 36, 49 f., 55, 59, 65, 67 f., 84, 88 f., 95 ff., 101, 103, 118, 130, 136, 206 f., 222, 367, 383

Über Land und Meer, 1858 von Wilhelm Hackländer in Stuttgart begründete illustrierte Wochenschrift 414

Ulk, Der, humoristisch-satirische Wochenbeilage des »Berliner Tageblattes«, lange Zeit redigiert von R. Schmidt-Cabanis (s. d.). Vgl. »Frau Jenny Treibel«, 2. Kap. 381

Verein für die Geschichte Berlins 283

Vossische Zeitung. Die Rechte der seit 1704 von Joh. Michael Rüdiger herausgegebenen »Berlinischen ordinairen Zeitung von Staats- und gelehrten Sachen« wurden 1751 von dem Buchhändler Chr. Fr. Voß erworben; seitdem erschien die Zeitung als »Vossische Zeitung«. Chefredakteur seit 1870 Friedrich Stephany (s. d.); Fontane war hier 1870–89 Theaterkritiker für das Königl. Schauspielhaus und besprach außerdem 1889–90 die Aufführungen der »Freien Bühne« (s. d.). Diese »Causerien über Theater« sind erstmalig komplett abgedruckt in NFA Bd. XXII, 1–3 34, 108, 119, 167 f., 177, 199, 206, 214, 220, 240 f., 271, 284 ff., 295, 299 f., 309 f., 319 f., 322, 331, 335, 339, 377, 392, 405, 413, 419

Westermanns Monatshefte, 1856 von dem Verleger Georg Westermann in Braunschweig begründete belletristisch-allgemeinbildende Zeitschrift   227, 244

Worpswede, Künstlerkolonie   409 (m. Anm.)

Zeit, Die, Presseorgan des preußischen Ministeriums Manteuffel (s. d.)   50

Zeitungshalle, s. Berliner Zeitungshalle

Zukunft, Die, Wochenschrift für »Politik, öffentliches Leben, Kunst und Literatur. Unabhängige Rednertribüne für jedermann«. 1892 bis 1923 in Berlin erscheinend, begründet und herausgegeben von Maximilian Harden (s. d.)   8

Zur guten Stunde, belletristische Berliner Halbmonatsschrift, herausgegeben von Emil Dominik   298

REGISTER DER WERKE FONTANES

Autobiographisches

Aus den Tagen der Occupation 168, 177, Anm. zu 238
Kriegsgefangen. Erlebtes 1870 12, 168, 177
Meine Kinderjahre 22 f., 143, 274, 339, 358 f., 370 f.
Von Zwanzig bis Dreißig 23, 26 bis 32, 49, 96, 274, 339, 382 f., 396, 415, 418 ff.

Entwürfe und Bruchstücke

Barbarossa [Epos] 66
Kritische Jahre – Kritikerjahre 274, 373, 391
Die Likedeeler 308, 386

Gedichte

Am Jahrestag 322
An den Märzminister Graf Schwerin-Putzar 32
An George Fontane 90 f.
An Klaus Groth 218 f.
An meinem Einundsiebzigsten 207
Archibald Douglas 32, 162, 339 f.
Auf der Treppe von Sanssouci 275
Ausgang 383, 427
Balladen [1861[1], 1875[2]] 137, 267, 279, 281, 366
Chevy-Chase 316
David Rizzio [Aus dem Romanzenzyklus Maria Stuart] 32
Der alte Derffling 222
Der alte Zieten 222
Der letzte York 125 f.
Der sterbende Douglas [Aus dem Romanzenzyklus Maria Stuart] 32
Der Tag von Hemmingstedt 65 f., 68, 422
Der Towerbrand 57, 103
Der Wenersee 57
Der Wettersee 57
Die Balinesenfrauen auf Lombok 383, 397
Die Schlacht bei Hochkirch 103
Ein Jäger 57
Er focht die Frage ehrlich durch ... 132
Feldherrnballaden s. Männer und Helden
Fritz Katzfuß 275, 313 (Anm.)
Gedichte [Sammlungen von 1851[1], 1875[2], 1889[3], 1892[4], 1898[5]] 50, 103, 137, 275, 322, 410
Graf Hohenstein 103
Havelland 283
Herr von Ribbeck auf Ribbeck im Havelland 275
Herz, laß dies Zweifeln ... 44
Johanna Gray 116
Jung-Bismarck 279
Leben 383
Männer und Helden. Acht Preußenlieder 14, 32, 49, 103, 137, 222, 267
Maria Stuart [Romanzenzyklus] 67
Meine Gräber 322

Mein Leben 383
Nordische Balladen 322
Rizzios Ermordung s. David Rizzio
Rosamunde-Zyklus s. Von der schönen Rosamunde
Schön-Anne 103
Sprüche 275, 279
Vergeltung 103
Von der schönen Rosamunde [Romanzenzyklus] 15, 32, 49, 103, 137
Wangeline von Burgsdorf 95 (Anm.)

Kriegsbücher

Der deutsche Krieg von 1866 15, 137, 160, 170, 211
Der Krieg gegen Frankreich 1870/71 15, 167 f., 170, 184, 206, 211, 241 f.
Der Schleswig-Holsteinsche Krieg im Jahre 1864 15, 137, 170, 191, 211

Kritiken

G. Freytag, »Soll und Haben« 84, 341
Goethe, »Wilhelm Meisters Lehrjahre« 201
K. Gutzkow, »Uriel Acosta« 179 f.
F. Halm, »Der Fechter von Ravenna« 220 f.
G. Hauptmann, »Vor Sonnenaufgang« 275
P. Heyse, »Hermen« (Verserzählungen) 84
P. Heyse, »Novellen« (1. Sammlung, 1855) 84

Shakespeare auf Londoner Vorstadtbühnen 113
Unsere lyrische und epische Poesie seit 1848 218

Reise- und Wanderbücher

Aus England 15, 109
Ein Sommer in London 15, 50
Jenseit des Tweed 15, 109
Wanderungen durch die Mark Brandenburg 15, 108, 136, 142, 146, 151, 160, 168, 172, 183 f., 197, 205 f., 228, 244 f., 316
Die Grafschaft Ruppin 183
Havelland 160, 168, 283
Spreeland 136, 172, 184, 205, 285
Fünf Schlösser 228

Romane und Erzählungen

Cécile 17, 206, 264, ff., 274, 300 f., 308 (Anm.), 328
Der Stechlin 13, 382 f., 413, 423, 426
Die Poggenpuhls 274, 354
Effi Briest 15, 17, 274, 354, 356, 385 f., 393, 395
Ellernklipp 206, 227, 243
Frau Jenny Treibel 140, 274, 307 f.
Graf Petöfy 207, 226, 254 f., 257, 263, 266, 273
Grete Minde 206, 217, 221, 243
Irrungen Wirrungen 206, 260, 262, 274, 297 f., 300, 304, 308 (Anm.), 310 (Anm.)
L'Adultera 206, 243, 245, 308 (Anm.), 375 f.
Mathilde Möhring 274
Quitt 274, 278 ff., 325 (Anm.), 334
Schach von Wuthenow 206, 240 f., 243, 245, 308 (Anm.)

Stine 206, 274, 308 (Anm.), 309 f., 343
Unterm Birnbaum 25, 264, 274, 284 f.
Unwiederbringlich 274, 349
Vor dem Sturm 16, 25, 154, 209, 212 f., 220, 241 f., 349, 359, 381, 413 f.

Sonstiges

Argo. Belletristisches Jahrbuch 50, 96 ff., 103, 116
Christian Friedrich Scherenberg 206
Deutsches Dichteralbum 50, 69
Heinrich IV. [Verlorenes Jugendepos] 103

GEOGRAPHISCHES REGISTER

Die Absendeorte der Briefe sind durch kursiv gesetzte Seitenzahlen hervorgehoben. Berlin wird nur registriert, wo etwas über die Stadt selbst ausgesagt ist.

Aachen 70, 72, 73, 252
Abruzzen 27
Afrika 414
Alexandria 364
Alpen 196
Altenbrak 264
Amerika 47, 269 f., 323, 325, 419
Amiens 168
Anhalt-Köthen 35
Arnsdorf bei Krummhübel 281, 288
Arona 196
Athen 197
Atlantischer Ozean 168, 176
Australien 89

Baden 34
Baden-Baden 264
Bamberg 121
Bayreuth 10, 275, *324*, 327 f., 377
Beeskow 27
Belgien 74
Bellin 160
Bellinzona 191, 193, 195 f.
Berchtesgaden 198, 351
Berlin 49, 81 f., 98, 127, 137, 149, 156, 182, 185, 197, 238, 255 f., 261, 267, 271 f., 277, 300 f., 308, 312, 317, 323, 331, 337, 339 f., 344 f., 350, 357, 371 ff., 376 f., 381, 401 f., 410 f., 413
Bernau 141, 144
Bernhardin 193 f., 196

Besançon *173, 174, 175*, 369
Bethlehem 187
Blankenfelde 141
Blumberg 144
Bode 264
Bodetal 156
Böhmen 170, 211
Boldixum 351
Bologna 198
Bonn 321, 348
Bordeaux 177
Brandenburg s. Mark Brandenburg
Braunschweig 227, 244
Bremen 224
Brenner 184
Brescia 66
Breslau 279, 356
Brieg 337
Brighton 78
Brotbaude bei Krummhübel *311*, 350
Brüssel 74, 75 f.
Buch 141
Buchwald 356
Buckow 153
Burg 25

Campagna 403
Canterbury 119
Capri 186
Carwe 142
Cevennen 21
Chiavenna 193

525

Chikago 400
China 414
Chur 191, 193
Crecy 102

Dahlen (Altmark) 267
Dahme 184, 260
Dänemark 211
Danzig 281
Denver 325
Dessau 50
Deutschland 404, 406 f., 409 ff.
Deyelsdorf 348, 371
Dieppe 168
Dietendorf 323
Dobbertin *169*, 182, 267
Doberan 201
Domremy 168, 172 ff.
Dover 119
Drachenfels 291
Dresden 25, 35, 153, 416 f., *417*, *419*, 424
Dürkheim (Rheinpfalz) 100
Düsseldorf 225

Eger 360, 365 f.
Elbe 111, 149, 152, 240
Elsaß 238
Emden *224*, 250
England 11 f., 15, 57, 70, 77, 92 f., 113, 127, 149, 164, 174, 197, 233, 323 ff., 351, 376, 382, 390, 395, 401, 406, 409, 411 ff., 414, 419, 426
Erdmannsdorf *158*, *159*, 268
Etschtal 185
Etzin 145

Falkenberg 148
Fehmarn 218
Fehrbellin 152, 160
Filehne 272

Fingalshöhle 186
Finkenkrug 68
Fischbach 356
Flandern 76, 403
Florenz *185*, 198, 266
Forsteck 218
Franken 137
Frankreich 12, 92, 168, 170, 178, 197, 211, 233, 238, 409
Franzensbad 180, 217, 289
Freienwalde 143, 148, 413
Friedrichroda 182
Friesack 160, 283, 383, 392
Fröttstedt 180 f.
Fürstenwalde 153

Garonne 176
Gascogne 21, 312
Genua 198
Gernrode 268
Glin 160
Görne 318
Gotha 140
Graubünden 192
Griechenland 407 ff.
Großglockner 390
Großheringen 323
Grunewald 413

Den Haag 423
Hagenthal 268
Hakenberg 152
Halensee 248
Halle 181, 323, 333
Hamburg *58*, *59*, 107, 110 f.
Hankels Ablage 260, *261*, *262*, 308
Hannover *225*, 250, 360
Harz 137, 157 f.
Havel 189
Havelland 160, 319
Heidelberg 121
Heiligenstadt 133

Hemmingstedt 422
Heringsdorf *149*, 362
Herrnhut 397
Hexentanzplatz 157, 230
Highgate 111
Hirschberg 271, 274, 280, 354, 357
Holland 403
Hörselberg 181
Hörselbrücke 180 f.
Husum 50, 97 f., 100, 133

Idstedt 105
Indien 251 f., 412, 414
Innsbruck 184
Inntal 185
Inselsberg 182
Iselberg 185
Isola Bella 196
Italien 30, 33, 46, 100, 168, 184 f., 190 f., 193 f., 196, 258, 377 f., 401, 403, 411, 423

Jerusalem 162

Karlsbad 277, 360, *361*, *363*, *364*, *365*, 368, *379*, 382, *391*, *392*, *398*, 410, *411*, *423*, *424*
Ketzin 145
Kiel 58, 218
Kinroß 108
Kissingen 277, 320, 322, *323*, *324*, *327*, *344*, *348*
Kleeßen 318 f.
Kleeßner See 319
Kolbotten 363
Köln 70 f.
Konstantinopel 162
Konstanz 193
Köpenick 142, 184
Kösen 156
Köthen 148
Kreta 402, 407

Kreuzberg 271
Kriele 338
Krim 111, 116
Krummhübel 267, 268, 269, 274, 277, 278, 279, 280, 281, 282, 283, 288, 289, 292, 300, 311, 345, 350
Kunersdorf 299
Küstrin 152

Lago Maggiore *190*, 193, 195 f.
Landin 317, 384
Langeoog 390
Langres 172
Languedoc 312
Laon 339
La Rochelle 176
Lauenburg 387
Legnano 196
Leipzig 25, 44, 47, 56 f., 68, 103, 164, 196, 299, 323
Letschin 25, *104*
Levensee 108
Lichterfelde 287, 302, 322
Liebenberg 228, 267
Liechtenstein 367
Liegnitz 75, 80, 201
Limfjord 319
Linum 152
Locarno 196
Lochlevencastle 108
Lodz 323
Lombardei 76
Lomnitz 290
London 13, 30, 49 ff., 74 f., 76, 78, 79, 80, 82, 84, 86, 87, 88, 90, 103, 107 f., *109*, *110*, 111, *112*, *114*, *115*, 116, *118*, *119*, *120*, *121*, *123*, *124*, *125*, *127*, *128*, *130*, *131*, *132*, *133*, *134*, 155, 162, 212, 224, 254, 272, 382, 408

527

Löwen 74 ff.
Lübbenau 285
Lübeck 236
Luch 142, 152
Lüttich 74, 76
Lützburg 267
Lyon 21

Magdeburg 376
Mailand 66, *196*, 197
Malplaquet 294
Manchester *128*
Mannheim 121
Marbach 141
Margate 119
Mark Brandenburg 15 f., 136, 145 f., 151–154, 240, 263, 297, 316 f., 383, 406, 422
Mecklenburg 182, 314, 382, 400, 410 f.
Meiningen 214
Mesocco 194 f.
Metz 168, 170
Mexiko, Golf von 314
Michigan 400
Minster *119*
Mississippi 46
Mittelmeer 391
Modena 198
Montblanc 123
Montpellier 312
Mouy 178
Müggelberge 123, 142, 189
München *121*, 136, *139*, 184, 225, 346, 377
Münster 287, 291, 302, 304
Müritz 400 f.

Nauen 68, 145, 283
Neapel 167 f., *188*, 189, 193, 402
Neinstedt 236
Nemisee 403

Neubrandenburg 409, *410*
Neufchâteau 173 f.
Neuhof 201, 215, 388
Neuruppin 22 f., 25, 115, 161, 183, 239, 354, 414
Neuvorpommern 371
New York 45 f., 253, 391
Niedersachsen 240
Niederwald 291
Niesky 397
Nil 412
Nogat 281
Norderney 225, 239, 240, 241, 250, *251*, *252*, 253, 254, 255, 256, 257, 285
Nordsee 137
Nürnberg 121 f.

Oberammergau 377
Oder 149, 152
Oderbruch 25, 73, 104, 414
Odessa 323
Oléron 168, 176
Oranienburg 145
Orient 162
Österreich 34, 66, 414
Ostrolenka 102
Ostpreußen 264
Ostsee 56, 137

Padua 198
Pankow 141
Paretz 145
Paris 121, *122*, 123 f., 131, 170, 403, 423
Parma 198
Passeier 185
Petersburg 311, 323
Pfaueninsel 253
Pilsen 360
Pisa 198
Piz Beverin 192

Plaue 297
Poitiers 102
Polen 34, 102, 273, 323
Pompeji 189
Popokatepetl 367
Potsdam 50, 98, 100, 137, 145, 228, 262, 264, 267
Preußen 145, 223, 254, 303, 312, 339, 342, 367, 375, 377, 387, 392, 407, 409 f., 417 (s. a. Mark Brandenburg)

Quedlinburg 229, 238, 248

Rahnsdorf 172
Ramsgate 119
Rätische Alpen 192
Ravenna 198
Reims *178*
Reinhardsbrunn 182
Rendsburg 58
Rhein 192
Rheinfall 193
Rheinsberg 108 f., 142, 412
Riesengebirge 137, 268, 271, 290
Rigi 156
Riva 198
Riviera 411
Roche-sur-Yon 175 f.
Rohrschach 193
Rom, 162, *187*, 188, 191, 266, 402 f.
Rosenthal 141
Roßtrappe 156 ff., 385
Rostock 59, 305
Rouen 168
Rüdersdorf bei Berlin 296, 298, 299
Rudolstadt 181
Ruppin s. Neuruppin
Rußland 34, 230, 233, 312, 323, 339, 412, 423

Saarbrücken 170
Sachsen 82, 417, 424
Salzbrunn 132
Samos 402
San Bernardino 194 f.
Sanssouci 299
Saßnitz 270
Schenkenländchen 152
Schlesien 132, 297
Schleswig-Holstein 15, 34, 49, 58 f., 111, 132, 414
Schmalkalden 182
Schmiedeberg 267 f., 271, 277, 281, 288, 356 f., 359, 388
Schneekoppe 267, 269, 280
Schönefeld 323
Schönhausen 141
Schönow 141
Schottland 30, 108, 132 f., 149, 155, 272, 426
Schwarzatal 182
Schwedt 62
Schweiz 175, 190 ff., 401, 423
Schwerin 410
Sedan 168, 170, 294, 303
Selower Berg 73
Sibirien 34
Skandinavien 233, 340, 411
Somma 196
Spandau 68, 156, 172, 266
Sparta 197
Spichern 170
Splügen 193
Spree 189
Spreewald 285
St. Denis 168, *178*
Sterzing 185
Stettin 149
Stettiner Haff 149
St. Privat 252
St. Quentin 168
Stralsund 348, 371

Straßburg 168, 170
Strelitz 410
Stuttgart 56, 121, 140
Süddeutschland 98
Suderode 236 f.
Swinemünde 22 f., 149, 274, 358, 371
Syrakus 43

Tabarz *180*
Taminaschlucht 193
Tanganjika 400
Tasdorf 141
Teltow 152
Tempelhof 245
Tepl 363
Tessin 195
Teupitz 184
Thale *155, 156, 213, 229, 230, 236, 238, 247, 248, 249, 250, 262, 263, 264, 265, 266, 267, 385*
Thanet 119
Themse 111, 123, 128
Thionville 172
Thüringen 137, 156, 180, 261
Thusis 192
Ticino 196
Tollensesee 410
Torgau 299
Toul *170*, 172, 176
Toulouse 21, 27, 312
Trafalgar 395
Treptow 137
Treseburg 264
Türkei 407

Ulm 121

Vaduz 367
Van-Diemensland 40
Vaucouleurs 172
Vehlefanz 160
Venedig *184*, 185 f., 292

Verona 184 f., 198
Versailles 124
Verviers 74
Vesuv 189
Via mala 192 ff.
Viktoria-Njanza-See 222, 400

Wahlstatt 236
Waltershausen 180
Waren/Mecklenburg 400, *402*, 410
Warmbrunn 354
Warnemünde 169, 201
Weichsel 281
Weimar 140, 196, 377, 398
Weißenburg 170
Weißensee 354
Weißer Hirsch bei Dresden 416, *417, 419*, 422
Wendische Spree 185, 260
Werneuchen 136, 144, 153
Wernigerode *226, 230, 234*, 267
Weser 240
West-Accummersiel 251
Westfalen 71
Wieck 42
Wien 226, 323
Wiesbaden 291
Wilna 323
Wilsnack 297
Wittenberg 59
Worpswede 409
Wörth 170
Wriezen 148
Württemberg 357
Wusterhausen 184
Wustrau 162
Wyk auf Föhr *350, 351, 352, 353*

Zepernick 141
Zillerthal bei Schmiedeberg *356, 357*
Zürich 389

Theodor Fontane
Nymphenburger Taschenbuch-Ausgabe

Kommentiert von Kurt Schreinert, zu Ende geführt von Annemarie Schreinert. 15 Bände in Schuber 80.–

Band 1	Wanderungen (gekürzte Ausgabe) 428 Seiten.
Band 2	Vor dem Sturm I, 352 Seiten.
Band 3	Vor dem Sturm II, 308 Seiten.
Band 4	Grete Minde · Ellernklipp, 200 Seiten.
Band 5	Schach von Wuthenow, 160 Seiten.
Band 6	L'Adultera · Graf Petöfy, 312 Seiten.
Band 7	Quitt · Unterm Birnbaum, 328 Seiten.
Band 8	Cécile, 200 Seiten.
Band 9	Irrungen Wirrungen · Stine, 280 Seiten.
Band 10	Unwiederbringlich, 280 Seiten.
Band 11	Frau Jenny Treibel, 216 Seiten.
Band 12	Effi Briest · Die Poggenpuhls, 432 Seiten.
Band 13	Der Stechlin, 448 Seiten.
Band 14	Mathilde Möhring · Zur Literatur · Causerien, 432 Seiten.
Band 15	Autobiographisches · Gedichte, 432 Seiten.

Die Taschenbücher sind auch einzeln erhältlich

Theodor Fontane
Werke in fünf Bänden (Jubiläums-Ausgabe)

Unter Zugrundelegung der von Kurt Schreinert besorgten dreibändigen Jubiläumsausgabe hrg. von Rainer Bachmann und Peter Bramböck, mit zahlreichen Anmerkungen. Insgesamt 3676 Seiten. Leinen.
Die Ausgabe wird nur geschlossen abgegeben.

Band 1	Vor dem Sturm
Band 2	Schach von Wuthenow / Cécile / Irrungen Wirrungen / Stine / Mathilde Möhring
Band 3	Frau Jenny Treibel / Effi Briest / Die Poggenpuhls / Gedichte
Band 4	Der Stechlin / Zur Literatur / Causerien über Theater
Band 5	Wanderungen durch die Mark Brandenburg (Auswahl) / Autobiographisches

nymphenburger